DAS GROSSE BUCH DER
BÖRSEN-TECHNIKER

Für Eddie Compton,
meinen ersten Broker,
als Dank dafür,
daß er mich mit der Technischen Analyse
vertraut gemacht hat.

Chris Wilkinson

DAS GROSSE BUCH DER BÖRSEN-TECHNIKER

Interviews mit den weltweit bekanntesten technischen Analysten

BÖRSENVERLAG

Originally published in English by Traders Press, Inc.,
P.O. Box 6206, Greenville SC 29606, USA.
Many additional investmentrelated books are available from
Traders Press, which may be contactet as shown:
Phone: 864-298-0222; Fax: 864-298-0221;
E-Mail: Tradersprs@aol.com; website: http://www.traderspress.com

Die Deutsche Bibliothek – CIP-Einheitsaufnahme

Wilkinson, Chris:
Das große Buch der Börsen-Techniker : [alles über die Strategien der berühmtesten technischen Analysten] / Chris Wilkinson. [Aus dem Amerikan. von Ronald Gehrt und Petra Pyka]. – 1. Aufl. – Rosenheim : Börsenverl., 1999
ISBN 3-930851-21-0

TM BÖRSENVERLAG AG
Salinstraße 1, 83022 Rosenheim
Telefon 0 80 31/20 33-0
Telefax 0 80 31/20 33 30
Internet: www.boersenverlag.de

1. Auflage März 1999
Printed in Austria

Titelbild:
Mauritius Die Bildagentur AGE 1246

INHALTSVERZEICHNIS

VORWORT

Geld an den Finanzmärkten zu verdienen, ist ein hartes Geschäft. Aber ich kann aus eigener Erfahrung bestätigen, daß die Technische Analyse für diejenigen ein wichtiges Hilfsmittel zum Erfolg darstellt, die sie richtig zu nutzen wissen. Die folgenden Seiten enthalten Interviews mit den sechzehn prominentesten Technischen Analysten, die es geschafft haben, nicht nur für sich selbst, sondern auch für diejenigen Anleger, die ihrem Rat gefolgt sind, konstant Geld an den Börsen zu verdienen. Eingedenk dessen, welche immense Hilfe ihre Erkenntnisse für meine eigenen Investments waren, bat ich sie, ihre über Jahre hinweg bewährten Methoden und Strategien mit Ihnen, verehrte Leser, zu teilen.

Ich selbst entdeckte die Technische Analyse durch puren Zufall. Nachdem ich 1985 mein erstes Wertpapierkonto eröffnet hatte, arbeitete ich mit einem Broker zusammen, der die Ansicht vertrat, daß, wenn es ums Geldverdienen ginge, die Technische Analyse der Fundamentalen Analyse bei weitem überlegen sei. Nachdem ich eine Reihe von Trades auf Basis Technischer Analysen erfolgreich durchgeführt hatte, war ich ebenfalls von deren Fähigkeiten überzeugt. Von diesem Zeitpunkt an traf ich keine Investment-Entscheidung mehr, ohne nicht vorher einen Chart konsultiert zu haben. Später erkannte ich zwar die Notwendigkeit, mit den Grundbegriffen der Fundamentalen Analyse vertraut zu sein, lernte diese aber ausschließlich deshalb, um die „Sprache" der Wall Street besser verstehen zu können. Heute, glaube ich, haben sich die Zeiten geändert. Mit jedem Jahr gewinnt die Technische Analyse mehr und mehr Anhänger. Auch wenn sie es nicht gerne zugeben wollen: Eine wachsende Zahl selbst der eisernsten fundamental orientierten Analysten sehen sich genötigt, bis zu einem gewissen Grad Technische Analysen zu verwenden oder sich zumindest über die Technische Situation der Börse zu informieren. Denn auch sie haben eingesehen, daß die Kurse von den Kräften der Markttechnik stark beeinflußt werden.

Durch das sprunghaft gestiegene Interesse an der Technischen Analyse wuchs auch die Zahl derjenigen Bücher, welche diese Thematik abdecken, rapide an. In den frühen sechziger Jahren ließ sich die Zahl der Bücher, die sich mit Technischer Analyse befaßten, an zwei Händen abzählen. Nun sind es mehr als vierhundert Titel – und die Zahl klettert beständig weiter. Es ist kein Wunder, daß Scharen von Anfängern von der Technischen Analyse angezogen werden, angelockt durch Bücher, die Tradingsysteme, mit denen man sich angeblich goldene Nasen verdienen kann, und hochentwickelte Computerprogramme empfehlen, welche künstliche Tradingsignale per Knopfdruck generieren. Diese Novizen indes verfallen dadurch dem Glauben, daß die Technische Analyse nicht viel mehr sei als künstliche Intelligenz. Aber jeder erfahrene Analyst wird Ihnen bestätigen, daß die Technische Analyse weit mehr ist als das Nachvollziehen von Computersignalen. Ein Technischer Analyst kann ebensowenig darauf hoffen, durch das blinde Befolgen festgesetzter Regeln erfolgreich zu sein, wie ein Medizinstudent erwarten darf, die Gallenblase eines Patienten entfernen zu können, indem er sich auf die Grafik eines Anatomiebuches stützt. Die Technische Analyse geht über Literaturkenntnisse und Verständnis computergesteuerter Analyseprogramme hinaus. Es bedingt ein Gefühl für das Kursverhalten, die intuitive Fähigkeit zur Interpretation einer Vielfalt von Indikatoren unter den verschiedensten Marktbedingungen und die Flexibilität, sich einen Fehler im Trading oder Investment einzugestehen.

Ich habe dieses Buch aus zweierlei Gründen geschrieben. Zum einen wollte ich das bereits vorhandene Wissen des Lesers über Technische Analyse erweitern. Zum anderen hatte ich den Wunsch, viele der weitverbreiteten Irrtümer auszuräumen, mit denen bestimmte Technische Indikatoren behaftet sind. Um beide Ziele zu erreichen, stützte ich mich auf die Erfahrung und das Wissen von Männern, die anderen an Wissen und Erfahrung weit voraus sind. Diese Auswahl an Gesprächspartnern liefert Ihnen ein wahres „Füllhorn" an Erfahrungen. Diese Analysten haben eine Vielzahl von Bull- und Bear-Markets überlebt und sind deswegen mit überdurchschnittlichen Instinkten ausgestattet, die auch den besten Indikator weit übertreffen. Im Durchschnitt hat sich jeder über

28 Jahre mit Technischer Analyse befaßt. Der heutigen Kurzlebigkeit des Erfolges zum Trotz können alle auf gute und langfristig konstante Ergebnisse zurückblicken. Diese Analysten konnten sich behaupten, weil ihre Prognosen immer besonnen und auf Logik und konkreten Fakten aufgebaut waren. Sie sind in ihrem Denken unabhängig und insofern ungewöhnlich, als daß sie dabei nie dem Druck der allgemeinen Meinung an Wall Street oder irgendwelcher Tagesprognosen nachgeben. Neben der täglichen Überwachung der Marktaktivitäten finden sie alle noch Zeit, sich Forschung, Beratung, der Verwaltung von Kapital und der Lektüre zu widmen oder selbst als Autor von Büchern oder Börsenbriefen tätig zu sein. Viele von ihnen haben Bücher herausgebracht, und ich möchte betonen, daß die hier dargebotenen Informationen als Erweiterung ihrer eigenen Arbeiten, nicht als Ersatz gesehen werden sollten.

Aus dem Blickwinkel der Analyse hat jeder dieser Techniker seinen ureigenen Stil entwickelt. Die folgenden Interviews untersuchen dabei den jeweiligen Kern ihrer Analysearbeit. Dabei habe ich den Schwerpunkt auf diejenigen „Lieblingsindikatoren" gelegt, denen meine Gesprächspartner den höchsten Nutzen bezüglich der Beurteilung von Indizes und Einzelwerten beimessen. Aufgrund der Tatsache, daß eine immense Vielfalt unterschiedlicher Analysemethoden existiert, äußerten einige meiner Gesprächspartner die Besorgnis, daß die Gesamtheit des Materials gegenläufige Ansichten offerieren würde, welche den Leser mehr verwirren als unterstützen könnten. Doch auch wenn die Ansichten teilweise sehr auseinandergehen, sind doch keine völlig gegensätzlich. Unter allen sechzehn Analysten gab es eigentlich nur in bezug auf die eine Frage Differenzen, ob die Umsätze die Kursveränderungen dominieren oder umgekehrt. Aber aus dem Blickwinkel des Anlegers ist die Debatte vergleichbar unwichtig wie die Beantwortung der Frage, was zuerst da war: Das Huhn oder das Ei. Betrachtet man sich die Erfolge der Analysten, scheint keiner der beiden Standpunkte beim Geldverdienen hinderlich zu sein. Trotz leichter Differenzen in den Ansichten meiner Interviewpartner gab es doch vier wichtige Aspekte, bei denen völlige Übereinstimmung herrschte:

1. Es gibt keinen Indikator, der perfekt wäre.
2. Emotionale Einflüsse unterminieren die Effektivität jedes Indikators.
3. Begrenzen Sie Ihre Verluste so schnell als möglich und
4. Halten Sie sich immer an den Trend.

Die Mehrzahl der Interviews wurde zwischen Juni und September 1996 geführt, eine Phase erhöhter Volatilität an den Börsen. Für diejenigen von Ihnen, welche diese Marktphase nicht verfolgt haben, habe ich im Anhang 1 entsprechende Charts bereitgestellt. Da dieses Buch auf eine bestimmte Zeitperiode fixiert worden wäre, habe ich es vermieden, die Unterhaltungen auf diese entsprechende Phase zu determinieren. Da eine derartig ungewöhnliche Börsenlage aber im Gegenzug einen idealen Hintergrund für die Diskussion der Verläßlichkeit bestimmter Indikatoren liefert, habe ich einige Bezugnahmen auf diese Zeit in den Texten belassen.

Ist erst einmal alles gesagt und getan, gibt es für den Anleger zwei Möglichkeiten, um zu lernen. Der eine Weg ist die persönliche Erfahrung, auch als die „harte Schule" bekannt. Auch wenn diese Methode effektiv ist, so ist sie doch auch zeitraubend und teuer. Ein anderer und zweckdienlicherer Ansatz ist, von den Erfahrungen und Fehlern anderer zu lernen. Dieses Buch beleuchtet Technische Indikatoren und Strategien, die sich nachweislich bewährt haben. Nachdem diese Techniker mit nahezu allem experimentiert haben, was die Technische Analyse bietet, haben sie sich auf das konzentriert, was sich wirklich in der realen Welt der Markttechnik bewährt. Auf der Grundlage langjähriger Erfahrungen teilen sie mit Ihnen ihre persönlichen Ansichten, Methoden und Beobachtungen und bieten Ihnen damit die solide Grundlage zum Aufbau eigener Analysemethoden. Folgen Sie ihrem Rat, und der Erfolg wird sich einstellen.

Danksagung

An erster Stelle bin ich jedem einzelnen Analysten zu tiefem Dank verpflichtet, denn alle haben sich trotz der damals hektischen Börsenphase die Zeit genommen zu helfen, dieses Projekt auf den Weg zu bringen. Die Bereitschaft, ihre bewährten Erkenntnisse und Methoden mit anderen zu teilen, ist in höchstem Maße dankenswert und wird sich für den Leser als äußerst wertvoll erweisen. Darüber hinaus war es ihre dauerhafte Unterstützung und Ermutigung bezüglich dieser Herausforderung, die mir die Arbeit deutlich erleichtert hat.

Die Ehefrauen und das Personal verschiedener Interviewpartner haben hinter den Kulissen Mithilfe als Redakteure oder Verbindungsleute geleistet. Vor allem möchte ich hier Yolanda Ferguson, Jenny Graziano, Dorit Anne Kehr, Roberta Silveus, Nancy Tillman und Rita Weinstein hervorheben.

Besonderer Dank gilt Ed Dobson von „Traders Press“, der mich auf die Idee zu diesem Buch brachte.

Bei jedem Schritt des Weges stand mir meine Beraterin, Lektorin, Kritikerin und Tante Mary Jo Montgomery Wilkinson zur Seite. Ich konnte mich immer darauf verlassen, daß sie mir den richtigen Weg wies.

Vielen Dank an Kewal Krishan vom „Mansfield Chart Service“, der mindestens eine Meile extra gelaufen ist, um die Charts der einzelnen Zeitperioden zu reproduzieren.

Das Lektorat dieses Buches leisteten Margaret Ros Hudson und ihr Team bei „Traders Press“ – Christine Levanowitz, Cristan Parrish und Sandy Shuler. Ich danke allen bei „Traders Press“ dafür, daß mir mehr Freiheit und Mitbestimmung eingeräumt wurde, als die meisten Autoren erwarten dürfen.

Ich möchte den vier Personen meine Anerkennung zollen, die an der künstlerischen Gestaltung des Buchumschlages mitgewirkt haben. Das graphische Layout wurde von Madeline Cripe und Nancy Wilkinson gestaltet. Margaret Ros Hudson und Cristan Parrish lieferten die „letzten Pinselstriche", um das Bild zum Leben zu erwecken.

Und nicht zuletzt meinen herzlichen Dank an meine Familie und Freunde, deren Interesse und Meinungen viel zum Ergebnis dieser Arbeit beigetragen haben.

Kapitel I

Stan Berge

Es war das Jahr 1957, als Stan Berge, studierter Elektroingenieur und zu dieser Zeit Geschäftsführer einer Fabrik des Elektrokonzerns General Electric, beschloß, sich ernsthaft um einen frühzeitigen Ruhestand zu kümmern. Zwar war er bereits Besitzer einiger Aktien von General Electric, interessierte sich darüber hinaus aber dafür, sein Aktiendepot noch um einige andere Werte zu erweitern. Eines Tages, während einer Mittagspause, ging er kurzentschlossen bei einem Broker vorbei, um sich einige Tips zu besorgen. Basierend auf den Empfehlungen des Brokers erwarb er daraufhin einige hundert Aktien fünf verschiedener Unternehmen. Dies war im März 1957. Im Juni war sein Portfolio im Durchschnitt bereits um 12 % gestiegen.

Exakt in dem Augenblick, als er darüber nachdachte, daß er eigentlich mit Aktien genausoviel Geld wie mit seinem eigentlichen Beruf verdienen könnte, vollzog der Aktienmarkt prompt eine Kehrtwende und marschierte nach unten. In kürzester Zeit lagen seine Investments unterhalb der Einstiegskurse. Es setzte sich umgehend mit seinem freundlichen Broker in Verbindung, um zu erfahren, was diese plötzliche negative Wende verursacht haben könnte. Die lapidare Antwort lautete: „Machen Sie sich keine Sorgen." Als er dennoch auf einer Erklärung bestand, teilte ihm der Broker mit, seine Firma vertrete den Standpunkt, daß es sich bei dieser Abwärtsbewegung nur um eine kurzfristige Korrektur handele. Doch nur vier Wochen nach diesem Gespräch war der Markt bereits um weitere 5 % gefallen. Der zweite, nun schon deutlich besorgtere Anruf bei der Brokerfirma wurde zunächst erneut mit der üblichen schlagfertigen Antwort „Don't worry" abgetan. „Sie sollten sich darum einfach nicht kümmern", hieß es zudem.

Mr. Berge hob gegenüber dem Broker hervor, daß die Auftragseingänge bei General Electric deutlich zurückgingen und Kurzarbeit nahezu unausweichlich schien. Unter dem Eindruck des düsteren Szenarios im Bereich der eigenen Produktion manifestierten sich vor Mr. Berges innerem Auge die ersten Anzeichen eines allgemeinen wirtschaftlichen Niedergangs. Er forderte den Broker auf, in dieser Hinsicht Nachforschungen anzustellen. Eine weitere Woche verging, bevor der Broker anrief und erklärte, daß die Analyseabteilung seines Hauses einräumte, das Ausmaß der Abwärtsbewegung unterschätzt zu haben und eine baldige Rezession durchaus einkalkuliert werden müßte. Der Rat an die Kunden lautete nun plötzlich: „Verkaufen“.

Es war nun bereits Oktober und der Gesamtmarkt war um 25 % gesunken. Das Berge'sche Aktiendepot verbuchte Verluste in Höhe von 15 %. Am 23. Oktober 1957 verkaufte Mr. Berge im Vertrauen auf die Lagebeurteilung der Brokerfirma seinen gesamten Aktienbestand. Gleich am darauffolgenden Tag, dem 24. Oktober 1957, markierte der Aktienmarkt das Ende der gesamten Abwärtsbewegung – er hatte mit seinen Verkäufen also beinahe punktgenau den Tiefpunkt erwischt! Innerhalb der folgenden sechs Monate tendierten die Kurse unter geringen Schwankungen seitwärts, um dann ihre Hausse wieder aufzunehmen.

Der Aktienmarkt war bereits einige Zeit wieder im Aufwärtstrend, bevor Mr. Berge einen Anstieg bei der Auftragslage von General Electric feststellen konnte. Diese Erfahrung zeigte ihm, daß die Börsen offenbar Kräften gehorchte, die er nicht verstand. Wie konnte es sein, daß die Aktien fielen, bevor sich die allgemeine Wirtschaftslage verschlechterte, und im Gegenzug bereits wieder anzogen, während die Konjunktur noch darniederlag? Er stellte später fest, daß sein erster, unmittelbarer Gedanke hierzu in der Tat richtig war: Der Aktienmarkt nimmt Ereignisse einfach vorweg.

Der Verlust hart verdienten Geldes stellt eine mächtige Motivation dar, um sich nach neuen Wegen bei der Kapitalanlage umzusehen. Berge beschloß, alles über den Aktienmarkt zu lernen, dessen er habhaft werden konnte. Er abonnierte die „Business Week“, „Barron's“, das „Wall Street Journal“ und eine Reihe von Börsenbriefen. Er las jedes Buch, das sich mit dem Thema Investment auseinandersetzte. In seiner Freizeit besuchte er darüber hinaus Seminare prominenter Marktexperten wie John Magee, Hamilton Bolton, George Chestnut oder Ray Mansfield.

Am Ende dieser Periode, die sich von 1957 bis 1961 erstreckte, erkannte Stan Berge, daß sich seine ursprüngliche Intention – nämlich sein Anlagekapital besser schützen zu können – erweitert hatte. Die Analyse der Märkte machte ihm dabei nicht nur Spaß – er hatte sich in der Tat zu einem profunden Markttechniker entwickelt. Es gelang ihm, der Baisse von 1960 zu entgehen, indem er seine gesamten Bestände im Januar verkaufte und erst im Dezember desselben Jahres wieder einstieg. Dieses gekonnte Manöver blieb dabei nicht unbemerkt. Ein Geschäftsführer der Brokerfirma Davis & Davis, über die er seine Transaktionen abzuwickeln pflegte, fragte Mr. Berge nach der Quelle seiner Informationen. Berges Antwort, nämlich daß er selbst seine eigene Quelle sei und die Börse mittlerweile zu seinem Hobby geworden wäre, brachte ihm das Angebot ein, jederzeit in der Firma einsteigen zu können. Er dachte jedoch nie weiter über diese Möglichkeit nach – bis 1962.

Als General Electric Mr. Berge 1957 aus Gründen eines Stellenwechsels zum Umzug (dem siebten) aufforderte, lehnte er einfach ab und trat den Posten des stellvertretenden Vorsitzenden und Produktionsleiters bei Haveg Industries an. 1962 unterbreitete die Hercules Corp. der Haveg Industries ein Übernahmeangebot. Beseelt von dem Wunsch, seiner Familie endlich ein permanentes Zuhause bieten zu können, lehnte er ein Stellenangebot von Hercules – schon wieder mit einem Umzug verbunden – ab und entsann sich der möglichen Alternative, Broker zu werden. Nach langer, ernsthafter Überlegung brach er die Brücken zur Industrie ab, akzeptierte eine 6%ige Verringerung seines Gehalts und trat in die Dienste von Davis & Davis. Doch diese Firma war nicht groß genug, um Mr. Berges Erwartungen erfüllen zu können. Sein Ziel war es, die Aufmerksamkeit institutioneller Investoren wie Banken, Pensionsfonds oder Versicherungen auf sich zu ziehen. Diese Chance ergab sich jedoch, als Davis & Davis später mit Tucker Anthony fusionierte.

Obwohl eigentlich erst spät zu den Finanzmärkten gestoßen, stellte Stan Berge insofern einen Pionier in dieser Branche dar, als daß er zu dieser Zeit als einziger die technische Analyse mit den fundamentalen wirtschaftlichen und monetären Kräften der Märkte in Verbindung brachte. Indem er diese bislang unentdeckte Nische ausfüllte, wurde Berge innerhalb kürzester Zeit überaus erfolgreich. Seine profunden Analysen und Ratschläge brachten ihm in der gesamten Finanzwelt Anerkennung und Respekt ein. So erreichte sein Börsenbrief bei Umfragen unter institutionellen Anlegern immer wieder Spitzenplätze. Schon zu Beginn seiner Karriere bemerkte Mr. Berge dabei, daß seine institutionelle Klientel nicht auf die rationalen Argumentationen der Markttechnik ansprach. Er löste dieses Problem, indem er – obwohl seine Empfehlungen auf der technischen Analyse basierten – seine Neigungen zur Technik bei Vorträgen oder Seminaren vor institutionellen Investoren in den Hintergrund treten ließ und die Argumentation seiner Einschätzungen einfach in Form monetärer und ökonomischer Begriffe vermittelte.

Nach einigen Jahren der Experimente und Forschungen entwickelte Mr. Berge 1961 den „Primary Trend Index" (PTI), ein Modell, das seinen Klienten bereits im Vorfeld den Beginn eines Bullen- oder Bärenmarktes anzeigen sollte, dessen voraussichtlicher Umfang größer als 16 % bis 20 % sein würde. Zur Abdeckung mittelfristiger Trendbewegungen wurde ein zweites Modell geschaffen: der „Intermediate Trend Index" (ITI), welcher eine kommende Rallye oder Abwärtsbewegung in der Größenordnung von 10 % bis 16 % indiziert. Er verwendete hierfür dieselben technischen Indikatoren wie andere Markttechniker, aber, wie er gleich persönlich darlegen wird, ist es seine besondere Art des Umgangs mit diesen Daten, die sein Vorgehen einzigartig macht. Regelmäßige „Adjustierungen" sind Bestandteil dieser Modelle, um mit dem stetigen Evolutionsprozeß der Märkte Schritt halten zu können. Zwar haben diese Modelle, wie Berge selbst zugibt, ein paar „Haken", aber wer des Chartlesens mächtig ist, kann sich davon überzeugen, daß sie gerade im Vorfeld der „ganz großen" Trends genau richtig lagen. Eine Retrospektive der sechziger Jahre, bei der die graphische Darstellung des PTI-Indikators über den Kursverlauf des Dow-Jones-Index gelegt wird, unterstreicht die außergewöhnliche Treffsicherheit bei den großen Wendepunkten der Märkte.

Mr. Berge war der größte Aktionär bei Tucker Anthony, als die Firma 1982 von John Hankock übernommen wurde. 1988, sechs Jahre später und nach einer Reihe von Wechseln im Top-Management, die Berge überaus mißfielen, faßte er den Entschluß, sich zusammen mit seiner Tochter Susan und seinem Schwiegersohn Ronald Kent in Form eines Familienunternehmens selbständig zu machen. Von einer Filiale von Dominick & Dominick Inc. in Providence, Rhode Island, aus veröffentlichten sie den „Berge-Kent-Report" und setzten die Betreuung institutioneller Anleger fort, von denen mehrere bereits seit über fünfundzwanzig Jahren zu seinen Kunden zählten.

Oberflächlich betrachtet, ließe sich einwenden, daß die Basis von Stan Berges Erfolg vor allem darin bestand, zur richtigen Zeit am richtigen Ort zu sein. Und in der Tat bezeichnet er selbst seine Leistungen bescheiden als 'Glücksfall'. Doch sieht man genauer hin, wird offenkundig, daß er sich im Vorfeld derart intensiv auf diese Tätigkeit vorbereitet hat, daß er, als die Gelegenheit kam, auch die entsprechende Qualifikation besaß, um sie zu nutzen. Berge bezeichnet seine Karriere an der Börse als eine wunderbare Erfahrung und wünscht sich, daß „jeder die Gelegenheit hat zu erleben, was ich erlebt habe".

Von den sechziger Jahren bis zu seinem „Fast"-Ruhestand genoß der Name Stan Berge einen hohen Bekanntheitsgrad. Bei mehreren Gelegenheiten wurde er vom „Insitutional Investor"-Magazin als einer der drei besten Marktanalysten ausgezeichnet. In diesen Jahren wurden seine Analysen zudem regelmäßig in solch bekannten Publikationen wie „Barron's" oder dem „Wall Street Journal" veröffentlicht. Heute jedoch scheut er Interviews. Zum einen, weil seine Tradingmodelle und Indikatoren nicht der Allgemeinheit zugänglich sein sollen, zum anderen, weil er keine kostenlosen Tips über die Medien preisgeben möchte, während seine Kunden im Gegenzug für spezielle und nicht frei zugängliche Analysen bezahlen müssen. Dennoch hat Mr. Berge, in Erinnerung an die Hilfe, die ihm selbst als „Börsennovize" zuteil wurde, zugestimmt, den grundsätzlichen Aufbau seines PTI-Indikators darzulegen – aber verständlicherweise, ohne dabei zu sehr ins Detail zu gehen. Aber alleine diese Informationen stellen einen guten Ausgangspunkt und zugleich eine Herausforderung für diejenigen unter Ihnen dar, die Mr. Berge in die Höhen seines Erfolges nachfolgen möchten.

Ich bin ihm außerordentlich dankbar für seine Bereitschaft, sein Wissen und seine Erfahrungen mit uns zu teilen.

Heute werden mehr und mehr Aufgaben seiner Unternehmung von seiner Tochter, dem Schwiegersohn Ronald oder seinem jüngsten Sohn Tom übernommen, damit Mr. Berge Gelegenheit hat, sich seinen beiden großen Leidenschaften voll und ganz zu widmen: dem Aktienmarkt und dem Golf.

Mr. Berge, was hat Sie nach Ihren Börsenerfahrungen des Jahres 1957 bewogen, sich gerade der technischen und nicht der fundamentalen Analyse zuzuwenden?

Nun, ich las John Magees Buch „Technical Analysis of Stock Market Trends", und stellte fest, daß das Gebiet der technischen Analyse außerordentlich umfangreich war. Bei der Lektüre dieses Buches finden Sie bei einzelnen Aktien eine Unmenge technischer Formationen, die anzeigen, ob sich dieser Wert auf-, ab- oder seitwärts bewegen wird. Das weckte natürlich mein Interesse. Einer meiner Freunde, ein Arzt mit eigenem Flugzeug, teilte mein Interesse am Aktienmarkt. Nachdem auch er das Buch gelesen hatte, entschlossen wir uns, Mr. Magee aufzusuchen. Wir flogen also nach Springfield, Massachusetts. Unser Gespräch mit Mr. Magee fand in einem Raum ohne jegliche Fenster statt, dessen Wände aber dafür über und über mit Charts bepflastert waren. Ich muß sagen, daß ich dieses Gespräch sehr genossen habe, denn Magee stellte sich als angenehmer, charismatischer Mann heraus. Später unterhielt ich mich auch mit anderen, erfahrenen Börsianern und erhielt immer wieder denselben Rat: „Bleib bei der technischen Analyse, und laß Dich nicht mit fundamentalen Faktoren ein."

Doch dann traf ich mich mit Hamilton Bolton in Toronto, dem Autor des Buches „Bank Credit Analyst". Er erklärte mir, daß es wichtig sei, daß System und die Vorgehensweise der Notenbaken zu verstehen, da diese für die Geldpolitik verantwortlich ist. Wenn die Politik der Notenbank restriktiv ist, fallen die Aktien. Läßt sie im Gegenzug aber die „Zügel schleifen", dann geht es mit dem Aktienmarkt aufwärts. Also begann ich, mich mit Geldpolitik zu beschäftigen und abonnierte zu diesem Zweck die „St. Louis Federal Reserve Figures".

Danach besuchte ich Ray Mansfield in Newark, New Jersey. Mansfield machte mir klar, daß die technische Analyse zwar eine wunderbare Sache sei, man sich aber auch mit ökonomischen Grundlagen auskennen müsse. Er schlug mir vor, daß ich mir einige regelmäßige Veröffentlichungen der Regierung wie beispielsweise den „Business Conditions Digest" besorgen solle, der heute übrigens „Business Cycle Indicators" heißt. Und so folgte ich seiner Empfehlung, um zu lernen, wie die Wirtschaft funktioniert. Und als ich später begann, verschiedene Statistiken miteinander in Verbindung zu bringen, um ein Gesamtbild zu erhalten, wurde sogar ein Hobby daraus.

Könnten Sie den Aufbau des „Primary Trend Index" (PTI) in groben Zügen erläutern?

Der „Primary Trend Index" beinhaltet eine Vielzahl unterschiedlicher Wirtschaftsindikatoren. Dabei sind stimulierende Indikatoren mit Blick auf die kommende Entwicklung ebenso enthalten wie Kennzahlen über die aktuelle Lage und solche, die eher kontraproduktiv wirken. Der PTI vermittelt eine bearishe Aussage, wenn die stimulierenden Indikatoren Werte unter 50 % erreichen, während die kontraproduktiven Indikatoren zugleich noch oberhalb 50 % notieren. Ein solches Szenario bedeutet gemeinhin, daß sich die Wahrscheinlichkeit eines konjunkturellen Rückgangs erhöht hat. Aber eine solche Aussage des Indikators kann bereits einige Monate vor einer möglichen Rezession vorliegen. Manchmal handelt es sich dann, so wie beispielsweise 1966 oder 1995, nur um eine konjunkturelle Abkühlung, in anderen Fällen kommt es hingegen tatsächlich zu einer Rezession.

Wenn die stimulierenden Indikatoren Werte über 50 % erreichen, bewerten wir dies mit dem Faktor +1 im PTI. Wenn dabei allerdings Werte von 100 % oder höher auftreten, wird dies bereits wieder als neutral gewertet. In diesem Fall ist ein Punkt erreicht, an dem die Konjunktur sozusagen unter „Volldampf" läuft. Die Wertung bleibt so lange neutral, bis dieser Indikator später unterhalb 50 % zurückfällt – ab diesem Augenblick liegt die Wertung bei –1. Wenn der Indikator später einen Extremwert unterhalb Null erreicht, wird auch die Wertung des Indikators für den PTI auf neutral (Null) gesetzt, und zwar so lange, bis wieder Werte über 50 % erreicht sind. Das heißt also: Die Bewertung verläuft immer von +1 zu Null, von Null auf –1, von –1 wiederum zu Null und von dort aus erneut auf +1 – und so fort. Dieses Bewertungsprinzip gilt dabei für alle Indikationen, die in den PTI einfließen.

Im Bereich der monetären Einflußgrößen wie beispielsweise Zinsen, den Anleihekursen, Geldmengenentwicklung etc. geht es um relative Veränderungen. Wie schnell expandiert zum Beispiel die Geldmenge? Eine schnelle Expansion ist positiv für die Konjunktur ebenso wie für den Aktienmarkt und wird daher mit +1 bewertet. Wächst die Geldmenge danach langsamer, wird die Wertung neutral. Schrumpft die Geldmenge indes, ist dies ein negativer Faktor und muß mit –1 eingestuft werden. Während einer solchen Verringerung wird natürlich irgendwann auch eine Stufe erreicht, in der die Verringerung schon wieder als neutral zu bewerten ist. Wenn die Geldmenge dann ihren Tiefpunkt erreicht hat und wieder expandiert, beginnt dann erneut eine bullishe Einstufung, also wieder +1. Dasselbe Prinzip gilt für die Notenbankpolitik. Wenn sich die Wirtschaft frei entwickeln kann, die Federal Reserve (US-Notenbank) also nicht in den Konjunkturverlauf eingreift und keine Liquiditätsbeschränkungen für die Kapitalbeschaffung der Unternehmen vornimmt, ist dies als positiv einzustufen. Eine restriktive Vorgehensweise seitens der Federal Reserve in Form eingeschränkter Liquiditätszuflüsse und anziehenden Zinsen wirkt zuerst auf den Aktienmarkt und später auf die gesamte Wirtschaft negativ.

Der Grund, warum wir eine Unmenge einzelner Faktoren betrachten, um sie dann für die Berechnung des PTI auf nur noch siebzehn Kennzahlen zusammenzufassen, ist, daß manchmal Ausnahmesituationen vorliegen, die nur durch eine außerordentlich breit gefächerte Datenmenge erfaßt und dann richtig bewertet werden können. Im Augenblick verringert sich beispielsweise die Geldmenge, der Aktienmarkt steigt aber dennoch. Der Grund hierfür ist recht ungewöhnlich: Ein Großteil privater Anleger transferiert seine Ersparnisse von Sparbüchern und Festgeldern in den Aktienmarkt. Gleichzeitig verschuldet man sich in hohen Beträgen auf Kreditkartenkonten.

Doch sprechen wir nun einmal von den technischen Faktoren des PTI. Hier geht es um Aspekte wie die Put/Call-Ratio. Eine sehr niedrige Put/Call-Ratio suggeriert einen viel zu hohen Optimismus und indiziert damit, daß der Aktienmarkt nicht mehr allzu weit nach oben laufen kann. Wenn diese Relation aber wie beispielsweise im Juli 1996 sehr hoch liegt, deutet dieser übertrieben hohe Pessimismus an, daß wir kurz vor einem kräftigen Kursanstieg stehen. Zur Integrierung dieser Erkenntnisse in den PTI gehen wir nach dem bereits bekannten Muster vor: Eine sehr niedrige Put/Call-Ratio wird mit –1 bewertet, eine hohe Put/Call-Ratio erhält die Kennzahl +1. Eine Put/Call-Ratio in einer neutralen Range wird auch im PTI neutral gewertet, also mit Null.

Nach demselben Prinzip verfahren wir mit Kennzahlen wie der Relation neuer Höchst- zu neuen Tiefstkursen, der Advance/Decline-Linie (Anzahl der gestiegenen zu den gefallenen Aktien), der Umsatzhöhe, der Meßgröße Kauf- zu Verkaufsvolumen und der Relation eines 20-Tages- zu einem 40-Tages-Gleitenden-Durchschnitt auf Basis des S&P 500-Index. Aber wir messen darüber hinaus auch die Anzahl der zum vorherigen Handelstag unverändert notierten Aktien. Diese Meßzahl lag übrigens auf Basis eines 10-Tages-Durchschnitts im Juni 1996 auf dem historisch höchsten Niveau und ließ damit erwarten, daß die Kurse kaum noch sehr weit steigen würden. Doch nach der Juni/Juli-Korrektur des Marktes stieg diese Indikation trotzdem auf noch höhere Niveaus, ohne auch nur einmal kurzzeitig ein wenig zurückzugehen.

Existiert eigentlich eine gute Methode, um die Anzahl derjenigen Aktien festzustellen, die aus dem Bereich der steigenden Werte in das Lager der unverändert, also in einem Seitwärtstrend notierenden Aktien überwechseln?

Herfür gibt es sogar mehrere Möglichkeiten. Eine dieser Methoden nennen wir „DISART“. Diese Kennziffer stellt die Anzahl der gestiegenen

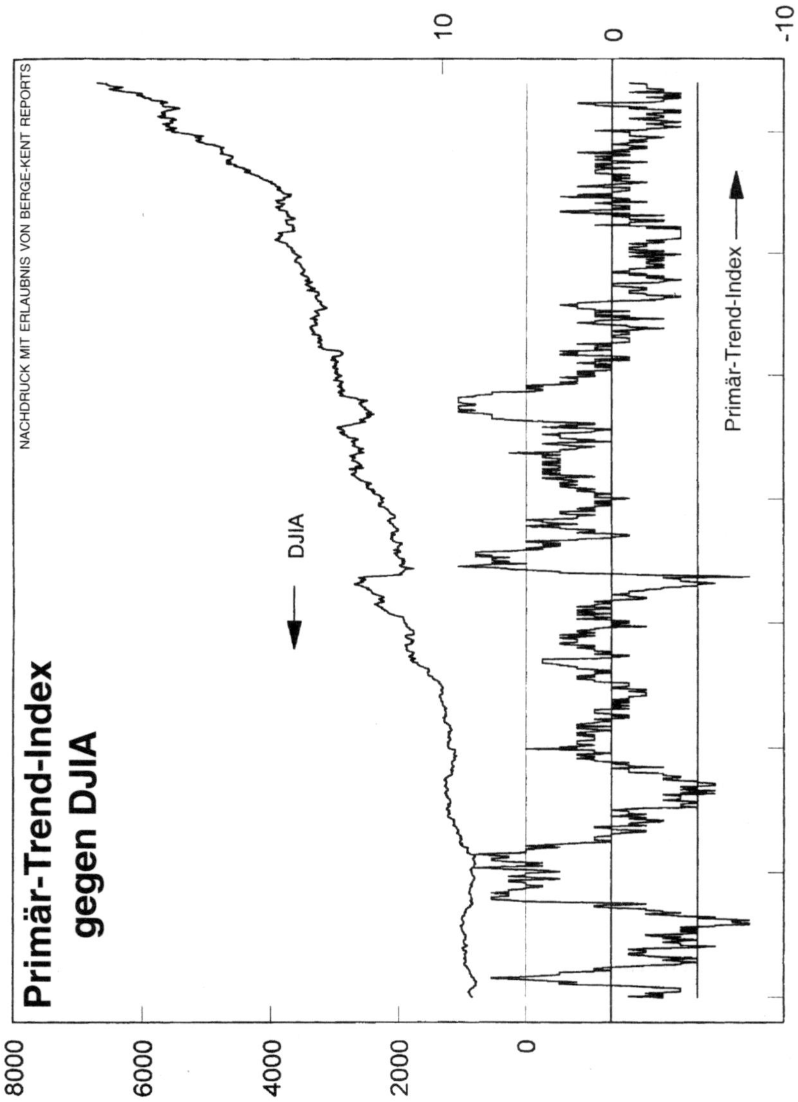
Primär-Trend-Index
gegen DJIA
NACHDRUCK MIT ERLAUBNIS VON BERGE-KENT REPORTS
DJIA
Primär-Trend-Index
8000
6000
4000
2000
0
10
0
-10
Jan/80
Apr/82
Aug/84
Nov/86
Mar/89
Jul/91
Oct/93
Feb/96

minus der gefallenen Aktien dar – aber ohne Berücksichtigung des Vorzeichens. Man nimmt also einfach regelmäßig die Zahl der an einem Handestag angestiegenen Werte, zieht die gefallenen Aktien davon ab, ignoriert dann ein ggf. auftauchendes Minuszeichen und bildet aus diesen Ergebnissen einen 25-Tages-Durchschnitt. Mit „DISART“ läßt sich die aktuelle Volatilität im Markt messen. Ein sehr niedriger „DISART“-Wert sagt aus, daß sich der Markt an einem Top befindet. Ein hoher „DISART“ bedeutet im Gegenteil, daß aktuell eine sehr hohe Volatilität vorliegt und suggeriert, daß die Kurse kurz davor sind, einen Boden zu bilden. Ein Beispiel hierfür haben wir gerade Mitte Juli 1996 gesehen: Die Volatilität war immens hoch – und der Markt bildete sein Tief aus. Wenn sich aber nun die Differenz zwischen gestiegenen und gefallenen Aktien verringert, geht auch die Volatilität zurück. Allerdings: Als ich vor fünfundzwanzig Jahren begann, mit „DISART“ zu arbeiten, lag die Gesamtzahl der damals handelbaren Werte bei ca. 1 500. Heute umfaßt der Markt aber 3 300 Werte. Dadurch verändert sich einiges, weswegen man unbedingt einige Erfahrung mitbringen muß, um die Aussagen des „DISART“ richtig zu interpretieren.

Wenn ich Sie richtig verstehe, oszilliert jeder einzelne Indikator des PTI zwischen „bullish“ und „bearish“, muß aber auf dem Weg nach oben oder unten immer durch die „neutrale Zone“?

Das ist richtig. Nehmen wir als Beispiel die Advance/Decline-Linie (Differenz zwischen gestiegenen und gefallenen Aktien, ADL). Normalerweise bildet dieser Indikator bereits deutlich vor dem eigentlichen Markt ein Top heraus. Wenn der 10-Tages-Durchschnitt dieses Indikators bei Werten zwischen minus 7 000 und minus 10 000 notiert, denkt man unwillkürlich, daß dies ein bullishes Signal sei und es von hier aus nur noch aufwärts gehen kann. Liegt der Wert andererseits in der anderen Extremzone zwischen plus 7 000 und plus 10 000, ist der erste Gedanke bei der Betrachtung der ADL: Wir sind deutlich überkauft – und das muß ja wohl negativ sein. Doch so einfach ist das natürlich nicht!

Nehmen wir einmal an, daß die ADL der einzige Indikator sei, den wir zur Beurteilung des Marktes verwenden. Stellen wir uns vor, daß die

ADL bereits ein Top bildet, der Markt selbst aber noch klar im Aufwärtstrend liegt und jedermann bullish ist. Dann plötzlich fallen die Aktien zurück, erholen sich später aber wieder auf das vorherige Kursniveau. Wenn die AD-Linie hierbei aber keine neuen Tops bilden kann – diese Situation haben wir übrigens gerade im Markt – dann bewerten wir dies als neutral.

Steigen die Aktien nun weiter an, erreichen sie also nicht nur das Vorniveau, sondern sogar neue Höchstkurse, dann ist dies negativ, wenn folgendes passiert: Die Aktien drehen wieder nach unten, und die ADL hat zwischenzeitlich keine neuen Tops erreicht. Anders formuliert: Die neuen Rekorde der Aktien wurden von der ADL nicht bestätigt. Dieser Umstand fließt dementsprechend negativ in den PTI ein, also mit dem Faktor –1.

Ein anderes Beispiel, diesmal bezogen auf die Anzahl der neuen Höchststände einzelner Werte: Der Aktienmarkt erreicht neue Höchststände. Auch die Wert der neuen Höchststände liegt auf zugleich auf dem höchsten Niveau der gesamten Trendbewegung, sagen wir, bei 600. Jetzt vollzieht der Aktienmarkt eine Abwärtskorrektur – und zwar zusammen mit dem Level der neuen Höchstkurse, welches ebenfalls zurückgeht. Während die Kurse danach wieder auf neue Höhen steigen, bleiben die neuen Höchststände jedoch in ihrer Abwärtsbewegung. Dies macht die neuen Höchststände zum Aktienmarkt bearish und wird mit –1 eingestuft.

Auf diese Weise entstehen die siebzehn Komponenten, welche sich zum PTI zusammenfügen, als Konzentrat aus ungefähr 110 einzelnen Indikatoren.

Würden Sie uns erläutern, welche Vorgehensweise diesem Modell zugrundeliegt?

Wir haben einen aus mehreren Komponenten bestehenden Index kreiert, indem wir quasi „alles“ beobachten, und dessen zusammengefaßte Resultate wiederum zusammengefaßt werden, um einen einzigen

Indikator zu bilden, den PTI. Dabei verwenden wir einen Computer, der uns die Einzelarbeit abnimmt, indem er nach unseren Vorgaben bei jeder einzelnen Komponente mißt, ob dieser oder jener Wert positiv oder negativ beurteilt werden muß. Die Einstufung ist dabei immer entweder –1, 0 oder +1. Jeder Schwenk von einem Ende dieser Skala zum anderen via der Nullinie wirkt wie ein Pendel, daß entweder in die eine oder andere Richtung ausschwenkt und uns mitteleilt, ob wir in bezug auf diesen speziellen Faktor bullish oder bearish zum Aktienmarkt eingestellt sein sollten.

Alle Einzelkomponenten, gleich ob technische, monetäre oder ökonomische Faktoren, werden diesem Prozeß unterzogen und am Schluß einfach aufaddiert. Das könnte jeder! Kommt unter dem Strich ein Wert von, sagen wir –5 oder –6 heraus, dann lautet die Aussage: Wir bewegen uns allmählich im Bereich eines Tops im Aktienmarkt. Andererseits: Wenn wir einen Wert von +5 oder höher erreichen, dann ist eine Bodenbildung nahe.

Wir hatten in diesem Indikator übrigens keine bearishe Bewertung mehr, seitdem an den Tiefs 1990 ein bullishes Signal generiert wurde. 1994 waren wir ganz knapp vor einer negativen Bewertung, denn es sah fast danach aus, als würden wir in eine Rezession hineinlaufen, zumal der Bereich der Industrieproduktion diese Voraussetzungen bereits erfüllt hatte. Aber der Dienstleistungsbereich wurde stark und stärker und konnte so verhindern, daß das Bruttoinlandsdsprodukt als solches negativ wurde – was eine Rezession bedeutet hätte. Und so fiel z.B. der S&P 500-Index 1994 auch nur um 8,9 %.

Im Augenblick sind wir der Ansicht, daß der Aktienmarkt sein endgültiges Top noch nicht gesehen hat, es aber in hohem Maß wahrscheinlich ist, daß wir eine Korrektur von zehn Prozent oder mehr sehen werden, die im dritten Quartal 1997 beginnen dürfte.

Welche Art von Trendbewegungen soll der PTI-Index vorhersagen?

Normalerweise erwarten wir bei einem Signal des PTI eine Kursbewegung um 20 % und eine zeitliche Ausdehnung von sechs bis zwölf

Monaten, ggf. sogar länger. Unser „Intermediate Term Index“ (ITI), der eine Werteskala von –7 bis +7 aufweist, ist dagegen dafür ausgelegt, unseren Kunden einen mittelfristigen Trend in der Größenordnung von weniger als 16–20 % Kursspanne und einer Dauer zwischen sechs Wochen und sechs Monaten anzuzeigen. Auch der ITI war seit Oktober 1990 nicht mehr bearish.

Aber dann gibt es auch Fälle wie 1965, als der Markt in nur sechs Wochen um 12 oder 13 % in die Knie ging. Der ITI ist nicht dafür gedacht, auf den PTI einzuwirken – und das tat er auch 1965 nicht. Nachdem der Markt um etwa 12 % gesunken war, generierte der ITI ein Kaufsignal, um dann allerdings im Dezember 1966 *zusammen* mit dem PTI auf Verkauf zu schalten.

Ist dieses Modell besonders ausgelegt für eine Korrelation mit großen Werten, wie sie z.B. im S&P 500 enthalten sind?

Wir betrachten vor allem die *Indizes* des breiten Marktes wie z.B. Dow Jones, S&P 500 oder den NYSE-Index. Unterhalb dieser Ebene befassen wir uns mit einzelnen Branchen, um festzustellen, welche Bereiche in den einzelnen Phasen eines Zyklus besonders gut laufen könnten. Aus der unserer Ansicht nach besten Gruppe empfehlen wir dann vier oder fünf Aktien, die wir hierbei aber ausschließlich nach technischen Gesichtspunkten auswählen. Fundamentale Analyse hat auf diesem Level nichts zu suchen. Wir nehmen uns einfach eine bestimmte Aktie und prüfen, ob hier aus technischer Sicht Aufwärtspotential besteht oder nicht.

Zudem untersuchen wir einzelne Branchen – sei es Stahl, Aluminium, Papier, Chemie, Fluglinien oder was auch immer – in Hinsicht auf eine mögliche „underperformance“, damit unsere Kunden diese Bereiche meiden und insbesondere im Falle einer Abwärtsbewegung weniger Verluste hinnehmen müssen. Vor ungefähr acht Jahren entwickelten wir ein System, das unsere Performance mit derjenigen des S&P 500 vergleichbar macht. Seitdem waren wir beständig imstande, besser als der Markt abzuschneiden – und zwar, weil wir in die richtigen Branchen investiert haben!

Wird der „NASDAQ Composite Index" ebenfalls durch Ihr Modell abgedeckt?

Nein, für Aktien, wie sie typischerweise im NASDAQ-Index enthalten sind, haben wir einen eigenen PTI kreiert. Im Herbst 1995 waren wir für den NASDAQ sehr negativ eingestellt, denn die Relation der gestiegenen zu gefallenen Aktien hatte ein klares Top gebildet. Wir hatten diese Situation sehr sorgfältig beobachtet um festzustellen, ob diese Divergenz auch noch weiterhin Bestand hatte, nachdem der NASDAQ wieder auf neue Höchstkurse gestiegen war. Und tatsächlich blieb diese Divergenz erhalten, als der NASDAQ 1996 neue Rekorde erreichte. Unser PTI lag bei –4, ja fast bei –5 und ließ erwarten, daß wir kurz vor einer ziemlich kräftigen Abwärtsbewegung standen. Außerdem hatte der NASDAQ eine weitaus schwächere Relative Stärke als Dow Jones, S&P oder NYSE-Index aufzuweisen, als die erwartete Korrektur im Februar 1996 begann. Das erzeugte eine derartige Spannung, daß wir davon ausgingen, daß der NASDAQ weitaus stärker unter Druck geraten würde als die anderen Indizes. Wir empfahlen unseren Kunden, aus dem NASDAQ-Bereich komplett auszusteigen und bekamen recht: Ende Juli waren die NASDAQ-Werte über 20 % gefallen, während der S&P 500 gerade einmal um 10 % zurückgegangen war.

Sie beobachten über 110 einzelne Indikatoren. Warum haben Sie hieraus ein Modell entwickelt, anstatt diese Indikationen einzeln zu betrachten?

Wir haben diese zusammengesetzten Modelle aus der Erfahrung heraus entwickelt, daß die Aussagekraft einer einzelnen Indikation – ganz gleich ob Umsatzvolumen, neue Hochs zu neuen Tiefs oder andere – für das Timing eines neuen Tiefs oder Hochs im Markt einfach nicht ausreicht. Manchmal gibt ein einzelner Indikator sein Signal zu früh, im nächsten Fall aber zu spät.

So pflegt eine kumulierte Advance/Decline-Linie einen großen Abwärtstrend bezogen auf den Dow Jones nahezu immer rechtzeitig durch eine eigene Top-Bildung vorab anzukündigen – außer im Jahre 1976. Der

Dow markierte seine Höchstkurse im August/September 1976, aber die ADL stieg bis zum Juli 1977 weiter! Hätten Sie sich also damals ausschließlich auf die ADL verlassen um herauszubekommen, ob Divergenzen gegenüber den größeren Indizes bestehen – Sie hätten keinerlei Warnsignal erhalten! Das ist der Grund, weshalb wir eine breite Mischung aus den unterschiedlichsten Indikatoren bevorzugen. Wir wollen einfach sicher gehen, daß andere Komponenten die Lücke ausfüllen, die ein Indikator hinterläßt, der nicht korrekt arbeitet.

Unterteilen Sie Ihre Indikatoren in unterschiedliche Kategorien?

Als ich mich damals, in den fünfziger Jahren, für die Aktienmärkte zu interessieren begann, betrachtete ich nur ca. vierzig verschiedene Indikatoren. Bei diesen „Gruppen" handelt es sich um so unterschiedliche Bereiche wie Sentimentindikatoren, Volumenindikatoren, Konjunktur- oder monetäre Indikatoren. Damals wie heute pflege ich neu hinzukommende Meßgrößen, sofern ich sie als für die kommende Entwicklung der Märkte relevant erachte, neu in meine bestehenden „Gruppen" einzuordnen. So stelle ich mir bei der Veränderungsrate des Kauf- zum Verkaufsvolumen die Frage: „Handelt es sich hier um einen Indikator aus dem Bereich des Umsatzverhaltens?" Die Antwort muß „ja" lauten. „Steigen die Kurse, wenn das Kaufvolumen steigt?" Auch diese Annahme trifft zu. Ein Beispiel:

Gerade in den letzten dreißig Tagen stieg das Kaufvolumen um durchschnittlich fünf Millionen Aktien täglich. Aber das viel Interessantere war, daß das Verkaufsvolumen, also das Umsatzvolumen derjenigen Aktien, die durch den jeweiligen Trade im Kurs zurückgehen, gleichzeitig um elf Millionen Aktien pro Tag zurückging. Daraus läßt sich erkennen, daß der Grund für steigende Kurse aktuell nicht in den starken Käufen zu suchen ist, sondern ausschließlich in dem Umstand, daß im Augenblick niemand bereit zu sein scheint zu verkaufen! Wenn so etwas geschieht, tritt in aller Regel gleichzeitig eine hohes Level im Bereich der unverändert notierenden Aktien auf, was bedeutet: Man sollte sich darauf einstellen, daß eine Abwärtsbewegung vor der Tür steht.

Andere Faktoren wie Put/Call-Ratio, der Anteil von Shortpositionen, die noch offenen Kontrakte im Futuresmarkt oder der prozentuale Anteil von „Bullen" und „Bären" unter den Marktteilnehmern sind alle Meßgrößen aus dem Bereich der Stimmungsindikatoren.

Sobald wir neue Techniken entwickeln oder neue Informationen zugänglich werden, versuchen wir grundsätzlich, diese in unseren Index zu integrieren, um regelmäßig mit der Entwicklung der Märkte Schritt halten zu können.

Haben Sie alle Indikatoren im PTI gleich stark gewichtet?

Ja. Wenn wir zum Beispiel von dem Faktor der Umsätze sprechen, so ist dies ausschließlich ein Konzentrat aus der Betrachtung aller mit dem Umsatzverhalten verbundenen Indikatoren, die zwar alle jeweils eine eigene Aussage zu diesem Aspekt treffen, am Ende aber nur als ein einzelner Punkt, ob –1, Null oder +1, in den PTI einfließen. Zum Bereich „Umsatz" zählen hierbei z.B. das Kauf- und das Verkaufsvolumen, die Veränderungsrate der gestiegenen zu den gefallenen Aktien ebenso wie eine Reihe Gleitender Durchschnitte dieser Meßgrößen. Genauso berücksichtigen wir die Höhe der Gesamtumsätze des Marktes und deren gewichtete Veränderungsrate. Wir werfen all diese Einzelaspekte „in einen Topf" und entscheiden dann in der Gesamtheit, ob der Aspekt „Umsätze" für den PTI als positiv, neutral oder negativ zu werten ist.

Würden Sie bitte etwas genauer auf die Liste dieser siebzehn Komponenten des PTI eingehen?

Unser erster Indikator ist das Umsatzvolumen der letzten dreißig Börsentage. Wir errechnen diese Größe, indem wir das Verkaufsvolumen vom Kaufvolumen subtrahieren und diese Zahl wiederum durch das Kaufvolumen *plus* das Verkaufsvolumen dividieren. Aus dieser Formel entsteht ein Oszillator, der bei einem hohen Niveau indiziert, daß der Markt überkauft ist, während ein niedriges Niveau des Indikators einen überverkauften Markt anzeigt.

Die zweite Komponente des PTI nennen wir „Trading-Ratio", auch als „ARMS-Index" bekannt. Hierzu dividiert man zum einen die gestiegenen Aktien durch die gefallenen Aktien, zum anderen das Kaufvolumen durch das Verkaufsvolumen. Im Anschluß wird dann die Volumenrelation durch die Advance/Decline-Relation dividiert.

Als drittes haben wir einen 60-Tages-Durchschnitt der Gewinner zu den Verlierern. Wenn diese Kennziffer niedrig ist, weil es nur wenige Kursgewinner, aber andererseits sehr viele Verlierer gibt, ist dies gemeinhin als außerordentlich positiv zu interpretieren, da der Markt dann offenkundig überverkauft ist. Und dies gilt genauso umgekehrt:

Ein hoher Wert des Indikators zeigt, daß die Anzahl der Gewinner zu den Verlierern derart hoch ist, daß der Gesamtmarkt als überkauft einzustufen ist – es liegt also eine bearishe Aussage vor.

Die Nummer vier in unserer Liste ist der „Money-Flow-Index". Es handelt sich hier um einen längerfristig orientierten Indikator, der anhand von Kursveränderungen und Umsatzverhalten mißt, ob das Kapital eher in den Markt hinein- oder hinausfließt.

Als nächstes haben wir das Kurs-Gewinn-Verhältnis der S&P 500-Aktien in Relation zu ihrer Dividendenrendite. Eine Reihe von Kriterien bestimmt hier, ab welchem Niveau Kurs-Gewinn-Verhältnisse zu hoch und Dividendenrenditen zu niedrig – und damit bearish zu beurteilen – sind. Dasselbe gilt hierbei auch umgekehrt.

Ein weiterer Indikator befaßt sich mit den Kursbewegungen der ganz kurzfristigen Anleihen (Drei- und Sechsmonatsbereich). Wenn diese Zinsen über ein gewisses Ausmaß hinweg ansteigen, z.B. von sechs auf sieben Prozent, wirkt sich dieser Faktor negativ auf den Aktienmarkt aus. Ebenso ist ein Absinken dieser Zinsen bullish zu sehen, wenn ein gewisses Ausmaß hierbei überschritten wird. Es hat sich nämlich herausgestellt, daß das Niveau der ganz kurzfristigen Zinsen einen weitaus größeren Einfluß auf den Verlauf der Wirtschaft – und in der Folge zumeist auch für den Aktienmarkt – hat, als die langfristigen Staatsanleihen.

Als nächstes finden wir bei unseren Komponenten die Jahresrate der Kursveränderung bei Dow Jones oder S&P-Index. Wenn hier ungewöhnlich hohe Levels wie, sagen wir einmal, 35 % erreicht werden, verwandelt sich die zuvor positive Wertung dieses Indikators in eine neutrale. Dabei ist diese Betrachtung wie gesagt langfristig. Wir haben beispielsweise heute immer noch eine bullishe Bewertung, da wir durch die Markttiefs von 1990 und Dezember 1994 noch nicht allzu hoch gestiegen sind. Doch die langfristigen Wendepunkte der Aktienmärkte liegen ohnehin vor einer Abwärtswende des Indikators, denn einem solchen Trendwechsel geht fast immer eine deutliche Verringerung des Momentums im Kursanstieg voraus. Das bedeutet: Bereits die sukzessive Verringerung der Jahresrate wird hier als bearish eingestuft.

Wir sind zudem der Ansicht, daß die Prozentzahl derjenigen Aktien, die oberhalb ihres 30-Wochen-Durchschnitts notieren, einen sehr bedeutsamen Indikator darstellt. Wir umschreiben dies auch mit: „Wie stark kann man das Hausseband dehnen, bevor es reißt?“. Wenn die Zahl der über diesem langfristigen Durchschnitt notierenden Werte extrem hoch liegt, indiziert dies eine klar überkaufte Situation, liegt im Gegenzug der Anteil der Aktien unterhalb dieses Durchschnitts besonders hoch, wird der gesamte Markt als überverkauft eingestuft. Das heißt also: Ein sehr hoher Prozentsatz unterhalb des 30-Wochen-Durchschnitts wird mit +1 gewertet. Ist das Verhältnis mehr oder weniger ausgeglichen, wechselt die Bewertung auf Null (das heißt, dem PTI-Index geht in diesem Moment ein Punkt verloren), zu viele Aktien oberhalb des Durchschnitts bedeuten Einstufung –1 (bearishe Bewertung, erneut verliert der PTI in der Endwertung einen Punkt).

Des weiteren finden wir im PTI einen Volatilitätsindikator. Dabei handelt es sich um eine 10-Wochen-Summe der Gewinner und Verlierer, und zwar ohne Berücksichtigung des Vorzeichens.

Ist dies nicht mit dem „DISART“ vergleichbar?

Nein. Der „DISART“ ist eine Größe, die sich auf 25 Tage bezieht. Hier jedoch sprechen wir von einer Größenordnung von zehn Wochen, die

Aussage ist dementsprechend für den langfristigen Bereich gültig. Der „DISART" ist zwar wichtig, wird von uns aber mehr für mittelfristige Einschätzungen genutzt. Aber zurück zu diesem Volatilitätsindikator. Wenn diese Indikation ein zu hohes Level erreicht, ist ein zu starker Trend zu verzeichnen. Diese Erkenntnis alleine läßt aber noch nicht auf Verkäufe schließen. Wenn diese Verkäufe beginnen, wie beispielsweise im Mai 1996, geht der Volatilitätsindikator zurück, weil wir hierdurch trotz noch weiterhin steigender Kurse eine Balance zwischen den Käufern und den Verkäufern im Markt erzielen. In anderen Worten: Ab diesem Augenblick beginnt der Verkaufsdruck im Gesamtmarkt zuzunehmen. Die steigende Bereitschaft der Anleger zu Gewinnmitnahmen führt also zu einer Abwärtsbewegung des Volatilitäts-Index und läßt erwarten: Die nächste, größere Kursbewegung im Aktienmarkt dürfte nach unten weisen.

Warum ignorieren Sie bei diesen Berechnungen das Vorzeichen?

Nun, wir messen hier die Volatilität. Nehmen wir einmal an, am Ende dieser Handelswoche lagen 2 000 Aktien im Plus und 1 000 im Minus. In der Endsumme ergibt sich daraus ein Plus von 1 000 Aktien. In der nächsten Woche sieht es umgekehrt aus. Diesmal sind 2 000 Aktien gefallen, aber nur 1 000 gestiegen. Wenn wir nun die Gewinner und Verlierer auf Wochenbasis voneinander subtrahieren, ergäbe dies unter dem Strich Null – aber das wäre ja keine brauchbare Aussage. Wenn wir das Vorzeichen jedoch weglassen, erkennen wir die Volatilität, die dem Markt zugrundeliegt. Diese Volatilität ist insbesondere dann hoch, wenn der Markt in einer Abwärtsbewegung kurz davor steht, ein Tief auszubilden. Wenn die Anleger beginnen, emotional zu werden und zu verkaufen, ist die Wende erfahrungsgemäß nicht mehr fern. Die Leute sagen dann: „Egal zu welchem Kurs, Hauptsache ich kann aussteigen!" Üblicherweise treten dann bei der Volatilität sehr hohe Werte auf, z.B. 2 000 Aktien im Minus, nur 500 nach oben, der Rest unverändert.

Aber erneut zurück zu den einzelnen Faktoren des PTI. Wir nehmen die wöchentliche Veränderung des S&P 500 als 20-Wochen-Durchschnitt, um einen Überblick darüber zu bekommen, wie stark der aktuelle Kurs über oder unter diesem langfristigen Durchschnitt liegt. Wenn der S&P ungewöhnlich weit unterhalb dieses Durchschnitts liegt, ist dies als bullish zu werten, ein zu hoch darüber notierender Kurs hingegen als bearish. Sofern sich der Index aber in der Nähe dieser Durchschnittslinie bewegt, geht von dieser Indikation keine besondere Signalwirkung aus und wird dementsprechend neutral eingestuft.

Der nächste Indikator befaßt sich mit dem Abstand der 20- und 40-Wochen-Durchschnitte des S&P 500 zueinander. Hier gilt: Wenn der 20-Wochen-Durchschnitt oberhalb des 40-Wochen-Durchschnitts notiert und sich dieser Abstand zudem erweitert, werten wir diesen Faktor positiv, also mit +1. Verringert sich dieser Abstand jedoch, wird er neutral und bei einer Überkreuzung des 20-Wochen-Durchschnitts unter den 40-Wochen-Durchschnitt negativ.

Untersuchen Sie die Abstände zwischen Gleitenden Durchschnitten auch bei einzelnen Aktien?

Ja. Eine Vielzahl der bislang erwähnten Untersuchungen wenden wir via Computer auch für Einzelwerte an. Dies ist sehr hilfreich, denn wenn wir feststellen, daß die Mehrzahl der Aktien dieselben Einstufungen aufweist wie der Index selbst, gibt uns dies eine weitere Bestätigung unserer Analysen.

Ein anderer, wichtiger Grund, weshalb wir uns mit einzelnen Aktien befassen, ist darin zu suchen, daß es Phasen gibt, in denen bestimmte Aktien, z.B. zyklische Werte, besonders empfindlich auf Abwärtsbewegungen des Gesamtmarktes reagieren, während andere Bereiche imstande sind, gegen den Trend weiter zu steigen. Wenn der Markt im nächsten Jahr fällt, werden wir vielleicht beobachten können, daß Goldaktien steigen. Dabei muß es nicht ganz so extrem werden wie in den Jahren 1929 bis 1932. Damals ging der Aktienmarkt um 90 % zurück, während die Goldminenaktie Homestake Mining von $ 40,00 auf $ 400,00 kletterte.

Deshalb haben wir auch unseren nächsten Indikator, in dem wir zyklische mit defensiven Werten vergleichen. Man kann am Gesamtmarkt

Eine einfache Methode, Tops und Lows auszumachen

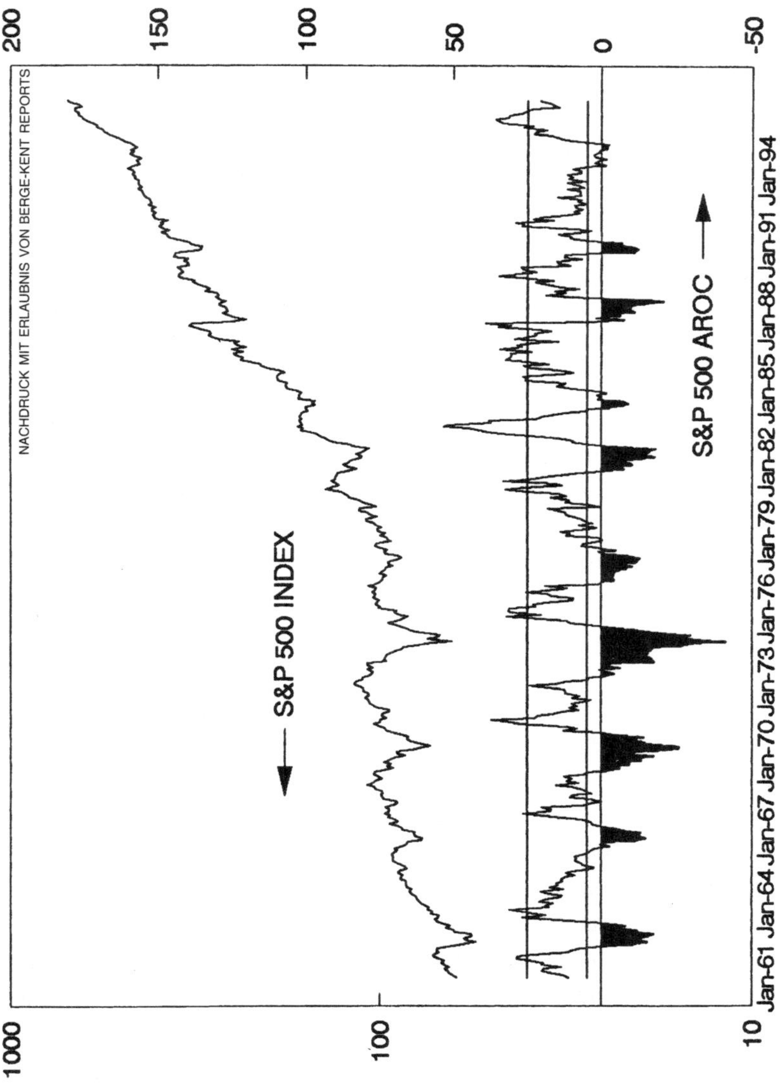

zwischen elf zyklischen und elf defensiven Branchen unterscheiden. Der zyklische Sektor besteht aus Stahl, Papier, Chemie, Aluminium, Kupfer, Fluggesellschaften, Automobilaktien, Maschinenbau und Elektrowerten. Dies alles sind Branchen, deren Gewinne bei einer Rezession besonders unter Druck geraten.

Zum defensiven Bereich gehören die Nahrungsmittelindustrie, Einzelhandel, Banken, Versicherungen, Öl- und Goldaktien – eben diejenigen Branchen, die sich um die Notwendigkeiten des Lebens kümmern und deshalb auch in problematischen Konjunkturphasen stabile Gewinne erzielen. Wenn es Ihnen wirtschaftlich schlechter geht, ist es kaum ein Problem, auf den Kauf eines neuen Autos zu verzichten, aber nicht auf Strom und Nahrung.

Als nächstes prüfen wir, wie sich die Federal Reserve Bank (US-Notenbank) in bezug auf die Liquiditätszuflüsse am Markt verhält. In den letzten Jahren hatten wir hier keinerlei Restriktionen beobachtet.

Korrelieren denn diese Liquiditätszuflüsse mit dem Aktienmarkt oder der Wirtschaft?

Nun, stellen Sie sich vor, die Konjunktur hätte sich abgekühlt. Wenn ich nun feststelle, daß die Liquidität trotzdem ungehindert steigt, dann ist diese konjunkturelle Abkühlung natürlich eher auf steigende Zinsen als auf mangelnde Kapitalreserven zurückzuführen. Die Banken können ja durchaus über unbegrenzte Kapitalzuflüsse verfügen, aber wenn niemand Kredite haben will, bleibt das Geld eben bei den Banken liegen. Wenn indes genug Kredite aufgenommen werden, geraten die Banken in eine Kapitalunterversorgung. Andererseits: Nur wenn wir in einen echten Kapitalmangel geraten würden, würde dies für mich bedeuten, auszusteigen, aber diese Situation haben wir schon sehr lange nicht mehr gesehen.

Der fünfzehnte Indikator ist sehr wichtig. Hier beobachten wir die Höhe der Liquiditätsreserven bei den großen Pensionsfonds. Wenn diese Fonds über einen sehr hohen Anteil an Kapitalreserven verfügen, ist dies ein Signal für einen baldigen Kursanstieg. Wenn diese Fonds aber nahezu voll investiert sind, ist das Ende der Aufwärtsbewegung bereits sehr nahe.

Der sechzehnte Indikator ist die jährliche Veränderungsrate bei den 30jährigen Staatsanleihen, auf Monatsbasis berechnet. Wenn diese Veränderungsrate auf Jahresbasis plötzlich sehr schnell zu steigen beginnt, ist dies ein Warnsignal. Im Augenblick haben wir gerade eine solche Situation und ich vermute, daß wir Ende 1997 im Bereich von 7,25 % und 1998 dann zwischen 7,50 % und 7,75 % liegen werden.

Das wäre sicher ein Schock für viele Anleger.

Nun, es gibt keine Beispiele dafür, daß der Aktienmarkt gefallen wäre, ohne daß die Zinsen der 30jährigen ebenso wie die Zinsen der Dreimonatsgelder gestiegen wären. Vielleicht wird es diesmal anders werden aber wenn, muß es einen anderen, negativen Faktor geben, der an die Stelle steigender Zinsen tritt.

Der letzte Indikator bezieht sich auf die Geldmenge, insbesondere M1 und M2. Wenn diese Geldmengenzahlen von Werten unter Null in den positiven Bereich steigen, ist dies ein besonders positiver Faktor. Im Augenblick würde ich die Entwicklung der Geldmenge negativ einstufen, da sie bereits ziemlich lange rückläufig sind.

Die Signale des PTI werden also aus der Summe aller Plus-, Neutral- und Minuswertungen Ihrer siebzehn Indikatoren generiert?

Das ist richtig. Wir nehmen alle einzelnen Werte und bilden daraus eine Endsumme. Im Jahre 1990 lagen wir bei +10 oder +12 und waren seitdem nicht mehr bearish. Im Augenblick notiert der PTI bei –3. Wenn wir –5 unterschreiten, werden wir unseren Klienten mitteilen, daß wir uns nahe an einem langfristigen Top im Aktienmarkt befinden. Von dieser Kursspitze aus erwarten wir dann eine Abwärtsbewegung von mindestens 15–20 %. Meiner persönlicher Einschätzung nach wird dies Ende 1997 oder Anfang 1998 sein, aber der Umfang von 15–20 % nach unten dürfte dann das absolute Minimum darstellen. Es ist durchaus denkbar, daß wir uns dann auf Größenordnungen um vielleicht 50 % nach unten einstellen müssen.

Der Markt gab 1996 ja zweifellos eine ganze Reihe sehr verwirrender Signale.

So etwas geschieht oft, wenn das Ende eines langfristigen Bull-Marktes näherrückt. Wenn wir uns beispielsweise den Jahresbeginn 1929 in Erinnerung rufen: Der Markt stieg auf 320 Punkte, fiel dann auf 291 zurück, stieg erneut auf 321, fiel auf 287 und wiederholte diese Prozedur drei- oder viermal, bevor endlich ein Boden gefunden war und die Kurse in einer finalen Rallye auf 386 Punkte nach oben schossen.

Ein recht ähnliches Szenario erlebten wir 1972 – Auf und Ab in einer engen Kursspanne, wobei immer wieder knapp kurzfristige, neue Höchstkurse erreicht werden – genauso wie wir es im Augenblick seit Februar erleben. Hier handelt es sich immer um eine Phase der Distribution, zudem verringert sich der prozentuale Abstand zwischen bullish und bearish eingestellten Anlegern immer weiter, bis fast ein Gleichgewicht erzielt wird. Dies ist gemeinhin ein Warnsignal, das aussagt, daß wir uns allmählich einem signifikanten Top im Markt nähern. Es ist allerdings sehr schwer im Vorfeld zu beurteilen, auf welchem Niveau dieses Top entstehen wird. Als sich diese negativen Vorzeichen nach und nach einstellten, begannen die Anleger mich kurz darauf zu fragen: „Wenn der Aktienmarkt um 50 % fallen wird, wie wird sich das abspielen? Wie der Crash 1987 oder wie der lange, langsame Abwärtstrend 1973/1974?" Ich antwortete ihnen: „Beides wird eintreten. Zuerst ein Crash wie 1987, und dann, nach einer Zwischenerholung, ein langsamer Abwärtstrend."

Sind die aktuellen, wirtschaftlichen Rahmenbedingungen mit denen von 1929 vergleichbar?

Was sich aktuell abspielt, ist exakt das gleiche wie damals Ende der zwanziger Jahre. Wenn wir zurückblicken und die Phase zwischen 1880 und 1929 genauer untersuchen, werden wir feststellen, daß es sich dabei um diejenige Periode handelte, in welcher sich das Land von einer landwirtschaftlich orientierten hin zu einer industrialisierten Volkswirtschaft wandelte. In den späten zwanziger Jahren wurden Methoden entwickelt, die den Anbau von Getreide oder Baumwolle mit einer weitaus geringeren Menge an Arbeitskräften ermöglichte: Das Zeitalter der Maschinen kam ins Spiel. Viele Bauern mußten ihre Farmen verlassen und sich in den Fabriken Arbeit suchen. Das war eine Phase riesiger Umwälzungen im Bereich der Arbeitsmärkte.

Wir hatten in den späten Zwanzigern zudem ein Wirtschaftswachstum, das kaum über dem heutigen lag. 1981 und 1982 sahen wir riesige Wachstumsraten, hervorgerufen durch den langsamen Wechsel von der Industrie- zur Informationsgesellschaft. Dies war ebenso eine gewaltige Umstellung, denn diejenigen Arbeiter, die zuvor in einem Stahlwerk gearbeitet hatten, waren nicht dafür ausgebildet, sich Informationen über das Internet zu besorgen oder einen Computer zu bedienen. Nachdem die Industrieproduktion mittlerweile unter ihren bei 3,4 % Wachstum liegenden, langfristigen Aufwärtstrend gefallen ist, sehe ich durchaus große Parallelen zu der Phase der Umwälzungen zur Zeit der späten zwanziger Jahre. Und ich denke, auch das Resultat wird im großen und ganzen dasselbe sein.

Die US-Notenbank wird versuchen, eine Rezession zu verhindern, aber wir werden feststellen müssen, daß der Markt nicht imstande sein wird, sich ohne grundlegende Veränderungen an die neue Situation anzupassen. Aus diesem Grunde denke ich, daß wir vor einem großen Abwärtstrend stehen, der sich zumindest bis weit nach 1998 hinein erstrecken wird.

In der Zeit zwischen 1946 und 1949, also nach dem Krieg, gab es eine ganze Reihe von Veränderungen zu verkraften. Wir mußten die Industrieproduktion von der Herstellung von Kriegsgütern auf Konsumgüter umstellen. Für eine Zeitlang lag die Industrieproduktion deutlich unter ihrer langfristigen jährlichen Wachstumsrate von 3,4 %. Doch nachdem die erforderlichen Maßnahmen getroffen waren, begann sich der Aktienmarkt überaus zufriedenstellend zu entwickeln, denn die

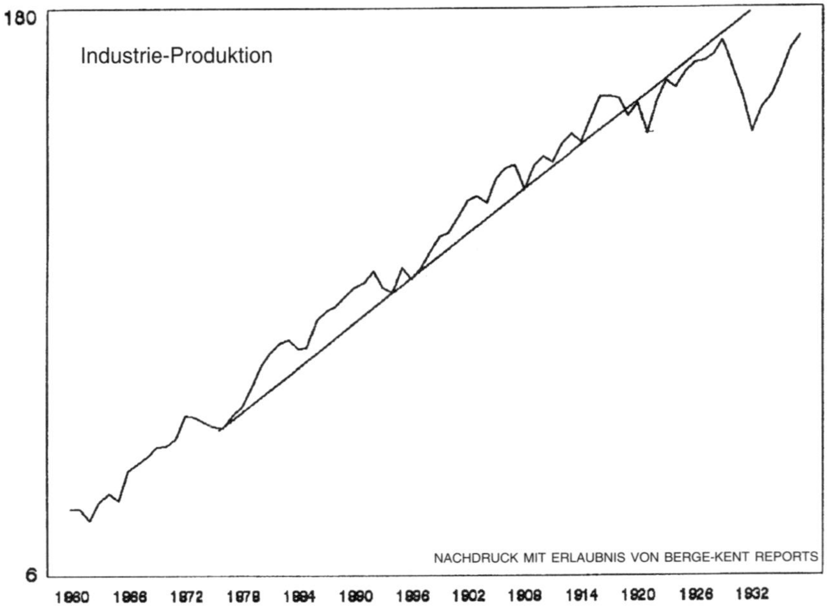
180
Industrie-Produktion
NACHDRUCK MIT ERLAUBNIS VON BERGE-KENT REPORTS
6
1860 1866 1872 1878 1884 1890 1896 1902 1908 1914 1920 1926 1932

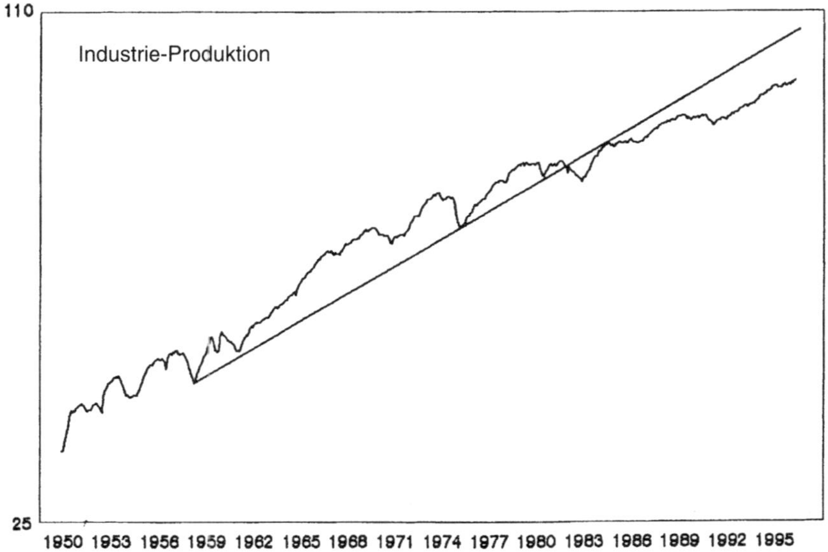
110
Industrie-Produktion
25
1950 1953 1956 1959 1962 1965 1968 1971 1974 1977 1980 1983 1986 1989 1992 1995

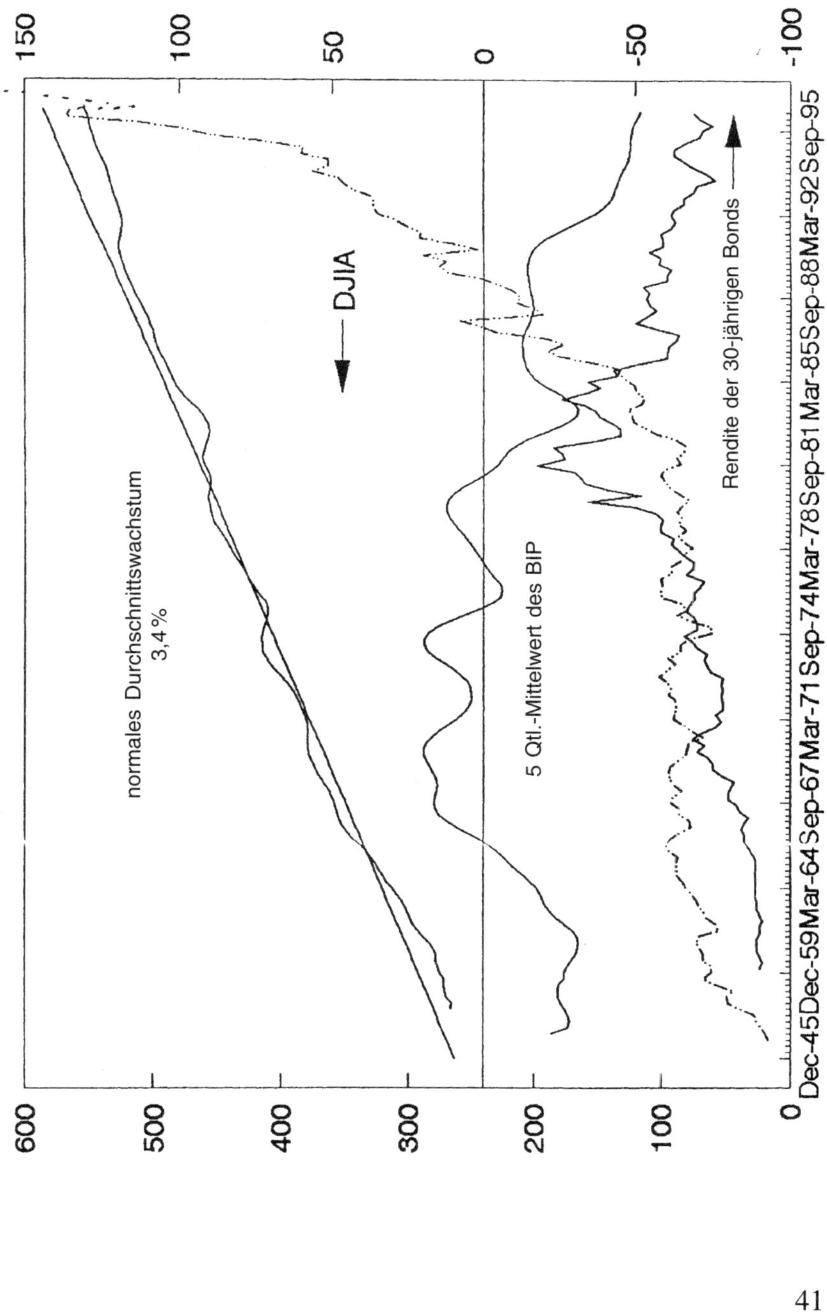
DJIA
normales Durchschnittswachstum
3,4 %
5 Qtl.-Mittelwert des BIP
Rendite der 30-jährigen Bonds
600
500
400
300
200
100
0
150
100
50
0
-50
-100
Dec-45
Dec-59
Mar-64
Sep-67
Mar-71
Sep-74
Mar-78
Sep-81
Mar-85
Sep-88
Mar-92
Sep-95

Produktionskapazitäten waren plötzlich riesig. Und bis 1966 ging auch alles gut. Doch bereits 1965/66 stieg das Produktionswachstum über die Durchschnittswerte von 3,4 % und läutete damit eine Phase steigender Inflationsraten ein. Nur: Die US-Notenbank setzte ihre vorherige Politik des 'laissez-faire' fort, ohne zu realisieren, daß der Inflationsdruck genau dadurch überhaupt erst entstanden war. Aber wie gesagt, in den fünfzehn bis sechzehn Jahren zuvor, von 1946 bis 1965, entwikkelte sich der Aktienmarkt hervorragend. Der Anleihemarkt entwickelte sich unauffällig, Zinsen und Inflation blieben auf niedrigem Niveau.

Als wir im Jahre 1966 mit unserer Arbeit begannen, vermochte der Aktienmarkt das Level von 1 000 Punkten nie mehr als um 50 Zähler zu übersteigen, und das blieb bis 1982 so – sechzehn lange Jahre. Natürlich hatten wir während dieser Zeit steigende Inflationsraten und steigende Zinsen, so daß sich das Hauptaugenmerk der Anleger auf den Anleihemarkt richtete. Die Leute sagten sich: „Ich kaufe lieber Anleihen, denn sonst habe ich hier immer nur 3 % bekommen, und nun sind es 5 %. Dasselbe sagten sie sich, als die Verzinsung weiter auf acht und dann sogar vierzehn Prozent stieg. Auf diese Weise floß regelmäßig Kapital in den Anleihemarkt und die Aktien hatten das Nachsehen.

Und so bewegte sich der Aktienmarkt in einer langen Seitwärtsbewegung, bis diese nach einer Bodenbildung im Jahre 1982 beendet wurde. Zu diesem Zeitpunkt gingen die Inflationsraten langsam zurück. Während der gesamten, dann folgenden Periode waren Zinsen und Inflation gleichzeitig auf dem Rückzug, denn ein langfristiges Inflationshoch lag hinter uns. Als Konsequenz bekamen wir den großen Aufwärtstrend des Aktienmarktes von 1982 bis 1996.

1920/21 hatten wir ebenfalls ein Inflationshoch überwunden, und nachdem die Preissteigerungsraten ab 1921 zu fallen begannen, stieg der Aktienmarkt von 63 auf 386 Punkte im Jahre 1929. Diesmal hielt der Aufwärtstrend einfach deswegen länger an, weil unsere Währung nicht mehr dem Goldstandard unterliegt. Heute können wir soviel Geld drucken, wie wir wollen, während dies in den zwanziger Jahren nicht möglich war, weil 40 % des existierenden Geldes durch Gold abgedeckt werden mußte.

In bezug auf Zyklen tauchen Zeiträume von sechzehn Jahren mit beeindruckender Regelmäßigkeit auf.

Ja, wir befinden uns auch diesmal in einem solchen Zeitraster – 15 bis 16 Jahre. Deswegen denke ich auch, daß die Märkte ihre Trendwende gegen Ende 1997 erleben werden.

Das Umsatzverhalten als solches ist eine Ihrer siebzehn Komponenten im PTI?

Genau. Dabei fließt in den Faktor „Umsatz" alles ein: Kauf- oder Verkaufsvolumen, als unmittelbare Größe, in Form von 10-, 30- oder 60-Tages-Durchschnitten oder als Gesamtumsatz. Wir betrachten alle diese einzelnen Aspekte und beurteilen dann, ob dieser Faktor unter dem Strich als positiv, neutral oder negativ zu beurteilen ist. Im Bereich der Umsätze ist der von Richard Arms entwickelte ARMS-Index für die kurzfristige Beurteilung der Lage sehr wertvoll. Wenn man diesen Indikator auf einer 6-Monats-Veränderungsrate berechnet, ist er zudem auch mittelfristig hervorragend einsetzbar. Aber trotzdem ist er nicht mehr und nicht weniger als ein Faktor unter mehreren. Um diese Gewichtung zu verdeutlichen, können wir das Alphabet als Beispiel benutzen: Zur Berechnung des PTI dienen uns die Buchstaben bzw. Indikatoren A, B, C und D als erster Faktor; E, F, G und H als zweiter und so weiter. Wir treffen also nie eine Beurteilung, die ausschließlich auf A oder B beruht, sondern betrachten alle vier Indikatoren, welche die ersten vier Buchstaben im Alphabet repräsentieren, in ihrer Gesamtheit, um daraus dann die Bewertung für eine der siebzehn Komponenten des PTI zu erhalten.

Erfolgen diese Berechnungen auf Tages- oder Wochenbasis?

Grundsätzlich arbeiten wir auf Basis der täglichen Schlußkurse. In den PTI fließen aber trotzdem einige Wochendaten ein, die wir von „Barron's" erhalten. Zu diesen regelmäßig beobachteten Wochendaten gehören die Wochenveränderungen der gestiegenen und gefallenen Aktien, das Kauf- und Verkaufsvolumen sowie die wöchentlichen neuen Höchst- und Tiefstkurse. Aber all diese Daten verbinden wir grundsätzlich mit den jeweiligen Tagesdaten.

Ihre Modelle sind ja vor allem für die mittel- und langfristige Einschätzung der Märkte ausgelegt. Aber inwieweit befassen Sie sich mit dem Kursverhalten auf Intraday-Basis?

Ich habe nie eine Möglichkeit gefunden, für unsere Indizes relevante Berechnungen auf Basis dessen anzustellen, was sich innerhalb einer Börsensitzung abspielt. Unsere gesamten Indikatoren werden auf Basis der Schlußkurse berechnet, aber es ist natürlich bisweilen Gold wert zu wissen, was während eines Handelstages geschieht. Ich will Ihnen da ein Beispiel geben: Am 15. Juli 1996 sackte der Markt plötzlich dramatisch nach unten und verlor über 100 Punkte. Am folgenden Tag lag der Dow zeitweise mit 165 Zählern im Minus. Zu diesem Zeitpunkt überprüften wir die Relation zwischen Gewinnern und Verlierern und stellten fest, daß diese überaus negativ war. Gleiches Bild bei der Relation neuer Höchst- zu Tiefstkurse und dem Kauf- zum Verkaufsvolumen, welches ein Verhältnis von 10 : 1 zugunsten der Verkäufe aufwies. Dies war alles so extrem, daß wir uns sagten, daß die Kurse einfach gar nicht anders konnten, als eine heftige Gegenreaktion zu starten. Wir begannen, unsere Kunden anzurufen. Bis wir mit diesen Anrufen fertig war, rutschte der Dow nur noch zwei weitere Punkte nach unten, drehte danach aber schlagartig aufwärts und schloß letztendlich mit neun Zählern im Plus. In der nächsten Woche fielen die Notierungen wieder zurück und testeten die vorherigen Tiefs, fielen dabei aber nur maximal drei Punkte unter den Tiefststand der Vorwoche. Und von diesem Moment an sind die Kurse auf neue Höchststände nach oben geschossen. Fazit: Auf Intraday-Basis ereignete sich am 16. Juli ein kräftiger Kurseinbruch, aber auf Tagesbasis lag der Dow im Plus. Man muß für die Berechnung unserer Indizes deshalb abwarten, bis eine Sitzung beendet ist, aber wenn sich eine besondere Gelegenheit bietet, geben wir auch bereits während des Handels Kauf- oder Verkaufsempfehlungen heraus.

Exzessive Aufwärtsbewegung im Dow Jones Industrial von 1919–1929 und 1974–1996

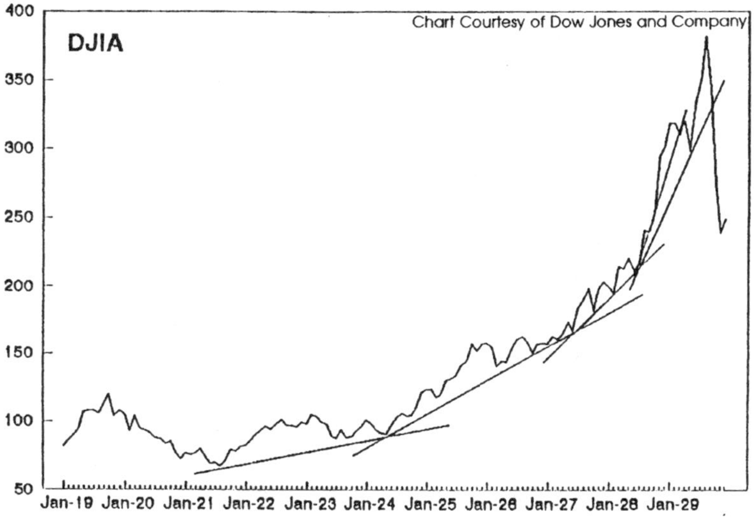

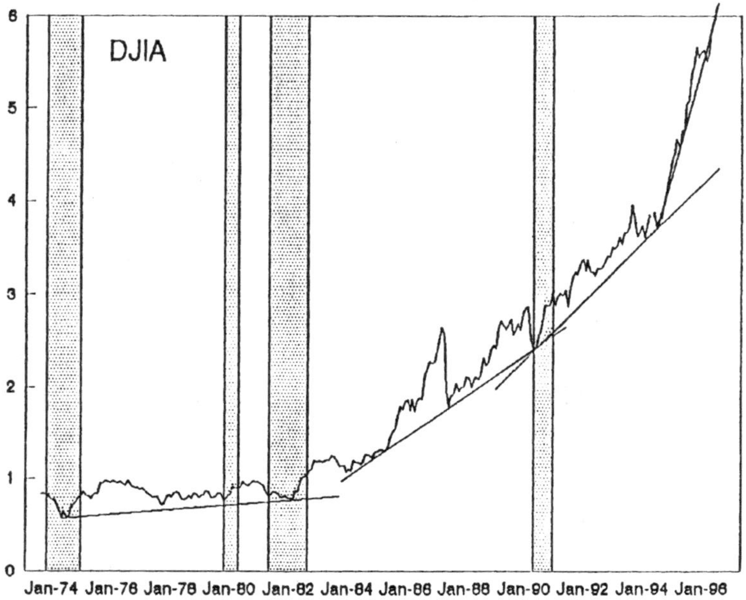

Könnten Sie uns einige Ihrer GRTS-Indikatoren („Get Ready To Sell" – bereiten Sie sich darauf vor, in Kürze zu verkaufen) nennen?

Wenn die Anzahl der neuen Tiefstkurse über die Anzahl der neuen Höchstkurse steigt, dient uns dies als ein GRTS-Indikator. Eine andere, derartige Indikation sind bestimmte Gleitende Durchschnitte, die unter weitaus längerfristige Gleitende Durchschnitte fallen, denn dies sagt aus, daß der Markt sein Aufwärtsmomentum verliert. Die Relation der gestiegenen zu den gefallenen Aktien wäre hier ebenfalls zu nennen. Wie ich bereits zuvor einmal sagte, bildet diese Indikation ihr Top in der Regel vor einem Top des Aktienmarktes aus – mit Ausnahme der Jahre 1976/1977. Ein weiteres „Frühwarnsystem" wäre die jährliche Veränderungsrate des Aktienmarktes. Wir waren zuvor auf Jahresbasis um 35 % gestiegen, liegen jetzt aber nur noch bei plus 17 % im Vergleich zum Vorjahreszeitpunkt. Genau dasselbe Phänomen trat im Frühjahr 1987 und 1990 auf, ebenso während des Jahres 1972, als der Markt seine Höchstkurse dann 1973 erreichte.

Im Augenblick informieren wir unsere Kunden darüber, daß wir für einen Zeitraum irgendwo Ende 1997 den Beginn einer längerfristigen Abwärtsbewegung erwarten und empfehlen ihnen, rechtzeitig mit den Verkäufen zu beginnen. Denn wir gehen davon aus, daß es diesmal nicht leicht sein wird, noch Käufer für seine Aktien zu finden, wenn der Markt dieses erwartete Top erst einmal erreicht hat.

Ihre GRTS-Komponenten beinhalten also vornehmlich Momentum-Indikatoren?

Ja, aber auch den Umsatzbereich. Einem Rückgang der Kurse geht immer zunächst ein Rückgang der Umsätze voraus, insbesondere dann, wenn ein längerfristiger Abwärtstrend mit einem Umfang von 20 % oder mehr zu erwarten ist.

Sie haben vorhin die Veränderungsrate bei der Relation zwischen Kauf- und Verkaufsvolumen angesprochen. Berechnen Sie diesen Indikator auf Wochen- oder Monatsbasis?

Wir verwenden normalerweise einen Zeithorizont von sechs bis zwölf Wochen, um auf dieser Basis zu prüfen, ob sich ein nachhaltiger Trend entwickelt. Allerdings: Während des 167-Punkte-Minus im Juli 1996 hatten wir Umsätze in Höhe von 680 Millionen Aktien pro Tag. Dabei waren 400 Millionen Aktien mit fallenden Kursen verbunden, aber weniger als 40 Millionen waren steigenden Kursen zuzurechnen. Dies bedeutete natürlich einen derartigen Extremwert, daß das normale „Band" der Börse stark nach unten gespannt und ein kurzfristiges „Emporschnellen" absehbar war. Die Anwendung von 6-, 12- oder 25-Tages-Durchschnitten bei der Relation Kauf- zum Verkaufsvolumen ist aber nur für sehr kurzfristige Betrachtungen hilfreich und gibt keine brauchbare Indikation für Kursbewegungen über 5 %.

Aber auf kurzfristiger Basis ist die Betrachtung in der Differenz Kauf- zu Verkaufsvolumen ebenfalls hilfreich?

Ich denke ja, aber noch einmal: Wenn Sie sich nur auf Basis eines einzigen Handelstages zu einem Kauf oder Verkauf entschließen, dann muß es sich hierbei um einen absolut extremen Handelsverlauf handeln, der wirklich für sich alleine eine Trendwende manifestiert. Stellen Sie sich das Auf und Ab der Börse wie ein Gummiband vor, das immer wieder gedehnt und entspannt wird. Das „Band" wird immer wieder gedehnt, entspannt sich, wird erneut gedehnt und entspannt sich wieder. Aber erst die ganz extremen Belastungen, wenn dieses „Band" kurz vor dem Zerreißen steht, sind imstande, die Basis einer Trendwende darzustellen. Der Grund, weswegen wir Gleitende Durchschnittswerte verwenden, liegt eben darin begründet. Wir versuchen, uns dadurch von den möglichen Irreführungen zu distanzieren, die sich aus der Betrachtung einer einzigen Börsensitzung ergeben können. Aber es steht natürlich außer Frage, daß einzelne Handelstage von höchster Bedeutung sein können, insbesondere solch extreme Trendwenden wie am 16. Juli 1996.

Betreiben Sie auch Fundamentalanalyse?

Eine Reihe von Analysten rechnen monetäre und ökonomische Aspekte zu den Fundamentaldaten, und hierbei schließe ich mich an. Wie sie sicher bemerkt haben, habe ich kein Wort über Kurs/Gewinn-Verhältnisse, Dividendenrenditen, Buchwerte oder ähnliches verloren. Und es gibt nun einmal Zeiten, in denen die Anleger derartige Faktoren komplett ignorieren – insbesondere kurz vor dem Ende eines langfristigen Aufwärtstrends. 1929 traf dies absolut zu und zumindest zum Teil auch 1987. In Zeiten extremer Über- oder Unterbewertung sehe ich in der technischen Analyse die einzige Möglichkeit, eine Trendwende treffsicher zu prognostizieren und zu erkennen. Im Augenblick erleben wir ja eine richtige Hysteriephase! Viele Anleger sagen einfach: „Was soll's, ich stecke meine Ersparnisse lieber in den Aktienmarkt. Mein Broker hat mir gesagt, daß man hier jedes Jahr 9 % gewinnen kann. Und letztes Jahr habe ich sogar 35 % gewonnen!" Ich habe mir 1957 genau dasselbe gesagt, bevor die Kurse einbrachen.

Zu welchem Zeitrahmen würden Sie bei der Berechnung der Veränderungsraten wichtiger Wirtschaftsindikatoren raten: Monatlich, vierteljährlich oder sogar jährlich?

Wir verwenden gar keine Veränderungsraten in diesem Sinne. Wir nehmen einfach die Daten der letzten drei Monate. Wenn die Summe dieser drei Daten (sagen wir, die Daten sind im Juni 5, im Juli 4 und im August 3, die Summe also 12) niedriger liegt als die Summe der letzten Dreimonatsberechnung (z.B. im Mai 7, im Juni 5 und im Juli 4, mit der Summe 16), bedeutet das für uns, daß dieser Indikator nach unten gedreht hat.

Wir betrachten jeden Monat bei Bekanntgabe der Zahlen elf Frühindikatoren, wobei jeder einzelne wie üblich mit –1, Null oder +1 gewertet wird. Jeder dieser elf Indikatoren erhält eine gleichrangige prozentuale Gewichtung von ca. 9 %. Wenn alle diese Indikatoren mit +1 bewertet würden, käme man letztendlich auf knapp 100 %. Im Augenblick verringern sich die Auftragseingänge in der Industrie ein wenig, so daß dieser Wert negativ gewertet wird (–1), doch alle zehn anderen Indikatoren stiegen aktuell.

Wir nehmen die zehn steigenden und daher mit +1 bewerteten Indikatoren, multiplizieren sie mit ihrem 9%-Anteil und erhalten so einen Wert von 90 % auf der Plusseite. Dann subtrahieren wir noch 9 % für den einen Indikator, der fällt, und haben damit einen Wert von 81 % Wachstum für diesen Bereich.

Nun müssen Sie diese Zahlen nur noch monatlich aufgrund der neu hinzukommenden Daten adjustieren. Wenn alles expandiert, erhalten Sie 100 %, ein totaler Rückgang ergäbe 0 %. Wenn Sie so wollen, entsteht dadurch fast so etwas wie ein Oszillator.

So bezieht sich der Ausdruck 50%ige Expansion auf diejenigen dieser elf Indikatoren, die noch im positiven Bereich liegen?

Korrekt. Wenn vier Indikatoren zulegen, fünf zurückgehen und zwei neutral zu werten sind, liegen wir unterhalb 50 %.

Die Betrachtung einer Veränderungsrate auf Jahresbasis ist also nicht besonders sinnvoll?

Ich denke nicht. Die Zeitungen haben so eine Neigung, derartige Zahlen zu veröffentlichen wie „Die durchschnittliche Wochenarbeitszeit liegt nun höher als ein Jahr zuvor“ und die meisten Leute denken daraufhin, daß dies positiv sei. Dabei kann diese Zahl zwar höher als vor zwölf Monaten liegen, aber trotzdem bereits seit drei Monaten rückläufig sein! Eine Jahresrate ist einfach ein viel zu langer Zeithorizont, ich halte die kurzfristigen Vergleich für weitaus wichtiger.

Könnten wir in bezug auf Ihre stimulierenden, parallel laufenden und kontraproduktiven Konjunkturindikatoren ein wenig hinter den Vorhang schauen?

Wenn die US-Notenbank die Zinsen erhöht, beeinflußt dies den Aktienmarkt schlagartig, aber die Wirtschaft selbst reagiert auf diese Veränderung immer mit einer Zeitverzögerung. Die Volkswirtschaft braucht eben einfach Zeit, um sich auf eine Veränderung der Notenbankpolitik einzustellen.

Die stimulierenden Indikatoren messen, was an positiven, stärkenden Einflüssen auf die Wirtschaft zukommt, die parallel laufenden Indikatoren zeigen an, was aktuell dabei herauskommt und die kontraproduktiven Indikatoren bieten ein Bild davon, mit welchen Problemfaktoren sich die Wirtschaft konfrontiert sieht, z.B. der verspätete Ausbau der Produktionskapazitäten.

Dabei müssen wir auch den kleinsten Aspekt dieser Konjunkturindikatoren genau untersuchen. Selbst die Verringerung des Wachstums kann uns zu einer 50%-Expansionrate führen, denn wenn nichts wächst und sich nichts verringert, kommen Sie auch auf 50 %. Als Resultat auf die Zinserhöhungen der US-Notenbank in 1994 fielen die stimulierenden Indikatoren im ersten Quartal 1995 deutlich zurück. Wir standen 1995 kurz davor, eine Rezession im produzierenden Gewerbe zu erleben. Aber als die Federal Reserve Bank ihre Politik änderte und die Zinsen wieder nach unten nahm, erholten sich die stimulierenden Indikatoren wieder und drehten nach oben. Und genau in diesem Augenblick beendete auch der Aktienmarkt seine Abwärtsbewegung.

In einigen Fällen haben die stimulierenden Indikatoren aktuell nicht mehr die früheren Höchststände erreichen können. So liegt beispielsweise die durchschnittliche Wochenarbeitszeit unterhalb des bisherigen Tops aus dem Januar 1995. Wir können nicht voraussagen, ob dieser Spitzenwert von 1995 wieder erreicht wird – aber nichtsdestotrotz sehen wir noch *Wachstum.*

Das zweite Quartal 1996 verzeichnete ein Wachstum der durchschnittlichen Wochenarbeitszeit von 4,8 %. Aber dieser Anstieg war hauptsächlich durch den vorherigen, starken Rückgang wegen der Schneestürme, der Überschwemmungen, der teilweisen Schließung der Behörden und des Streiks bei General Motors im ersten Quartal bedingt. Wir haben die Befürchtung, daß es uns nicht gelingen wird, das bisherige Spitzenniveau von 1995 zu übertreffen – und das würde bedeuten, daß die Konjunktur schwächer wird.

Sehen wir uns die aktuell steigenden Einzelhandelsumsätze an: Dieser Anstieg belegt, daß die Wirtschaft immer noch expandiert. Die

Auslieferungen hingegen haben sich ein wenig verringert, aber wir sind dennoch weit von den Tiefs entfernt, die im Dezember 1994 erreicht wurden. Und nun sehen wir uns die hochsensiblen Preissteigerungsraten an:

Im Jahr 1995 fiel die Inflationsrate wie ein Stein. Aktuell sind wir hier zwar nach wie vor weit von den im Oktober 1994 gesehenen Hochs entfernt, aber dennoch: Sie steigen wieder an – und alleine darauf kommt es an!

So lange die stimulierenden Indikatoren weiterhin steigen und oberhalb der 50%-Expansionsrate liegen, ist es auszuschließen, daß unsere Wirtschaft in eine Rezession gerät. Wenn sie aber zu fluktuieren oder zu kippen beginnen, also eine Trendwende nach unten vollziehen, bedeutet das für die parallel laufenden Indikatoren noch eine „Schonfrist" von drei, sechs oder in Ausnahmefällen neun Monaten, bevor auch diese rückläufig werden. In dieser Phase müssen wir dann besonders intensiv auf die kontraproduktiven Indikatoren achten. Wenn letztere steigen, die stimulierenden Indikatoren aber gleichzeitig zurückgehen, gerät die Konjunktur unter Druck. Denn das bedeutet nichts anderes, als daß sich der „Input" plötzlich deutlich verringert, während die Wirtschaft gleichzeitig dabei ist, in eine Übertreibungsphase zu geraten.

Wenn die stimulierenden Indikatoren also unter eine 50%-Expansionsrate fallen und die kontraproduktiven Indikatoren zugleich über die 50%-Expansion steigen, gibt es drei Möglichkeiten: Entweder bekommen wir eine Mini-Rezession wie 1966, einen scharfen Rückgang der Industrieproduktion wie 1995 oder eine „echte" Rezession.

Wenn Sie Volkswirte dazu befragen würden, würden diese Ihnen Antworten, daß „die Konjunkturindikatoren elf der letzten sechs Rezessionen korrekt vorhergesagt" haben. Nun, diese Indikatoren machen Fehler und wir wissen das auch. Aber es hat noch nie eine Rezession gegeben, ohne daß die eben von mir genannten Bedingungen auftraten. Es genügt aber nicht, daß die stimulierenden Indikatoren unter und die kontraproduktiven Indikatoren über 50 % gehen, um sicher sagen zu

Wie die FED ökonomische Expansions- und Kontraktionsphasen steuert

Geldpolitik der Federal Reserve

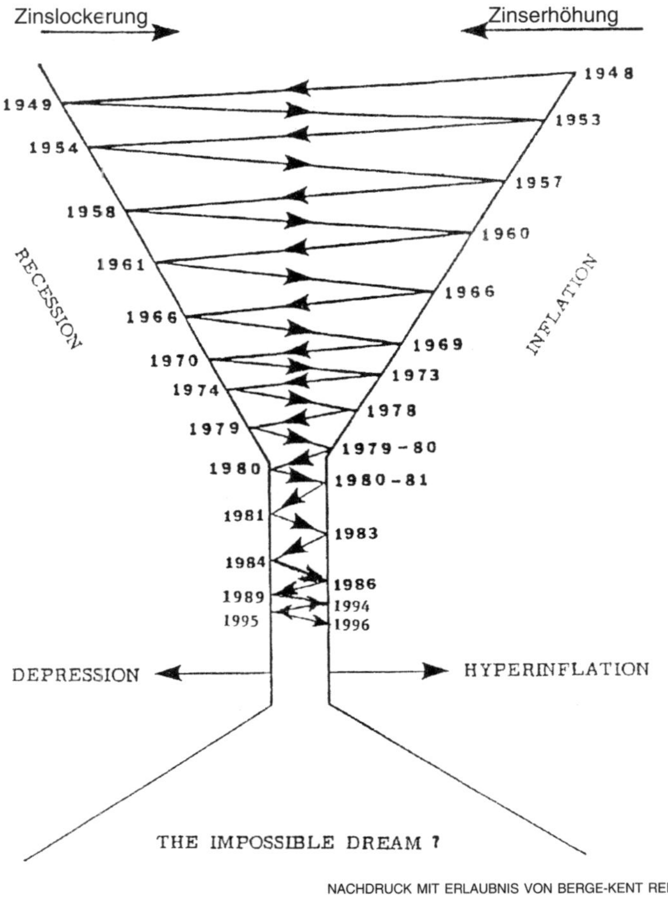

NACHDRUCK MIT ERLAUBNIS VON BERGE-KENT REPORTS

können, daß eine Rezession vor der Tür steht. Um ein solches Urteil fällen zu können, müssen wir uns vorher eine Unmenge weiterer Faktoren ansehen. Denn manche Aspekte wie z.B. der Quotient Lagerbestände zu Verkaufszahlen werden bei den „normalen" Indikatoren gar nicht berücksichtigt. Wenn diese Zahl ansteigt, bedeutet das nicht, daß die Lagerbestände zu hoch sind, sondern daß die Verkaufszahlen zurückgehen. Derartige Kennzahlen sind für uns immens wertvoll, um die zukünftige Entwicklung der Wirtschaft beurteilen zu können.

Es ist klar, daß die parallel laufenden Indikatoren bei dem vorher beschriebenen Szenario (steigende kontraproduktive und fallende stimulierende Indikatoren) noch nicht nach unten tendieren können, aber der Aktienmarkt beginnt, sich eben darüber Sorgen zu machen. Und das ist der Grund dafür, daß die Aktienmärkte ihre Höchstkurse zumeist schon vor Beginn einer Rezession sehen – nicht immer, aber meistens. Es hat auch Fälle gegeben, an denen die Tops im Aktienmarkt exakt mit dem Beginn der Rezession zusammenfielen, beispielsweise 1957 und 1990. Das Ausmaß der zeitlichen Verschiebung variiert nun einmal.

Aber normalerweise nimmt der Aktienmarkt eine Abschwächung der Konjunktur oder eine Rezession um drei bis neun Monate vorweg?

Ja, ich denke drei bis neun Monate ist die Regel. Es ist bekannt, daß die Federal Reserve Bank immer in einem Wahljahr (also auch 1996) versucht, die Konjunktur und den Aktienmarkt stabil zu halten. Das bedeutet, daß die Rezession erst nach den Wahlen beginnen würde. Dies erklärt, warum sich die Wirtschaft in 4-Jahres-Zyklen bewegt und die Tiefs am Aktienmarkt 1958, 1962, 1966, 1970, 1974, 1978 und 1982 auftraten. 1987 kam mit einem Jahr Verspätung, da es damals bereits möglich war, sein Portfolio nach unten abzusichern – was aber trotzdem nicht verhindern konnte, daß die Kurse um 36 % in den Keller gingen. Ein weiteres Tief trat 1990 auf und 1995 waren wir einer Rezession sehr nahe. Ich erwarte daher, daß wir die nächste Rezession 1997, vielleicht auch erst 1998 bekommen.

Die FED versucht, Rezessionen und konjunkturelle Abkühlungen in Jahren mit Präsidentschaftswahlen zu vermeiden

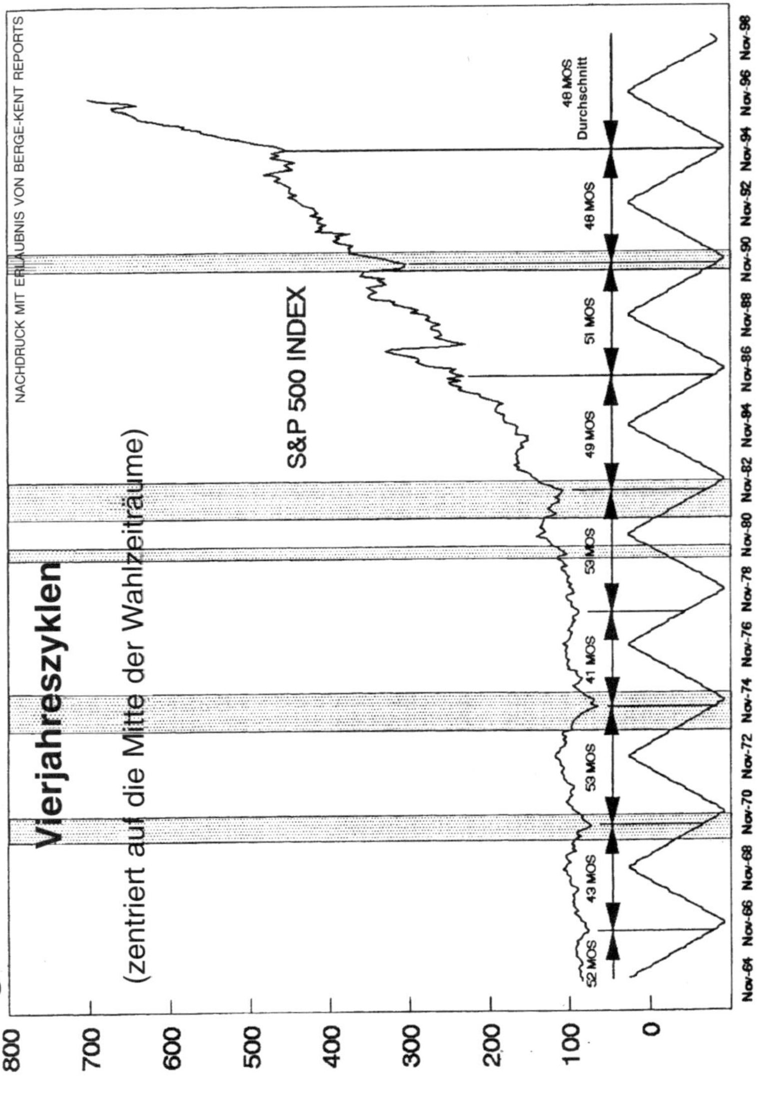

Dieser 4-Jahre-Konjunkturzyklus scheint ein sehr treffsicherer Indikator zu sein.

Es ist zumindest eine sehr zuverlässige Indikation dafür, daß sich der Investor während eines Wahljahres nicht allzuviel Sorgen um eine Rezession machen muß. Erst nach den Wahlen beginnen wir, uns intensiv auf die Konjunkturdaten, die Geldpolitik und die technische Verfassung des Aktienmarktes zu konzentrieren.

Welche stimulierenden Indikatoren verwenden Sie bei Ihren Analysen?

Nun, die stimulierenden Indikatoren sind insbesondere diejenigen Faktoren, die als Stärkung auf die Volkswirtschaft einwirken. Wir beobachten elf dieser Faktoren: Aktienkurse, durchschnittliche Wochenarbeitszeit, Verbrauchervertrauen, Lieferfristen, Auftragseingänge für langlebige Güter, die Preisveränderungen volatiler Güter, Auftragsbestände, Auftragseingänge bei Konsumgütern, Anträge auf Arbeitslosenhilfe, Geldmenge und die Anzahl neuer Baugenehmigungen. Bedauerlicherweise gibt es auch hier immer eine Verzögerung von ungefähr zwei Monaten, bis die jeweiligen Zahlen errechnet und bekanntgegeben werden können.

Um es noch einmal klarzustellen: Sie analysieren Ihre Konjunkturdaten auf Basis eines Dreimonats-Vergleichs und ignorieren dabei die Frage, ob diese aktuellen Daten höher oder tiefer als vor sechs Monaten oder einem Jahr liegen?

Richtig. Die Regierung verwendet übrigens mittlerweile auch einen Sechsmonatszeitraum. Aber ich achte auf diese Vergleiche nicht besonders, da es ohnehin eine Verzögerung bei Trendveränderungen gibt. Manchmal erhalte ich so aufgrund temporärer Einflüsse wie z.B. des Streiks bei General Motors ein Fehlsignal, aber im großen und ganzen denke ich, daß meine spezielle Art, mit diesen Indikatoren umzugehen, weitaus schnellere und präzisere Ergebnisse liefert.

Sie würden also die Zahlen von Juni bis September betrachten und daraus einen Trend bestimmen?

Ja, schon, aber dann sollte man diese Zahlen zu einem Durchschnittswert zusammenfassen und diesen Wert dem August zuordnen. Mit anderen Worten: Wenn Sie einen Durchschnitt dieser Werte errechnen, haben Sie ein Abbild der Situation vor sich, wie sie sich im August dargestellt hat. Und dann müssen wir die Frage beantworten: „Wie sieht der Trend innerhalb dieser drei Monate aus?“. Dazu gehen wir drei Monate in die Vergangenheit und prüfen, wie sich die Zahlen vor vier Monaten im Vergleich zu jetzt präsentiert hatten. Das Ergebnis könnte lauten: Der Trend der Dreimonats-Periode ist aufwärts gerichtet, aber der Trend der einzelnen Werte geht für den aktuellen Monat gegenüber vor vier Monaten bereits zurück. Wir sehen uns die Dinge also von zwei Seiten an und können dadurch auch versteckte Probleme aufspüren.

Durch die neu hinzugekommene Zahl für September wird aus unserer Dreimonats-Betrachtung der Monat Juni herausgenommen. Diese Juni-Zahl war höher als der neue Wert vom September, der selbst aber über Juli und August liegt. Das heißt also: Der Trend innerhalb der letzten drei Monate ist nach oben gerichtet, der neue 3-Monats-Durchschnittswert aber ist kleiner als der letzte.

Und das ist es, was bei Betrachtungen unter den Tisch fällt, die aktuelle Zahl nur mit dem Vorjahreswert vergleichen. Nehmen wir die Einzelhandelsumsätze. Diese könnten zwar im Vorjahresvergleich um 5 % gestiegen sein, aber nur noch 2 % über dem letzten Quartal liegen, während in den vorangegangenen Quartalen Steigerungen von 4 %, 6 % und davor sogar 8 % vorlagen. Das würde also bedeuten, daß die Umsätze sich, obwohl im Jahresvergleich deutlich gestiegen, in Wirklichkeit bereits in einem Abwärtstrend befinden.

Was bedeutet es, wenn die durchschnittliche Wochenarbeitszeit steigt?

Eine Steigerung dieser Zahl bedeutet, daß viele Firmen Überstunden einfügen müssen. Und das tun sie natürlich nur, wenn die Geschäfte gut laufen. Dies war z.B. bis Ende 1994 der Fall. Dann begann die US-Notenbank die Zinsen zu erhöhen. Alleine deswegen ging die durchschnittliche Wochenarbeitszeit schlagartig zurück. Im Augenblick liegen wir bei 41 Stunden pro Woche, was bedeutet, daß im Moment nur wenig Überstunden gemacht werden. Aber wir sprechen hier nur von den Daten für die Industrie, der Dienstleistungssektor ist dabei nicht enthalten.

Gibt es große Unterschiede zwischen der Arbeitszeitentwicklung in der Industrie und dem Dienstleistungssektor?

Ja, diese beiden Bereiche entwickeln sich in der Tat unterschiedlich.

Der Begriff „Lieferfristen" klingt etwas vage. Könnten Sie erklären, worum es sich dabei handelt?

Nun, hier wird vor allem gemessen, wie lange es dauert, bis man nach der Bestellung seine Ware geliefert bekommt. Wenn diese Zahl sinkt, heißt das im Klartext, daß die Hersteller in der Lage sind, ihre Kunden schneller zu beliefern. Wenn die durchschnittliche Wochenarbeitszeit zusammen mit den Lieferfristen zurückgeht, bedeutet das, daß die Nachfrage nach Gütern allgemein zurückgeht. Die Leute sagen dann: „Ich glaube nicht, daß ich mir schon wieder ein neues Auto kaufen möchte." Wenn diese Situation lange genug anhält, sinken die Wochenarbeitszeiten, denn die Produktion bei General Motors oder Ford wird aufgrund der geringeren Nachfrage zurückgefahren. Dadurch verringern sich als nächster Schritt die Lieferfristen für Stahl, da die Nachfrage seitens der Automobilindustrie rückläufig ist. Wenn diese Kettenreaktion auch die anderen stimulierenden Indikatoren negativ beeinflußt und man zugleich feststellen muß, daß die rückblickenden Indikatoren ansteigen, gerät die Wirtschaft in Schwierigkeiten. Daher gehören die durchschnittliche Wochenarbeitszeit und die Lieferfristen zu den wichtigsten stimulierenden Indikatoren überhaupt.

Wo liegt die normale Spanne der Wochenarbeitszeit?

Ende 1994 haben wir das höchste Level der letzten vierzig Jahre gemessen. Dort lag der Wert etwas über 42 Stunden und sackte dann bis Januar 1996 auf nur noch 40 Stunden ab, was insbesondere auf die Schneestürme, die Schließungen der Regierungsbehörden und den Streik bei General Motors zurückzuführen war. Gewerkschaften streiken aus Angst um die Jobs nicht, wenn sich die Wirtschaft schlecht entwickelt, sondern immer nur dann, wenn die „Konjunkturlokomotive" unter Volldampf läuft.

Lassen Sie uns doch einmal folgende Hypothese aufstellen: Wir kommen gerade aus einer Rezession und plötzlich steigen die Auftragseingänge. Diejenigen Branchen, die zuvor Personal entlassen mußten, können nicht so schnell mit neuen Einstellungen reagieren. Würde eine solche Situation nicht ebenfalls eine große Ausweitung bei den Lieferfristen verursachen?

Ja, natürlich. Während einer Rezession sind die Lieferfristen immer sehr niedrig, alles wird blitzschnell geliefert. Die Produzenten haben ja entsprechende Lagerbestände und wollen natürlich gleich am nächsten Tag liefern, damit Geld hereinkommt. Am Ende einer Rezession springt die Nachfrage dann an, aber es braucht eben entsprechende Zeit, um neues Personal einzustellen und auszubilden, um die Produktion der gestiegenen Nachfrage anzupassen. Daher sind die Lieferfristen unmittelbar nach einer überwundenen Rezession zunächst recht lang. Das ist einer der Gründe, warum ich mich während meiner Zeit bei General Electric dafür einsetzte, Kapazitätserweiterungen und Restrukturierungen bereits während einer Rezession vorzunehmen und nicht erst danach, wenn es eigentlich bereits zu spät ist. Zudem sind die Kosten dafür während der Rezession niedriger und die Produktion wird durch die Umstellungen nicht so sehr beeinträchtigt.

Auf gar keinen Fall sollte man ausgerechnet dann expandieren, wenn die Wirtschaft bereits über einen sehr langen Zeitraum gewachsen ist, denn dann steigt die Wahrscheinlichkeit, daß das Ende dieses Wachstums bald erreicht ist und diese Maßnahmen prompt wieder zurückgenommen werden müssen. Wie gesagt: Wenn die Lieferfristen zurückgehen, bedeutet dies, daß das Angebot allmählich schneller wächst als die Nachfrage. Diese Zahl ist also in der Tat eine sehr wertvolle Indikation, da ein Rückgang bei den Lieferfristen meist den erste Schritt zu einer insgesamt rückläufigen Konjunktur darstellt.

Man kann also steigende Lieferfristen als bullishen Faktor für die Wirtschaft betrachten?

Ja, denn es bedeutet, daß die Nachfrage nach einem Produkt so groß ist, daß der Hersteller nicht in der Lage ist, diese mit den bestehenden Kapazitäten zu befriedigen – was übrigens in der Folge zu einem deutlichen Anstieg der Auftragsbestände führt.

Gibt es für die Lieferfristen eine Spanne, die man als „normal“ bezeichnen könnte?

Ich denke nicht. Das ist bei jeder Branche anders. Auf Basis eines Diffusions-Index erreichten die Lieferfristen 1973 einen Wert von 95 %, das war unmittelbar vor Beginn der Rezession im November 1973. Das bedeutete, daß die Lieferung der Waren sich in Relation zum Bestellzeitpunkt immer weiter hinauszögerte, bis schließlich 95 % der Lieferungen nicht mehr sofort ausgeführt werden konnten. Am Ende der Rezessionsphase war dieser Anteil auf nur noch 15 % gefallen.

Anders formuliert: Wenn Sie jemanden anrufen und sagen „Ich brauche 10 000 Stahlträger“, stünden diese bereits am nächsten Tag vor Ihrer Tür, denn die Hersteller sitzen auf Lagerbeständen, die sie nicht loswerden können. Niedrige Lagerbestände bedeuten verzögerte Lieferung, hohe Lagerbestände bedeuten sofortige Lieferung. Wenn das Verhältnis der Lagerbestände zu den Auslieferungen sehr niedrig wird, wächst die Wirtschaft am oberen Ende ihrer Kapazitäten. Die US-Notenbank pflegt hierbei jedoch normalerweise schon einzugreifen, bevor derartige Probleme auftreten, denn andernfalls würde die Inflation steigen und die Zinsen müßten erhöht werden.

Könnten Sie erklären, was Sie unter einem „Diffusions-Index" verstehen?

Er ist eigentlich vergleichbar mit unserem PTI-Index, bezieht sich aber nicht auf den Aktienmarkt, sondern auf die Konjunktur. Es gibt elf stimulierende Indikatoren. Jeder von ihnen wird entweder als bullish, neutral oder bearish eingestuft. Wenn alle elf steigen, haben Sie demnach 100%-Expansion. Wenn alle rückläufig wären, ergäbe dies –11, oder in Prozent ausgedrückt Null. Das ist der Diffusions-Index.

Lassen sich Ihre elf stimulierenden Indikatoren individuell in „stimulierende" oder „kontraproduktive" Indikatoren unterteilen?

Nein, eigentlich nicht, denn dazu schwankt ihre Wirksamkeit viel zu stark. So hatten die Lieferfristen ihren Höchstwert im April 1960 erreicht, bis zum Beginn einer Rezession dauerte es aber noch über ein Jahr. Wenn sie sich aber dagegen die Rezession 1973/74 ansehen stellen Sie fest, daß die Lieferfristen erst deutlich nach Beginn der Rezession wieder nach unten gedreht haben. Daraus läßt sich ablesen, daß die jeweilige Zeitverzögerung zwischen dem Abwärtsdreh eines Frühindikators und dem Beginn einer Rezession immens unterschiedlich sind und daher nicht in die Kalkulation einbezogen werden können. Es ist nur eine Frage der richtigen Lagebeurteilung um festzustellen, ob Sie sich in einer wachsenden oder schrumpfenden Wirtschaft befinden.

Wie viele parallel laufende Indikatoren verfolgen Sie?

Ich verwende die vier Geschäftszyklus-Indikatoren, die vom Conference Board herausgegeben werden. Das sind genau diejenigen Indikatoren, die auch die Regierung heranzieht um zu prüfen, wann eine Rezession beginnt und wann sie endet. Da haben wir zum einen die Industrieproduktion, dann die Umsätze im produzierenden Gewerbe und im Einzelhandel. Als drittes folgen die persönlichen Einkommen. Und die letzte Größe ist die Anzahl der Beschäftigten außerhalb der Landwirtschaft.

In der Mehrzahl der Fälle gehen diese Indikatoren zu Beginn einer Rezession zurück oder flachen zumindest ab. Ein zeitlicher Vorlauf wie bei den stimulierenden Indikatoren ist hier nahezu nicht existent. Anders ausgedrückt:

Wenn diese vier Indikatoren nach unten drehen, markiert dies den Beginn einer Rezession. In dem Moment, in dem hier eine Aufwärtswende stattfindet, ist auch die Rezession vorbei. Im Augenblick liegen alle vier Indikatoren auf historischen Höchstwerten. Diese Kennzahlen haben aber für uns keine große Bedeutung in bezug auf die Prognose der zukünftigen Entwicklungen am Aktienmarkt, denn in den meisten Fällen hat der Aktienmarkt sein Top bereits gesehen, wenn diese Indikatoren nach unten drehen.

Überwachen Sie auch die Veränderungen der Kapazitätsauslastung?

Nein, zumindest nicht besonders intensiv. Bei einer sehr hohen Auslastung der Produktionskapazitäten sind Arbeitskräfte Mangelware, und das bedeutet, daß die Preise durch die Bank ansteigen. Dies ist auch für die US-Notenbank Anlaß zur Besorgnis, denn eine hohe Kapazitätsauslastung deutet an, daß der Gipfel des Wirtschaftswachstums näher rückt. Dies ist der Moment, in dem die Zinsen zu steigen beginnen. Im Moment ist die Kapazitätsauslastung von 85 % Ende 1994 auf 82 % zurückgegangen, wobei sie bereits seit Jahresbeginn seitwärts läuft. Der Umstand, daß der aktuelle Wert unterhalb der Spitze von 1994 liegt und dieses Niveau bis jetzt nicht erneut erreicht werden konnte (und wahrscheinlich auch nicht mehr erreicht wird), könnte ein Warnsignal dafür sein, daß uns eine Art Rezession ins Haus steht.

Wenn die Kapazitätsauslastung aber wieder anziehen sollte und dabei in Bereich zwischen 85 % und 86 % vordringt, würde ich meinen, daß wir erst dann eine Rezession haben werden, wenn dieser Wert erneut zurückfällt. Eine Rezession mit einer Kapazitätsauslastung über 85 % ist nicht denkbar, aber als Konsequenz könnte die US-Notenbank die Zinsen anheben.

Natürlich könnte die Auslastung auch durch einen Ausbau der Produktionskapazitäten zurückgehen, aber wie ich vorhin bereits sagte, pflegen die meisten Unternehmen ihre Kapazitäten erst kurz vor dem Gipfel eines Booms zu erweitern, weil die Geschäfte dann den höchsten Gewinn abwerfen. Der Höchstwert dieses Indikators lag 1973 kurz vor Beginn der damaligen Rezession bei 90 %, die Tiefstwerte lagen zeitweilig einmal bei 72 %.

Eine höhere Kapazitätsauslastung führt also zu höheren Verbraucherpreisen?

Richtig. Wenn die Geschäfte gut laufen, kann dies zweierlei Konsequenzen haben. Zum einen können die Preise steigen, zum anderen die Löhne und Gehälter.

Welches sind die kontraproduktiven Indikatoren auf Ihrer Beobachtungsliste?

Dies sind der Lohnkostenindex, die Konsumentenpreise (CPI) und Produzentenpreise (PPI), die Lagerbestände, und die sogenannte „Prime Rate" der Banken. Diese Indikatoren messen die Übertreibungen in der Wirtschaftsentwicklung. Wenn sie ansteigen, wird es für die Wirtschaft mehr und mehr problematisch, weiter zu wachsen, denn ein Anstieg der Interbankenzinsen, steigende Löhne und Inflationsraten, zunehmende Lagerbestände bei fallenden Absatzzahlen und dergleichen wirken auf die Konjunktur wie eine Bremse. Diese Faktoren wirken auf ökonomisches Wachstum wie eine Abschreckung, so daß dieses irgendwann rückläufig wird.

Die Höhe der privaten Kredite in Relation zum Einkommen der Verbraucher ist ebenfalls ein bremsender Indikator und erreicht jetzt, auf dem historisch höchsten Niveau, allmählich erschreckende Ausmaße. Die Leute benutzen ihre Kreditkarten, um Nahrungsmittel und Einrichtungsgegenstände zu kaufen, und stecken ihre Ersparnisse und Pensionsrücklagen in den Aktienmarkt. Wenn die Aktien fallen, werden sie gezwungen sein, ihre Wertpapiere zu verkaufen, um ihre Kredite zurückzahlen zu können. Wenn ihnen das rechtzeitig gelingt, mag das ja gutgehen – aber wenn nicht, werden sie ruiniert sein.

Messen Sie hierbei ausschließlich die Ratenkredite ohne die Hypothekendarlehen?

Ja. In letzter Zeit ist die Kriminalitätsrate trotz wirtschaftlicher Expansion angestiegen. Das ist wirklich ein Warnsignal. Was wird geschehen, wenn wir in eine Rezession geraten? Die Probleme, denen wir uns aktuell gegenübergestellt sehen, gleichen denen des Jahres 1929 sehr. Damals wie heute haben sich die Leute verschuldet und gingen davon aus, daß sie diese Darlehen zurückzahlen könnten, indem sie ihre Ersparnisse in den Aktienmarkt steckten. Das war der Grund, warum es damals zu so vielen Firmenpleiten kam und die Rezession derart lange anhielt. Die Leute konnten ihre Bankschulden einfach nicht mehr zurückzahlen. Die Kredite mußten abgeschrieben werden, und das ging natürlich schlagartig zu Lasten der Geldmenge. Die Geldmenge, also das existierende Kapital, verringerte sich von September 1929 an fortwährend bis zum absoluten Tief im Jahre 1932.

Ich hoffe, daß sich so etwas nicht wiederholen wird. Doch die einzige Möglichkeit die ich sehe, um dieses Szenario abzuwenden ist, daß die US-Notenbank beginnt, mehr Geld zu drucken. Aber wenn das geschieht, sollten Sie besser einige Goldaktien besitzen. Wenn die Regierung auf diese Weise versucht, die Situation in den Griff zu bekommen, wird dies den Dollar unter Druck setzen. Und wenn die Bevölkerung beginnt, sich über die Stabilität ihrer Währung oder des Bankensystems zu sorgen, werden sie beginnen, andere Werte wie z.B. Gold zu horten. Und jedesmal, wenn sich die Geldmenge erneut ausweitet, wird dies schlimmer werden.

Würde eine Verringerung der Geldmenge eine Rezession fördern?

Ich denke ja, obwohl eine große Menge offiziell von Banken gehaltenen Geldes mittlerweile in Geldmarktfonds geflossen ist. Wenn die

Zinsen deutlich zurückgehen, geht dies üblicherweise mit einer Ausweitung der Geldmenge einher. Seit dem 1990er Tief sehen wir die schleppendste Konjunkturerholung, die wir je nach einer Rezession hatten. Das erinnert alles außerordentlich an 1927. Wir hatten nur sehr wenig echtes Wachstum zwischen der Mitte der zwanziger Jahre bis 1929. Wie ich bereits schon vorher angeführt hatte, befanden wir uns damals in der Übergangsphase von einer landwirtschaftlich orientierten Gesellschaft zur Industriegesellschaft. Und die Vollendung dieses Wechsels brauchte insbesondere nach der großen Inflation 1920/1921 einfach Zeit. 1980/1981 sahen wir ebenfalls eine Phase hoher Inflationsraten. Als der Markt 1982 seinen Boden ausbildete, befanden wir uns bei den Zinssätzen und den Renditen der Staatsanleihen bereits in einem deutlichen Abwärtstrend. Der Aktienmarkt war daher ein weitaus attraktiverer Bereich für Investitionen, genauso wie damals nach der Inflation 1920/1921. Doch in den späteren zwanziger Jahren wuchs die Geldmenge nur noch sehr zögerlich, und auch die Wirtschaft als solche war eher instabil. Die US-Notenbank senkte 1927 den Diskontsatz, hob diesen aber bis 1929 einige Male wieder an. Ein oder zwei Monate nach der letzten Zinserhöhung 1929 und ganz unmittelbar vor dem Top des Aktienmarktes begann die Notenbank dann, die Zinsen wieder abzusenken und setzte diese Senkungen bis 1932 kontinuierlich fort. Auch die Wertpapierpensionsgeschäfte wurden 1931 und noch einmal 1932 in ihrem Umfang verdoppelt, aber da war es bereits zu spät – sie konnten das System nicht mehr stabilisieren. Wir hatten plötzlich eine Situation, in der die Banken genügend Kapital für neue Kredite gehabt hätten, diese aber den Privatleuten und Unternehmen aufgrund der gestiegenen Ausfallrisiken nicht gewähren wollten. Und so mußte das ganze System schließlich zwangsläufig zusammenbrechen. Leute mit Schulden konnten keine weiteren Kredite bekommen und diejenigen, welche noch keine Kredite hatten, wollten auch keine haben. Und ich denke genau das ist es, was auch jetzt gerade geschieht. Ich blicke permanent nervös über die Schulter, denn ich mache mir bezüglich Ende 1997 und 1998 große Sorgen.

Die kontraproduktiven Konjunkturindikatoren und die stimulierenden Indikatoren bewegen sich also gegenläufig?

Völlig richtig. Zuerst steigen die stimulierenden Indikatoren, danach die parallel laufenden und ganz am Schluß die kontraproduktiven Indikatoren. Umgekehrt gilt dasselbe: Zuerst fallen die stimulierenden Indikatoren, danach die parallel laufenden. Wenn die kontraproduktiven Indikatoren wieder zurückgehen, steht das Ende der Rezession meist unmittelbar bevor.

Wie paßt die Relation Lagerbestände zu den Verkaufszahlen in Ihr ökonomisches Modell?

Das Verhältnis Lagerbestände zu Verkäufen steigt immer dann an, wenn die Verkaufszahlen der Unternehmen beginnen „auszutrocknen". Sie können immer wieder hören, daß Analysten behaupten, das Level der Lagerbestände sei unter Kontrolle. Aber das stimmt natürlich nur so lange, wie auch die Verkaufszahlen ihr Niveau halten können. Wenn die Lagerbestände im selben Tempo wie die Absatzzahlen zulegen, bleibt die Relation dieser zwei Kennzahlen unverändert. Steigt dieser Wert plötzlich an, ist das ein Warnsignal. Es geht dabei nicht darum, daß die Lagerbestände überhandnehmen, sondern daß die Verkäufe abnehmen und damit anzeigen, daß die Unternehmen im Verhältnis zum Absatz zu hohe Bestände auf Lager halten.

Zählt die Arbeitslosenrate zu den kontraproduktiven Indikatoren?

Nein, ich würde sie eher den parallel laufenden Indikatoren zuordnen. Bis zu einem gewissen Grad ist diese Indikation eng mit den Veränderungen der durchschnittlichen Wochenarbeitszeit verbunden. In dem Augenblick, in dem die durchschnittliche Wochenarbeitszeit sinkt, beginnen die Entlassungen und treiben damit die Arbeitslosenrate nach oben. Aber wenn die Arbeitslosigkeit ansteigt, hat die Konjunktur bereits ihren Höhepunkt überschritten, so daß dieser Indikator zu langsam ist, um für die Prognose des Aktienmarktes geeignet zu sein.

Sie beobachten die Entwicklung der Produzenten- und Verbraucherpreise als kontraproduktive Indikationen. Würde der die Rohstoffpreise abbildende CRB-Index inflationäre Entwicklungen nicht deutlich früher anzeigen?

Ich denke, ja.

Vorhin hatten Sie die Preisveränderungen volatiler Güter als stimulierenden Indikator erwähnt. Könnten Sie erklären, was man sich hierunter vorstellen muß?

Nun, dies sind Rohstoffe oder Waren wie z.B. Rohöl. Der CRB-Index ist unser bevorzugtes Medium, um zu prüfen, was sich im Bereich der Waren und Rohstoffe tut. Natürlich unterliegen diese Preise immer hohen Schwankungen, aber es gibt einige Bereiche wie z.B. Kupfer, die als Indikation sehr hilfreich sind. Immer, wenn der Kupferpreis sehr stark gestiegen ist, bewegen wir uns nahe dem Top der Konjunkturentwicklung. Ein sehr niedriger Kurs des Kupfers deutet das baldige Ende einer Rezession an. Ich beobachte dieses Phänomen nun schon seit Jahren. In den zwanziger Jahren verwendete man noch Autoreifen mit Schläuchen. Wenn damals die Nachfrage nach Schläuchen für Autoreifen nachließ, deutete dies auf baldige Probleme insoweit hin, als daß dadurch wirtschaftliche Besorgnis sichtbar wurde.

Steigende Rohstoffpreise führen zu steigenden Preisen beim Endprodukt?

Das ist zumindest in der Mehrzahl der Fälle so und dadurch steigt der Konsumentenpreisindex weiter an. Zuerst reagieren die Großhandels- und Produzentenpreise. Wenn der dortige Anstieg eine Zeitlang anhält, ist zu erwarten, daß auch die Konsumentenpreise nachziehen. Manchmal handelt es sich aber auch nur um einen kurzlebigen Impuls. Während des Golfkriegs stiegen die Ölpreise zum Beispiel scharf an, gingen aber sofort wieder zurück, nachdem der Krieg beendet war.

Lohnt es sich, Konjunkturdaten mit Blick auf frühere, historische Hochs oder Tiefs zu analysieren?

Ich bin der Ansicht, daß das sogar außerordentlich lohnenswert ist. Es ist beispielsweise negativ für die Wirtschaft, wenn die Erstanträge auf Arbeitslosenhilfe ansteigen. Aber die höchsten Werte werden hierbei immer unmittelbar vor dem Ende einer Rezession erreicht. Diese Zahl wird im Chart immer invers dargestellt. Das Top – also die niedrigste Rate – wurde 1969 bei 200 000 Anträgen auf Arbeitslosenhilfe gemessen. Heute liegt die Zahl bei 350 000. Hier haben wir einen Fall von seit fast dreißig Jahren steigenden Werten. Ich mag gar nicht daran denken, wo diese Zahl 1998 liegen wird. Ich kann mir Werte im Bereich zwischen 700 000 und 800 000 vorstellen.

Naturkatastrophen, z.B. Wirbelstürme, wirken offenbar als unerwartete Stimulanzien auf die Wirtschaft. Wie lange dauert es, bis sich solche Einflüsse auf die Konjunkturdaten auswirken und was sind die langfristigen ökonomischen Konsequenzen?

Ich würde sagen, daß es ungefähr sechs Monate – manchmal auch ein wenig länger – dauert, bis z.B. die Wiederaufbauarbeiten meßbare Effekte auf die Wirtschaft erreichen. Denken Sie daran, daß solche Ereignisse immer zugleich eine Kapitalvernichtung darstellen. Die Bilanzen der Versicherungen verschlechtern sich. Der Privatmann, der nicht über eine Versicherung verfügt, ist gezwungen, sein Heim zu ersetzen. Aber dadurch verringert sich seine Kaufkraft im Bereich der Konsumgüter. Nehmen wir an, ich habe $ 500 und entscheide mich, mir einen neuen Anzug, Hemd, Krawatte und ein Paar Schuhe zu kaufen. Aber als ich im Laden ankomme, muß ich feststellen, daß die Preise gerade um 10 % gestiegen sind. Ich aber habe nur meine $ 500, also werde ich auf etwas verzichten müssen, z.B. die Schuhe. Inflation wird als einen rapiden Anstieg der Geldmenge definiert. In der Konsequenz steigen die Preise. Preisanstieg selbst ist also nur die Konsequenz der Inflation, auch wenn die Leute dies allgemein als Inflation ansehen. Wenn es der US-Notenbank nicht gelingt, die Geldmenge zu vergrößern und dann derartige Naturkatastrophen auftreten, wird sich die Geldmenge verringern.

Überwachen Sie auch die Daten im Bereich Import und Export?

Nein, überhaupt nicht. Aber aus dem technischen Aspekt heraus sind die Zahlen relevant, weil die Anleger hierauf reagieren und sie sich auf diese Weise in den Aktienkursen niederschlagen.

Nehmen wir an, ein Anleger hat nicht die Zeit, die Unmenge der von Ihnen überwachten Indikatoren zu verfolgen. Wären da die Monatsdaten der Nationalen Vereinigung der Einkaufsmanager eine gute Alternative als brauchbare Meßgröße für die Wirtschaftsentwicklung?

Das wäre sicherlich eine gute Möglichkeit, aber vor allem sollte man sich dann die „Business Cycle Indicators“ des Conference Board besorgen. Diese Indikatoren erscheinen einmal monatlich und sind mit einem Jahrespreis von $ 120 (inklusive Versand) recht günstig. Der Bereich, für den ich mich dabei besonders interessiere, beschäftigt sich mit der Zyklik von Indikatoren. Aber darüber hinaus findet man dort Erläuterungen, wie einzelne Indizes gewichtet sind, und Charts von stimulierenden und parallel laufenden Indikatoren wie Beschäftigungsrate, Arbeitslosenrate, Absatzzahlen, Auftragseingänge, Löhne, Verbraucherverhalten, Sparquoten etc.

Sie sehen „Business Cycle Indicators“ also als empfehlenswerte Datenquelle an?

Ich würde sie sogar als exzellent bezeichnen. Es ist für den Anleger ganz bestimmt wertvoll, sie zu abonnieren. Als ich mich damals entschieden hatte, von der Industrie zum Brokergeschäft zu wechseln, habe ich mir alles besorgt, was ich über Notenbankpolitik bekommen konnte und dazu gehörten auch die „Business Cycle Indicators“.

Ist das Studium von Wirtschaftsliteratur unbedingt notwendig?

Nein, das denke ich nicht. Ich meine, wer dieses Büchlein des Conference Board liest, bekommt schon so etwas wie eine Ausbildung. Es wäre überflüssig, noch andere Dinge zu beziehen. Vieles, was aus der Ecke der Harvard University und anderen Schulen kommt, ist ziemlich „links" angehaucht und hat nicht allzuviel mit dem zu tun, was wir freies Unternehmertum oder kapitalistisches System nennen. Henry Hazlitt, den ich vor zwanzig Jahren einmal getroffen habe, schrieb „Economics in one Lesson". Das ist ein gutes Buch, dessen neueste Auflage durch ein Vorwort von Steve Forbes erweitert wurde. Dann gibt es noch das fantastische Buch von Michael Novak „Business as a Calling". Der Untertitel lautet: „Michael Novak erklärt, warum das kapitalistische System für freie, demokratische und rechtschaffene Menschen unerläßlich ist". Seine Kernaussage lautet: Wer in einem demokratischen System frei leben will, muß den Kapitalismus unterstützen, der schließlich die Basis für den Wohlstand der Mehrheit der Bevölkerung in den Vereinigten Staaten ist.

Ein anderes Buch, das mir gut gefällt, ist von einem sehr klugen Kopf namens Tom Sowell. Ich teile seine Ansichten voll und ganz, deswegen finde ich dieses Buch so fantastisch. Der Titel lautet „Knowledge and Decisions" und ist mit „Warum Regierungen Fehler machen" untertitelt.

Welche abschließenden Worte möchten Sie den Lesern mit auf den Weg geben?

Nachdem ich Ihnen alles berichtet habe, was aktuell vorgeht, möchte ich wiederholen, was ich auch unseren Klienten immer sage: „Ich mag falsch liegen, aber ich möchte niemals falsch verstanden werden!"

Kapitel II

Ralph Bloch

Marktanalyse der dreißigjährigen US-Staatsanleihe

15. Februar 1996

Auf Basis reiner technischer Analyse kann konstatiert werden, daß sich bei den US-Bonds ein Top in Form einer Schulter-Kopf-Schulter-Formation herausgebildet hat. Darüber hinaus liegt hier, allerdings ohne größere Bedeutung, ein symmetrisches Dreieck vor. Die Nackenlinie der Formation wäre durchbrochen, sobald die Bonds unter $ 118,75 schließen. Damit wäre die Umkehrformation vollendet, was einen schnellen Rücksetzer auf 116 – 116,5 erwarten ließe.

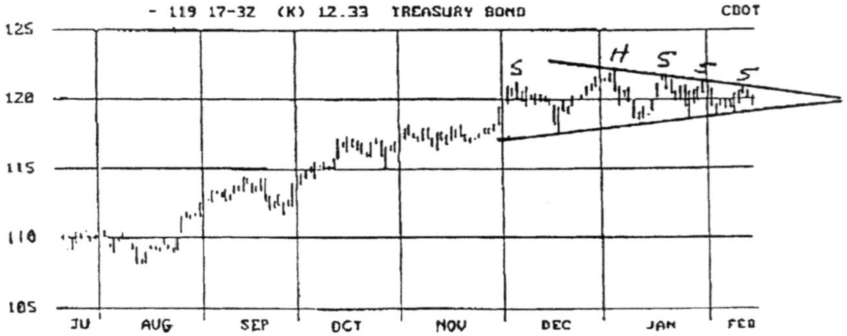

RALPH BLOCH

Ralph Bloch ist leitender technischer Analyst bei Raymond James & Associates. Er begann seine Wall-Street-Karriere, als er 1956 zusammen mit seinem Schulfreund Jack Hemingway an einem Lehrgang für Nachwuchskräfte teilnahm, der von der Firma Merrill Lynch durchgeführt wurde.

In der Anfangsphase seiner Ausbildung verfolgte er, wie sich die Märkte von einem 20%-Abstieg erholten, obgleich sich das Land noch inmitten einer Rezession befand. Er zog für sich selbst aus dieser verwirrenden Entwicklung den Schluß, daß „der vornehmliche Zweck des Aktienmarktes in der Vorwegnahme zukünftiger Ereignisse liegt". Diese Offenbarung war es, welche ihn später bewog, die technische Analyse gegenüber der fundamentalen Analyse zu präferieren.

Seine ersten Kontakte mit der technischen Analyse kamen durch einen älteren Herrn bei Merrill Lynch zustande, der seine Tage damit verbrachte, die Kursverläufe der Rohstoffpreise per Hand in Charts zu zeichnen. Er nahm Ralph unter seine Fittiche, und so erlernte dieser die Grundlagen der Charttechnik. Dieser erste, flüchtige Blick in die Welt der technischen Analyse brachte ihm weitaus mehr als alles, was ihm bislang im Zuge seiner Ausbildung begegnet war. Und so konzentrierte er sich von diesem Augenblick an auf diese Analyseform, wobei er allerdings Wert darauf legte, daß die fundamentale Situation die Ergebnisse der technischen Analyse bestätigte. Kurz: Eine solche Bestätigung „erhöht unsere Chance, richtig zu liegen".

Ich persönlich würde Mr. Bloch als technischen „Puristen" beschreiben. Er läßt nicht zu, daß seine Analysen durch eine Indikatorenflut überladen werden, sondern richtet das Hauptaugenmerk seiner Arbeit auf nur sechs Indikatoren, welche er in Verbindung mit der Beobachtung der Kursbewegungen verwendet. Er gehört damit zu der langsam aussterbenden Rasse der klassischen „Ticker-Leser". Neumodischen Indikatoren und hochentwickelter Computer-Software begegnet er dagegen mit purer Verachtung. Er ist dabei so sehr und mit vollem Herzen von der Effektivität der klassischen Analyse überzeugt, daß er verkündet hat, seine Ergebnisse würden jeden Wall-Street-Trader übertreffen.

Seiner Ansicht nach verhindern Analysten, welche Hunderte von Indikatoren verfolgen, konkrete Entscheidungen durch zu viel Nachdenken und Abwägen. Ich glaube tatsächlich, daß sein Erfolg auf seine Beschränkung auf nur wenige Indikatoren zurückzuführen ist. Seine einfach und klar strukturierte Methodik macht ihn immun gegen das Phänomen der „Analyse-Lähmung", ein Zustand, bei dem der Analyst mental absolut unfähig ist, eine Entscheidung zu treffen, weil zu viele Indikatoren zu viele unterschiedliche Signale generieren.

Mr. Blochs Erfolge sind in der Tat beeindruckend. Während seiner zehn Jahre bei Raymond James ist ihm in bezug auf die Marktentwicklung niemals ein größerer Fehler unterlaufen. Von all den hier interviewten Analysten ist Mr. Bloch der einzige, dem ich bereits früher persönlich begegnet war. Als ich 1987 in St. Petersburg, Florida, war, hatte ich eine Verabredung mit Mr. Bloch. Wie sich herausstellte, sollte dieses Treffen für mich große Bedeutung erlangen.

Ich saß im Vorzimmer seines Büros und wartete, da Mr. Bloch noch mit der Erstellung seines wöchentlichen Börsenbriefes „Verkaufen bei neuen Höchstkursen" beschäftigt war. Seine bearishen Kommentare in bezug auf den Aktienmarkt veranlaßten mich, sofort nach dem Interview meinen Broker anzurufen und mein Depot bis auf die letzte Aktie zu verkaufen. Dies geschah am 20. August 1987. Vier Tage später, also am 25. August, erreichte der Markt seine absolutes Top. Dieses Top so präzise vorauszusagen, war meiner Ansicht nach eine beeindruckende Leistung. Nach dem 87er Crash, während andere „Gurus" dem Markt einen weiteren Verfall bis 1 200 oder gar 400 vorhersagten, stellte sich Mr. Bloch vier Tage nach dem Oktober-Tief gegen die Meinung der Mehrheit, indem er erklärte, daß der breite Markt seine Abwärtsbewegung nun beendet hätte. Und er behielt recht.

Aber die Liste setzt sich noch fort. Im Juli 1990 prognostizierte er das Top am Aktienmarkt, drehte seine Meinung im Oktober desselben Jahres aber um 180 Grad. Im Gegensatz zur landesweit negativen Stimmung aufgrund der militärischen Auseinandersetzung der USA mit dem Irak war Bloch absolut bullish gestimmt. Unlängst stellte er sich gegen

Marktanalyse der dreißigjährigen US-Staatsanleihe

1. August 1996

Der Markt für 30jährige US-Staatsanleihen hat in den letzten vier Monaten eine Trendwendeformation ausgebildet, die als umgekehrte, multiple Schulter-Kopf-Schulter-Formation bekannt ist. Diese breite Tradingspanne, mit 106 als untere und 110 als obere Begrenzung, hat dabei bereits den seit Februar diesen Jahres etablierten Abwärtstrend durchbrochen.

Der Bondmarkt hat schon mehrfach in diesem Jahr an der Widerstandsmarke bei 110 nach unten gedreht. Ein Break über diesen Widerstand läßt eine erste Kursbewegung in den Bereich von 112,5 bis 113 erwarten. Diese Bodenbildung ist eine fast perfekt spiegelverkehrte Formation zum Ende 1995 bis Anfang 1996 ausgebildeten Top.

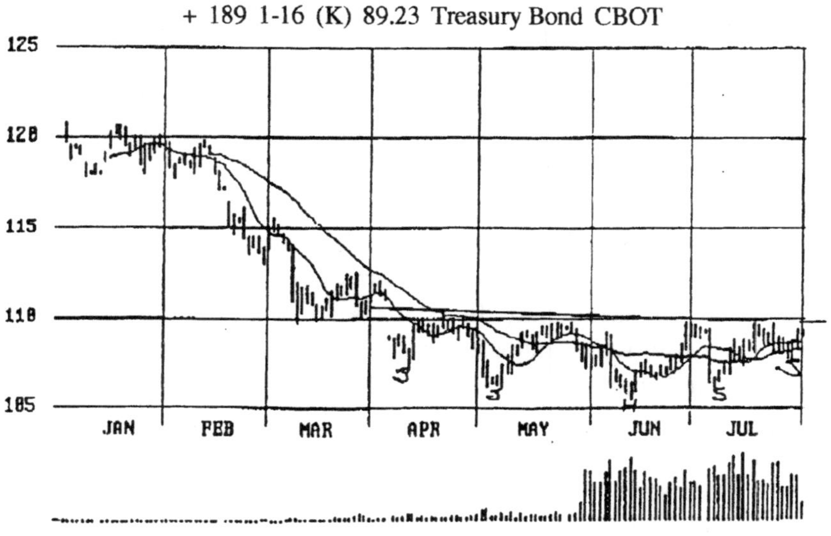

Balkenchart mit 10- und 30-Tagen-GDs

prominente Trader und Analysten, indem er einen Bear-Market für Bonds vorhersagte. Der bis dahin vorhandene Konsens hinsichtlich fallender Renditen hatte die Bonds in eine Renditespanne zwischen 5,5 und 5,75 % geführt. Welchen Trumpf hielt Bloch hierbei gegenüber den Tausenden brillanter Gehirne an der Wall Street in der Hand? Die sogenannte „Technische Analyse 101“. Er zeichnete einfach eine lehrbuchmäßige multiple Schulter-Kopf-Schulter-Formation in den Chart ein – und der Erfolg gab ihm wieder einmal recht.

Fünf Monate später, im Juli 1996, wurde er auf kurzfristiger Basis bullish, nachdem er diesmal eine umgekehrte Schulter-Kopf-Schulter-Formation identifizierte und verkündete, man solle sich nun auf den baldigen Einstieg vorbereiten. Die Bonds durchstießen die Nackenlinie der Formation bei 110 und stiegen mit großer Dynamik an, kurz nachdem er mit dem Versenden seiner „Kaufen oberhalb 110“-Empfehlung fertig war. Präziser geht es wohl nicht mehr!

Dieses gelungene Doppelspiel in Bonds zeigt zweierlei: Zum einen, daß die technische Analyse nichts von ihrer Aussagekraft verloren hat, zum anderen, daß man sich nicht in zu langfristige Prognosen verstrikken sollte. Bloch meidet derartige, langfristige Horizonte wie die Pest, weil sie eine psychologische Blockade verursachen, aus der man sich nur schwer befreien kann.

Die Mehrzahl der sogenannten „Gurus“ läßt sich zu derartig langfristigen Prognosen verleiten und verliert dann ihre Glaubwürdigkeit, wenn die Vorhersagen nicht eintreffen. Sie „verfangen sich in diesen Prognosen, an deren Eintreten sie ja ein persönliches Interesse haben, und verlieren dadurch zugleich ihre klare Urteilskraft“. Man sollte den so verursachten Abstieg prominenter Analysten als eine Warnung verstehen. Wenn Sie bemerken, daß Sie an Ihren persönlichen Voraussagen über das, was der Markt tun „sollte“, festkleben, stehen Ihnen Probleme ins Haus. Die Unfähigkeit zu Flexibilität kann Sie finanziell vernichten. Gemäß Mr. Bloch hat „weder die technische Analyse noch eine andere Disziplin die Fähigkeit, langfristige Prognosen abgeben zu können“. Dies ist die zugrundeliegende Erkenntnis hinter seinen Analysen und seinen kurzfristig orientierten Empfehlungen, die er immer erst in dem Augenblick abgibt, wenn die entsprechende Situation auftritt. Tun Sie nur das, was Ihnen der Börsenticker, der Trend und die Charts sagen.

Mr. Bloch erinnert sich, daß seine besten Empfehlungen immer solche waren, die der allgemeinen Meinung zuwiderliefen. Er denkt, daß „der Markt geschaffen wurde, um die Mehrheit zu verwirren und zu verblüffen und sich der Minderheit anzupassen". Wer zu konträrer Denkweise imstande ist, findet sich normalerweise bei der Minderheit wieder, darin liegt der Vorteil.

Bei Raymond James verfaßt Mr. Bloch einen täglichen Börsenbrief, der intern unter Brokern und Tradern verbreitet wird. Für die Kunden der Firma gibt er einen wöchentlichen Brief heraus, den „Bloch Letter", der eine Kombination aus Berichterstattung über die Marktaktivitäten der vergangenen Woche und kurzfristig orientierten Prognosen darstellt. Seine Analysen erscheinen zudem in „Mansfield's Chart Service". Seine Arbeit ist einzigartig, denn er ist wahrscheinlich der einzige Analyst eines großen Brokerhauses, der seine Arbeiten auch auf Tagesbasis herausgibt.

Obgleich diese täglichen Kommentare für ihn eine zusätzliche Belastung darstellen, ist er der Ansicht, daß sie ihm zu einem anderen psychologischen Blickwinkel bei der Marktanalyse verhelfen. Diese tägliche Routine stellt insofern einen Vorteil dar, als sie ihn zu erhöhter Disziplin zwingt und die Verantwortung für seine Prognosen erhöht. Er formuliert dies so: „Wenn man sich jeden Tag schwarz auf weiß gedruckt wiederfindet, sind die Analysen und Prognosen absolut öffentlich. Da findet sich kein Baum, hinter dem man sich im Zweifelsfall verstecken könnte!" Das Schreiben als solches hilft ihm darüber hinaus, ein Gefühl für das Marktgeschehen zu entwickeln und aufrecht zu erhalten.

Mr. Blochs Liste literarischer Errungenschaften ist recht kurz. Er war Co-Autor der „Encyclopedia of Stock Market Techniques" und verfaßte auf Bitte der Londoner „Financial Times" ein Kapitel über die

„Put/Call-Ratio" in deren Buch „Global Guide to Investing". Vor einem Jahr schrieb er „Technical Tactics for Investing", ein Brevier, daß zwanzig Dinge, die ein erfolgreicher Investor tun sollte, ebenso herausstellt, wie zwanzig Fehler, die es unbedingt zu vermeiden gilt. Einige Fragen des folgenden Interviews leiten sich aus Informationen des zuletzt genannten Buches ab. Im Augenblick ist dieses Büchlein ausschließlich für Kunden von Raymond James bestimmt, könnte zu einem späteren Zeitpunkt aber neu aufgelegt und dann der Öffentlichkeit zugänglich gemacht werden.

Mr. Bloch war zudem bisweilen Gast bei CNBC und wird von wichtigen Finanzzeitungen und -Zeitschriften oft um Marktkommentare gebeten. Er spricht weltweit bei Seminaren und hat dabei in Frankreich derart hohe Anerkennung und Bekanntheitsgrad erlangt, daß er auf der Titelseite von „La Vie Francaise" erschien.

Das Interview wird sich mit den wenigen, ausgewählten Indikatoren befassen, die Mr. Bloch bei seinen Analysen verwendet, betont aber ebenso die hohe Bedeutung der Berücksichtigung psychologischer Aspekte beim Investment. Seiner Ansicht nach ist die mentale Einstellung mindestens ebenso wichtig wie die Methodik eines Investors. Die Anwendung der richtigen Indikatoren und Werkzeuge ist nur „die halbe Miete". Die andere Hälfte ist das Verständnis um die eigenen Emotionen. Ich will vorausschicken, daß die nachher besprochenen Indikatoren nur in Kombination angewandt werden und nicht geeignet sind, einzeln verwendet oder interpretiert zu werden. Man kann Mr. Bloch auch nicht auf starre Parameter „festnageln", wenn es um die Interpretation der Aussage dieser Indikatoren geht. Die technische Analyse ist eine Kunst – keine Wissenschaft. Sein großer Sachverstand ist auf nichts anderes als jahrelange Beobachtung und permanenter Umgang mit den Märkten zurückzuführen, auf die Überwachung von Kurs- und Umsatzverhalten, Minute um Minute, Stunde um Stunde, Tag für Tag. Als „Auffrischungskurs" für die Technik des „Tickerlesens" liest er regelmäßig sein Lieblings-Börsenbuch „Reminiscences of a Stock Operator" von Edwin Lefèvre (in deutscher Sprache unter dem Titel „Das Spiel der Spiele" im TM Börsenverlag erschienen, Anm. d. Übers.). Für die Charttechnik empfiehlt er den Lesern die beste aller Quellen – Edwards und Magees „Technical Analysis of Stock Trends".

Mit einer über vierzigjährigen Erfahrung und einer ausgesprochenen Liebe für seine Arbeit hat Mr. Bloch den Willen, zu einem „George Burns der Wall Street" zu avancieren. Obwohl er dieses Ziel ausschließlich unter dem Aspekt der Langlebigkeit sieht, muß ich doch sagen, daß er mit seinem Sinn für Humor durchaus in die Fußstapfen eines George Burns tritt.

Diejenigen, die sich eine Vereinfachung ihrer technischen Analyse wünschen, andererseits aber negative Konsequenzen bei der Eliminierung der „überzähligen" Indikatoren fürchten, mögen beruhigt sein. Mr. Bloch ist ein lebender Beweis dafür, daß der „KISS"-Ansatz (Keep It Simple, Stupid) funktioniert. Im folgenden hat er nun das Wort und damit Gelegenheit, dies zu beweisen.

Mr. Bloch, wie kamen Sie zur technischen Analyse?

Ich hatte festgestellt, daß Wall Street nicht nur eine reine Welt der Zahlen ist. Man muß sich das mal überlegen: Wenn die Wall Street alleine auf Zahlen basieren würde, käme doch jeder immer zum selben Ergebnis. Die Gewinne des Unternehmens X sehen so aus, die Absatzzahlen so, die Aussichten für die X-Aktie sind also recht gut. Also nichts wie los und kaufen – wenn es da nicht ein kleines Problem gäbe. Jedem stehen dieselben Daten zur Verfügung. Wenn die Marktanalyse alleine auf nüchternen Zahlen und Daten basieren würde, würden diejenigen, welche diese X-Aktie besitzen, zum selben Ergebnis kommen wie Sie. Warum also sollten Sie dann verkaufen? Im Endeffekt käme dann gar kein Handel zustande. Aber niemand scheint dies wirklich zu realisieren.

Sie sagten einmal, daß die fundamentale Lage eines Unternehmens die Ergebnisse der technischen Analyse bestätigen sollten, nicht wahr?

Ja, richtig. Was ist ein Chart? Doch nichts anderes als die im Kursverlauf sichtbare Reaktion der Anleger auf ihre Einschätzung der fundamentalen Lage einer Aktie.

Das ist die beste und einzigartigste Definition, die ich je gehört habe.

Und doch ist es so. Wenn die Anleger mit ihrem Kapital ihre Meinung nachvollziehen, tritt die technische Analyse auf den Plan. Umsätze und Kursveränderungen entstehen. Wenn ich dann herausfinden kann, ob die fundamentale Lage für Aktie X positiv zu interpretieren ist, habe ich meine Chance, richtig zu liegen, ein wenig verbessert. Beide Disziplinen, die technische ebenso wie die fundamentale Analyse, bestätigen einander.

Was ist für Sie in bezug auf die fundamentale Analyse von Bedeutung?

Nun, wir haben entsprechende Analysten in unserer Firma. Wenn eine bestimmte Aktie in unserer Abteilung aber nicht beobachtet wird, suche ich mir meine Informationsquellen eben außerhalb. Nach vierzig Jahren im Geschäft gibt es für mich keine Analyseabteilung an Wall Street, wo ich nicht eine schnelle Einschätzung bekommen könnte. Aber ich brauche keine Analysen, die in die Tiefe gehen. Es reicht mir zu wissen, ob ein gestandener Analyst diesen Wert mag oder nicht. Was ich dabei nicht verstehe ist, warum die meisten Fundamental-Analysten sich nicht mit den „Technikern" kurzschließen. Dazu gibt es einen Witz, den ich bei Vorträgen gerne als Einstieg verwende:

Ein Amerikaner macht einen gemütlichen Autourlaub in einem entlegenen Winkel Neuseelands. Plötzlich muß er den Wagen anhalten, weil eine große Schafherde die Straße kreuzt. Der Schäfer geht zu dem Amerikaner und sagt: „In ein paar Minuten sind alle über die Straße." Der Amerikaner antwortet: „Kein Problem, ich bin nicht in Eile." Sie beginnen zu plaudern. Der Amerikaner sieht sich die Herde an und meint: „Wie wäre es mit einer Wette?“ „Um was soll es gehen“, fragt der Schäfer. Der Amerikaner antwortet: „Ich wette, daß ich genau schätzen kann, wie viele Schafe zu Deiner Herde gehören.“ Der Schäfer daraufhin: „Das glaube ich nicht. Das hier ist die größte Herde in ganz Neuseeland, aber wenn Du unbedingt wetten möchtest, bitte. Was soll Dein Preis sein, wenn Du gewinnst?“ Der Amerikaner antwortet: „Ich esse gerne Lamm. Ich werde mir eines von Deinen Schafen aussuchen.“ Der Schäfer sagt: „In Ordnung. Du sollst wissen, daß ich fünf Sorten von Schafen besitze, von der schlechtesten bis hin zu besten Qualität. Nun fang an.“ Der Amerikaner geht eine Weile um die Herde herum, kommt zurück und sagt: „Du hast genau 10 248 Schafe in Deiner Herde.“ Der Schäfer ist platt: „Das ist absolut korrekt. Wie hast Du das herausgefunden?“ Darauf der Amerikaner: „Ich kann einfach gut mit Zahlen umgehen.“

Der Schäfer erwidert: „In Ordnung, such Dir Dein Schaf aus.“ Der Amerikaner sieht sich um, zeigt über die Schulter und sagt: „Ich nehme dieses hier.“ Der Schäfer nimmt das Schaf und bringt es zum Wagen des Amerikaners. Dann sagt er: „Ich möchte Dir eine Revanche anbieten. Ich wette, daß ich Deinen Beruf erraten kann.“ Der Amerikaner überlegt sich: „Ich war nie zuvor in Neuseeland und es muß eine Million Berufe auf diesem Planeten geben. Das rät er nie!“ „Was willst Du haben, wenn Du gewinnst?“ Der Schäfer antwortet: „Ich bekomme mein Schaf zurück.“ „Die Wette gilt“, erwidert der Amerikaner. Der Schäfer sieht ihn an und sagt: „Du bis Aktienanalyst an Wall Street.“ Der Amerikaner ist außer sich: „Wie in aller Welt konntest Du das erraten?“ Der Schäfer antwortet ihm: „Das war wirklich ziemlich leicht. Du kannst offenbar wirklich sehr gut mit Zahlen umgehen, aber dann hast Du Dir das schlechteste Schaf ausgesucht!“

Warum können Fundamental-Analysten nicht zu einem technischen Analysten hingehen und fragen: „Bestätigt die technische Situation meine fundamentale Einschätzung?“ Die meisten tun das nicht, aber ich bin der Meinung, daß die fundamentale und technische Analyse zusammenarbeiten sollten.

Für diejenigen, die nicht über solch gute Verbindungen in die oberen Etagen verfügen wie Sie: Was wäre die zweitbeste Lösung, um an Informationen zu kommen?

Nun, man sollte seine Geschäfte über eine reine Brokerfirma wie Raymond James abwickeln oder den Service von „Standard&Poors“ oder „Value Line“ nutzen.

In „Investor's Daily Business“ werden Sie wie folgt zitiert: „Die technische Analyse ist ein Werkzeug für kurzfristige Planungen. Es wäre ein Fehler, sie für längere Zeithorizonte zu verwenden.“ Was meinen Sie damit?

Ich glaube nicht, daß die technische Analyse die Möglichkeiten hat, um längerfristige Prognosen abzugeben. Und um es noch einmal zu wiederholen: Auch andere Disziplinen können das nicht. Die Leute denken bloß, daß das möglich sei. Andauernd wollen Kunden und Journalisten wissen: „Wohin, denken Sie, wird die X-Aktie laufen?“ Ich pflege zu antworten: „Das kann ich Ihnen nicht sagen, zumindest nicht in Form eines Kursziels.“ Die nächste Frage lautet dann immer wieder: „Aber wie lange wird die Kursbewegung dauern?“ Und ich sage: „Wie in aller Welt soll das jemand wissen?“ Niemand weiß das! Mein Job als technischer Analyst ist sehr einfach. Ich erkläre unseren Brokern und damit im Endeffekt den Kunden, ob der Markt in gutem oder schlechtem Zustand ist, und zwar jeden Tag aufs Neue, und erkläre ihnen, warum das so ist. Ich denke, daß ich darin besser bin als meine Kollegen, alleine, weil ich diese Analyse täglich aufs Neue vornehme.

Einige Analysten lassen sich zu langfristigen Prognosen hinreißen und bleiben dann darin gefangen, denn sie haben ja berechtigtes Interesse daran, daß diese Voraussagen auch eintreffen. Wer langfristige Prognosen abgibt, pflegt üblicherweise mit dem Schiff unterzugehen. „Ich habe recht“, heißt es dann, „nur der Markt liegt falsch“.

Schon vor hundert Jahren sagte Jesse Livermore: „Der Ticker liegt nie falsch, wir aber um so öfter“. Warum ist das so schwer zu kapieren?

Welche Vorteile hat die technische Analyse?

Die technische Analyse ist sehr gut dafür geeignet, Ihnen zu zeigen, ob der Markt dabei ist, die Trendrichtung zu wechseln. Das meiste Geld wird verdient und verloren, wenn solche Richtungswechsel stattfinden. Die Anleger neigen dazu, viel zu lange an der vormaligen Trendrichtung festzuhalten. Der Bull-Market von 1982 bis 1987 ging niemals zu Ende. Als er dann aber doch endete, war es der Bear-Market, der niemals enden würde. Ein bekannter Analyst erwartete damals eine Fortsetzung des Kursabstiegs bis auf 400 im Dow Jones, ein anderer rechnete mit 1 200.

Wenn Sie investieren wollen, ist die technische Analyse auf der Suche nach einem günstigen Kaufzeitpunkt hilfreich. Ein weiterer Aspekt, von dem ich absolut überzeugt bin, ist: Die technische Analyse zeigt den Zeitpunkt zum Ausstieg in 99 von 100 Fällen früher an als die fundamentale Analyse. Ein Fundamental-Analyst muß zuerst sehen, daß sich etwas ändert. Aber oft sieht er die Veränderung der Daten erst, nachdem der Aktienkurs bereits um 20 % gefallen ist, weil die Börsen die Ereignisse immer vorwegnehmen.

Was nehmen die Anleger vorweg?

Wenn ich mit einer Aktie Geld verdienen will, dann kaufe ich zu $ 50 und muß hoffen, daß Sie bereit sind, 50 1/8 zu zahlen und Charlie danach 50 1/4 und so weiter. Aber wie schaffe ich es, vor Euch allen einzusteigen? Nur, indem ich bestimmte Erwartungen über zukünftige, fundamentale Verbesserungen habe. Wenn diese Daten gut sind und die institutionellen Anleger dies ebenfalls glauben, werden sie sich in außerordentlich berechenbarer Weise verhalten. Denn wenn ein Fonds-Manager sich entscheidet, eine Million Stück einer bestimmten Aktie zu kaufen, kann er nicht einfach losziehen und eine Order über eine Million Aktien plazieren.

Weil ein Kaufauftrag dieser Größe den Kurs nach oben treiben würde?

Genau. Er kauft erstmal 25 000. Dann kauft er 50 000. Dann wartet er ein Weilchen ab. Vielleicht wartet er, bis sich das Angebot wieder erhöht. All dies schlägt sich im Chart in Form von Akkumulation oder Distribution nieder. All diejenigen, die zwischen Januar und Juni 1996 wegen der Unsummen an Kapital, welches in die Pensionsfonds floß, bullish waren, haben vergessen, was zwangsläufig als nächstes geschehen würde. Gut, wir hatten Zuflüsse von 123 Milliarden Dollar in den ersten sechs Monaten, aber was hat das bewirkt? Die Antwort lautet: Nichts. Zumindest nicht nach den ersten 400 Punkten der Aufwärtsbewegung, die wir in den dreizehn Tagen zwischen Ende Januar und Februar gestiegen waren. Denn danach wurden die Käufe durch Verkäufe im Volumen egalisiert. Dann kamen all diese Rallies auf neue Höchststände, gefolgt von einem kurzen Kurseinbruch und der nächsten Rallye zu erneuten Allzeithochs. Daran erkennt man eine Distributionsphase. Das Problem der Markttechniker ist einfach, daß sich nicht voraussagen läßt, wie lange eine solche Periode anhält. Aber das ist einer der Hauptgründe, warum es sich lohnt, jeden Tag aufs neue eine Analyse zu erstellen!

Für diejenigen, die nicht in den Genuß der Erkenntnisse aus Ihrem Brevier kommen können: Was ist die wichtigste Rolle, welche die Märkte Ihrer Ansicht nach im Leben spielen?

Das ist meiner Meinung nach die Antizipation und damit zugleich Hinwendung zur Zukunft. Das war es vor allem, was ich in den Jahren 1957/1958 gelernt habe. Der Markt vollzog Bewegungen, die für mich nicht zufriedenstellend erklärbar waren. Und deswegen wandte ich mich der technischen Analyse zu. Warum fiel die Börse im August 1957 um 20 %, obwohl wir uns gerade in einer wirtschaftlichen Erholungsphase befanden, pendelte hin und her und begann eine Rallye, während die Konjunktur noch in einer Rezession steckte? Nun, der Markt fiel, weil er die kommende Rezession antizipierte und stieg wieder in Vorwegnahme der zweifellos folgenden, wirtschaftlichen Erholung. Eigentlich gar kein so kompliziertes System, wenn man sich einmal damit auseinandergesetzt hat.

Das heißt also, daß ein aktueller Aktienkurs oder Indexstand nicht immer die fundamentale Situation des jeweiligen Augenblicks widerspiegelt?

Ich gebe Ihnen ein Beispiel. Ein Fundamental-Analyst kommt zu mir und erklärt, daß er gerade die Firma X besucht habe. Für ihn sei der Wert absolut kaufenswert. Dazu rattert er ein halbes Dutzend Gründe herunter, die alle absolut vernünftig klingen. Ich schaue mir also den Chart der X-Aktie an und sehe den Kurs im freien Fall begriffen. Was ist real? Nun, zweifellos ist der momentane, kräftige Kurseinbruch die Realität. Für diesen Zweispalt kann es nur zwei Ursachen geben. Entweder hat sich der Analyst geirrt oder, wenn es sich um einen sehr guten Analysten handelt, kommt seine positive Einschätzung sehr früh. Angenommen, es handelt sich um eine gute, aber noch zu frühe Empfehlung – wie soll ich wissen, wann der richtige Augenblick zum Einstieg gekommen ist?

Nun – das ist einfach. Es ist soweit, wenn ich sehe, daß die Aktie ihren Abwärtstrend beendet und eine Trendwendeformation ausbildet, z.B. eine Rallye, ein Kurseinbruch, eine erneute Rallye, ein weiterer Ausverkauf, wobei aber die einzelnen Zwischenhochs und -tiefs jedesmal höher liegen.

In bezug auf das Phänomen der Vorwegnahme der Zukunft – gibt es da einen Trade, der Ihnen besonders in Erinnerung geblieben ist?

Oh ja, das war IBM im Jahre 1993. Die Aktie fiel von ungefähr \$ 172 in die Tiefe und die Fundamentaldaten sahen absolut fürchterlich aus. IBM benötigte vier Monate, um einen Boden auszubilden. Dabei drehte der Kurs innerhalb dieser vier Monate dreimal bei \$ 46 3/8 wieder nach unten. Ich kaufte in dem Augenblick Call-Optionen auf IBM, als der Ticker einen Kurs bei 46 1/2 brachte – und die Aktie steigt immer noch. Das war wie im Lehrbuch!

IBM hat ja auch früher schon mehrfach lehrbuchmäßige Chartformationen ausgebildet.

Ja, das stimmt. Das ist ein klassisches Beispiel dafür, warum ich mich lieber an die großen, marktbreiten Aktien halte, denn diese verhalten sich charttechnisch weitaus berechenbarer als kleine Werte mit niedrigem Kursniveau.

Wo liegen die Gründe dafür, daß die großen Aktienwerte öfter derart klassische Chartformationen präsentieren? Hat das vielleicht etwas mit dem größeren Einfluß institutioneller Investoren zu tun?

Ja, das ist sehr, sehr wichtig. Die institutionellen Money-Manager pflegen sich gemeinhin sehr berechenbar zu verhalten.

Bevorzugen Sie bei der Chartanalyse einzelner Aktien einen bestimmten Zeithorizont?

Die Basisarbeit mache ich mit Tagescharts. In der Regel sollte Ihnen dabei ein Chart der letzten sechs Monate ausreichende Informationen für einen Trade liefern können. Ist das nicht der Fall, nehme ich einen 2-Jahres-Chart mit Wochendaten zur Hand um zu prüfen, ob sich hier vielleicht eine längerfristige Formation ausbildet. Kürzlich habe ich mir zum Beispiel die Aktie von Kellogg's angesehen, weil die Getreidepreise gefallen waren. Auf dem Tageschart konnte man eine Top-Bildung in Form einer kleinen Schulter-Kopf-Schulter-Formation ausmachen. Ein Schlußkurs unter $ 72 oder $ 72 1/2 hätte dieses Top vollendet und ein Kursziel um die $ 70 erwarten lassen.

Dann habe ich mir den 2-Jahres-Chart angesehen. Und in diesem Wochenchart sah ich plötzlich, daß sich gerade eine viel größere Schulter-Kopf-Schulter-Formation ausbildete, deren Nackenlinie bei $ 70 verlief. Wir hatten also eine kleine Formation innerhalb einer größeren. Wenn Sie sich mit einem Markt befassen, der möglicherweise kurz vor einer Trendwende steht, liefert Ihnen der Wochenchart bisweilen ein weitaus besseres und klareres Abbild der Situation. Wenn ein Wert aber erst einmal einen Auf- oder Abwärtstrend etabliert hat, ist ein Zeithorizont von sechs Monaten ausreichend, denn Sie gehen dann mit dem Trend.

Sagen wir einfach einmal, eine Aktie vollzieht gerade den Ausbruch aus einer Wendeformation. Worauf müssen wir dann achten? Wichtig ist die erste Flaggen-Formation, also die erste Pause im Trend nach dessen Entstehung. Der Kurs sollte zwei, drei, vielleicht vier Tage in dieser Formation bleiben. Die Käufe haben aufgehört, aber es treten nur wenige Verkäufer auf den Plan. Das Umsatzvolumen innerhalb der Flagge geht zurück. Aber *Sie* wissen, daß die Bewegung weitergehen wird, denn es waren keine richtigen Verkäufe aufgetreten und die Käufer haben nur kurzzeitig pausiert. Man sollte immer nach solchen Flaggen oder auch Wimpel-Formationen suchen, egal, ob in einem Auf- oder Abwärtstrend.

Lassen sich in einem 6-Monats-Chart auch mögliche charttechnische Widerstände und Unterstützungen markieren?

Sehr oft ist das machbar. Und gerade in einer Börsenphase wie dieser, nachdem der Dow Jones 7 1/2 % und der NASDAQ-Index nahezu 20 % gefallen ist und die ersten Rallies auftreten, ist dies besonders oft der Fall. Der Titel meines Mansfield-Reports vom 13. Juni lautete: „Erhöhen Sie Ihre Dow-Jones-Stopkurse“. Als Fazit dieses Berichts schrieb ich: „Der aggressive Trader sollte einen Teil seiner Aktien verkaufen, sobald der Dow unter 5 650 schließt. Werden auch noch die 5 600 unterschritten, verkleinern Sie Ihre Position erneut.“ Wenn Sie High-Tech-Aktien hatten und bei 5 650 das erste Mal verkauften, unter 5 600 dann erneut und in größerem Umfang, haben Sie einen wirklich guten Ausstiegszeitpunkt erwischt.

Aber hatten die High-Tech-Aktien ihre Trendwende – auf technischer Basis – nicht früher als der Dow?

Ja, in der Tat, aber trotzdem sind Sie so besser davongekommen als wenn Sie investiert geblieben wären. Und darum geht es ja bei der technischen Analyse. Wenn Sie sich heute eine Auswahl von High-Tech-Werten anschauen, werden Sie feststellen, daß viele von ihnen gerade erneut auf die charttechnischen Unterstützungen zurückfallen, die dem Äquivalent eines Dow Jones bei 5 600 und 5 650 entsprechen.

Wählen Sie bisweilen auch ein längeres Zeitraster, wenn Sie bei der Analyse eines 6-Monats-Charts keine charttechnischen Unterstützungen oder Widerstände finden können?

Ja, dann nehme ich mir einen 2-Jahres-Chart zur Hand. Aber wenn Unterstützungen oder Widerstände allzu viel länger als zwei Jahre zurückliegen, habe ich so meine Zweifel, daß diese noch größere Bedeutung haben. In der Regel gehe ich dann davon aus, daß diese früheren Chartmarken von den Anlegern nicht mehr „registriert" werden.

Ich selbst verwende Mansfields 3-Jahres-Charts und bin immer wieder überrascht, wie sehr Aktien sich an jahrelang zurückliegenden Unterstützungen oder Widerständen orientieren, obwohl bereits eine solch lange Zeit vergangen ist.

Ja, das ist wahr. Aber die entscheidende, einzige Frage, die sich hinter all diesen anderen Fragen verbirgt und die ich mir jeden Tag aufs neue stelle, ist: „Wo stehe ich in diesem Markt?" Im Jahr 1993 hatten wir einen volatilen Aufwärtstrend – der Traum eines jeden Technikers. Da hieß es „Kaufe in jede Korrektur, verkaufe jedes Top". Wenn ich in einem solchen Aufwärtstrend aktiv bin, dann nenne ich so etwas einen „Rauben und Plündern-Markt". Ich steige ein, hoffe, richtig zu liegen; erwische dann den Zeitpunkt zum Ausstieg und das war's. Wenn ich an 1995 denke, da hatte ich es mit einem „Volldampf-Markt" zu tun. Damit meine ich, daß der Dow Jones gut lief, der Transport-Index neue Allzeithochs markierte, der NASDAQ diese bestätigte und dies alles – besonders wichtig – auch durch den Advance/Decline-Indikator nachvollzogen wurde. Es ist eine Art „ausgebaute" Version der Dow-Theorie. Wenn die Börsen derart mit Vollgas laufen, ist das mehr als ein „Kaufen und Halten"-Markt. Die erste Frage, die man sich stellen muß, lautet: „Wo stehen wir jetzt in bezug auf den langfristigen Trend?" Das hilft mir, eine Entscheidung für meine persönliche Tradingposition zu treffen. Rauben und Plündern heißt: Ich steige ein und wieder aus. Kaufen und halten bedeutet: Ich neige dazu, ein wenig länger investiert zu bleiben.

Angenommen, die Mehrheit der Aktien bewegt sich konform zum Markttrend: Haben Sie je versucht, gegen den Trend zu investieren?

Das wäre völlig verrückt. Stellen wir uns vor, daß mich jemand während eines Abwärtstrends fragen würde: „Gibt es irgend etwas, was aktuell gut aussieht?“ Selbst wenn ich der Meinung wäre, daß es da tatsächlich einige interessante Werte gäbe, würde ich doch antworten: „Die Börse ist eine Frage der Prozentzahlen!“ Wissen Sie, eines der Zeichen, die das Ende einer längeren Abwärtsbewegung ankündigen, ist ein Kurseinbruch bei denjenigen Werten, die zuvor noch hatten steigen können. Wenn Sie daran glauben, daß die Wall Street durch die „Prozente“ bestimmt wird und gleichzeitig wissen, daß wir uns gerade in einem eindeutigen Abwärtstrend bewegen, warum suchen Sie dann ausgerechnet nach der einen Aktie oder Branche, die sich gegen diesen Trend stemmt? Warum gehen Sie nicht einfach mit dem Trend?

Es gibt ein altes Sprichwort: Wenn die Cops eine Razzia machen, verhaften sie immer den Klavierspieler. Dieser arme Kerl hat nichts anderes getan als die Gäste zu unterhalten. Er hat auch keinerlei Gesetze gebrochen, aber sie nehmen ihn trotzdem mit. Das ist eine perfekte Analogie. Halten Sie sich immer an den Trend. Die Regeln der Wall Street sind – von deren intellektuellem Anspruch aus betrachtet – sehr einfach, sie auch zu befolgen, ist aber fast unmöglich.

Sie haben vorhin die Chartformation einer „Flagge“ erwähnt. Gibt es für Sie so etwas wie „Lieblings-Chartformationen“?

Ja, die klassischen. Was sind Chartformationen? Es handelt sich dabei entweder um Bodenbildungs-, Top- oder Trendbestätigungsformationen – also keine Hexerei. Eine „Flagge“ oder ein „Wimpel“ ist die Bestätigung eines bereits vorhandenen Trends. Diese Formationen haben gemeinhin die höchste Trefferquote. Aber die bekannteste Formation ist – ich denke, vor allem wegen ihres dämlichen Namens – die Schulter-Kopf-Schulter-Formation. Aber es dürfte auch diejenige Formation sein, die Sie öfter als alle anderen an der Nase herumführt.

Das würde ich auch sagen. Ich habe viele Schulter-Kopf-Schulter-Formationen beobachtet und auf den Ausbruch der Kurse gewartet. Aber wenn die Nackenlinie dann durchbrochen wurde, drehten die Kurse, ehe man sich's versah, in die Gegenrichtung.

Genau, sie tun immer etwas anderes. Es wird Ihnen nur sehr selten – wenn überhaupt – gelingen, die Vollendung einer Schulter-Kopf-Schulter-Formation, egal ob bei Top- oder Bodenbildung – vorauszusehen, bevor sie nicht wirklich vollzogen ist. Lieber zahle ich in einem solchen Fall etwas mehr für eine Aktie, habe damit aber meine Chance erhöht, richtig zu liegen. Die Leute sagen oft: „Ralph, warum sagst Du mir, daß ich diese Aktie bei 50 kaufen soll, wenn sie jetzt bei 48 1/2 billiger ist?" Und ich antworte: „Weil sie erst durch den Widerstand bei 50 gehen muß." Wenn das geschieht, ist die Wahrscheinlichkeit höher, daß der Trend verstärkt wird. Dafür zahle ich lieber eineinhalb Dollar mehr.

Als ich noch in der Ausbildung war, fiel mir der beste Cartoon in die Hände, den ich je über Wall Street gesehen habe. Auf dem Bild war ein Tradingraum zu sehen. Eine große Uhr im Vordergrund zeigte 18 Uhr an, eine Putzfrau wischte den Boden. Auf einem Stuhl nahe des Brokerpults saß ein Kunde, sehr deprimiert und den Kopf in den Händen verborgen. Der Untertitel lautete: „Warten auf das letzte Achtel." Der Gag war genial. Das genau ist es, was die Leute tun.

Als ich noch ein Broker war, hatte ich Kunden, die – je nachdem, ob sie kaufen oder verkaufen wollten – dem aktuellen Kurs immer noch einen Achtel- oder Vierteldollar hinzugefügt oder abgezogen haben, um ihr Limit zu setzen. Wissen Sie, was ich gemacht habe? Da ich meine Pappenheimer kannte, habe ich die Quotes einfach entsprechend herauf- oder heruntergesetzt, damit diese Kunden ihren Willen bekamen und ihren Trade machten. Das waren Leute, die dieses Achtel oder Viertel brauchten, um sich etwas zu beweisen. Wenn die Geld/Brief-Spanne bei 50 : 50 1/8 lag und er kaufen wollte, dann hätte ein solcher Kunde gesagt: „Ich kaufe höchstens zu 50." Also sagte ich: „Charlie, die Aktie steht 50 1/8 : 50 1/4". Dann hieß es nämlich von ihm: „Okay, ich zahle aber nur 50 1/8". Und schon konnte ich den Deal abwickeln. Das fällt unter Regel Nr. 405: Kenne deinen Kunden!

War Ihnen Ihre Vorliebe für die technische Analyse während Ihrer Zeit als Broker von Nutzen?

Ich begann schon während meiner Ausbildung damit, mit Charts herumzuhantieren. In diesen Tagen gab es weder Charthefte noch Computer. Jeder mußte seine Charts mit der Hand zeichnen. Meine erste Frau und ich setzten uns immer nach dem Abendessen zusammen und aktualisierten jeden Abend 150 Charts. Sie ging meine Listen durch, nannte Hoch, Tief, Schlußkurs und Umsatz, und ich zeichnete das alles ein. Das dauerte jeden Abend gut eineinhalb Stunden. Aber es war wirklich eine gute Sache, denn dadurch bekam man ein besonders intensives Gefühl für die Kursveränderungen.

Ich blieb nach Abschluß meiner Ausbildung noch für etwa neun Monate als Broker bei Merrill Lynch. Ich ging, weil ich das Gefühl hatte, daß dort alles viel zu langsam lief. Als ich anfing, lag das durchschnittliche Umsatzvolumen bei drei Millionen Aktien am Tag. Ich erinnere mich noch sehr genau an eine unserer wöchentlichen Besprechungen. Der Manager, ein mickeriger Kerl, hämmerte mit der Faust auf den Tisch und sagte: „Ich gebe keinen Deut darauf, was der Markt macht. Ihr Kerle seid keine Investmentberater, sondern Händler. Und ihr werden genau das verkaufen, was Merrill Lynch empfiehlt!"

Ich wußte nicht, ob ich es in dieser Branche je zu etwas bringen würde, aber mir war klar, daß ich alles andere als ein abgebrühter Geschäftsmann war. Außerdem wollte ich mehr als das. Mein Ziel war, wie ein Berater zu arbeiten. Ich wollte den Leuten helfen, das Richtige zu tun. Denn nur wer das Richtige tut, kann auch große Geschäfte machen. Einen Monat später kündigte ich und ging zu Shearson. Dort wollte ich einen Börsenbrief schreiben, um wirklich „groß raus“ zu kommen, doch Shearson lehnte ab. Aber es gab da eine kleine Tochtergesellschaft, die expandieren und dazu meinen Börsenbrief haben wollte. Ich sagte: „Ich komme, wenn Ihr mich schreiben laßt.“ Und sie sagten: „In Ordnung.“ Und so begann ich, einen wöchentlichen Börsenbrief zu schreiben, der als eine Art Werbung für die Firma dienen sollte.

Basierte dieser Brief auf technischer Analyse?

Ja. Ich schrieb über den Markt insgesamt und empfahl einzelne Aktien. Der erste, je von mir geschriebene Brief umfaßte fünf Short-Empfehlungen inklusive einer AT&T beim Kurs von 127 3/8. Der zweite Brief kam Anfang Mai 1962. Die Börse hatte ihr Top bereits gesehen und tendierte abwärts. Der Crash kam dann Ende Mai 1962, als Jack Kennedy die Stahlfirmen zwang, ihre Preiserhöhungen zurückzunehmen. Drei Wochen später lagen AT&T bei ungefähr $ 98. Ich erhielt einige Beachtung in der Presse, weil ich zu den ganz wenigen gehört hatte, die diese Entwicklung vorausgesehen hatten. Als Konsequenz verdoppelte sich meine Auflage und ich wurde im Alter von 34 Jahren Teilhaber dieser kleinen Firma.

Inwiefern haben Sie Ihre 18 Jahre als Broker auf das vorbereitet, was Sie jetzt tun?

Ich denke, daß diese 18 Jahre mir einfach ermöglichen, bessere Arbeit zu leisten. Soweit ich weiß, bin ich der einzige noch aktive technische Analyst, der schon so lange „im Dienst“ ist. Und von den anderen kann keiner beurteilen, wie es ist, an einem Brokertresen zu stehen oder Kunden und Interessenten anzurufen. Ich glaube, daß dies auch der Grund ist, warum mein täglicher Börsenbrief so leicht zu handhaben ist. Ich glaube an die „Hemingway-Schule“ des Schreibens und versuche nicht, hochtrabende Worte zu verwenden. Meine Aufgabe ist, Informationen und Meinungen in die einfachste und effektivste Form zu bringen. Ich denke, daß ich besser als die meisten meiner Kollegen beurteilen kann, welche Art Informationen ein Broker braucht, um daraufhin zum Telefon zu greifen, einen Kunden anzurufen und diesem etwas sagen zu können, was logisch und vernünftig klingt und dem Kunden etwas bringt.

Als Broker hatten Sie sicherlich oft Gelegenheit, Furcht oder Gier bereits aus erster Hand bei Ihren Kunden zu beobachten, bevor sich diese Emotionen auch in den Charts niederschlugen.

Die Menschen ändern sich nie. Ich habe Charts, die bis ins Jahr 1885 zurückgehen. Wenn ich Skalierung und Datum abdecken würde, könnten Sie mir nicht sagen, ob Sie hier das Jahr 1885 oder 1985 vor sich sehen. Es ist bedauerlich, daß die Menschen nicht imstande sind, sich zu verändern. Wie sagte doch der Philosoph Santayana? „Wer sich der Vergangenheit nicht erinnert ist dazu verdammt, sie zu wiederholen!" Und das genau ist es, was die Leute tun, weil sie vornehmlich auf Basis ihrer Emotionen handeln. Der Durchschnittsmensch fühlt sich auf der Seite der Masse unbewußt wohler – auch wenn diese Masse falsch liegt. Dabei hat er auch überhaupt nicht das Gefühl, etwas Dummes zu tun, denn die anderen um ihn herum sind genauso dumm wie er.

Der technische Analyst muß imstande sein, sich von dieser Masse zu entfernen. Die besten Empfehlungen, die wir technischen Analysten je abgegeben haben, basierten immer auf Meinungen, die der Allgemeinheit entgegenliefen. Es ist unsere Aufgabe, die Konsensmeinung der Privatanleger und Institutionellen herauszufinden. Dabei helfen uns beispielsweise eine Reihe von Stimmungsindikatoren. Wenn Sie die vorherrschende, allgemeine Meinung statistisch belegen können und dazu über die Nerven, den Willen und – das ist besonders wichtig – die Erfahrung verfügen, sich gegen die Masse zu stellen, werden Sie wahrscheinlich das Richtige tun.

Die Menschen wollen geführt werden. Auf diese Weise entstehen Leute wie Joe Granville, zuerst mit einer glänzenden Karriere, dann vom Thron gestürzt, genauso wie ein Prechter oder eine Gazarelli. Die Leute möchten einfach daran glauben, daß jemand, der weitaus schlauer als sie selber ist, feststellt, daß sie über den Schlüssel zum Glück verfügen. Was für ein Wahnsinn! Jeder dieser vermeintlichen Helden ging zugrunde. Zuerst treten sie ins Rampenlicht wie ein aufsteigender Stern, für eine Weile in vollem Glanz, um dann einfach zu verschwinden. Wie man von einer derart marktbeherrschenden Stellung zu einem totalen

Versager werden kann, werde ich wohl nie verstehen. Ich möchte derartige Berühmtheit niemals erreichen, wenn die Konsequenz lautet, danach ins Bodenlose zu sinken.

Das heißt, zu Ihrer Zeit konnten diese Persönlichkeiten die Märkte bewegen, heute aber nicht mehr?

Ganz genau so ist es. 1980 und 1981 war ich Gastreferent bei einer Examensklasse der New York University. Joe Granvilles Stern war gerade dabei, unterzugehen. Ich beendete meinen Vortrag und eröffnete die Diskussionsrunde. Da hob jemand die Hand und fragte mich: „Können Sie erklären, wie ein Joe Granville solch eine Position erreichen kann, in der er imstande ist, die Märkte zu bewegen?“ Ich antwortete: „Bevor ich Ihre Frage beantworte, lassen Sie mich eine Frage an die Klasse richten.“ Das waren alles sehr gescheite Studenten, aber ich erweckte ihr Interesse, weil ich ihnen sagte, daß es sich um eine sehr schwierige Frage handeln würde. Ich sagte: „Der durchschnittliche Intelligenzquotient in diesem Land liegt bei 90 oder 100. Kann mir jemand erklären, warum dieser Wert so niedrig ist?“ Eine Hand ging nach oben: „Wir haben eine Menge sozial benachteiligter Menschen in diesem Land.“ Ich hörte mir zwei oder drei weitere Antworten an bevor ich sagte: „Nun, ich habe Ihnen ja gesagt, daß es eine schwierige Frage sei – Sie haben alle Unrecht. Der Grund, weshalb der Durchschnitts-IQ so niedrig liegt, ist darin zu suchen, daß es da draußen eine Menge dummer Menschen gibt!“ Die Menschen wünschen sich einen Messias. Sie wollen an jemanden glauben, der Bescheid weiß. Auf diese Weise vollzog sich der Aufstieg eines Joe Granville. Aber niemand weiß immer alles. Es wird niemanden geben, der den Stein der Weisen besitzt. Jesse Livermore hat viermal Millionen verdient und verloren und sich schließlich eine Kugel durch den Kopf gejagt.

Die Börse kann auch eine sehr demütigende Erfahrung sein.

Ja, natürlich. Ich beginne meine Vorträge sehr oft mit folgenden Worten: „Meine Damen und Herren, ich bin sechs Fuß und zwei Inches groß. Als ich in diesem Job anfing, war ich noch sechs Fuß und acht

Inches groß!" Die Art und Weise, wie andere Ihre Niederlagen ignorieren können, gehört wahrscheinlich zu den klassischsten Fällen von Selbstverleugnung für jeden Psychiater. Ich habe Bernard Baruchs Biographie gelesen. Was mich sehr beeindruckte und was ich niemals vergessen werde, ist seine Beschreibung, wie er in regelmäßigen Abständen alles verkaufte und den Markt eine Weile nicht mehr beachtete. Das war wie eine Art Selbstreinigung. Egal wie gut man ist, manchmal wird man einfach davongefegt und bisweilen muß man sich einfach selbst „aus dem Rennen" nehmen.

Was ist das Geheimnis Ihres Erfolges?

Harte Arbeit. Jeden einzelnen Tag muß man clever und erfahren genug sein um festzustellen, wo man mit seinen Positionen in Relation zum Gesamtmarkt steht. Wenn man diese Erkenntnis gewonnen hat und das Ergebnis zudem lautet, daß man auf der richtigen Seite steht, gilt es, diejenigen Indikatoren auszuwählen, denen man aktuell besonderes Gewicht verleihen will. Haben wir einen gesunden Aufwärtstrend, dann kümmere ich mich vor allem um die Indikatoren X und Y, bei einem wackeligen Trend oder einer Abwärtsbewegung schaue ich vor allem auf Indikator Z. Wenn wir kurz vor einer Trendwende stehen könnten, gilt es dann vor allem, auf den Indikator A zu achten und so weiter. Das ist die Art, wie man seine Arbeit machen muß – es ist wie ein ewiger Kampf.

Sie beginnen also zunächst, den Trend des Gesamtmarkts, also von Dow, NYSE und NASDAQ festzustellen?

Nein, ich prüfe zunächst die Charts einzelner Aktien und danach die Indikatoren. Die Richtung des Gesamttrends ist dann einfach das Resümee aller Einzelcharts und -indikatoren.

Also eher eine Synthese denn eine Analyse?

Wenn ich sonntags neue Daten bekomme, schaue ich mir als erstes die einzelnen Charts an. Denn das Fundament der technischen Analyse liegt in den Kursen selbst. Dort können Sie ablesen, was eine Aktie macht und was sie voraussichtlich in der Zukunft tun wird. Überwiegen die positiven oder die negativen Charts? Und wenn es mehr gute als schlechte Kursverläufe gibt, *wie gut* sehen diese aus? Handelt es sich hier wirklich um echte Haussebewegungen? Brechen die Kurse wirklich nach oben aus? Und wenn ja, erfüllen sie auch die charttechnischen Bedingungen? Manchmal verrennt man sich zu sehr in die technischen Indikatoren. Wenn ich die Situation nicht einschätzen kann, gehe ich zurück zu Schritt eins und versuche erst einmal genau herauszufinden, was vorgeht. Schritt eins lautet immer „Schau Dir die Charts an." Wie sehen die Charts aus? Bietet sich hier ein positives Bild? Geht es nach einem Breakout weiter nach oben? Die Kurse sind letztendlich Schiedsrichter aller Analysen.

Messen Sie auch den Zustand des Gesamtmarktes?

Natürlich, das ist sehr wichtig, um den Trend zu bestimmen. Haben wir einen gesunden Aufwärtstrend oder ist es nur ein sporadischer oder instabiler Trend? Liegt ein Abwärtstrend vor oder – viel wichtiger – ist die Börse gerade im Begriff, eine Trendwende zu vollziehen? Ein Markt, der – wie ich es ausdrücke – unter „Volldampf" steht bedeutet, daß der Dow Jones Industrials neue Allzeithochs erreicht, die vom Transportindex und vor allem durch die Relation der Gewinner zu den Verlierern bestätigt werden (**A**dvance-**D**ecline-**L**ine **ADL**). In einem solchen Markt kann man kaufen und halten. Ist der Aufwärtstrend aber tendenziell instabil und einige Indikatoren eher zögerlich, dann gilt es zu „Rauben und Plündern". Dann muß man schnell Ein- und Aussteigen. Eine Nichtbestätigung (Divergenz) durch die Relation der Gewinner zu den Verlierern bedeutet, daß der Dow ein neues Hoch erreicht, während dieser sogenannte „Atem" des Marktes gleichzeitig in die entgegengesetzte Richtung tendiert.

Sie messen dieser Advance/Decline-Line eine hohe Bedeutung zu, nicht wahr?

Das erste Mal, daß ich etwas über die Bedeutung dieser sogenannten Divergenzen lernte, war 1962. Im Mai ging die Börse nach einer vorherigen Abwärtsreaktion in eine Rallye über. Wenn ich mich recht erinnere, dauerte diese Hausse bis in den Juni oder Juli. Dann bildeten alle Aktien „Flaggen“ aus. Ich kaufte in diese „Flaggen“ hinein, weil daß ja gemeinhin immer richtig ist – und plötzlich brachen die Kurse zusammen. Ich verlor dabei mein letztes Hemd. John Schultz, der früher für „Forbes“ und „Barron's“ schrieb und 1995 starb, erklärte mir daraufhin die Sache mit den Divergenzen. Er sagte, daß die Advance/Decline-Line der Gewinner zu den Verlierern die Aufwärtsbewegung nicht bestätigt hatte. Das heißt, daß die Hausse nur von wenigen Werten getragen wurde und damit alles andere als gesund war.

Der Mann einer meiner früheren Sekretärinnen war im Begriff, seine Doktorarbeit zu schreiben und wollte ein Thema aus der technischen Analyse wählen. Er fragte mich, ob ich nicht eine Anregung für mich hätte, und ich wußte darauf sofort eine Antwort: „Untersuchen Sie die Aussagekraft von Divergenzen der Advance/Decline-Line, negative Divergenzen bei Markttops, positive bei Bodenbildungen.“ Sein Professor billigte diese Idee. Ich holte meine Charts der letzten zehn Jahre hervor und zeigte ihm jeden Fall einer Nichtbestätigung eines Tops oder Tiefs durch die Relation Kursgewinner/-verlierer. Er gab die Daten in den Computer ein und untersuchte, ob hieraus Signale für Trendwechsel zu erkennen waren. Die Trefferquote dieser Nichtbestätigungen war verblüffend hoch!

Er entschloß sich, noch weiter in die Vergangenheit zu gehen, um ca. 25 Jahre abzudecken. Die Geschichte endete mit der Note A+ für seine Arbeit und einer Trefferquote der Nichtbestätigungen von über 98 %. Der Professor rief mich an und sagte, daß dies die erste Doktorarbeit seit Jahren in seinen Händen gewesen sei, die einen derart hohen Nutzen für die Praxis gehabt hätte. Er lud mich ein, vor seinen Studenten zu sprechen. Und das tat ich dann auch – jahrelang.

Geben Sie der Advance/Decline-Line im Fall einer Nichtbestätigung einen gewissen Spielraum, um gegebenenfalls wieder aufholen zu können?

Nun, das kommt immer auf den jeweiligen Fall an. Ich habe ADL-Divergenzen gesehen, die am selben Tag zu Kurseinbrüchen führten aber auch andere, wo es Wochen dauerte, bis die Auswirkungen sichtbar wurden. Im Juli 1990 hatte die Börse ein Top erreicht, drehte dann aber fast schlagartig nach unten ab. Wenn ich eine derartig extreme Divergenz zwischen dem Dow Jones-Index und der Advance/Decline-Line wie im Juli 1990 sehe, dann gebe ich der ADL in der Tat ein oder zwei Wochen Zeit, um aufzuholen. Wenn das aber nicht geschieht, wird der Dow fast immer sehr schnell zurückfallen.

Heutzutage pflegen die Leute immer zu sagen: „Der Dow hat gerade ein neues Hoch erreicht, aber weder der NASDAQ noch die ADL haben eine Bestätigung gegeben – man muß auf Baisse setzen!“ Das ist aber falsch. Denn es gibt da einen kleinen Trick, den man kennen muß.

Und was ist das für ein Trick?

Wenn Sie eine Position eingehen, während der Dow Jones der Advance-Decline-Linie „davonläuft“, müssen sich darüber klar sein, daß sich Dow Jones Industrials, Dow Jones Transports und ADL einander nicht gegenseitig zum selben Zeitpunkt bestätigen müssen. Wenn dies der Fall ist, dann zeigt das einen außerordentlich gesunden Markt an. Aber nehmen wir an, daß der Dow am Montag einen neuen Rekord erzielt und die ADL diesen erst am darauffolgenden Montag bestätigt – auch das geht in Ordnung. Worauf es besonders zu achten gilt ist, ob sich eine dieser drei Komponenten um ein Vielfaches schneller als die anderen bewegt. Bewegt sich der Dow im Tagesvergleich zusammen mit der ADL, gestern wie heute?

Wenn wir heute 65 Punkte steigen würden und die Advance-Decline-Linie weist nur netto 700 Kursgewinner auf, dann würde ich sagen nein. Wären es über 1 300 Netto-Gewinner, würde ich antworten: „Wahrscheinlich“. Man muß sich einfach die Relation des Dow-Kursanstiegs zum Anstieg der ADL ansehen. Die ADL kann für eine Weile hinterherlaufen und erst nach drei bis fünf Tagen aufholen und damit die Bestätigung „nachliefern“. Sehr viele Anleger scheinen sich dessen nicht bewußt zu sein, und das ist sehr, sehr problematisch. Man sollte keinesfalls auf Baisse setzen, nur weil aktuell eine derartige Divergenz vorliegt.

Was ist bei diesem Indikator noch von Bedeutung?

Nun, ich betrachte eigentlich nur die Trendlinie und benutze zudem einen Zehn-Tage-Gleitenden-Durchschnitt der AD-Linie, was auch viele andere zur Bestätigung neuer Höchstkurse verwenden.

Es gibt verschiedene Aspekte in der Dow-Theorie. Glauben Sie, daß der Parameter, nach dem sich Dow und Transportindex gegenseitig bei neuen Hochs bestätigen müssen, immer noch Gültigkeit hat?

Eigentlich nicht, denn wenn Sie sich die Mehrzahl der dadurch generierten Signale ansehen, werden Sie feststellen, daß diese meistens sehr spät ausgelöst wurden. Wir haben diese Ergebnisse aber verbessert, indem wir die ADL hinzugefügt haben, über die Charles Dow damals noch nicht verfügte. Die ADL gibt den Gesamtmarkt von allen Meßgrößen am umfassendsten wieder. Das Top vom Juli 1990 war zum Beispiel ein schlagendes Beispiel für eine Nichtbestätigung durch die Advance-Decline-Linie.

Und das lag tatsächlich an der Advance-Decline-Linie?

Ja. Aufgrund der Konfrontation mit dem Irak zu dieser Zeit führten die drei Ölaktien im Dow Jones den Index auf neue Allzeithochs. Aber das war die einzige Branche, die wirklich Rekordstände erreichte. Ich erinnere mich noch sehr deutlich daran, wie der Dow ein neues Hoch erzielte, während die ADL in die Gegenrichtung lief – eine klassische Nichtbestätigung. Außerdem ist eine Rallye der Ölwerte nach einem längeren Aufwärtstrend, während ansonsten nirgendwo mehr Aufwärtsdynamik zu erkennen ist, ohnehin ein typisches Zeichen für die Endphase eines Trends.

Stärke in der Ölbranche ist also nach einem langen Aufwärtstrend ein Zeichen dafür, daß das Ende nahe sein könnte?

In der Tat. Ich denke, daß die letzten 80 oder 90 Punkte der 1990er-Aufwärtsbewegung alleine auf die Ölaktien zurückzuführen war.

Überwachen Sie die einzelnen Dow-Aktien täglich, um zu prüfen, welche Werte an einer Rallye oder Korrektur teilnehmen?

Das überwache ich immer. Kürzlich lagen United Technologies um 4 1/2 Punkte und Boeing um, glaube ich, 2 1/4 Dollar im Plus. Diese beiden Aktien waren damit für die Hälfte des gesamten Anstiegs im Dow für diesen Tag verantwortlich. So etwas packe ich in meinen täglichen Börsenbrief. Denn das ist etwas, womit ein Broker etwas anfangen kann, wenn er einen Interessenten anruft oder ein Kunde sich bei ihm beklagt und sagt: „Charlie, der Dow steht 30 Punkte höher und meine Aktie macht gar nichts!“ Denn dann kann der Broker ihm erklären: „Ja, aber Sie müssen wissen, daß dabei nur zwei Aktien für 18 Punkte im Plus Rechnung tragen.“ Der Dow kaschierte in diesem Fall die Schwäche des Gesamtmarkts, denn S&P, NYSE oder ADL waren nicht einmal annähernd so positiv.

Nach welchen Aspekten untersuchen Sie die Akkumulation/Distribution-Linie?

Die Akkumulation/Distribution-Indikation gehört zum besten, was John Magee hervorgebracht hat. Schauen Sie sich die besonderen Charakteristika im Kursverlauf einer Aktie an. IBM zum Beispiel befand sich 1993 in einer umgekehrten Schulter-Kopf-Schulter-Formation. Dreimal zog der Kurs innerhalb von vier Monaten bis auf 46 3/8 an. Die linke Schulter reichte bis $ 41, dann kam eine Rallye bis auf 46 3/8 und ein Rücksetzer auf 40 5/8, wodurch sich der Kopf ausbildete, nur $ 3/8 unterhalb der Schulter. Der Kurs ging erneut auf 46 3/8, kam erneut auf ungefähr 41 zurück, bildete damit die rechte Schulter aus und stieg zum dritten Mal an die 46 3/8-Marke. Aber dieses Mal fiel der Kurs nicht mehr zurück. Wenn ich mich recht erinnere, tickerte die Aktie für drei oder vier Tage direkt um diese 46 3/8 herum, wobei das Umsatzvolumen deutlich nachließ, wie das für eine Schulter-Kopf-Schulter-Formation ja auch gefordert wird. Der höchste Umsatz sollte in der linken Schulter liegen, bei der Ausbildung des Kopfes abnehmen und in der rechten Schulter am niedrigsten sein.

IBM Jan 1994

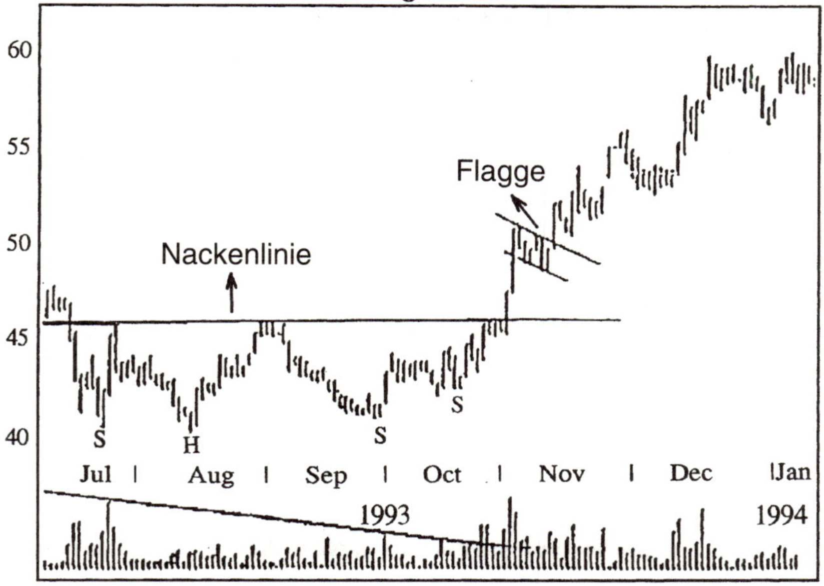
60
55
50
45
40
Flagge
Nackenlinie
S
H
S
S
Jul
Aug
Sep
Oct
Nov
Dec
Jan
1993
1994

Wie gesagt, ging der Umsatz bei IBM fast auf Null, als der Kurs nicht wieder auf die vormaligen Tiefs zurückfiel. Und genau das sagte mir, daß die Verkaufsphase vorüber sei. Kaum erschien ein Kurs von 46 1/2 auf dem Ticker, ging die Post ab!

Dasselbe Spiel gab es im Bond-Markt im Juli 1996. Die Notierungen hatten eine perfekte, umgekehrte Schulter-Kopf-Schulter-Formation ausgebildet. Jedesmal, wenn die Bondkurse an 110 heranliefen, drehten sie wieder nach unten. Dann kamen sie bis 109 3/4, fielen im Anschluß aber nicht annähernd so weit zurück wie früher. Der Verkaufsdruck war also diesmal geringer, was mir zeigte, daß sich das Bild langsam änderte. Das sind diese Dinge, auf die man Tag für Tag achten muß. Wenn man bemerkt, daß sich eine Chartformation ausbildet, dann muß man sie sorgfältig beobachten. Wenn man seine Charts dabei selbst von Hand zeichnet, ist man dazu ohnehin gezwungen und deswegen gegenüber solchen Dingen besonders wachsam. Viele Leute tun dies aber nicht. Nichtsdestotrotz: Das Umsatzverhalten ist innerhalb einer Chartformation sehr, sehr wichtig.

In diesem Zusammenhang: Was halten Sie von Point&Figure-Charts?

Ich wurde einmal gebeten, während einer großen Konferenz Point&Figure-Charts zu verwenden. Ich sagte: „Bitte überlegen Sie sich das. Warum wollen Sie eine Darstellung benutzen, die das Umsatzvolumen ignoriert, eine der wichtigsten technischen Charakteristika und Indikationen, die es überhaupt gibt?“ Kein Mensch an Wall Street benutzt noch Point&Figure-Charts. Und warum? Balkencharts werden einen Point&Figure-Chart in 99 von 100 Fällen schlagen, weil sie einfach präziser sind.

Egal, ob Sie ein Ein- oder Drei-Punkte-Reversal nehmen, ich erwische einen Breakout bei IBM bei 46 1/2, ein P&F-Chartist nicht. Kein P&F-Chartist würde nämlich ein 1/2-Punkt-Reversal-Chart für IBM benutzen. Diese Art der Analyse ist einfach minderwertig. Außerdem ist die Höhe der Umsätze von höchster Bedeutung. Es ermöglicht Ihnen zum Beispiel, aggressive Käufe zu identifizieren. Sagen wir, wir haben einen guten Aufwärtstrend und es tritt eine kleine „Verschnaufpause" ein, z.B. in Form einer Flagge oder eines Wimpels. Es ist zu erwarten, daß das Umsatzvolumen dabei dramatisch zurückgeht. Wenn eine Aktie einen schönen Aufwärtstrend hat und Sie sehen, daß die Umsätze so weit zurückgehen, daß es fast schon keinen Handel mehr gibt, dann sind Sie in der Lage, die Aktie bei diesem geringen Volumen zu kaufen, bevor die Hausse weitergeht!

Mr. Bloch, Sie blicken auf vierzig Jahre Börsenerfahrung zurück. Anhand welcher Charakteristika kann ein Charttechniker zwischen einer kurzlebigen Aufwärtsreaktion, Eindeckungen von Leerverkäufern und dem Beginn eines neuen Aufwärtstrends unterscheiden?

Das jüngste, klassische Beispiel für den Beginn eines neuen Aufwärtstrends haben wir im April 1994 gesehen. Seit Februar desselben Jahres waren die Kurse um 9,8 % gefallen. Der 4. April markierte den Tiefpunkt in Form einer klassischen Trendumkehr-Sitzung. An diesem Tag hatte der Markt um 84 Punkte tiefer eröffnet. Kurz nach 11 Uhr kamen die Zahlen für die Put/Call-Ratio zwischen 10 Uhr 30 und 11 Uhr heraus, und die gingen wirklich „durch die Decke", wobei sie ohnehin schon während der ganzen Abwärtsbewegung sehr positiv aussahen. Gegen 11 Uhr hatte der Dow bereits eine Rallye bis auf nur noch minus 33 Punkte vollzogen. Ich verfaßte sofort eine Kurzinformation, in der ich diese positive Put/Call-Ratio kommentierte und mutmaßte, daß wir es hier mit einer Trendumkehr-Sitzung zu tun haben könnten. Ein erneuter Kursrückgang in der Zeit zwischen 14 und 15 Uhr würde eine Gelegenheit zum Einstieg darstellen. Der Markt fiel um 15 Uhr auf minus 69 Punkte und drehte dann nach oben. Ich hatte nicht nur den Tag, sondern sogar die Stunde der Trendwende erwischt – dies zu wiederholen, wird mir wohl kaum gelingen. Aber es war nun einmal einer dieser perfekten Rauf/Runter-Tage. Jetzt, nachdem sich die Stimmung in einen extrem negativen Bereich begeben hatte, wurde ich sehr „bullish".

Doch was mich in dieser Einschätzung noch bestätigte, war der Umstand, daß die in den nächsten drei Sitzungen folgende Rallye nicht die Charakteristika einer kurzlebigen, oberflächlichen Gegenreaktion aufwies, welche ja nichts anderes als eine Pause vor der Wiederaufnahme des Abwärtstrends darstellt. Es gibt zwei Aspekte, an denen man eine solche Gegenreaktion erkennen kann. Zum einen sind die Umsätze während einer solchen Aufwärtsbewegung immer sehr gering. Zum anderen kann die Advance/Decline-Line am ersten Tag einer solchen Rallye zwar sehr positiv aussehen, fällt dann aber fast immer sofort wieder zurück. In der Zeit vom 5. bis zum 7. April 1994 geschah zweierlei: Das „bearishe" Stimmungsbild blieb unverändert hoch, während die ADL spektakulär nach oben schoß. Am ersten Tag hatten wir um die 1 800 Kursgewinner mehr als -verlierer. Der Kursgewinn war zugleich riesig. Am 6. April fiel der Kursanstieg zwar moderater aus, dafür war aber die AD-Line in Relation zum Dow weitaus stärker geworden. Dasselbe Bild präsentierte sich dann auch am 7. April. Ich sagte mir: „Dies ist nicht die Art, wie sich eine Aufwärtsreaktion vollzieht – diese Rallye ist ‚echt'!" Diese drei Sitzungen wiesen drei sehr aussagekräftige Eigenschaften auf, die mir sagten, daß es sich hier um mehr als nur eine Aufwärtsreaktion handeln mußte: Die Umsätze waren hoch, die AD-Linie war sehr positiv und die nach wie vor bearishe Put/Call-Ratio zeigte zugleich, daß die Anleger glaubten, es würde sich bloß um eine kurzlebige Rallye handeln.

Um den Beginn eines Aufwärtstrend zu erkennen, prüfen Sie also die Put/Call-Relation an Tagen mit einer internen Trendumkehr. Wie aber sieht es bei Rallies aus, die durch das Eindecken von Leerverkäufen verursacht werden?

Solche „Short-Covering-Rallies" präsentieren sich in der Regel sehr dramatisch und schnell. Die Kurse schießen spektakulär nach oben, während zugleich weder die Umsätze noch die Advance/Decline-Linie eine entsprechende Euphorie widerspiegeln. Ich vergleiche diese Situationen mit dem Füllen eines Vakuums mit Luft. Man sieht einen riesigen Kurseinbruch, es sind viele Leerverkäufer im Markt und plötzlich drehen diese ihre Positionen – warum auch immer. Dadurch treten diese aufwärts gerichteten Kursexplosionen auf, die aber nach ein oder zwei Tagen wieder versickern. Wenn hinter solchen Eindeckungen nicht ein echter, triftiger Grund steckt, sind sie gemeinhin nicht von langer Dauer.

Sind die Umsätze dabei höher oder niedriger?

Sie sind niedriger.

Entwickeln sich die sogenannten „Blue Chips", also die größten und wichtigsten Aktien, nicht normalerweise zu Beginn und am Ende von Trends am besten?

Das weiß ich nicht. Zu Beginn eines Trends mag das wohl stimmen. Eines weiß ich indes mit Sicherheit: Wenn die Ölaktien die vornehmliche Basis der Aufwärtsbewegung darstellen, dann rangieren wir in der Endphase eines Aufwärtstrends. Ich befasse mich nicht allzu viel mit Sprüchen wie: „Wir sind in dieser oder jener Phase des Marktes und deswegen kaufe ich Konsumwerte oder zyklische Aktien." Das ist eine Aufgabe für Strategen. Ich habe darin nie viel Chancen entdecken können. Ich nutze meine Zeit lieber damit, mir die Sache von Aktie zu Aktie einzeln anzusehen. Für die Analyse einzelner Branchen aber habe ich keine Zeit übrig. „Wir stehen jetzt hier, und deshalb erwarte ich, daß sich diese Branche am besten entwicklen wird" – Unfug. Wenn das zutrifft, dann werde ich es doch früher oder später erkennen, indem ich mir einfach nur die Charts ansehe! Dieser „Branchenkult" erscheint mir persönlich irgendwie ein wenig „esoterisch".

Wenn eine Aktie einen Widerstand überschreitet oder unter eine Unterstützungslinie fällt, steigen Sie dann sofort ein oder aus oder warten Sie vorher auf ein „Pull-Back"?

Nein, ich handle sofort. Wenn ich mich recht erinnere, empfehlen Edwards und Magee, daß man vor dem Kauf erst einmal eine Bewegung um 3 % abwarten sollte. Aber wenn ich mich in einem kräftigen, gesunden Markt befinde, dann glaube ich auch daran, daß ein Breakout funktionieren wird und handle dementsprechend. Ich mag es, mein Geld immer nur auf ein oder zwei „Karten" zu setzen, um diese dann aber sehr intensiv und genau zu beobachten.

Wenn Sie alles auf eine „Karte" setzen, präferieren Sie dann dabei Stopmarken auf Basis von Unterstützungs- und Widerstandslinien oder auf prozentualer Basis in Relation zu Gewinnen und Verlusten?

Wenn ich große Positionen kaufe, lasse ich die Aktie einfach laufen und nehme dann Gewinne mit, wenn ich das Gefühl habe, daß die Zeit dafür reif ist – aber immer basierend auf technischen und psychologischen Indikatoren. Nur so läßt sich wirklich Geld verdienen. Wenn ich eine Aktie kaufe, dann beginnt deren Bewegung sofort, ob nach oben oder nach unten, und zwar deswegen, weil ich so lange warte, bis sich ein – wie ich es nenne – signifikanter Breakout vollzogen hat. Das bedeutet auch, daß ich, wenn ich davon ausgehe, daß nun eine starke Kursbewegung erfolgt und eben diese nicht eintritt, sofort weiß, daß ich falsch liege. Man muß beweglich bleiben wie ein Dieb in der Nacht.

Ich kaufte 10 000 Ölaktien zum Kurs von 42 5/8. Doch dann wollte einfach nichts mehr vorangehen. 42 5/8, 42 5/8, 42 5/8. Dann liefen 42 1/2, 42 3/8, 42 1/2 über den Ticker. Ich sagte mir: „da läuft irgend etwas falsch, dieser Breakout setzt sich nicht fort." Nur eine Stunde nach dem Einstieg verkaufte ich die ganze Position zu 42 3/8 und akzeptierte damit einen Verlust von einem Vierteldollar pro Aktie. Zum Handelsschluß lag die Aktie bei 42 1/4. Am nächsten Morgen kamen gute Unternehmensnachrichten und der Kurs eröffnete 2 1/2 Dollar höher – ich hatte einen Gewinn von $ 25 000 verpaßt.

Im Gegenzug ging ich unlängst in 15 000 Aktien long, für die ich $ 23 pro Stück bezahlt hatte. Als sie am selben Abend bei 24 1/4 schlossen, fühlte ich mich als Sieger. Am nächsten Tag kam der Kurs indes wieder zurück, fing an, immer weiter abzurutschen, und durchbrach schließlich die $ 23-Marke nach unten. Schon wieder lief etwas verkehrt, denn so etwas hätte einfach nicht passieren dürfen. Gestern bricht der Kurs aus und kommt heute schon wieder zurück, wobei sich die Umsätze gleichzeitig beleben! Ich verkaufte meine Bestände, wobei einige zu 22 3/4, der Rest zu 22 5/8 ausgeführt wurden. Dann mutmaßte Dan Dorfman auf CNBC, daß die Aktie ein möglicher Übernahmekandidat für Computer Associates sein könnte. In diesem Moment ging ein Geldkurs zu $ 28 ein, der letzte, vollzogene Trade lag bei $ 25, dann wurde der Handel gestoppt. Ich war kurz vor dem Durchdrehen! Soeben entgingen mit $ 100 000! Bevor der Handel wieder eröffnet wurde, veröffentlichte die Firma ihre Unternehmensgewinne. Diese waren eine gigantische Enttäuschung und die Aktie eröffnete $ 8 tiefer. Als ich zurück in mein Hotelzimmer kam und auf CNBC sah, daß die Aktie bei $ 18 und etwas gehandelt wurde, dachte ich zuerst allen Ernstes, daß das ein Datenfehler wäre!

Acht Dollar tiefer! Wenn Sie nicht ausgestiegen wären, hätten Sie einen Verlust von $ 70 000 hinnehmen müssen!

Diese beiden Fälle zeigen ziemlich deutlich, daß man immer diszipliniert vorgehen muß. Wenn man falsch liegt, muß man eben aussteigen. Auf längere Sicht rechnet sich das wirklich.

Das bedeutet, daß Ihre Entscheidung über Ein- und Ausstieg auf dem Kursverhalten basiert, daß sich auf dem Börsenticker zeigt?

Ja, es geht immer um den Ticker. Ich weiß, daß der normale Anleger das nicht kann. Sie bringen diese IBM-Trades nicht fertig, will meinen, zu 68 kaufen und am nächsten Tag zu 66 auszusteigen, obwohl die Aktie vorher schon $ 25 gefallen war. Aber genau das ist es, was man schaffen muß! Die Hauptsache ist, sein Investitionskapital zu schützen. Und mit einem Minus zu verkaufen, ist wohl die härteste Entscheidung, die ein Investor oder Trader treffen muß.

Was denken Sie über Intraday-Trading?

Das ist der schnellste Weg auf die Intensivstation, den ich kenne. Es ist kompletter Irrsinn. In dem Moment, wo ich jemanden von Intraday-Trading reden höre weiß ich, daß ich mit einem Verlierer spreche. Es funktioniert einfach nicht. Wissen Sie, wie ich Intraday-Trading definiere? Die besten Intraday-Trades, die ich jemals gemacht habe, waren ein Versehen. Ich kaufte ein Aktie, die gut aussah und hatte auch im weiteren Tagesverlauf Glück damit. Aber wenn sich die Kurse weiter verbessern, kann das Ziel doch normalerweise nur lauten, investiert zu bleiben!

Weil sich diese Bewegung fortsetzen wird?

Ja, zumindest ist das wahrscheinlich.

Sehen Sie die Hochtechnologie-Aktien als Indikator für den Gesamtzustand des Aktienmarktes?

Ja, ich habe mit in den letzten Jahren immer wieder darauf verlassen können.

Können Sie uns einmal die Hintergründe erläutern, weswegen Technologiewerte als richtungsweisend für den Aktienmarkt gelten?

Die Hochtechnologie-Aktien laufen außerordentlich präzise in den Bahnen der technischen Analyse. Viele der großen Werte spiegeln die Verhaltensweisen der an der Aktie interessierten und involvierten Institutionen wider und sind zudem außerordentlich liquide. Wenn diese institutionellen Anleger im Bereich der Tech-Aktien als Käufer auftreten, ist das für mich ein Hinweis für einen allgemein gesunden Aktienmarkt. Warum? Hochtechnologie-Aktien haben eine hohe Hebelwirkung und sind sehr volatil, weswegen die Anleger hier starke Nerven brauchen. Hier findet man üblicherweise auch die höchsten Kurs/Gewinn-Verhältnisse. Wenn die institutionellen Anleger Milliarden Dollar in diese volatilen und hoch bewerteten Aktien pumpen, dann ist das ein guter Hinweis darauf, daß der Aktienmarkt in seiner Gesamtheit noch in Ordnung ist. Diese Theorie hat sich wirklich sehr gut bewährt.

Aber ist das nicht zugleich ein Hinweis auf erhöhte Spekulativität der Investments?

Ja, wenn sich das auch noch auf die „Schrott-Aktien" ausweitet. Wenn diese 2$-Aktien plötzlich durchdrehen und auf $ 5, $ 6, $ 7 oder gar $ 8 in kürzester Zeit anziehen. Aber wenn sich die Investoren auf eine Microsoft, eine Sun Microsystems oder Intel stürzen, mache ich mir keine Sorgen über spekulative Übertreibungen. Doch wie gesagt, wenn es in den Bereich dieser fadenscheinigen „Billig-Aktien" geht, ist das etwas anderes.

Kann man also grundsätzlich sagen, daß die Technologie-Aktien diejenigen Werte sind, die ein Tief oder Hoch im Aktienmarkt vorwegnehmen?

Absolut, zumindest, was diesen aktuellen Konjunkturzyklus betrifft.

Beobachten Sie im Technologiebereich einzelne Aktien oder gesamte Branchen oder Indizes?

Ich tendiere dazu, mich mit den Einzelwerten zu befassen. All diese großen Brokerfirmen kommen mit diesen phantasievollen Branchenanalysen daher. Meiner Meinung nach ist das nicht anderes als „heiße Luft". Wenn ich sehe, daß Sun Microsystems, Oracle und Microsoft gut laufen, dann reicht mir das. Wie lange dauert es, sich einen Chart zu nehmen und sich die Kurse einer guten Branche anzuschauen – zwei Minuten?

Wie sieht es mit den Technologie-Indizes aus? Welcher davon ist für Sie wichtig?

Ich sehe mir immer den SOX-Index der Halbleiterwerte an. Und außerdem beobachte ich natürlich den NASDAQ-100, in dem die wirklich großen Namen enthalten sind.

Bonds spielen bei Ihren Analysen immer eine Rolle, oder?

Natürlich! Das ist ein absoluter Schlüsselindikator, insbesondere in den letzten Jahren, denn die Basis dieser ganzen Rallye am Aktienmarkt ist die beste aller Welten für Bonds: Niedrige Inflation, moderates Wachstum und eine umgängliche US-Notenbank. Wenn Sie die letzten 2 100

Punkte Kursanstieg im Dow von einem fundamentalen Gesichtspunkt her erklären müßten, wären das die Gründe. Und deswegen achte ich immer sehr auf mögliche Trendwechsel im Bondmarkt, der ja all diese Fundamentaldaten direkt widerspiegelt.

Die Bonds sind also immer richtungsweisend für den Aktienmarkt?

Üblicherweise ja.

Aber man kann sich nicht darauf verlassen?

Ich wiederhole mich: Kein Indikator darf alleine für sich den Ausschlag geben! Und der Bondmarkt ist eben nur ein Indikator unter mehreren. Nur wenn andere Faktoren ebenfalls heikel werden, wird ein Gesamtbild daraus. Sie brauchen immer mehrere Indikatoren und müssen sich zudem klar sein, wo Sie aktuell in bezug auf den Markttrend stehen, denn dann sind Sie in der Lage zu wissen, welchen Indikatoren man in diesem Moment ein höheres Gewicht in der Analyse beimessen sollte.

Wie gehen Sie vor, wenn sich Bonds und Aktien gegenläufig verhalten?

Wenn Bonds und Aktien in verschiedene Richtungen laufen, stütze ich mich auf meine anderen Indikatoren. Wenn sich diejenigen Indikatoren, auf welche ich vor allem achte, unverändert positiv entwickeln und damit suggerieren, daß sich der Aktienmarkt von den Anleihen hat abkoppeln können, erhalten die Bonds für meine Analysen zeitweise einfach eine geringere Bedeutung. Es gab schon viele, viele Phasen, in denen so etwas vorgekommen ist. Der innere Zusammenhang existiert eben nicht immer. Es ist ähnlich wie mit den Versorger-Aktien. Diese Versorgerwerte sind normalerweise Vorläufer für eine Richtungsänderung des allgemeinen Trends, aber Ende Juni 1996 hatten sie eine schöne Aufwärtsbewegung, ohne daß die anderen Aktien ihnen gefolgt wären. Und so drehten die Versorger schließlich wieder nach unten und gaben die ganzen Gewinne wieder ab. Man muß sich klarmachen, daß Aktien und Anleihen recht oft divergieren. Aber sind die anderen Indikatoren bullish oder bearish? Gehen Sie den deutlichsten Signalen nach – nur so kann das alles funktionieren!

Die Put/Call-Relation hat Ihnen immer gute Dienste geleistet, da sie eine hohe Zuverlässigkeit aufweist und deswegen Ihren wichtigsten Indikator darstellt. Welche Parameter sind hierbei wichtig?

Da gibt es eigentlich keine Parameter. Ich weiß, die Leute wollen immer klare Parameter: „Wenn das Put/Call-Ratio diesen oder jenen Wert hat, bedeutet diese Zahl folgendes..." – aber darum geht es nicht. Man muß mit dem Markt leben, ebenso mit der Put/Call-Relation. Es gilt, dem Markttrend zu folgen. Man muß die Put/Call-Relation immer im Verhältnis zur Trendrichtung und der Geschwindigkeit der Kursbewegungen verwenden. Da kann es keine festen Regeln geben. Einer der Faktoren, die es mir erlaubten, das Tief vom 4. April 1994 zu „erwischen", war die Put/Call-Relation. Als die Kurse von ihren Anfang Februar erreichten Tops herunterkamen, war die Put/Call-Relation ziemlich freundlich. Aber ungefähr zwei Tage vor diesem Tief explodierte sie plötzlich. Die Leute hatten tatsächlich gewartet, bis der Markt fast 10 % gefallen war, bevor sie anfingen, Puts zu kaufen. Genau solche Aktivitäten deuten auf ein unmittelbar bevorstehendes Tief hin. Am 4. April hatten wir dann einen klassichen Auf/Ab-Tag – eine Kursbewegung in volatilen Schlangenlinien.

In den ersten drei Tagen nach der Trendumkehr gab es zwei Aspekte, die mich in meiner sehr bullishen Einstellung bestätigten. Zum einen ging die Put/Call-Relation „durch die Decke". Zum anderen präsentierte sich die Advance/Decline-Linie sehr positiv. Einer der typischen Charakteristika einer lausigen, technischen Reaktion ist eine AD-Linie, die immer weiter zurückgeht, weil einfach keine echten Käufe auftreten – nur die Verkäufe hören für ein paar Tage auf. Während der gesamten Rallye blieb die negative Stimmung immens hoch. Ich erinnere mich, zur Mitte der Sitzung Put/Call-Ratios von über 300 % gesehen zu haben. Ich glaube, nach Beginn dieser Hausse brauchte es vier oder fünf Monate, bevor es mal wieder drei Tage in Folge nach unten ging. Wenn der Markt eine kleine Korrekturphase von ein, zwei oder drei abwärts gerichteten Sitzungen aufweist, steigt die Put/Call-Relation sogar noch weiter. Die „Bären" bekämpfen die Rallye durch hohe Put/Call-Relationen. Es war wie aus dem Lehrbuch.

Ein genau entgegengesetzter Fall trat 1987 auf. Von Jahresbeginn bis Mitte August 1987 war die Put/Call-Relation sehr hoch und zeigte damit die anhaltende Skepsis gegenüber dieser Super-Hausse an. Doch dann, Mitte August, schlug die Stimmung plötzlich ins Positive um, und die Put/Call-Relation begann zu sinken. Das Top trat zirka drei Wochen nach diesem Stimmungsumschwung auf. Sie dürfen sich dabei aber nicht auf einen dramatischen Absturz in der Put/Call-Relation zu Sitzungsbeginn verlassen, der dann im weiteren Verlauf wieder drehen könnte. Eine halbe Stunde macht noch keinen Trend aus. Es müssen schon zwei oder drei Tage mit Extremwerten sein, bevor daraus eine brauchbare Indikation wird.

Es geht hier also mehr um die Relation der Put/Call-Ratio zu der Kursveränderung des Dow und weniger um die konkreten Werte. Das heißt, diese Relation erhält vor allem dann Relevanz, wenn hier eine inverse und zudem extreme Veränderung auftritt?

Ganz genau. Wir achten nicht auf die Zahlen als solche. Was macht der Markt, das ist die entscheidende Frage. Diese Leute, die versuchen, darüber Bücher zu schreiben, nun, die erzählen Ihnen, daß eine Put/Call-Relation von 103 dies und ein Wert von 84 jenes aussagt, aber das ist wirklich Unsinn!

Sie arbeiten mit der Put/Call-Relation zumeist auf Intraday-Basis?

Ja, das stimmt. Die Chicago Board of Exchange (C.B.O.E.) liefert alle halbe Stunde die aktuellen Put/Call-Ratios. Ich bekomme die Werte um 10:30, um 11:00 und um 12:00 Uhr. Danach verändert sich dann normalerweise nicht mehr allzu viel. Wenn wir einen sehr volatilen Tag haben, hole ich mir auch mal die Werte von 14:00 oder 15:00 Uhr, aber nur um zu sehen, ob sich nicht doch noch etwas Besonderes tut. Aber natürlich sehe ich mir immer die Schlußwerte einer Handelssitzung an.

Überwachen Sie alle Daten, welche die C.B.O.E. über Optionen liefert?

Nein, mich interessieren nur die Indizes. Auch die Zahlen, welche die C.B.O.E. über Puts und Calls bereitstellt, betrachte ich nur auf Index-Basis. Das beinhaltet den OEX 500, den OEX 100 und eine Reihe von relativ unwichtigen Indizes. Aber letztere weisen so wenig Umsätze auf, daß sie sich nur selten auf die Relation insgesamt auswirken. Die Kombination von OEX 500 und OEX 100 liefert mir ein durchaus repräsentatives Bild der Lage.

Aber die Optionen auf einzelne Aktien berücksichtigen Sie dann nicht.

Nein, denn die Put/Call-Relation der Einzelwerte kann durch einen einzelnen Wert, der gerade hohe Umsätze in Puts oder Calls aufweist, stark verzerrt werden. Was ist der OEX? Da machen die Anleger eine Wette auf den Gesamtmarkt. Ich kümmere mich da nicht um einzelne Aktien, denn ich versuche ja mit diesem Indikator, die Stimmung am Gesamtmarkt zu erfassen.

Würden die Schlußdaten für diejenigen, die keine Intraday-Daten beziehen können, ausreichen?

Sicher, das wäre auf jeden Fall ein guter Hinweis.

Verwenden Sie die Indikationen für besonders große Umsätze und Leerverkäufe auch als Indikatoren?

Nein, denn meiner Ansicht nach werden diese Indikationen durch Absicherungsaktivitäten beeinflußt und haben deshalb nicht mehr die frühere Aussagekraft.

Wenn Leerverkäufe durch die Aktivitäten derjenigen verzerrt werden, die sich ausschließlich absichern wollen, wirkt sich das denn nicht

auch als eine Verfälschung der Put/Call-Relation aus, wenn institutionelle Anleger Calls und Puts als Absicherung kaufen?

Sicherlich, aber wann werden diese „Absicherungen“ gekauft – wenn die Investoren bullish oder bearish sind? Vor einigen Jahren war ich bei CNBC. Der Regisseur fragte mich vorab, ob es etwas Bestimmtes gäbe, über das ich sprechen wolle und ich sagte: „Ja, ich würde gerne über die Put/Call-Relation sprechen.“ Nach einer Weile kam er zu mir zurück und sagte: „Roy Blumberg, unser technischer Analyst, mißt der Put/Call-Relation nicht soviel Gewicht zu wie Sie das zu tun scheinen.“ Ich stellte mich leicht verwirrt und fragte: „Wirklich? Aber warum denn nicht?“ Da kam dann das Argument, daß die institutionellen Anleger Optionen als Absicherung verwenden würden. Und so sagte ich: „Schön, na und? Wann kaufen die denn Puts, um sich abzusichern? Wenn sie nervös werden – oder nicht?“ Was für einen Unterschied macht es denn, *wer* hier kauft oder verkauft? Das einzig Wichtige ist die Marktstimmung. Sind die Anleger bullish oder bearish? Da ist es doch egal, was ein Parketthändler oder ein institutioneller Anleger im einzelnen tut.

Einer Ihrer anderen, primären Indikatoren ist ein Kontraindikator, nämlich die Zahlen für die allgemeine Marktstimmung, die von „Investors Intelligence“ herausgegeben werden?

Richtig. Diejenigen von mir in erster Linie verwendeten Stimmungsindikatoren sind die Put/Call-Ratio und die Zahlen von „Investors Intelligence“. Letztere eignen sich gut als Instrument zur Bestätigung der Put/Call-Werte.

Welche Werte dienen Ihnen dabei als Anhalt, um Extremwerte von Optimismus oder Pessimismus zu indizieren?

Mitte 50 % und darüber für die bullishe Seite und gut unter 30 % – am besten Mitte der 20%-Werte – für die Bären. Ein anderer Indikator, dem ich eine große Bedeutung zumesse, der aber, wenn Sie so wollen, nicht immer „spricht“, ist der Cash-Anteil bei den Pensionsfonds. Hier treten nur selten Signale auf, aber wenn, dann haben sie auch eine unheimlich hohe Trefferquote. Im Oktober 1990 funktionierte diese Indikation perfekt und verhalf mit zu einigen fantastischen Trades.

Diese Werte erhält man auf Monatsbasis vom „Investment Company Institute"?

Genau. Ich hielt diese Zahl für ganz besonders signifikant, als sie im Mai 1996 auf nur noch 7 % fiel, der niedrigste Wert seit Oktober 1978. Dann wurden die Mai-Werte im Juni mit nur noch 6,7 % veröffentlicht. Das erwies sich als sehr, sehr hilfreich. Auch 1990 waren diese Zahlen für mich Gold wert. Im Juli 1990 markierte der Markt eine Kursspitze und fiel schlagartig um 600 Punkte oder 20 %, bis ich dann im Oktober desselben Jahres wieder bullish wurde. In Minneapolis hatte ich damals ein Abendessen im IDS mit einigen institutionellen Anlegern und malte ein überaus positives Szenario für den Markt. Sie aber kauften keine Aktien, denn die allgemeine Meinung zu dieser Zeit war, daß der Krieg mit dem Irak vor der Tür stünde und die Kurse sicherlich noch zwei- oder dreihundert Punkte fallen würden – und dann wollten sie einsteigen. Das war vielleicht ein absurdes Konzept! Im Oktober 1990 lag die Cash-Quote der Pensionsfonds dann bei 12,9 %, ein Rekordwert seit Beginn der Datenaufzeichnungen für diesen Wert.

Wenn ich heute mit Auszubildenden, Brokern oder auch Kunden spreche, erkläre ich ihnen: „Schaut her, diese Pensionsfonds-Jungs sollen doch die cleversten weit und breit sein, oder?" Allgemeines Kopfnikken. Nun, was ist falsch an diesem Bild? Wenn diese Burschen so schlau wären, hätte das Cash-Level nicht am Top des Marktes im Juli auf Rekordniveau und im Oktober, beim Markttief, auf dem niedrigsten Level sein müssen? Aber nein, sie bleiben bullish am Top, haben keinen Cent freies Kapital mehr und sind dann aber am Ende der Abwärtsbewegung mit freiem Kapital überladen. Und von diesen Leuten glaubt man, daß sie schlau wären? Die Cash-Rate der Pensionsfonds, die Put/Call-Ratio und die Zahlen von „Investors Intelligence" sind die drei Stimmungsindikatoren, auf die ich mich vornehmlich stütze.

Reicht ein Extremwert bei den „Investors Intelligence"-Zahlen für ein Signal aus oder warten Sie da ab, bis weitere Werte diese erste Zahl bestätigen?

Nein, grundsätzlich reicht da ein Extremwert völlig aus. Man sieht ja den Trend in Relation zum Kursverlauf des Aktienmarktes. Geht der Anteil der Bullen „durch die Decke", wenn auch der Aktienmarkt haussiert? Explodiert der Anteil der Bären, wenn die Börse korrigiert? Das Lager derjenigen aber, die eine Konsolidierung erwarten, das sind die echten Feiglinge, die sich auf nichts festlegen wollen. Es existiert eine Zeitverzögerung von ein oder zwei Wochen bei diesen Werten, da es seine Zeit braucht, all die Börsenbriefe zu sichten und die jeweiligen Meinungen zu erfassen.

Das heißt aber , daß diese Werte nach zwei oder drei Wochen ein völlig anderes Bild vermitteln können als die aktuelle Lage darstellt?

Nun, das dauert eigentlich sogar vier Wochen, denn die Autoren dieser Börsenbriefe reagieren erst nach zwei oder drei Wochen auf die Ereignisse, die wir heute am Markt sehen; und dann dauert es noch einmal eine Woche die „Investors Intelligence" benötigt, um diese Informationen zu sammeln und auszuwerten.

Verwenden Sie auch Indikatoren wie MACD oder Stochastik?

Vor einer ganzen Reihe von Jahren bekam der Herausgeber von „Technical Analysis of Stocks and Commodities" meine Börsenbriefe in die Hand und beschloß, mich in einer seiner Ausgaben vorzustellen. Er stellte mir eine Frage, die mir noch niemand zuvor gestellt hatte: „Wie würden Sie sich selbst beschreiben – was für eine Art von technischer Analyst sind Sie?" Ich nahm mir ein paar Minuten Zeit, darüber nachzudenken, und konterte dann mit: „Ich bin ein Rührei-und-Schinken-Mann. Ein technischer Analyst aus der 101-Gruppe." Da sagte er zu mir: „Verwenden Sie den Stochastik-Oszillator?" Ich sagte: „Erstens habe ich nicht die geringste Ahnung, was das sein soll, und zweitens bin ich nicht einmal sicher, daß ich das buchstabieren kann." Die überwiegende Mehrheit der heutigen Techniker mit ihren Computern und „Tradingsystemen" hat sich gerade dadurch von der Basis der Arbeit entfernt. Ich sehe mich selbst als einen Experten in technischer Analyse 101.

In den letzten drei oder vier Jahren fiel mir auf, daß die Breakouts von Aktien immer mit unglaublicher Vehemenz erfolgen. Verwenden die Momentum-Trader denn auch technische Analyse?

Das stimmt, und dazu kommt noch, daß es jetzt mehr Fonds als börsennotierte Aktien gibt, so daß sich das Kapital auf eine relativ geringe Anzahl von Aktien konzentriert. Ich meine, jeder ist doch long in Microsoft oder Intel, oder? Jeder! Und so war es kein Wunder, daß Microsoft nach dieser kleinen Schulter-Kopf-Schulter-Top-Formation kürzlich eingebrochen ist. In nur drei Tagen ging Microsoft um 11 und Intel um 6 Dollar nach unten. Wenn die Käufe einmal aufhören und ein Verkäufer zum anderen kommt – peng! Jeder tut dasselbe zur selben Zeit mit derselben Aktie.

Sollte der durchschnittliche Investor heutzutage nicht einen kürzerfristigen Analgehorizont mitbringen, weil die institutionellen Investoren dies ebenfalls tun?

Im Moment beobachten wir all diese gewaltigen Kursschübe, vor allem bei Abwärtsbewegungen. Warum? Einfach, weil all diese Momentum-Trader und Performance-Fonds dasselbe zur selben Zeit mit derselben Aktie tun. Damit wird die rettende Ausgangstür immer und immer schmaler. Im Juli 1995 fiel der NASDAQ-Index um 5,3 % in nur drei Tagen. Als ich in diesem Geschäft anfing, da entwickelten sich Kursbewegungen noch langsam. Das Top der Jahre 1961/62 brauchte eine sehr lange Zeit, um sich auszubilden. Der Abwärtstrend von 1973 und 1974 hatte einen Umfang von 48 % und dauerte 18 Monate. 1987, beim drittschlimmsten Bearmarket der Geschichte auf Basis von Intraday-Daten, die ich normalerweise für solche Zwecke als Meßgrößen verwende, fielen die Kurse um 41 % in sieben Wochen!

Das heißt, wir werden diese kräftigen Kursausschläge auch weiterhin sehen?

Absolut. Die aktuelle Phase ist etwas mehr wie in der „guten alten Zeit". Ende Januar 1996 durchstieß der Dow bei 5 250 ein Doppeltop nach oben und lag 13 Tage später 400 Punkte höher. Jeder Anlauf auf neue Höchstkurse nach dieser Kursbewegung führte zu einem neuen Allzeithoch, welchem aber sofort ein Kurseinbruch folgte. Wenn Sie sich den Chart ansehen, dann können sie dieses „Rolling-Top" erkennen. Das Ergebnis war ein Momentum-Verlust, der einem förmlich ins Gesicht sprang.

Ist es nach diesen massiven Kursausschlägen der Indizes, ob auf- oder abwärts, wie wir sie beispielsweise am 16. Juli 1996 gesehen haben, eine gesunde Entwicklung, wenn die Kurse danach wieder schnell zurückkommen und ihre Verluste wettmachen?

Früher hätte es so etwas nicht geben können, aber seitdem die Zeiten immer kompakter und komprimierter werden, ist das eben die neue Realität. Wir werden diese langen, ja in die Länge gezogenen Tops oder Tiefs nicht mehr erleben. Oldtimer wie ich tun gut daran, sich den neuen Regeln anzupassen - und das *sind* neue Regeln!

Bei solch drastischen Kursausschlägen dürfte es schwierig werden herauszufinden, wann ein Trend beginnt und wo er endet.

Keine Frage. So funktionierten die Märkte früher. 1987 ist ein klassisches Beispiel und wird es auch für kommende Jahrzehnte oder vielleicht sogar für immer bleiben: Minus 41 % in sieben Wochen. Grauenhaft. Das sind eben die neuen Regeln!

Eine Ihrer Tradingregeln, die Sie konsequent einhalten, ist, Verluste sofort zu begrenzen. Man kann ja jederzeit wieder einsteigen.

Die wahrscheinlich schwerste Aufgabe für „Otto Normalinvestor". Die Leute analysieren und prüfen alles, was sie über die Aktie X in Erfahrung bringen können, die Broker tun genau dasselbe, und dann gehen

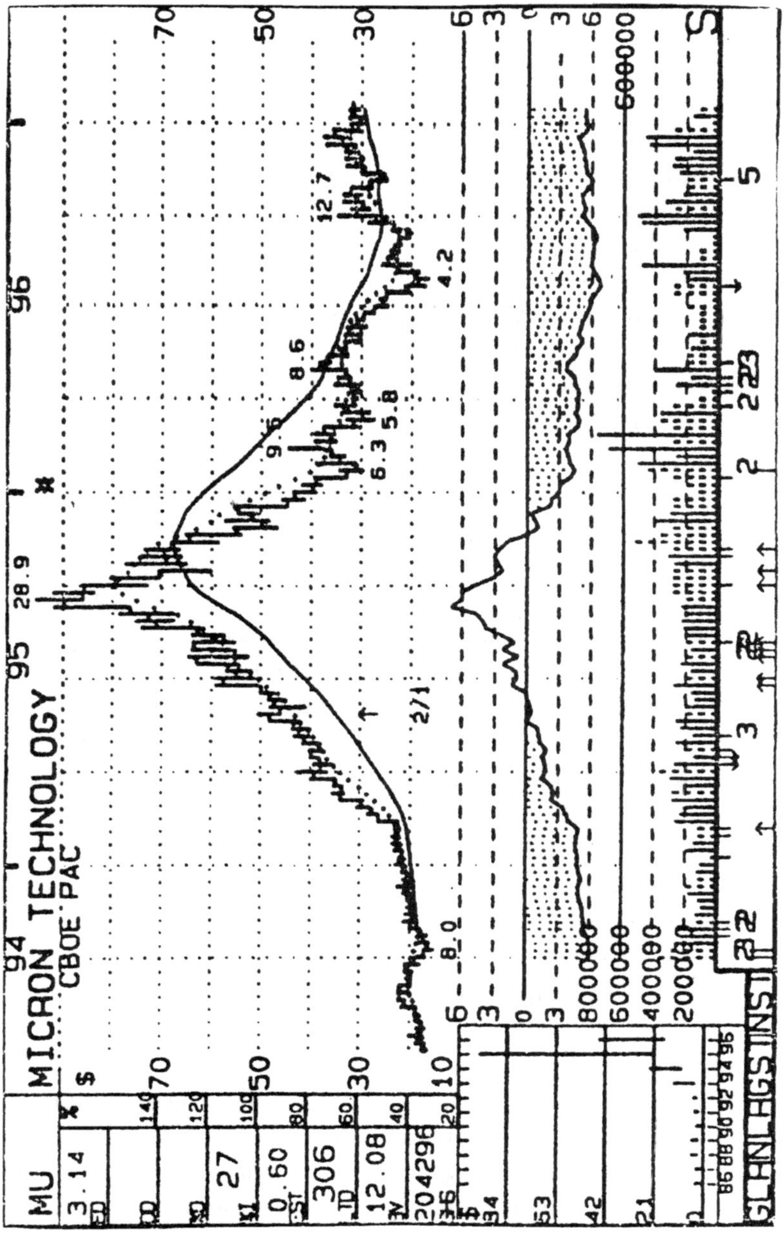

QUELLE: MANSFIELD STOCK CHART SERVICE
JERSEY CITY; NJ 07306

sie hin und kaufen diese Aktie, weil sie diese für ein gutes, „langfristiges“ Investment halten. Ich hoffe sehr, daß dieser „langfristige“ Investor, der 1995 $ 94 3/4 für Micron Technology bezahlt hat, höchstens sechs Monate alt war (zum Zeitpunkt dieses Interviews notierte diese Aktie bei $ 20). Was die Leute wirklich tun, wenn sie eine Aktie angeblich auf langfristiger Basis kaufen, ist, ihr den Rücken zuzudrehen. Was sie aber eigentlich tun müßten, ist, sich zu sagen: „Wenn ich einen Fehler gemacht haben sollte, was muß geschehen, damit ich das erkenne?“ Eigentlich sollte man sich wie des Teufels Advokat aufführen, aber niemand tut das jemals wirklich. Für mich ist dies eines der Dinge, über die ich jeden Morgen auf meinem Weg zur Arbeit nachdenke. Ich bilde mir eine Meinung, beende meinen Börsenbrief und stelle mich dann selbst auf den Prüfstand.

Wenn ich Vorträge halte, führe ich meine Hörer durch folgendes Szenario: Sie kaufen eine Aktie, weil sie diese „langfristig“ interessant finden. Danach fällt die Aktie zwei oder drei Punkte. Sie sagen sich: „Das ist ja keine große Sache, bloß eine kleine Korrektur, der Kurs wird sich schon erholen.“ Die Aktie fällt weitere zwei oder drei Punkte. Jetzt werden Sie schon ein wenig nervös und denken sich: „Vielleicht steigt die Aktie wieder auf mein Einstiegslevel und vielleicht sollte ich dann aussteigen.“ Und schon wieder fällt der Kurs um zwei oder drei Punkte. *Jetzt* sind Sie plötzlich ein langfristiger Investor. Die Leute verlieben sich in Aktien. Aber Aktien sind nun einmal leblose Objekte. Ich sage den Anlegern immer wieder: „Verlieben Sie sich niemals in eine Aktie.“ Sie kann Sie ja nicht einmal küssen und Ihnen das Gefühl von Geborgenheit geben!

Das Begrenzen von Verlusten erlaubt Ihnen, im „Spiel“ zu bleiben.

Ich garantiere Ihnen: Diejenigen, die Micron Technology am Top gekauft haben, sind immer noch long, weil der Verlust jetzt zu groß ist, um ihn noch realisieren zu können. Die technische Analyse hilft Ihnen, aus einer schlechten Aktie auszusteigen. Sie kann Ihnen dabei helfen zu verhindern, zu einem unfreiwillig langfristigen Investor zu werden. 1993 war das beste Tradingjahr meines Lebens.

Warum?

Ich hatte fast 300 % Gewinn. Nur mit einer Reihe wirklich guter Optionstrades kann man eine derartige Performance erzielen. Aber der beste und wirklich professionellste Trade dieses Jahres war der Kauf von IBM bei 68, um dann aber bei 66 zu verkaufen und während des gesamten Abstiegs bis auf 40 5/8 short zu gehen. Man muß den kleinen Verlust akzeptieren, denn nur dann kann man in der zweiten Runde wieder dabeisein!

Kapitel III

John Bollinger

Schon immer hatte sich John Bollinger für die Finanzmärkte interessiert – aber seine Ursprünge finden sich woanders. Nach der High School schrieb er sich in der „School of Visual Arts" mit Schwerpunkt Cinematographie ein. Vier Jahre lang arbeitete er in New York als Kameramann für Werbung und Dokumentarfilme. Es war diese Beschränkung auf 60 Minuten, die ihn allmählich rastlos werden ließ und den Wunsch gebar, in die Spielfilmbranche zu wechseln. Dieses Ziel erforderte indes einen Umzug nach Hollywood. Vierzehn-Stunden-Tage und untertarifliche Bezahlung entsprachen jedoch nicht den schönen Vorstellungen, die er vorher von diesem Job hatte. Vor seinem Wechsel hatte er die Gelegenheit verpaßt, Mitglied in der Gewerkschaft zu werden, was ihm höheren Lohn garantiert hätte. Dieses unglückliche Timing erwies sich allerdings dennoch als Glücksfall, als er aufgrund der harten Arbeitsbedingungen nach alternativen Karrierepfaden suchte, die ihn zu den Finanzmärkten führten.

In den frühen siebziger Jahren trat Bollinger als Partner in das Unternehmen eines Freundes ein, welches unter anderem „Grip-Trucks" an Filmstudios vermietete. Für diejenigen, denen dieser Begriff unbekannt ist: „Grip-Trucks" transportieren Beleuchtungsausstattungen und Kabel, die am Drehort benötigt werden. Das Duo kam zu dem Schluß, daß ein Computer zur Überwachung der Bestände der Firma sehr nützlich sein könnte. Und so baute sich Mr. Bollinger 1977 nicht nur seinen eigenen Computer zusammen, sondern schrieb darüber hinaus auch noch das notwendige Softwareprogramm. Später wurde die Firma aufgelöst und Bollinger „erbte" den Computer. Sein erster Computer war etwas derartig besonderes, daß dessen Motherboard noch heute, in einem Rahmen eingeschlossen, an der Wand seines Studios hängt. Bereits zu dieser Zeit hatte er sich sporadisch mit dem Aktienmarkt befaßt. Auf der Suche nach der maximalen Leistungsfähigkeit des nun untätigen Computers entwickelte er ein weiteres Softwareprogramm, welches sich diesmal mit der technischen Analyse befaßte und ihm erlaubte, ein brauchbares Tradingsystem zu konzipieren. Fraglos war er damit seiner Zeit weit voraus. Wie sich viele noch erinnern werden, begann 1973 und 1974 ein ernstzunehmender Bear-Market. Obgleich Mr. Bollinger zu diesem Zeitpunkt nicht an der Börse investiert war, wurde er doch

Zeuge, wie sich diese Marktphase auf seine Mitarbeiter und Freunde finanziell wie psychologisch verheerend auswirkte. So hinterließ dieses Ereignis bei ihm nicht nur einen bleibenden Eindruck, sondern zudem die Motivation, die Börsen zunächst intensiv zu studieren, bevor er selbst dort investieren würde.

Im Jahre 1979 hatte Mr. Bollinger ausreichend Erfahrung und Wissen über die Märkte gesammelt, so daß die Resultate seiner Investments es ihm erlaubten, seine Zeit zwischen dem Beruf als freischaffender Kameramann und dem Trading aufzuteilen. 1982 erhielt er bei einer kleinen Brokerfirma einen eigenen Arbeitsplatz, um dort auf eigene Rechnung traden zu können. Das Motto dieser Firma war: „Suche Dir irgendein System und benutze es.“ Doch gemäß Mr. Bollinger gibt es kein perfektes System, nicht einmal einen perfekten Ansatz. Der Erfolg hängt davon ab, „eine Vorgehensweise zu finden, die sich für Sie bewährt.“ In eben dieser Firma zeigte sich, wie wertvoll Disziplin beim Trading ist, als Bollinger mit ansehen mußte, wie zwei Händler immer weiter spekulierten, bis sie auch den letzten Penny verloren hatten und dadurch den Zusammenbruch des Unternehmens verschuldeten.

1983 hatte Mr. Bollinger die Gelegenheit, einen Arzt und Trader kennenzulernen, der zufällig ein Freund des Präsidenten von „Financial News Network“ (FNN), Earl Bryan, war. Zu dieser Zeit suchte FNN nach jemandem, der sich mit der Börse und zugleich mit Computern auskannte. Mr. Bollinger entsprach diesen Vorstellungen genau, und so empfahl ihn dieser Arzt an Earl Bryan. Bollinger nahm die Stelle an in der Ansicht, niemals Sendungen moderieren zu müssen. Für eine Weile blieb er denn auch im Hintergrund und befaßte sich mit Research und Analysen für die Moderatoren, was ihm unschätzbar wertvolle Erfahrungen und Erkenntnisse einbrachte. Dann, eines Tages, kam er zur Arbeit und sah, daß die gewerkschaftlich organisierten Mitarbeiter in einen Streik getreten waren. Da FNN nach wie vor ein junger Sender war und noch keinerlei Gewinne erwirtschaftete, sah er in diesem Streik keinerlei Sinn – und ging an seine Arbeit. Der Sender war natürlich völlig unterbesetzt und so fand er sich plötzlich – unter Protest – im Angesicht Tausender Zuschauer als Moderator wieder. In dieser

Anfangsphase war die Produktion bei FNN noch recht primitiv. Die Zuschauer hörten die Antworten von Gastanalysten über Telefon, und um diesen Stimmen ein Gesicht zuordnen zu können, wurde deren Photographie während des Interviews im Bild gezeigt. Doch was es FNN an optischer Präsentation mangelte, machte der Sender in bezug auf die anspruchsvollen Inhalte durchaus wieder wett.

Während Mr. Bollinger seinen Traum, eines Tages Kapital zu verwalten, hegte und pflegte, bewegte er sich gleichzeitig durch seine Tätigkeit bei FNN auf dieses Ziel zu. Er unterwarf sich einer fordernden und intensiven dreijährigen Ausbildung zum „Chartered Financial Analyst“ (CFA). 1986 wurde er Mitglied dieser kleinen und elitären Gruppe. Zur selben Zeit begann er, als Ergänzung seiner Tätigkeit bei FNN und Reaktion auf zahlreiche Zuschaueranfragen, mit der Erstellung eines Börsenbriefs mit dem Namen „Capital Growth Letter“, der auch heute noch existiert. Wegen der knapp gehaltenen Themenbehandlung bei FNN wurde der Brief ursprünglich mit dem Ziel aufgelegt, die dadurch auftretenden Informationslücken zu schließen und zugleich tiefergehende Informationen anzubieten. Kurz gesagt: Der Brief war eigentlich zur Weiterbildung gedacht.

Mr. Bollinger blieb zehn Jahre als Chef-Analyst bei FNN. Die Situation änderte sich, als der Sender von CNBC übernommen und dadurch für ihn ein Umzug erforderlich wurde. Mr. Bollinger wurde zwar gebeten zu bleiben, lehnte aber einen Umzug an die Ostküste ab. Und so erkannte er diese Situation als Chance, sich seinen lange gehegten Traum des Kapitalmanagements zu erfüllen. 1993 gründete er Bollinger Capital Management, ein Unternehmen, welches seine Investment-Entscheidungen auf Basis von Asset Allocations und technischer Analyse trifft.

Neben seinem Titel als CFA ist Mr. Bollinger zudem auch Chartered Market Technician (CMT). Er hat die „Bollinger-Bänder“ entwickelt, einen technischen Indikator, der heute Teil nahezu jedes Softwareprogramms zur technischen Analyse ist. Er schreibt oft Beiträge für „Technical Analysis of Stocks and Commodities“ und den Informationsbrief der Gesellschaft für Markttechniker und hält Vorträge auf nationalen wie internationalen Seminaren. Aktuell ist er damit beschäftigt, ein Buch zu schreiben – halten Sie also Ihre Augen danach offen, wenn es erscheint.

John Bollinger repräsentiert ein Maß an Sachverstand, von dem die meisten Leute nur träumen können. Grundsätzlich ist sein Stil sehr technikorientiert. Schon als Kameramann hatte er Spaß an der Lösung aller technischen Probleme, die bei seiner Arbeit auftraten. Die technische Analyse stellte eine logische Konsequenz seiner Art dar, an Probleme durch Analyse und Mathematik heranzugehen. Für jemanden, der sich selbst als einen beschreibt, „der zum richtigen Zeitpunkt am richtigen Ort war", war Mr. Bollinger zweifellos gut auf die Herausforderungen vorbereitet, die auf ihn zukamen.

Seit wann gibt es die von Ihnen entwickelten Bollinger-Bänder?

Dreizehn Jahre – seit 1983.

Was hat Sie veranlaßt, das bereits bestehende Konzept der Trading-Bänder zu modifizieren?

Richtig, mit Sicherheit existierten die Trading-Bänder bereits, als ich die Bollinger-Bänder entwickelte. Den frühesten Hinweis hierauf konnte ich in einem Buch mit dem Namen „The Profit Magic of Stock Transaction Timing" von J. M. Hurst lokalisieren. Hier wird eine Vorgehensweise beschrieben, um Bänder um den Kurs zu legen. Dabei erhielt man ein Band mit gleichbleibender Spanne, basierend auf einem Gleitenden Durchschnitt des Werts, der mit einem vorgegebenen, fixen prozentualen Abstand ober- und unterhalb des Kurses abgebildet wird. Dieses Buch wurde erstmal 1973 veröffentlicht, und diese Vorgehensweise dominierte auch für die nächsten zehn Jahre. Anfang der achtziger Jahre stellten dann einige Leute fest, daß die Anwendung von Bändern mit fixer Spannweite Probleme mit sich bringt. Zum einen könnte diese Spannweite ja von einer Aktie zur anderen unterschiedlich sein. Ein Wert ohne große Kursausschläge könnte eine Spanne von 1 1/2 % bis

2 % aufweisen, eine hochvolatile Aktie aber eine Spannweite von 20 % oder mehr. Und so war man gezwungen, die jeweilig passende Bandbreite per Augenmaß festzulegen. Sofern es nötig wurde, die Bandbreite im Verlauf der Zeit zu adjustieren, gab es dafür keinerlei Methodik.

Ich hatte mich intensiv mit dem Optionsmarkt befaßt und dabei vor allem dem Studium der Volatilität verschrieben. Im Optionsmarkt existiert eine Reihe unterschiedlicher Konzepte zur Messung der Volatilität. Zum einen gibt es da die aktuelle Volatilität, welche eine Aktie aufweist, zum anderen die erwartete Volatilität, welche die Trader in den Optionspreis einfließen lassen. Ich verbrachte viel Zeit damit, mir diese Variablen anzusehen um herauszufinden, welche Auswirkungen sie auf den Markt haben und sie gegebenenfalls als Instrumente zur Prognose zukünftiger Entwicklungen einsetzen zu können. Dann sprang mich eines Tages der Gedanke förmlich an, daß die Volatilität eine ideale Basis zur Festlegung der Spannweite von Trading-Bändern ist. Ich untersuchte daraufhin sieben unterschiedliche Methoden zur Messung der Schwankungsbreite und stellte fest, daß sich die Standardabweichung dabei beständig als die zuverlässigste Vorgehensweise erwies. In den Arbeiten von J. M. Hurst und anderen wurde bereits belegt, daß ein Gleitender Durchschnitt (GD) der letzten 20 oder 21 Tage im Bereich der Finanzmärkte, also z.B. dem Aktienmarkt, den größten Wert aufweist, wenn es um die Darstellung der Preisstruktur geht. Ich wählte den 20-Tages-GD, da dies auch die Anzahl der Handelstage innerhalb eines Monats ist. Dann versuchte ich die Idee der Standardabweichung als Meßgröße für die Bandbreite umzusetzen. Zuerst probierte ich es mit einer fixen Abweichungsrate, aber das funktionierte nicht sonderlich. Und es ging auch weiterhin nicht voran, bis ich dann schließlich auf die Idee kam, eine gleitende Standardabweichung in Kombination mit einem Gleitenden Durchschnitt des Kurses zu verwenden – und schon hatte ich den Schlüssel, mit dem es klappte!

Wie lange haben sich diese empirischen Experimente denn hingezogen?

Oh, das ist schwer zu sagen. Ich arbeitete schon seit einer Reihe von Jahren an der Idee, die Trading-Bänder zu verbessern, bevor mir die letztendlich umsetzbare Idee kam. Danach benutzte ich sie zunächst auch nur für mich selbst, ohne sie irgend jemandem zu zeigen, sicherlich gut ein Jahr lang. Ich war ja zunächst Chefanalyst bei FNN, bevor ich mich schließlich auf dem Bildschirm präsentierte. Die Bänder besaßen damals noch nicht einmal einen Namen. Doch eines Tages zeigte ich sie dann während einer Sendung und als Bill Griffeth mich fragte, wie diese Dinger genannt würden sagte ich: „Ich schätze, das müssen Bollinger-Bänder sein."

Wie lautet Ihre Definition eines Bollinger-Bands?

Die Basis eines Bollinger-Bands ist ein 20-Tages-GD, wobei jeder Datenpunkt des GDs um einen Faktor nach oben und unten verschoben wird, der sich aus zwei Standardabweichungen zusammensetzt, die aus denselben zwanzig Daten entstehen, aus denen sich der 20-Tages-GD zusammensetzt. Allerdings ist das nur der einfache Basisfall. Sofern eine Verkürzung des GD gewünscht wird, muß zugleich auch der Faktor der Abweichung verringert werden. Für eine 10-Tages-Meßspanne sollte die Standardabweichung beispielsweise auf einen Faktor von 1,5 gesetzt werden. Im Gegenzug: Wenn die Länge des GDs auf 50 oder so ausgedehnt werden soll, muß die Zahl der verwendeten Abweichungen auf 2,5 Standardabweichungen erhöht werden. Es besteht also ein Zusammenhang zwischen der Länge der verwendeten GDs und der Anzahl der zu verwendenden Standardabweichungen, wobei man diese Relationen empirisch ermitteln muß.

Um es noch einmal zu rekapitulieren: Sie verwenden 1,5 Standardabweichungen bei einem 10-Tages-GD, 2 Standardabweichungen bei einem 20-Tages-GD und 2,5 Standardabweichungen bei einem 50-Tages-GD. Unter welchen Umständen bietet sich die Anwendung dieser einzelnen Perioden an?

Die mehr mittel- bis langfristig orientierten Trader werden sicherlich den 50-Tages-GD bevorzugen, der 10-Tages-GD ist dagegen für eher kurzfristige Trades geeignet. Ich selbst bevorzuge den 20-Tages-GD und zwei Standardabweichungen, denn dieses Zeitraster hat sich für die meisten der Dinge, mit denen ich es zu tun habe, gut bewährt. Wir verwalten Kapital und investieren daher vor allem in Aktien und Dinge, die mit Aktien zu tun haben, auch wenn wir gelegentlich auch einmal eine Position im Bondmarkt eingehen. Für alles, was mit dem Aktienmarkt in Verbindung steht, arbeitet ein 20-Tages-GD und eine zweifache Standardabweichung wirklich gut. Ich halte wirklich nicht viel davon, irgend etwas „zu Tode" zu optimieren. Ich vermute, daß sich für jeden einzelnen Wert eine perfekte Kombination von GD und Bandbreite finden ließe, aber ein 18- oder 19-Tages-GD arbeitet mehr oder weniger genauso gut wie ein 20- oder 21-Tages-GD. Ebenso wie die Bänder mit 1,5- 2 oder 2,2facher Standardabweichung alle gut funktionieren. Anstatt mich auf die Suche nach den optimalen Parametern zu begeben, nehme ich lieber die als zuverlässig erwiesenen Basiseinstellungen. Manchmal verliert man nämlich auch den Überblick wenn man versucht, allzu clever bei der Optimierung zu sein, denn dann brechen die Relationen in sich zusammen. Um es abzuschließen: Mir scheint die Kombination aus 20-Tages-GD und 2 Standardabweichungen eine sehr zuverlässige Kombination von Parametern zu sein.

Wie definieren Sie kurz-, mittel- und langfristig?

Ich persönlich bezeichne alles unter einem Monat als kurzfristig. Mittelfristig ist für mich etwas zwischen einem und sechs Monaten und langfristig alles, was darüber hinaus reicht – aber das ist wirklich immer eine Frage der persönlichen Präferenzen. Für manche heißt kurzfristig „für die nächsten zwei oder drei Minuten", mittelfristig eine halbe Stunde und langfristig ein paar Stunden. Warren Buffett würde langfristig als 50 Jahre definеren – was für seine Perspektive zweifellos nützlich ist, mich aber ein wenig beunruhigen würde.

Sie haben viel Erfahrung im Trading mit Optionen. Würden Sie für diesen Bereich auch einen 20-Tages-GD vorschlagen oder lieber eine kürzere Spanne?

Über die Jahre hinweg bin ich zu der Erkenntnis gelangt, daß der Optionsmarkt in den wichtigen Bereichen so fair bewertet ist – zumindest in den Segmenten, in denen ich handele –, daß es sehr schwer fällt, hier Geld zu verdienen. Etwas, was man immer wieder bei wichtigen Tiefs der Märkte beobachten kann und was die Bänder sehr deutlich diagnostizieren können, ist ein immenser Anstieg in der impliziten Volatilität. Das heißt: Selbst wenn es Ihnen gelingt, das Tief korrekt zu prognostizieren und Sie daraufhin Optionen kaufen, müssen Sie dafür einen hohen Preis bezahlen; zumal für diese Volatilität innerhalb der folgenden vier oder fünf Handelstage ein Rückgang der Volatilitätserwartungen um 25 % oder mehr zu erwarten ist. Das bedeutet: Selbst wenn Sie die richtige Richtung der Kurse erkennen, muß der Markt sich auch noch mit der Kursbewegung beeilen, damit Sie wenigstens keinen Verlust hinnehmen müssen. Obwohl ich für solche Trades nie wirklich vom Options- zum Futuresmarkt hinübergewechselt bin, gewinne ich doch mehr und mehr die Überzeugung, daß man für diese Art von Trades Instrumente verwenden sollte, die nicht derart stark vom Verfall des zeitbezogenen Aufgeldes abhängen.

Gibt es unter den drei eben von Ihnen angeführten GDs einen, der weniger Fehlsignale liefert als die anderen?

Ich glaube, daß man diese Frage so nicht stellen kann. Die Leute fragen mich oft danach, welche Art GD sie für diese oder jene Arbeit verwenden sollten. Was sie brauchen, ist kein GD, der die besten Crossover-Kauf- und Verkaufssignale bietet, und auch keinen GD, der die zuverlässigsten Trendwechselsignale generiert. Was sie brauchen, ist ein GD, der den mittelfristigen Trend abbilden kann. Und damit bezeichne ich den Trend, in dessen Richtung Sie traden. Jeder Trader sollte sich auch mit dem Zeitraster, welches kürzer und länger als das selbst normalerweise verwendete ist, befassen, um in der Lage zu sein, die Tradingentscheidungen mit kurz- und langfristigen Informationen und Daten zu untermauern. Was Sie also suchen, ist derjenige GD, der den von Ihnen getradeten Trend abbildet. Die leichteste Methode, diesen zu finden ist, indem man sich einen wichtigen Trendwende-Punkt im Markt sucht, an dem sich entweder eine „M“- oder eine „W“-Formation gebildet hat.

Wenn Sie „Markt" sagen, meinen Sie die Börsen im allgemeinen?

Ja, eine Aktie oder was auch immer Sie traden. In bezug auf diese Umkehrformationen wie „M"- oder „W-Formationen" ist der relevante, „richtige" GD derjenige, der der Mitte eines „M's" Unterstützung bzw. in der Mitte des „W" einen Widerstand bietet. Die Relevanz des GD läßt sich auch beim ersten Pullback nach dem Ausbruch über die Nackenlinie der Formationen testen. Anders ausgedrückt: Es formiert sich eine „W-Formation", an deren rechter Seite Sie eine kräftige Rallye sehen, welche die Kurse in den oberen Bereich des Bandes führt. Das erste Pullback, also der erste Kursrücksetzer nach dem Breakout, wird auf Höhe des GD Unterstützung finden – wenn dieser korrekt ausgewählt wurde. Es stehen Ihnen also zwei Punkte zur Verfügung, an denen Sie Ihren GD überprüfen können. Die Mitte einer „W-Formation" findet in der Regel am GD einen Widerstand, die erste Korrektur dort eine Unterstützung. Wird der GD dabei indes kontinuierlich über- oder unterschritten, dann ist der von Ihnen gewählte GD zu kurz. Wird er im Gegenzug aber gar nicht erst erreicht, ist das Zeitraster zu lang gewählt worden.

Das sind ja vorzügliche Richtlinien. Was empfehlen Sie in bezug auf Anwendung und Auslegung der Bollinger-Bänder?

Es gibt zwei bekannte Anwendungsgebiete. Ich kann das nicht unbedingt empfehlen, aber manche Leute benutzen die Bänder zur Identifikation von Überkauft- bzw. Überverkauft-Bereichen. Das wäre z.B. dann der Fall, wenn die Kurse zurückgehen und das untere Band unterschreiten. Dann geht man von einer Gegenreaktion aus, welche die Kurse wieder zurück in die Bandbreite führt. Das Problem dabei ist, daß so etwas durchaus öfter auftritt. Ein Teil des Charmes dieser Bänder macht aus, daß diese in einem Aufwärtstrend von dem oberen Band, in einem Abwärtstrend durch das untere Band „geführt" werden. Ich persönlich verwende die Bänder vor allem zur Beantwortung der Frage, ob die Kurse – relativ gesehen – hoch oder tief stehen. Am unteren Band sind die Kurse – per definitionem – tief. Am oberen Band sind die Kurse – per definitionem – hoch. Diese Aussagen können dann anhand eines bestätigenden Indikators überprüft werden, wobei solchen mit kurs-

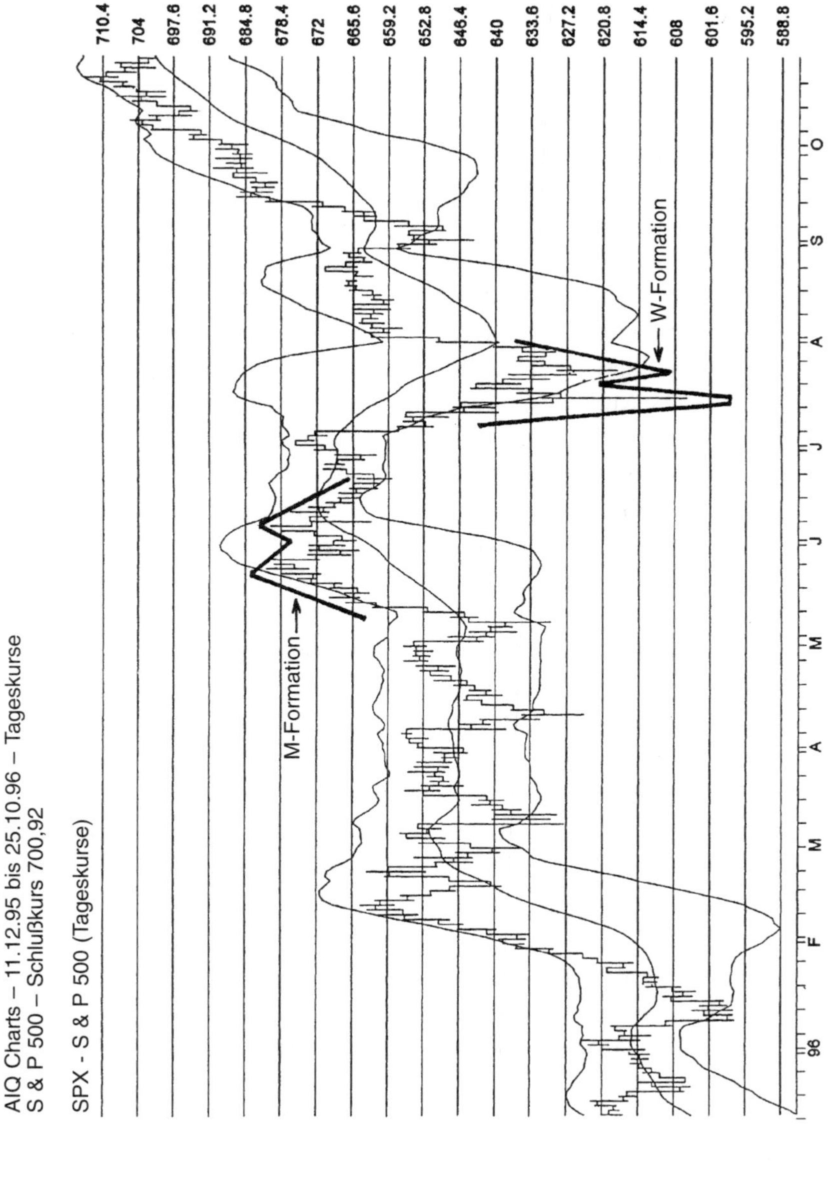
AIQ Charts – 11.12.95 bis 25.10.96 – Tageskurse
S & P 500 – Schlußkurs 700,92
SPX - S & P 500 (Tageskurse)
710.4
704
697.6
691.2
684.8
678.4
672
665.6
659.2
652.8
646.4
640
633.6
627.2
620.8
614.4
608
601.6
595.2
588.8
96
F
M
A
M
J
J
A
S
O
M-Formation
W-Formation

unabhängigen Variablen wie Stimmungs- oder Umsatzkomponenten der Vorzug zu geben ist. Liegen hierbei Divergenzen vor, wird überlegt, ob es sich lohnt, bei den hohen Kursen zu verkaufen bzw. bei den tiefen Kursen einzusteigen. Liefert der andere Indikator indes eine Bestätigung, bedeutet dies, daß man davon ausgehen kann, daß die Kurse hoch bzw. tief bleiben werden. Sofern das der Fall ist, werden GD und Bänder weiterhin in Richtung der Kursbewegung verlaufen.

Der andere Bereich, in dem sich die Bollinger-Bänder als ungemein nützlich erwiesen haben, ist die Identifikation von „W-" bzw. „M"-Formationen. In vielen Fällen befindet sich die linke Hälfte dieser Formationen außerhalb, die rechte Hälfte innerhalb der Bänder. Nehmen wir als Beispiel eine „W-Formation". Dabei gilt folgende Definition: Auch wenn die Kurse auf absoluter Basis bei der zweiten Hälfte der „W-Formation" unterhalb denen der ersten Hälfte liegen, bedeutet der Umstand, daß die erste Hälfte sich außerhalb der Bänder abgespielt hat, daß das zweite, im Inneren der Bandbreite gelegene Tief relativ gesehen als „höher" anzusehen ist. Dies ermöglicht eine korrekte und unzweideutige Lokalisierung von „M-" oder „W-Umkehrformationen".

Treten diese „M-" und „W-Formationen" nur bei langfristigen Tops oder Tiefs auf oder finden sich solche Phänomene auch bei kurz- und mittelfristigen Wendepunkten?

So etwas finden Sie sogar in Balkencharts im Fünf-Minuten-Zeitraster. Es handelt sich hier um Umkehrformationen, so daß man sie normalerweise nicht in der Mitte eines Trends findet, aber unmöglich ist das natürlich nicht.

Sie sagten, daß Sie die Bollinger-Bänder in der Regel zur Feststellung nutzen, ob die Kurse „hoch" oder „tief" stehen. Wie gut bewährt sich diese Strategie für den S&P 500-Index oder den NYSE Composite?

Ich verwende die Bänder, um zu überprüfen, ob die Kurse *relativ* gesehen „hoch" oder „tief" stehen. Dabei ist es unbedeutend, um welche

Art von Werten es sich dabei handelt, ob Index oder Aktie. Indizes verhalten sich allerdings insofern ein wenig berechenbarer, als die Vielfalt ihrer Einzelkomponenten vermuten läßt, daß sie etwas träger reagieren als ein Einzelwert. Daher läßt sich mit Indizes zumindest ein wenig leichter arbeiten. Aber der Grundgedanke bleibt immer derselbe, ob es um einen Futures-Kontrakt, eine an der NYSE gehandelte Aktie oder einen volatilen NASDAQ-Wert geht.

Bollinger-Bänder lassen sich also in allen Märkten mit gleicher Zielsetzung anwenden?

Ja, mehr oder weniger. Ich glaube, Sie würden es sehr schnell merken, wenn Sie die Bänder für etwas verwenden wollen, für das sie nicht ausgelegt sind. Bei Werten mit sehr geringen Umsätzen finden Sie beispielsweise aufgrund der großen Spanne zwischen Geld- und Briefkurs bisweilen prozentual betrachtet riesige Kursveränderungen im Vergleich zum letzten, zuvor gehandelten Kurs, wobei sich die Geld/Brief-Spanne aber gar nicht verändert hat. In einem solchen Fall springt der Kurs nur innerhalb dieser Spanne hin und her, was aber eigentlich keine echte Kursveränderung darstellt. Für solche Aktien wäre die Anwendung der Bollinger-Bänder ziemlich unangemessen, es sei denn, Sie betrachten die Mitte zwischen Geld- und Briefkurs anstatt der gehandelten Kurse.

Könnten Sie mir ein Beispiel geben, wie Sie anhand der Bollinger-Bänder feststellen, ob ein Kurs relativ gesehen „hoch" oder „tief" ist?

Wenn der Kurs am oder nahe des oberen Bandes ist, ist er gemäß Definition relativ „hoch". Am oder nahe des unteren Bandes ist der Kurs relativ „tief". Was man dann braucht, ist eine Bestätigung dieser Aussage. Wenn die anderen Indikatoren sehr bullish aussehen und der Kurs zugleich am oberen Band liegt, kann man dies als eine Bestätigung werten. Wenn der Preis aber das obere Band erreicht, vielleicht sogar nach oben durchbricht, die Indikatoren aber bestenfalls als neutral anzusehen sind, kann man daraus schließen, daß ein Rücksetzer im Kurs dieser Aktie vor der Tür steht.

Wenn man die Bollinger-Bänder studiert, kann man die Kurse oft vom oberen zum unteren Ende der Bandbreite und wieder zurück laufen sehen. Ein solches Verhalten bleibt dabei oft recht lange erhalten. Sollten die Leser für diese Bewegungen nach einer Bestätigung durch andere Indikatoren suchen?

Ja. Aber die Kurse müssen nicht notwendigerweise vom oberen zum unteren Band laufen. So verlief der S&P-Index beispielsweise in der ersten Jahreshälfte 1995 vornehmlich in der oberen Hälfte des Bandes. Es gibt weder theoretisch noch praktisch einen Grund im Regelwerk, daß die Kurse innerhalb der gesamten Spannweite der Bänder oszillieren müßten. Etwas, was man oft beobachten kann – wobei ich vermute, daß dies mehr noch auf Commodities als auf Aktien zutrifft, auch wenn ich es nicht beweisen kann – ist, daß die Kurse für längere Zeit bei einer ausgedehnten Trendbewegung nach oben in Kontakt mit den oberen, nach unten mit den unteren beiden Bändern bleiben – zumindest so lange, wie der primäre Trend erhalten bleibt.

Würden Sie die Aufwärtsbewegung des S&P 500 während der ersten sechs Monate 1995 als eine solche „ausgedehnte" Trendbewegung bezeichnen?

Ja, und um bei diesem konkreten Beispiel zu bleiben: Von dem November/Dezember-„W" (der erste Teil des Tiefs fand im November, der zweite im Dezember 1994 statt) ausgehend, fielen die Kurse nicht ein einziges Mal in das untere Band zurück, bis es im Juli 1995 zu einem kräftigen Kursrutsch kam. Der Money-Flow-Index, ein auf Basis der Umsätze konzipierter Indikator, war über diese gesamte Periode hinweg positiv und ließ trotz der immensen Stärke des Marktes erwarten, daß nur wenig technischer „Verschleiß" auftrat.

Wenn die Bänder eng beieinanderliegen, bedeutet dies geringe Volatilität, nicht wahr?

Wenn Sie die Standardabweichung als Meßfaktor der Volatilität heranziehen, dann ist die Volatilität in diesem Fall in der Tat niedrig. Trotz-

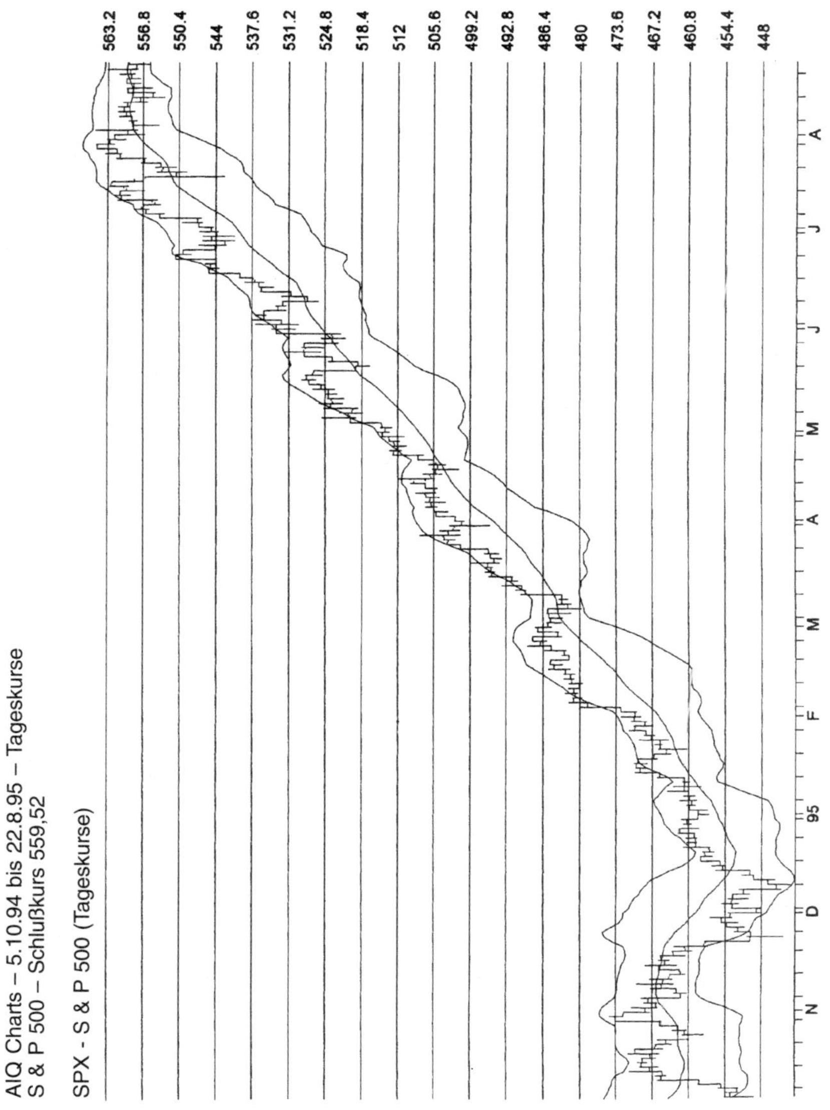
AIQ Charts – 5.10.94 bis 22.8.95 – Tageskurse
S & P 500 – Schlußkurs 559,52
SPX - S & P 500 (Tageskurse)
563.2
556.8
550.4
544
537.6
531.2
524.8
518.4
512
505.6
499.2
492.8
486.4
480
473.6
467.2
460.8
454.4
448
N
D
95
F
M
A
M
J
J
A

dem gibt es viele andere Definitionen für Volatilität. Aber will man die Bänder enger zusammenziehen, gilt es, die Standardabweichung zu verringern.

Nehmen wir einmal an, Sie sehen eine zwei- oder dreimonatige Periode mit geringer Volatilität, die eine Kontraktion der Bandbreite nach sich zieht. Ab einem gewissen Zeitpunkt wird klar, daß die Kurse entweder nach oben oder unten ausbrechen müssen. Können die Bollinger-Bänder dabei frühzeitig Hinweise auf die Richtung des Breakouts geben?

Ich weiß nicht, ob sie das wirklich können. Ich habe solche Situationen beim S&P 500-Index einige Male untersucht und einige Gesetzmäßigkeiten entdeckt. Unglücklicherweise waren die meisten der untersuchten Fälle während eines Bull-Markets, denn wir wollten die Studie nicht auf Fälle ausdehnen, die vor der Einführung der S&P-Futures-Kontrakte und des OEX lagen. Wir sind der Meinung, daß diese Instrumente den Charakter des Tradings verändert haben, insbesondere in bezug auf die Volatilität, weil so viele Anleger diese Derivate zur Absicherung benutzen. Daher machen Volatilitäts-Studien großer Indizes vor 1982 nicht allzuviel Sinn, zumindest aus dieser Warte heraus.

Wir haben also solche „Squeezes“ – wir nennen Phasen geringer Kursschwankungen „Squeeze“ – für den S&P untersucht, vor allem diejenigen, bei denen die Bandbreite unter 2 % gefallen war. Ein typischer Kursverlauf im Anschluß an eine solche Phase war ein Kursrutsch an das untere Band und sofort danach eine markante Kursrallye. Diese Regel wurde nur zwei- oder dreimal verletzt. Einer dieser Fälle war 1996, kurz vor der Juli-Korrektur. Wir sahen einen deutlichen Rückgang der Volatilität, der indes nicht die strenge Anforderung unserer Definition erfüllte, denn die Bandbreite fiel dabei nicht unter 2 %, was vielleicht der Grund dafür war, daß es in diesem Fall anders verlaufen ist. Die Regel für eine „Squeeze“ besagt ja, daß die Spanne unter 2 % fallen muß, in diesem Fall waren es nur 2,1 %. Wir sahen den Kursrutsch an das untere Band, danach die Rallye. Aber diese scheiterte am oberen Band, und fast exakt von diesem Punkt aus setzte die Korrektur ein, wobei die Notierungen dann fast 10 % nach unten gingen. Es ist auf jeden Fall denkbar, daß diese Regel keine Gültigkeit mehr besitzt, wenn das Marktumfeld ein anderes ist. Wenn wir zum Beispiel einen echten Bear-Market bekämen, könnte ich nicht sagen, ob ein Anstieg an das obere Band nach einer Verringerung der Volatilität auch zu einem Kursverfall größeren Umfanges führen müßte. Man sollte erwarten, daß das der Fall sein würde, aber viele Dinge an den Börsen sind asymmetrisch, so daß man sich darauf zumindest nicht verlassen darf.

Es ist also ratsam, sich nicht darauf zu verlassen, daß die Bänder diese Fähigkeit besitzen?

Wir wissen zumindest sicher, daß die Volatilität Zyklen unterliegt, das läßt sich sehr deutlich nachweisen. Durch die Überwachung der Bänder-Spannweite läßt sich eine Verringerung der Schwankungsbreite feststellen und daraus eine kommende Zunahme der Volatilität ableiten. Aber die Bänder selbst können Ihnen bei der Beantwortung der Frage, in welche Richtung sich die Volatilität ausdehnen wird, nicht viel weiterhelfen. Aber die Tatsache einer deutlichen Reduzierung der Volatilität auf kurzfristiger Basis an sich ist von *höchster* Bedeutung.

Könnten Sie auf die 2%-Bandbreiten-Regel für den S&P 500 näher eingehen?

Ich habe diese Regel ausschließlich für den S&P 500 ausgearbeitet und denke, ich habe schon alles darüber gesagt. Ich möchte annehmen, daß es vergleichbare Formationen und Levels in anderen Marktsegmenten gibt, aber der S&P war das Hauptobjekt meiner Studien, soweit es die Trading-Bänder betraf.

Die Kurse bewegen sich nicht immer direkt von einem Ende der Bänder zum anderen. Bisweilen verharren sie an der Durchschnittslinie und setzen erst danach ihre Bewegung in die vorherige Richtung fort. Hat das eine besondere Bedeutung?

Die Zielsetzung bei der Auswahl des von Ihnen bei den Trading-Bändern zu verwendenden GD ist nicht, denjenigen herauszupicken, der die besten Kauf- oder Verkaufssignale bei Überkreuzungen generiert, sondern den GD, der den mittelfristigen Trend, also denjenigen, auf den sie bei Ihren Trades achten, am besten wiedergibt. Um zu überprüfen, ob der von Ihnen ausgewählte GD korrekt ist, suchen Sie sich eine Trendwendeformation. Wenn der erste Rücksetzer der Kurse nach dem Breakout nahe oder an diesen GD führt, war Ihre Auswahl richtig.

Anders formuliert: Nach einem Tief tritt eine Kursrallye auf, die irgendwann stoppt. Es geht nicht einfach ewig bergauf, sondern auch mal zwischendurch wieder nach unten. Und in vielen Fällen wird ein sauber ausgewählter, mittelfristiger GD einem solchen Rücksetzer Unterstützung bieten, welcher übrigens zum Zeitpunkt dieses „Testens" nahezu immer seitwärts verläuft.

Bedeuten Ausbrüche aus der Bandbreite nicht eine hohe Wahrscheinlichkeit, daß sich die Kursbewegung in der aktuellen Richtung fortsetzen wird?

Ja, das ist richtig.

Gibt es da noch weitere Bedingungen, die zur Fortsetzung der Trendbewegung erfüllt werden müssen, oder ist ein solcher Ausbruch aus der Spanne der Bänder hierfür ausreichend?

Der ganze Zweck der Trading-Bänder ist die Möglichkeit, Indikationen überprüfen zu können. Die von Ihnen verwendeten Indikatoren sollten imstande sein, den Trend zu bestätigen. Tun sie das aber nicht, haben Sie in dem Augenblick ein Signal einer Trendumkehr, wenn die Kurse wieder in die Bandbreite zurückkehren.

Es gibt aber ganz offensichtlich unterschiedliche Grade von Breakouts aus der Bandbreite. Gibt es dazu irgendwelche Faustregeln?

Also, darüber mache ich mit normalerweise keine Gedanken, denn da gibt es nichts unbedingt Greifbares. Eine der größten Gefahren für einen Trader ist übertriebene Genauigkeit. Ich erzähle da immer die

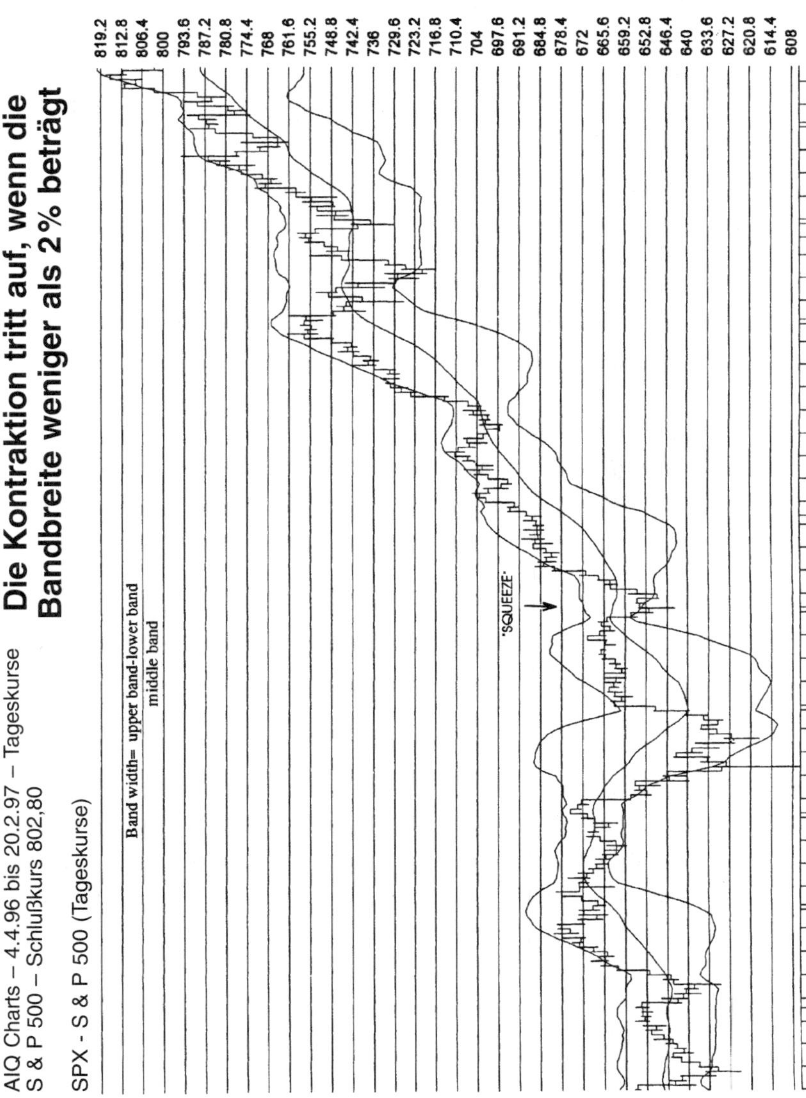
AIQ Charts – 4.4.96 bis 20.2.97 – Tageskurse
S & P 500 – Schlußkurs 802,80
SPX - S & P 500 (Tageskurse)
Die Kontraktion tritt auf, wenn die Bandbreite weniger als 2% beträgt
Band width= upper band-lower band
middle band
'SQUEEZE'
819.2
812.8
806.4
800
793.6
787.2
780.8
774.4
768
761.6
755.2
748.8
742.4
736
729.6
723.2
716.8
710.4
704
697.6
691.2
684.8
678.4
672
665.6
659.2
652.8
646.4
640
633.6
627.2
620.8
614.4
608
M
J
J
A
S
O
N
D
97
F

Geschichte von dem Burschen, dessen Guru immer zu 99 % richtig lag. Dummerweise war es das verbliebene, eine Prozent, was dem Burschen das Genick brach – und so ist das immer.

Der Guru sagte voraus, daß der XYZ-Index bis genau 1 622,13 steigen würde, was genau 312 Tage vom Zeitpunkt der Voraussage aus dauern sollte. Und Menschenskinder, nach 312 Tagen stoppt der Index genau bei 1 610 und fällt danach sofort wie ein Stein in die Tiefe. Aber der Kerl, der sich den Rat des Gurus zu Herzen nahm, verkaufte nicht, denn der Index hatte ja das Ziel noch nicht erreicht.

Ich glaube, das ist ein sehr, sehr typischer Fall, dem eine falsche Präzision zugrunde liegt, die es in unserem Job einfach nicht gibt. Die Anleger achten mehr auf die Prognose als auf den Markt an sich – und das kostet viel, viel Geld. Wenn man sich auf eine Prognose verläßt, gerät man in riesige Schwierigkeiten, wenn man erst einmal feststellen muß, daß diese Prognose falsch war. Anders gesagt: Je präziser die Voraussage ist, desto größer ist die Wahrscheinlichkeit, daß sie nicht eintrifft. Es reicht doch schon, wenn man das Ziel in einer Range von Plusminus ein oder zwei Prozent erreicht, dann sollte man's gut sein lassen und aufhören. Leider hängen die meisten Leute am letzten, unwichtigen Punkt. Aber wenn der nicht kommt, was machen sie dann?

Unser gesamtes Business ist relativ. Nichts wiederholt sich jemals 100%ig genau. Es gibt keine absolut sichere Antwort. Es gibt keine beste Aktie. Es gibt keine beste Commodity. Es gibt keinen besten Fonds. Es gibt keinen besten Trader und auch keinen besten Trade. Alles was wir zu tun versuchen ist, die beste Chance zum jeweiligen Zeitpunkt herauszufinden und diese so gut wie möglich zu nutzen, um dann auszusteigen und sich auf die Suche nach der nächsten Chance zu begeben. Die Bänder sind genauso. Wir sagen: 20 Tage ist die Basis der Bollinger-Bänder, plusminus zwei Standardabweichungen. Diese Werte scheinen sich in den meisten Situationen gut zu bewähren, also sehen wir sie als zuverlässig an. Das Trading ist Chaos, und das meine ich im wahrsten Sinne des Wortes. Und das bedeutet, in der Logik der „Chaostheorie" formuliert, daß man akzeptieren muß, daß sich die Dinge niemals 100%ig quantifizieren lassen und die Zukunft daher immer unbekanntes Terrain darstellt.

Ich nehme an, daß viele Leute die Bollinger-Bänder insofern mißbrauchen, als daß sie von ihnen Tradingsignale erzwingen wollen, für die die Bänder gar nicht eingerichtet sind.

Das ist wahr. Es tut mir wirklich leid für diese Anleger, denn sie versuchen buchstäblich, das Unmögliche möglich zu machen. Wenn der S&P steigt, das obere Band tangiert und der 21-Tage-Money-Flow-Index dabei negativ ist, würde ich sagen, daß die Wahrscheinlichkeit für eine nennenswerte Abwärtsbewegung überaus hoch ist. Aber das ist auch alles, was Sie bekommen: eine hohe Wahrscheinlichkeit für eine kommende Kursbewegung. Sicherheit aber gibt es dafür nicht.

Welches sind die am meisten verbreiteten Fehler, die unerfahrenen Anlegern beim Umgang mit den Bollinger-Bändern unterlaufen?

Ich denke, daß die falsche Präzision der wahrscheinlich größte Fehler ist, aber – ich mag mich dabei ja irren – ich meine, daß es da vor allem die Psychologie und nicht die Bänder sind, welche den Anleger dazu verleiten. Das Wohl oder Wehe eines Investors hängt nicht von den von ihm verwendeten Hilfsmitteln ab, sondern von der Art und Weise, wie er mit diesen umgeht. Bollinger-Bänder, Umsatzindikatoren oder die so beliebte Aufteilung von Aktien in einzelne Branchen ebenso wie einige unserer Modellstudien für einige Märkte oder Aktien sind alle zweifellos sehr hilfreich, aber ich möchte betonen: Im Juli 1996 haben wir eine in bezug auf die Börse gesehen sehr umfangreiche Korrektur erlebt, die in eine „W-Formation" mündete – eine wirklich klassische Formation. Bei jeder einzelnen Spitze dieses „W" gab ein bedeutender „Guru" auf und verkaufte sein Portfolio. Das war allein auf Psychologie zurückzuführen, nicht auf die Fehlerhaftigkeit der Systeme oder Modelle, mit denen diese beiden durchaus fähigen „Gurus" arbeiteten. Welcher Hilfsmittel Sie sich auch bedienen, ob es Indikatoren sind, die ich benutze und befürworte, oder ob es andere Instrumente und andere

Befürworter sind – sie sind alle solange ohne jegliche Bedeutung, bis Sie imstande sind, Ihre Emotionen in den Griff zu bekommen, denn erst dann können Sie das System, für das Sie sich entschieden haben, auch wirklich anwenden.

Könnten Sie sich eine Situation vorstellen, in der die Bollinger-Bänder alleine verwendet werden können?

Ja, das „W-Tief" und sein Bruder, das „M-Top". Das „W-Tief", welches ich ja gerade beschrieben habe, wurde erst durch die Bänder klar definiert. Einige Fakten lassen sich nicht alleine durch die Kursveränderungen in und an den Bändern, sondern nur gemeinsam mit diesen erklären und interpretieren. Es ist zwar kein komplettes System dabei, aber das beschriebene „W" war wirklich perfekt konstruiert. Der erste Abwärtsschub markierte ein Tief, welches außerhalb der Bandbreite lag. Die darauffolgende Rallye trug die Kurse ungefähr den halben Weg bis zum Gleitenden Durchschnitt hinauf. Das zweite Tief bildete sich innerhalb der Bänder und die anschließende Aufwärtsbewegung überwand den 20-Tages-GD und führte bis ins obere Band hinein, wo die Kurse dann für zehn Tage steckenblieben und konsolidierten. Jetzt, heute, hat die Rallye wieder begonnen. Die Fähigkeit der Bänder, die Lage zu beschreiben und deutlicher zu machen, hat sich hierbei gut bewährt. Es ist nicht immer alles so einfach, aber es gibt immer wieder Informationen und Kursbewegungen, die plötzlich viel klarer und verständlicher werden, indem man einfach die Bänder in den Chart einfügt.

Unterstellen wir einmal, daß der Kurs der XYZ-Aktie an das obere Band gestiegen ist, was schließen läßt, daß der Kurs – relativ betrachtet – „hoch" ist. Würden Sie selbst für Ihre eigenen Dispositionen einen weiteren Indikator zu Rate ziehen, um zu entscheiden, ob Sie die Aktie halten oder verkaufen würden?

Ja. Der S&P 500 hatte zum Beispiel im gesamten ersten Halbjahr 1995 Kontakt mit dem oberen Band, aber die anderen Indikatoren blieben durchweg positiv und generierten kein einziges Verkaufssignal während dieser gesamten Phase.

Welche anderen Indikatoren würden Sie in Zusammenarbeit mit den Bollinger-Bändern verwenden, bevor Sie auf der Suche nach einer kaufenswerten Aktie die letztendliche Entscheidung treffen?

Für eine Bestätigung würde ich den RSI, das On-Balance-Volume, den Money-Flow-Index, den Positive-Volume-Index und unser Branchenmodell analysieren. Je mehr Indikatoren die Aussage der Bänder bestätigen, desto mehr Vertrauen habe ich in den Trade.

Wenden wir uns einem globaleren Blickwinkel zu: Ich habe den Eindruck, daß Sie großes Vertrauen in die Branchenanalyse haben.

Ja, sie ist extrem wichtig und stellt ein Herzstück unserer Philosophie dar. Ich denke, daß die meisten Anleger bei ihren Investmententscheidungen ihr Augenmerk zu zwei Dritteln auf die individuelle Aktie und zu einem Drittel oder weniger auf den Gesamtmarkt richten. Dann gibt es da noch einige Timing-Trader, die fast ausschließlich auf den Markt achten. Meiner Ansicht nach gibt es aber einige sehr wichtige Etagen dazwischen, die in aller Regel nicht beachtet werden. Jede einzelne „Schicht" ist eine Zusammenfassung der darunter liegenden. Sie können sich das in Form einer Pyramide vorstellen, deren Spitze die Börse als solche ist. Würden Sie diese Pyramide horizontal wie eine Schichttorte aufschneiden, würden Sie direkt unterhalb der Spitze die Sektoren finden. Darunter liegen die Branchen und das Bodenstück von alledem sind die Einzelwerte. Eine vernünftige Vorgehensweise wäre es demnach, jeder dieser Schichten ein gleiches Gewicht bei der Analyse zu geben, also dem Gesamtmarkt, dem Sektor, der Branche und der Einzelaktie. Ein Beispiel: Kürzlich war der Gesamtmarkt sehr bullish, der Kommunikationssektor war bullish, die internationalen Telekommunikationswerte waren bullish und BCE, die frühere Bell Canada, war auch bullish. Berücksichtigen Sie die Kombination aller Faktoren, ist die Chance auf einen erfolgreichen Trade viel höher. Ich vergleiche das oft mit einem Boot, das von vier Personen gerudert wird. Wenn die Ruderer koordiniert und rhythmisch rudern, wird das Boot ruhig, schnell und problemlos durchs Wasser gleiten. Aber wenn nur einer der Ruderer aus dem Takt gerät, wird absolut nichts vorangehen. Es wird zwar eine Menge Energie aufgewendet, aber das Boot tritt dennoch auf der Stelle.

Wo sollte der Leser Ihrer Ansicht nach ansetzen, um einen Überblick über die Performance von Sektoren oder Branchen zu bekommen?

Zunächst gilt es, mit einer Gruppenstruktur anzufangen, wofür es einige Beispiele gibt, die dem Leser nützlich sein können. Die traditionelle Methode sind die „Security Industry Codes" (SIC). Hier finden Sie alle Arten von Aktien, aber diejenigen beispielsweise, die unter dem Oberbegriff „Versorgerwerte" zusammengefaßt werden, haben teilweise davon stark abweichende Geschäftsfelder. Es gibt hier wenig interne Zusammenhänge. So denke ich, daß man die „Baby Bells" (regionale Telefongesellschaften, Anm. d. Übers.) schon lange nicht mehr zu den Versorgerwerten rechnen kann, denn hieraus sind längst Unternehmen der freien Wirtschaft geworden. In zunehmendem Maße erzielen diese Firmen ihre Einkünfte nicht mehr aus dem Telefongeschäft, sondern aus ihren anderen, nicht staatlich regulierten Tätigkeitsfeldern; und genau dies sind die Bereiche, auf welche die Wall-Street-Analysten für die Ermittlung ihrer Gewinnprognosen achten. Ihnen gebührt ein eigener Bereich, weswegen wir sie aus der Versorgergruppe herausgenommen und sie neben sieben anderen Branchen in den Kommunikationssektor eingereiht haben.

Es gibt eine Faustregel, nach welcher der Dow Jones Utility Average der Entwicklung des Gesamtmarktes in der Regel um acht Monate vorausläuft. Sind Sie der Ansicht, daß die von Ihnen zusammengestellten Branchen eine bessere „Vorlaufzeit" aufweisen?

Die Standard & Poors- und Dow-Jones-Branchenstrukturen sind am weitesten verbreitet und bekannt, leiden aber alle an verschiedenen Problemen. Diese Strukturen wurden vor sehr langer Zeit entwickelt und sind trotz mehrfacher Anpassungen nicht entsprechend aktuell, um die tatsächliche Marktstruktur exakt abzubilden.

Das klingt ja nicht gerade ermutigend.

Wir haben uns die traditionelle Idee der Branchen und Sektoren zu eigen gemacht und 2 000 Aktien überprüft. Basierend auf der jeweiligen Rolle der Unternehmen in der modernen Wirtschaft entstand so eine Sektoren/Branchenstruktur mit 15 Sektoren und 130 Industriebranchen. Wir nennen dies eine „rationale" Industriebranchen-Struktur, weil wir die Aufteilung aus zwei unterschiedlichen Blickwinkeln vorgenommen haben – technisch und fundamental. Das bedeutet: Wir haben uns zunächst die Frage gestellt, was die einzelnen Unternehmen eigentlich tun und sie daraufhin anhand eines Korrelations-Koeffizienten eingeteilt. Darüber hinaus überprüften wir, ob die Branchen in sich konsistent sind. Wir gingen alle Branchen durch und eliminierten dabei diejenigen Unternehmen, die nicht wirklich in eine Branche hineinpaßten. Jetzt sind diese Branchen in sich konsistent und bieten eine immense Hilfe für den Trader. Daher würde ich unsere „Group Power" vor allen anderen empfehlen, aber nichtsdestotrotz ist es immer noch besser, irgendeine Struktur zu verwenden als gar keine.

Wie ist Ihre „Group Power" aufgebaut?

Wir haben für „Group Power" eine Reihe von Regeln entworfen, die sich alle an die Struktur einer Familie anlehnen, wie Eltern und Kinder. Der Sektor stellt die „Eltern" einer Branche dar, aber es gibt immer auch Tanten und Onkel in Form verwandter Sektoren und Branchen. Nehmen wir IBM als Beispiel. IBM gehört in die Großrechner-Branche, hat aber, je nach Blickwinkel, Tanten und Onkel in Form der Branchen Computerzubehör, PCs usw. Wenn die Struktur gut durchdacht ist, können Branchen in Relation zu anderen Branchen verwendet werden. Wenn alle Aktien einer Branche gemeinsam gut laufen und alle miteinander zusammenhängenden Branchen ebenfalls gut laufen, dann entwickelt sich auch der Gesamtmarkt gut.

Was bedeutet „gut durchdacht" in bezug auf die Struktur?

Bob Brogan entwickelte während seiner Zeit bei Bomar einen Index aus 50 Stromversorger-Aktien, den er als Prognoseinstrument für den

Gesamtmarkt benutzte. Als wir die Versorgerbranche neu strukturierten, folgten wir seinen Vorgaben und gaben den Kommunikationswerten ihre eigene Branche. Dann gingen wir noch einen Schritt weiter, betrachteten die Stromversorger und stellten fest, daß der Zusammenhang zwischen der Masse dieser Aktien und den Werten der Atomwirtschaft recht gering ist. Also erhielten letztere eine eigene Branche. Jetzt haben wir eine Stromversorger-Branche, die *sehr* nützlich zur Prognose von Kursbewegungen im Gesamtmarkt ist und einen Versorgersektor, der einen in sich logischen, inneren Zusammenhang aufweist.

Also nützlicher als der traditionelle Dow Jones Utility Average?

Weitaus nützlicher, denn wir haben eine reine Stormversorger-Branche konstruiert. Ich habe nie einen Vergleich der „Vorlaufzeiten" unserer reinen Strom-Branche und dem Utilities-Index angestellt. Ich beziehe mich primär auf die Untersuchungen von Bob Brogan, der damals feststellte, daß eine reine Stromversorger-Branche ein weitaus besseres Prognoseinstrument sei als der Dow Jones Utility Average. Mein Beitrag dazu war die Entfernung der Atomindustrie-Werte aus dieser Branche, weil diese bislang und meiner Ansicht nach auch in zunehmenden Maße in der Zukunft ihren eigenen Weg gehen, zumal viele Aktienanalysten der Ansicht sind, daß viele dieser Werte strukturell eigentlich bankrott sind. Eine andere, wichtige Verbindung existiert zwischen den Energie-Aktien und den Energie-Futures. Wir teilen den Energiebereich daher in logisch nachvollziehbare Komponenten ein und vergleichen das Verhalten dieser Branchen mit der Entwicklung der Energie-Futures und gewinnen dadurch einen gewaltigen Vorsprung gegenüber denjenigen, die ausschließlich die Aktien dieser Branche analysieren.

Wie sieht die Wechselwirkung zwischen den Energie-Aktien und den Futures aus? Wer bestimmt wessen Entwicklung?

Im Energiebereich ist diese Wechselwirkung nicht beständig. Die Aktien pflegen üblicherweise die Futures zu beeinflussen, aber das trifft nicht immer zu. In anderen Bereichen, deren Basiselemente als

Rohöl, Benzin und Heizöl erreichten ihr Hoch im Dezember 1996. Die Energiewerte sahen ihre Hochs im Januar 1997

Rohöl

Benzin

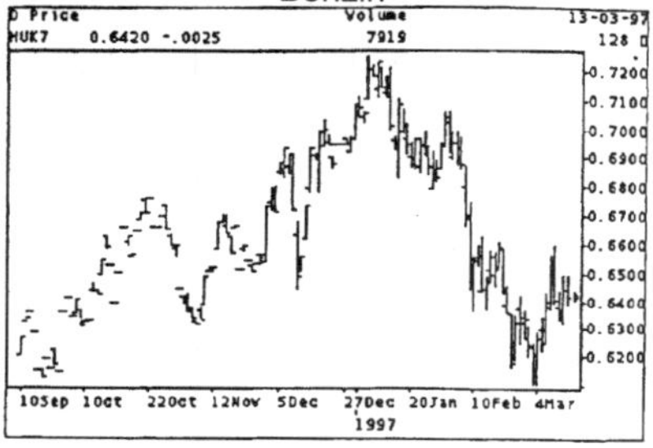

Heizöl

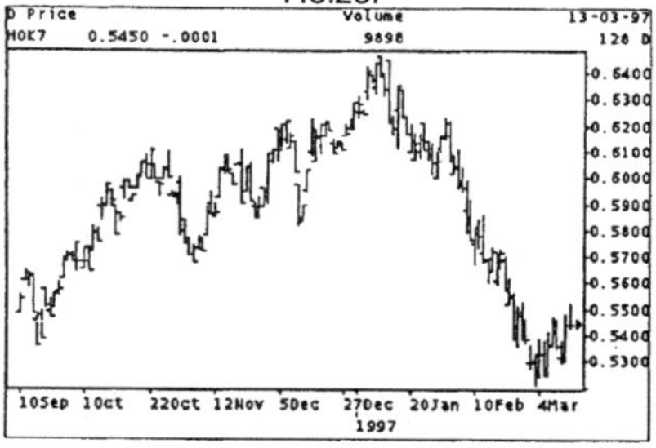

Oil Stock Index

Knight-Ridder MoneyCenter

Commodity handelbar sind, ist es oft die Commodity, welche den Kursverlauf der Aktie bestimmt. Ende 1996 sahen wir eine sehr ausgedehnte Top-Bildung im Energiesektor, die entsprechenden Aktien gerieten aber zumindest nicht sichtbar unter Druck. Doch Ende Januar 1997 drehten die beiden führenden Branchen, die Ölbohrunternehmen und Ölproduzenten, nach unten und beschleunigten diese Abwärtsbewegung noch. Unmittelbar danach brachen dann auch die Energie-Futures ein.

In diesem Fall gingen also die Aktien vor den Commodities zurück.

Ja. Die Intermarket-Analyse geht auf Bill O'Hamas 3-D- und 4-D-Regeln zurück. Die 4-D-Regel besagt, daß man nicht nur auf den nächstgelegenen Verfallstermin eines Futureskontraktes (der grundsätzlich im Mittelpunkt des Interesses steht) achten darf, sondern genauso auf die noch länger laufenden Termine, wobei sich die jeweiligen Kursverläufe decken müssen. Ist dies nicht der Fall, liegt hier eine mögliche Divergenz vor, welche es zu analysieren gilt. Die 3-D-Regel hingegen sagt aus, daß einander verwandte Commodities sich in ihrem Kursverlauf bestätigen müssen. In anderen Worten: Die Preise von Rohöl, Heizöl, Benzin und Erdgas müssen sich alle in dieselbe Richtung bewegen. Ich habe die O'Hama-Regeln insofern erweitert, als daß ich meine Industriebranchen hierbei integriert habe, so daß wir nun über eine Version dieser Theorie verfügen, die den gesamten Bereich von den Futuresmärkten hin zu den Aktienmärkten abdeckt. Nehmen wir beispielsweise den Edelmetallbereich – Gold, Silber, Platin und Palladium – und ihre Verbindung zu den verschiedenen Goldaktien-Branchen wie den südafrikanischen Goldminen, den nordamerikanischen Minenwerten und die spekulativen Penny-Minenaktien.

Die Bestätigung bzw. Übereinstimmung der Mehrheit miteinander verwandter Branchen erhöht demnach die Sicherheit in bezug auf eine bestimmte Kursbewegung.

So ist es. „Fang die Schlafmütze" ist ein Phänomen, das beim Rudern auftritt, wenn einer der Ruderer sein Ruder nicht schnell genug aus dem Wasser bekommt. Das Ruder besitzt eine derartige Hebelwirkung, daß der Fluß sich diesen Ruderer greift und ihn einfach aus dem Boot zieht. Das ist wie ein Schleudersitz. Dieses Bild illustriert exakt was passiert, wenn Sie keine bestätigende Verbindung zwischen einzelnen Branchen, Sektoren oder Aktien in Relation zu den verwandten Märkten vorfinden. Eine Firma namens Acme Analytics ist gerade dabei, eine Reihe von Internetprodukten zu entwickeln, die Aktien und Fonds auf Basis der Chaostheorie in dieser Hinsicht überprüfen sollen. Das Modell verwendet dabei die klassischen Regeln der technischen Analyse, legt dabei aber großes Augenmerk auf die Branchenstruktur. Das System sucht nach positiven Relationen zwischen Aktien und Branchen. Wenn die jeweilige Branche die Bewegungsrichtung einer einzelnen Aktie nicht teilt, wird das System diesen Wert nicht hoch bewerten.

Gab es nicht auch wissenschaftliche Untersuchungen, die belegt haben, daß man von einer Aktie, auch wenn sie aktuell positiv aussieht, nicht allzuviel erwarten darf, solange sich die dazugehörige Branche in die Gegenrichtung entwickelt?

Es hat eine ganze Menge von Studien gegeben, die sich mit der Kursperformance auseinandergesetzt haben, und die Ergebnisse umfassen die gesamte Palette der Möglichkeiten. Einige Studien glauben festgestellt zu haben, daß die Kursentwicklung einer Aktie zu zwei Dritteln auf die Entwicklung des Gesamtmarktes und nur zu einem Drittel auf das jeweilige Unternehmen selbst zurückzuführen ist. Andere Studien hingegen sehen die Einflußintensität zur Hälfte im Gesamtmarkt, zu einem Viertel bei der Branche und zum anderen Viertel beim Unternehmen. Ich habe nicht das erforderliche Equipment, um derartige Untersuchungen anzustellen, deswegen haben wir uns entschieden, jeden Faktor mit einem Viertel zu gewichten. Wenn man dies in ein System integriert, funktioniert es. Das ist ein wichtiger Charakterzug eines guten Tradingsystems: Wenn Sie Ihre nicht optimierten, naiven Parameter einsetzen und das Ganze damit funktioniert, sind Sie wahrscheinlich auf dem richtigen Weg.

Natürlich kann die negative Entwicklung mehrerer Branchen die Performance eines ganzen Sektors unterminieren. Ein Computersystem würde in einem solchen Fall doch den gesamten Sektor negativ bewerten und nicht berücksichtigen, daß es durchaus ein oder zwei herausragende Branchen als positive Ausnahme gibt.

Ja, das ist völlig richtig. Es wird immer diese eine Aktie geben, die durch die Decke geht, während der Rest der Branche ins Nirgendwo läuft, genauso wie der eine Wert, der in sich zusammenbricht, während sich die Branche insgesamt halten kann. In bestimmten Börsenphasen werden Sie komplette Branchen mit einer Abwärtstendenz finden, während andere Branchen steigen. Wir nennen das „Branchenrotation". Man verpaßt dabei zwar die eine oder andere Chance, aber das passiert Ihnen bei jedem disziplinierten Tradingansatz. Diese Art des disziplinierten Arbeitens offeriert Ihnen eine Reihe von Gelegenheiten, die Sie verstehen und umsetzen – und deswegen auch vorteilhaft nutzen können.

Gibt es in bezug auf Branchen oder Sektoren irgendwelche bestimmten Parameter, anhand denen Sie feststellen können, ob der Trend am Gesamtmarkt noch in Ordnung ist? Fordern Sie zum Beispiel, daß sich zwölf von fünfzehn Sektoren in einem Aufwärtstrend befinden, um auch dem Gesamtmarkt einen Aufwärtstrend zuzuschreiben?

Nein, aber dies ist ein Aspekt meiner Gesamtmarktanalyse. Wir haben kein solch ausgeprägtes Schwarz/Weiß-Denken, deswegen gibt es hierfür keine festgelegten Vorgaben. Wenn wir fünfzehn Sektoren haben und alle laufen gut, dann ist das prima. Laufen nur zwölf, dann ist das immer noch gut, aber eben nicht ganz so gut. Bei zehn ist es einfach okay, bei fünf ist es schon alles andere als gut, und wenn es nur noch zwei sind, ...

... dann sind die Risiken gewaltig gestiegen.

Ja, aber das geschieht nicht so linear. Wir bewerten die Dinge in einem kontinuierlichen Prozeß. Um noch einmal auf die Ruder-Methapher zurückzukommen: Je mehr Ruderer im Boot sitzen, desto mehr Tempo und zugleich Vertrauen wird erreicht. Ein Beispiel: Wenn unsere Stromversorgerbranche steigt, dann ist das gut. Tendiert sie seitwärts, dann ist das zumindest „so lala“, fällt sie aber, dann ist das eben schlecht. Wir überwachen dies ständig. Wenn die Kurse also langsam wieder anziehen, ist dies ein kleiner Pluspunkt für unsre Beurteilung des Gesamtmarkts. Ich denke, es ist ein riesiger Trugschluß zu glauben, daß solche Dinge als klare Kauf- oder Verkaufssignale herhalten können. Das gibt es einfach nicht. Jedermann ist ständig auf der Suche nach den Kauf- oder Verkaufssignalen, die uns von 0%-Investment auf 100%-Investment und wieder zurück bringen können. Aber es ist nun einmal ein Faktum, daß nichts im Leben so einfach funktioniert. Was man erwägen sollte, ist ein schrittweiser Übergang von einer Phase mit Short-Positionen in eine neutrale und von dort der Übergang in eine Long-Phase und so weiter. Wir nutzen hierfür die Ansätze der neuronalen Netze in unserer Analyse, da sich deren multifaktoreller Ansatz als sehr zuverlässig erwiesen hat.

Was meinen Sie mit „neuronalen Netzen“?

Folgerungen und Rückschlüsse auf Basis eines neuronalen Netzes entstehen, indem man die mathematischen Gesetzmäßigkeiten der Börsen mit einem Netz aus Computerregeln unterlegt. Das ist alles, worum es hierbei geht. Wenn diese Regeln ausreichend präzise formuliert werden, sind Sie dadurch automatisch in der Lage, einige grundlegende Gesetzmäßigkeiten zu extrahieren. Wenn Sie dieses Regelwerk in allgemein umsetzbarer Form formulieren – was gar nicht so schwer ist –, kann das System seine Ergebnisse mit den tatsächlichen Geschehnissen vergleichen und sich selbst entsprechend adjustieren. Das System paßt sich also selbständig an die Realitäten an und kann seine Performance auf diese Weise regelmäßig neu bewerten. Ein solches System richtet sich an den Bedingungen eines Bull- ebenso wie denen eines Bear-Markets oder eines Seitwärtstrends aus – immer wieder.

Was Ihnen erlaubt, automatisch in Ihren Positionen ein- und auszusteigen.

Das ist richtig. Aber dies ist nicht mit kontinuierlicher Optimierung und derlei Dingen vergleichbar. Die mathematische Basis ist gar nicht so kompliziert. Gut, die mathematische Grundlage eines neuronalen Netzes ist nicht eben trivial, aber auch keine hochgezüchtete Wissenschaft. Das anpassungsfähige Regelwerk achtet dabei selbständig auf die richtige Gewichtung der einzelnen Regeln. Wenn sich einige Regeln als unzuverlässig erweisen, wird die Gewichtung dieser Schwachpunkte zugunsten bewährter Regeln reduziert.

Welche Quellen würden Sie denjenigen empfehlen, die mehr über neuronale Netze erfahren möchten?

Wer eine schnelle und nicht allzu technisch überladene Einführung in die Welt der Neuronen und deren Arbeitsweise wünscht, sollte sich das Buch „Fuzzy Logic“ von Daniel McNeill und Paul Freiberger ansehen. Es gibt einen guten Überblick über das, was sich in diesem Bereich getan hat. Im Anschluß kann man sich dann mehr technisch orientierten Werken wie denen von Bart Kosko oder Earl Cox zuwenden, in denen Sie auch erfahren, wie man mit diesen Dingen arbeitet.

Welche anderen Analyseinstrumente verwenden Sie bei Ihrer Branchenanalyse?

Etwas, was ich persönlich als sehr wertvoll erachte, ist die Berechnung neuer Höchst- und Tiefstkurse innerhalb der Industriebranchen unserer „Group Power“. Dabei berechnen wir die Hochs/Tiefs nicht nur auf Basis der üblichen 52 Wochen, sondern auch für 26 und 13 Wochen. Es hat sich herausgestellt, daß die 13-Wochen-Berechnung ein zuverlässiger Frühindikator für die 52-Wochen-Basis ist.

Gibt es dafür logische Gründe?

Branchen sind überaus trendintensiv. In diesen Tagen ist der Aktienmarkt voll mit „Momentum-Playern“. Wenn eine Branche an der Spitze der 52-Wochen-Liste neuer Höchstkurse steht, stürzen sich die Trader auf diesen Bereich und kaufen, was sie kriegen können. Was sich in den 13- und 26-Wochen-Hoch/Tief-Listen manifestiert, ist zweifellos eine Vorankündigung dessen, was sich im 52-Wochen-Zeitraster in unmittelbarer Zukunft abspielen wird. Sie können eine Branche kaufen, die sich an die Spitze der 13-Wochen-Liste schiebt, und dann zusehen, wie sie dann durch die anderen Zeitraster hinweg nach oben steigt. Taucht eine Branche dann letztendlich auf der 52-Wochen-Liste auf, kann man oft beobachten, daß die Kurse rasant anziehen, allein aufgrund der großen Summen, die dort dann von den Momentum-Tradern investiert werden.

Würde dieses System auch für einzelne Aktien funktionieren?

Ja, wir haben festgestellt, daß diese Aussagen auch für Aktien gelten. In diesem Bereich berechnen wir 13- und 26-Wochen Höchst-/Tiefstkurse. Nehmen wir als Beispiel eine Aktie, die nach einem Kurseinbruch eine Bodenbildung vollzogen hat und aus dieser Stabilisierungszone heraus ansteigt. Wenn diese Stabilisierungszone eine ausreichende Breite hatte, taucht die Aktie *sofort* auf der 13-Wochen-Liste auf, wenn diese Zone nach oben verlassen wird. Das bedeutet: Diejenigen Werte, die Sie auf der 13-Wochen-Liste finden, sind gerade entweder aus einer Seitwärtsbewegung oder einer Bodenbildungsphase nach oben ausgebrochen.

Dann kann man sich all diese technischen Variablen ansehen – Relative Stärke, Money-Flow, On-Balance-Volume – und sich daraufhin entscheiden, ob man diese Aktien haben sollte oder nicht. Wenn Sie ein gutes Auge für Charts und technische Indikatoren haben, können Sie so Aktien finden, die in ein paar Wochen auf der Liste der 26-Wochen-Hochs und ein wenig später auf der 52-Wochen-Liste auftauchen werden.

Das heißt, daß ein scharfes Auge auf die 13-Wochen-Liste neuer Höchstkurse eine phantastische Richtlinie darstellt.

Ja, wir sind der Ansicht, daß diese Listen sehr wichtig sind. Darüber hinaus zählen wir in unserer „Group Power" die Anzahl derjenigen Aktien, die oberhalb wichtiger Gleitender Durchschnitte notieren. Wir übernahmen dazu Abe Cohens (Chartcraft) Grundidee und modifizierten sie. Zum einen sehen wir uns Branchen anstatt Einzelwerten an, zum anderen betrachten wir die GDs auf Tages- anstatt Wochenbasis – 10, 50 und 200 Tage. Wir haben festgestellt, daß wir damit ein *extrem* verläßliches Hilfsmittel erhalten, um überkaufte und überverkaufte Situationen zu erkennen. So hatten wir zum Beispiel am Top des 23. Januar 1997 in allen drei Zeitrastern Werte um 90 %. Wenn Sie mir erzählen, daß 90 % der Branchen über ihren 10-, 50- und 200-Tages-GDs notieren, dann erzähle *ich* Ihnen, daß Sie unbedingt ein paar Puts haben sollten. Für den Gesamtmarkt ist das wahrscheinlich der beste Überkauft/Überverkauft-Indikator, den es gibt.

90 % wäre also ein überkauftes Niveau für Branchen?

Es gibt so wenige Fälle dieser hohen Ratings, daß ich mich da nicht festlegen würde. Die Anleger unterschätzen die Bedeutung der Branchen und den Wert der Informationen, welche diese liefern können. Die meisten denken, daß „Group Power" ausschließlich der Aktienauswahl dient, aber wenn Sie die Intermarket-Relationen, die Gleitenden Durchschnitte und die Höchst-/Tiefstkurse in Ihre Analysen integrieren, verfügen Sie letztendlich über eine ganze Menge guter Prognoseinstrumente für den gesamten Aktienmarkt. Dieses „Branchenprinzip" bewährt sich im Bereich der Commodities ebenfalls. Es ist eine Sache, Long in Sojabohnen zu sein, wenn deren Kurs rapide steigt, sich die anderen Getreide aber überhaupt nicht bewegen. Es ist eine ganz andere Sache, Long zu sein, wenn alle Commodities im Getreidebereich anziehen. Im ersten Fall neigen Sie natürlich dazu, ziemlich nervös zu sein, im anderen Fall verfügen Sie über ein viel höheres Maß an Sicherheit. Das CRB berechnet Commodity-Branchen-Indizes für Energie, Fleischprodukte, Getreide und Metalle.

Sie sprechen hier nicht über den CRB-Index?

Nein, hier geht es um einzelne Indizes wie den CRB-Energie-Index, den CRB-Getreide-Index usw.; insgesamt gibt es hier sieben verschiedene Indizes.

Findet man diese Indizes auch im „Wall Street Journal"?

Nein, ich habe sie bisher nur im Einband des CRB-Chartbuches und in der wöchentlichen Börsenkolumne von „Barron's" unter dem Namen „Key Commodity Indexes" gesehen. Sie sind sehr wenig verbreitet, aber auch sehr wichtig. Ob Aktien, Commodities oder Länder – das „Branchen-Prinzip" ist eine wahre Goldgrube.

Um die Sache abzurunden: Könnten Sie uns drei oder vier Bücher nennen, die das Verständnis für die technische Analyse erweitern helfen?

„Extraordinary Popular Delusions and the Madness of Crowds" von Charles McKay, „Smarter Trading" von Perry Kaufman, „New Concepts in Technical Trading Systems" von Welles Wilder und „Technical Analysis Explained" von Martin J. Pring.

Return-Path: <gg@margin.margin.com>
Date: Tue, 11 Mar 1997 15:39:43 -0800
From: gg@margin.margin.com (Bollinger's Group Grope)
To: bbands@ix.netcom.com, bbands@margin.margin.com, data.entry@telescan.com, s.jacobs@telescan.com
Subject: Group Power for Tuesday, March 11, 1997 (text version)

John Bollinger's Group Power

Welcome to Group Power for Tuesday, March 11, 1997.

>From a short term perspective,
the trend of the market is flat and the market is overbought.

>From an intermediate term perspective,
the trend of the market is up and the market is overbought.

>From a long term perspective,
the trend of the market is up and the market is very overbought.

70 groups advanced on 28.545 million shares.
61 groups declined on 30.368 million shares.

The Group Power Arms index is 1.22.

There were 33 52-Week New Highs & 1 52-Week New Lows.
There were 37 26-Week New Highs & 1 26-Week New Lows.
There were 39 13-Week New Highs & 2 13-Week New Lows.

81% of groups are over their 10-day average.
80% of groups are over their 50-day average.
90% of groups are over their 200-day average.

Group Power list ranked by short term momentum:

GROUP NAME	SHRT MOM	MOM CHNG	INTR MOM	$$ FLOW RANK
Retail,Apparel	12.26	0.73	17.99	37.60
Airlines	9.37	1.05	13.17	35.20
Tobacco	8.21	0.82	17.79	84.00
Retail,Specialty	8.03	0.68	11.05	39.20
Employment Services	7.93	1.34	10.37	52.80
Pollution/Waste Management	7.66	0.37	13.44	37.60
Office Supply Stores	7.55	3.82	9.09	57.60
Clothing and Fabrics	7.31	0.36	14.80	89.60
Healthcare Providers	7.27	0.41	13.16	57.60
Savings & Loans	7.25	-0.07	20.66	72.80
Insurance,Life	6.62	-0.26	18.04	100.00
Banks,East	6.47	-1.01	18.67	98.40
Aluminum	6.07	1.65	10.57	73.60
Insurnace,Diverse	6.06	1.60	12.38	98.40
Banks,South	6.05	-0.21	17.56	98.40
Retail,Broadline	6.03	-0.28	7.59	43.20
Banks,Central	6.01	-1.29	17.66	93.60
Home Supply Stores	5.99	-0.92	0.56	13.60
Diversified Technology	5.99	0.08	14.11	87.20
Household Products	5.72	-0.22	11.57	80.80
Soft Drinks	5.66	0.74	13.15	52.00
Air Freight/Couriers	5.53	0.83	12.77	91.20
Insurance,Prop.&Cas.	5.50	0.75	12.15	99.20
Insurance,Full Line	5.27	0.11	14.21	96.00
Retail,Drug	5.18	0.26	13.10	78.40
Oil Equipment	5.17	0.09	6.98	68.80
Broadcasting	5.10	-1.14	6.67	28.80
Precious Metals	5.04	1.83	9.03	80.00
Banks,Money Center	5.03	-2.37	17.21	96.80
Recreation,Other	5.01	0.20	7.23	46.40
Food Retailers	4.97	-0.40	8.71	81.60

Footwear	4.94	-1.74	12.79	56.00
Pharmaceuticals	4.59	-1.03	11.75	79.20
Computer Services	4.49	-2.67	9.40	36.00
Metals,Non-ferrous	4.43	3.44	6.19	66.40
Household Products,Durable	4.28	-0.03	11.11	79.20
Textiles	4.24	-0.60	10.55	80.80
Banks,Western	4.23	-0.81	15.74	59.20
Financial Services	4.22	-0.93	10.92	72.00
Africa	4.06	-0.13	8.44	56.80
Publishing	3.96	-0.37	8.71	81.60
Railroads	3.89	0.31	7.00	89.60
Brokers	3.76	-0.47	19.69	95.20
Lodging	3.58	-1.40	7.78	44.00
Machinery,Heavy	3.52	1.31	6.89	48.00
Coal	3.48	1.23	12.80	84.00
Europe	3.47	-0.66	7.34	68.80
Advanced Medical Devices	3.27	0.18	8.06	68.80
Printers	3.24	-0.25	8.08	68.00
Cosmetics/Personal Care	3.23	0.66	10.59	95.20
Chemicals,Specialty	3.21	0.77	5.84	68.80
Newspapers	3.08	-0.14	8.19	54.40
Chemicals,Commodity	2.98	0.81	5.39	52.80
Tires	2.96	-0.68	8.98	56.80
Trucking	2.96	0.06	6.27	52.80
Retail,Electronics	2.86	-0.34	-0.49	20.80
Home Furnishings	2.77	-0.14	9.51	48.80
International Telephone	2.66	-0.55	8.48	80.00
Oil,Drilling	2.65	0.01	2.21	71.20
Diversified Business	2.61	-0.19	5.80	77.60
Containers & Packaging	2.59	0.61	3.46	52.80
Commercial Services	2.54	-0.86	4.12	34.40
Real Estate Investment	2.49	0.13	8.82	100.00
Transportation Equipment	2.48	0.12	6.56	65.60
Industrial,Diversified	2.47	0.61	6.95	79.20
Studios	2.44	-0.45	3.88	72.80
Food	2.21	-0.22	6.99	80.80
S&P 500 Index	2.19	-0.22	8.50	100.00
Latin America	2.15	-0.74	9.27	43.20
Building Materials	2.05	0.43	7.48	82.40
Alcoholic Beverages	1.99	-0.93	7.37	59.20
Machinery	1.88	-0.29	7.40	94.40
Manufactured Housing	1.82	-0.16	1.20	44.80
Cement	1.75	0.43	7.12	92.80
Appliances	1.72	-0.17	2.00	24.80
Canadian Oil	1.71	0.77	6.04	92.80
Office Equipment	1.63	-0.27	8.70	55.20
Industrial Services	1.45	0.61	4.34	41.60
Pipelines	1.39	0.67	4.17	68.80
Electrical Components	1.31	-0.01	7.77	94.40
Stock Funds	1.27	0.57	4.04	80.00
Factory Equipment	1.21	-0.00	7.16	43.20
Instruments	1.16	-0.60	5.39	22.40
Semiconductor Equipment	1.14	1.60	23.20	61.60
Construction	1.10	-0.13	4.67	80.80
Cable Television	1.06	1.17	3.82	17.60
Bond Funds	1.04	-0.39	2.42	38.40
Telephone Systems	1.04	-0.31	4.09	91.20
Auto Parts	0.97	0.52	4.45	81.60
Biotech	0.70	-3.01	16.80	36.00
Oil,International	0.57	-0.70	4.12	76.80
Semiconductor	0.49	1.18	13.57	40.80
Machinery,Agricultural	0.45	0.63	4.99	87.20
Restaurants	0.38	-0.20	1.38	28.00
Gold,South Africa	0.35	-0.64	2.97	55.20
Forest Products	0.29	0.01	0.89	80.00
Electronics	0.24	-0.83	6.83	68.80

Metal Fabricators	0.05	-0.54	2.92	75.20
Water Companies	0.05	0.51	5.70	51.20
Gas Companies	0.04	0.35	1.75	74.40
Home Construction	0.01	0.88	5.12	70.40
Advertising	-0.06	-0.32	1.76	36.80
Consumer Services	-0.08	0.01	-0.41	56.80
Mining,Diversified	-0.10	1.31	1.86	93.60
Medical Supplies	-0.11	-0.08	5.58	39.20
Marine Transport	-0.12	0.98	2.30	45.60
Paper Products	-0.13	0.12	1.16	80.00
Food Wholesalers	-0.33	-0.32	3.92	66.40
Electric Utilities	-0.38	-0.16	0.58	35.20
Steel	-0.41	2.54	2.17	48.00
Computers,PC	-0.47	-0.48	9.25	32.80
Aerospace/Defense	-0.61	0.14	2.35	52.80
Industrial Technology	-0.79	0.69	3.53	48.80
Recreation,Toys	-0.86	-1.77	2.22	31.20
Wireless Commun.	-0.93	0.14	-1.03	16.80
Pacific	-0.99	0.61	-0.28	39.20
Fertilizer	-1.17	-0.59	-3.03	31.20
Long Distance Comm.	-1.43	-1.17	6.03	95.20
Automobile Mfg.	-1.59	-1.69	1.77	60.00
OTC Composite Index	-1.79	0.02	2.57	75.20
Oil,Domestic	-2.01	-0.63	0.48	76.80
Computers,Mini	-2.14	-0.22	4.59	44.00
Computers,Mainframe	-2.17	-1.37	5.41	56.00
Software	-2.20	-0.06	0.42	29.60
Commun. Technology	-2.35	-0.16	-0.83	33.60
Oil Producers	-2.55	-0.00	-3.87	77.60
Nuclear Electric Utilities	-3.56	-0.48	-3.58	50.40
Casinos	-3.83	0.32	-6.12	16.80
Computer Components	-6.76	0.17	8.11	61.60
Internet	-9.14	-1.30	-10.86	7.20
Networking	-9.65	0.05	-12.56	18.40

Top Ten Relative Strength Groups:

GROUP NAME	REL STR	SHRT MOM	INTR MOM	$$ FLOW RANK
Retail,Apparel	100.0	12.26	17.99	37.60
Office Supply Stores	95.8	7.55	9.09	57.60
Home Supply Stores	94.7	5.99	0.56	13.60
Precious Metals	93.9	5.04	9.03	80.00
Tobacco	91.5	8.21	17.79	84.00
Retail,Broadline	90.9	6.03	7.59	43.20
Airlines	87.9	9.37	13.17	35.20
Retail,Specialty	87.2	8.03	11.05	39.20
Computer Services	87.1	4.49	9.40	36.00
Recreation,Other	83.2	5.01	7.23	46.40

Bottom Ten Relative Strength Groups:

GROUP NAME	REL STR	SHRT MOM	INTR MOM	$$ FLOW RANK
Nuclear Electric Utilities	36.0	-3.56	-3.58	50.40
Oil Producers	34.6	-2.55	-3.87	77.60
OTC Composite Index	34.1	-1.79	2.57	75.20
Brokers	32.7	3.76	19.69	95.20
Commun. Technology	27.6	-2.35	-0.83	33.60
Semiconductor Equipment	22.7	1.14	23.20	61.60
Casinos	19.1	-3.83	-6.12	16.80
Networking	2.7	-9.65	-12.56	18.40
Computer Components	2.2	-6.76	8.11	61.60
Internet	0.0	-9.14	-10.86	7.20

Top 10 Persistency of Money Flow Groups:

GROUP NAME	$$ FLOW	SHRT MOM	INTR MOM
Real Estate Investment	100.0	2.49	8.82
Insurance,Life	100.0	6.62	18.04
S&P 500 Index	100.0	2.19	8.50

Insurance,Prop.&Cas.	99.2	5.50	12.15
Insurnace,Diverse	98.4	6.06	12.38
Banks,East	98.4	6.47	18.67
Banks,South	98.4	6.05	17.56
Banks,Money Center	96.8	5.03	17.21
Insurance,Full Line	96.0	5.27	14.21
Long Distance Comm.	95.2	-1.43	6.03

Bottom 10 Persistency of Money Flow Groups:

GROUP NAME	$$ FLOW	SHRT MOM	INTR MOM
Restaurants	28.0	0.38	1.38
Appliances	24.8	1.72	2.00
Instruments	22.4	1.16	5.39
Retail,Electronics	20.8	2.86	-0.49
Networking	18.4	-9.65	-12.56
Cable Television	17.6	1.06	3.82
Wireless Commun.	16.8	-0.93	-1.03
Casinos	16.8	-3.83	-6.12
Home Supply Stores	13.6	5.99	0.56
Internet	7.2	-9.14	-10.86

Largest Gains in Short Term Momentum:

GROUP NAME	SHRT MOM	MOM CHNG	$$ FLOW
Office Supply Stores	7.55	3.82	57.60
Metals,Non-ferrous	4.43	3.44	66.40
Steel	-0.41	2.54	48.00
Precious Metals	5.04	1.83	80.00
Aluminum	6.07	1.65	73.60
Insurnace,Diverse	6.06	1.60	98.40
Semiconductor Equipment	1.14	1.60	61.60
Employment Services	7.93	1.34	52.80
Machinery,Heavy	3.52	1.31	48.00
Mining,Diversified	-0.10	1.31	93.60

Largest Declines in Short Term Momentum:

GROUP NAME	SHRT MOM	MOM CHNG	$$ FLOW
Banks,Central	6.01	-1.29	93.60
Internet	-9.14	-1.30	7.20
Computers,Mainframe	-2.17	-1.37	56.00
Lodging	3.58	-1.40	44.00
Automobile Mfg.	-1.59	-1.69	60.00
Footwear	4.94	-1.74	56.00
Recreation,Toys	-0.86	-1.77	31.20
Banks,Money Center	5.03	-2.37	96.80
Computer Services	4.49	-2.67	36.00
Biotech	0.70	-3.01	36.00

52-Week New Highs:

GROUP NAME	SHRT MOM	INTR MOM	$$ FLOW RANK
Insurance,Life	6.62	18.04	100.00
Real Estate Investment	2.49	8.82	100.00
Insurance,Prop.&Cas.	5.50	12.15	99.20
Insurnace,Diverse	6.06	12.38	98.40
Banks,South	6.05	17.56	98.40
Insurance,Full Line	5.27	14.21	96.00
Cosmetics/Personal Care	3.23	10.59	95.20
Air Freight/Couriers	5.53	12.77	91.20
Clothing and Fabrics	7.31	14.80	89.60
Coal	3.48	12.80	84.00
Tobacco	8.21	17.79	84.00
Building Materials	2.05	7.48	82.40
Auto Parts	0.97	4.45	81.60
Publishing	3.96	8.71	81.60
Household Products	5.72	11.57	80.80
Industrial,Diversified	2.47	6.95	79.20
Household Products,Durable	4.28	11.11	79.20

Retail,Drug	5.18	13.10	78.40
Aluminum	6.07	10.57	73.60
Savings & Loans	7.25	20.66	72.80
Chemicals,Specialty	3.21	5.84	68.80
Printers	3.24	8.08	68.00
Transportation Equipment	2.48	6.56	65.60
Banks,Western	4.23	15.74	59.20
Healthcare Providers	7.27	13.16	57.60
Footwear	4.94	12.79	56.00
Newspapers	3.08	8.19	54.40
Soft Drinks	5.66	13.15	52.00
Machinery,Heavy	3.52	6.89	48.00
Industrial Services	1.45	4.34	41.60
Retail,Specialty	8.03	11.05	39.20
Retail,Apparel	12.26	17.99	37.60
Pollution/Waste Management	7.66	13.44	37.60

52-Week New Lows:

GROUP NAME	SHRT MOM	INTR MOM	$$ FLOW RANK
Internet	-9.14	-10.86	7.20

26-Week New Highs:

GROUP NAME	SHRT MOM	INTR MOM	$$ FLOW RANK
Real Estate Investment	2.49	8.82	100.00
Insurance,Life	6.62	18.04	100.00
Insurance,Prop.&Cas.	5.50	12.15	99.20
Insurnace,Diverse	6.06	12.38	98.40
Banks,South	6.05	17.56	98.40
Insurance,Full Line	5.27	14.21	96.00
Cosmetics/Personal Care	3.23	10.59	95.20
Air Freight/Couriers	5.53	12.77	91.20
Clothing and Fabrics	7.31	14.80	89.60
Tobacco	8.21	17.79	84.00
Coal	3.48	12.80	84.00
Building Materials	2.05	7.48	82.40
Publishing	3.96	8.71	81.60
Auto Parts	0.97	4.45	81.60
Household Products	5.72	11.57	80.80
Industrial,Diversified	2.47	6.95	79.20
Household Products,Durable	4.28	11.11	79.20
Retail,Drug	5.18	13.10	78.40
Aluminum	6.07	10.57	73.60
Savings & Loans	7.25	20.66	72.80
Chemicals,Specialty	3.21	5.84	68.80
Printers	3.24	8.08	68.00
Transportation Equipment	2.48	6.56	65.60
Banks,Western	4.23	15.74	59.20
Healthcare Providers	7.27	13.16	57.60
Africa	4.06	8.44	56.80
Footwear	4.94	12.79	56.00
Newspapers	3.08	8.19	54.40
Chemicals,Commodity	2.98	5.39	52.80
Soft Drinks	5.66	13.15	52.00
Machinery,Heavy	3.52	6.89	48.00
Recreation,Other	5.01	7.23	46.40
Industrial Services	1.45	4.34	41.60
Retail,Specialty	8.03	11.05	39.20
Retail,Apparel	12.26	17.99	37.60
Pollution/Waste Management	7.66	13.44	37.60
Airlines	9.37	13.17	35.20

26-Week New Lows:

GROUP NAME	SHRT MOM	INTR MOM	$$ FLOW RANK
Internet	-9.14	-10.86	7.20

13-Week New Highs:

GROUP NAME	SHRT MOM	INTR MOM	$$ FLOW RANK
Real Estate Investment	2.49	8.82	100.00
Insurance,Life	6.62	18.04	100.00
Insurance,Prop.&Cas.	5.50	12.15	99.20
Insurnace,Diverse	6.06	12.38	98.40
Banks,South	6.05	17.56	98.40
Insurance,Full Line	5.27	14.21	96.00
Cosmetics/Personal Care	3.23	10.59	95.20
Air Freight/Couriers	5.53	12.77	91.20
Clothing and Fabrics	7.31	14.80	89.60
Tobacco	8.21	17.79	84.00
Coal	3.48	12.80	84.00
Building Materials	2.05	7.48	82.40
Publishing	3.96	8.71	81.60
Auto Parts	0.97	4.45	81.60
Household Products	5.72	11.57	80.80
Industrial,Diversified	2.47	6.95	79.20
Household Products,Durable	4.28	11.11	79.20
Retail,Drug	5.18	13.10	78.40
Aluminum	6.07	10.57	73.60
Savings & Loans	7.25	20.66	72.80
Chemicals,Specialty	3.21	5.84	68.80
Printers	3.24	8.08	68.00
Transportation Equipment	2.48	6.56	65.60
Banks,Western	4.23	15.74	59.20
Healthcare Providers	7.27	13.16	57.60
Africa	4.06	8.44	56.80
Footwear	4.94	12.79	56.00
Newspapers	3.08	8.19	54.40
Chemicals,Commodity	2.98	5.39	52.80
Employment Services	7.93	10.37	52.80
Soft Drinks	5.66	13.15	52.00
Machinery,Heavy	3.52	6.89	48.00
Recreation,Other	5.01	7.23	46.40
Retail,Broadline	6.03	7.59	43.20
Industrial Services	1.45	4.34	41.60
Retail,Specialty	8.03	11.05	39.20
Retail,Apparel	12.26	17.99	37.60
Pollution/Waste Management	7.66	13.44	37.60
Airlines	9.37	13.17	35.20

13-Week New Lows:

GROUP NAME	SHRT MOM	INTR MOM	$$ FLOW RANK
Nuclear Electric Utilities	-3.56	-3.58	50.40
Internet	-9.14	-10.86	7.20

Kapitel IV

Marc Chaikin

Marc Chaikin erhielt genau an dem Tag seine Brokerlizenz, an dem der Bear-Market des Jahres 1966 zu Ende ging. In den ersten beiden Jahren seiner Karriere stützte er sich in einem Markt, der offenbar nur die Richtung nach oben zu kennen schien, bei seinen Investment-Entscheidungen auf Fundamentalanalysen. Der nächste Bear-Market im Jahre 1969 änderte aber seine Einstellung gegenüber Fundamentaldaten, als er desillusioniert mitansehen mußte, wie sich die Kurse von gesunden Unternehmen im Strudel der Abwärtsbewegung halbierten. In einem starrsinnigen Kampf gegen die Realität des Börsentickers empfahlen die „Fundamentalisten" weiterhin Aktien, um dann aber schließlich kurz vor dem erneuten erreichen vormaliger Tiefs gegenüber der Kraft der Trendbewegung kapitulieren zu müssen. Diese Erfahrungen, verbunden mit einem wachsenden Interesse am Trading, zwangen Chaikin dazu, sich nach effektiveren Wegen für ein besseres Timing umzusehen. Um sich aus den selbst angelegten Fesseln der Fundamentalanalyse zu befreien, begann er, sein Augenmerk auf die technische Analyse zu richten.

Ein Basiselement seiner Interessen für die Märkte findet sich in der Forschung. Und so war das erste Projekt seiner Untersuchungen die Analyse der Relativen Stärke. Anhand einer ausgedehnten Untersuchungsperiode von acht Jahren und einer weitaus größeren Auswahl an Aktien versuchte er, die Dissertation von Robert Levy zu verifizieren. Dieser hatte zuvor behauptet, daß diejenigen Aktien, die über einen Zeitraum von 26 Wochen eine hohe Relative Stärke aufweisen, sich auch in den kommenden sechs Monaten weiterhin positiv entwickeln werden. Heute stellt die Relative Stärke eine der verläßlichsten und wertvollsten Hilfsmittel der technischen Analyse dar. Mr. Chaikins Aversion gegenüber emotionalem Trading diente ihm als Antriebsfeder auf der Suche nach technischen Indikatoren, welche den Anlegern zu einer disziplinierten Vorgehensweise im Trading verhelfen. In den vergangenen 27 Jahren hat er sehr viel Zeit mit dem Entwickeln, Verbessern und Testen technischer Indikatoren verbracht, die ihm zu einem festeren Stand in den Märkten verhelfen könnten. Die Ergebnisse seiner Forschungen brachten technische Indikatoren wie die Bomar-Bänder, A/D-Indikatoren, den Chaikin-Oszillator, den Money-Flow-Prozent-

Indikator, Beständigkeit des Money-Flow hervor – alles Indikatoren zur Antizipation von Kursbewegungen.

Im Sommer 1969 verließ Mr. Chaikin den Brokerbereich des Geschäfts und wurde Partner einer Investmentfirma, um aber Ende 1970 wieder in den Bereich des Researchs zurückzukehren. 1989 gründete er Bomar Securities L. P. und begann mit dem Vertrieb eines zuvor auf Basis technischer Analyse entwickelten Analysesystems an institutionelle und private Anleger. 1992 wurde das Unternehmen von der Firma Instinet übernommen, wodurch die Möglichkeiten des Analyseprogramms auf Fundamentaldatenanalyse und elektronisches Real-Time-Trading erweitert wurden.

Mr. Chaikin ist heute Senior-Vizepräsident und Forschungsleiter von Instinet. Bei seinem Schwerpunkt, der Aktienauswahl, bevorzugt er einen breitgefächerten Ansatz, in dem Charttechnik mit Gewinnmomentum kombiniert wird. Im Bewußtsein der Notwendigkeit, mit den stetigen Veränderungen der Börsen Schritt halten zu müssen, waren die letzten fünf Jahre seiner Forschungen vor allem auf die Anwendung genetischer Algorithmen und neuronaler Netze bei der Entwicklung neuer Tradingsysteme gerichtet. Einige davon sind bereits im Einsatz, während andere noch im Entwicklungsstadium stehen.

Bitte erläutern Sie uns doch das Konzept der Bomar-Bänder.

In den frühen achtziger Jahren fiel mir auf, daß es immens wichtig ist, in bezug auf das normale Tradingverhalten einer Aktie ermitteln zu können, wie hoch „hoch“ und wie tief „tief“ eigentlich ist. Ich glaube, daß die Bollinger-Bänder damals noch nicht entwickelt waren, zumindest waren sie noch nicht verbreitet. Ich konnte zu dieser Zeit kein einziges Hilfsmittel finden, das dazu geeignet gewesen wäre, Kursbewegungen zum „normalen“ Kursverhalten ins Verhältnis zu setzen.

Der Grundgedanke bei der Entwicklung der Bomar-Bänder war nun, Bänder zu kreieren, welche die Kursbewegungen meistens, aber nicht immer umfassen können. Sollen die Bänder die Kurse nämlich immer einschließen, würden diese ja sehr selten erreicht oder markiert. Im technischen Jargon bedeutet das „Markieren" eines Bandes eine Überschneidung oder mit anderen Worten: Der Kurs hat entweder den Wert des oberen oder unteren Bandes erreicht. Die Arbeit daran begann Ende der siebziger Jahre mit einer Analyse des Dow Jones Industrial Average (DJIA) bis zurück in die zwanziger Jahre. Ich versuchte anhand der theoretischen Dow-Kurse eine Gesetzmäßigkeit für „normales Kursverhalten" zu definieren, denn das war es, was man in diesen Tagen überall haben wollte. Das Problem war damals: Der Dow hatte nie wirklich die Hochs oder Tiefs eines Handelstages erreicht, weil man zu deren Berechnung die jeweiligen Hochs und Tiefs der einzelnen Aktien im Dow heranzog.

Nachdem ich mit einer Reihe fixer Bänder herumexperimentiert hatte, erkannte ich, daß eine Bandbreite von je 4 % ober- und unterhalb eines 21-Tage-Gleitenden-Durchschnitts den Kursverlauf des Dow für die meiste Zeit abdeckte. Dieser Wert verringerte sich auf 3 % aufgrund der Art und Weise, wie die Dow-Notierungen damals veröffentlicht wurden. Ich wählte den 21-Tages-GD aus, weil dieser einen „Börsenmonat" repräsentierte und damit eine Zeitspanne war, mit der die Leute rechneten. Dann sagte ich mir: „Es gibt eine Menge Aktien, die viel größere Schwankungsbreiten als der Dow haben. Sofern wir die vergangenen Kursverläufe dieser Aktien ignorieren, könnten wir vielleicht ein Zweitprogramm entwickeln und unterstellen, daß eine Aktie mit doppelter Dow-Volatilität ein 8%-Band je ober– und unterhalb des 21-Tages-GD haben muß."

Wir untersuchten diese Möglichkeit und wendeten diese Technik auch eine Zeitlang an, aber ich hatte dabei nie diejenigen Werte mit einbezogen, die in einem wirklich starken Auf- oder Abwärtstrend waren. Schließlich flüchtete ich mich in eine andere Technik, indem ich einfach sagte: „Laßt uns einfach den Kursverlauf der letzten 250 Börsentage (was einem Kalenderjahr entspricht) von allen Aktien anschauen und jeweils per Hand Bänder bestimmen, die – hier nahm ich einfach eine Zahl, von der ich das Gefühl hatte, sie würde in etwa richtig sein – 85 % der Kurse innerhalb dieses Zeitraums beinhalten." Was dabei herauskam, waren Bänder, die in bezug auf die technische Analyse eine phantastische Fähigkeit aufwiesen: Sie waren flexibel, das heißt, die Bandbreite veränderte sich, wenn die Volatilität sich änderte. Sie waren oberhalb des GD nicht ebenso weit wie unterhalb. Wenn sich eine Aktie in einem scharfen Aufwärtstrend befand, war das obere Band viel weiter als das untere, weil nur wenige Kursrückgänge zu verzeichnen und dementsprechend wenig negative Kursperformance zu berücksichtigen waren. Das Ergebnis waren also Bänder, die bei der Erkennung von kurzfristigen Hochs und Tiefs weitaus hilfreicher waren.

Wie werden die Bomar-Bänder berechnet?

Sie berechnen einen 21-Tages-GD der Schlußkurse und errechnen dann eine Bandbreite, die 85 % der Kurse der letzten 250 Handelstage umfaßt, jeweils für Kurse ober- und unterhalb des 21-Tages-GD einzeln berechnet. Die Bomar-Bänder verändern sich dabei in bezug auf die Breite deutlich weniger als die Bollinger-Bänder, welche ja auf Standardabweichungen basieren und sich deswegen kurzfristig viel intensiver dehnen und verjüngen. Die Bomar-Bänder sind stabiler. Die Spannweite kann sich zwar an jedem beliebigen Tag verändern, muß dies aber nicht, denn dazu bedarf es einer deutlichen Veränderung in der Volatilität oder Trendrichtung der Aktie.

Wo liegt der entscheidende Vorteil bei der Anwendung von Bomar-Bändern?

Grundsätzlich stellen die Bomar-Bänder eine Funktion des Trends und der Volatilität einer Aktie dar. Nehmen Sie zum Beispiel die Aktie einer regionalen Telefongesellschaft, die ziemlich stabil verläuft und normalerweise innerhalb einer erkennbaren Kursspanne notiert. Hier wird der prozentuale Abstand der Bänder nach oben und unten gleich sein, und die Kurse werden dazu tendieren, recht verläßlich zwischen diesen Bändern hin- und herzupendeln. Das ist ein Faktum, weswegen ich die Entwicklung dieser Bänder als notwendig erachtete. Ob Sie nun Trader oder Investor sind, es ist wichtig, sich nie von den Emotionen der Börse einfangen zu lassen. Ich hatte den Eindruck, daß eine Möglichkeit, sich virtuell wie auch mathematisch von seinen Emotionen zu distanzieren ist, zu wissen, ob sich der Kurs eines Wertpapiers eher an der oberen oder der unteren Bandbreite seiner Tradingrange befindet.

Aktuell hat beispielsweise Bell South eine Tradingrange von 5–10 % ober- und 5 % unterhalb seines 21-Tages-GD. Markiert Bell South also ein Tief im Bereich des unteren Bandes, ist normalerweise eine 10%-Rallye bis hin zum oberen Band zu erwarten. Ist dies erst einmal geschehen, ist das kein guter Zeitpunkt, um die Aktie zu kaufen. Über die Jahre hinweg mußte ich indes bedauerlicherweise feststellen – bei meiner eigenen Entscheidungsfindung ebenso wie bei anderen – daß die Leute davor zurückscheuen, eine Aktie zu kaufen, wenn diese zuvor schwach war, obwohl dies normalerweise genau der Zeitpunkt sein sollte, um einzusteigen. Vor allem dann, wenn es für den Kauf aus entweder technischer oder fundamentaler Sicht gute Gründe gibt. Die Bänder helfen Ihnen, Aktien bei Schwäche kaufen zu können, denn sie führen einem vor Augen, daß ein Kursrückgang, der an sich doch endlos sein könnte, kurz vor der Umkehr steht. Noch wichtiger aber ist, daß das Erreichen des oberen Bandes davon abhalten kann, auf diesem Level zu kaufen, obwohl man gerade dort die meiste Zuversicht empfindet. Man hat die jüngsten, positiven Kursbewegungen beobachtet oder bekommt das Gefühl, etwas verpaßt zu haben, ärgert sich und denkt: „Ich werde die Aktie jetzt kaufen, ich habe schon genug verpaßt und hätte viel früher einsteigen sollen!“ Die Bänder geben Ihnen eine Vorstellung für die normale Kursspanne einer Aktie und damit einen Anhalt für das kurzfristige Trading.

Mir war nie klar, daß die Bomar-Bänder Sie damit in die Lage versetzen, Kursziele zu bestimmen.

Wir haben die Bänder auch nie so gesehen, bis wir erkannten, daß sich aus der vorgegebenen Kursspanne auch ein Kursziel ergibt. Wenn Sie die obere und untere Bandbreite addieren, erhalten Sie einen prozentualen Wert, in dem die Aktie normalerweise in einer Zeitspanne von zwei bis vier Wochen schwanken sollte. Wenn ich mir den Kursverlauf von IBM auf den Bildschirm hole, erkenne ich, daß das obere Band 11 % oberhalb, das untere Band 5 % unterhalb des 21-Tages-GD verläuft. Die Addition ergibt 16 % – man kann also projizieren, daß IBM innerhalb einer 4-Wochen-Spanne in einer 16%-Range fluktuieren wird. Dies ist eine empirisch ermittelte Zahl, aber sie geht dennoch in Ordnung, denn Sie betrachten dabei die Realität. Es ist keine Theorie. Sie können sagen: „Okay, in den letzten 250 Tagen hat sich IBM so verhalten." Die Annahme ist, daß sich diese Verhaltensweise in der Zukunft fortsetzen wird. Natürlich muß man bedenken, daß sich alle Dinge ändern können und sich die Tradingrange einer Aktie verändert, wenn diese in einen starken Aufwärtstrend einschwenkt. Es gilt daher, auch andere technische Indikatoren zu betrachten, um herauszufinden, ob gerade eine dynamische Trendphase existiert, welche die Tradingregeln ändern oder sogar zeitweilig außer Kraft setzen kann. Aber diese Regeln funktionieren zu einem so großen Teil der Zeit, daß man ihnen einfach folgen muß.

Auf diese Weise haben Sie vorhin errechnet, daß Bell South um 10 % schwanken können?

Ja. Sie erinnern sich, die Bänder lagen je 5 % über und 5 % unter dem 12-Tages-GD, und wenn Sie das addieren, erhalten Sie zehn Prozent. Daraus läßt sich zuverlässig ableiten, daß Bell South innerhalb einer 4-Wochen-Spanne um 10 % schwanken können. Allerdings: Wenn die Aktie bereits um 10 % in den letzten zwei Wochen gestiegen ist, was macht es da für einen Sinn, die Aktie jetzt zu kaufen und die Gewinnzone erst einen Monat später zu erreichen? Dies ist indes wichtiger für einen Trader als für einen Investor. Wenn Sie eine Aktie für ein bis fünf Jahre halten wollen, dann kommt es auf ein oder sogar fünf Prozent mehr oder weniger nicht an – anders als bei einem Trader, bei dem sich dieses „zuviel bezahlen" über die Zeit hinweg natürlich summiert.

Wie groß wäre das Risiko, falsch zu liegen, wenn man das untere und obere Band als strategische Ein- und Ausstiegspunkte verwenden wollte?

Die Bänder wurden entwickelt, um 85 % der Kurse abzudecken. Man kann also folgern, daß die Kurse bei einer Annäherung an ein Band in 85 % der Fälle wieder abdrehen werden und mit einer nur 15%igen

Wahrscheinlichkeit in die bestehende Richtung weiterlaufen werden, anstatt abzudrehen. Aber das ist kein automatisches System, sondern ausgelegt, um dem Trader oder Investor zweierlei zu bieten: Zum einen helfen Ihnen die Bomar-Bänder, Ihre Emotionen zu kontrollieren, um nicht in Stärke hinein zu kaufen und in Schwäche zu verkaufen – es sei denn, daß es dafür gute Gründe gibt.

Zweitens dienen sie als Referenzpunkt, an dem man sich alle anderen Indikatoren genau ansehen sollte um zu prüfen, ob die Kurse tatsächlich drehen werden. Manchmal sehen Sie dann eine Aktie an das obere Band laufen, überprüfen die anderen Indikationen – z.B. das Zinsumfeld, den Gesamtmarkt und die zur Aktie gehörende Branche – und stellen fest, daß der Kurs zwar in den letzten zwei bis vier Wochen wie üblich um die Breite der Bänder gestiegen ist, seien es jetzt 10 % oder 15 %, aber darüber hinaus kein Grund existiert, jetzt zu verkaufen, da alles andere einfach phantastisch aussieht. Vielleicht befinden wir uns in einem Bull-Market, die Branche insgesamt entwickelt sich prächtig, das Unternehmen hat ein neues Produkt auf dem Markt, vielleicht steigen die Kurse einfach weiter. Ich würde eine solche Aktie in diesem Moment nicht kaufen wollen, aber es macht dann Sinn, den Kurs ein paar Tage zu beobachten um zu sehen, ob er vielleicht etwas zurückkommt. Aber auf jeden Fall sollte man dann nicht verkaufen.

In anderen Fällen steigt die Aktie an das obere Band, doch das Umfeld sieht einfach gräßlich aus. Dann nutze ich natürlich den Vorteil der aktuellen Kursstärke um zu verkaufen, gleich, ob ich glaube, daß dieser Wert keine Chancen mehr hat, ich etwas anderes kaufen möchte oder einfach nur nervös aufgrund der Marktentwicklung bin.

Die Bänder dienen also als Hinweis, wann andere Indikatoren konsultiert werden sollten, um eine Entscheidung zu treffen – sei es Halten, Kauf, Verkauf oder Neutralität. Entscheidet man sich für Halten, dann aufgrund der Tatsache, daß bezüglich der betreffenden Aktie wirklich alles weiterhin positiv zu bewerten ist. Neutralität ist angebracht, wenn eine Aktie zwar ans untere Band gefallen ist, das Umfeld aber unverändert derart negativ aussieht, daß kein Grund zu finden ist, diesen Wert zu kaufen.

Ist bei den Bomar-Bändern, vergleichbar mit den Bollinger-Bändern, ein Durchbrechen des oberen oder unteren Bandes durch den Kurs möglich?

Oh, sicherlich. In fünfzehn Prozent der Fälle sehen Sie ein solches Durchbrechen, wobei die Kurse dann entweder dramatisch in die vorherige Richtung weiterlaufen oder letztendlich kurz darauf abdrehen und wieder in die Bandbreite zurückkehren. Wir haben indes festgestellt, daß alle wichtigen Hoch- und Tiefpunkte *innerhalb* der Bänder aufgetreten sind. Sogar wenn Sie bis 1987 zurückgehen und sich da beispielsweise den Dow Jones ansehen, werden Sie feststellen, daß die ersten Tiefs im Oktober außerhalb der Bänder lagen, ich glaube, der tiefste Schlußkurs war bei 1738 im Dow. Dann liefen die Kurse für eineinhalb Monate seitwärts, um im Dezember ein Tief bei 1767 zu markieren. Das war zwar nicht das absolute Tief, aber wenn Sie den Chart zu Rate ziehen, erkennen Sie, daß dieses Tief innerhalb der Bänder lag und einen weitaus sichereren Zeitpunkt zum Kauf von Aktien darstellte. Wenn Sie Aktien kaufen, die nach unten aus der Bandbreite ausgebrochen sind oder im Gegenzug verkaufen, wenn der Kurs oberhalb des oberen Bandes notiert, haben Sie bessere Chancen und einen besseren Kurs, der sicherlich auch stabiler ist.

Den Großteil meiner Arbeit im Bereich der technischen Analyse basiert auf dem Wunsch, die Emotionen aus meinem Trading verbannen zu können. Ich saß wie alle anderen auch tagein, tagaus vor einem Kursticker. So wird man extrem empfindlich gegenüber den kleinsten Kursveränderungen – aber eben auch besonders empfänglich für emotionale Reaktionen.

Ich habe dabei festgestellt, daß der Kauf einer Aktie bei hoher Abwärtsvolatilität und unterhalb der Tradingbänder eine hohe Wahrscheinlichkeit aufweist, mit Verlust wieder aussteigen zu müssen. Der Einstieg in einer ruhigeren Phase und innerhalb der Bandbreiten, insbesondere, wenn es sich dabei um einen erneuten Test früherer Tiefs handelt, ist hierbei weitaus sicherer, zumal hier auch das Risiko einer emotionalen Reaktion aufgrund hoher Volatilität geringer ausfällt.

Um mich zu wiederholen: Es geht hier also um nichts anderes als einen technisch orientierten Ansatz, um emotionale Reaktionen im Entscheidungsprozeß ebenso wie dem zukünftigen Handling einer Position zu vermeiden. Das Schlimmste, was einem Anleger passieren kann, ist, aus sehr guten Gründen ein Engagement einzugehen, dann aber die Nerven zu verlieren, weil entweder der Markt nicht in die richtige Richtung läuft oder etwas völlig Unerwartetes auftritt. Die Aktie fällt oder tut zumindest nicht das, was der Trader kurzfristig erwartet bzw. erhofft hat. Das kann einfach daran liegen, daß das Timing des Kaufs nicht geschickt gewählt war. Wenn Sie eine Aktie erst kaufen, nachdem sie 15 % in die Höhe gegangen ist, werden Sie natürlich ziemlich nervös, wenn der Kurs wieder um 15 % zurückgeht. Dabei könnte es durchaus sein, daß dies nichts anderes als eine Bewegung innerhalb der normalen Tradingspanne dieser Aktie darstellt. Das Dümmste, was man tun kann, ist, entweder irgendeiner Mode hinterherzulaufen oder emotional zu werden. Die Kombination aus beidem findet sich zum Beispiel in einer Aktie, die gerade dramatisch in die Höhe geschossen ist. Die Zeitungen überschlagen sich mit Neuigkeiten und jeder spricht darüber. Aber das bedeutet wahrscheinlich, daß der Kurs bereits den größten Teil der Bewegung hinter sich hat, getrieben vom Geld derjenigen cleveren Investoren, welche die positiven Ereignisse vorausgesehen hatten. Diese Aktie zu kaufen, nur um mit anzusehen, wie der Kurs um 15 % fällt, kann einem wirklich den Magen umdrehen. Und genau deswegen brauchen Sie diese technischen Indikatoren. Sie sind wie ein Gegengift – und beruhigen den Magen.

Bollinger-Bänder erfassen bei einer zweifachen Standardabweichung ca. 95 % der Kurse. Die meisten Softwareprogramme für technische Analysen ermöglichen dem Benutzer die Konstruktion von Bollinger-Bändern. Könnte man diese Programme auch so abändern, daß wie in den Bomar-Bändern 85 % der Kurse erfaßt werden?

Nein, hierfür gibt es auch keine öffentlich erhältliche Software. Dazu muß man sich sein eigenes Programm schreiben – und da braucht man schon einigen Sachverstand. Das, was den Bomar-Bändern am nächsten kommt, findet man in der AIQ-Software. Die Bänder in diesem Programm sind ebenfalls um einen 21-Tages-GD herum angelegt. Eine Menge von dem, was sich in dieser Software findet, basiert auf meinen Untersuchungen im Bereich technische Analyse und ich denke, Jerry Smith hat phantastische Arbeit darin geleistet, ein paar technische Indikatoren zusammenzustellen, die disziplinierte Tradingentscheidungen erleichtern.

Wären die Bollinger-Bänder den Bomar-Bändern in Zeiten geringerer Volatilität vorzuziehen?

In bezug auf die Volatilität kann man bei den Bollinger-Bändern etwas sehr Interessantes beobachten. Ist die Volatilität gering, ziehen sie sich deutlich zusammen. Üblicherweise brechen die Kurse dann nach so einer Phase geringer Kursausschläge in die eine oder andere Richtung aus. In derartigen Phasen sind die Bollinger-Bänder aus zwei Gründen dienlich. Zu einem werden die Bomar-Bänder bei geringeren Kursausschlägen nicht erreicht, das heißt, der Aktienkurs wird weder das obere noch das untere Band tangieren, denn die Bomar-Bänder sind nicht dafür ausgelegt, sich so schnell wie die Bollinger-Bänder an Kursveränderungen anzupassen. Bei geringer Volatilität bestimmt der Aktienkurs die Breite der Bollinger-Bänder und berührt sie deshalb regelmäßig. So ging der Dow Jones zum Beispiel im Juni 1996 in einen Seitwärtstrend mit geringer Schwankungsbreite über. In der letzten Juniwoche wurden die Bollinger-Bänder am oberen Band tangiert, worauf der Kurs sofort dramatisch einbrach. Die Bomar-Bänder waren zu diesem Zeitpunkt nie nahe genug am Kurs, um berührt zu werden. Sie lagen im Bereich um 5 875 – der Dow näherte sich ihnen im Maximum auf 5 720.

Der Nachteil dieser Sache ist, daß die Bollinger-Bänder bereits zu einem sehr frühen Zeitpunkt einer Kursbewegung berührt werden. Im Mai wurden die Bollinger-Bänder bereits bei 5 638 tangiert, der Dow aber lief weiter bis auf 5 838, bevor auch die Bomar-Bänder erreicht wurden. Bei alleinigem Benutzen der Bollinger-Bänder hätten Sie also 200 Punkte in dieser Aufwärtsbewegung gehabt, in der Sie nervös oder zumindest besorgt gewesen wären. Beide Systeme können durchaus gleichzeitig verwendet werden, aber es bedarf schon eines erfahrenen Analysten, um festlegen zu können, welches der Bänder in welcher Situation die höhere Bedeutung in bezug auf einen möglichen Wendepunkt der Kurse hat. Erinnern Sie sich: Die Bänder haben ausschließlich die Aufgabe, Ihnen einen Hinweis darauf zu geben, daß den Kursen ein Richtungswechsel bevorsteht oder der Kurs kurzfristig zu hoch oder zu tief sein könnte.

Sind Bomar-Bänder für Trader besser geeignet?

Nein, die Bomar-Bänder ebenso wie die Bollinger-Bänder sind für Trader und Investoren gleichermaßen einsetzbar. Sie werden nur anders und zu anderen Zeitpunkten eingesetzt. Ein erfahrener Anleger kann hier durchaus entscheiden, welchem Prinzip wann der Vorzug zu geben ist. Der größte Unterschied besteht darin, daß Bollinger-Bänder auf Veränderungen in der Volatilität reagieren. Die Leute nennen das bei den Bollinger-Bändern „kneifen“ (Squeeze), was einen Rückgang der Volatilität bedeutet. Einer der großen Vorteile der Bollinger-Bänder ist, daß Sie sich auf eine große Kursbewegung in die eine oder andere Richtung einstellen können, wenn sich die Bänder aufgrund eines deutlichen Rückgangs in der Schwankungsbreite der Kurse zusammenziehen. Wenn eines der äußeren Bänder erreicht wird, während diese gerade nahe beieinander liegen, kommt es darauf an herauszufinden, ob es sich hier um eine potentiellen, für das Trading bedeutsamen Wendepunkt handelt oder nicht.

Die Bänder sind nur dann sinnvoll, wenn Sie auch über eine rationale, disziplinierte Methode verfügen, die Kursbewegungen an den Schnittpunkten mit den Bändern zu analysieren. Wenn der Kurs zum Beispiel an das obere Tradingband heranläuft, muß die Frage lauten: „Wird diese Aktie voraussichtlich an diesem Punkt wieder nach unten drehen und, sofern ich diesen Wert halte, will ich ihn deswegen verkaufen? Und wenn ich darüber nachdenke, in der Aktie short zu gehen, wäre dies dann ein guter Zeitpunkt dafür?“ Das Band hat die Aufgabe, die Emotionen aus dem Trading zu verbannen, damit Sie nicht in

Stärke hinein kaufen und in Schwäche verkaufen, nur, um die Aktie dann sofort wieder drehen zu sehen, weil Sie emotional reagiert haben. Bei den Bollinger-Bändern stellt sich die Frage: Wenn die Bänder sich zusammengezogen haben und nun eine dieser Linien erreicht wird – reicht das aus, um ein Abdrehen der Kurse zu bewirken? Oder beginnt nur gerade eine Phase zunehmender Volatilität, in welcher Bänder und Aktie in deren langfristig gesehen „normale" Schwankungsbreite zurückkehren? Die Bollinger-Bänder betrachten für ihre Berechnung immer nur den letzten Tradingmonat – Bomar-Bänder aber ein ganzes Jahr. Die Aussage der Bomar-Bänder ist: „In Ordnung, auf Basis der letzten zwölf Monate sehen wir hier eine auf kurzfristiger Basis normale Kursaktivität." Das ist ein kleiner, aber wichtiger Unterschied. Sie müssen nur ein Gefühl dafür entwickeln, ob es sich aktuell um einen möglichen Wendepunkt der Kurse handelt und Sie dementsprechend andere technische Indikatoren zu Rate ziehen sollten, um zu überprüfen, ob diese einen Richtungswechsel der Notierungen bestätigen oder nicht.

Tritt dieses „Kneifen" bei Bomar-Bändern nie auf?

Nein, nur selten. Sie wurden nicht dafür ausgelegt.

Sie haben erwähnt, daß Sie für die Bomar-Bänder einen 21-Tages-GD verwenden. Gibt es die Bänder aber nicht auch mit einem 50-Tages-GD?

Ich verwende den 50-Tages-GD für mittelfristig orientierte Bänder, die mehr für Investoren als für Trader gedacht sind. Die mittelfristigen Bomar-Bänder zeigen eine Kursspanne auf, welche der Einstellung eines Investors näher kommen. Sie werden auf dieselbe Weise wie die 21-Tages-Bänder berechnet, sind aber weitaus breiter. Wenn wir uns Intel ansehen, beträgt die Weite des 21-Tages-Bandes aktuell 6 % und 10 %, also insgesamt 16 %. Beim 50-Tages-Band beträgt die Spanne 9 % plus 17 %, also 26 %. Das ist 50 % breiter und reflektiert die Tradingspanne der Aktie auf einer 3-Monats-Basis, wohingegen das 21-Tages-Band nur einen einmonatigen Zeitraum abdeckt.

Ihr mittelfristiger Zeithorizont beträgt also drei Monate?

Ja, drei Monate mindestens.

Gibt es noch etwas, was wir bei der Betrachtung der Bomar-Bänder ausgelassen haben?

Ich habe ein Konzept mit dem Namen „Breakout-Bänder" entwickelt, das ich für recht wichtig halte. Ich hatte zuvor bereits angesprochen daß es Phasen gibt, in denen die Bänder weniger gut funktionieren, weil die Aktie eine ungewöhnlich geringe Trenddynamik aufweist, gleich, ob nach oben oder unten. Ich habe deshalb Bänder entwickelt, die einen Hinweis darauf geben, ob sich ein sehr intensiver Trend abzeichnen wird oder nicht, und diese „Breakout-Bänder" genannt. Diese Bänder werden um einen 90-Tages-GD herum gelegt. Dabei kann es sich um einen 90-Tages-GD der Kurse, einen 90-Tages-GD der Relativen Stärke der Kurse in Relation zum Gesamtmarkt oder um einen 90-Tages-GD des „Money Flow" handeln. Ich schrieb ein Programm, welches wie folgt vorgeht: „Berechne Bänder für einen 21-Tages-GD, multipliziere dessen Prozentwerte mit 1,5 und übertrage diese Werte auf einen 90-Tages-GD." Daraus entsteht eine Serie nur langsam reagierender Bänder um einen 90-Tages-GD. Wenn diese überkreuzt werden, die Kurse also mindestens zwei Tage darüber oder darunter schließen, zeigt dies eine beginnende, ungewöhnliche Kursbewegung an. Hier gilt es daher, in bezug auf die übliche Erwartung von an den Bomar-Bändern abdrehenden Kursen skeptisch zu sein. Wenn Sie diese Breakout-Bänder auf den Kurs beziehen, erhalten Sie einen Hinweis darauf, ob eine sehr starke Kursbewegung entweder nach oben oder unten im Gange ist. In Verbindung mit Relativer Stärke oder Money-Flow lassen sich die trendintensivsten Aktien am Markt isolieren. Werden die mit Relativer Stärke oder Money-Flow verbundenen Breakout-Bänder durch den Kurs geschnitten, dann geht etwas wirklich Bedeutsames mit diesem Wert vor. Insbesondere, wenn beide dieser Breakout-Bänder geschnitten werden, ist dies ein Kauf- oder Verkaufssignal, daß Ihre Portfolio-Performance sichbar verbessern wird, sofern Sie diesen Signalen folgen. Das Konzept der Breakout-Bänder

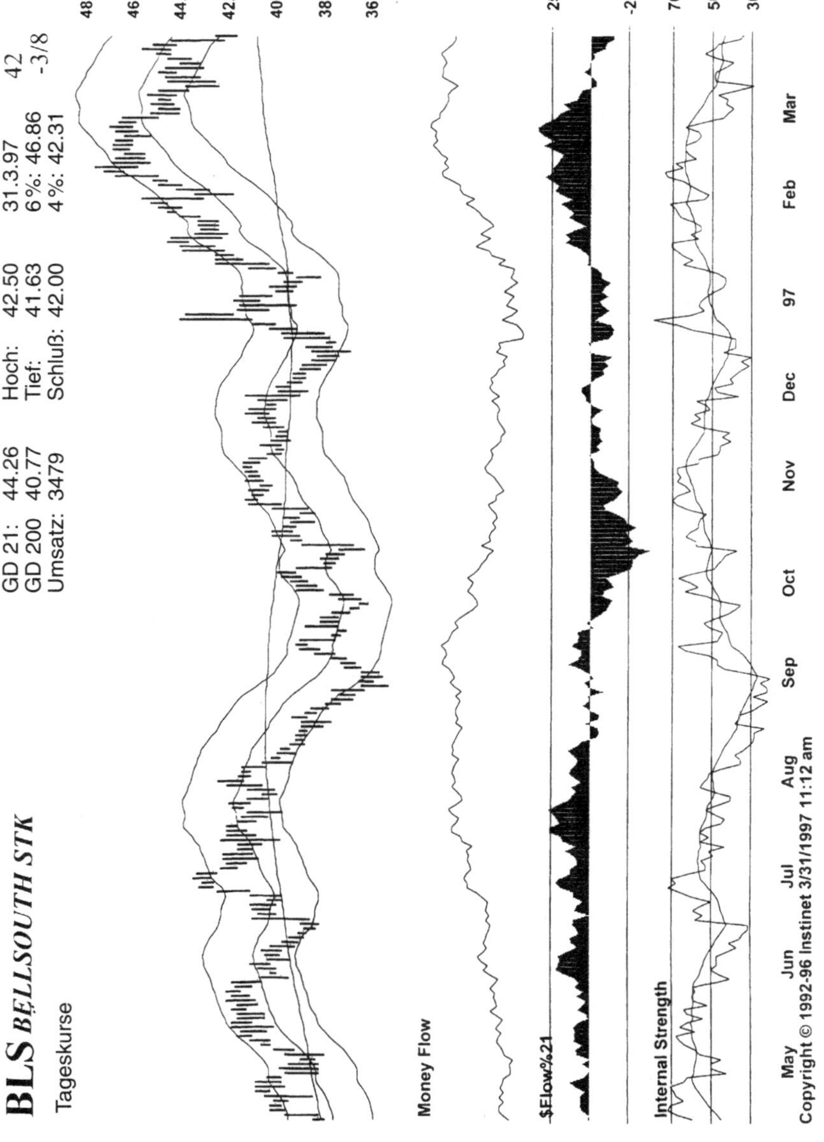
BLS BELLSOUTH STK
Tageskurse
GD 21: 44.26
GD 200 40.77
Umsatz: 3479
Hoch: 42.50
Tief: 41.63
Schluß: 42.00
31.3.97
6 %: 46.86
4 %: 42.31
42
-3/8
48.0
46.0
44.0
42.0
40.0
38.0
36.0
Money Flow
$Flow%21
25
-25
Internal Strength
70
50
30
May
Jun
Jul
Aug
Sep
Oct
Nov
Dec
97
Feb
Mar
Copyright © 1992-96 Instinet 3/31/1997 11:12 am

ist also – zusammenfassend gesagt – der Versuch gewesen, sehr starke Aktien mit sehr starken Trends zu finden, egal, ob Auf- oder Abwärtstrend.

Ein anderer, von Ihnen entwickelter Indikator ist der sogenannte „Money-Flow-Indikator". Bezieht sich dieser auch auf die Accumulation/Distribution (Relation der Käufe zu den Verkäufen im Markt, Anm. d. Übers.)?

In der Tat. Die Entwicklung des „Money-Flow" und die daraus entstandenen Indikatoren stellen die wichtigsten Arbeiten dar, die ich im Bereich der technischen Analyse durchgeführt habe. Sie bauen auf der über Jahre geleisteten Pionierarbeit von vier Technikern auf: Joe Granville, R.W. Mansfield, Larry Williams und David Bostian. Alle forschten auf Basis von Umsätzen in Relation zum Kursverhalten nach einer Möglichkeit, die Angebots-/Nachfragesituation einer Aktie darstellen zu können.

Betrachtet man die unterschiedlichen Arten der technischen Analyse, stellt man fest, daß sie sich eigentlich nur in zwei große Bereiche aufspalten. Der eine ist die Trendanalyse – eine Aktie im Verhältnis zu einem Gleitenden Durchschnitt, dem ADX, meinen Breakout-Bändern oder was auch immer –, also Methoden, um den Trend einer Aktie zu messen, denn der Lieblingsspruch auf dem Börsenparkett, „der Trend ist Dein Freund", trifft wirklich zu. Früh in einen Trend einzusteigen und langfristig dabeizubleiben, ist der Weg, um wirklich große Gewinne zu erzielen. Der zweite Bereich der technischen Analyse sind die Oszillatoren, mit denen man versucht, Hoch- und Tiefpunkte zeitgerecht zu erkennen. Wir alle investieren wahrscheinlich viel zu viel Zeit in diese Art der Analyse, denn es verführt zum Trading und Entscheidungen kurzfristiger Natur, die toll aussehen und einem ein oder zwei Wochen ein gutes Gefühl vermitteln – manchmal sicherlich auch länger – aber letztendlich eine Performance bringen, die weitaus schlechter ist, als wenn Sie einfach stur bei dem geblieben wären, von dem Sie überzeugt sind. Der Oszillatoren-Ansatz fungiert irgendwie als „Unterbrecher". Die Bänder sind eigentlich die „richtigen" Oszillatoren. Sie sind nur eine andere Form, um die Schwingungen der Kurse zu messen, als Sie bei Welles Wilders RSI, dem Commodity Channel Index, dem Williams %R oder anderen dieser Überkauft/Überverkauft-Meßwerkzeuge finden können. Sie sind vielmehr der Ansatz des „faulen Mannes", um geeignete Aktien auszuwählen. Wenn Sie mit Oszillatoren traden, müssen Sie nicht das geringste über die Aktiengesellschaft wissen, sonder nur am unteren Band kaufen und am oberen Band verkaufen.

Mit dem Trend zu traden, bedingt indes, daß Sie über das, was in diesem Unternehmen vor sich geht, Bescheid wissen – auch wenn Sie auf diese Aktie nur auf Basis der technischen Analyse gestoßen sind. Ein intelligenter Mensch, der sein Kapital einsetzt, will auch wissen, *warum* er in eine Aktie investiert. Wenn ein Wert erst einmal von 20 auf 40 gestiegen ist und Sie immer noch investiert sind, wird sich eine vernünftige Person fragen: „Okay, was macht diese Firma? Kann das mit dem Kursanstieg wirklich so weitergehen? Oder ist dies nur eine Modeerscheinung?"

Für mich ist es wichtig zu wissen, was ein Unternehmen tut, denn einfach tief zu kaufen und hoch zu verkaufen klingt zwar toll, aber verdächtig einfach. Die Masse meiner Arbeiten in der technischen Analyse habe ich solchen Indikatorentypen gewidmet, die alle messen, was passiert und was wirklich sichtbar ist: Der Kurs steigt, der Kurs fällt, die Notierungen sind scharf innerhalb weniger Tage angezogen oder nur langsam über mehrere Monate hinweg gestiegen. Das einzige, was Ihnen einen Blick unter die Oberfläche eröffnet, ist der Umsatz, denn eine Aktie kann sich im Kurs verdoppeln, der Umsatz aber in der Endphase der Bewegung zurückgehen; genausogut kann dieselbe Kursbewegung aber von einer Verdreifachung oder gar Vervielfachung der Umsätze begleitet sein.

Damit zeigen sich unterschiedliche Charakteristika im Angebot/Nachfrage-Verhältnis. Deswegen habe ich viel Zeit mit der Beobachtung der Kursbewegung in Relation zum Umsatz verbracht und letztendlich den Money-Flow-Index „entdeckt". Joe Granville entwickelte das On-Balance-Volume-Konzept, danach kam Larry Williams mit einem Umsatz/Akkumulations-Ansatz, der den Schlußkurs mit der Eröffnung vergleicht. Die Idee dahinter lautete: Wenn eine Aktie oberhalb ihres

Eröffnungskurses schließt, bedeutet dies unter dem Strich eine Akkumulationsphase. Als wir alle in den sechziger und siebziger Jahren noch technische Analyse „per Hand" betrieben, veröffentlichten die Zeitungen noch den Eröffnungskurs. Aber 1974 begannen Associated Press, welche die Kursdaten an alle Zeitungen vertrieb, den Eröffnungskurs aus Platzgründen wegzulassen. Ich mußte für diejenigen Analysen, welche ich auf Basis von Larry Williams Volume-Accumulation-Ansatz betrieb, einen Ersatz finden und begann daher, mit verschiedenen Techniken zu experimentieren. David Bostian, der übrigens immer noch technische Analyse betreibt, hatte etwas, was er den „Intraday Intensity Index" nannte. Er betrachtete dabei die Position des Schlußkurses in Relation zur gesamten Handelsspanne des Tages um zu prüfen, ob eine gesunde, von Nachfrage dominierte, oder eine ungesunde, von Verkaufsdruck getriebene Bewegung vorlag. Unter dem Strich versucht man ja einfach herauszufinden, ob die Käufer oder die Verkäufer aktuell die Stärkeren sind. Ich entwickelte eine Formel, die den Schlußkurs mit dem Durchschnittspreis des Tages verglich. Alle Arbeiten, welche sich seitdem mit den Umsätzen befaßten, auch Angebot/Nachfrage und Money-Flow, basierten auf dieser Relation zwischen Schlußkurs zum Durchschnittskurs.

Welche Theorie liegt Ihrem Money-Flow-Indikator zugrunde?

Der Grundgedanke lautet: Wenn eine Aktie konstant oberhalb des Durchschnittskurses schließt – und vor allem an Tagen mit hohen Umsätzen, denn all dies wird ja mit der Höhe der Umsätze verknüpft – dann bedeutet dies eine Akkumulationsphase hin zu den sogenannten „sicheren, starken Händen". Es kann aber durchaus starke Aktien geben, die einmal unter ihrem Durchschnittskurs schließen, einfach, weil es ein schwacher Tag an der Börse war. Deswegen gilt es, hierfür Oszillatoren zu entwikkeln und damit den Money-Flow und die Angebot/Nachfrage-Situation über einen etwas längeren Zeitraum hinweg zu betrachten. Aber der Grundgedanke ist, daß stark nachgefragte Aktien dazu tendieren, am oberen Ende ihrer täglichen Tradingrange zu schließen; während Aktien, die unter Verkaufsdruck stehen, weil die Verkäufer hier stärker als die Käufer sind, eher am unteren Ende dieser täglichen Handelsspanne aus dem Markt gehen. Was dann letztendlich dabei herauskam, nannte sich weder Accumulation/Distribution noch Money-Flow. Schon seit Ende der sechziger/Anfang der siebziger Jahre gab es Leute mit starken Computern, die jeden Kurstick daraufhin untersuchten, ob dieser höher oder tiefer als der vorangegangene war, was sie dann entweder Uptick oder Downtick nannten. Sie multiplizierten dann die Kursveränderung mit dem dazugehörigen Umsatz. Man ging dabei davon aus, daß starke Aktien das höhere Umsatzvolumen bei einem Uptick, die schwachen Werte indes bei einem Downtick aufweisen. Das nannte man dann Money-Flow und sagte aus, ob das Geld in eine Aktie hinein- oder hinausfloß. Aber der letztendlich wichtige Wert ist die Zahl, die man durch den Vergleich des Schlußkurses mit dem Durchschnittskurs erhält und anschließend mit der gesamten Handelsspanne des Tages vergleicht. Durch die Multiplikation dieser Zahl mit dem Umsatz erhält man eine Vorstellung davon, welcher Prozentsatz der Umsätze auf Käufe und welcher Anteil auf Verkäufe entfiel. Aus diesen Tageswerten entwickelte ich etwas, was sich Money-Flow-Line nennt. Es ist nichts anderes als eine kumulative Linie – ähnlich wie Granvilles On-Balance-Volume-Line – die den Fluß des Kapitals in oder aus einer Aktie darstellt.

Eine der Ideen dahinter war, daß ein neues Hoch bei der Aktie durch ein neues Hoch in der Money-Flow-Line bestätigt werden sollte. Ist dies nicht der Fall, bedeutet das, daß sich die Angebot/Nachfrage-Situation, verdeckt durch die positiv anmutende Aufwärtsbewegung der Kurse, langsam verschlechtert. Sie können die Umsätze mit dem Kraftstoff vergleichen, der eine Maschine antreibt. Wenn Sie sich eine Aktie als ein Auto vorstellen – beschleunigen, bremsen etc. –, dann brauchen Sie Benzin im Motor. Sie können 90 Meilen die Stunde fahren, aber wenn Sie nur noch wenige Tropfen Benzin im Tank haben, kann ich Ihnen mit 100%iger Sicherheit sagen, daß Sie innerhalb der nächsten Minute stillstehen werden. Die Analogie zum Aktienmarkt lautet: Wenn sie ein neues Hoch im Aktienmarkt erreichen, die Umsätze dabei aber zurückgehen, bedeutet dies, daß das in die Aktien hineinfließende Kapital langsam ausgeht. Die Bewegung könnte „in den letzten Zügen" liegen und kurz vor einer Umkehr stehen. Umsatz- und Money-Flow-Analysen sind wirklich die einzigen Methoden, um „hinter den Vorhang" der reinen Kursveränderungen zu schauen.

Einige Techniker sagen, daß der Kurs das Volumen bestimmt, die anderen sehen es umgekehrt. Was ist Ihre Ansicht?

Ich denke, daß das Volumen die Kurse bestimmt – definitiv. H. M. Gartley schrieb 1935 ein Buch über das Umsatzvolumen und legte dabei die originalen Regeln über das Umsatzverhalten fest, die seitdem immer und immer wiederholt wurden. Eine Aktie sollte bei steigenden Umsätzen anziehen – das ist bullish zu werten. Wenn eine Aktie bei zugleich fallenden Umsätzen steigt, ist das bearish. Bei Abwärtsbewegungen findet der initiale Kursrückgang typischerweise unter geringen Umsätzen statt. Wenn sich der Kursverfall aber fortsetzt, beginnt auch das Volumen zu steigen, weil die Anleger in Panik geraten und verkaufen, während die Käufer die gedrückten Kurse zugleich als günstige Einstiegschance sehen und bereit sind, größere Stückzahlen zu diesen Kursen zu kaufen. Normalerweise sieht man als erstes eine Art „Panik-Tief" bei hohen Umsätzen. Dann steigen die Kurse, nur, um gleich wieder zurückzufallen und entweder ein neues Tief zu erreichen oder aber das vormalige Tief – dann unter geringeren Umsätzen – erfolgreich zu verteidigen – das wäre dann das endgültige Tief. Diese Abläufe haben sich als recht zuverlässig erwiesen. Auch Granvilles On-Balance-Volume-Ansatz setzt voraus, daß der Umsatz die Kurse dominiert. Und bei der Money-Flow-Line ist es bullish zu werten, wenn diese vor den Kursen ein neues Hoch erreicht, denn dann ist davon auszugehen, daß das hohe Volumen die Kurse auf ein neues Hoch ziehen wird. Natürlich können all diese Indikationen nicht immer funktionieren, aber sie bewähren sich für eine breite Palette von Aktien, über zehn oder zwanzig Jahre und treffen öfter zu, als daß sie fehlgehen.

„Investors Business Daily" (IBD) verwendet ein Accumulation/ Distribution-Rating-System. Basiert dieses System auf Ihrem Indikator?

Ja. Sie bewerten Aktien dabei in Kategorien zwischen A und E auf Basis eines gleitenden Money-Flow-Ansatzes. Es ist eher mit meinem 21-Tages-Volume/Accumulation-Indikator zu vergleichen, dessen AIQ ähnlich deren Volume Accumulation (VA) in Prozent ist.

Ich habe festgestellt, daß die Signale des IBD-Systems oft recht spät generiert werden. Anders ausgedrückt: Es kam vor, daß mit „A" bewertete Aktien aus welchen Gründen auch immer einbrechen und es dann aber zwei Wochen dauert, bis das Rating auf „D" wechselt.

Beim Money-Flow geschieht das manchmal. Es gibt einfach Aktien, die ein Top bei sehr starkem Money-Flow markieren und dementsprechend keine Warnung auftritt. Micron Technology ist ein gutes Beispiel dafür. Micron erreichte im September 1995 ein Hoch, der Money-Flow war dabei aber unverändert kraftvoll, weil der Enthusiasmus der Anleger seinen Siedepunkt erreicht hatte und die Leute einfach alles aufkauften, was ein gutes Gewinnmomentum aufwies. Es gab nicht den geringsten Anhaltspunkt. Das kommt einfach vor. In solchen Situationen, wenn die Bewegungsgeschwindigkeit einer Aktie – egal ob auf- oder abwärts – immer mehr zunimmt, bietet es sich an, andere Wege für den Ein- oder Ausstieg zu suchen, denn da hilft Ihnen der Money-Flow nicht. Wenn das Top eine längere Zeit braucht, um sich auszubilden, und sie dabei die typischen Divergenzen im Money-Flow sehen, ist das ein gutes Warnsignal. Aber wenn das Top in einer sehr kräftigen Kursbewegung entsteht, ist auch der Money-Flow wahrscheinlich auf seinem Hoch.

Sie haben vorhin erwähnt, daß die Leute früher Tick-Analysen vornahmen. Bringt die Money-Flow-Line nicht vergleichbare Ergebnisse?

Ich meine, daß die Money-Flow-Line sogar besser funktioniert, was an der Art des Programmaufbaus liegt. Aber wenn Sie einige der anderen Indikatoren nehmen, z.B. den 21-Tage Money-Flow (%) oder das VA% im AIQ-System, haben Sie eine Möglichkeit, den Money-Flow mit dem Umsatzverhalten in Relation zu setzen und damit einzelne Aktien miteinander vergleichbar zu machen. Eines der Probleme bei der Tick-Analyse ist, daß es kein brauchbares System gibt, um einzelne Aktien untereinander zu vergleichen, weil Umsatzvolumen und Kursverhalten großen Einfluß auf diejenigen Aktien ausüben, die auch den stärksten Money-Flow aufweisen. Daher werden die großen „Blue Chips" mit großen Umsätzen hierbei immer die kleineren Werte dominieren. Wenn Sie aber die anderen von mir entwickelten Money-Flow-Indikatoren benutzen, können Sie damit die einzelnen Werte eines Portfolios vergleichen – und das ist sehr wichtig. Ich denke daher, daß der Money-Flow bessere Ergebnisse zeitigt als die Tick-Analyse.

Wie ermöglichen Ihre anderen Money-Flow-Indikatoren den Vergleich von einzelnen Aktien eines Portfolios?

Money-Flow setzt sich aus Umsatzverhalten und dem Kurs einer Aktie zusammen. Bei der konventionellen Money-Flow-Analyse, welche es in der einen oder anderen Form bereits seit den sechziger Jahren gibt, sind diejenigen Aktien mit der höchsten Marktkapitalisierung auch diejenigen mit den höchsten Umsätzen und dem höchsten Aktienkurs. Die Marktkapitalisierung definiert sich ja aus Aktienkurs multipliziert mit der Anzahl der im Umlauf befindlichen Aktien. So sind die Aktien mit hoher Marktkapitalisierung in der Computerbranche zum Beispiel Microsoft, IBM und Intel: hoher Kurs und viele Aktien am Markt. Welche Meßweise Sie für den Money-Flow auch anwenden, er wird immer stark durch hohe Marktkapitalisierung und hohes Volumen beeinflußt. Wenn Sie sich daher eine Liste von 100 Computeraktien ansehen und sie nur nach dem reinen Money-Flow – ob positiv oder negativ – betrachten, werden Sie an der Spitze der Liste immer die „großen" Werte finden, da eine Aktie mit geringer Marktkapitalisierung – egal, ob aufgrund eines niedrigen Kurses, der geringen Zahl ausgegebener Aktien oder niedriger Umsätze – nicht in der Lage ist, Money-Flow-Werte zu erreichen, die sie an die Spitze dieser Liste bringen würde. Der 21-Tages-Money-Flow-Oszillator und VA (%) standardisieren den Money-Flow auf das gehandelte Volumen jeder einzelnen Aktie. Daraus entsteht etwas, was zwischen plus und minus 100 oszilliert, weil es immer eine Ableitung der Umsätze darstellt. Wenn eine Aktie bei meinem Indikator zum Beispiel 21 Tage lang in Folge am Tageshoch schließt, würde der 21-Tages-Money-Flow-Oszillator einen Wert von plus 100 aufweisen. Und das bedeutet, daß auch eine Aktie mit geringer Marktkapitalisierung ebenso hohe Werte erreichen kann wie ein „Blue Chip". Auf diese Weise läßt sich eine Auswahl von Aktien oder die einzelnen

Werte eines Portfolios basierend auf dem Money-Flow-Oszillator oder der Stabilität des Money-Flow miteinander vergleichen.

Ein kleiner Wert kann dabei durchaus an die Spitze des Rankings kommen, auch wenn marktbreitere Titel einen positiven Money-Flow aufweisen. Das ist ein großer Schritt vorwärts, denn so sind Sie in der Lage, eine beliebige Liste von Werten, sei es ein Portfolio, eine Empfehlungsliste oder eine Branche, nach denjenigen Aktien zu durchforsten, welche die beste Angebot/Nachfrage-Situation aufweisen. Das ist das ganze Konzept, welches dahintersteckt.

Wie berechnen Sie die Money-Flow-Line?

Sie nehmen die täglichen Money-Flow-Werte (Schlußkurs minus Tagestief sowie Höchstkurs minus Schlußkurs geteilt durch Höchst- minus Tiefstkurs) und multiplizieren diese mit dem Umsatzvolumen. Daraus erhalten Sie den Money-Flow-Wert eines einzelnen Handelstages. Sie fangen einfach zu einem beliebigen Zeitpunkt an und addieren bzw. subtrahieren dann die neu hinzugekommenden Tageswerte, denn die Money-Flow-Line ist ja als solche kumulativ.

Dieser Indikator ist in der AIQ- und Metastock-Software enthalten, nicht wahr?

Ja, in diesen Programmen und so ziemlich allen anderen Softwarepaketen ebenso.

Sie haben vorhin erwähnt, daß Sie die Breakout-Bänder bei der Money-Flow-Analyse verwenden. Könnten Sie darauf bitte näher eingehen?

Die Entwicklung dieser Breakout-Bänder war ein Aspekt bei den Forschungen an der kumulativen Money-Flow-Line, und ich denke, daß mir das zu einem ganz neuen Niveau der Analyse verholfen hat. Es versetzt mich und jedermann sonst in die Lage zu prüfen, welche Aktien wirklich den stärksten Money-Flow aufweisen, denn durch die

Bänder läßt sich die Veränderung des Money-Flow auf eine sehr objektive Weise messen. Wenn die Money-Flow-Line über das 90-Tages-Breakout-Band steigt, bedeutet dies, daß die Aktie in wirklich starken Händen liegt und die Nachfrageseite überaus positiv zu interpetieren ist. Wenn der Wert im Gegenzug indes unter das untere Money-Flow Breakout-Band fällt, ist irgendetwas nicht in Ordnung. Der Versuch, hieraus dann einen möglichen Boden für die Aktie abzuleiten, würde sich dann zweifellos als sehr teuer und schmerzhaft erweisen.

Ist der Chaikin-Oszillator eine Erweiterung der Money-Flow-Analyse?

Der Chaikin-Oszillator ist vor allem eine Methode, um den kurzfristigen Money-Flow mit einem etwas mittelfristiger orientierten Zeithorizont zu vergleichen. Ich nutze dafür die Differenz zwischen dem 3-Tages- und dem 10-Tages-GD der Money-Flow-Line. Der Chaikin-Oszillator dient zur Messung der Veränderung in den kurzfristigen Zu- und Abflüssen in eine Aktie durch die Suche nach Divergenzen zwischen Kursbewegung und Money-Flow. Aber auch wenn er durchaus seinen Wert hat – er führt nur zu sehr kurzfristig relevanten Trading-entscheidungen. Ich habe indes eine weitaus stärkere Methode gefunden, um den Money-Flow zu überwachen. Wir nennen diesen Indikator den Money-Flow % oder auch 21-Tage Money-Flow-Oszillator, der z.B. auch in AIQ- und Metastock-Software enthalten ist. Ich nahm dazu die 21-Tages-Summe der einzelnen Money-Flow-Werte und dividierte diesen Wert durch die Summe der Umsätze der letzten 21 Tage. Daraus entstand ein Oszillator, der theoretisch zwischen plus und minus 100 schwanken kann. Plus 100 würden erreicht, wenn eine Aktie 21 Tage in Folge am Tageshoch schließen würde, was aber selbstredend sehr unwahrscheinlich ist. Minus 100 entspräche einem 21 Mal in Folge auftretenden Schlußkurs auf Höhe der Tagestiefs. Die praktisch erreichbaren Limits liegen bei plus bzw. minus 25. Wir haben dabei unter anderem festgestellt, daß die Wahrscheinlichkeit weiterer Kurssteigerungen recht hoch ist, wenn der Money-Flow % über 25 ansteigt, weil der Money-Flow-Oszillator ein sehr überkauftes Niveau erreicht hat. Aber vor allem führte uns dies zu einer weitaus intensiveren Analyse. So haben wir zum Beispiel erkannt, daß der 21-Tage Money-Flow-Oszillator bei wirklich starken Aktien auch dann im grünen Bereich verharrt, wenn auf kurzfristiger Basis ein Kurseinbruch von 10 % oder gar 15 % stattgefunden hatte. Das kann zweierlei Gründe haben: Entweder vollzog sich der „Sell-off" unter sehr geringen Umsätzen, oder der Kurs schloß auch an den Tagen mit Verlusten auf Basis der Schlußkurse oberhalb des Durchschnittskurses des jeweiligen Handelstages. Wir haben damit eine Analyseform entwickelt, die Ihnen sagt, daß eine Aktie sehr bullish zu interpretieren ist, wenn der Kurs an das untere Tradingband herangelaufen ist, der 21-Tage Money-Flow-Oszillator aber im grünen Bereich verharrt – weil er eigentlich hätte rot werden müssen.

Rot und Grün bezieht sich auf die im Softwareprogramm integrierte Farbaufteilung?

Ja. Das normale Verhalten des 21-Tage Money-Flow-Oszillators bei einem Kurseinbruch in einer schwachen Aktie wäre, in den negativen Bereich zu drehen, da die Aktie schwach schließt und das Volumen dabei zunimmt. Wir haben nun durch einen zweigleisigen technischen Ansatz eine Methode kreiert, um Einstiegszeitpunkte für Aktien zu erkennen. Als erstes gilt es, nach schwachen Werten zu suchen, die man durch einen Sell-off an das untere Band oder durch eine überverkaufte Situation in den Oszillatoren erkennen kann. Zum zweiten betrachtet man sich den Money-Flow-Oszillator, um zu überprüfen, ob dieser dabei im grünen Bereich geblieben ist. Wenn dem so sein sollte, haben Sie eine vielversprechende Einstiegschance. Ich hatte einen Partner in Philadelphia – Bob Brogan – der mir bei dieser Arbeit viel geholfen hat. Er verbrachte normalerweise Stunden um Stunden an den Wochenenden, um die Charts nur nach diesen Voraussetzungen zu durchforsten. Eines Tages rief er mich an und sagte: „Marc, ich kann nicht mehr, ich bin ausgebrannt. Wir müssen unbedingt ein Programm dafür schreiben." Ich sagte: „Sag mir, wie Du vorgehst." „Ich suche einfach nach Charts, in denen der Kurs gefallen und der Money-Flow im grünen Bereich geblieben ist. "Ich fragte zurück: „Grün über welchen Zeitraum hinweg?" Wir hatten analysiert, daß es ausreicht, wenn der Indikator an dem Tag im grünen Bereich verharrt, an dem der Kurs ein neues Tief erreicht. Es stellte sich aber heraus, daß er die zurückliegenden sechs Monate betrachtete.

Wir stellten fest, daß die stärksten Aktien der letzten zwanzig Jahre diejenigen Werte waren, bei denen der 21-Tage Money-Flow-Oszillator nahezu immer im grünen Bereich lag. Dabei gingen diese Aktien nicht notwendigerweise immer nur nach oben. Es war nur einfach so, daß der 21-Tage Money-Flow-Oszillator bei diesen Aktien in den letzten sechs Monaten – egal, ob die Aktie höher oder tiefer schloß – an den meisten Tagen positive Werte aufwies.

Daraufhin entwickelte ich einen Indikator, den ich „Beständigkeit des Money-Flow" nannte. Dieser Indikator ist jetzt in den AIQ-Programmen ebenso wie in meiner eigenen Software, die wir an institutionelle Investoren vertreiben. Er stellt nichts anderes als den Prozensatz der Tage in den letzten sechs Monaten dar, an dem der Money-Flow-Oszillator positiv bzw. grün war. Sie sehen dann zum Beispiel eine Aktie, deren Beständigkeit des Money-Flow 90 beträgt. Das bedeutet, daß der 21-Tage Money-Flow-Oszillator an 90 % der Handelstage in den vergangenen sechs Monaten einen positiven Wert aufwies. Wenn Sie dann nach den Gründen dafür suchen, werden Sie feststellen, daß es sich hierbei um Aktien handelt, deren Gewinne überdurchschnittlich steigen, bei denen die Analysten ihre Kursziele und Bewertungen nach oben gesetzt haben oder die Unternehmensergebnisse besser als erwartet ausfielen. Hier kommen also positive Gewinnzahlen und eine grundsätzlich bullishe Haltung der Wall Street bezüglich der fundamentalen Daten zusammen. Es handelt sich dabei um dieselben Aktien, die William O'Neil in seinem Service für institutionelle Anleger durch die Analyse der Relativen Stärke und des Gewinnmomentums herausstellt. Er nennt sie die „90-90-Aktien". Ich glaube, die Accumulation/Distribution-Werte in „Investors Business Daily" basieren auf einem Drei-Monate-Zeitraster, während ich sechs Monate verwende. Die mit „A" bewerteten Aktien entsprechen denjenigen Werten, deren Money-Flow über die letzten drei Monate nahezu jeden Tag positiv war. Der Grund, warum der Money-Flow tagein, tagaus im grünen Bereich verharrt, während der Kurs durchaus fallen kann, liegt dabei im Angebot/Nachfrage-Verhältnis ebenso wie in der menschlichen Natur.

Ich verstehe ja die Argumentation in bezug auf Angebot und Nachfrage, aber wie paßt die menschliche Natur in dieses Bild?

Nehmen wir doch einfach mal an, Sie haben eine Aktie mit einer sehr positiven Gewinnentwicklung. Da die Anleger diese quantitativen Aspekte natürlich sofort bewerten, landet die Aktie an der Spitze der Analyselisten für die stärksten Wachstumswerte oder für das größte zu erwartende Aufwärtspotential. Dann gibt es auch andere Firmen, die diese Aktie alleine aus fundamentalen Gesichtspunkten mögen. Unterstellen wir, daß diese Aktie IBM wäre. An einem bestimmten Tag entscheiden sich sechs von den Hunderten existierender institutioneller Money-Manager, diese Aktie aufgrund ihres positiv zu bewertenden Gewinnzuwachses zu kaufen. Als erstes rufen sie bei ihren Händlern an und sagen, daß sie 100 000 IBM-Aktien kaufen möchten. Sagen wir einfach, daß alle sechs dieselbe Order aufgeben. Jetzt rufen die Händler die Brokerfirma an und melden: „Ich habe eine große Kauforder für IBM." Der Broker fragt dann normalerweise: „Okay, wieviel wollen Sie denn haben?" Die Antwort lautet dann: „Nehmen Sie erstmal 25 000, aber ich habe noch mehr in der Hinterhand" oder auch einfach „Kaufen Sie 100 000, und wickeln Sie das selbständig ab". Der Broker ruft nun seine Parketthändler an und sagt: „Ich habe hier eine IBM-Order – kaufen Sie erstmal 25 000, aber es kommt noch mehr nach." Er formuliert das genau so, weil jeder natürlich besonders schlau sein möchte und seinen Job besser als andere erledigen will. Der Parketthändler geht nun zu seinen „Runnern" und sagt: „Wir müssen IBM kaufen." Nun laufen sechs Angestellte der Firma in die Menge hinein und versuchen alle, IBM zu kaufen. Die Kurse ziehen daraufhin an, denn es gibt in diesem Augenblick kaum Verkäufer. Jeder auf dem Parkett sieht, daß Käufe auftreten und beobachtet den Ticker. Plötzlich steht der Kurs einen Dollar höher, hohe Umsätze werden gemeldet. Von den insgesamt 600 000 Aktien, welche die Portfolio-Manager kaufen wollten, wurden jetzt gerade einmal 100 000 gekauft – wenn überhaupt!

Gegen 11:00 Uhr blicken die Portfolio-Manager auf ihren Bildschirm und sehen, daß IBM mittlerweile um zwei Punkte gestiegen ist und sagen sich: „Oh, fein." Sie gehen in den Händlerraum und fragen: „Wie viele IBM haben wir gekauft?" Der Händler fragt beim Broker nach und antwortet daraufhin: „Wir haben nur 25 000 gekauft." Nun geht das Geschrei los. Der Händler brüllt den Broker an, der Money-Manager brüllt den Händler an. „Warum haben Sie meine Order aufgeteilt? Wir hätten sofort zur Eröffnung kaufen müssen! Ich habe Ihnen nie gesagt, daß Sie meine Order aufteilen sollen!" Ein oder zwei dieser Herrschaften werden wirklich wütend und teilen dem Broker mit, daß sie miserable Arbeit geleistet hätten und gut daran täten, sofort den Rest zu kaufen. Die Aktie steigt derweil weiter.

Schließlich, so gegen drei Uhr, kommen einige der anderen Portfolio-Manager in ihre Büros und sagen: „Was soll das heißen – wir haben bloß 50 000 Aktien gekauft? Ich habe Ihnen gesagt, daß Sie kaufen sollen. Die Aktie steht drei Punkte höher! Kaufen Sie sofort! Wir hätten die Order nie aufteilen dürfen ...!" Am Ende des Tages treten massive Käufe auf, aber niemand außer den zuständigen Maklern am Parkett will verkaufen – und so schließt die Aktie auf Tageshoch. So etwas geschieht an der Wall Street tagein, tagaus.

Und was geschieht mit einer schwachen Aktie? 600 000 Aktien zu verkaufen, Verkäufer so weit das Auge reicht, die Käufer werden einfach überrannt. Die Verkäufer beten, daß sich genug Abnehmer finden. Aber die wenigen Kaufinteressenten werden schon zu Beginn der Sitzung ihre Aktien erhalten, die Verkäufer aber nicht genug verkaufen können – und so erklärt sich, wie eine Aktie auf Tagestief schließt.

Der Händler schimpft jetzt auf den Broker, der Portfolio-Manager wiederum auf den Händler indem er sagt: „Warum haben Sie nicht zur Eröffnung verkauft? Die Aktie ist zwei Punkte gefallen!" Starke Aktien sind nicht leicht zu kaufen, weil es einfach nicht genug Angebot gibt – aber dafür um so mehr Nachfrage. Die menschliche Natur läßt viele in solchen Situationen das Handtuch werfen und sagen: „Mist! Wir hätten kaufen sollen! Ich werde niemals wieder eine Order aufsplitten!" Das ist auch der Grund, warum diese starken Aktien, welche den Markt für die nächsten sechs bis zwölf Monate outperformen werden, Ratings in der Beständigkeit des Money-

Flow von 90 bis 100 Prozent aufweisen: Weil diese Werte tagein, tagaus unheimlich schwer zu bekommen sind! Wenn Sie die Angebot/Nachfrage-Situation auf diese Weise zu messen versuchen, messen Sie zugleich die fundamentale Lage der Aktie, ohne die entsprechenden Daten überhaupt zu kennen. Diese Art der Analyse findet die besten Aktien!

Nehmen wir einmal an, daß die Beständigkeit des Money-Flow für eine Aktie bei 80 % läge. Wenn hier ein Zeitraum von sechs Monaten gemessen wird, würden Sie doch unter Umständen erst sehr spät in den Aufwärtstrend einsteigen?

Aktien mit starkem Gewinnwachstum halten ihre Aufwärtstrends normalerweise zwischen 6 und 24 Monate. Davon abgesehen sind die Werte für die Beständigkeit des Money-Flow oft schon hoch, bevor der Kurs selbst anzieht. Sie könnten sich in einem Abwärtstrend oder einer Korrekturphase befinden, so daß die normalerweise anstehende Aufwärtsbewegung durch sie Schwäche des Gesamtmarktes verhindert wird. Da gibt es zwei oder drei mögliche Szenarios. Das eine ist: Der Gesamtmarkt ist schwach, aber dennoch gibt es einige Aktien, für welche die Nachfrage aufgrund der positiven Gewinnsituation dieser Unternehmen hoch bleibt. Der Kurs hat sich indes noch nicht bewegt, so daß Sie hier keinesfalls zu spät kommen. Ein anderer Fall: Die Aktien haben sich zwar etwas nach oben bewegt, aber die richtige Kursexplosion steht noch aus. Und zuletzt eine dritte Möglichkeit, auf die Ihre Frage gezielt hat, nämlich, wenn die Aktien bereits deutlich angestiegen sind. Die Kurse könnten sich verdoppelt haben, aber wenn Sie sich William O'Neils Studien ansehen werden Sie feststellen, daß Aktien, die sich verdoppelt haben, seine Lieblingswerte darstellen.

Sie laufen bei diesen Aktien zwar immer Gefahr, am Top zu kaufen, aber normalerweise halten sich diese Aufwärtstrends zwischen zwölf und vierundzwanzig Monate. Wenn die Bewegung also erst sechs Monate andauert, könnte da noch eine Menge mehr drin sein. Als ich damit anfing, die Werte mit hoher Beständigkeit im Money-Flow zu beobachten, stellte ich zwei Dinge fest. Es war völlig unwichtig, ob Sie die Aktien am oberen oder unteren Band gekauft hatten, wenn Sie diese nur sechs bis zwölf Monate gehalten haben. Es gab sogar Fälle, die das untere Band ohnehin nie erreicht hatten, weil diese Aktien entweder extrem stark waren oder das untere Band erst später, auf einem viel höheren Kursniveau, berührt wurde. Beständigkeits-Werte von 80 % oder höher sind wirklich gute Zahlen. 50 bis 80 ist normal, unter 50 ist schwach, unterhalb 40 sogar sehr schwach. Nehmen wir an, Sie beobachten nur diejenigen Werte, die eine Beständigkeit des Money-Flow oberhalb von 80 % aufweisen. Wenn eine dieser Aktien von $ 20 auf $ 40 gestiegen ist, identifizieren Sie diesen Wert auf Basis der Beständigkeit des Money-Flow als potentiell sehr bullishe Aktie. Aber solche Werte gehen vielleicht gar nicht bis auf das untere Band zurück, um Ihnen einen besseren Einstiegspunkt zu geben. Sie kaufen daher gleich zu $ 40.

Wenn Sie eine „normale“ Aktie nach einer Kursverdoppelung am oberen Band kaufen und die Beständigkeit des Money-Flow nicht besonders hoch liegt, dann ist die Wahrscheinlichkeit recht hoch, daß der Kurs wieder um 10 % bis 20 % in den Bereich um $ 32 oder $ 35 zurückfallen wird. Anders sieht es aber aus, wenn die Beständigkeit des Money-Flow sehr hoch liegt. Denn dann dürfte der Kurs selbst in einem schwachen Gesamtmarkt nicht viel mehr als ca. 5 % korrigieren. Der erste, größere „Sell-off“ dürfte dann nicht vor Erreichen des $60-Levels auftreten. Dann könnte die Aktie von $ 60 auf $ 50 zurücksetzen, aber Sie müßten trotzdem noch viel mehr dafür bezahlen, als wenn Sie gleich bei $ 40 eingestiegen wären.

Mir wurde folgendes klar: Als Investor halten Sie Ihre Aktien für eine lange Zeit. Dabei bevorzugen Sie natürlich Werte, die ein starkes Gewinnmomentum und deutlich steigende Gewinnerwartungen aufweisen. Und dann ist es wirklich nicht wichtig, ob Sie diese Aktien am oberen oder unteren Band kaufen. Wenn Sie aber ein Trader sind, macht es einen großen Unterschied – die Gründe dafür haben wir vorhin ja bereits besprochen.

Was wäre das beste Einsatzgebiet für die Beständigkeit des Money-Flow?

Für Trader ist diese Kennzahl eine Möglichkeit, um gute Aktien in Kursschwäche hinein zu kaufen, ohne darauf zu warten, bis der Kurs das untere Band erreicht – weil es vielleicht gar nicht erreicht würde! Wenn Sie sich beispielsweise Intel ansehen, die bereits seit Anfang 1996 einen starken Aufwärtstrend haben, erkennen Sie, daß der Kurs innerhalb eines Monats von $ 64 auf $ 83 gestiegen ist. Danach fand eine Seitwärtsbewegung statt, die aber nie bis an das untere Band führte. Das tiefste Level wurde auf Höhe des 21-Tages-GD erreicht. So etwas findet man bei sehr starken Aktien oft. Für einen Trader bedeutet das, eine solche Aktie, bei der alle Rahmenfaktoren „stimmen", in Schwäche hinein zu kaufen – aber dafür nicht zu warten, bis das untere Band erreicht wird, sondern bereits auf Höhe des 21-Tages-GD.

Als Investor können Sie den Wert aber ruhig auch am oberen Band kaufen, denn das Risiko, eine starke Trendbewegung zu verpassen, ist einfach zu groß. Wenn Sie natürlich die Chance bekommen, direkt am 21-Tages-GD zu kaufen, ist das mehr als phantastisch. In der technischen Analyse wird viel zu viel Energie auf die Analyse von Oszillatoren verwendet – also den Grundgedanken, nur in Schwäche hinein zu kaufen. Normalerweise ist das auch eine gute Sache, aber das gilt nicht für Aktien mit starkem Momentum in den Unternehmensgewinnen, starken fundamentalen Rahmendaten und einer hohen Beständigkeit des Money-Flow.

Sie haben vorhin drei Szenarien genannt, die eine hohe Beständigkeit des Money-Flow nach sich ziehen. Eine dieser Situationen war eine Aktie, die zwar bereits maßvoll gestiegen ist, aber noch keinerlei Zeichen einer „Kursexplosion" aufweist. Würde die Money-Flow-Line unter diesen Umständen bereits sechs Monate vor dieser „Explosion" im grünen Bereich liegen?

Ja, das könnte sein. Es geht in diesem Fall ja um Aktien, die von Leuten mit entsprechendem Wissen und Erfahrung „aufgesammelt" werden.

Das können Insider sein, aber auch einfach Anleger, die sich mit dem Unternehmen auskennen, die neuen Produkte kennen oder glauben, daß sich die Gewinnsituation dieser Firma zum Besseren wenden wird. Es sind Aktien, die scheinbar aus dem Nichts zu steigen beginnen und eine sehr positive Beständigkeit des Money-Flow aufweisen. In den achtziger Jahren hatten wir eine große Zahl von Aktien, die potentielle Übernahmekandidaten waren, eine positive Beständigkeit des Money-Flow zeigten und deren Kurs trotzdem völlig unbeweglich blieb. Die Käufer waren hier einfach Personen, die entweder ahnten oder wußten, daß sich hier eine Übernahme abzeichnete. Sie konnten das jeden Tag alleine dadurch belegen, daß diese Aktien alle eine „grüne" Beständigkeit des Money-Flow hatten. Es war fast unheimlich. 1996 wurde Bally übernommen. Der Aktienkurs war im Oktober, November und Dezember 1995 nahezu unbeweglich, hatte aber bereits eine positive Beständigkeit des Money-Flow. Über einen Zeitraum von fünf Monaten hinweg verfiel der Kurs von $ 11 auf $ 8 1/2, aber die Money-Flow-Beständigkeit war enorm. Schließlich wurde das Übernahmeangebot im $20-Bereich angekündigt, die Aktie „schoß" auf um die $ 30. Jetzt notiert die Aktie bei 28, die Beständigkeit des Money-Flow ist nach wie vor sehr hoch. Es war also offensichtlich, daß einige entweder wußten oder zumindest das Gefühl hatten, daß eine solche Übernahme ansteht. Als Paramount Pictures und Lotus aufgekauft wurden, konnten Sie dasselbe sehen. Es könnten Gerüchte gewesen sein, es muß da nicht notwendigerweise Insideraktivitäten gegeben haben. Es könnte sich einfach um Anleger gehandelt haben, die sich sagten: „Dieses Unternehmen wird wahrscheinlich verkauft. Die Firma schafft es nicht alleine und braucht einen starken Partner." Entweder haben die Käufer auf diese Chance gesetzt – oder es kamen einfach keine Verkäufer mehr an den Markt. Erinnern Sie sich: Die Regel lautet, daß eine hohe Beständigkeit des Money-Flow auftritt, wenn viele Käufer, aber nur wenige Verkäufer existieren und die Aktie deswegen steigt. Diese Regel hat sich als überaus verläßlich erwiesen.

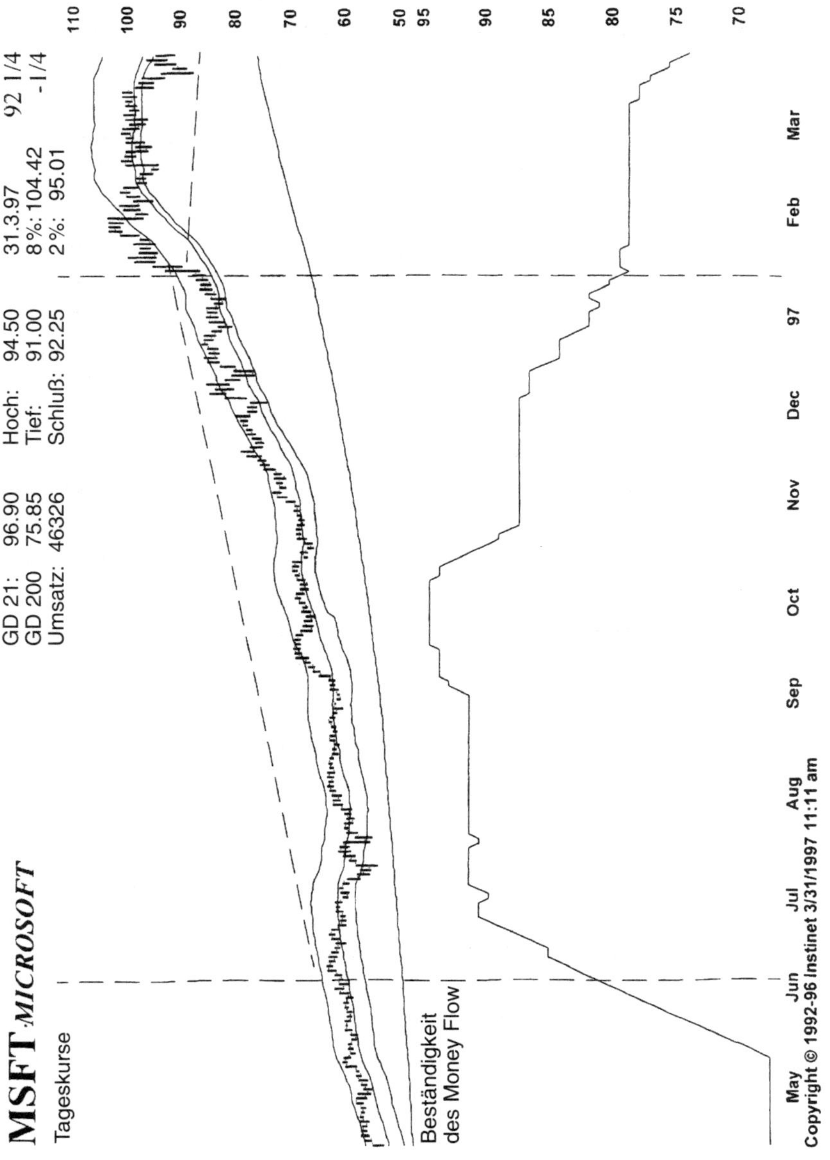
MSFT MICROSOFT
Tageskurse
GD 21: 96.90
GD 200 75.85
Umsatz: 46326
Hoch: 94.50
Tief: 91.00
Schluß: 92.25
31.3.97
8%: 104.42
2%: 95.01
92 1/4
-1/4
Beständigkeit des Money Flow
May Jun Jul Aug Sep Oct Nov Dec 97 Feb Mar
Copyright © 1992-96 Instinet 3/31/1997 11:11 am
110
100
90
80
70
60
50
95
90
85
80
75
70

Ist es möglich, für die Suche nach Aktien, die über die letzten sechs Monate ein bestimmtes Level der Beständigkeit des Money-Flow – sagen wir oberhalb 80 % – aufgewiesen haben, ein Computerprogramm zu entwickeln?

Ja, absolut. Es gibt eine ganze Reihe von PC- und Online-Software, die Ihnen dies ermöglicht. Das ist übrigens einer der Vorteile der R&A-Workstation, die von Instinet verkauft wird: Die Möglichkeit, diese Indikatoren real-time abzubilden und jederzeit eine Liste interessanter Werte abrufen zu können. Die Computer haben den Privatanleger auf dieselbe Stufe mit den institutionellen Investoren gestellt, denn derartige Analysen sind nun für jedermann ohne großen Kostenaufwand möglich. Sie brauchen keine unerhört teuren Computersysteme mehr, die für solche Analysen die ganze Nacht benötigen. Es gibt auch andere Programme, bei denen Sie kurzfristige Chartformationen, Analysen oder Gelegenheiten real-time abbilden können, aber für die Suche nach Aktien mit hoher Beständigkeit des Money-Flow reicht auch eine Analyse nach Börsenschluß, denn hier ändern sich die Dinge nicht so oft von einem Tag auf den anderen. Programme wie Metastock und AIQ bieten Ihnen hierfür alle Möglichkeiten.

Wenn ich Sie richtig verstehe, geht eine hohe Beständigkeit des Money-Flow mit einem starken Momentum in den Unternehmensgewinnen einher?

Ja, das geschieht zumeist bei Aktien, für die in bezug auf steigende Unternehmensgewinne eine Übereinstimmung seitens der Investoren besteht. Nun, die Leute könnten dabei natürlich fürchterlich falsch liegen. Denn auch nahe eines Tops ist der Money-Flow sehr hoch, weil jeder bullish und niemand skeptisch ist. Es treten einfach keine Verkäufer auf. Das sieht man oft, wenn alle irgendwelchen „Modetrends" folgen und einfach nur blind auf die Marktführer am Aktienmarkt setzen. So etwas kann vorkommen – aber normalerweise tritt eine hohe Beständigkeit des Money-Flow auf, wenn auch die Gewinne der Firma „stimmen".

Wir haben in bezug auf die Beständigkeit des Money-Flow vor allem über steigende Kurse gesprochen. Ist es möglich, auf Basis der Beständigkeit des Money-Flow eine Aktie leer zu verkaufen oder auf Puts zu setzen?

Aber natürlich! Da müssen Sie nur nach Aktien suchen, die eine Beständigkeit des Money-Flow unter 50 aufweisen und sich diese negative Vorgabe durch weitere technische Indikatoren bestätigen lassen. In der Börsenphase, welche wir in den letzten zehn oder fünfzehn Jahren gesehen haben, ist das ein Zeichen von Schwäche. Einen Wert von weniger als 40 % positiver Money-Flow-Line in den letzten sechs Monaten findet man dagegen eigentlich nur in einem Bear-Market.

Wenn die Beständigkeit des Money-Flow in den vergangenen sechs Monaten negativ war, die Aktie aber trotzdem nur seitwärts tendiert, liegt dann trotzdem Verkaufsdruck vor?

Ja, selbstverständlich. Diese Regeln funktionieren auch anders herum.

Sie beobachten bei Ihrer Arbeit den Relative-Stärke-Index (RSI), aber auch die Relative Stärke selbst?

Ja, aber das wichtigere Element dabei ist die Relative Stärke, und zwar relativ zu einem entsprechenden Index.

Ist die Anwendung beider Indikatoren bei Gesprächen über diese Thematik nicht verwirrend?

Ich habe mich dieses Problems entledigt, indem ich Welles Wilders Relative Stärke als „innere Stärke" bezeichne, denn genau das stellt sie auch dar. Man mißt hier die innere Stärke einer Aktie und betrachtet dabei nur auf die Kursveränderungen dieses einen Werts. Da dies oft verwirrend wirkt, nenne ich das „innere Stärke".

Könnten Sie erklären, wo hier der eigentliche Unterschied liegt?

Relative Stärke, also die „alte“ Relative Stärke, deren Beobachtung ich für sehr wichtig halte, mißt den Kursverlauf einer Aktie in Relation zu einem Index, in der Regel ist dies der S&P 500-Index. Die Relative-Stärke-Linie vergleicht demnach den Kursverlauf einer Aktie mit der des Gesamtmarktes. Dies ist die Relative-Stärke-Linie bei O'Neil, Trendline oder den Mansfield-Charts. Dabei wird normalerweise ein Zeitraum zwischen sechs und neun Monaten in Relation zum Marktdurchschnitt untersucht. Man sucht dabei einfach nach Aktien, die am stärksten gestiegen sind. Das ist ein sehr kritischer Teil der technischen Analyse – wirklich sehr kritisch. Man kann sich auch den Money-Flow nicht einfach isoliert ansehen. Der Money-Flow muß immer in Verbindung mit der Relativen Stärke analysiert werden.

Denken Sie dabei an ein Szenario, in welchem der Money-Flow positiv aussieht, die Aktie aber nicht steigt. Was bedeutet das? Es bedeutet, daß einige sehr einflußreiche Investoren eine sehr positive Einstellung zu dieser Aktie haben und bereit sind, den Wert deswegen auch tatsächlich zu kaufen, während der Rest der Welt diese Ansicht ganz offenbar nicht teilt. Wenn Sie in einem solchen Fall nur auf die Relative-Stärke-Linie achten, würden Sie erst, wenn der Indikator zu steigen beginnt, positive Divergenzen ausbildet und über den 90-Tages-GD steigt, bemerken, daß Sie hier eine Aktie vor sich haben, die voraussichtlich weiterhin sehr gut laufen wird. Aber vorher müssen eben all die eben genannten Voraussetzungen erfüllt sein. Ich empfehle daher auf Seminaren immer, sich die Relative Stärke der Aktie zum Markt genauso wie die Angebot/Nachfrage-Situation zu betrachten, welche im Money-Flow und der Beständigkeit des Money-Flow dargestellt wird, um eine wirklich brauchbare, realistische Indikation zu erhalten, ob es sich hier um eine Aktie handelt, die Sie wirklich unbedingt haben sollten – oder eben nicht.

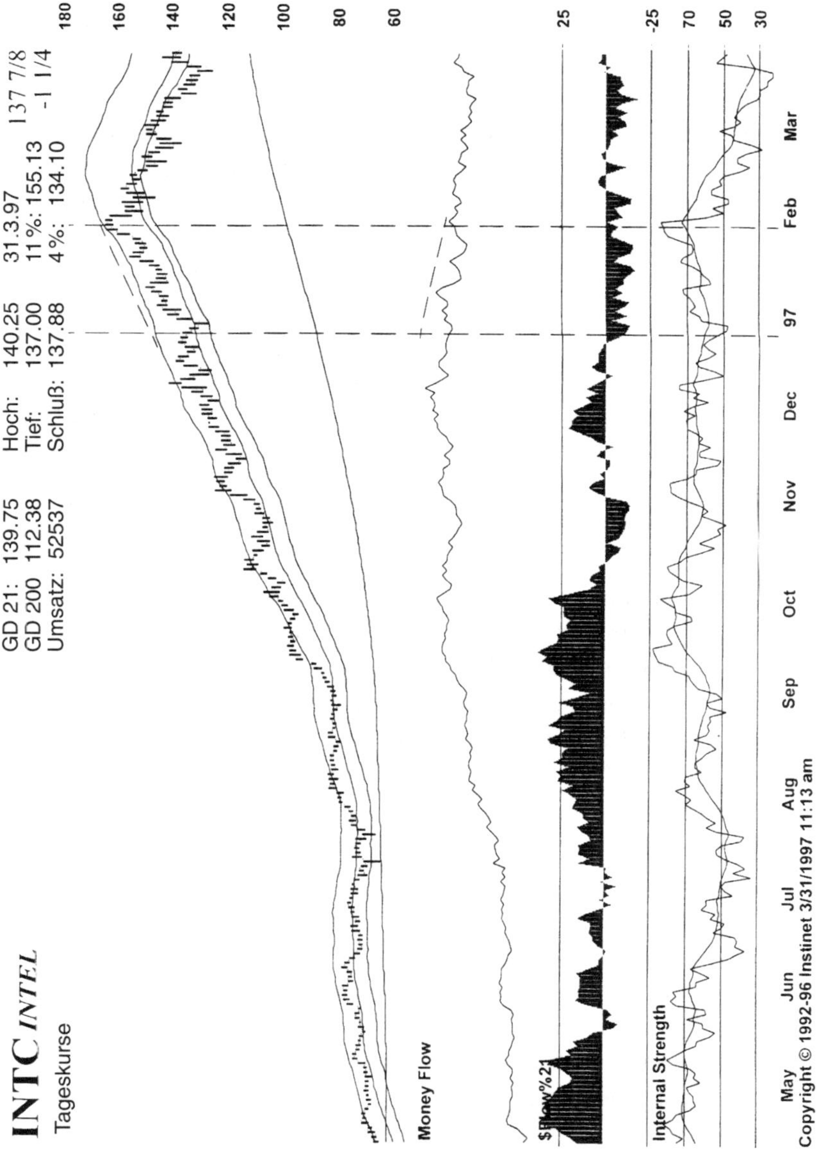
INTC INTEL
Tageskurse
GD 21: 139.75
GD 200 112.38
Umsatz: 52537
Hoch: 140.25
Tief: 137.00
Schluß: 137.88
31.3.97
11 %: 155.13
4 %: 134.10
137 7/8
-1 1/4
Money Flow
$Flow%21
Internal Strength
May
Jun
Jul
Aug
Sep
Oct
Nov
Dec
97
Feb
Mar
Copyright © 1992-96 Instinet 3/31/1997 11:13 am
180
160
140
120
100
80
60
25
-25
70
50
30

Trends und Steigungswinkel der Relative-Stärke-Linie erklären sich ja eigentlich von selbst, aber um was geht es bei dem 90-Tages-GD, den Sie eben angesprochen hatten?

Trendanalyse kann bisweilen sehr subjektiv sein. Um den Trend wirklich objektiv bestimmen zu können, benutze ich einen 90-Tages-GD der Relativen-Stärke-Linie. Diese Idee stammt aus „Encyclopedia of Stock Market Techniques" aus dem Jahre 1963. Sedge Coppock, der einen Bösenbrief irgendwo in Texas herausgegeben hatte, sagte dort in einem Artikel: „Wenn Sie nach einem sehr einfachen und doch effektiven Weg zur Analyse der Relative-Stärke-Linie suchen, sollten Sie einfach einen 18-Wochen-Durchschnitt darüberlegen. Liegt die Relative-Stärke-Linie oberhalb ihres 18-Wochen-GD, ist das bullish. Liegt sie darunter, ist das bearish zu interpretieren. Ich mache das jetzt schon seit Jahren, und es bewährt sich wirklich. Es ist einfach und doch sehr aussagekräftig. Es ist die Kombination aus der Relative-Stärke-Linie im Vergleich zu deren 90-Tages-GD und die Beständigkeit des Money-Flow bzw. der Money-Flow zu dessen 90-Tages-GD, die Ihnen hilft, die wahren Gewinner am Aktienmarkt zu finden. Sie müssen sich das so vorstellen: Wenn nur einer dieser Bereiche positiv ist, haben Sie auch nur ein halbes Bild der Realität. Es ist wie mit zwei Menschen, die sich verabreden. Der eine ist verliebt, der andere nicht. Es wird nicht viel bei einer solchen Verbindung herauskommen, wenn nicht beide übereinstimmen. Dabei ist die Relative Stärke eigentlich ein Zwitter-Indikator. Erinnern Sie sich, wie ich eingangs sagte, daß es zwei Bereiche der technischen Analyse gäbe, von denen der eine die Trendanalyse ist?

Die Trendanalyse präsentiert sich in zwei Formen. Befindet sich eine Aktie im Aufwärtstrend? Die Theorie lautet: Wenn eine Aktie einen positiven Trend aufweist, ist das bullish, also muß man diese Aktie haben – aber das kann man von zwei Seiten betrachten. Die Aktie kann nämlich genausogut in einem Aufwärtstrend sein, ohne daß Sie den Wert haben wollen. Warum? Weil der Wert unter Umständen trotzdem schlechter läuft als der Gesamtmarkt. Anders gesagt: Angenommen, Sie haben eine Marktsituation wie im Jahre 1995, in der Technologie-

Aktien im Durchschnitt um über 50 % gestiegen sind. Wollen Sie dann eine Aktie haben, die bloß 6 % gestiegen ist? Wahrscheinlich nicht – es sei denn, Sie sind ein sehr konservativ eingestellter Anleger. Als aggressiver Investor aber suchen Sie nach Aktien, die nicht nur in Aufwärtstrends sind, sondern zudem auch noch besser als der Gesamtmarkt laufen – also die besten Werte.

Wenn Sie als Personalchef eines Unternehmens gute Leute haben wollen, laden Sie einfach nur College-Absolventen ein. Aus dieser Warte heraus haben alle diejenigen, mit denen Sie ein Personalgespräch führen, einen Pluspunkt. Aber die wirklich besten Leute sind normalerweise diejenigen mit den besten Abschlüssen. Mit der Relativen Stärke ist es in gewisser Hinsicht genauso. Die steigenden Aktien entsprechen den College-Absolventen. Diejenigen Werte mit wirklich starken Relative-Stärke-Linien entsprechen denjenigen Absolventen mit den besten Noten. Wenn das Ihr Ziel ist, dann führt die Relative Stärke das Konzept der Trendanalyse auf ein höheres Level. Es bedeutet im Grunde: „Ich will nicht nur eine Aktie, die sich in einem Aufwärtstrend befindet. Ich will Aktien in Aufwärtstrends, die den Markt outperformen." Es ist dabei gar nicht so schwer, diese Relative-Stärke-Werte zu verfolgen, denn William O'Neil veröffentlicht diese Zahlen in „Investors Business Daily" und Sie können Sie auch in einem Mansfield- oder Trendline-Chart bekommen. Jeder, der einen Computer hat, kann dabei Indikatoren finden, die ihm bei der Suche nach den besten Aktien auf relativer Basis helfen. Dadurch wird die Analyse wirklich auf ein Niveau gehoben, auf dem Sie viel bessere Aktien für das Trading oder Investment finden.

Sie haben Welles Wilders RSI einen anderen Namen gegeben, aber haben Sie diesen Indikator nicht zudem auch verändert, indem Sie den Zeithorizont von vierzehn auf neun Tage reduziert haben?

Ja, das tat ich 1982. Ich hatte Welles Wilders Buch bereits Ende der siebziger Jahre gelesen, aber damals ließen sich diese Berechnungen noch nicht so leicht durchführen, denn man hätte dies per Hand tun müssen. Das änderte sich, als die „Computrac"-Software auf den Markt kam und ich dadurch eine einfache Möglichkeit bekam, den RSI für viele verschiedene Aktien zu verfolgen. Die „Computrac"-Software wurde ursprünglich von und für Commodity-Trader entwickelt. Ich aber tradete in Aktien. Sie verwendeten eine 14-Tages-Einstellung als Standard aber ich sagte mir: „Das ist sicherlich eine prima Sache für die volatilen Warenterminmärkte, in denen es große Auf- und Abwärtsbewegungen gibt, aber wenn man die 70- und 30-Punkte-Linien als Signallinien verwenden will, werden sich nicht allzu viele Aktien finden lassen, welche diese Werte überhaupt erreichen, weil sie einfach nicht so volatil sind." Ich habe dann ein wenig mit den Werten herumexperimentiert, und nach einer Unmenge von Versuchen nach dem „Versuch-und-Irrtum"-Prinzip fand ich heraus, daß die 30/70-Werte dann oft genug erreicht werden, wenn man ein 9-Tages-Zeitraster ver-wendet.

Man muß dabei natürlich bedenken, daß neun Tage nicht so wenig ist, wie es sich anhört, denn es geht hier ja um exponentielle Durchschnittswerte. Sogar heutzutage sieht man, gerade bei sehr starken Aktien, daß diese nur ein- oder zweimal pro Jahr das 30-Prozent-Level erreichen. Selbst bei einer 9-Tages-Einstellung erreicht eine sehr starke Aktie dieses 30%-Niveau oft überhaupt nicht. Deshalb haben sich viele Anleger bei der Arbeit mit diesem Indikator auf „fließende" Überkauft/Überverkauft-Punkte verlegt. Sie haben einfach festgestellt, daß eine starke Aktie nicht oft genug einen 30%-Wert generiert und haben die Signalzonen daher einfach verlegt, so daß eine überverkaufte Situation in einer sehr starken Aktie eben bereits vorliegt, wenn der RSI einen Wert von 40 erreicht, während das überkaufte Niveau erst bei 80 % beginnt.

Es macht also Sinn, den Indikator je nach Stärke des Trends anzupassen?

Ja. Es gab zu diesem Thema eine Reihe von Artikeln in „Technical Analysis of Stocks and Commodities". Zudem wurden in letzter Zeit einige Indikatoren entwickelt, die selbständig sagen: „Okay, diese Aktie ist in einem sehr starken Aufwärtstrend. Ein Wert von 30 wird nicht erreicht werden, also beginnt die überverkaufte Zone bereits bei 40."

Ich würde aber meinen, weniger Signale bedeuten auch weniger Fehlsignale.

Wenn Sie ein Trader sind, trifft das sicherlich zu. Aber gehen wir zurück zu dem, wovon ich gerade sprach. Nehmen wir an, Sie wollen nur in den stärksten Aktien traden. Wenn Ihre Vorgehensweise dabei bedingt, daß Sie starke Aktien nur dann kaufen, wenn Welles Wilders RSI unter 30 fällt, nun, dann werden Sie nun einmal recht wenig Tradingchancen erhalten. Aber wenn Sie einfach in starken Werten traden wollen, dann müssen Sie eben das überverkaufte Niveau dergestalt anpassen, daß es auch einmal erreicht wird – und dafür bietet sich ein Wert von 40 an. Bei derartigen Analysen ist es meistens sehr problematisch, sich nur auf die Standardeinstellungen zu verlassen. Wenn Sie das tun, könnte es passieren, daß Sie zum Zuschauer werden und nicht in diejenigen Aktien einsteigen können, in die Sie eigentlich investieren wollten. Man muß die Parameter nicht anpassen, aber es ist vorteilhaft, weil Sie dadurch die Chance erhalten, mehr große Gelegenheiten wahrzunehmen. Nun, das Risiko ist dabei natürlich, etwas mehr Fehlsignale und Verluste hinnehmen zu müssen, aber das ist ein geringer Preis im Verhältnis zum Verpassen von Gelegenheiten!

Nehmen wir an, 30 und tiefer ist überverkauft und 70 und höher überkauft. Welche Anpassungen würden Sie unter Bull- und Bear-Market-Bedingungen empfehlen?

Da muß man sich jede Aktie einzeln vornehmen. Wenn eine bestimmte Aktie im Abwärtstrend ist, wären Werte von 20 und 60 sinnvoll, 40 und 80 dagegen in einem starken Aufwärtstrend. Dafür brauchen Sie aber wirklich ein Computerprogramm. Man kann natürlich auch über den Daumen peilen um festzustellen, was vorgeht. Aber einige Leute haben Artikel veröffentlicht, in denen sie behaupten, dies automatisch durch die Analyse der Kursbewegungen, der Volatilität und den Kursverlauf der letzten Zeit adjustieren zu können. Das scheint mir ein vielversprechender Forschungsbereich zu sein.

Welche Richtlinien sollte man bei der Anwendung des RSI beachten?

Das erste ist, sich um die eventuell notwendige Anpassung der Überkauft-/Überverkauft-Levels zu kümmern. Danach sollte man nach Divergenzen suchen. Dabei muß man wissen, daß Divergenzen im überkauften Bereich viel wichtiger als im überverkauften Bereich sind. Denn normalerweise bilden viele Aktien einen Boden in Form einer „V-Formation", was auf Panikverkäufe zurückzuführen ist. Zumindest gilt dies für die Art von Märkten, wie wir sie in den letzten zehn oder fünfzehn Jahren gesehen haben. Tops hingegen brauchen üblicherweise länger, um sich auszubilden. Der erste Kontakt mit der überkauften Zone ist in der Regel kein guter Zeitpunkt zum Ausstieg, es bietet sich vielmehr an, nach Divergenzen zu suchen. Wenn eine Divergenz bei einer Bodenbildung auftritt, ist das phantastisch – aber das passiert halt nicht immer. Bei Tops hingegen, gerade in den heutigen Börsen, die seit Jahren keinen richtigen Bear-Market mehr ausgebildet haben, sollte man ein oder zwei Divergenzen abwarten, bevor man für eine Aktie bearish wird. Grundsätzlich gilt: Wenn Sie ein Investor sind und wollen, daß Ihr Kapital arbeitet, dann kaufen Sie die Aktie, wenn Welles Wilders RSI unter 30 fällt.

Beachten Sie bei Ihren Aktienanalysen auch den „Commodity Channel Index" (CCI)?

Ja. Wir haben diesen Indikator aber in „Überkauft/Überverkauft-Indikator" umbenannt, weil eine Menge institutioneller Investoren nervös werden, wenn sie das Wort „Commodity" hören. Das ist aber eigentlich ein völlig anderer Indikator. Je nach Zeitraster, das Sie wählen, kann er besser oder schlechter als Welles Wilders RSI funktionieren. Wir verwenden eine 13- und eine 45-Tages-Einstellung, wobei ich den CCI auf eine recht simple Art einsetze. Wenn eine Aktie aus technischer Sicht gut aussieht, – Angebot/Nachfrage, Beständigkeit des Money-Flow und Relative Stärke positiv – und der CCI dann in der 13-Tages-Einstellung auf minus 100 fällt, ist das eine Kaufgelegenheit.

Der CCI mißt, ob ein Kurs relativ hoch oder relativ niedrig ist. Inwiefern unterscheidet sich das von den Bomar-Bändern, die doch ebenfalls in diese Richtung zielen?

Es ist auch kein allzu großer Unterschied vorhanden. Das Programm als solches mag unterschiedlich aufgebaut sein, aber es dient demselben Zweck. Deswegen verwenden wir die 21-Tages-Bänder, danach die 50-Tages-Bänder und schließlich die Oszillatoren. Mit etwas Glück entdecken Sie dabei nämlich etwas, was Ihnen die Bänder nicht offenbart haben. Das ist ein weiteres Problem, das die technisch orientierten Trader haben. Sie machen sich manchmal selbst verrückt, weil sie endlos viele Indikatoren überwachen in dem Glauben, daß ihre Analysen dadurch verbessert würden, ohne aber zu realisieren, daß sie dabei meist dieselbe Sache in fünf verschiedenen Indikatoren beobachten. Wenn ihre einzigen Hilfsmittel aus den Bomar-Bändern, Welles Wilders RSI, dem CCI und den Bollinger-Bändern bestehen würden, betrachten Sie in Wirklichkeit ein und dasselbe Bild durch vier verschiedene Fenster. Damit erweisen Sie sich nur einen Bärendienst, machen sich selbst verrückt und denken dabei auch noch, ein wirklich tolles System zu haben. Wenn Sie dann zumindest die Zeitraster verändern und sich die Dinge in kurz- und mittelfristigem Blickwinkel ansehen, ist das zwar schon etwas besser, aber immer noch nicht gut genug. Es geht hier trotzdem um dieselbe Sache, nur die Vorgehensweise und der Zeithorizont unterscheiden sich geringfügig.

Könnten Sie bezüglich des CCI einige Problempunkte anführen, die dem Anleger bei dessen Anwendung begegnen könnten?

Wenn Sie ausschließlich davon ausgehen, daß ein Wert von plus 100 einen Verkaufszeitpunkt und ein Wert von minus 100 ein Kaufsignal darstellen, bringen Sie sich in große Schwierigkeiten. Bei der Beurteilung von Überkauft-/Überverkauft-Situationen darf man nicht in ein Schwarz-/Weiß-Denken verfallen. Das würde ja bedeuten, daß Sie jedesmal gefahrlos über die Straße gehen könnten, wenn die Ampel auf grün schaltet. Wenn Sie lange genug in New York City leben, lernen Sie, die Dinge vorsichtiger anzugehen. Nicht jeder respektiert die

Regeln – und dasselbe gilt für Überkauft-/Überverkauft. Man kann nicht einfach überkauft verkaufen und überverkauft kaufen. Vor allem muß man sich über das Zeitraster im klaren sein, welches dem Indikator zugrundeliegt. Wenn Sie langfristig orientierter Investor sind, und ein kurzfristiger Oszillator eine überkaufte Indikation gibt, dann ist das für Sie bedeutungslos.

Sagen wir, Sie wären langfristig orientiert und möchten Aktien kaufen, die Sie ein oder zwei Jahre halten können. Sie kaufen eine Aktie bei 20 und sie steigt auf 25. Nun, der CCI dürfte in diesem Fall auf plus 100 steigen. Würden Sie die Aktie deswegen wieder verkaufen? Nein. Würden Sie sie zu diesem Zeitpunkt kaufen? Vielleicht nicht. Man darf nicht automatisch annehmen, daß man jedesmal aussteigen sollte, wenn eine Aktie, die man hält, zu verkaufen wäre, wenn ein solcher Wert von plus 100 erreicht wird, selbst wenn dazu eine Divergenz auftritt, weil dies bereits die zweite Rallye war. Zumindest nicht, wenn man langfristig orientiert ist.

Sind Sie hingegen Trader und auf der Suche nach Gelegenheiten, um Gewinne mitzunehmen, dann macht das alles natürlich schon viel mehr Sinn. Es kommt auf den Zeithorizont des Indikators ebenso an wie auf Ihre persönlichen Ziele.

Übrigens verwende ich auch einen CCI mit 5-Tages-Einstellung, setze ihn aber völlig anders ein als gerade besprochen. Wenn dieser 5-Tages-Index auf plus 160 steigt, bedeutet das für mich, daß eine sehr kraftvolle, kurzfristige Aufwärtsbewegung stattfindet und ich diesen Wert auf keinen Fall verkaufen sollte. Bei einem sehr kurzfristig orientierten Überkauft-/Überverkauft-Indikator wie dem 5-Tages-CCi ist eine überkaufte Situation als sehr bullish zu interpretieren. Es ist vergleichbar mit einem Fieberthermometer. Wenn es 40 Grad anzeigt, wissen Sie, daß der Patient wirklich sehr krank ist. Nur bedeutet es in diesem Fall, daß +160 supergesund ist. Es ist eine gute Möglichkeit, Aktien herauszufiltern, die auf kurzfristiger Basis weiter steigen dürften.

Ist das Gegenteil ebenfalls richtig – ein Wert von minus 160 heißt also unheilbar krank?

Unheilbar ist sicherlich nicht richtig. Es geht hier ja nur um absolut kurzfristige Einschätzungen. Aber ja, es funktioniert auch anders herum. Es ist einfach ein Hinweis darauf, daß die aktuelle Bewegung – egal, in welche Richtung – noch ein wenig weitergehen wird. Es kann dabei um einen Tag oder um drei Tage gehen, es bedeutet einfach, daß es zu früh ist, um von einem Ende der aktuellen Bewegung ausgehen zu können. Wenn Sie ein sehr aggressiver, kurzfristiger Trader sind, kann ein solcher Wert sogar als Signal dienen, auf den fahrenden Zug aufzuspringen.

Alle Indikatoren, über die wir bisher gesprochen haben, können entweder für kurz- oder für mittelfristige Investments genutzt werden.

Das ist richtig. Es kommt nur auf das Zeitraster an. Ein CCI mit 45-, 50- oder 90-Tages-Zeitraster würde zum Beispiel für Signale mit mittelfristiger Bedeutung dienen.

Unterstellen wir einmal, Sie wollen eine Aktie kaufen oder eine Aktie zum Kauf empfehlen. Könnten Sie erklären, wie Sie vorgehen, um eine solche Entscheidung zu treffen?

Wenn Sie mich dabei ausschließlich auf technische Faktoren reduzieren wollen, würde ich zunächst nach Aktien suchen, die einen Aufwärtstrend vorweisen können, eine positive Relative Stärke zum Gesamtmarkt und eine sehr kraftvolle Beständigkeit des Money-Flow besitzen. Wenn ich Trader wäre, würde ich versuchen, diese Aktien bei einer kurzfristigen Korrektur an den 21-Tages-GD oder an das untere Band zu kaufen. Als Investor, der darauf brennt, sein Kapital endlich einsetzen zu können, würde ich sie einfach sofort kaufen. Es gilt einfach, vier verschiedene Disziplinen der technischen Analyse ins Spiel zu bringen: Trendanalyse, Relative Stärke, Angebot/Nachfrage in Form der Beständigkeit des Money-Flow und einen Oszillator. Wenn Sie sich dann sagen: „Okay, Marc, Du kannst jetzt auch einen fundamentalen Faktor in Spiel bringen“, dann würde ich sagen, daß Sie nach zwei Aspekten suchen sollten. Als erstes konstante Gewinnsteigerungen über die letzten drei bis fünf Jahre. Sie suchen also nach Unternehmen, welche ihre Gewinne jahrein, jahraus gesteigert haben und dabei eine hohe Wachstumsrate aufweisen können. Dazu sollten es Unternehmen sein, deren Gewinnerwartungen für das laufende und kommende Jahr die vergleichsweise höchste Steigerungsrate gegenüber dem Vorjahr haben. Ich würde mir einfach eine Liste derjenigen Aktiengesellschaften nehmen, die diese letztgenannten Voraussetzungen erfüllen und dann anhand der eben aufgeführten vier technischen Ansätze die besten herausfiltern.

Ziehen Sie es vor, Ihre Analysen aus der fundamentalen Perspektive zu beginnen?

Auf jeden Fall, denn damit haben Sie alle Vorteile auf Ihrer Seite. Denn dann können Sie es sich beispielsweise gleich sparen, nach Bodenbildungen bei fallenden Aktien zu suchen, die sowieso keine Chancen haben. Ich meine, in einem Bear-Market sind alle Aktien schwach. Es wäre wie bei einem Goldsucher. Sie müßten zuerst alle Gesteinsbrocken herausfiltern, um an die Nuggets zu kommen. Und dann werfen Sie die kleinen Nuggets weg und konzentrieren sich auf die großen. Das ist es, was der technische Ansatz für Sie leisten kann. Ich fange grundsätzlich mit den Fundamentaldaten in Form des Gewinnmomentums an, denn das ist es, wofür die Investoren jahrein, jahraus zu bezahlen bereit sind. Sie können sich dazu ebensogut der Systeme von Ben Graham oder Warren Buffet bedienen, um unterbewertete Aktien zu finden. Aber Sie müssen immer die technische Analyse hinzuziehen, denn das ist Ihr Sicherheitsnetz. Man darf niemal blind in eine Aktie einsteigen – in welche auch immer. Wenn die Lage sich verschlechtert oder sich die technische Situation ändert, müssen Sie aussteigen. Mit den eben besprochenen Hilfsmitteln sollte ein Anleger in der Lage sein, excellente Gewinne zu erzielen – wenn er sich an die Regeln hält.

Unterstellen wir, daß die Leser nicht so viel Zeit für die fundamentale Analyse aufbringen können – oder wollen. Können sie sich dann an denn Gewinnen pro Aktie orientieren, welche in „Investors Business Daily" veröffentlicht werden und wenn ja, was gilt es hierbei zu beachten?

Oh, sicher, das ist wirklich leicht. Man muß nur nach Aktien suchen, die ein Gewinnrating von 90 oder höher haben.

„Investors Business Daily" hat außerdem numerische Rangstufen für Relative Stärke. Nach welchen Bewertungen sollte man hier Ausschau halten?

Auch hier muß man nach einem Wert von 90 suchen – für diejenigen, die die sogenannten 90/90-Aktien haben wollen. Da muß man zwar ein paar Abstriche machen, aber grundsätzlich spart man sich mit dem Durchforsten dieser Rankings eine Menge Zeit. Die Allgemeinheit hat wirklich jederzeit Zugang zu diesen Hilfsmitteln. Die institutionellen Anleger haben bloß meistens die Möglichkeit, diese Indikationen etwas aktueller zu erhalten, doch das muß nicht immer zu einer besseren Performance führen. Oft ist das viel Lärm um Nichts.

Viele Techniker orientieren sich am Kursverlauf und Charts. Welche Vorteile haben Ihre Indikatoren gegenüber dieser mehr traditionellen Analyse – abgesehen vor der Reduzierung emotionaler Reaktionen?

Es führt auf ein ganz anderes Niveau der Analyse. Wenn Sie sich einen Chart betrachten, schauen Sie sich ja nichts anderes an als die Kursveränderungen. Mit den Indikationen für Angebot/Nachfrage und Relative Stärke aber blicken Sie unter die Oberfläche der reinen Kursbewegungen und haben damit eine weitaus kritischere Betrachtungsweise.

Was sind nach Ihrer Beobachtung die unbedingt notwendigen Eigenschaften, die ein erfolgreicher technischer Analyst mitbringen muß?

Wirkliche Disziplin. Und das bedeutet: Nicht zuviel in die Indikatoren hineinzuinterpretieren und flexibel genug zu sein, nach neuen Indikatoren Ausschau zu halten, denn die Börse ändert sich stetig. Was heute aus dem einen oder anderen Grund gut funktioniert, könnte morgen schon versagen. Wenn sie immer nur mit demselben „Werkzeugsatz" arbeiten werden Sie schnell feststellen, daß Sie den Anschluß verlieren. Ich denke, man muß einfach offen gegenüber neuen Ideen und Betrachtungsweisen sein, ohne gleich auf jede neue Idee kritiklos hereinzufallen. Es bedarf einer Menge Selbstdisziplin und der Fähigkeit, beurteilen zu können, ob etwas wirklich funktionieren könnte oder nur Schall und Rauch ist. Ja, ich meine, Disziplin und Offenheit gegenüber Neuem sind wirklich die beiden wichtigsten Eigenschaften.

Verliert ein Indikator seine Funktionsfähigkeit, wenn zu viele Leute ihn verwenden?

Nein. Ich habe wirklich noch nie gesehen, daß ein Indikator nicht mehr funktioniert, weil jeder ihn anwendet. Ich glaube, so etwas kann nur passieren, wenn sich ein grundlegender Wandel in der Struktur des Marktes ergeben hat. Vor allem die Indikatoren, welche auf den menschlichen Reaktionen basieren, werden immer funktionieren. Und das meiste, worüber wir gesprochen haben, geht auf diese „typisch menschlichen" Reaktionen zurück.

Alles ändert sich – nur die Menschen nicht. Das heißt, daß die Angebot/Nachfrage-Faktoren immer dieselben sein werden.

Ja, ebenso wie die Tatsache, daß die Menschen dazu neigen, auf Ereignisse überzureagieren oder auf fahrende Züge aufzuspringen. Und um nichts anderes geht es doch in der Trendanalyse. Die Leute sind wie Schafe, die ihrem Leittier folgen. Über die Jahre hinweg hat es sich erwiesen, daß dies einen gewinnbringenden Weg für Investment und

Geldverdienen darstellt. So lange dasjenige, das Sie zur Analyse heranziehen, auf der menschlichen Natur basiert, wird es auch immer funktionieren. Wenn es indes auf irgendeiner kurzlebigen Eigenart des Marktes fundiert, wird es irgendwann versagen.

Übrigens – Sie haben mich nach Trade-by-Trade-Money-Flow gefragt, und ob dies die beste Methode sei, um die Angebot/Nachfrage-Situation zu erkennen. Nun, für viele Jahre lang war es das tatsächlich. Aber als das Programm-Trading entwickelt und die Computer in die Lage versetzt wurden, selbst kleinste Diskrepanzen aufzudecken und den Markt mit Orders förmlich zu „fluten", wurde diese Analyse einzelner Trades allmählich sinnlos. Sehr oft beobachtet man dabei große Trades bei einem zeitgleichen Kursminus. Aber wenn diese Verkaufsprogramme auf den Markt treffen, reflektieren sie ja dadurch in keiner Weise irgend jemandes Meinung zu dieser speziellen Aktie. Die Investoren nutzen dann doch nur einen kurzen Moment der Ineffizienz an der Börse aus. Das zeigt sich zwar als negativer Money-Flow, aber schon 20 Minuten später könnte die Aktie schon wieder höher stehen. Als das Programmtrading aufkam, wurde eine Menge der Tick-by-Tick-Analysen weniger aussagekräftig. Das ist ein Beispiel dafür, daß eine neue Art des Tradings auf den Markt trifft und sich dadurch einige Dinge verändern. Wenn das 24-Stunden-Trading möglich wird, analysieren Sie dann alle Trades innerhalb dieser 24 Stunden oder nur diejenigen innerhalb der Börsenzeiten? Daraus entstehen für die Techniker natürlich Probleme, und das kann manche Indikatoren ihrer Aussagekraft berauben.

Der S&P 500-Futures-Kontrakt wird doch schon 24 Stunden gehandelt, oder?

Ja, aber in diesem Fall ist es bereits allgemeine Meinung, daß alles, was sich außerhalb der offiziellen Börsenzeiten abspielt, nur Schall und Rauch und dementsprechend zu ignorieren ist – aber das kann sich mit der Zeit natürlich auch ändern. Wenn sich das Trading über die verschiedenen Börsen der Welt verteilt, ändert sich natürlich vieles in den Indikatoren wie Money-Flow und den anderen Aspekten, über die wir gesprochen haben.

Haben Sie einen besonderen Rat für diejenigen, die mit dem Investment an der Börse beginnen und sich dazu ein Softwareprogramm für die technische Analyse zulegen möchten?

Wenn diese Leute einfach losziehen, ein Programm kaufen und erwarten, einfach nur auf „An" zu klicken und den einfachen Regeln folgen zu müssen – dann könnten ernste Probleme ins Haus stehen.

Ich glaube, wenn man an die Sache mit ein wenig Überlegung und Besonnenheit herangeht, kann ein Programm wie Metastock, welches zu einem sehr vernünftigen Preis zu haben ist, ein sehr nützliches Hilfsmittel sein, um Informationen zu liefern und zu organisieren. Wenn man diese Software nicht überbewertet und sie tatsächlich zur Strukturierung und Organisation von Daten verwendet, dann denke ich, daß der Kauf eines solchen Programms eine sehr nützliche Entscheidung ist, die ich absolut unterstützen würde. Wer aber riesige Gewinne ohne Arbeit erwartet, liegt falsch.

Würden Sie einem Anfänger raten, erst einmal eine Weile mit verschiedenen Indikatoren herumzuexperimentieren um ein Gefühl dafür zu entwickeln, bevor sie ihr Geld tatsächlich an der Börse investieren?

Aber natürlich. Mehr noch, vorher muß man einfach wissen, wo seine Ziele liegen und welche Zeithorizonte damit verbunden sind. Ich denke, hier liegt der größte Fehler, den die Anleger machen. Sie analysieren vorher nicht, welche Risiken sie einzugehen bereit sind, und wo ihre eigentlichen Erwartungen liegen. Und so beginnen sie mit einer Strategie, die vielleicht sehr kurzfristig und riskant ist, obwohl sie eigentlich langfristig orientiert arbeiten wollten. Es ist immer ein zweigleisiger Prozeß. Sie müssen lernen, mit den Indikatoren zu arbeiten, aber als allererstes gilt es, die eigenen Erwartungen zu formulieren. Diese Indikatoren arbeiten unterschiedlich und müssen daher auch ganz anders behandelt werden, je nachdem, ob man kurz-, mittel- oder langfristig orientiert ist.

Manch einer mag denken, er wäre ein Trader, verfügt aber gar nicht über das psychologische Rüstzeug dafür. Und schon werden Entscheidungen bei hoher Marktvolatilität und unter Streß gefällt. Sie können über ein Paket technischer Indikatoren verfügen, das bei korrekter Anwendung Wunder vollbringen könnte, bei falscher Bedienung aber in eine Katastrophe führt. Und so können Sie unter Umständen sehr unbefriedigende Ergebnisse erzielen – nicht, weil die Indikatoren schlecht oder fehlerhaft waren oder Sie die richtige Anwendung nicht verstanden haben. Es kann einfach sein, daß Sie sich nicht vorab darüber im klaren waren, welche Ziele Sie haben. Ich bin der festen Überzeugung, daß es absolut unerläßlich ist, zuerst die Ziele zu formulieren, die man wirklich erreichen möchte und sich erst dann auf die Suche nach denjenigen Hilfsmitteln zu machen, die helfen, eben diese Ziele zu erreichen. Maslov sagte einmal: „Wenn Ihr einziges Werkzeug ein Hammer ist, neigen Sie dazu, alles wie einen Nagel zu behandeln.“ Ich denke, das trifft dies Sache genau. Wenn Sie nur mit einem kurzfristigen Oszillator arbeiten, sieht plötzlich alles nach einer Tradinggelegenheit aus. Wenn Sie kein Trader sind und keine schnellen Gewinne erzielen wollen, ist diese Software sinnlos. Sie müssen verstehen, wofür die Indikatoren gedacht sind, und Sie müssen verstehen, wo Ihre Ziele liegen. Wenn nur einer dieser Faktoren nicht erfüllt ist, bringt auch die beste Software nichts!

Kapitel V

Paul Desmond

Paul Desmond ist Präsident von „Lowry's Report", einer technisch orientierten Investment-Beratungsfirma, welche in dem Ruf steht, die älteste ihrer Art in den Vereinigten Staaten zu sein. Das Unternehmen, 1939 von Lyman M. Lowry gegründet, bietet aktuelle Marktanalysen für institutionelle Investoren ebenso wie für Privatanleger.

Mr. Desmond „erbte" die Faszination für die Börsen von seinem Vater, der ebenfalls ein passionierter Investor war. Paul Desmond half seinem Vater regelmäßig bei der Suche nach interessanten Werten, was sein Interesse für die Börse weckte und später seine Entscheidung, eine Karriere in diese Richtung zu beginnen, entscheidend beeinflußte.

Nachdem er seine Ausbildung im Bank- und Finanzwesen abgeschlossen hatte, erkannte er, daß das Analysieren von Unternehmensbilanzen nicht ausreichte, um Gewinne zu erwirtschaften, wie er sie sich vorstellte. Also machte er sich auf die Suche nach einem verläßlichen System, das imstande wäre, konstante Profite zu erwirtschaften. Er wurde „Stammgast" in der Bücherei von Miami, wo er einen Band nach dem anderen nach brauchbaren Informationen durchforstete. Eine der erhältlichen Quellen war dabei „Lowry's Market Trend Analysis". Die technische Ausrichtung dieses Börsenbriefes erschien ihm weitaus logischer und nachvollziehbarer als alles andere, was ihm bislang in die Hände gefallen war. Da der Brief in Miami hergestellt wurde, notierte er sich die Anschrift mit dem Ziel, sich um einen Job in dieser Firma zu bemühen. Doch als er an der angegebenen Adresse auf Key Biscane ankam, fand er anstatt des erwarteten Bürogebäudes eine geschmackvolle, dreistöckige Villa am Ende einer bildhübschen, mit Palmen gesäumten Straße vor. Diese privat anmutende Atmosphäre dieses Wohngebäudes ließ ihn an der Richtigkeit der Adresse zweifeln – also fuhr er wieder zurück. Aber wie sich herausstellte, war die Adresse richtig. Als er neuen Mut gefaßt hatte, unternahm er einen zweiten Anlauf.

Bei seinem Eintreffen bemerkte er einen Mann in alter Arbeitskleidung und Filzhut, der gerade Pflaumenbäume beschnitt. Er ging zu ihm hinüber, um herauszubekommen, ob dieser irgend etwas mit der Lowry-Organisation zu tun hat. Desmond fiel aus allen Wolken, als der Mann sich als Lyman Lowry vorstellte. Die beiden unterhielten sich volle vier Stunden lang, bevor Mr. Lowrys Gattin sie unterbrach, weil sie sich fragte, wo denn ihr Mann abgeblieben wäre. Überzeugt davon, nun endlich eine Methode für konstante Gewinne gefunden zu haben, bot Desmond an, als Gegenleistung für eine Ausbildung umsonst zu arbeiten. Beeindruckt von Desmonds Demonstration von Interesse und Initiative, engagierte Lowry ihn vom Fleck weg – mit Bezahlung.

Mr. Desmond blieb acht Jahre lang bei der Firma und führte die Geschäfte nahezu alleine, insbesondere, als das fortgeschrittene Alter bei besorgten Klienten die Forderung nach Sicherheiten aufwarf, daß derselbe Standard der Dienstleistungen und Analysen erhalten bleibe, wenn sich Mr. Lowry in den Ruhestand zurückzöge oder unvermittelt sterben würde. Diese Problematik blieb lange Zeit ungelöst, bis sich Lowry entschloß, das Unternehmen 1972 an seinen Protegé zu veräußern. Dennoch führte er seine Arbeit in der Firma für weitere sieben Jahre fort.

Im Jahre 1933 hatte Mr. Lowry eine einzigartige Formel entwickelt, um die Kräfte von Angebot und Nachfrage der an der New York Stock Exchange gelisteten Aktien zu bestimmen. Der „Buying Power Index" und der „Selling Pressure Index", wie die beiden Indikatoren genannt wurden, sind Lowrys Patente und vereinen vier unterschiedliche Variablen, welche in ihrer Gesamtheit darstellen können, ob Käufe oder Verkäufe dominieren. Hierfür ebenso wie für andere herausragende Arbeiten im Bereich der technischen Analyse wurde er als erster mit dem jährlichen Preis der „Market Technician's Association" geehrt. Und tatsächlich überlebten diese Indikatoren 58 Jahre mit nur geringfügigen Modifikationen und unterstreichen so die Konstanz des Gesetzes von Angebot und Nachfrage.

„Lowry's Market Trend Analysis" wird auch heute noch in seiner ursprünglichen Form herausgegeben, aber um den wachsenden Bedürfnissen der institutionellen Kunden zu begegnen, wurden mit den Jahren weitere Dienstleistungen hinzugefügt. Der deutlich umfangreichere „The Institutional Report" umfaßt eine ausführliche Analyse von 50 Branchen und 3 000 Einzelwerten. Auszüge aus „Lowry's Market Trend Analysis" werden bisweilen in der „Market-Watch"-Kolumne von „Barron's" veröffentlicht.

Die technische Analyse war sicherlich alles andere als in Mode, als Lyman Lowry seinen Börsendienst „Lowry's Market Trend Analysis" herausbrachte. Was führte zu dieser unkonventionellen Entscheidung?

In den frühen dreißiger Jahren arbeitete Lyman Lowry als junger Angestellter in der Wertpapierabteilung einer Bank in Coral Gables, Florida. Die damalige Depression drückte die Märkte immer schneller und tiefer nach unten. Den ganzen Tag über liefen die älteren Angestellten den Flur auf und ab. Einer sagte dann zum Beispiel: „Ich kann einfach nicht verstehen, was hier vorgeht." Ein anderer antwortete: „Es war doch nichts falsch an der Art und Weise, wie wir unser Portfolio verwaltet haben. Wir haben in hochqualitative Aktien investiert." So ging das einen Tag um den anderen, und das Portfolio verlor immer weiter an Wert. Mr. Lowry wurde klar, daß diese Leute dabei nicht das geringste unternahmen, um die Einlagen ihrer Kunden zu schützen. 1933 verließ er die Bank und begann, unabhängige Analysen zu erstellen. Alle Lehrbücher unterstrichen damals die hohe Bedeutung der Angebot/Nachfrage-Situation, aber nirgendwo wurde dies auf den Aktienmarkt angewendet. Er versuchte deshalb herauszufinden, wie man Angebot und Nachfrage bei individuellen Aktien und dem Gesamtmarkt messen könnte, und stellte fest, daß alles auf zwei Basisfaktoren abzielte: Kursveränderung und Umsatzvolumen.

Dann teilte er diese beiden Faktoren in Kursanstieg und Kursverlust sowie Kauf- und Verkaufsvolumen auf. Anhand der Daten des „Wall Street Journal" ging er bis zum Januar 1933 zurück und errechnete diese Werte für jede einzelne an der New York Stock Exchange (NYSE) gelistete Aktie. Das war eine gigantische Arbeitsleistung. In diesen Tagen gab es weder Computer noch Datenbanken, nur handbetriebene Rechenmaschinen. Versehen mit einer hypothetischen Fünf-Jahres-Performance, begann er dann im Jahr 1938, den Lowry-Report zu veröffentlichen.

Seit 1933 gab es massive Veränderungen an den Börsen. Hat die ursprüngliche Methode, Angebot und Nachfrage zu messen, diesen Wandel überlebt?

Die Methode blieb über die Jahre hinweg immer dieselbe, aber unsere Möglichkeiten der Datenerfassung und die Fähigkeiten, diese in der Gesamtheit oder aus anderen Blickwinkeln zu analysieren, hat sich mit der Zeit natürlich erweitert. Bei derart massiv veränderten Rahmenbedingungen fragen sich die Leute, wie so etwas immer noch dieselbe Gültigkeit haben kann. Ich pflege, unser System immer mit einem Wetterbarometer zu vergleichen. Obgleich schon im 16. Jahrhundert erfunden, bleibt das Barometer auch heute noch ebenso wie in hundert Jahren unerläßlich, denn es ist ein absolutes Basisinstrument. Auch die Veränderungen der Ozonschicht und die Luftverschmutzung konnten die Bedeutung des Barometers nicht schmälern. Das Gesetz von Angebot und Nachfrage ist das erste, was Sie im „Economics 101“ lernen, und Grundlage der gesamten Makroökonomie. Lowrys Versuche, herauszufinden, ob es mehr Kaufinteresse als Verkaufsdruck gäbe, waren nichts anderes.

Trotz der heute weitaus anspruchsvolleren Investoren, all der Elektronik, der Öffnung der Weltmärkte, der verlängerten Handelszeiten und dem Vormarsch der Investmentfonds – dieser Basisindikator wurde dadurch nicht beeinflußt. Ebenso wie der Luftdruck, vom Barometer gemessen, ein idealer Ausgangspunkt für eine Wetteranalyse ist, stellen Angebot und Nachfrage einen logischen und grundlegenden Ausgangspunkt für jede seriöse Analyse der Aktienmärkte dar.

Könnten Sie die von Mr. Lowry entwickelte Technik zur Messung von Angebot und Nachfrage näher erläutern?

Visualisieren Sie die Aktienlisten des „Wall Street Journal“, indem Sie diese Seiten der Zeitung vor sich auf den Tisch legen. Fangen Sie oben an. Jedesmal, wenn Sie ein Pluszeichen vor der Kursveränderung entdecken, addieren Sie die Höhe der Kursveränderung. Ist die erste Aktie z. B. um $ 3/8 gestiegen, addieren Sie 3/8. Wenn die nächste Aktie um 1/4 gestiegen ist, addieren Sie 1/4 hinzu. Der dritte Wert hat ein Plus von $ 1 1/2 aufzuweisen, also kommen noch einmal 1 1/2 dazu. Sie addieren also einfach alle positiven Kursveränderungen des Tages. Nehmen wir nun an, Sie haben alle Kursgewinne der Einzelwerte des jeweiligen Tages addiert und kommen in der Summe auf 300 Punkte. Diese Summe nennen wir „Punktgewinn". Jetzt tun Sie dasselbe mit den Kursverlusten, welche die einzelnen Werte an diesem Tag hinnehmen mußten. Damit erhalten Sie eine Summe, die wir „Punktverlust" nennen. Nun machen Sie erneut dasselbe mit den Umsätzen. Anders formuliert: Wenn eine Aktie für diesen Tag ein Plus aufweisen kann, werden die Umsätze dieses Werts in die Liste „Kaufvolumen" addiert. Das Umsatzvolumen derjenigen Aktien, die mit einem Minus abgeschnitten haben, kommt zur Liste „Verkaufsvolumen". Auf diese Weise wird das Verhalten aller – der Parketthändler, der institutionellen Investoren, der Arbitrage-Trader und ausländischen Anleger oder wer auch immer am Markt kauft oder verkauft – in diesen Basiszahlen erfaßt. Ich könnte diese Zahlen auch noch weiter aufspalten, doch das empfiehlt sich eigentlich nicht, denn je einfacher das Beispiel, desto weniger Verwirrung kann entstehen.

Nach Vollendung der Angebot/Nachfrage-Analyse der NYSE erhalten Sie also vier Kennzahlen: Punktgewinne, Punktverluste, Kaufvolumen und Verkaufsvolumen. Untersuchen Sie diese Variablen dann einzeln oder nur in ihrer Gesamtheit?

Je nachdem, was Sie erreichen wollen, gibt es eine ganze Reihe von Betrachtungsmöglichkeiten. Das erste ist aber immer der Vergleich von Punktgewinnen zu Punktverlusten. Was liegt höher? Es gilt, diese Werte einfach voneinander abzuziehen. Daraus ergibt sich eine Nettosumme, die entweder positiv oder negativ ist und dann regelmäßig den vorangegangenen Werten hinzuaddiert wird. Das ist eine Möglichkeit.

Ein weiterer Aspekt ist die Betrachtung der Relation des Kaufvolumens zum Verkaufsvolumen und deren Vergleich zu der Nettosumme der Punktveränderung dieses Tages. Sie können dabei die Differenz der beiden Umsatzzahlen nehmen, aber genausogut eine Relation bilden. Lassen Sie mich das an einem Beispiel verdeutlichen:

Stellen Sie sich vor, daß Sie und ich zusammen ein Kaufhaus besitzen. Dieses Kaufhaus verfügt über unterschiedliche Abteilungen, z. B. Kleidung, Schmuck, Haushaltswaren oder Möbel. Die NYSE hat für die Aktien ebenfalls solche Abteilungen: Technologiewerte, Pharmaindustrie, Automobile, Stahl usw. Nun wollen wir herausfinden, wie gut unser Kaufhaus läuft – und zwar auf täglicher Vergleichsbasis. Was müssen wir dazu tun? Ich würde vorschlagen, zuerst die Kassenbestände nach Ladenschluß zu überprüfen, um festzustellen, wieviel Geld eingenommen wurde. Das ist vergleichbar mit den Punktgewinnen. Danach müßte man sehen, wieviel Geld unsere Lieferanten bekommen haben, die wir (in diesem Beispiel) täglich zu bezahlen haben. Auch dieses Geld, das täglich durch den Lieferanteneingang verschwindet, müßte gezählt werden. Sagen wir, daß $ 10 000,00 eingenommen und $ 5 000,00 ausgegeben wurden. Bilden wir hieraus die Differenz, bleiben unter dem Strich Nettoeinnahmen von $ 5 000,00.

Ein anderer wichtiger Aspekt wäre die Anzahl der Kunden, die täglich in unserem Kaufhaus einkaufen. Wenn wir 1 000 Kunden hätten, würde das bei täglich eingenommenen $ 10 000,00 bedeuten, daß jeder im Schnitt für $ 10,00 eingekauft hat. Dasselbe tun wir nun für das ausgegebene Geld. Wie viele Lieferanten haben wir? Um die Sache zu vereinfachen, nehmen wir einfach an, es wären 50. Also liefert jeder für einen Wert von $ 100,00 täglich. Jetzt haben wir vier Zahlen. Die Einnahmen, die Ausgaben, die Anzahl der Kunden und Lieferanten. Was sonst ließe sich messen, um herauszufinden, was in unserem Kaufhaus vorgeht? Nun, wir könnten in der Gegend herumstehen und versuchen, Meinungen unserer Kunden zu erhalten. Aber solche Dinge sind nicht annähernd so aussagekräftig wie das, was sich abends in der Kasse befindet. Wir könnten diese ganzen Kennzahlen auch einzeln für die jeweiligen Abteilungen des Kaufhauses ermitteln, aber je mehr man diese Werte aufsplittet, desto weniger bedeutend sind sie.

Sagen wir, es wären an fünf aufeinanderfolgenden Tagen jeweils $ 10 000,00 in der Kasse gewesen. Diese Zahl bleibt konstant, aber gleichzeitig nimmt die Zahl unserer Kunden ab. Eine Zeitlang hatten wir 1 000 Kunden täglich, nun geht dieser Wert auf 500 zurück. Das

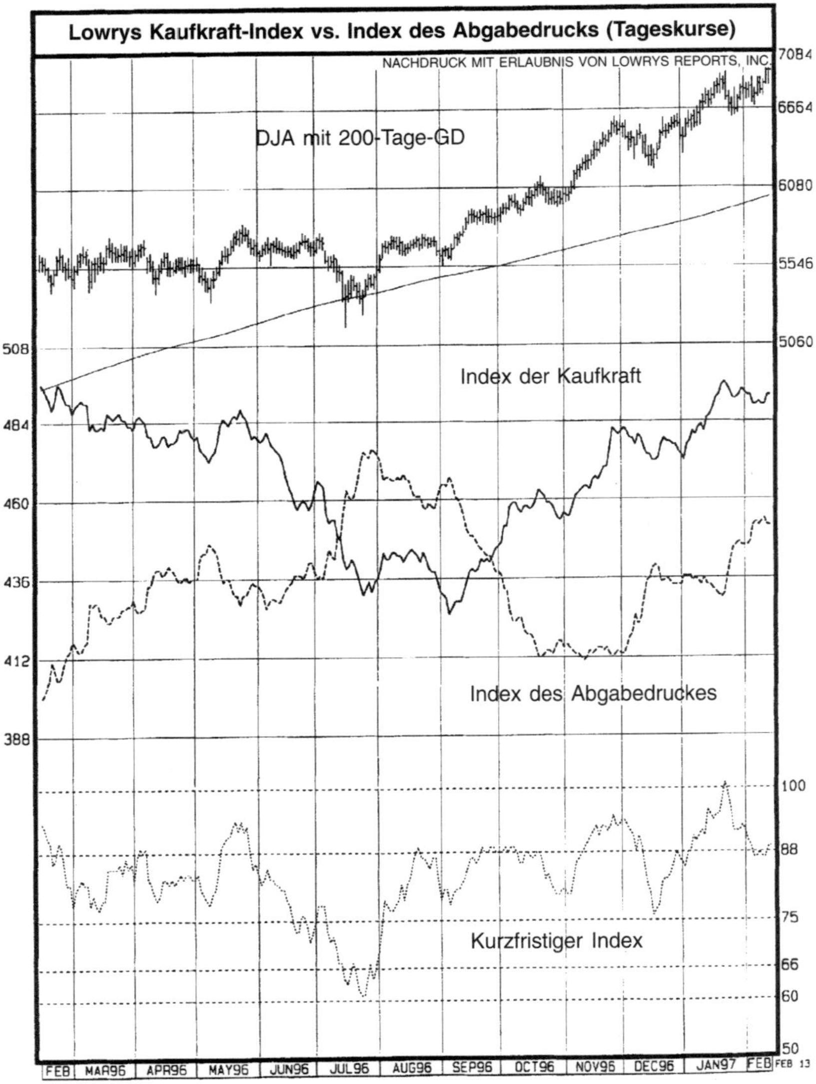
Lowrys Kaufkraft-Index vs. Index des Abgabedrucks (Tageskurse)
NACHDRUCK MIT ERLAUBNIS VON LOWRYS REPORTS, INC.
DJA mit 200-Tage-GD
Index der Kaufkraft
Index des Abgabedruckes
Kurzfristiger Index
7084
6664
6080
5546
5060
508
484
460
436
412
388
100
88
75
66
60
50
FEB
MAR96
APR96
MAY96
JUN96
JUL96
AUG96
SEP96
OCT96
NOV96
DEC96
JAN97
FEB
FEB 13

bedeutet, daß nun 500 Kunden Waren im Wert von $ 10 000,00 kaufen. Was heißt das? Wir finden heraus, daß keine Kunden mehr in die Haushaltsabteilung kommen. Dafür aber drängt sich alles bei Schmuck und Möbel. Die Kunden geben zwar größere Summen aus, dies beschränkt sich aber nur auf einen Teil des Kaufhauses. Dies ist kein gutes Zeichen. Die Veränderungen in der Relation der Einnahmen zur Anzahl der Kunden sind höchst wichtig.

Das gilt ebenso umgekehrt. Wir müssen die Anzahl unserer Lieferanten daher ebenso untersuchen. Das Zusammenspiel dieser vier Kennzahlen versorgt Sie mit einem einfachen und doch signifikanten Überblick über das, was sich in Ihrem Kaufhaus tut. Und eben dies machen wir mit dem Aktienmarkt. Wir überwachen die Summen, welche die Kunden in die Börse investieren – das sind die Punktgewinne. Dann untersuchen wir die Höhe derjenigen Umsätze, die bei diesen Käufen auftreten – das ist das Kaufvolumen. Wir prüfen genauso, wie groß die Summen sind, welche die „Lieferanten" aus dem Markt herausnehmen – das sind die Punktverluste. Das Verkaufsvolumen schließlich sind die Umsätze, die bei Trades auftreten, die einen solchen Verkauf als Basis haben. Alle Transaktionen der Börse sind in diesen vier Werten enthalten, egal, wer dabei als Käufer oder Verkäufer aufgetreten ist, seien es Privatanleger, Parketthändler oder institutionelle Investoren.

Liegt Distribution vor, wenn das Angebot die Nachfrage überwiegt?

Das beginnt eigentlich schon vorher. Wir verwenden eine Reihe längerfristiger Angebot/Nachfrage-Indikationen, um ein reales Bild des Trends zu erhalten. Angebot und Nachfrage schwanken ja täglich. Wenn Sie sich nur einzelne Handelstage ansehen, können Sie daraus meistens keine Aussage darüber treffen, was der Markt wirklich tut. Aber mit einem längerfristigen Blickwinkel lassen sich plötzlich Strukturen erkennen. An Tops finden Sie normalerweise eine abnehmende Nachfrage, die indes einem anschwellenden Angebot gegenübersteht. Dies kann durchaus bereits einige Monate vorher beginnen, so daß Sie vorgewarnt sind. Es passiert nicht alles von eben auf sofort, sondern vollzieht sich als allmähliche Verschiebung der Verhältnisse.

Das gilt aber nicht notwendigerweise für Tiefs. Tiefpunkte vollziehen sich üblicherweise weitaus schneller. Der Markt bricht einfach bis zu einem Punkt ein, an dem jeder, der verkaufen wollte, dies auch getan hat. Dann treten die Käufer blitzschnell auf den Plan, um sich die Gelegenheit „billiger" Kurse zu sichern. Bei einem Markttief muß man daher nach einem totalen Ausverkauf und einem plötzlichen Erscheinen der Käufer, die sich zuvor nicht haben blicken lassen. Bei Tops hingegen zieht sich dieser Prozeß um ein Vielfaches in die Länge.

An Markttops gibt es ja normalerweise eine ganze Vielzahl von Warnsignalen.

Erinnern Sie sich an Mitte Februar 1996. Unser Buying-Power-Index bildete ein Top und drehte schlagartig nach unten. Der Index hatte sich seit Ende 1994 in einem starken Aufwärtstrend befunden. Die Zeitungen aber quollen von Berichten über das unstillbare Verlangen der Anleger nach Aktien über, und die Kurse stiegen weiter. Die allgemeine Meinung war, daß das Kapital in unglaublichen Mengen in den Markt fließen würde. Aber die Wahrheit war, daß diese Zuflüsse immer weiter zurückgingen. Diesen Rückgang an Kapitalzuflüssen und Umsätzen konnten wir kontinuierlich bis Anfang September beobachten.

Wenn Sie sich die Käufe der Investmentfonds in dieser Phase ansehen, stellen Sie fest, daß diese exakt im Februar begannen, rückläufig zu werden. Dies wurde nicht offiziell bekanntgegeben, aber unser Buying-Power-Index meldete: Irgendwo führt irgend jemand dem Markt weniger Kapital zu als noch Ende 1995. Das Kurshoch im Aktienmarkt kam indes erst im Mai 1996 – Sie waren also Monate zuvor gewarnt. Im Oktober 1996 schien es dann, als hätten sich die düsteren Wolken plötzlich verzogen. Neue Zuversicht mündete in neue Käufe und führte die Börse in einen neuen Hausseschub.

Doch trotz der Abwärtstendenz bis Juni 1996 und des nachfolgenden, starken Einbruchs im Juli hat sich doch niemals ein Bear-Market etabliert.

Im Süden Floridas gibt es jedes Jahr eine Phase der Hurrikans. Die Meteorologen treten permanent in den Nachrichten auf und warnen vor heraufziehenden Stürmen. Wir gehen daraufhin in die Läden und kaufen Wasser, Dosennahrung und Kerzen. Wir vernageln sämtliche Fenster und Türen. Oftmals werden Evakuierungen notwendig. Und dann kommen sie und sagen: „Der Sturm hat abgedreht." Jedesmal, wenn sich ein Sturm nähert, wiederholt sich diese Prozedur. Sie kaufen Wasser und vernageln die Fenster, obwohl sie genau wissen, daß der Sturm in den allermeisten Fällen nicht kommen wird.

Wenn ein Sturm droht, müssen Sie eben eine defensive Position einnehmen. Denn tun Sie es nicht, und der Sturm kommt wirklich, wird er Schäden verursachen, deren Reparatur Jahre beanspruchen wird. Mit der Börse ist es irgendwie genau dasselbe. Oft sehen wir Zeichen nachlassender Nachfrage, Distribution, nachlassender Umsätze, eines zurückfallenden Momentums usw. Es ist eine Warnung, daß etwas falsch läuft und in einem signifikanten Kursrückgang münden könnte. Auch wenn Sie genau wissen, daß die überwiegende Zahl drohender Bear-Markets nicht eintreffen wird, müssen Sie trotzdem eine defensive Position einnehmen, um sicherzugehen, nicht doch von einem wirklichen Bear-Market „erwischt" zu werden.

Überwachen Sie die Angebot/Nachfrage-Situation ausschließlich für die NYSE oder auch für andere Indizes?

Was die NYSE betrifft, haben wir diese Analysen bis zurück in das Jahr 1933 vollzogen. Als wir 1972 auf Computer umgestellt haben, betrieben wir dieselben Analysen dann auch für die AMEX, doch diese Börse hat mehr und mehr an Bedeutung verloren, so daß die Werte zumeist sehr verzerrt sind. Gleichzeitig wurde aber die NASDAQ zu einem liquiden und bedeutenden Markt. An der NASDAQ sind einige Aktien zukünftiger Schlüsselbranchen gelistet – aber auch Tausende anderer

Werte, die nahezu unbedeutend sind. Aus dem Blickwinkel der Liquidität sind wahrscheinlich nur 150 bis 200 Aktien unter all den Tausenden zu finden, in welche institutionelle Investoren leicht ein- und auch wieder aussteigen können. Daher hatten wir es bislang nicht besonders eilig, all diese irrelevanten, kleinen Werte mit den dadurch zwangsläufig folgenden Ergebnisverfälschungen in unsere Analyse aufzunehmen. Aber in naher Zukunft werden wir die NASDAQ wohl ebenfalls in den Bereich der zu beobachtenden Indizes aufnehmen.

Die NYSE hat einen starken Einfluß auf alle Aktien, egal, an welcher Börse diese notieren. Wir haben zum Beispiel eine große Anzahl kanadischer Kunden, die uns berichten, daß die NYSE derart parallel zur kanadischen Börse läuft, daß sie unsere NYSE-Analysen für das Trading an den dortigen Börsen übernehmen können. Und dasselbe gilt auch für die NASDAQ. Es gibt ebenso Phasen, in denen sich NASDAQ und NYSE gegenläufig verhalten, aber das gilt fast immer nur für kurze Zeit. Ich glaube, die größte Divergenz zwischen beiden reicht in das Jahr 1977 zurück. In diesem Jahr ging es mit der NYSE fast die ganze Zeit abwärts, während AMEX und NASDAQ zugleich recht deutlich anziehen konnten.

Lowrys „Buying-Power-“ und „Selling-Pressure“-Indizes messen die Angebot/Nachfrage-Situation für die Gesamtheit aller an der NYSE gelisteten Aktien. Ist es möglich, diese Prozedur auch für Einzelwerte anzuwenden?

Ursprünglich arbeiteten wir ausschließlich mit Schlußkursen, denn mehr Daten waren zu dieser Zeit nicht verfügbar. Für eine einzelne Aktie bedeutete dies, daß Sie am Ende der Sitzung nur erfuhren, ob sie an diesem Tag gestiegen, gefallen oder unverändert geblieben war. Das hieß zwangsläufig auch, daß 100 % des Umsatzes auf das Kaufvolumen zuzurechnen waren, wenn die Aktie einen Kursgewinn erzielt hatte, und eben dies ist eigentlich nicht korrekt. Denn während des Handels könnte der Wert hundertmal auf- und abwärts gegangen sein, aber es gab eben nur einen Schlußkurs und das Gesamtvolumen. Erst in den sechziger Jahren wurden dann auch die Zahlen für die einzelnen Trades erhältlich. Nur: Die notwendigen Computer, welche diese Datenflut hätten verarbeiten und analysieren können, die gab es trotzdem noch nicht. Aber eines Tages werden wir imstande sein, eine komplette Angebot/Nachfrage-Analyse für Einzelaktien durchzuführen.

Es geht hierbei also nicht um ein konzeptionelles Problem, sondern um rein technische Limitierungen?

Ja. Mitte der Sechziger mußten wir unsere gesamte Arbeit noch per Hand erledigen. Die Zahlen wurden mit Rechenmaschinen ermittelt. Jetzt aber haben wir einen Zeitpunkt erreicht, an dem die Computer ausreichende Leistungsfähigkeit besitzen, um all diese Werte zu verarbeiten. So könnten wir auch imstande sein, zurückliegende Börsenphasen zu erfassen und wichtige Untersuchungen anzustellen. Aber bis dahin liefern wir eine komplette Angebot/Nachfrage-Analyse für den Gesamtmarkt und, wenn es denn möglich sein wird, für einzelne Werte. Bis dahin müssen wir für letztere einfach auf Analysen der Relativen Stärke ausweichen.

Sind die Signale, welche eine Veränderung in der Angebot/Nachfrage-Situation anzeigen, ein Vorläufer zu den Kursen, oder gibt es hier keine Zeitverschiebung?

Normalerweise kommen die Signale parallel, aber einige Aspekte sind durchaus im voraus erkennbar, wenn bestimmte Situationen auftreten. Wenn eine bestimmte Konstellation auftaucht, erhöht sich auf Basis vergangener Erfahrungen die Wahrscheinlichkeit, daß sich daraus vorhersehbare Konsequenzen entwickeln. Sie können zum Beispiel regelmäßig Perioden beobachten, in denen die Käufer langsam, aber konstant Aktien akkumulieren. Doch sobald die Massenpsychologie ins Spiel kommt, wächst die Euphorie unaufhörlich. Wenn diese Begeisterung dann erst einmal abnimmt, lassen sich die Folgen zu einem gewissen Grad vorab einschätzen. Die „Lowry's Market Trend Analysis" hat eine 63jährige Geschichte. Wir haben diese gesamte Zeitspanne in graphischer Form ebenso wie in Statistiken veröffentlicht, so daß die Kunden über die Möglichkeit verfügen, die aktuelle Situation mit

Gegebenheiten aus der Vergangenheit zu vergleichen. Der Anleger hat so die Möglichkeit festzustellen: Diese Situation ist zuvor schon fünfundzwanzigmal aufgetreten, und dies oder jenes ist in jedem einzelnen Fall geschehen. Damit erhalten Sie quasi eine Wahrscheinlichkeitstabelle, wie sie z. B. eine Versicherung benutzt. Eine Versicherung sieht sich die Zahlen über Hurrikanes an der Ostküste von Florida an und stellt fest, daß es einen bestimmten Grad der Wahrscheinlichkeit dafür gibt, daß diese in der Zeit zwischen Juni und Oktober auftreten. Versicherungsunternehmen müssen sich auf die möglichen Risiken während dieser Zeit einstellen können. Und genau das gleiche gilt für die Börse. Wenn eine bestimmte Situation sich immer und immer wiederholt, müssen Sie sich auf diese Eventualitäten einstellen.

Beim Programmtrading generieren die Computer Kauf- oder Verkaufssignale, die Diskrepanzen im Kurs einzelner Aktien in Relation zum Index ausnutzen sollen. Verzerrt dies nicht die Angebot/Nachfrage-Situation insoweit, als daß es sich hierbei um mechanisiertes und nicht um emotional initiiertes Trading handelt?

Es ist in der Tat ein eher mechanischer als emotionaler Prozeß. Aber auch bei „normalen“ Geschäften ist die Emotion bereits verschwunden, wenn die Dollars über die Theke wandern. Wir können sowieso nie sicher sein, warum ein Investor kauft oder verkauft – wir wissen nur, *daß* sie es tun. Aus diesem Blickwinkel heraus sieht das im Programmtrading ausgegebene Geld genauso aus wie das Geld anderer Investoren. Das Programmtrading hat also nur insoweit Auswirkungen auf die Angebot/Nachfrage-Werte, als daß auch diese Umsätze mit in die Kennzahlen einfließen.

Die Investoren unterliegen permanent äußeren Einflüssen. Vor einigen Jahren begannen japanische Investoren, Geld in die US-Märkte zu „pumpen“, ohne Ansehen dessen, was sie da eigentlich kauften. Jedermann fragte sich damals, welche Verzerrungen wohl durch diese ausländischen Käufe verursacht würden. Jahrelang schrieb Garfield Drew über den Einfluß des Arbitrage-Tradings. Auch Short-Trader wurden lange Zeit als möglicher verfälschender Faktor angesehen. Mal ist es dies, mal ist es jenes, aber im Endeffekt sind doch dies alles Dinge, die in ihrer Gesamtheit nun einmal die Börse ausmachen. Die ausländischen Anleger sind immer noch da, aber heute ist uns klargeworden, daß ihr Einfluß weit geringer ist, als wir zuvor dachten. Also achten wir nicht mehr so darauf.

Betrachtet man die Dinge mit einem langfristigen Horizont, nimmt die Bedeutung einer einzelnen Gruppe an der Börse immer mehr ab. Auch wenn eine solche Gruppe die allgemeine Marktmeinung positiv oder negativ beeinflussen könnte, würde sie doch die Basiselemente Angebot und Nachfrage nicht verändern. Wenn mehr Geld in den Aktienmarkt hineinfließt als abgezogen wird, liegt eine bullishe Situation vor. Steigen mehr Anleger aus Aktien aus als hineinwollen, ist das eben bearish. Wenn Sie Ihren Blickwinkel über einen kurzfristigen Horizont hinaus ausdehnen, erscheint es Ihnen, als wären diese Trends ebenso klar umrissen wie andere Dinge der Geschichte. Verzerrungen sind dabei ausschließlich kurzfristig wirksam gewesen. Betrachtet man sich das Programmtrading auf Tagesbasis, wurden dadurch zweifellos viele Probleme geschaffen, aber mittelfristig gesehen, ist seine Bedeutung minimal.

Die Leser haben natürlich nicht die Möglichkeiten, eine vergleichbar umfangreiche Angebot/Nachfrage-Analyse wie Lowry's durchzuführen. Aber wenn man sich auf etwas Überschaubares, z. B. die 30 Dow-Aktien, beschränken würde – wäre das nicht schon hilfreich?

Wenn dies alles wäre, was Sie nachvollziehen könnten, wären die 30 Dow-Werte sicherlich die beste Wahl. Wir haben uns damit bereits beschäftigt. Es ist auf jeden Fall ein Anfang, aber je breiter die Basis Ihrer Analysen, desto klarer das Bild, das sich Ihnen präsentiert. Es gibt bisweilen Phasen, in denen diese „Blue Chips" weitaus besser als der Gesamtmarkt laufen. Falls Sie sich also auf diese 30 Werte beschränken würden, wäre das nur dann sinnvoll, wenn Sie auf das Ergebnis dieser Analysen nur Kauf- und Verkaufsentscheidungen begründen, die eben diese 30 Aktien betreffen. Wenn Sie allerdings diese 30 Aktien überwachen und auf diese Ergebnisse hin losziehen, um kleinere Nebenwerte zu kaufen, wird das nicht funktionieren – wobei es genau das ist, was viele Anleger leider tun. Der durchschnittliche Anleger will einfach einen allgemeinen Überblick über die Marktrichtung und kauft daraufhin irgendwelche Spezialwerte mit einer Menge Hoffnung auf die Zukunft, die aber meistens noch keinen Cent verdient haben.

Einer der von Mr. Lowry entwickelten Indikatoren ist der „90%-Abwärtstag". Könnten Sie beschreiben, was dieser Indikator mißt und wie er berechnet wird?

Er ist ein sehr hilfreiches Instrument, um Markttiefs zu erkennen. Über Jahre hinweg versuchen die Leute bereits, einen Weg zu finden, um derartige Tiefpunkte zu identifizieren. Edson Gould definierte den sogenannten „V-Boden". Diese Indikation liegt vor, wenn die Kurse zu Beginn einer Handelssitzung unter hohen Umsätzen scharf einbrechen, sich aber irgendwann im Tagesverlauf stabilisieren, um dann unter erneut zunehmenden Umsätzen wieder massiv anzusteigen, und letztendlich im Plus schließen. Aber wir mußten feststellen, daß dieses Konzept nicht immer funktioniert. So gibt es Fälle, in denen die Börse über den gesamten Tag hinweg massiv fällt, sich aber erst am nächsten Tag wieder erholen kann. Das bringt die Anleger in Schwierigkeiten, weil Gould die Wende ja auf einen Zeitpunkt in der Mitte eines Tages definiert hatte. Dann gibt es eine Vielzahl von Situationen, in welchen man zwar einen solchen „V-Boden" finden kann, dieser aber nicht hält. Wir sind daraufhin bis in das Jahr 1933 zurückgegangen und haben dabei alle wichtigen Bodenbildungen untersucht. Das Ziel war, die Idee dieses klassischen „V-Bodens" zu verfeinern. Wir fanden heraus, daß alle wichtigen Abwärtsbewegungen einen 90%-Abwärtstag enthielten. Das bedeutet nichts anderes, als daß an diesem speziellen Tag 90 % des Umsatzvolumens und 90 % der Kursbewegungen abwärts gerichtet waren.

Dieser Indikator umfaßt also den Kurs* und *das Umsatzvolumen?

Ja. Wir haben herausgefunden, daß die Häufigkeit dieser 90%-Abwärtstage zunahm, je näher man einem endgültigen Tiefpunkt kam. Während eines Bear-Markets kann so etwas durchaus bis zu dreißigmal auftreten, aber je näher das Tief kommt, desto häufiger treten diese Tage auf. Ein solcher 90%-Abwärtstag bringt Panikverkäufe mit sich. Die schlichte Zahl „90 %“ ist dabei nicht so wichtig wie das, was solche Werte aus dem Blickwinkel von Angebot und Nachfrage bedeuten. Während eines Bear-Markets geraten die Anleger in Panik und verkaufen ihre Aktien. Dabei nährt die Panik sich selbst, nimmt also immer mehr zu, je länger die Verkäufe andauern. Irgendwann wird dann der Punkt erreicht, an dem jeder, der verkaufen will, dies auch tut. Daraus entsteht dann dieser „finale“ 90%-Abwärtstag, der Ihnen zeigt, daß die Börse ein Level der „Kapitulation“ erlangt hat. Dann sind einfach keine Verkäufer mehr übrig. Die einzigen, die dann noch übrigbleiben, sind diejenigen, die bis dahin mit ihren Bargeldbeständen auf eine Kaufgelegenheit gewartet haben. Wenn diese dann in den Vordergrund treten und mit den Käufen beginnen, entsteht daraus ein 90%-Aufwärtstag.

Sie meinen also, daß ein Tief dann auftritt, wenn auf einen 90%-Abwärtstag ein 90%-Aufwärtstag folgt?

Nun, während großer Abwärtstrends sehen Sie öfter solche 90%-Abwärtstage, denen umgehend ein 90%-Aufwärtstag folgt. So etwas nennen wir „totalen Ausverkauf“. Wir gingen unsere Aufzeichnungen seit 1933 durch, überprüften alle wichtigen Tiefpunkte und fanden heraus, daß dieses Szenario immer wieder gleich verlief. Nach einer kompletten Panik folgt sofort das Gegenteil, indem die Käufer registrieren, daß hier phantastische Chancen existieren, und wieder in den Markt einsteigen, woraus dann ein solcher 90%-Aufwärtstag entsteht. Seit 1933 hat sich immer wieder folgendes bestätigt: Wenn Sie zwei oder mehr 90%-Abwärtstage beobachten, bedeutet dies, daß hier eine Marktsituation vorliegt, die sich weitaus ernster als eine normale Korrektur darstellt. Wenn deren Häufigkeit indes immer weiter zunimmt, nähern Sie sich mehr und mehr dem letztendlichen Tiefpunkt. Man wartet einfach auf den letzten 90%-Abwärtstag, wann immer das sein mag. Folgt diesem dann ein 90%-Aufwärtstag, ist das Ihr Signal, daß sich etwas grundlegend geändert hat. Es handelt sich hier um einen der wichtigsten Indikatoren für Markttiefs; zum einen, weil er sich als immens zuverlässig erwiesen hat, zum anderen, weil man hier sofort reagieren kann – und muß. Grundsätzlich gilt: In 50 % der Fälle werden die 90%-Abwärtstage sofort von einem 90%-Aufwärtstag verfolgt. In den meisten anderen Fällen taucht dieser 90%-Aufwärtstag innerhalb von ein bis drei Tagen nach dem absoluten Tief auf – was ebenfalls ein 90%-Abwärtstag war.

Ist es nicht möglich, daß ein solcher 90%-Aufwärtstag, der einem 90%-Abwärtstag folgt, ausschließlich den Beginn einer Bear-Market-Rallye, nicht aber einer echten Trendwende darstellt?

Sicher, es gibt einige wenige Fälle in unseren Aufzeichnungen, in denen die Börse danach wieder gedreht hat und noch tiefer fiel. Aber das geschah sehr selten. Aber in jedem Fall ist ein solches Szenario eine gute Gelegenheit, um festzustellen, daß sich hier etwas sehr Bedeutsames ereignet hat und es nun erforderlich ist, die Einstellung gegenüber der Marktlage zu ändern.

Wie werden diese 90%-Abwärtstage und 90%-Aufwärtstage berechnet?

An einem Tag, an dem die Kurse per saldo gefallen sind, dividieren Sie das Verkaufsvolumen durch die Summe aus Kauf- *und* Verkaufsvolumen. Wenn dieser Wert dann bei 90 % oder höher liegt, handelt es sich um einen 90%-Abwärtstag. Für einen 90%-Aufwärtstag nehmen Sie das Kaufvolumen und dividieren es durch die Summe aus Kauf- und Verkaufsvolumen. Auch hier gilt: Die Bedingung ist erfüllt, wenn das Ergebnis bei 90 % oder höher liegt. Wir haben übrigens interessanterweise festgestellt, daß ein Wert knapp darunter schon keinerlei Relevanz mehr hat.

Mit anderen Worten: 89,5 % reichen nicht aus.

Genau. Wir gehen dann noch einen Schritt weiter und berechnen den Prozentsatz der Kursveränderungen nach oben bzw. unten auf dieselbe Weise wie die Umsätze. Aber ich meine, wenn sich die Leute ausschließlich auf die Umsätze beschränken wollen, liegen sie dennoch zu immerhin 95 % richtig.

Die Anleger können sich diese 90%-Abwärts- und Aufwärtstage ja auch durch Sentimentindikatoren oder andere Indikationen bestätigen lassen, um sicherzugehen, daß sich ein Tiefpunkt gebildet hat.

Ja, wobei dies dann nicht dazu verleiten sollte, gleich wieder mit 100 % investiert zu sein. Es ist nur eine kleine grüne Lampe, die Ihnen sagt: „Ändern Sie Ihre Einstellung." Sie waren bearish orientiert. Der Markt ist gefallen und hat Ihre Denkweise damit bestätigt. Da ist es verständlich, daß es etwas schwerfällt, diese Einstellung schlagartig zu ändern. Sie brauchen etwas, was sich vor Ihnen aufbaut und sagt: „Es ist Zeit, diese Einstellung zu überprüfen und anzupassen." Dieser Indikator ist dabei wahrscheinlich eines der frühesten Signale, welches Sie in dieser Hinsicht bekommen können. Das heißt nicht, daß Sie sofort loslaufen und kaufen sollen, aber es bedeutet, daß Sie beginnen müssen, über die Lage anders nachzudenken, als Sie es bislang getan haben.

Kommen wir einmal auf Ihre Analyse der Gesamtumsätze an der NYSE zurück. Sie filtern dabei die Umsätze heraus, welche bei unveränderten Kursen zustande kommen. Was übrigbleibt, nennen Sie das „aktive" Umsatzvolumen, welches Kauf- und Verkaufsvolumen umfaßt. Welchem Zweck dient das?

Wir nehmen die Umsätze bei unveränderten Kursen heraus, weil man hieraus nichts erfahren könnte, was uns Kauf- oder Verkaufsvolumen nicht bereits sagen würden. Das so ziemlich einzige, was Sie aus den Umsätzen bei unveränderten Kursen herauslesen können – und dies auch nur auf kurzfristiger Basis –, ist der Grad der Unentschlossenheit unter den Investoren. Aber dies gilt wie gesagt nur als Momentaufnahme auf Intraday-Basis.

Aber bisweilen lassen sich aus der Höhe der Umsätze bei unveränderten Kursen auch Indikationen ablesen?

Ja, an ganz bestimmten Tagen. Wenn dieses Unverändertvolumen relativ zu dessen normaler Höhe und zugleich relativ zum Kauf- und Verkaufsvolumen sehr hoch liegt. Das sagt dann aus, daß die Anleger sich sehr unsicher über das sind, was sie tun sollen. Es ist aber mehr etwas, was zum Trading als solchem gehört: Einem „Bullen“ steht ein „Bär“ gegenüber, und so passiert unter dem Strich gar nichts. Aber: Generell pflegt nach solchen Phasen der Unentschlossenheit sich etwas wirklich Wichtiges zu ereignen; daher lohnt es sich, solche Situationen genau zu beobachten. Sie können als Vorwarnung für einen Breakout gelten.

Hat das Umsatzvolumen irgendeine Relevanz in bezug auf einen bevorstehenden Trendwechsel der Kurse?

Das Gesamtvolumen als solches sagt in dieser Hinsicht nicht allzuviel aus, da sie allein aus dieser Zahl nicht ablesen können, ob es sich hier um einen hohen Anteil Kaufvolumen und nur wenig Verkaufsvolumen handelt oder umgekehrt. Es gibt die Regel, daß die Umsätze bei steigenden Kursen ebenfalls anziehen sollen, aber dabei kann man auch leicht in die Irre geführt werden, weil das natürlich auch massive Verkäufe beinhalten kann. Man muß sich vielmehr fragen: „Welche Art von Umsätzen gehen hier in die Rechnung mit ein?“ Wenn die Anleger in eine Rallye hinein verkaufen und Sie sich ausschließlich die Gesamtumsätze ansehen, werden Sie den Güterzug nicht bemerken, der da direkt auf Sie zukommt. Wenn Sie indes genauer hinsehen und das Gesamtvolumen zum größten Teil aus Kaufvolumen besteht, dann ist der Aufwärtstrend bestätigt.

Kann das „aktive Volumen“ Zeichen von Akkumulation und Distribution besser erkennen als das Gesamtvolumen?

Man kann grundsätzlich sagen, daß ansteigende Umsätze bei jeder Art von Trend darauf hindeuten, daß es sich hierbei um einen starken Trend handelt – aber bei wichtigen Tops ist das nicht zutreffend. An einem solchen Top liegt Distribution vor. Wenn Sie die Daten dann nicht aufspalten und sich Kauf- und Verkaufsvolumen isoliert ansehen, würden Sie übersehen, daß das ansteigende Volumen in Wirklichkeit durch die Verkäufer und nicht durch die Käufer hervorgerufen wird. Um sicherzustellen, daß wir die Angebot/Nachfrage-Situation in bezug auf die Kurse ebenso wie die Umsätze analysieren, vergleichen wir zudem den

Punktgewinn mit dem Kaufvolumen. Dann läßt sich erkennen, ob hier z. B. breite oder selektive Käufe vorliegen. Wenn breite Käufe auftreten, sehen Sie hohe Umsätze, ohne daß sich die Kurse deutlich bewegen. Selektive Käufe hingegen sind durch eher geringe Umsätze bei teilweise deutlich anziehenden Kursen gekennzeichnet. Bei der ausschließlichen Analyse von aktivem Volumen oder Gesamtvolumen wäre so etwas weitaus schwieriger feststellbar. Je mehr Sie sich dem Ende eines Aufwärtstrends nähern, desto dominanter wird das Verkaufsvolumen. Mit anderen Worten: Wenn Sie sich dem Top eines Aufwärtstrends oder der Endphase eines Bull-Markets nähern, beginnt das Kaufvolumen langsam abzuflachen, während das bereits vorher anziehende Verkaufsvolumen weiter zunimmt. Dabei können die Umsätze in ihrer Gesamtheit durchaus noch steigen, aber innerhalb dieser Zahl erringt das Verkaufsvolumen einen immer höheren Anteil. Daher: Die Gesamtumsätze können, oberflächlich betrachtet, sehr bullish aussehen, eine präzisere Analyse von Kauf- und Verkaufsvolumen bietet aber ein komplett gegenläufiges Bild. Und falls Sie nicht wissen, ob die Umsätze in Wahrheit von Käufern oder Verkäufern bestimmt werden, können Ihnen verheerende Fehler unterlaufen.

Welcher Zeithorizont bietet sich an, wenn sich ein Anleger mit dem aktiven Volumen beschäftigen möchte?

Für den Fall, daß Sie sich auf die eher kurzfristigeren Markttrends verlegen, empfiehlt sich ein Zeithorizont von 30 Tagen. Das ist sicherlich nicht immer eine perfekte Wahl, aber wir verwenden diese Zeitspanne als Gleitende Durchschnitte fast überall bei unseren Analysen, gleich, ob es sich dabei um Gesamtumsätze, aktives Volumen, Punktgewinne oder -verluste, Kauf- oder Verkaufsvolumen oder Preisindikatoren handelt. Der Schwachpunkt aber – nicht allein bei einem 30-Tages-GD, sondern bei Gleitenden Durchschnitten allgemein – liegt darin, daß die meisten Anleger nur eine einzelne Zeitperiode für diese GDs berechnen. Sie nehmen entweder 10, 30 oder 200 Tage. Das Problem dabei ist, daß zwar an jedem Tag zumindest 50 % der Kursbewegungen auf Faktoren zurückzuführen sind, die sich in unmittelbarer Vergangenheit, also in den letzten Tagen, ergeben haben. Aber die andere Hälfte der Veränderungen eines heutigen 30-Tages-GD basiert auf Dingen, die sich mehr als 31 Tage zuvor abgespielt haben. Wenn sich vor 31 Tagen etwas wirklich Dramatisches abgespielt haben sollte, kann dies auch das heutige Kursverhalten nachhaltig beeinflussen, ohne daß der GD dies aber widerspiegeln könnte. Ein Ausweg ist, eine Serie verschiedener GD-Längen um eine bestimmte Zeitspanne herum zu betrachten. Sie sehen beispielsweise 30 Tage als akkurate Zeitspanne an und bilden daher einen 30-Tages-GD, darüber hinaus aber auch noch einen 27-Tages-GD und einen 33-Tages-GD. Dadurch haben Sie nun drei verschiedene GDs, die die Zone um 30 Tage herum weiträumiger abdecken. Das Ergebnis ist eine Indikation, welche weitaus weniger durch Ereignisse verzerrt wird, die sich vor 28, 31 oder 34 Tagen ereignet haben.

Lowry's veröffentlicht die Aktienkurse als Prozentwerte in Relation zu ihren 10- und 30-Wochen-GDs auf Basis eines Wertes von 100. Wenn ein Wert in bezug auf den 10-Wochen-GD bei 110 liegt, heißt das, daß er 10 % oberhalb des 10-Wochen-GD notiert. Bei 96 liegt der Kurs 4 % unterhalb des 10-Wochen-GD. Verwenden Sie diese Prozentwerte, um Überkauft- bzw. Überverkauftindikationen für einzelne Aktien zu erhalten?

Wir verwenden diese Werte als Trendindikator. Einer der größten Fehler vieler Investoren ist, blind an einer Position festzuhalten; nicht, weil die Umstände dies rechtfertigen, sondern weil sie nicht bereit sind zu akzeptieren, daß sie falsch liegen. Sie sagen dann: „Ich habe recht, nur der Markt liegt falsch." Man muß sich deshalb mit Indikatoren umgeben, die einen gegebenenfalls zwingen können zu akzeptieren, einen Fehler gemacht zu haben. Nur so erhalten sie die Chance, sich beizeiten neu zu positionieren. Die 10- und 30-Wochen-GDs sind Teil eines Gesamtprozesses, der dazu zwingen soll, Veränderungen zu bemerken und sich ihnen entsprechend anzupassen. Lowry pflegte immer zu sagen: „Wenn mich jemand ins Gefängnis stecken würde und ich nur eine Sache auswählen dürfte, um damit zu arbeiten, dann würde ich den 30-Wochen-GD der Kursveränderungen nehmen." Falls Sie nichts anderes als einen solchen 30-Wochen-GD hätten, könnten Sie doch viel erreichen, um an allen wichtigen Markttrends teilzunehmen und größeren Abwärtsbewegungen nicht mitmachen zu müssen. Natürlich gibt es dabei auch Fehlsignale, aber das ist schlicht unvermeidbar.

Würde ein Aktienkurs, der um 30 % oberhalb seines 10-Wochen-GD notiert, eine übertriebene Kursbewegung anzeigen?

Nun, das kann eine Übertreibung sein, muß aber nicht. Das kommt darauf an, wie diese Kursbewegung in Relation zu der großen Mehrheit der anderen Aktien aussieht. Da kann es keine absoluten Werte geben. Wenn eine verrückte, spekulative Blase vorherrscht, dann zeigt auch die Mehrheit der anderen Aktien solche Extremwerte. Man sollte nie nur deshalb aus einer Aktie aussteigen, weil sie sehr schnell steigt. Aber es ist immerhin ein Warnsignal, da normalerweise diejenigen Aktien, die am schnellsten steigen, auch die heftigsten Gegenreaktionen zu verkraften haben – und auf so etwas sollte man vorbereitet sein.

Könnte man solche Informationen als Timing-Hilfsmittel verwenden?

Nicht die Zahlen als solche, aber man kann sie mit dem Markttrend verknüpfen. Wenn Sie z. B. in Aktien investiert sind, die 50 % oberhalb des 30-Wochen-GD notieren und der Markttrend nach unten gedreht hat, dann sollten Sie bei diesen Werten weitaus schneller eine defensive Position einnehmen als bei vergleichbaren Aktien, die nur 15–20 % oberhalb dieses GD liegen. Ob eine Aktie ge- oder verkauft werden sollte, ist in hohem Maße von der zu diesem Zeitpunkt vorherrschenden, allgemeinen Marktlage abhängig. Während eines größeren Abwärtstrends fallen 85 % oder mehr aller Aktien. In einem Bull-Market liegt die Zahl steigender Werte sogar zumeist höher. Es macht keinen Sinn, sich einzelne Werte isoliert zu betrachten, denn es ist statistisch belegt, daß der Gesamtmarkt einen viel größeren Einfluß auf die Kurse einer Aktie ausübt als deren interne Charakteristika. Ob Sie also eine scheinbar überteuerte Aktie verkaufen sollen, hängt davon ab, was der Gesamtmarkt Ihnen hierzu suggeriert.

Die „Buying-Power"- und „Selling-Pressure"-Indizes messen zwar Angebot und Nachfrage, aber könnte man sie nicht zudem auch als Meßgrößen für das Marktmomentum ansehen?

Sie weisen in der Tat gewisse Züge eines Momentum-Indikators auf, aber das Momentum kann ja nichts anderes, als Veränderungen im Gesamtbild darzustellen, nicht aber eine Trendumkehr. Trendlinien können eine Meßgröße für das Momentum sein. Wenn Sie sehen, daß Trendlinien immer weiter nach unten korrigiert werden müssen, ist dies z. B. ein Signal dafür, daß sich das Momentum des Trends verringert, dieser aber noch nicht gebrochen ist. Wenn Sie eine Rakete in die Luft schießen, verläuft deren Flugbahn eine Zeitlang gerade, doch je länger sie fliegt, desto mehr gewinnt die Schwerkraft an Macht und vermindert den Steigungswinkel. Die Rakete fällt noch nicht, aber der Anstiegswinkel nimmt ab. Mehr kann auch das Momentum nicht darstellen, aber eine Veränderung im Momentum geht in aller Regel einem Trendwechsel voraus.

Gehen wir doch zurück zu unserem Kaufhausbeispiel. Wenn wir sehen, daß sich entweder die Zahl unserer Kunden oder die Summe, die sich zu Geschäftsschluß in der Kasse befindet, vergrößert oder verringert, stellt dies den Momentum-Aspekt von Angebot und Nachfrage dar. Wir verwenden eine ganze Flut technischer Indikatoren und einige fundamentale Indikatoren, um die Angebot/Nachfrage-Situation der Buying-Power- und Selling-Pressure-Indizes darzustellen. Wenn Sie ein Barometer verwenden und einen Druckabfall im März, April oder Mai feststellen, hat dies nicht annähernd die Bedeutung wie ein Druckabfall im Juli, August oder September, denn letzteres ist die Zeit der Hurrikans. Auch im Aktienmarkt müssen Sie die Käufe oder Verkäufe in einen entsprechenden Kontext einfügen. Sie müssen sich fragen: „Wie sehen die Rahmenbedingungen aus?" Wenn Kurs/Gewinn-Verhältnisse und Buchwert sehr hohe, die Dividendenrendite indes sehr niedrige Levels erreicht haben, hat der Markt einen Punkt extremer Überbewertung angesteuert. Wenn Sie dann erste Störungen im Angebot/Nachfrage-Verhalten feststellen, hat dies eine viel höhere Relevanz, als wenn die Rahmenbedingungen eine moderatere Bewertung anzeigen würden.

Welche anderen technischen Indikatoren verwenden Sie in Kombination mit Buying-Power- und Selling-Pressure-Index?

Hier könnte ich Relative Stärke, Umsatzstudien und grundlegende Momentum-Indikatoren wie MACD, RSI und Stochastik nennen, die uns eine Vorwarnung hinsichtlich möglicher, bevorstehender Veränderungen geben sollen. Wir verwenden diese Momentum-Indikatoren aber nicht zur Generierung von Kauf- oder Verkaufssignalen, denn diese Indikatoren liefern oft zu frühe Signale. Es kommt durchaus vor, daß die Märkte für eine Weile einfach eine „Atempause“ einlegen. In einem solchen Fall würde der MACD ein Verkaufssignal generieren, ohne daß der Trend aber gedreht hätte. Wir verwenden diese Indikatoren daher nur als Vorwarnung eines Momentum-Verlustes. Dies ist immer ein Gefahrenzeichen, auf welches hin man tunlichst auf der Hut sein sollte, aber wir reagieren erst, wenn wir tatsächlich sehen, daß der Markt wirklich dreht. Relative Stärke hat begrenzte Anwendungsmöglichkeiten.

Erfordert die korrekte Anwendung von MACD und Stochastik nicht, daß sich die Börse oder einzelne Aktien in einem eindeutigen Auf- oder Abwärtstrend befinden?

Ja, in der Tat. Sie beginnen mit diesen relativ einfachen Analysen und fügen dann ein ums andere Mal weitere Verfeinerungen hinzu. Man kann MACD und Stochastik eigentlich nur verwenden, wenn man sich dazu den ADX ansieht, der Ihnen darstellen kann, ob Sie sich in einer Seitwärts- oder Trendphase befinden.

Warum hat die Relative Stärke begrenzte Anwendungsmöglichkeiten?

Die Relative Stärke, von der Mehrheit der Anleger für einzelne Aktien angewendet, kann sich als sehr trügerisch erweisen. Die Leute klammern sich an die Idee der Relative-Stärke-Ratings, aber man muß dabei realisieren, daß diejenigen Werte, welche in größeren Abwärtsbewegungen die beste Relative Stärke aufweisen, bloß am wenigsten fallen. Anders formuliert: Alles kann querbeet fallen, aber es wird dennoch einige Aktien mit guten Relative-Stärke-Ratings geben, weil sie bisher einfach weniger als der Gesamtmarkt im Kurs zurückgegangen sind. Man kann aus der Analyse relativer Indikatoren kein klares Bild über die tatsächliche Lage erhalten, ohne diese Informationen mit dem Gesamtmarkt in Verbindung zu bringen. Zu viele Anleger verfolgen Einzelwerte und denken dabei, sie müßten sich nicht mit dem Markt als solchem befassen, aber die Statistik beweist, daß man Aktien nicht wie in einem Vakuum betrachten kann. Das gilt es einfach zu verstehen, und je schneller Ihnen das gelingt, desto schneller kommen Sie auch hinter das Geheimnis des Geldverdienens.

Das heißt zusammengefaßt, daß die Anleger sich zuerst darüber klar werden sollten, in welche Richtung der Markttrend läuft, bevor sie sich für Bestätigungen oder das Timing mit einzelnen Indikatoren befassen.

Ich kenne nichts, was sich als isolierter Indikator einsetzen ließe. Wenn man nur einen einzigen Indikator einsetzen würde, wäre das genauso, als wenn man sagen würde: „Ich werde Tischler, aber ich benutze dazu nur einen Hammer." Sie brauchen die volle Breite möglicher Hilfsmittel um sich und müssen diese auch voll einsetzen, um ein klares Bild dessen zu erhalten, wonach Sie suchen. Die Relative Stärke ist ein sehr wichtiger Indikator, wenn Sie sie in einem realistischen Rahmen einsetzen. Die Relative Stärke betrachtet eine einzelne Aktie in Relation zu allen anderen Aktien. Aber wenn Sie nicht wissen, was all diese anderen Aktien machen, können Sie das Ergebnis nicht umsetzen.

Für die Stochastik verwenden Sie einen 14-Wochen- und einen 14-Monate-Zeitrahmen, um überkaufte und überverkaufte Situationen zu erkennen. Hat diese besondere Zahl 14 einen besonderen Hintergrund?

Tatsächlich sind es sogar 14 Tage, 14 Wochen und 14 Monate. Manche Indikatoren scheinen einer gewissen Zyklik zu unterliegen. Manche Zeitraster bewähren sich besser als andere, und dies zieht sich durch die gesamte Börse. Wir sprachen vorhin über den 30-Tages-GD. Nun, wenn Sie hingehen und diesen Zeitrahmen überprüfen, werden Sie wahrscheinlich feststellen, daß ein 33-Tages-GD besser wäre. Ich weiß nicht, warum das so ist. Es gab eine Menge Forschungen bezüglich des Stochastik-Indikators. Und dabei hat sich einfach herausgestellt, daß 14 eine gute Zeitspanne ist.

Wie kann ein 14-Monate-Stochastik-Oszillator bei der Indikation von überkauften oder überverkauften Marktsituationen hilfreich sein?

Ich verwende ihn ausschließlich als Trendbestätigung. Eine andere Anwendungsmöglichkeit sehe ich für diesen langen Zeitrahmen auch nicht.

Verwenden Sie die ganze Palette der Überkauft-/Überverkauft-indikatoren?

Ja, wir setzen neben MACD und RSI auch eine Reihe eigener Indikatoren ein, um den Basistrend der Börse zu messen. Der Short-Term-Index, eine Kurzfristversion des Buying-Power-Index, umfaßt einige Überkauft-/Überverkauft-Charakteristika. Wenn Stochastik, MACD und RSI allesamt Verkaufssignale generieren, nötigt uns dies, die längerfristigen Indikatoren intensiver zu beobachten, um festzustellen, ob sich daraus eine nachhaltige Trendbeeinflussung ergibt. Aber: Nach unten drehende Momentum-Indikatoren sagen nur aus, daß sich das Momentum als solches verlangsamt hat – sonst nichts. Wenn die Kurse in einer bestimmten Intensität gestiegen sind und diese Steiggeschwindigkeit auch nur ein bißchen verringern, reicht das schon aus, um das Momentum in den negativen Bereich zu drücken. Das heißt nicht notwendigerweise, daß auch der Trend negativ geworden ist.

Was wäre denn beim RSI für Sie bezüglich der Marktlage ein Alarmsignal?

Wir achten auf Divergenzen im Momentum. Während die Börse selbst noch fällt und nach einem möglichen Boden „sucht", kann man oft beobachten, daß der RSI bereits wieder steigt. Das gilt genauso bei Markttops. Wenn der Markt ein neues Hoch erreicht, der RSI aber nicht bzw. sogar während einer Kursrallye nach unten dreht, dient dies als

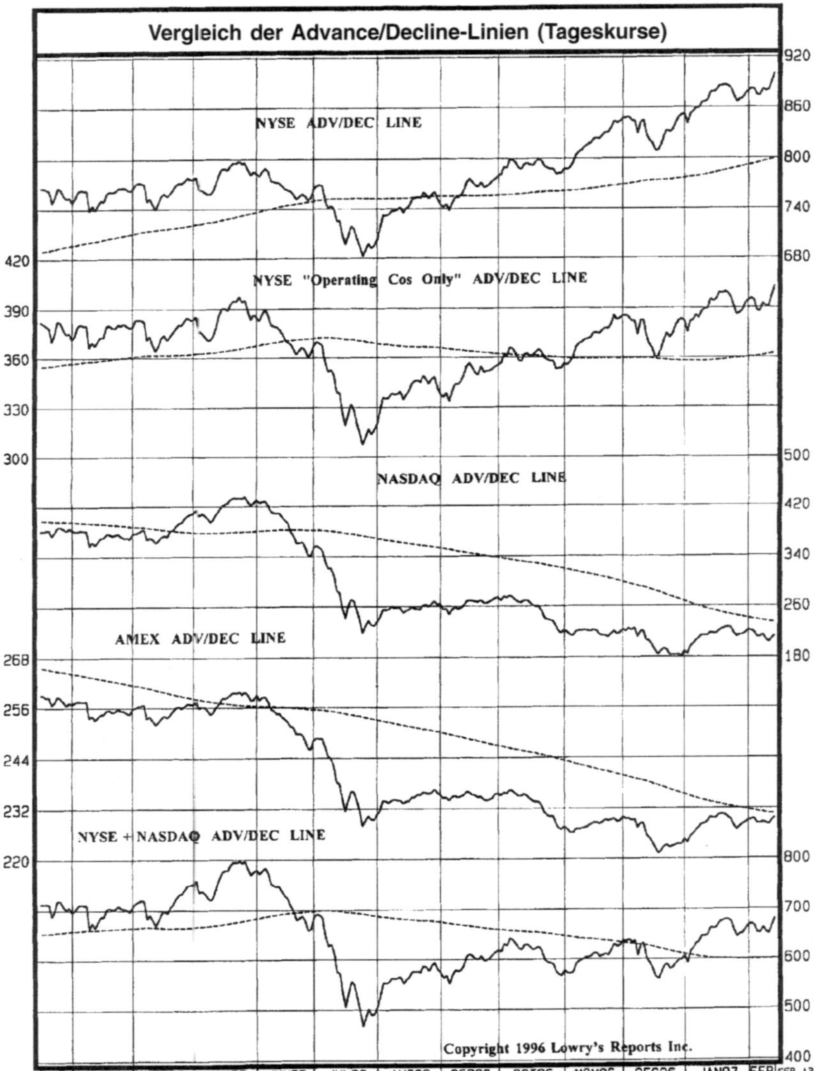
Vergleich der Advance/Decline-Linien (Tageskurse)
NYSE ADV/DEC LINE
NYSE "Operating Cos Only" ADV/DEC LINE
NASDAQ ADV/DEC LINE
AMEX ADV/DEC LINE
NYSE + NASDAQ ADV/DEC LINE
Copyright 1996 Lowry's Reports Inc.
920
860
800
740
680
420
390
360
330
300
500
420
340
260
180
268
256
244
232
220
800
700
600
500
400
FEB
MAR96
APR96
MAY96
JUN96
JUL96
AUG96
SEP96
OCT96
NOV96
DEC96
JAN97
FEB
FEB 13

Warnsignal, daß sich eine Veränderung im Momentum ergeben hat. Wir setzen den RSI dabei für den Gesamtmarkt ein, denn unser Hauptinteresse gilt ja dem allgemeinen Trend. Ich benutze gerne Ebbe und Flut als entsprechende Analogie. Zwischen Ebbe und Flut bleibt Ihnen eine recht lange Zeit zu entscheiden, ob Sie den Hafen verlassen wollen oder nicht. Dabei ist das Boot, das Sie benutzen wollen, nicht annähernd so wichtig wie die Beantwortung der Frage, ob die Gezeiten Sie beim Verlassen des Hafens behindern werden oder nicht. Einen großen Teil unserer Zeit verbringen wir damit, Ebbe und Flut zu beobachten, anstatt uns ein besonderes Boot auszusuchen.

Verwenden auch Sie die Grenzwerte 30 und 70 für den RSI?

Diese Überkauft-/Überverkauftzonen können durchaus hilfreich sein, aber meiner Meinung nach sind die Divergenzen wichtiger als alles andere. Das Erlangen einer überkauften oder überverkauften Zone bedeutet nicht notwendigerweise, daß Sie daraufhin verkaufen oder kaufen sollten. Dazu bedarf es z. B. des Erreichens der überkauften Zone und einer Trendwende in den Kursen, bevor Sie hier Handlungsbedarf erhalten. Oder Sie erreichen die überkaufte Zone und warten dann auf Divergenzen zum Kursverlauf. Es ist wie mit den meisten anderen Indikatoren: Richtig angewandt, sind sie eine große Hilfe, falsch angewandt, gefährlich. Diese Extremzonen sind insofern gefährlich, weil sie den Leuten suggerieren, daß etwas, nur weil es überkauft ist, nicht mehr weiter steigen kann. Das ist schlicht und einfach falsch. Überkauft und überverkauft sind relative Begriffe. Ein überkaufter Markt kann immer mehr überkauft werden. Unternehmen Sie also nichts, nur weil diese Extremzonen erreicht wurden. Vergewissern Sie sich, daß einer Veränderung des Momentums auch tatsächlich eine Kursschwäche folgt, bevor Sie verkaufen. Ansonsten finden Sie sich nämlich in einem weiterhin – wenn auch langsamer – steigenden Markt ohne Position wieder.

Oder die Aktie konsolidiert nur und zieht danach wieder an.

Genau. Wenn man sich all diese Indikatoren so anschaut, sieht es immer aus, als müßten nur all diese kleinen Linien überkreuzt oder durchbrochen werden und Sie daraufhin nur kaufen oder verkaufen. Aber das ist leider nicht so einfach.

Lowry's hat eine einzigartige Analyseform für die Advance/Decline-Line (ADL) in bezug auf die NYSE entwickelt. Dabei werden nur die sogenannten „operating companies-only" (OCO) betrachtet, was ganze 1100 Werte ausschließt, die entweder Fonds, Auslandswerte oder Vorzugsaktien sind. Es scheint, daß diese Methode eine weitaus bessere Sichtweise der ADL ermöglicht.

Sie gibt Ihnen einen Hinweis. Die OCO-Werte bieten Ihnen sicherlich kein bullishes Bild, wenn die Gesamtzahlen bearish sind. Aber Sie erhalten dadurch einen klareren Blick auf die Lage der Advance/Decline-Situation und können so erkennen, ob diese durch Veränderungen im Zinsniveau oder durch ausländische Aktien, welche in unserem Markt gehandelt werden, verzerrt wurde.

Was hat Sie zu dieser Modifikation veranlaßt?

Vor einigen Jahren investierte jeder in diese ADRs (American Depository Receipts) von Sony oder Panasonic. Die Zahl der an der NYSE registrierten ADRs stieg in einem hohen Maß an. Daher waren wir besorgt über den zunehmenden Einfluß dieser Werte. Wir versuchten deshalb, die Zu- und Abflüsse in ausländische und heimische Aktien getrennt zu erfassen. Das andere Problem war diese verrückte Mode, geschlossene Fonds an der NYSE zu registrieren. Ein hoher Prozentsatz dieser Fonds gehörten zum Rentenmarkt. Diese Flut neuer Werte an der NYSE brachte uns dazu, etwas zu unternehmen. Wir wußten nicht, ob hieraus dramatische Verzerrungen entstanden waren, aber wir wollten einfach einen Indikator haben, der es uns erlaubte, gegebenenfalls auftretende Verfälschungen zu erkennen.

Sind auch die geschlossenen Aktienfonds ausgeschlossen?

Ja, denn die Fonds-Manager kaufen und verkaufen ja für diese Fonds bereits einzelne Aktien. Würden Sie die Fonds als solche mit hineinrechnen, würden diese Käufe quasi doppelt gezählt. Aber die stärksten Verzerrungen der ADL-Statistik kommen von den geschlossenen Rentenfonds. Wenn sich alles auf diese Bond-Fonds stürzt, bemerken Sie plötzlich eine Zunahme der Zahl steigender Werte, obgleich dies mit Aktien gar nichts zu tun hat.

Das heißt, im Vergleich der OCO-ADL mit der traditionellen, kumulativen NYSE-ADL existieren frappierende Unterschiede?

Die meiste Zeit über laufen diese beiden Meßgrößen parallel. Aber es hat auch Zeiten gegeben, beispielsweise von Ende 1993 und über fast das gesamte Jahr 1994 hinweg, in denen die NYSE-ADL positiv aussah, die OCO-ADL hingegen einen Abwärtstrend aufwies. Das Resultat war ein sehr schwieriger, trendarmer Markt. Das Ziel, weswegen wir zwei statt nur einen Indikator beobachten, ist aber vor allem zu verhindern, daß die Anleger durch mögliche Verzerrungen in die Irre geführt werden.

Verwenden Sie für Ihre Analysen die OCO-ADL und die traditionelle ADL gemeinsam?

Ja, wir verwenden etwas, was wir „konsolidierte" NYSE-ADL nennen. Diese ADL wird auch im „Wall Street Journal" abgebildet. Wir verfolgen eigentlich vier verschiedene AD-Linien, die OCO, NASDAQ und AMEX ebenfalls mit einschließen.

Wie weit reichen Ihre OCO-AD-Linien zurück?

Wir haben Werte, die bis 1985 zurückreichen. Das Zurückrechnen dieser Daten ist eine fürchterlich komplizierte Sache, denn dazu muß man jede einzelne Aktie der NYSE separat betrachten und entscheiden, zu welchem „Lager" man sie zurechnen muß. Unsere Möglichkeiten, diese Daten bis in die vierziger Jahre zurückzurechnen, sind daher recht begrenzt.

Die meisten Markttechniker verwenden die kumulierte Differenz zwischen neuen Höchst- und Tiefstkursen, entweder auf Wochen- oder Tagesbasis. Anstatt diese Differenz zu berechnen, verwendet Lowry's zwei einzelne Charts, je einen für die neuen Hochs und für die neuen Tiefs. Läßt sich der tatsächliche Trend mit diesem System besser erkennen?

Ich meine ja, denn wenn ein starker Aufwärtstrend vorliegt, spielen die neuen Tiefs überhaupt keine Rolle. Das einzige, was man üblicherweise an wichtigen Tops erkennen kann, ist eine Verringerung in der Zahl neuer Höchstkurse. Die neuen Tiefstkurse werden erst dann zu einem relevanten Faktor, wenn die Kurse bereits eine Weile gefallen sind. An einem Tief beobachtet man dann einen Rückgang in der Zahl derjenigen Werte, die neue Tiefs erreichen. Neue Hochs hingegen haben mit Markttiefs überhaupt nichts zu tun, weil sie an einem echten Tiefpunkt ohnehin keine neuen Höchstkurse sehen werden. Norman Fosback, der Autor von „Market Logic", unternahm eine umfassende Untersuchung der neuen Höchst- und Tiefstkurse und kam zu dem Schluß, daß die Differenz zwischen diesen beiden Größen ebenso wie eine Relation beider zu den wohl sinnlosesten Indikatoren überhaupt gehört. Ich konnte nie etwas mit diesen neuen Höchst- und Tiefstkursen anfangen, bis ich begann, die Werte einzeln zu analysieren. Warum erwartet man, daß die Zahl neuer Tiefs bei einem Top ansteigt und die Zahl neuer Hochs im Gegenzug an einem Markttief steigt? Das passiert doch nicht einfach so.

Wenn Sie die Zahlen aufteilen und sich die Zahl neuer Höchstkurse betrachten, nachdem die Kurse bereits kräftig gestiegen sind, oder Sie sich im Gegenzug die Zahl neuer Tiefs nach einer deutlichen Kursabnahme ansehen, erhalten Sie ein weitaus klareres Bild der Lage. Zudem müssen diese Indikatoren immer in Verbindung mit den Indizes selbst analysiert werden. So kann man bei wichtigen Tops im Markt oft eine Serie immer tiefer liegender Tops in der Zahl neuer Höchstkurse beobachten, während der Index selbst noch immer höher liegende Tops erreicht. Das kann sich indes über einen längeren Zeitraum hinweg erstrecken. Viele sagen: „Wenn ich derartige Divergenzen sehe, verkaufe ich." Doch oft verkaufen sie dann zu früh. Das Beste, was man tun kann, ist, diese Divergenzen als Warnsignal aufzufassen, aber solange nicht zu verkaufen, bis auch andere Indikatoren in den negativen Tenor einstimmen. In einem solchen Augenblick gewinnen Trendlinien und Gleitende Durchschnitte als Hilfsmittel zur Bestätigung der Signale zunehmende Bedeutung. Achten Sie intensiv auf erste Anzeichen, daß die Börse wirklich schwächer wird. Dabei ist es natürlich notwendig, zwischen „Nachlassen der Stärke" und einer tatsächlichen „Schwäche" zu unterscheiden.

Das ist ein höchst wichtiger Aspekt.

Ja. So haben wir zum Beispiel 1996 ein interessantes Phänomen bei den Zuflüssen in Fonds festgestellt. Die Nettozuflüsse erreichten im Januar 1996 ein Hoch bei nahezu 30 Milliarden Dollar pro Monat. Im November 1996 waren es nur noch 13 Milliarden, wobei dieser Wert zuvor drei Monate in Folge gefallen war. Die Anleger hätten sich diese Zahlen ansehen und folgern können: „Die Fonds-Zuflüsse trocknen langsam aus, es ist wohl besser, jetzt auszusteigen." Aber diese Situation indizierte ausschließlich ein Nachlassen der Stärke, keine wirkliche Schwäche. Schwach wird etwas erst dann, wenn es unter Null fällt.

Oder bis die Fonds Nettoabflüsse des Kapitals verzeichnen.

Richtig. Und bei den neuen Hochs und Tiefs ist es genau dasselbe. Die Divergenz als solche reicht nicht aus, um ein wirklich signifikantes Kauf- oder Verkaufssignal zu generieren. Dazu bedarf es einer Divergenz *und* der Indikation, daß der aktuelle Trend gedreht hat.

Wäre ein Trendbruch bei NYSE oder S&P 500 als Zeichen der Schwäche ausreichend?

Ich hatte immer meine Probleme mit Trendlinien, denn sie sind so willkürlich. Die Leute zeichnen ihre Trendlinien, wie es ihnen gerade gefällt. Es gibt einige festgelegte Regeln, die besagen, daß die Kurse eine Trendlinie zumindest dreimal berühren müssen, bevor sie wirklich relevant wird, aber viele Trendlinien werden heutzutage gezeichnet, ohne diese Bedingung zu erfüllen. Ich persönlich ziehe es vor, Gleitende Durchschnitte statt Trendlinien zu verwenden. Ich nehme auch Trendlinien, bin mir dabei aber stets bewußt, daß sie willkürlich sind. Aber im Grunde ziehe ich es vor, mit Hilfsmitteln zu arbeiten, die mir helfen, Emotionen aus meinen Analysen zu verbannen. Ich kann eine Trendlinie immer auf drei oder vier Arten einzeichnen, je nachdem, was ich mir selbst gerade beweisen will. Gleitende Durchschnitte hingegen sind klare Fakten und damit frei von persönlichen Emotionen.

Meinen Sie dabei Gleitende Durchschnitte eines Index wie des S&P 500, oder glätten Sie die Zahl neuer Höchst- und Tiefstkurse durch einen Gleitenden Durchschnitt?

Die GDs sollten einen Index wie den S&P 500 zur Grundlage haben. Wenn dann eine Divergenz bei der Zahl neuer Höchstkurse auftritt, können Sie am GD ermessen, ob sich dieser Faktor tatsächlich auch auf die Kurse niederschlägt. Es gibt einige Faustregeln für die Anwendung von GDs auf neue Höchst- und Tiefstkurse, aber wir konnten keine speziellen Überkreuzungen isolieren, die als tatsächlich relevante Kauf- oder Verkaufssignale dienen könnten. Allerdings: Wenn Sie die neuen Höchst- und Tiefstkurse als 60-Tages-GD darstellen und dieser während eines Kursanstiegs im Index abflacht und schließlich unter das vorangegangene Tief fällt, ist das ein klares Warnsignal. Aber ein Warnsignal ist noch kein Verkaufssignal. Das hängt dann immer von der jeweiligen Situation ab und, ich wiederhole mich, ich versuche unbedingt zu vermeiden, mich auf Signale zu stützen, von denen ich bereits im voraus weiß, daß sie zu einem gewissen Grad der Willkür unterliegen.

Was würde denn bei den neuen Höchstkursen ein Verkaufssignal auslösen?

Die neuen Höchstkurse können ein sehr hilfreicher Indikator sein, insbesondere, wenn man sich in einem bereits sehr „alten" Bull-Market befindet. Aber wenn Sie Ihre Analyse nicht gleichzeitig auf die Kurse selbst ausdehnen, werden Sie falsche Signale bekommen. Um ein

Verkaufssignal zu erhalten, warten wir auf eine Divergenz der täglichen Höchstkurse zum Kursverlauf des S&P 500. Mit anderen Worten: Wir suchen nach einer Serie tiefer liegender Tops bei den neuen Hochs, während der S&P zugleich noch neue, höhere Tops erreicht. Dann unterlegen wir den S&P mit einem Gleitenden Durchschnitt. Früher oder später wird die beobachtete Divergenz eine Schwäche im Markt auslösen – aber wann? Nun, dieser GD des S&P sagt, „wann“. Ein Beispiel:

Die Anzahl neuer Höchstkurse erreichte im Dezember 1995 einen Höchstpunkt, der bis November 1996 nicht überboten werden konnte. Und erst im Herbst 1996 konnten die neuen Hochs überhaupt so etwas wie einen Aufwärtstrend verzeichnen. Vorher hatten die neuen Hochs immer tiefere Tops ausgebildet. Dies als solches ist ein Zeichen verminderter Stärke im Markt, darf aber noch nicht als „Schwäche“ fehlinterpretiert werden. Hätten Sie sich den 200-Tages-GD des S&P angesehen, hätte dessen Aussage gelautet: „Bleiben Sie investiert, achten Sie nicht auf die Warnsignale.“ Die Warnung ist da, und es gilt, auf der Hut zu sein, aber verkaufen Sie nie, bevor die Kurse nicht auch tatsächlich fallen!

Lowry's verwendet Relative-Stärke-Relationen für eine Reihe von Indizes, aber besonders sticht hier die Relation des Dow Jones zum S&P 500-Index hervor. Nutzen Sie diese Relation zur Erkennung kurzer Rallies oder, um zu bestimmen, welcher der beiden Indizes sich besser entwickelt?

Es geht hier darum zu erkennen, wohin das Kapital fließt. Wir versuchen herauszufinden, ob das Geld in die Blue Chips, in kleinere oder mittlere Werte investiert wird. Das ist der ganze Grund für diese Analysen. Stellt man fest, daß alle Marktsegmente gut laufen, ist dies ein Beleg für einen gesunden, breit gefächerten Aufwärtstrend. Zusätzlich zum Vergleich der einzelnen Indizes teilen wir den Markt aus demselben Grund auch in zehn große Industriesektoren auf, um zu klären, auf welchen Sektor sich der größte Kaufenthusiasmus konzentriert. Dabei gilt als Regel, daß die bereits früh in einem Trend etablierte Vorherrschaft eines Sektors über die gesamte Trendbewegung hinweg anhält.

Der Aufwärtstrend der Finanzwerte begann zum Beispiel am Markttief des Jahres 1990 und blieb während des gesamten Kursanstiegs intakt. Dabei treten natürlich von Zeit zu Zeit Korrekturen auf, aber diese Vorherrschaft pflegt üblicherweise immer wiederzukehren.

Womit beginnen Sie bei Ihren Analysen?

Ich bewege mich immer vom Allgemeinen zum Speziellen. Nummer eins dabei: Wo stehen wir in bezug auf die allgemeine Lage? Befindet sich die Börse in einem Auf- oder Abwärtstrend? Danach werden wir zunehmend spezifischer. An einem Markttief, wenn die Kurse nach einer Periode massiver Verkäufe wieder anziehen, würden wir sagen: „Okay, die Lage hat sich geändert. Welche Boote werden wir jetzt einsetzen, um die kommende Flut auszunutzen?“ Zunächst suchen wir uns denjenigen unserer zehn Industriesektoren, der am ärgsten von den Kursrückgängen betroffen war. Daraus läßt sich bereits ein erstes Bild erkennen. Danach wenden wir uns den fünfzig verschiedenen Branchen zu. Dazu verwenden wir eine Reihe von Charts, die bestimmte Kategorien miteinander vergleichen, z. B. die zyklischen Aktien mit den nichtzyklischen Aktien, Industriewerte mit High-Tech-Werten usw. Der Zweck ist, einfach einzugrenzen, welche Branchen gerade von den Käufern bevorzugt werden. Von den Branchen ausgehend, betrachten wir dann die einzelnen Aktien und analysieren diese im Rahmen verschiedener Listen, die die besten Wachstumswerte, diejenigen Aktien mit höchster Dividendenrendite, die Werte mit dem besten Kurs/Gewinn-Verhältnis usw. aufzeigen.

Wo liegt der Vorteil, die Analyse zuerst mit zehn Sektoren zu beginnen und diese danach in fünfzig Branchen aufzusplitten?

Darüber ließe sich trefflich streiten. Viele Leute wählen den umgekehrten Weg und sehen sich zunächst einzelne Werte an. Sehen dann gleich eine ganze Reihe von Werten gut aus, die alle zu einer speziellen Branche gehören, wissen sie, wo es langgeht. Ich habe dagegen immer den Weg vom Allgemeinen zum Speziellen bevorzugt. Wenn Sie mit den Details beginnen, laufen Sie Gefahr zu übersehen, wie die allgemeine

Marktlage aussieht. Studien haben belegt, daß über 80 % der Kursveränderung einer Aktie auf die Veränderungen im Gesamtmarkt zurückzuführen sind. Nur der verbleibende Rest basiert auf dem Wohl und Wehe des Unternehmens selbst. Und wenn 80 % einer Kursveränderung vom Gesamtmarkt abhängen, dann tue ich doch gut daran, erst einmal zu sehen, was der Markt macht, bevor ich mir die Einzelwerte vornehme.

Bewegt sich die Mehrheit der Aktien eigentlich auch in einem Bear-Market mit dem Trend?

Es gab eine ganze Flut von Studien, welche von den vielen Universitäten des Landes durchgeführt wurden und unter dem Strich zu dem Ergebnis kamen, daß 85 % oder mehr aller Werte sich der Abwärtsbewegung in einem Bear-Market anschließen. Ich glaube, daß die Zahl sogar noch deutlich höher liegt. Die Fundamentalanalysten mögen diese Zahlen natürlich nicht, denn sie zeigen, daß man nun einmal keine Nadel in einem solchen Heuhaufen finden kann. Aber wenn Sie zurückliegende Baissen wie 1946 bis 1949, 1962, 1966, 1973 bis 1974 oder 1987 untersuchen, stellen Sie fest, daß diese Werte durchweg stimmen.

Würden Sie Anfängern raten, solange keine komplizierteren Indikatoren zu verwenden, bis sie sich die Basiskenntnisse der technischen Analyse angeeignet haben?

Oh ja, das kann ich wirklich unterschreiben! Ein Mann erzählte mir unlängst von seiner Investment-Philosophie. Er sagte: „Ich nehme mir jeden Monat ein paar tausend Dollar. Die schicke ich dann meinem Broker, damit er sie in Wachstumsfonds investiert. Das ist meine Altersversorgung. Wie klingt das für Sie?“ Ich antwortete: „Lassen Sie mich das in einen anderen Rahmen einfügen. Stellen wir uns vor, wir wären Farmer und würden um einen gemütlichen, alten Ofen im General Store sitzen. Plötzlich kommt ein Kerl in Stadtkleidung herein und erzählt uns etwas über seine Sicht der Landwirtschaft. An jedem Tag des Jahres, egal, ob Trockenheit oder Regen, Schnee oder Hitze, geht er aufs Feld hinaus und streut Saatgut. Was würden Sie als Farmer darüber denken?“ Er antwortete: „Nun, ich würde sagen, daß er nicht allzuviel Zukunft in der Landwirtschaft haben wird.“ Ich sagte: „Das stimmt haargenau. Und Sie tun genau dasselbe wie er. Jeden Monat nehmen Sie Tausende Dollars und pumpen sie in den Markt, ohne sich um die Rahmenbedingungen, denen die Börse gerade unterliegt, zu kümmern. Man muß kein Farmer sein, um zu wissen, daß sich die Aussaat nur zu Beginn des Frühjahrs lohnt. Sie können zwar die Aussaat bis in den Sommer hinein fortsetzen, aber das wird nicht dieselben guten Ergebnisse erzielen. Das beste ist, im Frühling zu säen und den Sommer damit zu verbringen, Unkraut zu jäten und die schwachen Pflanzen zu entfernen, um den gesunden Pflanzen Platz für ihr Wachstum zu geben. Im Herbst ist dann die Zeit für die Ernte gekommen. Warten Sie dabei nicht, bis das Getreide zu faulen beginnt. Ernten Sie, wenn alles in voller Reife steht, und dann hören Sie auf zu pflanzen, zu ernten oder sonst irgendwas zu tun, außer ihre Besitztümer zu schützen.“

Nehmen Sie einfach eine sichere Position ein und warten bis zum nächsten Frühjahr ab, um dann von den Vorteilen dieser Jahreszeit erneut zu profitieren. Wir alle nehmen die Jahreszeiten zur Kenntnis, ohne zu bemerken, daß sich diese „Gezeiten“ auch in den anderen Dingen des Lebens finden lassen. Alles im Leben unterliegt Zyklen. Der Aktienmarkt hat ebenso seine Zyklen, und man tut gut daran zu lernen, damit umzugehen. Aus irgendeinem Grund denken die Leute immer, an der Börse würde ewig Frühling herrschen, nur, um dann plötzlich wieder zu glauben, es wäre ein endloser Winter angebrochen. Man muß einfach einen Schritt zurück treten und sagen: „Hey, Moment mal, mach dir keine Sorgen über das, was heute, nächste Woche oder nächsten Monat passiert.“ Ein Privatanleger muß sich zunächst auf die Beantwortung der Frage konzentrieren, wo der Markt innerhalb seines Zyklus steht. Herrscht gerade Frühling, Sommer, Herbst oder Winter? Denn auch wenn Sie nicht ganz genau im Frühjahr säen, besteht doch eine gute Chance, daß das, was Sie angepflanzt haben, auch wachsen wird. Aber wenn Sie versuchen, im Herbst zu säen, dann ist es egal, wie sehr Sie sich auch anstrengen, es wird nicht viel dabei herauskommen. Und doch sät der durchschnittliche Anleger im Herbst und Winter und wundert sich, warum das nicht funktioniert. Timing ist der erste Teil des Investments.

Und der zweite Teil?

Der zweite Teil beinhaltet, daß der Privatanleger lernt, mit seinen Emotionen umzugehen. Warum verdienen die privaten Investoren nicht mehr Geld? Warum machen sie so wenige positive Erfahrungen an der Börse? Das liegt nicht daran, daß andere Trader sie ausnutzen oder die Parketthändler sie über den Tisch ziehen würden. Es liegt einfach daran, daß sie keine Kontrolle über ihre Emotionen haben. Ihre Käufe und Verkäufe basieren ausschließlich auf Hoffnung, Angst und Gier. Solange ein Anleger nicht lernt, so etwas zu unterdrücken, hat er an der Börse keine Chance. Man kann alle Indikatoren der Welt verstehen und trotzdem weiterhin zu den Verlierern gehören, wenn man sich selbst nicht unter Kontrolle hat. Es sind nicht die Regeln, es ist das Einhalten dieser Regeln, was die meisten Schwierigkeiten bereitet.

Sie meinen, das größte Hindernis des einzelnen in bezug auf Erfolge am Aktienmarkt ist das Temperament?

Wenn Sie eine Gruppe erfahrener Anleger um sich versammeln könnten und sagen würden: „Erzählen Sie mir alles über die Phasen, in denen Sie Geld verloren haben", würden diese endlose Geschichten über Situationen herunterspulen, bei denen sie sich in ihren eigenen Emotionen verfangen hatten. Gefangen in der Massenpsychologie wurden sie zu euphorisch oder zu pessimistisch oder verließen sich plötzlich auf das, was irgendwelche Experten sagten. Es wäre immer ein Faktor dabei, der emotionale Basis aufweist. Sie achteten nicht mehr auf die Zahlen, sondern nur noch auf das, was ihre Gefühle ihnen zu tun suggerierten. Wenn ihnen erst einmal klar wird, daß zehn ihrer zehn größten Fehler im Investmentbereich darauf zurückzuführen sind, daß sich Emotionen in ihre Entscheidungsfindung eingeschlichen haben, sind sie in der Lage, ihre Ergebnisse substantiell zu verbessern. Denn dann haben sie verstanden, daß ihr größtes Problem nicht in der Analyse der Märkte oder der richtigen Aktienauswahl liegt, sondern darin, ihre Emotionen von der Börse fernzuhalten. Wenn sie sich zuerst mit diesem Faktor befassen, wird ihnen alles andere später viel leichter fallen.

So manch einer kauft Chartbücher oder abonniert einen Börsenbrief und denkt, dadurch die Antwort auf alle Probleme gefunden zu haben. Viele haben mich schon gefragt: „Welche Indikatoren sind für die Analyse am wichtigsten?“ Nun, die besten Indikatoren der Welt werden ihnen nichts Gutes tun können, solange sie diese nicht von einem nüchternen, unemotionalen Blickwinkel aus betrachten können. Wenn potentielle Investoren sich ihr Nervenkostüm betrachten und feststellen müssen, daß sie sich beim Trading nicht von ihren Gefühlen lösen können, müssen sie das einfach akzeptieren. Dann wäre es besser, jemanden einzustellen, der Investmententscheidungen objektiv zu treffen imstande ist. Viele Anleger würden sich eine Riesensumme sparen, wenn sie zuerst sich selbst analysieren würden und dann erst den Markt.

Viele Anleger investieren, bevor sie sich ausreichend über ihre eigenen Emotionen im klaren sind. Haben Sie einen Rat, wie man am besten eine objektive, besonnene Sichtweise gegenüber der Börse erlangen kann?

Ich rate den Leuten immer, sich ein paar Tage freizunehmen, sich unter einen großen Baum zu setzen und da so lange zu bleiben, bis sie mit sich selbst im reinen sind. Als erstes muß man eine ernsthafte Bestandsaufnahme machen. Bin ich ein Mensch, der von Emotionen geleitet wird? Wie sehr bin ich emotional? Was bringt mich in eine euphorische Stimmung? Wodurch kann ich dazu verleitet werden, zu schwarzzusehen? Wo sind meine Stärken? Wo liegen meine Schwächen? Was muß ich unbedingt vermeiden? Viele sagen dann: „Niemand kann immer nur Schokolade essen!“ Nun, das ist natürlich ein wichtiger Aspekt. Denn wenn sie sich über ihre Schwächen klar werden und lernen, entsprechende Risiken zu vermeiden, setzen sie sich selbst unter Druck. Wenn sie aber sagen: „Jedesmal, wenn ich Schokolade sehe, läuft mir das Wasser im Mund zusammen“, können sie eine Selbstdisziplin entwickeln, die in dem Moment eine rote Flagge hochschnellen läßt, an dem sie irgend etwas sehen, das dunkelbraun ist. Eine derartige Selbstdisziplin kann sich nur aus einem wahren Verständnis seiner selbst entwickeln, vor allem aus dem Verständnis der eigenen Schwächen. Erst müssen sie sich kennen – dann können sie sich überlegen, wie sie sich unter Kontrolle bekommen.

Aber werden Sie sich Ihrer Schwächen nicht ohnehin immer mehr bewußt, sobald Sie mit dem Investment begonnen haben?

Sicher, man muß sich ja bei diesem „Spiel" zwangsläufig exponieren. Über die Jahre hinweg habe ich viele Situationen gesehen, bei denen sich Leute zwar als sehr gute Analysten, aber zugleich als sehr schlechte Verwalter des Kapitals anderer Investoren erwiesen haben. Sie konnten Entscheidungen für ihr eigenes Portfolio treffen, versagten aber, sobald diese Entscheidungen für andere zu treffen waren. Das ist Teil eines solchen Entwicklungsprozesses. Es gibt viele Bücher, die zunächst theoretische Investments auf dem Papier empfehlen. Man solle kein Geld riskieren, bevor man nicht zuvor ausreichend lange „geübt" hat. Vielleicht funktioniert das, aber ich meine, daß sich die Situation unweigerlich und radikal ändert, wenn das Geld wirklich über den Tresen wandert. Es ist zu hoffen, daß ein Anleger seine ersten Schritte mit kleineren Geldsummen vollzieht, weil er dann seine Lektionen lernen kann, ohne gleich dabei pleite zu gehen. Aber leider machen die meisten ihre Erfahrungen, indem sie gleich zu einem Broker gehen, S&P-Futures zu traden versuchen – und nahezu sicher alles verlieren. Sie sind sich der Risiken einfach nicht bewußt. Im Gegenteil, sie sagen sich: „Ich ignoriere das Risiko, denn das hier ist eine Chance für mich, reich zu werden!" Es ist dasselbe wie der Kauf von Lotterielosen. Man will einfach nicht hören, daß die Chancen gegen einen stehen.

Die Anleger kommen offenbar mit der unerschütterlichen Überzeugung an die Börse, daß sie immer richtig liegen werden.

Die Erwartungen der Anleger hinsichtlich der Marktlage und die Realitäten, die sich nach einer ausführlichen Analyse der Rahmenbedingungen ergeben, sind bisweilen haarsträubend unterschiedlich. Im Frühjahr 1996 war allgemeine Meinung der Investoren – wobei die tatsächlichen Statistiken völlig ignoriert wurden –, daß die Leute weiterhin massiv in Fonds investieren würden und die Börse daher gar nicht nach unten gehen könnte. Zur gleichen Zeit zeigten die Statistiken aber bereits, daß die Kauffreude schon substantiell zurückgegangen war. Die Anleger sollten flexibel sein, anstatt einfach eine bullishe oder bearishe

Position einzunehmen, und besser sagen: „Wenn die Käufe über dem Angebot liegen, bin auch ich positiv eingestellt. Wenn das Angebot aber die Nachfrage übersteigt, verhalte ich mich besser neutral.“ Eine Menge Anleger haben gewaltige Probleme damit, falsch zu liegen. Sie verabscheuen es, jemanden sagen zu hören: „Sie haben sich geirrt.“ Und doch bedingt eine realistische Sichtweise der Börse einfach, sich einzugestehen, daß man zwangsläufig – zumindest zeitweise – auf der falschen Seite steht. So ist das Leben nun einmal. Niemand kann immer alles wissen. Anstatt sich egozentrisch und ignorant an die eigene Meinung zu klammern, täte man besser daran, auftretende Änderungen zu akzeptieren und dementsprechend zu handeln. Von Zeit zu Zeit steht man auf der falschen Seite, aber mit dem Willen, dies zu erkennen und sich schnell anzupassen, werden sie erreichen, die meiste Zeit über richtig zu liegen. Mehr kann man wirklich nicht verlangen. Auch wenn es viele nicht akzeptieren wollen, so ist das Bezwingen der eigenen Emotionen doch die ausschlaggebende Determinante dafür, ob sie an der Börse zu den Gewinnern gehören werden oder nicht. Der Rest ist Übungssache.

Wenn Sie sich an Ihre eigenen Erfahrungen zurückerinnern: Gab es in der Vergangenheit oft Situationen, in denen Sie Ihre Instinkte ignoriert und den Vorgaben der Indikatoren gefolgt sind, nur, um im Nachhinein feststellen zu müssen, daß Ihr Gefühl doch recht hatte?

So etwas kam natürlich vor. Wenn Sie eine Bilanz derjenigen Fälle ziehen, bei denen Ihr Instinkt recht hatte, und diese mit den Situationen vergleichen, bei denen Ihr Gefühl völlig daneben lag, kommt wahrscheinlich ein 50-50-Wert heraus. Aber das Problem liegt tiefer. Ihre Emotionen verleiten Sie, Ihre Fehler zu mystifizieren und die guten Trades unterzubewerten. Wenn sich der Markt gegen Sie wendet, sagen Ihnen Ihre Emotionen ständig: „Ich will nicht zugeben, daß ich einen Fehler gemacht habe, deswegen werde ich mit dem Ausstieg warten, bis ich meinen Einstandskurs wieder erreicht habe.“ Für den Fall aber, daß Sie richtig liegen, tendieren Sie zu der Aussage: „Wenn ich ein 20%-Plus erreiche, werde ich meine Gewinne mitnehmen.“ Und so maximieren Sie automatisch Ihre Verluste und minimieren im Gegenzug Ihre Gewinne. Ich hatte das Glück, in Mr. Lowry einen wirklich wundervollen

Mentor zu haben. Er lehrte mich früh, daß es sich hier um ein Geschäft der Wahrscheinlichkeiten handelt und man erreichen muß, daß diese Wahrscheinlichkeiten für einen arbeiten. Um dies zu schaffen, muß man sich zunächst seiner Emotionen entledigen und erkennen, daß es bestimmte Regeln an der Börse gibt, aus denen man einen Vorteil ziehen kann. Es gilt, eine Situation zu finden, bei der man zurückblicken und feststellen kann, daß frühere, vergleichbare Situationen in acht von zehn Fällen ein bestimmtes Resultat nach sich gezogen hatten. Geben Sie diesen Wahrscheinlichkeiten die Chance, für Sie zu arbeiten, anstatt Ihren Emotionen die Kontrolle zu überlassen. Emotionen teilen sich normalerweise in Angst, Hoffnung und Gier auf. Die Angst kommt dabei ausgerechnet dann hervor, wenn Sie eigentlich den größten Mut und Enthusiasmus beweisen sollten, während Sie eben dieser Enthusiasmus meist dann erfaßt, wenn Sie eigentlich höchst vorsichtig agieren sollten. Da die Emotionen immer genau das Gegenteil dessen bei Ihnen auslösen, was Sie zum Geldverdienen an der Börse eigentlich bräuchten, müssen Sie sie verdrängen.

Wäre es, um hierbei erfolgreich zu sein, für den Anleger angeraten, sich ein Modell oder Tradingsystem zuzulegen, dessen Befolgen emotionale Reaktionen ausschließt?

Es gibt keinen Indikator, der für sich allein genommen immer ein richtiges Bild der Lage liefern kann. Aber es ist durchaus möglich, eine Gruppe von Indikatoren auszuwählen, welche einen guten Ergebnisschnitt aufweisen. So erreicht man, daß die Wahrscheinlichkeiten für Sie arbeiten. Anstatt von Emotionen verführt zu werden, sollte sich der Privatanleger lieber eine Gruppe von vielleicht zehn Indikatoren zusammenstellen und sich von der jeweils höheren Wahrscheinlichkeit einer Kursrichtung leiten lassen.

Gibt es einige bevorzugte Bücher, die Ihnen während Ihrer Karriere geholfen haben?

„The Richest Man in Babylon“ ist ein Buch, das sich mit Grundprinzipien befaßt, die den Erfolg ausmachen, im Privatleben ebenso wie im

Geschäftsleben. Auch „Reminiscences of a Stock Operator“ von Edwin Lefèvre (unter dem Titel „Das Spiel der Spiele“ in der TM Börsenverlag AG erschienen, Anm. d. Übers.) ist ein wichtiges Buch. „Where are all the Customer's Yachts“ ist zwar schon ein sehr altes Buch, aber es beschäftigt sich mit dem von mir eingeforderten Arbeiten an den eigenen Emotionen, bevor man die Analyse der Aktienmärkte beginnen sollte.

Kapitel VI

Peter Eliades

Es war ein bewegter, aber faszinierender Weg, der Peter Eliades zu den Finanzmärkten führte. Zunächst ist er ein ausgebildeter Pianist und Sänger. Sein Vater, ein Richter, erkannte die musikalische Begabung seines Sohnes ebenso wie dessen Wunsch, im Showbusineß aktiv zu werden, doch er forderte, daß der Sohn zunächst seine Schulzeit absolvierte, bevor er damit beginnen könnte, „ganz groß rauszukommen". Eliades befolgte den Rat seines Vaters und erzielte einen Abschluß in Harvard, um im Anschluß eine juristische Ausbildung an der Boston University Law School zu absolvieren. Doch kaum hatte er seine Ausbildung abgeschlossen, machte er sich umgehend auf den Weg hin zu den strahlenden Lichtern von Manhattan, wo er in Broadway Shows und Nachtclubs auftrat. Ungefähr vier Monate, nachdem er in Manhattan eingetroffen war, wurde ihm klar, daß er seine Bestimmung gefunden hatte. Anstatt nach Boston zurückzukehren und Rechtsanwalt zu werden, entschied er sich, eine Karriere als Musiker und Schauspieler in New York zu beginnen.

Vier Jahre später zog es ihn auf der Suche nach Ruhm und Ehre nach Los Angeles. Er wußte, daß Hollywood nur darauf wartete, aus ihm einen Star zu machen. Im Jahr 1968 hatte er eine ansehnliche Summe zusammengespart und erwog, sie an der Börse zu investieren. Dabei folgte er der Masse, indem er sich entschied, an der allgemeinen „Fonds-Manie" teilzunehmen. Wie es nun mal so passiert, fiel sein Einstieg in den Aktienmarkt nahezu exakt auf den Tag, an dem die Börse im Dezember 1968 ihr Top erreichte. Innerhalb kürzester Zeit mußte er einen Verlust von 15 % hinnehmen. Um weitere Verluste zu verhindern, begann er, seine Tage in Büchereien zu verbringen, um die Imponderabilien der Börse zu erlernen, und verlegte das Verdienen seines Lebensunterhaltes auf die Abende.

Zwei Jahre später fand sich Mr. Eliades plötzlich als Mitglied einer Broker-Firma wieder, obwohl das eigentlich das letzte war, was er jemals hätte werden wollen. Die Geschichte seines Erfolges begann mit der Aufgabe, regelmäßige Telefonate mit einer Broker-Firma in Los Angeles zu führen, um aktuelle Aktienkurse zur Erstellung von Charts abzurufen. Während dieser Tätigkeit gab er bisweilen und ungefragt seine persönlichen Prognosen über die zukünftige Marktentwicklung ab. Dabei bemerkte eine Brokerin der Firma, daß sich diese Prognosen sehr oft als zutreffend erwiesen. Nach ungefähr sechs Monaten erzählte sie ihrem Chef davon. Dieser war unter anderem Chef einer weiteren Broker-Firma, die über Sendezeiten auf dem Fernsehkanal „KWHY" verfügte. Er bat Mr. Eliades, seine Aktienmarkt-Prognosen über den Sender vorzustellen, allerdings gab es hierbei eine Bedingung. Dieser neue Posten war mit einer Ausbildung zum lizenzierten Broker verbunden. Doch dieses Damoklesschwert reizte nur Mr. Eliades Ehrgeiz; davon abgesehen, war sein Interesse für die Börse ohnehin schon entbrannt. Solange er nicht auf Sendung war, hatte er dieselben Aufgaben und Verantwortlichkeiten wie jeder andere Broker, und mehr als einmal wurde er aufgefordert, seine Charts beiseite zu legen und endlich zum Telefon zu greifen. Anfang 1974 stellte die Firma ihre Tätigkeit ein. Doch aufgrund seiner bis dato erreichten Popularität gelang es ihm, mit „KWHY" eine Vereinbarung zu treffen, die es ihm erlaubte, weiterhin unabhängige Marktkommentare zu verbreiten. Es war das Jahr der großen Baisse, und die meisten Leute verloren permanent Geld. Es war auch das Jahr, in dem Mr. Eliades einen hohen Bekanntheitsgrad in der Öffentlichkeit erreichte. Im Herbst 1974 sagte er mehrfach in seinen Sendungen voraus, daß der Boden dieser Baisse in der Woche zwischen dem 9. und dem 13. Dezember erreicht würde. Und in der Tat wurde das Tief exakt am 9. Dezember 1974 markiert. Im nachhinein hatte diese Prognose vor allem deshalb eine hohe Bedeutung, weil sich dieses Tief als das wichtigste der letzten Jahrzehnte erwies.

Mr. Eliades Analysen könnte man als originell und unkonventionell bezeichnen. Er ist besessen von der Suche und der Entwicklung neuer und einzigartiger Indikatoren. Die allgemein verbreiteten, „normalen" Indikatoren sind für ihn wertlos. Wenn er sich solcher Hilfsmittel bedient, dann nur nach strikten Modifikationen. Man könnte ihn einen Historiker nennen, denn er ist ebenso fasziniert von der Suche nach wiederkehrenden Formationen in der Vergangenheit der Märkte wie von Vergleichen historischer Börsenentwicklungen. Besonders interessant ist die Tatsache, daß er viel mehr Relationen als nackte Zahlen verwendet, um sich den periodischen Veränderungen der Börsen anpassen zu können. Denn durch solche Relationen erhält man die Möglichkeit, die aktuelle Situation mit der Vergangenheit vergleichen zu können.

Neben seinen weithin bekannten Arbeiten im Bereich der Marktzyklik sind es vor allem seine Kurszielprognosen, die seine Analysen von 99 % der anderen Markttechniker unterscheiden. Es ist insbesondere diese Technik, die es ihm erlaubte, seit den frühen 70er Jahren derartig bemerkenswerte Voraussagen zu treffen. In Anbetracht der Komplexität des Themas und der Schwierigkeiten, die Methodologie zu erklären, haben wir uns entschieden, das Thema der Kursprognosen-Analyse voranzustellen.

Im Augenblick ist Mr. Eliades Autor und Herausgeber des Börsenbriefes „Stock-Market Cycles“, welcher erstmals 1975 erschien; er liefert Timing-Signale für „Fonds-Picker“ mit mittelfristigem bis langfristigem Anlagehorizont. Für kurzfristig orientierte Trader stehen regelmäßige Hotlines zur Verfügung. „Stock-Market Cycles“ hat bereits zahlreiche Meriten errungen. „Forbes“ zeichnete den Börsenbrief als besten Ratgeber für die Anlage in Fonds aus, und Mark Hulbert von Fidelity Select Portfolio bezeichnete „Stock-Market Cycles“ als den besten Fonds-Börsenbrief der letzten zehn Jahre. Mit einem jährlichen Durchschnittsgewinn von 16,5 % war dies das einzige Fonds-Portfolio, das die Performance des Marktes schlagen konnte. Mr. Eliades wurde zudem von „Timer Digest“ zum „Timer des Jahres“ ernannt. Neben Auftritten in CNBC, in „Wall Street Week“ und dem „Nightly Business Report“ war Mr. Eliades regelmäßiger Gast in der Sonntagssendung „Business World“ von ABC, bis diese Sendung eingestellt wurde.

Sie sind vor allem für Ihre Arbeiten im Bereich der Marktzyklik bekannt geworden. Bezieht sich Ihre gesamte Analysetätigkeit auf Zyklen?

Zumindest sind es die Zyklen, die meine Arbeit von dem unterscheiden, was die meisten anderen tun. Ja, ich denke, daß es sich hierbei wahrscheinlich um das wichtigste Element meiner Arbeit handelt. Um

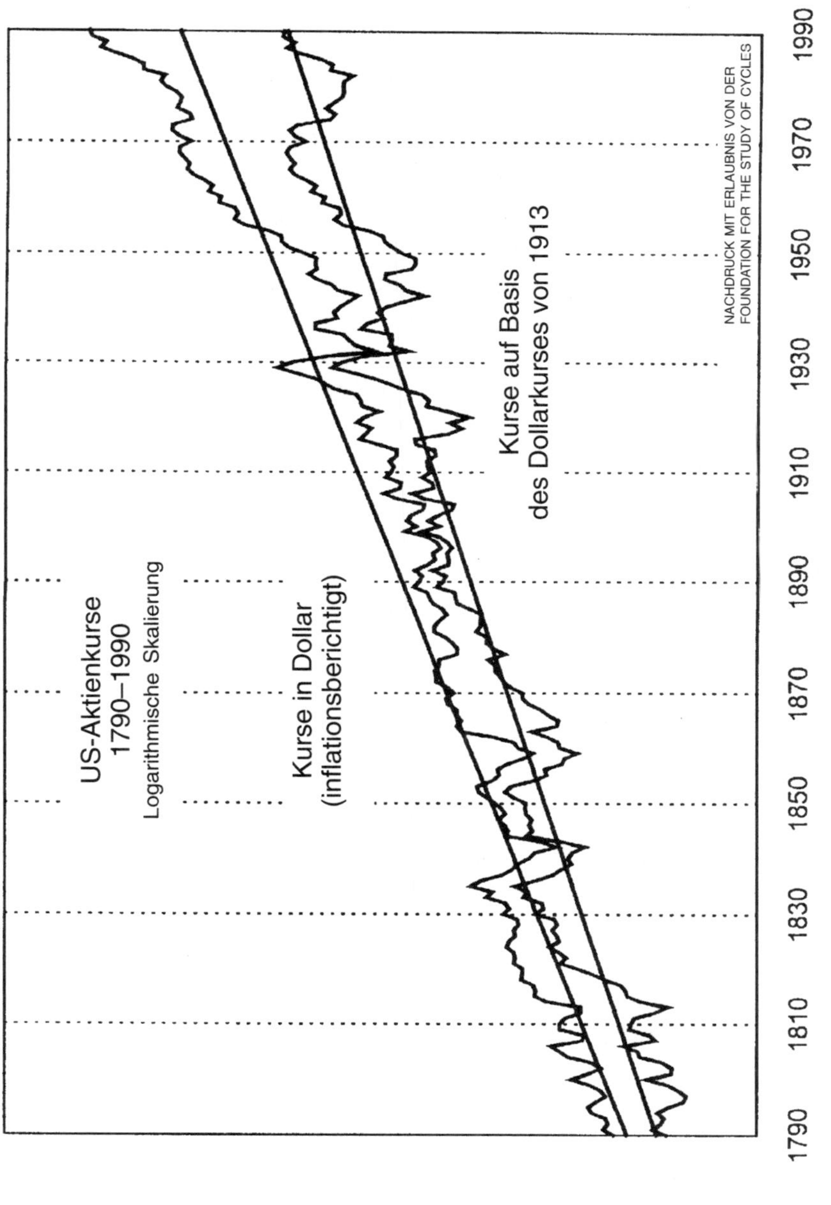
US-Aktienkurse
1790–1990
Logarithmische Skalierung
Kurse in Dollar
(inflationsberichtigt)
Kurse auf Basis
des Dollarkurses von 1913
NACHDRUCK MIT ERLAUBNIS VON DER
FOUNDATION FOR THE STUDY OF CYCLES
1790
1810
1830
1850
1870
1890
1910
1930
1950
1970
1990

Ihre Frage ganz allgemein zu beantworten: Ich pflege meine Analysen in aller Regel mit einem Gesamtüberblick aus zyklischer Sicht zu beginnen. Wenn ich dabei auf eine ungewöhnliche Formation stoße, gehe ich in die Vergangenheit zurück, um zu prüfen, wie oft sich ein solches Szenario in den vergangenen 23 bis 40 Jahren ereignet hat. Stellen wir uns beispielsweise vor, daß der McClellan-Oszillator einen Wert unter –140 erreicht hat – eine sehr selten auftretende Bewertung. In einem solchen Fall versuche ich dann herauszufinden, was früher nach einem solchen Wert passiert ist, und verwende diese Erkenntnis für meine aktuelle Analyse. Nun, streng genommen handelt es sich hier natürlich nicht um einen Zyklus, aber es ist eine technische Formation, für die es Vorbilder in der Vergangenheit gibt. Wenn solche Dinge wiederholt auftreten und sich die nachfolgenden Reaktionen in aller Regel gleichen, kann dies meine zyklischen Analysen durchaus in den Hintergrund treten lassen.

Soweit ich weiß, beobachten Sie eine große Vielfalt von Zyklen.

Ja, die Spanne reicht von Minutencharts bei Aktienindex-Futures und dem Dow Jones bis hin zum längsten Zyklus, den ich entdecken konnte – ich nenne ihn den 60-Jahres-Zyklus. Es war dieser Zyklus, der es mir erlaubte, in den frühen 80er Jahren zu prognostizieren, daß wir kurz vor einem spektakulären Bull-Market stehen. Das Institut für Zyklen-Studien verfügt über Marktdaten bis zurück ins Jahr 1789, also über 200 Jahre. Wenn Sie sich diese Daten ansehen, werden Sie überrascht sein, wie präzise dieser 60-Jahres-Zyklus bis auf ein oder zwei Jahre genau mit den wichtigen Markttiefs der Jahre 1800, 1860, 1920 und natürlich 1980 zusammenfällt.

Wenn Sie vom 60-Jahres-Zyklus sprechen, meinen Sie dann den Kondratieff-Zyklus?

Nein, die Kondratieff-Welle ist ein bißchen anders. Ich spreche hier nur von einer Beobachtung, die ich machte, als ich die Daten im Institut für Zyklen-Studien betrachtete. In den späten 70er und frühen 80er Jahren habe ich dies in CNBC einmal dargestellt. Ich zeigte den Leuten den

Chart und sagte: „Auch wenn es statistisch noch nicht signifikant ist, weil wir bislang nur drei entsprechende Fälle gesehen haben – ich gehe davon aus, daß wir innerhalb von ein oder zwei Jahren, um das Jahr 1980 herum, eine überaus wichtige Aufwärtswende an der Börse erleben werden, nach der gute Chancen bestehen, daß der Dow ein Level von 4 700 Punkten erreichen kann." Natürlich dachten die Leute damals, daß ich verrückt geworden wäre.

Exzellente Prognose.

Es war zumindest sehr nahe dran. Wenn man sich die früheren Zyklen ansieht, stellt man fest, daß die Trends üblicherweise eine Dauer von 8 bis 10 Jahren nach unten und von 13 bis 15 Jahren nach oben haben. Es geht hier also nicht um Zyklen in Form einer perfekten Sinus-Kurve, denn die Märkte pflegen nicht über 30 Jahre hinweg zu steigen, um dann die nächsten 30 Jahre zu fallen. Die Regeln zeigen, daß alle 60 Jahre ein bedeutendes Markttief auftritt, dem dann eine spektakuläre Hausse folgt, die im Minimum 8 Jahre, bisweilen aber sogar 12 bis 15 Jahre dauert. Wir befinden uns also aktuell im 14. Jahr seit Beginn des Aufwärtstrends im Jahr 1982. Man könnte nun argumentieren, daß dieser Tiefpunkt eigentlich bereits 1980 stattfand, da die Kurse des Dow-Jones-Index damals ein kleines bißchen tiefer als 1982 lagen. In diesem Fall wären wir bereits im 16. Jahr. Wir sind also in bezug auf diese 60-Jahres-Zyklen bereits sehr weit im Trend fortgeschritten.

Meinen Sie damit, daß innerhalb dieser 60-Jahres-Zyklen kleinere Zyklen mit einer Dauer von 8 bis 16 Jahren auftreten?

Nein, das würde nicht funktionieren. Lassen Sie mich das genauer erklären. Nach diesen alle 60 Jahre auftretenden Tiefpunkten sieht man in aller Regel eine sehr starke Aufwärtsbewegung, welche im Minimum 8 bis 10 Jahre und im Maximum 12 bis 15 Jahre dauert. Ich sage damit aber nur, wie lange eine solche Hausse vom Tiefpunkt aus dauert. Dies allein macht aber noch keinen Zyklus aus, denn ein Zyklus schließt auch einen darauffolgenden Rückgang der Kurse dorthin mit ein, wo die Bewegung 8 bis 10 Jahre zuvor begonnen hatte.

Ist es möglich, ausgehend vom Tiefpunkt eines Zyklus, Kursziele zu bestimmen?

Nur unter der Bedingung, daß sich vorangegangene Formationen auch wiederholen werden. Ich bin beispielsweise in die Vergangenheit zurückgegangen, um zu errechnen, welche prozentualen Gewinne in früheren Haussen nach einem 60-Jahres-Tief erzielt wurden, und projizierte diese Ergebnisse auf das zuletzt erreichte Markttief. Daraus entstand das Kursziel von 4 700, das ich im Jahr 1982 in meinem Börsenbrief veröffentlichte, als der Dow noch bei ungefähr 1 000 Punkten notierte. Wenn Sie in einer Zeitmaschine in das Jahr 1982 zurückreisen, und jemand würde Sie über den Dow mit 4 700 sprechen hören, hätten Sie die Lacher auf Ihrer Seite. Sie hätten argumentieren können, daß wir nicht unbedingt ein Hoch bei 4 700 erreichen müssen. Wenn wir uns Zyklen anschauen, tendieren wir dazu, den Schwerpunkt unserer Beobachtung auf das jüngste Beispiel einer solchen Situation zu konzentrieren; nun, das letzte hatten wir 1920. Je nachdem, ob Sie nun 1920 oder 1921 als Ansatz benutzen, dauerte diese Rallye jedoch nur 8 oder 9 Jahre. Da ist es nur natürlich, dieses Beispiel auf die heutige Zeit zu übertragen und somit davon auszugehen, daß es auch diesmal so sein wird und die Hausse nach 8 oder 9 Jahren zu Ende sein wird. Das ist auch der Grund, weshalb ich in den Jahren 1988 und 1989 mehr und mehr bearish für den Markt eingestellt war. Wenn Sie sich aber das im Jahr 1800 erreichte Tief ansehen, stellen Sie fest, daß die damals vollzogene Aufwärtsbewegung immerhin ganze 16 Jahre lang hielt.

Sie sagen also, daß die Hausse des Jahres 1800 ganze 16 Jahre anhielt?

Ja. Ich denke, nach dem Tief von 1800 hatten wir eine äußerst beständige Rallye für die nächsten 15 bis 16 Jahre. Das bedeutet aber nicht automatisch, daß die Kurse danach zurückkamen und neue Tiefs erreichten. Es heißt nur, daß die Initialzündung nach einem 60-Jahres-Tief immer überaus beeindruckend ausfiel. Im Jahr 2040 können wir daher ein neues wichtiges Markttief erwarten.

Nehmen wir einmal an, daß die Börse diese 8 bis 16 Jahre dauernde Hausse beendet hat. Gibt es eine Möglichkeit, den weiteren Kursverlauf der dann folgenden 45 bis 50 Jahre zu prognostizieren?

Nein. Ich habe es versucht, aber es gibt wirklich keinerlei Regelmäßigkeiten. Ein typisches Szenario ist somit nicht erkennbar. Klar ist nur, daß der größte Anteil der Aufwärtsbewegung in den ersten 10 bis 16 Jahren stattfindet. Nehmen wir als Beispiel wieder das Jahr 1800. Die Aufwärtsbewegung begann ungefähr 1802, der intensivste und größte Teil dieser Hausse endete ungefähr 1818 und betrug somit 16 Jahre. Danach bewegten sich die Kurse mit leichter Aufwärtstendenz für ungefähr 20 Jahre seitwärts, bis dann im Jahr 1845 ein starker Kurseinbruch auftrat. Eine erneute Aufwärtsbewegung mündete dann in die große Baisse, die im zyklischen Tief des Jahres 1860 endete. Das Tief von 1860 wurde erneut von einer starken, 10 bis 12 Jahre dauernden Rallye abgelöst, und auch diesmal setzte sich die Aufwärtsbewegung mit deutlich geringerer Dynamik fort. Dann kam ein substantieller Abschwung, bis die Hausse 1896 wieder aufgenommen wurde. Schließlich konnte man den Kurseinbruch bis in das Jahr 1920 verfolgen, wo erneut ein zyklisches Tief ausgebildet wurde. Und dann begann die gewaltige, schnelle Aufwärtsbewegung der 9 Jahre bis zum Crash von 1929.

Diese 60-Jahres-Zyklen sind also besser geeignet, um wichtige Tiefpunkte der Kursentwicklung vorherzusagen, weniger für die Festlegung von Kursverläufen im Anschluß an die erste Hausse eines jeweiligen Zyklus?

Ja. Es lassen sich zwar einige Faustregeln aufstellen, aber das ist dann auch schon alles. Normalerweise sieht man den größten Teil der gesamten Aufwärtsbewegung eines 60-Jahres-Zyklus in den ersten 10 bis 15 Jahren. Das wichtigste ist herauszufinden, wo diese Tiefpunkte auftraten.

Was hat ursprünglich Ihr Interesse an diesen Zyklen geweckt?

Im Dezember 1968 habe ich zum ersten Mal am Aktienmarkt investiert. Ich kannte nicht einmal die Grundregeln der Börse. Für diejenigen, die sich nicht daran erinnern: Es war eine verrückte Phase der Börse, fast genauso wie heute. Wenn Sie sich aber die aktuellen Zahlen ansehen, läßt die heutige Situation die Zeit von damals verblassen. Damals stiegen Fonds ebenso wie Einzelwerte manchmal um mehrere hundert Prozent in wenigen Tagen, und jeder verdiente Geld. Es war mal wieder die typische Zeit, in der Schuhputzer und Kellner Ihnen Börsentips gaben. Im Dezember 1968, inmitten der schönsten Hausse, fragte ich mich: „Mein Gott, wo ist diese phantastische Börse nur mein ganzes Leben lang gewesen?“ Ich nahm mein gesamtes Vermögen, das ich gespart hatte – $ 2 000,00 – und investierte es in einen Fonds, der bis zu diesem Zeitpunkt seit Jahresbeginn schon 300 % gestiegen war. Ich stellte mir vor, wie wundervoll es wäre, wenn das Ganze einfach in diesem Tempo weiterginge. Ich hoffe, eines Tages die Bestätigung dieser ersten Order wiederzufinden, denn ich habe das Gefühl, daß ich dieses Investment entweder exakt oder zumindest zwei oder drei Tage um das Markttop vom Dezember 1968 getätigt habe. Von diesem Augenblick an ist der durchschnittliche Aktienpreis – nicht der Dow – über die nächsten sechs Jahre hinweg um 75 – 80 % gefallen. Innerhalb von ein oder zwei Monaten sah ich meine $ 2 000,00 zuerst um 2 %, dann 3 %, schließlich 5 %, 8 % und letztendlich um 10 % schrumpfen. Ich konnte es nicht fassen, daß ich die Riesensumme von $ 200,00 in nur einem einzigen Monat verloren hatte. Ich bekam das Gefühl, es sei besser, etwas mehr über den Aktienmarkt zu lernen. Ich hatte damals tagsüber frei, weil ich abends vier bis fünf Stunden als Pianist und Sänger in einem Nachtclub arbeitete. Ich fing also an, täglich in die Bücherei zu gehen und mehr über die Börse zu lernen. Da ich in Harvard unter anderem Physik studiert hatte, tendierte ich dazu, mehr die mathematische Seite der Analyse zu bevorzugen. Obwohl ich auch Bücher über die fundamentale Seite der Märkte las, war ich doch von der Markttechnik fasziniert. Ein in Los Angeles wohnender Freund von mir lud mich für das Wochenende in sein Strandhaus in San Clemente ein. In diesem Haus gab es ein Buch mit dem Namen „The Profit Magic of Stock Transaction Timing“ von J. M. Hurst. Hurst war einer der wahren Pioniere im Bereich der Zyklenanalyse. Es gibt eine tolle Textstelle in einem Lied von Jimmy Webb, die lautet: „Manchmal kann ein einziger Augenblick all diejenigen Momente ändern, die folgen werden.“ Ich geriet zufällig an dieses

Buch, nachdem ich mehrere Monate in der Bibliothek gelernt und geforscht hatte. Ich nahm es mit nach Hause und las es. Das könnte dieser einzelne Augenblick gewesen sein, der alles, was danach kam, in meinem Leben verändert hat. Von diesem Augenblick an war ich von dem Konzept der Zyklen überzeugt. Hurst sagte in seinem Buch, daß die täglichen Kursbewegungen des Aktienmarktes nichts mit den täglichen Nachrichten oder fundamentalen Daten zu tun hätten. Zu dieser Zeit war ich immer noch ein Anfänger in bezug auf die Börse, aber auch ich hatte immer intuitiv das Gefühl gehabt, daß die Kursbewegungen nicht wirklich etwas mit dem zu tun hatten, was die Medien uns weismachen wollten, zum Beispiel „Der Aktienmarkt ist um 17 Punkte gefallen, weil die Anleger befürchteten, daß ..." Beim nächsten Mal, wenn die Investoren sich eigentlich hätten fürchten sollen, sind die Kurse dann gestiegen, und man mußte sich zur Begründung eine andere Story ausdenken. Dieses Buch hat mir sofort gefallen, allein auf Grund der Aussage, daß die Nachrichten nichts mit dem tatsächlichen Timing der Börse zu tun hätten. Das gefiel mir einfach instinktiv. Von diesem Augenblick an versprach ich mir, mich intensiver mit diesem Buch zu befassen. Darüber hinaus hatte das Werk eine mathematische Ausrichtung. Wenn man nur einen ersten Blick darauf wirft, kann das ein bißchen abschrekkend wirken. Ich sah es mir zunächst ein paarmal an und sagte mir: „Das kann ich nicht alles durcharbeiten, das meiste bringt mir ohnehin nichts." Also setzte ich mich hin und machte mich konzentriert an die Arbeit. Ich habe mich quasi an diesem Buch festgebissen. Nachdem ich alles, was Hurst sagte, verstanden hatte, wurde der Aktienmarkt für mich zu einer echten Obsession. Ich kaufte mir Chartbücher, zählte die Tage oder Wochen zwischen Markttiefs und entdeckte dabei diese kleinen Regelmäßigkeiten, die mich bis heute so faszinieren. Das war der Anfang meiner Studien über die Marktzyklen.

Hatten Sie bereits einige Grundkenntnisse der technischen Analyse, bevor Sie Hursts Buch gelesen haben?

Ja, aber nicht allzuviel. Es war ja erst am Anfang desselben Jahres gewesen, daß ich überhaupt ein Interesse für die Börse entwickelte. Ich war also ziemlich naiv gegenüber den einzelnen Phasen der Marktanalyse eingestellt. Wie ich schon sagte, wandte ich mich sofort der technischen Seite zu, was auf mein Interesse an Mathematik und meinen Wunsch, alles in Zahlen und Formeln auszudrücken, zurückzuführen war.

Welche Arten von Charts waren damals überhaupt erhältlich?

Mansfield hatte Tages- und Wochencharts. Diese Wochencharts wurden von William O'Neil in bezug auf die „Daily Graphs“ übernommen. Ich glaube, eine dieser Chartserien kostete \$ 15,00 oder \$ 20,00 pro Ausgabe. Zu dieser Zeit war das für mich beinahe unerschwinglich, weshalb ich sie nur alle paar Monate bestellte. Ich untersuchte verschiedene Aktien und Indizes und begann, die Zeitabstände zwischen den einzelnen Tiefs zu zählen. Zyklen tendieren übrigens dazu, weitaus verläßlicher zu sein, wenn man zwischen den einzelnen Tiefpunkten und nicht den Hochs zählt. Der größte Teil, falls nicht sogar die gesamte Zählarbeit, die ich damals durchführte, bezog sich auf die Zeitspannen zwischen einzelnen Tiefs. Hurst hatte mich auf diese Idee gebracht.

Zeigen einzelne Aktien zwischen ihren Hochs und Tiefs bestimmte, sich wiederholende Zeitabstände? Mit anderen Worten, markiert die eine Aktie regelmäßig alle zwölf Wochen ein Tief, während eine andere ihre Tiefpunkte alle zwanzig Wochen vollzieht?

Ja und nein. Jede Aktie hat ihre eigene individuelle Rhythmik, die auch eine faszinierende Gleichmäßigkeit aufweist, aber ich denke, das ist vor allem auf den Umstand zurückzuführen, daß der gesamte Markt als solches einer zyklischen Regelmäßigkeit unterliegt. Alle Aktien weisen unterschiedliche relative Stärken auf, tendieren aber dennoch dazu, mit dem Trend des Gesamtmarktes zu laufen. Also, wenn Sie einen 34-Tages- oder 54-Tages-Zyklus im Dow beobachten, ist die Wahrscheinlichkeit hoch, daß die meisten Aktien diese Bewegung nachvollziehen. Die Frage muß aber insoweit mit Nein beantwortet werden, als Sie nicht davon ausgehen können, daß sich diese Formationen alle unterscheiden. Andererseits weist jede Aktie ihre eigenen Charakteristika auf. Sie finden bisweilen bei einigen Werten absolut eigenständige Formationen, die man bei anderen Aktien niemals entdecken wird. Es gibt also immer ein Ja und ein Nein in bezug auf einzelne Aktien.

Sind Sie bezüglich Ihrer Zyklenanalyse kurz-, mittel- oder langfristig orientiert?

Im Idealfall beginne ich mit einer langfristigen Perspektive und arbeite mich dann bis zur kurzfristigen Situation vor. Ich will Ihnen ein Beispiel geben. Aus langfristiger Sichtweise bin ich im Augenblick ziemlich bearish eingestellt, obwohl ich zugeben muß, daß ich diese negative Haltung nicht erst seit einigen Wochen oder Monaten, sondern bereits seit einigen Jahren habe. Versehen mit diesem Hintergrund einer langfristig negativen Grundhaltung, erklärte ich den Anlegern am Freitag auf meiner täglichen Hotline, daß ich einige Kursziele für die Schlußkurse der NYSE und des S&P 500 hätte. Ich erwartete ein typisches Szenario, bei dem der Markt für die nächsten ein oder zwei Tage nach oben laufen würde, um dann – wahrscheinlich sehr dramatisch – von diesem Level aus nach unten zu drehen. Ich gab den Hörern einen Zyklus und eine Zeitspanne vor, die gestern zu Ende ging. Ich sagte: „Wir haben gestern festgestellt, daß die Zeitformationen in unserem 30-Minuten-S&P-Chart einen Wendepunkt anzeigen, der heute zwischen 11.00 Uhr und 12.00 Uhr zu erwarten ist, frühestens jedoch bereits gestern zwischen 11.00 Uhr und 11.30 Uhr stattgefunden hat oder aber spätestens bis heute um 15.30 Uhr stattfinden wird.“ Das ist das kurzfristigste, was ich jemals gemacht habe bzw. irgend jemand sonst machen könnte.

Ihre Analysen erlauben Ihnen also, Zeitrahmen genauso wie Kursziele festzusetzen?

Nun, es erlaubt einem zumindest, dies zu versuchen. Wie ich bereits sagte, ging es hier um einen 30-Minuten-Chart. Dieser weist pro Tag dreizehn Kursbalken auf, weil die tägliche Handelszeit sechseinhalb Stunden dauert. In jeder Woche haben Sie also 65 Kursbalken. Dieser spezielle Zyklus dauerte ungefähr 172,5 Kursbalken, was bedeutet, daß der Zyklus eine zeitliche Ausdehnung von 13,5 Handelstagen hatte. Dieses Zeitraster hat sich im Verlauf des letzten Jahres als außergewöhnlich regelmäßig und zuverlässig erwiesen. Hierbei geht es nicht immer um Hoch- oder Tiefpunkte, sondern um Wendepunkte im Kursverlauf. Ich hatte mich für einige Monate nicht mehr mit diesen Formationen befaßt, bis ich vor ein paar Wochen einen Chart in die Hand bekam und überprüfte, wie weit der aktuelle Zyklus bereits fortgeschritten wäre. Dabei stellte ich fest, daß die Regelmäßigkeit erhalten geblieben war, und da ich sehr von deren Zuverlässigkeit überzeugt war, konnte ich mich auf meiner Hotline festlegen, wann ein wichtiges Top zu erwarten wäre. Und tatsächlich, fast genau zu dem von mir vorausgesagten Augenblick erreichten die Indizes ihre Höchstkurse und laufen seitdem abwärts. Ich will damit nicht sagen, daß sich so etwas regelmäßig wiederholen ließe, aber es ist die Art von Erfolgen, die einem diese Art der Analyse bescheren kann.

Gibt es einige Bücher über die Zyklentechnik?

Es sind zwei Bücher, die mich begeistert haben. Zum einen ist es der Titel von Hurst, zum anderen „Investing for Profit with Torque Analysis of Stock Market Cycles". Der Name des Autors ist William C. Garrett. Das ist ein interessantes Werk, und ich habe viel daraus lernen können. Viele der Techniken, die ich heute verwende, stammen aus diesem Buch, aber ich muß hinzufügen, daß auch dieses sehr mathematisch orientiert ist.

Verwenden Sie Ihre Zyklenanalyse für das genaue Timing von Käufen oder Verkäufen an Hoch- oder Tiefpunkten, oder positionieren Sie sich bisweilen auch in der Mitte eines Zyklus?

Ich verwende diese Analyse in vielerlei Hinsicht. Vor allem benutze ich sie natürlich dazu, Hoch- und Tiefpunkte zu bestimmen. Sobald ich erst einmal einen solchen Wendepunkt isolieren konnte, helfen mir die anderen Indikatoren aus meinem Arsenal der Zyklentechnik, den weiteren Trendverlauf zu verfolgen. Meine Kursziele bestimme ich mit einer Technik, die ursprünglich auf Hurst zurückzuführen ist, welche ich indes mit eigenen Modifikationen verfeinert habe. Wenn ich erst einmal ein Tief oder Hoch gefunden habe, neige ich dazu, diese Kurszieltechniken einzusetzen, um mir ungefähr darüber klarzuwerden, wie weit die kommende Kursbewegung reichen könnte. Ich vermeide aber, die Zyklen als solche zu traden, da sie meiner Erfahrung nach nicht ausreichend regelmäßig in bezug auf ihre zeitliche Ausdehnung sind. Zum Beispiel: Anstatt 30 Jahre auf einer idealisierten Basis anzusteigen, könnte ein 60-Jahres-Zyklus für nur 10 oder 12 Jahre steigend sein, dann zurückkommen und wiederum ansteigende Tendenz zeigen, aber man weiß nicht, wo sich der Höchstpunkt befindet. Ich ziehe es vor, nach Hoch- oder Tiefpunkten zu suchen, anstatt zu sagen: „Dies ist ein 30-Wochen-Zyklus, also sollten die Kurse 15 Wochen lang – oder zumindest sieben oder acht Wochen lang – steigen. Das heißt, ich kaufe jetzt und bleibe sieben oder acht Wochen investiert, ohne mich um irgend etwas kümmern zu müssen.“ Lieber kaufe ich an einem Punkt, den ich für ein Tief halte, und bleibe so lange im Markt, bis entweder meine Kursziele erreicht sind oder meine technischen Indikatoren mir nahelegen auszusteigen.

Wie viele Indikatoren verfolgen Sie ungefähr?

Das ist wirklich schwer zu sagen, denn ich habe keine Liste von zwölf technischen Indikatoren, die ich täglich überwache. Es gibt einfach ein bestimmtes Ritual, welches ich bei meiner täglichen Arbeit durchführe. So sind Indikatoren vorhanden, die ich regelmäßig überwache und verwende, wie zum Beispiel den Trading-Index, der heute nach seinem Erfinder Richard Arms „Arms-Index“ genannt wird. Das ist schon immer einer meiner Lieblingsindikatoren gewesen.

Bisweilen verwenden Sie doch auch einen kumulativen 10-Tages-TRIN.

Ja, aber das war nicht unbedingt meine eigene Idee, obwohl ich einige Modifikationen am 10-Tages-GD (Gleitender Durchschnitt) des Trading-Index vorgenommen habe, die sich überaus gut bewährt haben. Eine von ihnen, den Open-10-Trading-Index, habe ich nicht selbst entwickelt, aber ihm zumindest diesen Namen gegeben. Er wurde von einem Mann namens Harvey Wilber erfunden, zumindest gehe ich davon aus, daß er es war. Ich hatte einen seiner Artikel über den Trading-Index in einer alten

Computerzeitschrift gelesen. Die Formel für den normalen Trading-Index lautet: Dividieren Sie die gestiegenen Aktien durch die gefallenen Aktien und nennen das Ergebnis A. Dann teilen Sie das Kaufvolumen durch das Verkaufsvolumen und bezeichnen das Resultat mit B. Dann teilen Sie einfach B durch A. Es handelt sich hier also um die Relation zweier Relationen. Das ist der TRIN oder einfacher Trading-Index. Um daraus einen 10-Tages-GD zu erhalten, müssen Sie diese Berechnungen nur jeden Tag durchführen und am Ende von 10 Tagen einfach die letzten 10 Tage des einfachen Trading-Index durch 10 dividieren, um einen einfachen 10-Tages-GD des Trading-Index zu erhalten. Anstatt das alles jeden Tag zu berechnen, dachte ich mir, daß es doch eine gute Idee wäre, wenn man diese Werte irgendwie ein wenig glätten könnte und vielleicht ein bißchen mehr Gewicht auf die Umsätze legen würde, indem man jede dieser vier Komponenten für 10 Tage individuell errechnet, um sie dann nur einmal zusammen als Trading-Index zu berechnen.

Das heißt, Ihr Open-10-TRIN ist eine kumulative Berechnung des einfachen Trading-Index (TRIN)?

Ja, ich gab ihm diesen Namen, weil Sie damit das gesamte, offene Universum der letzten 10 Tage einbeziehen. Sie addieren alle gestiegenen Aktien der letzten zehn Tage, danach die gefallenen Aktien, das gesamte Kaufvolumen und das Verkaufsvolumen. Dann verwenden Sie diese vier Summen zur Berechnung des Trading-Index. Daraus entsteht dann der Open-10-Trading-Index. Das ist es, was ihn von der einfachen Version unterscheidet.

Wo liegen die Vorteile des Open-10-TRIN gegenüber dem einfachen TRIN?

In der Zeit zwischen 1985 und 1987, als ich erstmals begann, mit dem Open-10-Trading-Index zu arbeiten, erzielte ich herausragende Ergebnisse. Jedesmal, wenn der Open-10-Trading-Index über 1 stieg, war dies fast immer eine gute Kaufgelegenheit. Im September 1987 schrieb ich, zwar nach dem absoluten Top, aber vor dem Crash, einen Artikel in „Barron's“ über den Open-10-Trading-Index.

Welche anderen Variationen des Trading-Index haben Sie entwickelt?

Ich verfolge den TRIN, den 10-Tages-GD, den 40-Tages-GD, den gewichteten 10-Tages-GD, den exponentiellen 10-Tages-GD, den exponentiellen 40-Tages-GD, den 50-Tages-GD sowie den Open 30 und den Open 10. Das neueste, was ich vor ungefähr acht Jahren entwickelt habe, nenne ich „New-10-TRIN", weil mir kein besserer Name eingefallen ist. Es ist nichts anderes als ein 10-Tages-Trading-Index, dem ich eine neue Ausrichtung gegeben habe. Er hat sich als einer der besten Überkauft-/Überverkauft-Indikatoren in den letzten Jahren dieses Bull-Markets erwiesen. Er war viel besser als der Open-10 oder der einfache 10-Trading-Index. Was ihn von den anderen unterscheidet, ist seine höhere Ausrichtung in bezug auf das Umsatzvolumen. Ich gebe die entsprechenden Werte – gestiegene Aktien, gefallene Aktien, Kauf- und Verkaufsvolumen – per Hand ein, während der Computer die Berechnungen übernimmt. Ich mache immer noch eine Menge Charts mit der Hand, aber das Risiko mathematischer Fehler ist natürlich weitaus geringer, wenn man dem Computer die Arbeit überläßt.

Es ist interessant, daß Sie noch immer einige Charts mit der Hand erstellen.

Ja, obwohl die meisten Charts mittlerweile durch den Computer erstellt werden, ziehe ich es vor, einige dieser Charts jeden Tag mit der Hand zu zeichnen, um mir das Gefühl für die Kursveränderungen zu erhalten. Ich zeichne zum Beispiel einige Zyklenlinien, die ich von meinem Arbeitsblatt ablese, in einen Dow-Jones-Chart ein. Darüber hinaus mache ich selbst den Trading-Index, einige kleinere Oszillatoren und einen weiteren Balkenchart des Dow-Jones.

Ist das tatsächliche, persönliche Nachvollziehen der Kursbewegungen hilfreich, um sich diese besser einzuprägen?

Ja, ich denke schon. Man hat so die Möglichkeit, durch das Niederschreiben der aktuellen Zahlen ein Gefühl dafür zu entwickeln. Ich weiß nicht, ob das eine psychologische Ursache hat, aber in jedem Fall wird dadurch die persönliche Intuition gestärkt.

Wenn wir uns den Open-10-Trading-Index ansehen, gibt es hier bestimmte numerische Parameter, die eine überkaufte oder überverkaufte Situation anzeigen?

Grundsätzlich würde ich sagen, daß ein Wert von 1,0 eine neutrale Bewertung darstellt. Ich meine, weil wir nun schon so lange in einem Bull-Market sind, ist dieser neutrale Wert im Augenblick jedoch mehr als eine überverkaufte Situation zu betrachten. Wenn wir eine wirklich negative Marktphase mit einer Dauer von fünf oder zehn Jahren bekämen, würden sich diese Werte aber sicherlich wieder ausbalancieren. Im allgemeinen stellt eine Bewertung oberhalb von 1,0 für den Open-10-TRIN eine überverkaufte Situation dar.

Und wie sieht es mit einer überkauften Situation aus?

Nun, grundsätzlich wäre das ein Wert unter 0,8. Die Gleitenden Durchschnitte des Trading-Index und des Open-Trading-Index wurden aus folgenden Gründen oft kritisiert: Wenn man sie auf arithmetischer Basis anwendet, muß man davon ausgehen, daß ein Wert von 1,75 dasselbe bedeutet wie ein Wert von 0,25, weil beide denselben Abstand zum neutralen Niveau von 1,0 aufweisen. In der Realität ist das aber nicht der Fall. Eine Bewertung ist gegenüber der anderen reziprok. Das wäre eine korrekte Äquivalenz. Ein Beispiel: Wenn der TRIN eine Tagesbewertung von 1,75 hat, muß man, um das negative Äquivalent davon zu erhalten, den Wert 1,0 durch 1,75 teilen, so daß das korrekte Gegenstück von 1,75 in Wirklichkeit 0,571 darstellt.

Das ist ein hochinteressanter Aspekt.

Ich erwähne dies, weil sehr viele Markttechniker den Trading-Index kürzlich aus genau diesem Grund kritisiert haben. Sie behaupteten, daß die negativen Werte in bezug auf ihren Abstand zur neutralen Zone nicht dasselbe bedeuten wie die positiven Zahlen. Doch das ist eigentlich auch nicht zu erwarten, weil der TRIN von der neutralen Bewertung bei 1,0 auf Werte von 3, 4, 6 oder noch höher steigen kann, aber natürlich nie unter Null fällt. Ich denke sogar, daß es noch nie einen einzigen Tag gegeben hat, an dem die Bewertung niedriger als 0,1 gewesen wäre. Das heißt, ein negativer Wert kann nicht einmal eine volle Zahl unterhalb von 1 liegen. Wenn Sie also zum Beispiel eine extreme Situation haben und 10 Tage lang ungewöhnlich massive Käufer auftreten, dann könnte der Gleitende Durchschnitt der letzten 10 Tage im TRIN einen Wert von 0,20 erreichen – wobei ich denke, daß ich einen solchen Wert noch nie gesehen habe –, während im Gegenzug massive Verkäufe über einen Zeitraum von 10 Tagen in Folge Bewertungen von 3 oder höher verursachen würden, was zum Beispiel beim Crash des Jahres 1987 aufgetreten ist. Sie sehen also, daß diese Situationen nicht einfach symmetrisch sind. Das ist der Grund, warum einige Leute den Indikator kritisiert haben. Ich erkenne zwar den mathematischen Hintergrund dieser Kritik, messe ihr aber dennoch keine allzugroße Bedeutung bei. Wenn ich diesen Indikator berechnet und angewendet habe, hat er mir immer hervorragende Ergebnisse geliefert, und ich sehe deswegen keinen Grund, die Berechnungsweise zu ändern.

Ist dieser „New-10-TRIN"-Indikator Ihr persönliches Eigentum?

Nein. In Wahrheit glaube ich, das einzige, was wirklich mir gehört, sind meine Gedanken. Ich habe eine Regel: „Der Wert eines Indikators ist gegenläufig proportional zu der Tendenz einer Person, diesen Indikator als persönliches Eigentum zu sehen." Dieses Spiel ist auch schon ohne Leute kompliziert genug, die glauben, sie müßten versuchen, bestimmte Indikatoren für sich zu behalten. Keiner hat bislang den Heiligen Gral gefunden oder gar den Schlüssel zu den Geheimnissen der Börse. Ich meine, je mehr man in diesem Geschäft mit anderen teilen kann, desto besser steht man da.

Könnten Sie uns Ihre letzte Erfindung erläutern?

Ich habe versucht, die besten Eigenschaften des einfachen 10-Tages-TRIN und des Open-10-TRIN zu kombinieren. Die Stärke des Open-10 ist, daß er die Umsätze gewichten kann. Eine extrem hohe oder niedrige Tageswertung des TRIN hat normalerweise kaum Auswirkungen auf den Open-10-TRIN, es sei denn, daß diese Bewertung von sehr hohen Umsätzen begleitet wird. Die Stärke des einfachen 10-Tages-TRIN liegt darin, daß sehr hohe Einzelwerte große Bedeutung aufweisen, ohne dabei die Höhe der Umsätze zu berücksichtigen. Der New-10-TRIN wird berechnet, indem die Relation aus dem 10-Tages-Verkaufsvolumen und dem 10-Tages-Kaufvolumen errechnet und dieser Wert durch den 10-Tages-GD des einfachen TRIN geteilt wird. Man könnte das abkürzen, indem man sagt: 10-Tages-VV geteilt durch 10-Tages-KV = A. Dann teilt man A durch den 10-Tages-GD des einfachen TRIN.

Und wie interpretiert man das Ergebnis?

Die Ergebnisse liegen normalerweise in einer Spanne zwischen Tiefstwerten von 0,6 oder 0,7 sowie Höchstwerten zwischen 1,5 und 1,7. Es gibt allerdings auch manchmal extremere Werte. Für mich war das ein hervorragender Indikator in der Zeit, als die normalen TRIN-Werte keine hohe Aussagekraft hatten.

Wie lange arbeiten Sie schon mit dem New-10-TRIN?

Mindestens schon fünf Jahre. Dabei lerne ich die ganze Zeit mehr über diesen Indikator dazu, besonders in letzter Zeit bin ich mehr und mehr beeindruckt von seiner Effektivität im Vergleich zu den mehr orthodoxen Trading-Indizes. Wenn ich mich recht entsinne, war der New-10-TRIN am Markttop im Mai 1996 der einzige Indikator, der eindeutig überkauftes Niveau erreicht hatte. Die Kursspitze wurde am Freitag, dem 24. Mai 1996, mit einem Allzeithoch im Schlußkurs der NYSE und dem S&P 500 erreicht. Ich sagte daraufhin voraus, daß ein kurzfristiger Kurseinbruch auftreten würde, da der New-10-TRIN ein Verkaufssignal generiert hatte, indem seine Bewertung von unter 0,8 auf über 0,8 gestiegen war. Das ist der kleine Trick, den ich in bezug auf Verkaufssignale anwende. Es geht nicht nur darum, daß ein überkauftes Level erreicht wird. Die Bewertungen können von 0,8 auf 0,7 oder 0,65 oder 0,62 fallen und dort solange bleiben, wie sie wollen. Aber wenn der Indikator in das überkaufte Niveau unter 0,8 gelaufen ist und dann Zahlen oberhalb von 0,8 erreicht – auch wenn es nur 0,805 oder 0,81 sind –, dann entsteht daraus ein kurzfristiges Verkaufssignal.

Das heißt also, daß Sie die einzelnen Bewertungen zwar auf ein überkauftes Niveau hin überprüfen, aber erst dann reagieren, wenn die Werte wieder über 0,8 steigen?

Wenn der Wert unter 0,8 fällt und danach wieder steigt, wird das Signal erzeugt. Am 16. Mai 1996 war der New-10-TRIN bei 0,809 und erreichte dann am 17. Mai das überkaufte Level. Der Wert lag bei 0,76. Der Open-10 und der „einfache 10“ gaben gleichzeitig verfrühte Überkauft-Signale ab. Sie waren schon am 21. und 22. Mai auf einem überkauften Niveau. Der New-10 war zwar ebenfalls überkauft, verließ diese Zone aber erst am 24. Mai 1996 mit einem Wert von 0,807. Dies generierte ein kurzfristiges Verkaufssignal. Der New-10-TRIN gab auch am 13. Februar ein Verkaufssignal, an dem Tag, nachdem die NYSE ihr Hoch für die nächsten drei oder vier Monate erreicht hatte. Ein weiteres Verkaufssignal trat am 25. April 1996 auf. Danach stieg der NYSE-Composite nur noch einen einzigen Punkt und brach dann im Verlauf der nächsten Woche scharf ein.

Halten Sie sich strikt an diese Regeln und Parameter, oder gehen Sie bisweilen auch subjektiv vor?

Die Signalgenerierung des New-10-TRIN ist sehr objektiv. Man erreicht ein überkauftes Niveau unter 0,8, die Notierungen drehen und steigen über 0,8. Das ist das Signal. Dementsprechend kann es in bezug auf die Signalgenerierung keine Subjektivität geben. Was aber nicht heißt, daß ich nicht dennoch manchmal subjektiv reagiere. Man muß das nur in den gesamten Kontext derjenigen Dinge einordnen, mit denen man seine Analysen betreibt. Es steht außer Frage, daß bei anderen Dingen, die ich mit meinen Trading-Indizes mache, Subjektivität eine Rolle spielt. Ich mag es, die Daten zu bearbeiten und sie mit anderen Augen zu betrachten, als es die Leute normalerweise tun würden. Aber es geht hier auch nur um eine unter vielen bezüglich der Formel und Indikatoren, welche ich überwache. Bedenken Sie, daß es sich hier um kurzfristige Signale handelt. Sie sind mehr etwas für Leute, die Futures und Optionen handeln. Ich selbst würde sie beispielsweise nur dann für Investitionen in Fonds berücksichtigen, wenn sie durch andere Signale untermauert werden. Als Grundregel gilt, daß ich den New-10-Trading-Index nur für bestimmte Kauf- oder Verkaufssignale verwende. Andere Trading-Indizes benutze ich nur als untergeordnete Indikatoren. Wenn ich hier sehe, daß ein Markt überkauft ist, wende ich mich anderen Indikatoren zu, um zu prüfen, ob ein Trendwechsel zu fallenden Kursen von diesen Indikatoren bestätigt wird. Ich habe festgestellt, daß der New-10-TRIN einer der wenigen Trading-Index-Indikatoren ist, der kurzfristige Verkaufssignale erzeugen kann. Ich würde ihn aber auch für nichts anderes als zur kurzfristigen Signalgenerierung einsetzen.

Gibt es Situationen, bei denen Ihre TRIN-Indikatoren in Konflikt mit Ihren Zyklenanalysen geraten?

Ja. Wenn Sie versuchen, sie für wichtige Wendepunkte im Markt einzusetzen, müssen Sie schon eine Menge Vertrauen in bezug auf den Wert dieser Zahlen für längerfristige Entwicklungen mitbringen. Ich will Ihnen ein Beispiel geben. Als die Börse damals, im August 1982, einen Boden bildete, hatte ich noch einige Zyklen-Prognosen, die für den 6. oder 9. August noch tiefere Kurse vorhersagten. In meinem Börsenbrief erklärte ich, daß es in der Geschichte des Trading-Index noch niemals zuvor eine Bewertung des einfachen 10-Tages-GD gegeben habe, die höher als 1,5 lag und nicht automatisch bedeutet hätte, daß wir unmittelbar vor einem wichtigen Tiefpunkt des Marktes stehen würden. Und genau das trat am 9. August 1982 ein. Der GD des einfachen TRIN lag bei 1,51. Zu diesem Zeitpunkt verfügte ich über historische Kursdaten der vorangegangenen 10 oder 15 Jahre. Wenige Monate später gab es in „Barron's" einen Artikel darüber, wie sehr die technische Analyse doch am Markttief im August versagt hätte, weil kein einziger technischer Analyst in der Lage gewesen sei, dieses Tief vorherzusehen. Ich schickte ihnen daraufhin eine Kopie mit dem Abschnitt meines Börsenbriefes, in dem ich anhand des einfachen 10-Tages-TRIN dieses Tief prognostiziert habe, und sie haben es in voller Länge veröffentlicht.

Wie entsteht beim einfachen Trading-Index ein Kaufsignal?

Grundsätzlich bedarf es dazu zweier aufeinanderfolgender Bewertungen oberhalb von 2,0. Wenn das passiert, stehen die Chancen sehr hoch, daß sie ein sehr wichtiges Tief gefunden haben. An zwei Tagen im Oktober 1987 waren die Werte absolut extrem. Am Freitag, dem 16. Oktober, lag die Zahl bei 5,276 und am darauffolgenden Montag bei 10,781. Ungefähr eine Woche später, am 26. Oktober, trat ein Wert von 11,97 auf. Der 10-Tages-GD lag zu diesem Zeitpunkt natürlich meilenweit entfernt. Am 26. Oktober betrug der 10-Tages-GD 3,55. Nun hat es aber gut sechs oder sieben Jahre lang zuvor keine einzige Bewertung über 3,0 gegeben, schon gar nicht im 10-Tages-GD. Einzelne Tageswerte können sehr wichtig sein. Es gibt da eine bemerkenswerte Statistik, über die wir während der Analyse unseres Trading-Index gestolpert sind. Einzelne Werte sind normalerweise für die langfristige Marktanalyse nicht besonders nützlich. Extremwerte jedoch können trotzdem recht informativ sein. So wurde beispielsweise festgestellt, daß jedesmal, wenn seit 1950 zwei aufeinanderfolgende Tageswerte oberhalb von 2,0 auftraten, eine exzellente Kaufgelegenheit vorlag. Bei einigen entstand innerhalb von ein oder zwei Wochen ein auch längerfristig relevanter Tiefpunkt im Markt. Ich nenne Ihnen jetzt diejenigen Zeitpunkte seit 1950, an denen der TRIN an zwei Tagen in Folge höhere Werte als 2,0 aufwies. Es sind nicht allzu viele: 19. Mai 1951, 14. September 1953 (drei aufeinanderfolgende Werte), 15. Dezember 1957, 21. Juni 1962, 29. August 1966 (drei aufeinanderfolgende Werte), 20. Mai 1970 (der Tiefpunkt lag sechs Tage später), 20. August 1975, 3. Dezember 1975, 4. August 1982 und 19. Oktober 1987. Dies sind die einzigen Fälle in den letzten 45 Jahren gewesen. Darüber hinaus gab es seit 1950 niemals eine Zeitspanne von mehr als 19 Monaten, in der nicht zumindest ein einziger Tag mit einem TRIN über 2,0 auftrat. Aber bis zum Juli 1996 warten wir jetzt schon 27 Monate lang auf einen solchen Wert. Das bedeutet etwas. Wenn Sie sich in einem Bear-Market befinden, sehen Sie die 2,0 mindestens einmal alle paar Wochen. Andererseits, wenn dieser Wert drei, vier oder fünf Monate oder sogar eineinhalb Jahre ausbleibt, also keinerlei Verkaufswellen auftreten, ist das ein Zeichen, daß sich die Marktteilnehmer zu sehr in Sicherheit wiegen. Die letzte Bewertung oberhalb von 2,0 hatten wir im Februar 1994. Wenn Sie diesen einen Wert weglassen würden, müßte man schon drei Jahre bis zum April 1993 zurückgehen. Es gab also in dieser Phase nur eine einzige Bewertung über 2,0. Dies ist eine beeindruckende Darstellung höchster Selbstsicherheit bei den Investoren. Es sind keinerlei Kapitalabflüsse oder Verkaufswellen aufgetreten, und je länger sich dies aufstaut, desto gewaltiger wird der Verkaufsdruck sein, wenn er letztendlich auftritt. Ist es ein Zufall, daß die einzigen zwei Fälle seit 1957, in denen die Zeitabstände einzelner Bewertungen oberhalb von 2,0, die länger als 15 Monate gedauert haben, ausgerechnet in unmittelbarer Nähe der beiden wichtigsten Markttops dieses Jahrhunderts aufgetreten sind? Eine dieser Serien hörte Ende Juni 1965 auf, nur 7,5 Monate vor der Kursspitze vom Februar 1966. Die andere Serie endete im Mai 1973, vier Monate nach dem Kursgipfel vom Januar 1973. Ich verwende diese Informationen, glaube ich, auf eine Art und Weise wie sonst niemand. Ich verfüge über eine Datenbasis des Trading-Index, die bis mindestens 1940 zurückreicht, obwohl ich zugeben muß, daß ich nicht allzuviel Vertrauen in die Zahlen habe, die älter als 1950 sind, weil diese noch per Hand errechnet wurden. Die NYSE veröffentlichte vor 1962 keine offiziellen Zahlen zum Kauf- und Verkaufsvolumen. Man mußte damals also jeden einzelnen Wert untersuchen und die Umsätze all derjenigen Aktien addieren, die gestiegen waren, und dasselbe im Anschluß für die gefallenen Werte tun. Und das mußten Sie mit der gesamten Liste jeden einzelnen Tag wiederholen. Andererseits war das natürlich vor 40 oder 50 Jahren viel einfacher, da damals noch nicht so viele Aktien notiert waren.

Das klingt wie ein sehr intensiver Prozeß. Mit diesem Hintergrund kann ich verstehen, daß Sie die Zuverlässigkeit dieser Zahlen in Frage stellen. Wie sehen die Überkauft-Werte für den einfachen Trading-Index aus?

Grundsätzlich gilt hier für alle Trading-Indizes ein Wert von 0,8 oder tiefer. Man muß dabei aber sehr vorsichtig sein, weil diese Indizes weitaus zuverlässiger für die Feststellung von Tiefpunkten als zur Indikation von Kursspitzen sind. Manchmal treten Werte von 0,8 für Tage oder Wochen auf. Das heißt, daß sie zwar durchaus funktionieren können, für das Timing aber nicht besonders geeignet sind.

Mit anderen Worten: Sie würden nicht im S&P-Future short gehen, nur weil in diesem Indikator ein Wert unter 0,8 erreicht wird?

Genau.

Sind die Intraday-Levels des TRIN von Bedeutung?

Manchmal achte ich für kurzfristige Tradingentscheidungen auf Hinweise seitens der Intraday-TRIN-Entwicklung. Wenn hier sehr hohe Werte erzielt werden und Sie dann sehen, daß diese Bewertung zu fallen beginnt, bedeutet dies, daß die Kurse wahrscheinlich kurz vor einer kräftigen Aufwärtsbewegung stehen. Manchmal berechne ich den TRIN mehrmals täglich, aber normalerweise nehme ich solche „Zwischenstände" nicht besonders ernst. Eigentlich ist es für niemanden notwendig, auf diese Intraday-Zahlen zu achten. Die Schlußkurse sind nicht nur ausreichend, sondern meiner Meinung nach auch diejenigen Werte mit der höchsten Aussagekraft.

Verwenden Sie längerfristige Trading-Indizes zur Bestätigung Ihrer Analysen?

Ja, der Open-30 ist dabei einer meiner Favoriten. Einige der Kennzahlen sind hier sehr objektiv. Wenn der Open-30 Werte oberhalb von 1,1 oder 1,15 erreicht, kann man fast darauf wetten, daß man sich sehr nahe an einem Tiefpunkt befindet. Der Grund, warum ich den Open-30 bevorzuge, ist, daß er nicht durch einzelne Tageswerte des TRIN beeinflußt wird. Ich gebe Ihnen hierfür ein Beispiel aus dem Jahr 1987. Am Tag vor dem Crash, dem 16. Oktober, lag der Open-30 bei 96,6. Es gab eigentlich noch keinerlei Hinweise auf ein überverkauftes Niveau, nur die Bewertung für den einzelnen Tag lag bereits bei 5,276. Am Tag des Crashs ging der Wert dann auf 1,092. Das war nur eine Handbreit von der ausschlaggebenden Grenze von 1,10 entfernt. Man muß sicherlich noch umfangreiche Untersuchungen über diese Trading-Indizes anstellen, aber Werte oberhalb von 1,10 für einen 40-Tages-GD des TRIN sind nahezu immer als Signalgeber geeignet, es sei denn, daß sie sich mitten in einem fürchterlichen Bear-Market wie in den Jahren 1973 und 1974 befinden. Das sind dann Zeiten, in denen man mit diesen „Verpfände-Haus-und-Kinder"-Werten etwas vorsichtig sein sollte.

Ich habe bisher nur Berechnungen des TRIN für die NYSE gesehen.

Das stimmt. Ich habe auch mit anderen Börsen, wie zum Beispiel der NASDAQ, herumexperimentiert. Ich weiß nicht, ob meine Forschungen ausreichen, um mir eine feste Meinung erlauben zu können, aber ich denke, daß sich der TRIN für die NYSE am besten bewährt hat. Wenn Sie sich nur auf Werte beschränken, mit denen Sie sich wirklich vertraut gemacht haben, kann Ihnen kaum etwas passieren. Sobald ich aber zwei oder drei TRIN-Werte von verschiedenen Börsen im Kopf habe und dann einen Wert von 1,3 sehe, denke ich unwillkürlich: „Mann, das ist wirklich bullish!" Bis ich merke, daß es hier um eine ganz andere Börse geht. Ich habe einfach festgestellt, daß die NYSE die besten Werte liefert, weil hier die Masse der institutionellen Umsätze stattfindet.

Welche Indikatoren zur Messung der Marktbreite verwenden Sie?

Ich verfolge die A/D(Advanced/Decline)-Indikatoren auf Tages- und Wochenbasis. Meiner Meinung nach sind die sehr wichtig. Es gibt auch einige A/D-Oszillatoren, die für Marktbreite-Berechnungen, wie z. B. den McClellan-Oszillator, angewendet werden.

Welche Parameter existieren für den McClellan-Oszillator?

Die normalen Grenzwerte liegen bei –100 und +100. Das sind dann die überkauften bzw. überverkauften Zonen. Bei diesem Indikator gibt es einen interessanten Faktor, dessen sich viele weniger erfahrene Markttechniker nicht bewußt sind. Eine der Lektionen, die ich schon vor langer Zeit lernen mußte, lautet, daß bei sehr stark nach einem Tiefpunkt anziehenden Kursen die Möglichkeit besteht, daß diese Indikatoren wie der McClellan in ein „Out-of-Bounds“-Territorium vorstoßen. Das heißt, daß die normalen Grenzwerte deutlich überschritten werden. Falls so etwas geschieht, hat das immer eine sehr hohe Bedeutung. Wenn die Werte des McClellan-Indikators zwischen +80 und +100 lagen und plötzlich auf +150 oder sogar auf +200 steigen, können Sie sicher davon ausgehen, daß irgend etwas Besonderes vorgeht. Normalerweise tauchen solche Werte auf, wenn die Kurse nach einem Tiefpunkt wieder scharf anziehen. Beispiele hierfür gab es 1982, 1990 und speziell beim Tief im Januar 1991. Bei solchen schlagartigen Aufwärtsbewegungen erreichen diese Indikatoren natürlich sehr schnell ein sehr überkauftes Niveau. Ein unerfahrener Analyst tendiert dann dazu, diese kurzzeitig überhitzten Niveaus als Gelegenheit für Short-Positionen mißzuverstehen. Aber natürlich bedeutet dies genau das Gegenteil: Wenn derartig extreme Bewertungen erreicht werden, liefert Ihnen das sehr wichtige Informationen. 1982 ging der McClellan-Oszillator auf eine Bewertung von +203, nachdem er sechs Tage in Folge bereits oberhalb von +100 notiert hatte. Dies war wahrscheinlich das am meisten überkaufte Niveau, welches dieser Indikator jemals erreicht hatte. Wenn Sie diese Bewegungen damals verfolgt hätten, wäre Ihnen unwillkürlich der Gedanke gekommen, daß die Kurse völlig überkauft seien, obwohl es sich in Wahrheit um die Initiale Hausse nach einem Markttief gehandelt hat.

Es wäre also grundsätzlich ein Fehler, sich blind auf die Zahlen zu verlassen?

Ja, man sieht diese Parameter immer weiter und weiter ansteigen, weil es so viele Aktien gibt, die die Indikatoren beeinflussen. Es gibt auf absoluter Basis viel mehr Aktien, die gehandelt werden, als früher. Ich kenne Sherman McClellan sehr gut, der diesen Oszillator zusammen mit seiner Frau Marian entwickelt hat. Sein Sohn Tom schreibt jetzt einen sehr guten Börsenbrief mit dem Namen „The McClellan Market Report“. In einem Bereich tendiere ich aber dazu, mit McClellan und vielen anderen, die diesen Indikator anwenden, nicht einer Meinung zu sein: Sie adjustieren den Indikator nicht entsprechend der jeweiligen Börsenphase. Heutzutage bewegen wir uns in einem völlig anderen Rahmen, weil es jetzt weitaus mehr Aktien gibt als früher. Ich bin der Ansicht, daß eine

Bewertung von +100 heute nicht mehr das Geringste mit dem Wert von +100 vor 10 oder 15 Jahren zu tun hat. Deswegen habe ich diesen Indikator auch völlig überarbeitet und nenne ihn für mich den „adjustierten McClellan-Oszillator". Aber ich verwende diesen Indikator ohnehin nur dann, wenn ich hier wirklich außergewöhnliche Werte sehe.

Wie sieht der adjustierte McClellan-Oszillator aus?

Der von mir abgeänderte McClellan-Oszillator basiert auf einer A/D-Relation anstatt einer A/D-Differenz. Dadurch wird der McClellan-Oszillator quasi normalisiert, so daß man ihn mit früheren Phasen der Börsen vergleichen kann. Vor 40 oder 50 Jahren bedeutete ein 2 : 1-Aufwärtstag ungefähr 600 gestiegene und 300 gefallene Aktien. Die Differenz betrug also 300. Zur damaligen Zeit war ein Wert von 300 also sehr hoch. Heutzutage aber bedeutet ein 2 : 1-Wert irgend etwas um 1 600 : 800. Hier liegt die Differenz also bei 800. Angenommen, daß dieses Level über 10 Tage hinweg gleichbliebe, erhalten Sie also auch im Indikator einen Wert von 800, der aber dasselbe bedeutet wie eine Bewertung von 300 vor einigen Jahren. Das heißt also, daß diese Werte sich nicht miteinander vergleichen lassen. Die Oszillatoren haben sich über die Jahre hinweg sehr verändert, aber das gilt nicht, wenn man sie in Relation setzt. Denn dann hat sich ja effektiv nichts geändert: Damals wie heute sind dann doppelt so viele Aktien gestiegen wie gefallen.

Ist der McClellan-Oszillator besser für kurz- als für mittelfristige Signale geeignet?

Ja, ich denke schon, obwohl McClellan selbst einige sehr zuverlässige, langfristige Indikationen in seinem Indikator entdeckt hat, insbesondere im Summation-Index, der praktisch einen „Bruder" des McClellan-Oszillators darstellt.

Ich erinnere mich, gelesen zu haben, daß Sie eine Methode entdeckt haben, mit der man Markttops identifizieren kann. Worauf achten Sie in diesem Fall?

Im Jahr 1992 entdeckte ich eine Formation, welche sich zur Isolierung von Kursspitzen außerordentlich zu bewähren schien. Aber wie immer sind solche Entdeckungen solange bedeutungslos für mich, wie ich nicht am Computer überprüft habe: „Wie oft hat sich so etwas früher schon ereignet?“ Ich stellte fest, daß es für diese Formation in den vorangegangenen 30 bis 40 Jahren bereits zwei oder drei Beispiele gab, und jedesmal lagen diese innerhalb einer Zeitspanne von zwei bis sechs Wochen um ein langfristig relevantes Markttop herum. Wie sich aber herausstellte, funktionierte dies 1992 überhaupt nicht. 1994 dagegen markierte die Börse trotz eines entsprechenden Signals kein längerfristiges Top, aber immerhin fielen die Kurse trotzdem um 9,8 %. Ich fand auch heraus, daß es in der Zeit zwischen 1962 und 1966 eine ganze Reihe dieser Formationen gab, aber niemals ein entsprechendes Markttop erreicht wurde. Wenn man sich in einem derartig intensiven Bull-Market wie damals oder auch von 1990 bis heute befindet, erhält man derartig viele Fehlsignale, daß man leicht dazu neigt, einen solchen Indikator gar nicht mehr anzuwenden. Das heißt also im Endeffekt, daß ich Ihnen nicht sagen kann, wie nützlich diese Methode wirklich ist. Aber ich weiß, daß sie einige sehr wichtige Markttops angezeigt hatte und habe das Gefühl, daß dies auch in der Zukunft der Fall sein wird.

Würden Sie den Abenteuerlustigen unter uns bitte erklären, um was es hierbei ging?

Im November 1992 fiel mir plötzlich der extreme Rückgang in der Volatilität im Bereich der A/D-Bewertung der NYSE auf. Ich untersuchte die täglichen A/D-Relationen und entdeckte, daß der höchste Wert der vorangegangenen 21 Börsentage im November bei 1,84 : 1 und der niedrigste Wert bei 0,71 : 1 lag. Ich nahm deswegen 21 Tage, weil es sich hierbei um die durchschnittliche Zahl von Börsentagen in einem Monat handelt. Anstatt die exakten, vorliegenden Limits zu verwenden, weiteten wir die Spanne auf 0,65 und 1,95 aus. Dann suchten wir in unseren Computerdaten nach Fällen in der Vergangenheit, in denen ebenfalls eine vergleichbar geringe Volatilität aufgetreten war. Wir begannen hierzu im Jahr 1965, als der Dow zum ersten Mal über tausend Punkte gestiegen war. Wir waren fasziniert von den Resultaten. Zwischen November 1966 und November 1992 gab es nur drei Phasen, die diese Bedingungen erfüllten. Ich nenne Ihnen jetzt diese Zeitpunkte: Vier Tage im Januar 1966, sechs Tage im Oktober 1968 und vier Tage im Dezember 1972. Jeder, der sich ein bißchen mit der Geschichte der Börse befaßt hat, sollte diese Daten erkennen. In jedem Fall lagen diese Phasen höchstens fünf Wochen vor einem wichtigen Markttop. Es ist erstaunlich, aber danach folgten tatsächlich 20 Jahre, bis ein vergleichbares Szenario wieder einmal auftrat. Als ich diese ungewöhnliche Formation entdeckte, war ich ebenso erstaunt wie fasziniert darüber.

Das ist ja höchst bemerkenswert. War diese Entdeckung ein Zufall, oder haben Sie bewußt nach so etwas gesucht?

Ich stolperte quasi darüber, denn in dieser Zeit gab es nicht nur keine großen Kursanstiege oder Kursverluste, es gab nicht mal kleine. Es gab keine großen Kursspannen, es gab keinerlei Schwächezeichen. Es gab Tage, an denen vielleicht 1 100 Aktien gestiegen und 1 000 gefallen waren, am nächsten Tag waren dann meinetwegen 900 gestiegen und 800 gefallen oder 1 200 gestiegen und 1 100 gefallen. Ein Tag dieser Art folgte dem anderen. Ich wunderte mich, daß diese Phase derartig lange anhielt. Daraufhin versuchte ich, Regelmäßigkeiten zu entdecken. Ich stellte fest, daß die zwei Extremwerte dieser Periode 1,84 und 0,71 betrugen. Ich entschied mich daraufhin, diesen beiden Werten noch ein bißchen Spielraum nach oben und unten zu geben. Ich erweiterte die Parameter also auf 1,95 und 0,65, schrieb eine kleine Formel auf Excel und befahl meinem Computer, mir jeden Tag seit 1966 zu zeigen, ob es eine 21-Tages-Periode gab, in der kein Wert höher als 1,95 und kein Wert tiefer als 0,65 lag. Diese drei Daten erschienen wie eine Goldmine. Ich wurde neugierig und verfolgte diese Daten noch weiter zurück und entdeckte dabei tatsächlich, daß diese

Formation auch zuvor exzellent funktioniert hatte: Im Dezember 1952, im Januar 1953 für vier Tage und im September 1955. Ich glaube, ich habe alle Daten bis in die 40er Jahre zurückverfolgt. Für den Augenblick sollten wir die Phase zwischen 1964 und 1965 ausklammern und uns nur auf die verbleibenden sechs Perioden konzentrieren. Im Durchschnitt stieg der Dow um 1,7 %, gerechnet vom Schlußkurs des ersten Tages in dieser Formation. Dies markierte dann das jeweilige Top innerhalb der Formation. Es trat in der Regel 10 Tage nach Formationsbeginn auf. Der darauffolgende Kursabstieg betrug im Durchschnitt 15,2 %. Ich empfinde diese Ergebnisse als signifikant und beeindruckend. Dieser durchschnittliche Kursverlust erstreckte sich über eine Zeitspanne von ein bis zwei Monaten. Unlängst entschied ich mich, sogar vor das Jahr 1940 zurückzugehen, um zu überprüfen, wo derartige Formationen zuvor aufgetreten waren. Ich war nicht wenig überrascht, als ich feststellte, daß die erste Formation vor 1940 tatsächlich im Juli 1929 stattfand – nur sechs Wochen vor dem Top, welches letztendlich in den Crash führte. Durch weitergehende Nachforschungen fand ich übrigens heraus, daß auch 19 oder 20 Tage mit entsprechend geringer Volatilität ausreichen, um die Voraussetzung einer entsprechenden Formation zu erfüllen.

Lassen Sie uns zur Thematik der Zyklen zurückkommen. Welche Zeitraster außerhalb des 60-Jahres-Zyklus sind für Sie von Bedeutung?

Im Verlauf der letzten Jahrzehnte (ich sage so etwas ungern, es macht mich irgendwie alt) habe ich ganz unterschiedliche Dinge mit Zyklen ausprobiert, aber ich komme immer wieder zu den – wie ich es nenne – „statischen" Zyklen zurück. Manch einer sieht sich einen Zyklus an und wendet daran dann Fibonacci-Zahlen an in dem Versuch, den Markt in diese Richtung laufen zu lassen. Ich habe das selbst ebenfalls versucht, aber ich bleibe lieber bei meinen guten, alten Zeitzyklen, die sich für mich in der Vergangenheit so gut bewährt haben. Ein wichtiger Faktor, der meine Karriere begründet hat, ist meine Entdeckung eines 212-Wochen-Zyklus in den sechziger Jahren. Im Jahre 1974 kommentierte ich die Aktienmärkte in einem Fernsehsender in Los Angeles. Ich zeigte den Zuschauern einen Chart mit diesem 212-Wochen-

Zyklus und leitete damals ab, daß die Aktienmärkte aufgrund dieses Zyklus einen sehr markanten Tiefpunkt in der Woche zwischen dem 9. und 13. Dezember 1974 erreichen würden. Ich wiederholte meine Prognose über diesen gesamten Herbst hinweg. Und genau am 9. Dezember markierte der Dow Jones ein Tief, welches er seitdem nie wieder gesehen hat.

Es ist sogar so, daß wir uns seitdem seit 22 Jahren in einem Bull-Market befinden. Auch, wenn ich regelmäßig nach neuen Wegen und Methoden zur Identifikation wichtiger Markttiefs forsche, ich kehre immer wieder gerne zu diesen statischen Zeitzyklen zurück, die ihren hohen Wert immer wieder bewiesen haben. Manchmal sind diese Zahlen über eine längere Zeit hinweg sehr zuverlässig, scheinen dann aber nicht mehr gültig zu sein. Ich meine, daß dies an sogenannten „Störungsformationen" innerhalb der Zyklen liegt. Wenn Sie sich zum Beispiel zwei sehr nahe beieinanderliegende Zyklen ansehen, von denen der eine gerade ein Top, der andere gerade ein Tief erreicht, dann heben die beiden einander für eine Weile auf. Ich glaube, das ist die Ursache für zeitweilige „Funktionsstörungen" der Zyklen. Die meisten Techniker, die sich von Zeit zu Zeit mit Zyklen beschäftigen, geben dann frustriert auf und sagen sich: „Ja, ich kann hier drei Wiederholungen erkennen, aber was passierte dann?" Auch der 212-Wochen-Zyklus scheint im Moment nicht existent. Ja, in den letzten zehn Jahren hat sich in dieser Hinsicht eigentlich gar nichts Bedeutsames ereignet – für die meisten natürlich frustrierend.

Denn diese Leute wollen, daß diese Zyklen immer exakt funktionieren.

Ja – ich muß indes zugeben, ich verlange diese Genauigkeit ebenfalls. Was mir an Hursts Arbeit nie gefallen hat, ist der Umstand, daß er den Zyklen Toleranzen von zwei bis drei Wochen eingeräumt hatte. Nach dieser Vorgehensweise sucht man dann ein Tief in einem 20-Wochen-Zyklus zwischen der 16. und 23. Woche. So etwas liegt mir nicht, denn das hilft einem zumeist nicht weiter. Ich habe immer versucht zu beweisen, daß es einige überaus präzise Zyklen gibt, von denen einige sogar auf den Tag genau anwendbar sind.

Werden diese Zyklen von Top zu Top oder von der jeweiligen Mitte aus gemessen?

Ich zähle von den einzelnen Tiefpunkten aus, denn ich habe festgestellt, daß dieses System die höchste Zuverlässigkeit aufweist. Hier stimme ich auch mit Hursts Regelwerk überein. Ich habe einmal einen Wettbewerb ausgeschrieben, in dem man eine zuverlässige Methode finden sollte, die Zyklen von Top zu Top zu zählen. Ein paar Wege habe ich seitdem auch gefunden, aber die Mehrheit der Zyklen muß von einem Tiefpunkt zum nächsten gezählt werden.

Sie sprechen jetzt über Zyklen, die sich auf den NYSE Composite beziehen?

Die überwiegende Mehrheit der von mir überwachten Dinge beziehen sich auf die NYSE. Von Zeit zu Zeit werfe ich auch mal einen Blick auf den OTC-Markt oder einen anderen Index – aber normalerweise beschränke ich mich auf die NYSE.

Gibt es Gründe dafür, daß die Zyklen am besten von den Tiefpunkten aus gezählt werden sollten?

Ich bin da nicht ganz sicher, aber ich meine, daß Aktien dazu tendieren, ihre Tiefs eher zur gleichen Zeit auszubilden, während die Tops breiter gefächert sind. So markiert eine Branche ihr Top im April, eine andere im Juni, eine dritte erst im August. Es gibt zwar auch eine andere mögliche Erklärung, aber ob diese unbedingt rational bzw. logisch ist, weiß ich nicht so recht. Wenn ein sehr markantes Tief vorliegt und von dort aus eine kräftige Aufwärtsbewegung mit hohem Momentum einsetzt, dann gibt es hier die Tendenz, insbesondere bei echten Wechseln von einem Bear-Market in einen Bull-Market, daß die Werte blitzschnell überkauftes Niveau erreichen. Dies ist auch einer der Gründe, weshalb Überkauft-/Überverkauft-Indikatoren sich nicht immer so gut für diejenigen bewähren, die sich ausschließlich auf das Erreichen eines Wertes von 70 zum Verkauf bzw. eines Wertes von 30 zum Kauf im RSI (Relative-Stärke-Index) stützen. Wir haben zuvor über den McClellan-Oszillator gesprochen. Dieser

Oszillator erreicht in der Regel bei Werten von +80 bis +100 überkauftes Niveau. Aber bei solchen rasanten Rallyes kann er schnell in den Bereich von +150, +180 oder gar +200 vorstoßen. Ein Neuling in diesem Metier neigt dann natürlich dazu zu denken, daß dies nun eine ideale Gelegenheit wäre, short zu gehen – aber genau das Gegenteil ist der Fall. Normalerweise bedeuten Ihnen diese Überkauft-/Überverkauft-Indikatoren bei derartig hohen Levels, daß es sich hier nicht um eine kurzlebige Bewegung, sondern um etwas mit weitaus größerer Tragweite handelt. Ich verwende zur Erläuterung dieses Phänomens gerne ein Space-Shuttle beim Start – aber ein Baseball tut es hierfür auch. Wenn Sie einen solchen Ball in die Luft werfen und dessen Geschwindigkeit mit einer Radarpistole messen würden, träte die höchste Geschwindigkeit immer direkt nach dem Start auf. Der Boden einer Kursbewegung ist vergleichbar mit dem Moment höchster Geschwindigkeit, und letztere bestimmt, wie weit es danach noch aufwärts gehen wird. Und je höher der Baseball – bzw. die Kurse – dann steigt, desto langsamer wird er. Wenn dann der höchste Punkt erreicht wird, kommt es zu einem nahezu unbeweglichen Moment, bevor der Richtungswechsel erfolgt. Wenn Sie dies auf die Börse beziehen, bedeutet dies, daß das Momentum signifikant zurückgeht, bevor das Top erreicht und ein Trendwechsel vollzogen wird. Dies mag eine Erklärung für die Verschiedenheit von Tops und Tiefs in den Märkten sein. Wenn Sie daran denken, wie der Baseball seinen Gipfel erreicht: Das vollzieht sich sehr langsam. Wenn Sie das in Zeitlupe sehen könnten, würden Sie sehen, wie der Ball das Top erreicht, eine kleine Kurve vollzieht und dann langsam nach unten fällt. Wenn der Ball aber den Boden erreicht, springt er sehr, sehr schnell wieder nach oben. Im selben Moment fiel er noch, und schon geht es wieder aufwärts.

Am 18. August 1982 erreichte der McClellan-Oszillator erstmals einen Wert über +100. Die nächsten Werte waren: +126, +116, +158, +188, +176, +195, +203, +150, +130, +150, +115, +128, +142, danach ging es wieder unter +100. Ein Wert von +203 wird sehr, sehr selten erreicht. Wenn ein Anfänger erst kurze Zeit mit diesem Indikator gearbeitet und das gesehen hätte, wäre er sicher versucht gewesen, an diesem Punkt short zu gehen. An diesem Tag notierte der Dow bei 892,41. Am nächsten Tag trat ein winziges Pullback um acht oder neun Punkte auf.

Das war interessant, denn alle weiteren Pullbacks kamen ebenfalls auf genau diesen Wert zurück. Am 30. September kamen wir dann auf 896 zurück, und das war's dann. Eine andere Situation mit einem wirklich heftigen Abprallen der Börse nach oben lag im Oktober 1990 vor. Der Markt lief nach oben, verzögerte seine Bewegung ein wenig aufgrund der Panik wegen der Krise im Irak im Januar 1991. Auch hier gab es eine überaus überkaufte Situation beim Anstieg der Kurse vom Markttief aus, welches uns indes in den nun seit fünf oder sechs Jahren bestehenden Bull-Market führte. Am 6. Februar 1991 lag der McClellan-Oszillator bei +171.

Sie unterstreichen damit, daß man die Überkauft-/Überverkauft-Oszillatoren nicht in einem Vakuum betrachten darf. Auch intuitive Urteilskraft ist erforderlich, um Markttops und -tiefs korrekt zu identifizieren.

Ja, aber dennoch zeigen Ihnen diese Indikatoren bisweilen, wo Sie stehen. Es ist heutzutage ohnehin schwierig, den McClellan-Oszillator anzuwenden, weil so viel mehr Aktien an der NYSE gehandelt werden. Deswegen habe ich einen modifizierten McClellan entwickelt, bei dem ich A/D-Relationen verwende. Die Anwendung von Relationen anstatt fester Werte bietet eine deutlich bessere Vergleichsmöglichkeit. So läßt sich eine Periode aus der Vergangenhit mit einer anderen vergleichen. Grundsätzlich aber gilt: Wenn der McClellan Werte um +200 erreicht, indiziert dies eine Bewegung, die nicht schon innerhalb der nächsten ein, zwei Wochen zu Ende sein wird. So etwas ist immer wieder eine besondere Chance. 1982 war eine solche Chance, und heute, nahezu 14 Jahre später, steigen die Kurse immer noch aufgrund dieser damaligen „Initialzündung“.

Im Jahre 1987, nach dem Crash, hatte der McClellan-Oszillator die niedrigste Bewertung in seiner Geschichte erreicht: –260. Obgleich der Dow sein Tief bereits am 20. Oktober hatte, dauerte es noch weitere sechs Wochen, bis auch der breite Markt „unten“ war. Und dann, Anfang Dezember, lag der Wert des McClellan-Oszillators bei –71 oder –72 anstatt bei –260 wie im Oktober. Wenn Sie sich damals einen Chart des NYSE-Composite-Index zur Hand genommen hätten, wären Ihnen die massiven

Divergenzen zwischen dem 20. Oktober und dem 4. Dezember aufgefallen. Der Index erreichte am 4.12. ein neues Tief, der McClellan-Oszillator aber markierte ein höheres Tief mit seinem Wert von –71. Als der McClellan-Oszillator daraufhin deutlich anzog, war dies die Bestätigung dafür, daß sich hier ein wichtiges Tief vollzogen hatte.

Könnten Sie uns weitere Perioden nennen, in denen sich der 212-Wochen-Zyklus bewährt hat?

Dieser spezielle Zyklus bestätigte sich auch bei den Tiefs im Oktober 1962 und im Oktober 1966. Es gab auch eine starke Rallye nach dem zyklischen Tief in der Woche des 20. November 1970. Dies waren die drei Zyklen, die ich den Zuschauern der Los Angeles-Fernsehstation KWHY anhand der Charts des Dow und des Dow-Industrial Transportation im Jahre 1974 zeigte. Das nächste Tief war dann für die erste Januarwoche 1979 fällig. Wie sich herausstellte, war es auch diesmal kein schlechter Zeitpunkt zum Einstieg. Der Dow war in den Bereich um 800 Punkte gefallen und zog danach bis in die 900er-Zone an – auch wenn dies eine längere Zeit dauerte. Das war ein Anstieg von ungefähr 12 %, bis ein sehr schneller Kurseinbruch zum Tief im März 1980 führte. Der danach folgende Zyklus wurde dann etwas verwirrend. Im November 1982 erklärte ich den Zuschauern auf FNN, daß der nächste Tiefpunkt am 24. Januar 1983 fällig wäre. Aber wie sich herausstellte, erreignete sich dieses Tief fünf Monate früher, nämlich im August 1982. Zwischen August und November hatten wir dann diese gewaltige Rallye, aber trotzdem blieb ich weiterhin dabei, daß sich das wirkliche Tief am 24. Januar 1983 ereignen würde. Jeder sagte mir: „Du bist verrückt! Wie kannst du ein zyklisches Tief erwarten, wenn wir gerade nach oben ausgebrochen sind?“ Nun, ich habe den Leuten ja nur gesagt, wann das Tief fällig gewesen wäre. Diese „gewagte“ Prognose machte mich weithin bekannt, zumal ich sie immer wieder Ende 1982 Anfang 1983 wiederholte. Nun, was passierte? Der Dow erreichte das Top der Rallye am 12. Januar 1983 bei 1 105 Punkten. Erinnern Sie sich: Der Dow hatte zuvor ganze 16 Jahre gebraucht, bevor er wieder über 1 067 schloß. Am 10.01.1983 durchbrachen wir diese Barriere und schlossen bei 1 092.

Zu diesem Zeitpunkt betrachtete ich mir die Börse und sagte mir: „Das ist Irrsinn. Wir haben ein neues Allzeithoch erreicht, obwohl in zwei Wochen ein zyklisches Tief fällig wäre."

Aber was geschah? Am 24. Januar brach der Dow scharf ein. Im Hoch lagen wir intraday bei 1 105, das Tagestief aber war bei nur 1 013! Der Schlußkurs lag dann bei 1 030. In einem Zeitraum von acht Handelstagen fiel der Dow um ganze 10 % zurück. Ein weiterer 212-Wochen-Zyklus sollte Ende 1987 zu Ende gehen. Wir sahen danach einen weiteren, spektakulären Kursruck um 500 Punkte oder 20 % bis hinauf zum Hoch vom August 1987. Der folgende Zyklus war planmäßig im März 1991 fällig. Auch hier war dies ein exzellenter Zeitpunkt, um in den Markt einzusteigen, auch wenn Sie bei Betrachtung des Charts nicht sagen würden, daß es sich hier um ein Tief gehandelt hat. Der Dow stieg in dieser Zeit sogar an. Aber dennoch: Wer zu diesem Zeitpunkt kaufte, konnte hervorragende Gewinne erzielen. Dasselbe galt für den April 1995. Kurz zuvor hatten die Kurse ein neues Allzeithoch erreicht. Es ist wichtig, sich darüber klarzuwerden, daß Zyklen nicht notwendigerweise eine Abwärtsbewegung beinhalten müssen. Das ist zwar meistens so, aber es kommt auch immer auf die anderen, gleichzeitig ablaufenden Zyklen an. Wenn ein sehr starker, zugrundeliegender Zyklus existiert – also ein Zyklus, welcher langfristiger und stärker als der gerade betrachtete ist – können die Kurse entweder nur seitwärts laufen oder sogar weiterhin steigen, bis der dann beginnende, neue Zyklus eine wirkliche Beschleunigung der Hausse initiiert. Wenn ich Ihnen einen Chart dieser Zyklen zeigen würde, könnten Sie sehen, daß in den letzten drei oder vier Fällen nach Beendigung des Zyklus zwar kein Tief, aber eine Beschleunigung der Haussedynamik auftrat.

Korrespondieren Zyklen im Dow Jones Transportation-Index mit denen im Dow Jones Industrial und dem NYSE-Composite?

Ja und nein. Ich glaube, es war 1962, als der Industrial ein Doppeltief im Juni und Oktober ausbildete, der Transportation aber nicht. Der Index konnte sich halten oder machte dieses Tief auf viel niedrigerem Niveau. Bei solchen Gelegenheiten können Sie bestimmte Zyklen auf einem Chart weitaus deutlicher als in anderen ausmachen. Daher denke ich, daß die Zyklen durchaus ein wenig differieren können, in Aktien ebenso wie in Aktien-Indizes und bei Durchschnitten. Ein Zyklus kann für einen bestimmten Index wichtiger sein als für einen anderen.

Verfolgen Sie die Zyklen denn auch bei einzelnen Aktien?

Ich mache sehr wenig mit Einzelwerten. Wenn ich eine Formation entdecke, z. B. einen 35-Wochen-Zyklus, speichere ich diese Informationen, um in der Zukunft, falls sich dies ergibt, sehen zu können, was dabei herauskam.

Wenn Sie bei einem Zyklus in einem Index keine Bestätigung seitens anderer Indizes erhalten, wie lösen Sie diesen Konflikt dann?

Ich mache mir bezüglich solcher Bestätigungen, z. B. zwischen Industrial und Transportation, keine allzu großen Gedanken. Eine der wichtigsten Regeln in der Zyklentheorie besagt, daß es für Aktien die Tendenz gibt, parallel zu laufen. Auch wenn es sich wie im NYSE-Index um einen Markt individueller Einzelwerte handelt, ist es doch faszinierend zu beobachten, wie eng die Kursbewegungen miteinander verknüpft sind. Ich ermutige jeden, einmal nach 8 % oder höchstens 10 % Aktien zu suchen, die während des großen Bear-Markets zwischen 1968 und 1974, als der durchschnittliche Aktienkurs um 75 % gefallen ist, gestiegen sind. Ich kann Ihnen garantieren: Es gab auch damals Aktien, deren Fundamentaldaten hervorragend aussahen, aber da sie inmitten eines großen Abwärtstrends lagen, passierte dennoch nichts Positives, weil die anderen Werte diese Aktien mit in die Tiefe zogen. Wie gesagt: Die Unterschiede zwischen Industrial und Transportation halte ich nicht für wichtig. Ich mag es allerdings, wenn der Dow meine NYSE-Indikationen bestätigt, denn auch wenn der Index nur 30 Werte umfaßt, wird er doch von den meisten Anlegern beobachtet und hat deshalb hohe psychologische Relevanz. 1987 hatte ich für den Industrial wie auch den Transportation bearishe Indikationen. Der Transportation-Index erfüllte die Prognosen nahezu exakt am 4. Dezember 1987, während der Industrial noch zwei- bis dreihundert Punkte von diesem Ziel entfernt lag. Aber der Umstand, daß einer der beiden Indizes die Erwartungen fast auf den Punkt genau erfüllt hatte, war ein starker Hinweis darauf, daß ein Tief erreicht war. Dennoch hielt ich bis Ende 1988 eine genaue Beobachtung für angebracht, da der Industrial seine Kurserwartung noch nicht erfüllt hatte und eigentlich ein noch tieferes Tief hätte erreichen müssen. Irgendwann schließlich gab ich meine Prognose auf, aber sie hielt mich fast über das ganze Jahr 1988 in Atem. Daraus lernte ich unter anderem: Wenn einer der Indizes meine Erwartung erfüllt, sollte man es gut sein lassen und die Perfektion nicht auf die Spitze treiben.

Mit anderen Worten: Wenn einer dieser Indizes Ihre Kursziele erreicht, ist dies ein ausreichendes Signal.

Es heißt nur: „Hier haben wir zwei wichtige Indizes, wovon einer meine Prognoseziele bereits erreicht hat.“ Und weil das so ist, sollte man sich im Zweifel damit abfinden und davon ausgehen, daß ein wichtiger Wendepunkt erreicht wurde. Es gibt dabei ja zwei Möglichkeiten. Der Transportation-Index markiert ein Tief und steigt danach wieder an. Aber es wird ein erneuter Test dieser Tiefs kommen – vielleicht auch zwei – und während dieser Zeit geht dann der Industrial auf sein erwartetes Tief, während der Transportation oberhalb seiner zuvor erreichten Tiefs wieder nach oben dreht. Dies ist ein Weg, beide Prognosen zu bestätigen. Im anderen Fall würde der Transportation sein Ziel erreichen, und beide Indizes würden daraufhin sofort wieder nach oben drehen – so daß der Industrial sein Kursziel also nicht erreicht. Eben dies passierte 1987. Aber mir ist klar geworden, daß es genügen sollte, wenn einer dieser wichtigen Indizes sein langfristiges Abwärts-Kursziel erreicht. Auch dies würde ja immerhin aussagen, daß etwas Wichtiges im Gange ist, der andere Index dies nur nicht nachvollzieht.

Sie haben zuvor erwähnt, daß Sie einige Zyklen entdeckt haben, die sich von Top zu Top „zählen“ lassen. Sind diese hinreichend zuverlässig, um hier erwähnt zu werden?

Nein, denn ich habe in keinen dieser Zyklen ausreichendes Vertrauen, um Ihnen hier sagen zu können, daß dies ein Zyklus wäre, auf den man in Zukunft achten müsse. Was ich noch ansprechen sollte, sind vor allem die Wendepunkte, nicht Tops oder Tiefs. Das ist etwas, bei dem ich mich zumindest in bezug auf die Theorie etwas unsicher fühle, denn ich weiß nicht, inwieweit diese Informationen von praktischer Bedeutung sind. Manchmal ist die Wendepunkt-Analyse einfach nur verwirrend. Wendepunkte sind zyklische Kursmarken, die entweder Tops oder Tiefs sind. Aber Sie wissen vorher nie, welches von beiden. Im großen und ganzen haben sich viele von ihnen, insbesondere 1996, sehr gut bewährt. Ich habe diesen Wendepunkten in letzter Zeit mehr Aufmerksamkeit gewidmet, wobei ich die Zählweise meistens auf Handelstage beziehe. So erklärte ich meinen Abonnenten am 18. Juli 1996, daß dieser Tag das Ende einer 31-Tages-Wendepunkt-Formation markieren würde. Da wir die drei Tage zuvor eine kräftige Kursrallye gesehen hatten, würde es sich hier um ein – zumindest kurzfristig relevantes – Top handeln. Wie sich herausstellte, war es auch so. Von diesem Punkt aus fielen die Kurse auf Schlußkursbasis um immerhin 120 Punkte zurück. Aber alles in allem war ich nicht allzu erfreut über die vorangegangenen Ergebnisse. Wenn ich erkenne, daß morgen der Wendepunkt in einem solchen 31-Tages-Zyklus ansteht, erwarte ich auch, daß er eintritt. Wenn die Kurse aber in den drei oder vier vorangegangenen Tagen keine klare Richtung aufwiesen, bleibt die Frage: „Wird das nun ein Top oder ein Tief werden?" Meine Antwort lautet dann: „Keine Ahnung, aber eines von beiden wird es bestimmt!"

Manchmal ist die Lage jedoch ziemlich klar. Wenn Sie zuvor eine Rallye von vielleicht hundert Punkten haben und diese bis an den Tag des Wendepunktes heranreicht, kann es sich natürlich nur um ein Top handeln. Andersherum gilt das natürlich genauso: Fallen die Notierungen in den Tagen zuvor, wird es sich – vor allem, wenn der Kursrückgang mehr als hundert Punkte beträgt – zweifellos um einen Tiefpunkt handeln. Aber manchmal läßt sich dies im Vorfeld eben nicht so eindeutig bestimmen. Gerade diese 31-Tages-Wendepunkte haben sich in der Vergangenheit als äußerst beständig erwiesen, in letzter Zeit jedoch nicht. So trat 1994 beispielsweise eine beeindruckende Serie von exakt auf diese Formation zugeschnittenen Tops auf: 2. Februar, 18. März, 4. Mai, 17. Juni, 2. August, 15. September, 28. Oktober. Alle diese Punkte lagen exakt 31 Börsentage auseinander. Wenn Sie das nachprüfen, stellen Sie fest, daß es sich hier quasi um das „who is who“ der Schlußkurs-Hochs für dieses Jahr handelt. Es war fast unglaublich, wie präzise diese Punkte hintereinander auftraten. Einer oder zwei von ihnen lag vielleicht einen Tag neben diesen Zyklen – aber nicht mehr. Wenn Sie auf derartige Formationen stoßen, ist das natürlich eine große Hilfe für das Trading. Aber wie gesagt: Wenn davor keine eindeutige Trendbewegung festzustellen ist, wird es natürlich schwierig zu erkennen, ob ein Top oder ein Tief bevorsteht. Denn im nachhinein ist es leicht, dies zu erkennen.

Wenn ich Sie richtig verstehe, entdeckten Sie eine ganze Reihe Ihrer Zyklen nach dem „Versuch-und-Irrtum-Prinzip“?

„Versuch-und-Irrtum“ ist etwas zu vage und allgemein gehalten. Viele der Zyklen haben eine empirische Basis. Sie nehmen einen Chart zur Hand und erkennen: „Diese Phase von hier bis hier sieht wie ein Wendepunkt aus.“ Ich gebe Ihnen hierzu ein Beispiel, worauf ich meine Prognose bezüglich eines zu erwartenden Wendepunktes für Ende Mai 1996 stützte. Einen Wendepunkt, den die meisten anderen technischen Indikatoren nicht zu erkennen vermochten. Martin Amstrong, Mitglied im Direktorium der Gesellschaft für Zyklenstudien, besitzt eine Firma mit dem Namen „Princeton Economics“. Sie befaßt sich mit Analysen der Aktien- und Commodity-Märkte und dergleichen. Im Rahmen einer Rede, welche ich vor dieser Gesellschaft hielt, sprach Martin von einem 8,6-Jahres-Modell des Vertrauens in die Wirtschaft, dessen Wendepunkt für den 25. Mai 1996 angesetzt war – ein Samstag. Der letzte Wendepunkt trat an demjenigen Tag im Oktober 1987 auf, welcher das Schlußkurs-Tief für den Dow Jones nach dem 1987er-Crash markierte.

Zum Zeitpunkt dieser Konferenz im April war das allgemein erwartete Szenario für den Aktienmakrt – gemäß „Princeton Economics“ – ein Kursrückgang bis zu diesem Zyklusdatum Ende Mai, gefolgt von einem allgemeinen Kursanstieg, der bis ins Jahr 1997 hineinreichen sollte. Als Alternative kursierte die Theorie, daß, sofern die Börse bis Ende Mai in den Bereich um 5 800 steigen sollte, eine Situation möglich wäre, die mit dem Crash von 1987 vergleichbar wäre. Diese Ansicht erregte unsere Aufmerksamkeit. Nachdem ich Martin angerufen und diesen 8,6-Jahres-Zyklus mit ihm besprochen hatte, bekam ich recht gemischte Gefühle. Ich war einerseits begeistert, daß ein befreundeter Analyst die Möglichkeit eines bald bevorstehenden, markanten Kursrückgangs prognostizierte. Andererseits war ich deswegen frustriert, denn nichts im Rahmen meiner eigenen Zyklenanalyse deutete auf einen möglichen Wendepunkt Ende Mai hin. An diesem Abend des Telefonats hatte ich mich bereit erklärt, vor einem kleinen Kreis von Ärzten über den Aktienmarkt zu sprechen. Als ich dazu meine Unterlagen durchforstete, fiel mir ein Chart in die Hände, den ich im Februar 1996 erstellt hatte. Dieser zeigte einen 276-Wochen-Zyklus mit den wichtigen Wendepunkten im Dezember 1974, März 1980, September 1985 und Oktober 1990. Der nächste Wendepunkt wäre am 12. Februar 1996 fällig gewesen.

Unsere besondere Aufmerksamkeit erregte aber nach Betrachtung des Charts, daß man ganz neue Wendepunkte im Markt erhielt, wenn man den Fälligkeitstermin vom März-Tief 1980 auf das April-Tief „verlegte". Das Tief des Dow am 27. März 1980 lag auf Schlußkursbasis bei 759,98, auf Basis der theoretischen Intraday-Lows bei 729,95. Am 21. April war das Intraday-Low zwar nur bei 751,37, aber im Schlußkurs bei 759,13 – und damit marginal tiefer als am 27. März. Ich überlegte mir, daß man das Tief des Zyklus aus diesem Grund mit Recht auf den April legen könnte.

Nimmt man nun den 9. Dezember 1974 und den 21. April 1980 als Wendepunkte, erweitert sich der vormalig 272 Wochen umfassende Zyklus auf 280 Wochen. Damit ändern sich die darauffolgenden Fälligkeitstermine auf Montag, den 2. September 1985, und Montag, den 14. Januar 1991. In meinem Börsenbrief vom 24. Mai 1996 hatte ich auf der Titelseite einen Chart dargestellt, welcher mit 1960 Kalendertagen eine übersichtliche Darstellung dieses 280-Wochen-Zyklus ermöglichte. Bis zu diesem Zeitpunkt waren die Wendepunkte alle Tiefpunkte gewesen, denen dramatische Aufwärtsbewegungen im Dow vorangingen. Nur 1985 lag dieser Punkt nicht exakt an einem Tief. Der Termin fiel damals auf den Labour Day und lag nahezu exakt in einem Doppeltief.

Der nächste Wendepunkt indes, fällig am 14. Januar 1991, war wirklich perfekt. Für diejenigen, die sich nicht mehr erinnern: Dies war exakt am Höhepunkt der Irak-Krise, als das Sentiment weltweit angstvoll und bearish war. In nur zwei Monaten stieg der Dow dann um ganze 20 %! Damit war der nächste Termin der 27. Mai 1996 – drei Tage nach meinem Börsenbrief – und zugleich ein Feiertag (Memorial Day). Als mir klar wurde, daß dieser adjustierte Zyklus nahezu punktgenau mit dem 8,6-Jahre-Zyklus von „Princeton Economics" übereinstimmte, wurde ich sehr aufgeregt. Das waren zwei völlig verschiedene Zyklen mit ganz unterschiedlichen Hintergründen, die aber dennoch mit dem „Finger" auf nahezu dasselbe Datum wiesen. Da an beiden Tagen kein Handel stattfand, wären diese Wendepunkte dennoch exakt zutreffend gewesen, wenn die Wende entweder am vorhergehenden Freitag, dem 24. Mai, oder am darauffolgenden Dienstag, dem 28. Mai, stattfinden würde.

Und an welchem Tag fand diese Wende nun statt?

Nun, am 24. Mai schlossen der S&P 500 und der NYSE Composite beide auf neuen Allzeithochs, fielen danach aber 7,2 % bzw. 9 %. Im Dow kam das Allzeithoch schon am 22. Mai.

Das bedeutet: Alleine die marginale Adjustierung um einen Monat, von 276 auf 280 Wochen, macht bereits einen gewaltigen Unterschied aus.

Ja, ursprünglich waren es 276 Wochen, aber ich sah mir das an und sagte mir: „Wenn Du das ein wenig änderst, das nach hier und dies nach dort verschiebst, dann werden daraus 280 Wochen oder 1960 Kalendertage." Ich wandte mich über das Internet an die Anleger, denn ich wollte so weit als möglich bekanntmachen, daß ich davon ausginge, daß wir vor einem wichtigen Markttop stünden und dies auch begründen. Ich zeigte dazu auch den S&P-Chartkanal. Wir hatten die obere Begrenzung des Kanals im Februar und gerade zuvor im Mai. Dazu erreichte auch der Dow die Haussebegrenzung über die Tops von 1983 und 1987 in arithmetischer Chartierung genau zum selben Zeitpunkt.

Das war dann eine ausreichende Bestätigung Ihrer Annahmen.

In der Tat, zumal diese beiden Charts ja eigentlich nichts miteinander zu tun hatten. Der eine basiert auf einer Zeitspanne von 60 Jahren, der andere auf 14 Jahren. Der eine erzeugte das erste Signal nach 30 Jahren, der andere seit acht Jahren – und doch trafen sich diese beiden Termine in einem Zeitraum von zwei Handelstagen. Das war ein sehr bedeutsames Ereignis, das erwarten ließ, daß etwas überaus Wichtiges passieren würde.

Sie machen einen Unterschied zwischen Wendepunkten und Zyklen. Könnten Sie den Unterschied etwas näher erläutern?

Ja, das ist etwas, wo ich meine Ansichten in den letzten Jahren geändert habe. Was ich Zyklus nannte, lief entweder von Top zu Top oder von Tief zu Tief. Jetzt indes ist mir klar, daß es bei vielen der Formationen, so wie der 31-Tages-Formation, entweder auf ein Hoch oder ein Tief hinauslaufen kann. Da gibt es in dieser Hinsicht keine Regelmäßigkeit. Anstatt diese Formationen Zyklus zu nennen, habe ich mich letztendlich entschieden, derartige Formationen als Wendepunkte zu bezeichnen. Der Unterschied ist also, daß Zyklen immer entweder in einem Hoch oder einem Tief enden, während Wendepunkte beides sein können. Ein Wendepunkt ist also genau das, was das Wort aussagt: Ein Punkt im Kursverlauf, an dem die Notierungen die Richtung ändern. Die 280-Wochen-Formation zum Beispiel, über die wir gerade gesprochen haben, ist eher ein Wendepunkt als ein Zyklus.

Wie wählen Sie beim 31-Tages-Wendepunkt den Punkt, von dem aus die Zählung beginnt?

Heutzutage läßt sich das leicht mit einem Computer bewerkstelligen. Früher wäre ich einfach im Kursverlauf zurückgegangen und hätte einen früheren, eindeutigen Wendepunkt als Basis genommen. Zum Beispiel: „Hier ist ein Hoch im Mai. Ich gehe dann rückwärts zum davor gelegenen Top und sehe: Aha, da ist ein anderes Hoch 26 Tage zuvor. Also zähle ich weitere 26 Tage rückwärts ... nichts. Noch einmal

26 Tage zuvor ... auch nichts." Dann versuche ich es noch einmal mit anderem Zeitabstand, zum Beispiel 31 Tage. Ich gehe also 31 Tage zurück, aha, da ist tatsächlich ein Top. Noch einmal 31 Tage – wieder eins ... dann weitere 31 Tage zurück – genau ein Tiefpunkt. Eine Menge davon ist einfach empirische Arbeit. Mit Computern muß man heute nur noch einen Ausgangspunkt festlegen, mit der Maus nach links fahren und sehen, wie sich die Dinge entwickeln.

Ziehen Sie es vor, dem Computer diese Arbeit zu überlassen, anstatt mit der Hand zu zählen?

Ich berechne einige Zyklen nach wie vor per Hand, aber ich nutze den Computer weitaus mehr als früher. So lasse ich den Computer gerne „blind" nach Zyklen suchen. Ich mache einfach deswegen weniger per Hand, weil der Computer um ein Vielfaches schneller ist und sich nicht verzählen kann. Wenn falsche Daten vorliegen, z. B. ein Tag zuviel oder zuwenig, könnten daraus Fehler entstehen, ansonsten aber ist der Computer eben „perfekt".

Bisher haben wir den 212-Wochen-Zyklus, den 280-Wochen-Zyklus, den 60-Jahres-Zyklus und den 31-Tages-Wendepunkt besprochen. Sind das die primären Zyklen, die Sie für Ihre Arbeit verwenden?

Nein, ich will Ihnen ein Beispiel geben. Ich möchte diese Zyklen nicht als die Ultima ratio meiner Arbeit verstanden wissen. In meinem Dow-Chart finden sich sechs bis acht verschiedene Wendepunkte. Kurzfristige Wendepunkte mit einer Länge von 26 bis vielleicht 50 Tagen sind hier über den ganzen Chart verteilt. Zwei oder drei davon sind einander dabei sehr ähnlich und werden von mir zumeist nur als Richtlinien benutzt. Wenn einer dieser Wendepunkte eintritt und zugleich alle anderen Technischen Indikationen eine Auf- oder Abwärtsindikation erfüllen, gibt mir das eine hohe Sicherheit, daß hier eine Wendemarke im Kurs vorliegt. Aber diese Wendepunkte dienen nicht speziell dazu, tatsächlich Trendwenden im Markt zu prognostizieren.

Neulinge auf dem Gebiet der Technischen Analyse dürften da sicher Probleme bekommen, wenn sie derartig viele Wendepunkte verfolgen?

Ja, das wäre zweifellos recht verwirrend.

Können Sie Anfängern einen Rat geben, wenn diese in der Annahme, es handele sich um ein Tief oder Hoch eine Position am Ende eines 212-Wochen-Zyklus eingegangen sind, aber die Kurse nicht reagieren, bis auch der 280-Wochen-Zyklus beendet ist? Das wäre eine ziemlich lange Zeitspanne, um zu früh bzw. zu spät zu reagieren.

Ja, und deswegen kommen viele Leute mit den Zyklen nicht zurecht. Sie fragen immer: „Welchem Zyklus messen Sie die größte Bedeutung zu?" Wenn dieser Zyklus sagt, daß hier ein Tiefpunkt ist und das nächste Tief erst in zwei Monaten fällig ist, soll man dann jetzt kaufen oder noch zwei Monate warten? Das ist natürlich sehr verwirrend. Ich meine, daß die wichtigste Lektion, die man von diesen Zyklen-Formationen erhält, diejenige ist, daß man um so mehr Respekt vor ihnen bekommt, je länger man mit ihnen arbeitet. Aber genauso wichtig ist es, sie als Richtlinien zu verstehen. Ich würde nie eine Kauf- oder Verkaufsempfehlung geben, die ausschließlich auf einem einzigen Zyklus basiert. Ich muß diesen Zyklus immer in Relation zu all den anderen Indikatoren betrachten, mit denen ich arbeite. Daran muß man sich immer erinnern, denn bisweilen sind die Anleger zu sehr von den Zyklen begeistert. Sie entdecken einen und sagen: „Hier, schaut her, acht Wochen, acht Wochen, acht Wochen!" Normalerweise versagt so ein Zyklus immer dann das erste Mal, wenn Sie daraufhin kaufen oder verkaufen. Das ist eines der Murphy-Gesetze!

Aktien, Rentenpapiere, Fonds, Commodities oder Aktien-Indizes sind die bekanntesten Medien für das Investment. Eignet sich Ihren Erfahrungen gemäß eines dieser Segmente für die Zyklen-Analyse besser als andere?

Grundsätzlich bewähren sich die Zyklen am besten im Bereich der Indizes und Durchschnitte. Denn hier geht es nicht nur um eine einzige kleine Einheit wie eine Aktie. Bei einem Fonds ist das etwas anderes, denn in einem Fonds sind wiederum größere Gruppen von Aktien enthalten, so daß die Zyklen hier ebensogut Anwendung finden könnten. Ich ziehe es in jedem Fall vor, meine Analysen auf Indizes und Durchschnitte anstatt auf Einzelwerte auszurichten.

Betreiben Sie die Zyklen-Analyse auch bei Fonds?

Ich kümmere mich insgesamt wenig um Fonds. Ich analysiere den Markt und übertrage die Ergebnisse dann auf die Fonds – das ist etwas ganz anderes. Ich beschränke mich auf den Markt als solchen, weil ich glaube, daß die Märkte insgesamt zu einem gewissen Grad prognostizierbar sind. Wenn es hier eine bestimmte Formation gibt und ich sie erst einmal entdeckt habe, handle ich danach. Dabei bietet es sich an, dieses Handeln auf Fonds zu übertragen, denn diese bewegen sich weitaus mehr mit dem Gesamtmarkt als ein Einzelwert. Nehmen wir an, Sie liegen mit Ihrer Einschätzung der Börse absolut richtig. Sie gehen davon aus, daß der Markt sein Tief erreicht hat und empfehlen jedermann, jetzt in General Motors einzusteigen. Nun hat aber GM einen Streik oder schlechte Unternehmensgewinne zu verkraften und fällt, während der Gesamtmarkt ganze 10 % steigt. Es gibt nichts Schlimmeres für das eigene Selbstvertrauen als so etwas. Sie wissen, was passieren wird, und verlieren mit Ihrem eigenen Investment trotzdem Geld. Ich habe dies bereits vor Jahren erkannt, und daher glaube ich, daß es am besten ist, in diese Fonds zu investieren, denn ein gut diversifizierter Fonds wird zu 99 % der Zeit genau mit dem Markt performen.

Aber „diversifiziert" ist hier das Schlüsselwort. Wäre es nicht etwas knifflig, wenn jemand dann in einen Branchen-Fonds investieren würde?

Nun, ich gebe immer spezielle Empfehlungen für die Fidelity-Branchenfonds, weil hier so viele Anleger investieren. Für diesen Fall mache ich dazu immer eine kurze Analyse. Ich treffe zuerst meine Entscheidung bezüglich des Gesamtmarktes und übertrage diese in denjenigen Fonds, der sich bezüglich der Relativen Stärke zuletzt am besten entwickelt hat. Heute zum Beispiel haben wir in vielen Indizes neue Schlußkurs-Tiefs erreicht. Wenn ich nun einen Fonds empfehlen müßte, würde ich nach einem suchen, der heute höher als in der letzten Woche geschlossen hat. Das hieße, daß er eine Relative Stärke zum Gesamtmarkt aufweist. Ich mache dann noch ein paar technische und vielleicht sogar zyklische Analysen in bezug auf mögliche Kursziele, aber die meiste Arbeit bezieht sich auf das Timing. Die Ableitung des Timings in konkrete Investments bedeutet den Schritt hin zu Fonds. Noch einmal: Ich betreibe nicht viel Analysen bezüglich der Fonds als solcher, außer der Branchenauswahl. Ich versuche einfach, einen guten Fonds aus einer Branche zu finden, die sich gut entwickelt.

Welche weiteren Zyklen verfolgen Sie?

Da gibt es noch einen weiteren Zyklus, den ich ansprechen sollte, denn er ist sehr zuverlässig. Es ist dies derjenige Zyklus, dessen letztes Tief im Dezember 1994 aufgetreten ist. Ich habe ihn ein paarmal adjustieren müssen, aber er ist ungefähr 108 Wochen lang. Ich erwähnte in unserem Börsenbrief vom 18. März 1994, daß es einen Zyklus gäbe, welcher Ende 1994 beendet würde, und dessen bisherige Ergebnisse bislang nicht weniger als spektakulär gewesen seien. Wir hatten diesen speziellen Zyklus bereits am 18. September 1992 und zuvor am 5. Oktober 1990 erwähnt. Ich berechne die Länge von Zyklen grundsätzlich mit der exakten Länge der Tage und/oder Wochen inklusive der möglichen „Restzeiten“, also einem halben Tag etc. In diesem Zyklus, mit einer Länge von 108,5 Wochen – plusminus ein oder zwei Wochen – haben sich die wichtigsten Tiefs der vergangenen zehn Jahre ereignet. Die Daten dieser wichtigen Tiefs waren der 3. April 1978, der 21. April 1980, der 9. Juni 1982, der 18. Juni 1984, der 4. August 1986, der 23. August 1988, Oktober 1990 und November 1992. Der Tiefpunkt im Oktober 1992 lag zwar einige Wochen nach dem echten Tief, aber auch nur 1,8 % oberhalb dieses Tiefs vom 9. Oktober. Wenn man das Tief vom November 1992 als Angelpunkt zur Berechnung des nächsten, potentiellen Tiefpunktes benutzt und darauf die durchschnittliche Zykluslänge von 763 Kalendertagen oder 109 Wochen anwendet, erhält man als Ergebnis den 21. Dezember 1994. Das liegt im Rahmen von einer oder zwei Wochen an diesem wichtigen

Low von 1994. Und das aktuelle Tief ist demnach in der letzten Dezemberwoche 1996 oder der ersten Januarwoche 1997 fällig. Wir neigen dabei eher zu Anfang 1997 und haben in unserem Börsenbrief bereits dargelegt, daß es sich hier durchaus um ein wichtiges Markttief handeln könnte.

Es ist schwer nachzuvollziehen, wie sich Zyklen mit einer derartigen Zuverlässigkeit wiederholen können, wo doch die menschliche Natur zugleich derart unvorhersehbar und erratisch ist. Neue Marktteilnehmer kommen, ältere scheiden aus. Haben Sie eine Erklärung, warum die Zyklen trotz alledem derart zuverlässig funktionieren?

Diese Theorie läßt sich ganz leicht erklären. Wenn Sie einen Menschen den ganzen Tag lang beobachten könnten und all seine Verhaltensweisen und Handlungen sähen, würden Sie sagen: „Es steckt absolut kein System in dem, was diese Person tut.“ Es gibt keinerlei zyklische Aktivitäten, außer daß diese Person vielleicht immer zur selben Zeit ins Bett geht und aufsteht. Die Handlungen unterliegen keinerlei Formationen. Andererseits sind die Börsen die Summe der Handlungen aller Marktteilnehmer. Wenn Sie in ein Fußballstadion gehen und die Menge insgesamt beobachten würden, könnten Sie die Leute alle zur selben Zeit schreien, klatschen oder aufstehen sehen. Sie setzten sich gleichzeitig wieder hin und verlassen das Stadion ebenfalls gleichzeitig. Sie würden erkennen, daß Gruppen von Menschen, insbesondere große Gruppen, dazu tendieren, sich konform zu verhalten. Das ist eine der Basistheorien hinter der Zyklenanalyse. Sie können das Verhalten eines Individuums nicht vorhersagen, aber es gibt zyklische Verhaltensweisen, sobald Sie die Gesamtheit der Menschen beobachten.

Sie haben früher erwähnt, daß Sie ein tägliches Ritual in Ihren Analysen vollziehen. Könnten Sie das näher beschreiben?

Ich kann während der Handelszeiten weitaus flexibler sein als nach Handelsschluß. Wenn der Markt schließt, gibt es in der Tat ein Ritual, dem ich folge. Während des Tages, besonders, wenn sich die Börse in einem kritischen Bereich bewegt, beschränke ich mich darauf, die Aktivitäten sehr genau zu beobachten und suche nach Hinweisen in der Kursentwicklung, die eine Entscheidung in bezug auf mein Money-Management erfordern würden. Ich muß diese Entscheidungen über einen Positionswechsel, einen Kauf oder Verkauf ungefähr 40 Minuten vor Handelsschluß getroffen haben.

Warum vierzig Minuten vor Handelsschluß?

Weil meine Positionen auf Fonds basieren. Wenn man bei Fonds zum Schlußkurs des Tages abgerechnet werden will, muß man die Order 15 bis 40 Minuten vor Schluß durchgegeben haben.

Manchmal sieht man ja in den letzten 15 Handelsminuten die seltsamsten Kursveränderungen.

Absolut, da kann es schon mal recht wild zugehen, sogar in den letzten fünf Minuten. Wenn sich im Markt wichtige Dinge tun oder ich auf ein Signal eines Indikators warte, versuche ich, die Entscheidung so gut wie möglich bis zum Handelsschluß herauszuzögern.

Achten Sie während des Handelstages auf Intraday-Werte des TRIN oder des McClellan-Oszillators?

Das kommt darauf an. Lassen Sie mich den heutigen Tag als Beispiel nehmen. Der New 10 TRIN ging auf 0,78 – also einen Wert unter 0,8. Das ist ein eindeutig überkauftes Level. Worauf es jetzt zu achten gilt, ist die Bewegung zurück über 0,8, denn das wäre theoretisch ein kurzfristiges Verkaufssignal. Kurzfristig, in keiner Hinsicht aber langfristig von Bedeutung. Das letzte Mal, als ein solches Signal generiert wurde, war am Markttop des 24. Mai 1996, der exakte Tag der Hochpunkte im S&P 500 und dem NYSE Composite. Das war ein hervorragend präzises Signal, aber es funktioniert natürlich nicht immer so gut. Wenn ich solche Signale bekomme, sehe ich mir die Situation an und sage mir: „Kann hieraus mehr als nur ein kurzfristiges Signal werden?“ Das ist immer Teil meiner Analysen.

Nehmen wir an, der TRIN liegt bei 0,78 und steigt intraday über 0,80. Reagieren Sie auf ein solches Signal, wenn es während der Handelszeit auftritt?

Nein, absolut nicht, denn der New 10 TRIN ist in hohem Maße vom Kauf- und Verkaufsvolumen abhängig, und diese Daten bekommen Sie erst nach Handelsschluß. Alle anderen Daten können irreführend sein. Der einfache Trading-Index stabilisiert sich in der Regel gegen Mittag und bleibt dann nahezu unverändert. Das trifft zwar nicht bei sehr volatilen Sitzungen zu, aber wenn die Börse einen stabilen Tag hat und sich nicht allzusehr bewegt, ändert sich der einfache TRIN kaum. Aber selbst wenn der TRIN stabil bleibt, kann sich der New 10 TRIN dramatisch verändern, weil hier das Umsatzvolumen eine große Rolle spielt. Nehmen wir dazu an, daß das Kauf-/Verkaufsvolumen zunächst unverändert bleibt, im späteren Handelsverlauf aber massiv in die eine oder andere Richtung ausschlägt. Das würde den New 10 TRIN dramatisch beeinflussen. Daher sind Intraday-Werte irrelevant.

Was ist mit Schlußkurs-Chartanalyse?

Als erstes setze ich mich hin und betrachte mir die Charts auf dem Bildschirm. Ich suche dabei nach neuen Formationen oder Dingen, die ich schon die letzten Tage zuvor beobachtet hatte. Ich sehe mir beispielsweise gerne den Intraday-Chart der S&P 500-Futures an. Für den S&P läßt sich ein Trendkanal einzeichnen, ausgehend vom 16. Juli 1996 bis zum 24. Juli. Dazu muß man nur eine einfache Trendlinie durch die beiden Tiefpunkte zeichnen und eine Parallele hinzufügen, welche durch das dazwischen gelegene Hoch vom 18. Juli läuft. An dieser Linie stoppten die Kurse exakt am 2. und 5. August 1996. Mein Respekt vor diesen kleinen Trendkanälen wächst zusehends. Als Techniker muß ich natürlich einräumen, daß die Relevanz dieser Kanäle höher wäre, wenn es entweder an der oberen oder unteren Linie drei Kontaktpunkte gäbe.

Ziehen Sie es vor, wenn Ihre Trendlinien durch drei Punkte definiert werden?

Ja, eine für Charttechniker legitime Trendlinie sollte zumindest drei vorhergehende Wendepunkte aufweisen. Wäre das nicht so, könnte alles eine Trendlinie sein. Man müßte sich nur zwei beliebige Tiefpunkte nehmen, sie verbinden und sagen: „Das ist meine Trendlinie." Nun ist ein Trendkanal natürlich etwas anderes. Wenn Sie hier zwei Tiefs verbinden, darüber hinaus aber auch zwei parallel dazu verlaufende Tops haben, reicht das per Definition aus. Sind diese Voraussetzungen erfüllt, haben Sie einen echten Trendkanal, der für die zukünftige Kursentwicklung einige Bedeutung haben wird. Wird hier dann die obere Begrenzung erreicht, stellt das eine gute Gelegenheit dar, short zu gehen.

Sie sprechen hier über den Intraday-Chart der S&P-Futures?

Ja, ich verwende hierbei einen 5-Minuten-Chart. Bei Futures nehme ich gemeinhin andere Charts als die meisten Analysten. Ich verwende zwar 5- und 15-Minuten-Zeitraster, sehe mir danach aber auch 27-, 45- und 81-Minuten-Charts an, in welche sich ein Handelstag ebenfalls „glatt" aufteilen läßt. Ich will vermeiden, daß ein Kursbalken am Ende eines Handelstages länger oder kürzer als die vorhergehenden ist. Es gibt exakt fünf 81-Minuten-Kursbalken im S&P-Futures-Chart, denn der Handelstag dauert 405 Minuten oder 6 3/4 Stunden. Würden Sie einen 10-Minuten-Chart verwenden, würde der letzte Kursbalken nur 5 Minuten lang sein bzw. in die ersten fünf Minuten des nächsten Handelstages hineinreichen. Das wäre irreführend, denn zwischen den einzelnen Tagen kann es keine Kontinuität geben. Daher bevorzuge ich Intraday-Charts, die exakt in diese 405 Minuten hineinpassen. So verwende ich aus diesem Grund einen 27-Minuten-Chart statt eines 30-Minuten-Charts. Der Chart für den S&P 500-Index selbst ist indes etwas anders, denn hier dauert die Handelszeit nur 390 Minuten. In diesen Charts nehme ich daher einen 65-Minuten-Chart anstatt eines 60-Minuten-Charts, da der Handelstag 6 1/2 Stunden dauert und die 65 Minuten hier exakt hineinpassen.

Ich nehme an, daß Signale, die vom 5- und 27-Minuten-Chart generiert werden, nur kurzfristige Bedeutung haben?

Nun, ja, aber es ist hier genauso wie beim New 10 TRIN, von dem ich gerade sprach. Was mich angeht, bin ich der Ansicht: Alles beginnt mit einer kurzfristigen Bewegung. Wenn Sie sich in einer Phase befinden, in der Sie nach einem möglichen wichtigen Wendepunkt suchen, könnte diese kurzfristige Bewegung eine Menge mehr bedeuten. Ansonsten ist es indes richtig – es ist ein kurzfristiges Signal und mehr nicht.

Mit anderen Worten, wenn der S&P 500 aus seinem Trendkanal nach oben oder unten ausbrechen würde?

Ja, wenn so etwas Großes passieren würde, wäre das ganz sicher ein bedeutsames Ereignis.

Da die Zyklen-Analyse nur einen Teil Ihrer Arbeit darstellt, sollten wir darüber sprechen, wie Sie die anderen Technischen Indikatoren, wie beispielsweise den TRIN, in Ihre Zyklen-Analyse integrieren.

Vieles von dem, was ich in dieser Hinsicht tue, ist intuitiv. Ich will nicht suggerieren, daß ich jeden Tag immer dieselbe Prozedur durchführe, aber ich will es so objektiv wie möglich beschreiben. Wenn es um Dinge bezüglich der Kursziele oder bestimmter technischer Levels geht – wenn die Kurse z. B. nahe an einem wichtigen Gleitenden Durchschnitt notieren – bestimmen diese Umstände die Indikatoren, die ich dann beobachte. Ein Beispiel: Im Verlauf der letzten Woche wußte ich, daß wir knapp vor kurzfristigen Verkaufssignalen durch zwei der Trading-Index-Indikatoren standen, nämlich den New 10-TRIN und den Combination 10-TRIN.

Wir haben bisher noch nicht über den Combination 10-TRIN gesprochen.

Das ist nur ein Durchschnitt aus dem einfachen 10-Tages-TRIN, dem Open 10-TRIN und dem New 10-TRIN. Ich habe durch die Überprüfung früherer Kursdaten festgestellt, daß ein Anstieg dieses Indikators über 0,80 ein zumindest kurzfristig sehr zuverlässiges Verkaufssignal darstellt. Es hat also nicht notwendigerweise langfristige Relevanz. Aber ein solches Signal kann die Skala entweder in die positive oder negative Richtung ausschlagen lassen. Es ist für mich immer eine recht problematische Phase, denn trotz eines solchen negativen Signals zeigen einige meiner Indikationen dennoch weiterhin steigende Kurse an. Da heißt es dann natürlich, besonders vorsichtig vorzugehen.

Die Börse generiert ohne Frage oft gegenläufige Signale.

Das Problem liegt unter anderem darin, daß sich Tops meistens extrem langsam vollziehen, manchmal aber auch blitzschnell, wie eine umgekehrte „V“-Formation, ablaufen. „V“-Bodenbildungen kommen ja öfter vor, aber „V“-Tops – einfach schnell rauf und genauso schnell wieder runter – sind sehr selten. Normalerweise wird eine Aktie nach der anderen schwächer. Je mehr Aktien nach unten drehen, desto eher besteht gerade bei größeren Institutionen die Neigung, das Kapital in die größeren, hochkapitalisierten Aktien zu investieren, weil sie das für ein „sicheres“ Territorium halten. Deswegen halten sich diese großen 50 länger, also die größten 50 oder 100 Aktien im Markt. Aber die „zweite Reihe“ fällt immer weiter und weiter, und schließlich fällt das ganze Kartenhaus zusammen. Aber manchmal dauert das ziemlich lange. Ich meine, in der Zeit zwischen März und Mai 1996 haben wir in dieser Hinsicht letzte, interne Störungen erlebt. Aber diesmal ist es sicherlich weniger ernst als bei früheren Markttops, zumal die tägliche und wöchentliche A/D-Linie diese Tops bestätigt haben. Es gab beim Mai-Top also keine entsprechenden Divergenzen. Es existieren in historischer Hinsicht nur ein paar Fälle, an denen an Markttops keine Divergenz zur A/D-Linie vorlag. Einer dieser Fälle war aber besonders wichtig: der Dezember 1968. Es gibt aktuell in der Tat Analogien zu den anderen beiden Situationen, in denen so etwas passierte. Im Dezember 1968 gab es die letzte echte Fonds-Hysterie. Ich erinnere mich vor allem deshalb so gut daran, weil es das erste Investment war, das ich je getätigt hatte. Diese Verrücktheit erstreckte sich auf Fonds ebenso wie auf einzelne Aktien, und doch war die Situation, gemessen an der heutigen Sachlage, wie ein Kinderspiel. Doch für die damalige Zeit war es wirklich eine ungewöhnliche Hausse, die dann aber schlagartig endete, denn es gab keinerlei Divergenzen, als sich das Top im Dezember 1968 herausbildete. Der einzige weitere Fall eines signifikanten Tops ohne jegliche Divergenzen zur A/D-Linie ereignete sich im Mai 1946. Das Jahr 1946 ist aus historischer Sicht ohnehin sehr interessant. In diesem Jahr fiel die Börse in nur einem Monat um gut 20 %, ein sehr schneller und heftiger Kurseinbruch. Zudem war das Jahr 1946 ein Rekordhalter – bis zum Jahr 1995/1996 – in bezug auf die längste Rallye ohne eine zwischenzeitliche Korrektur von 12 % oder mehr. Die Hausse dauerte vom April 1942 bis zum Mai 1946, vier Jahre und einen Monat, bis schließlich die Spitze erreicht war.

Heute haben wir mit der Rallye seit Oktober 1990 nicht nur diesen Rekord gebrochen, sondern um glatt ein Jahr übertroffen. Obgleich es nicht viele historische Beispiele gibt, welche die statistische Relevanz unterstreichen, sind wir doch der Ansicht, daß gerade diese lang anhaltenden Rallyes ohne Korrekturbewegungen durch Tops abgelöst werden, die, wenn sie dann erst einmal auftreten, von höchster Bedeutung sind. 1946 war ein solches Rekordjahr und auch, wenn das Top nicht unbedingt monumentale Ausmaße erreicht hatte, so hielt es doch für mehrere Jahre. Nun hält die Phase 1990 – 1996 den Rekord. 1966 ist ein weiteres Beispiel für eine lange, ununterbrochene Rallye. Nach 1966 erreichte der Markt erst nach 16 Jahren ein neues, signifikantes Hoch. Das nächste Beispiel findet sich vom Tief 1984 bis zum Top 1987 – gut drei Jahre ohne nennenswerte Gegenbewegung nach unten. Dies führte zum 1987er-Crash, bei dem die Kurse um 40 % in nur wenigen Monaten zurückfielen. Die Historie belegt also, daß derartig lange Haussen direkt in markante Kurstops führen. Allerdings hilft Ihnen diese Erkenntnis nicht bei der Beantwortung der Frage weiter, wann diese Tops denn nun erreicht werden.

Und hier kommen Ihre Indikatoren ins Spiel.

Nun, in dieser Hinsicht muß ich Ihnen ganz offen sagen: Die aktuellen Informationen sind momentan (August 1996) absolut verwirrend. Wir sehen Verkaufssignale seitens des Combination 10 und des New 10-TRIN. Auf der anderen Seite gibt es einige zyklische Kursprognosen, welche aussagen, daß wir noch signifikant höhere Notierungen sehen werden. Wenn diese Zyklenanalysen zutreffen, sprechen wir hier von einem Dow bei 6100 oder 6200. Das sind Werte, auf die ich unbedingt achten muß. In solchen Zeiten gehe ich täglich die Zahlen durch. Wenn ich dabei Hinweise auf höhere Kurse erhalte, überprüfe ich die Wahrscheinlichkeit, daß diese Prognosen zutreffen werden bzw. was schiefgehen könnte. Wie könnten diese Prognosen falsch sein, was könnte die Börse veranlassen, nach unten zu drehen? Da wir aktuell diese kurzfristigen Verkaufssignale von den Trading-Index-Indikatoren erhalten haben, überwache ich diese sehr genau, aber solange hierfür keine weiteren Bestätigungen vorliegen, würde ich alleine deswegen noch nichts unternehmen. Es müßten jetzt schon weitere, negative Signale auftreten.

Weisen Ihre Indikatoren bezüglich der Wichtigkeit eine bestimmte hierarchische Reihenfolge auf?

Das ist eine sehr allgemeine Rangfolge. In bezug auf meine Arbeit hat die Zyklenanalyse einen leichten Vorrang gegenüber anderen Dingen, weil ich meine, daß dies ein Werkzeug ist, das viele nicht besitzen.

Welche anderen Indikatoren finden sich noch in Ihrem Arsenal?

Da gibt es noch einige A/D-Oszillatoren, zumindest ähneln sie diesen. Ich nenne sie Kursgewinner-Oszillatoren. Ich verfolge hier eine ganze Reihe von sehr kurzfristigen Zeithorizonten wie von vier oder fünf Tagen bis hin zu längeren wie von 27 oder 54 Tagen. Alles, was ein Kursgewinner-Oszillator tut, ist, die Anzahl der in der jeweiligen Zeitspanne gestiegenen Aktien zu messen. Ich berechne diese Werte auf zwei Arten, entweder als gleitenden Nettowert oder als Gleitenden Durchschnitt. Anders ausgedrückt: Bei einem 4-Tage-Kursgewinner-Oszillator nehmen Sie die Kursgewinner der letzten vier Tage der NYSE und addieren sie. Das ist einem A/D-Oszillator durchaus ähnlich, nur fehlen eben die Kursverlierer. Dadurch können Sie ein gutes Feedback bezüglich der Markt-Interna erhalten und feststellen, ob für Kursavancen eine Bestätigung vorliegt oder nicht. Das Interessante an der täglichen A/D-Linie ist, daß sie sich aktuell auf einem Hoch, gemessen seit dem Tiefpunkt vom Juli 1996, befindet, einige der A/D-Oszillatoren aber nicht. Einige haben bereits Tops ausgebildet, so daß jetzt klare Divergenzen vorliegen. Das kann zweierlei bedeuten. Entweder der Markt wird in Kürze nach unten drehen, weil ihm das innere Momentum fehlt, um weiter zu steigen. Oder aber wir sehen einen wirklich kräftigen Ausbruch nach oben, um erneutes Momentum aufzubauen. Ich kann das aus heutiger Sicht noch nicht einordnen, denn die Kurse sind ohnehin bereits höher gestiegen als zu erwarten war, wenn es sich hier um eine normale Rallye innerhalb eines Bear-Markts gehandelt hätte.

Warum lassen Sie die Kursverlierer in Ihrem Kursgewinner-Oszillator weg?

Es begann mit etwas, was ich ursprünglich „Cycle Indicators" (CI) und „Neutral Cycle Indicators" (NCI) nannte. Ich habe diese Dinge vor ungefähr zwölf oder dreizehn Jahren erfunden, und sie werden immer noch rechts oben in jedem meiner Börsenbriefe abgebildet. Ich zeige dort den CI, den NCI und die Relationen von CI und NCI. Ich messe dabei nur die gestiegenen Aktien der NYSE über eine Zeitspanne von 189 Tagen. Ich habe 189 Tage gewählt, weil dies die Anzahl der Tage innerhalb von 39 Wochen sind. Eben diese 39 Wochen stellen exakt die Hälfte des wichtigen 78-Wochen-Zyklus dar. Da dieser Zyklus insbesondere für Kurszielberechnungen wichtig war, überlegte ich mir, daß diese Zeitspanne auch für die Markttechnik relevant sein müßte. Ich dachte mir etwas aus, was der Gesamtzahl der gestiegenen Aktien Rechnung trug. Ich hätte das auch als Gleitenden Durchschnitt machen können, nahm aber letztendlich davon Abstand. Der CI berechnet einfach die gleitende Summe der NYSE-Kursgewinner aus den vergangenen 39 Wochen. Ich stellte fest, daß hier eine recht gute Korrelation zu den Tops und Tiefs der Börse bestand. Wenn dieser Zyklus-Indikator ein bestimmtes Level nach oben erreicht hatte, tendierten die Kurse dazu, ein Top auszubilden. Wenn ein gewisses Level nach unten erreicht wurde, gab es zwei Möglichkeiten. Entweder bildete sich dann eine Art mittelfristig relevanter Boden aus, oder es handelte sich sogar um ein langfristig bedeutsames Tief.

So entstand also der Kursgewinner-Oszillator?

Ja, ich isolierte einfach die Kursgewinner, ignorierte gefallene und unverändert notierende Aktien, und es stellte sich heraus, daß dies sehr gut funktionierte. Das brachte mich auf dieses Konzept. Zugleich realisierte ich, daß sich die Zahl der an der NYSE gehandelten Aktien jedes Jahr veränderte, ja gerade in den vergangenen Jahren dramatisch angestiegen war. So bedeutet heute ein „neutraler" Tag ca. 1 200 Kursgewinner zu 1 200 Kursverlierern. Vor acht Jahren wäre ein Wert von 1 200 Kursgewinnern noch ein phantastischer Haussetag gewesen. Es war also erforderlich, die Anzahl der an dem entsprechenden Tag gefallenen Aktien in die Relation mit einzubeziehen. Dies wird indirekt über die CI/NCI-Relation gemessen. Zunächst mißt der CI als Zyklus-Indikator alle über einen Zeitraum von 39 Wochen an der NYSE gestiegenen Aktien. Am 26. Juli 1996 lag dieser CI bei 1 198. Das bedeutete, daß innerhalb der letzten 39 Wochen durchschnittlich 1 198 Aktien täglich an der NYSE gestiegen waren. Der NCI stand bei 1 180 – das ist der neutrale Wert. Das bedeutet, daß für diesen Zeitraum ein leicht positiver Trend bestand, da der CI oberhalb des neutralen Werts des NCI lag. Um den NCI zu erhalten, muß man einfach alle gestiegenen und gefallenen Aktien der letzten 39 Wochen addieren und durch zwei dividieren. Damit erhalten Sie den Wert, der einen neutralen Tag ausmachen würde. Die unveränderten Aktien werden dabei nicht mit einbezogen. Das heißt, anders ausgedrückt, daß ein neutraler Tag eine Rate von 1 180 gestiegenen und 1 180 gefallenen Aktien bedeuten würde. Multipliziert man diese Zahl mit zwei, erhält man die im Durchschnitt der letzten 39 Wochen an der NYSE im Kurs veränderten Aktien: 2 360.

Diese Rate von 2 360 lag in früheren Jahren indes auf anderem Niveau: 1978 lag sie bei 1 496, 1981 bei 1 516. 1987 hatten wir 1 614 erreicht, danach ging dieser Wert bis 1990 zurück. Im Jahr 1990 lag dieser Wert wieder bei 1 522. Das lag zum einen am Crash 1987, zum anderen daran, daß 1990 eine Rezession und eine dementsprechend schlechte Marktlage existierte. Von 1978 bis 1990, also über zwölf Jahre hinweg, gab es hier nahezu keine Veränderungen – von 1 496 bis 1 522. 1992 lag der Wert bei 1 730 und 1994 dann bei 2 156. Ein dramatischer Anstieg war also zwischen 1990 und 1994 zu verzeichnen: Von 1 522 bis auf 2 156. Das sagt einiges über den Charakter der Börse aus. Wenn man sich in einem Bull-Market befindet, kommen mehr und mehr neue Aktiengesellschaften an die Börse. Wenn man bis in das Jahr 1949 zurückgeht, beträgt der Wert 742, das heißt, ein typischer oder unveränderter Tag in 1949 wäre die Hälfte dessen – 371 Aktien gestiegen, 371 gefallen. Seit damals hat sich der Wert fast verdreifacht.

Und die Relation entsteht, wenn man den CI durch den NCI dividiert.

Um die Relation zu erhalten, dividiert man einfach 1 198 durch 1 180 und erhält 1,015. Ich arbeitete vornehmlich mit dieser Relation, weniger mit den absoluten Zahlen, weil sich die Anzahl der an der NYSE gehandelten Aktien permanent veränderte. Nimmt man die Relation, werden die aktuellen Werte mit Daten der Vergangenheit vergleichbar. Der Blick in die Vergangenheit erschien mir vor allem deshalb wichtig, weil ich prüfen wollte, ob es bezüglich der auftretenden Hochs und Tiefs bestimmte Regelmäßigkeiten gab.

Und in der Tat fiel auf, daß ein besonders hohes Risiko für eine mittelfristige Top-Bildung auftrat, wenn die CI/NCI-Relation Werte zwischen 1,035 bis 1,08 aufwies. Dieses Level wurde im Mai 1996 erreicht. Der neutrale Bereich liegt zwischen 0,995 und 1,034. Mittelfristige Tiefpunkte treten in der Regel auf, wenn die Relation zwischen 0,980 und 0,995 notiert. Für einen wirklich längerfristig relevanten Tiefpunkt bedarf es in aller Regel Bewertungen zwischen 0,925 und 0,965. An diesem wichtigen, emotional dominierten Handelstag vom 16. Juli 1996 gingen die Werte auf 1,003 zurück und testeten dieses Level erneut am 24. Juli, aber die Marke von 1,0 wurde nie unterschritten. So groß der Kurseinbruch auch war, im 39-Wochen-Durchschnitt gab es somit trotzdem noch mehr Kursgewinner als -verlierer. Es gibt noch ein paar andere Faktoren, die es zu beachten gilt, aber historisch gesehen treten diese sehr selten auf.

Ein Anstieg über 1,08 ist sehr bedeutsam, denn dies ist eine „Out-Of-Limit"-Bewegung, die Ihnen zeigt, daß ein immenses Momentum auf der

Hausseseite existiert. Eine solche Kaufdynamik ist normalerweise der Vorbote für eine Kursrallye, die mindestens ein Jahr, oft sogar mehrere Jahre anhält. Viele würden daraus ein mögliches Top ablesen, weil der Markt kurz-, mittel- und langfristig überkauft ist. Am 10. Mai 1983 erreichte die CI/NCI-Relation mit 1,102 das höchste Level in 32 Jahren. Dieser Wert beschrieb eine sehr seltene Phase gewaltiger Haussedynamik. Es gab gute Gründe anzunehmen, daß hieraus dieselben Konsequenzen wie in 1943 und 1950 entstehen würden – ein sehr langer und beständiger Kursanstieg. Dieser Anstieg bedeutete mir gemäß meiner Erfahrungen daher, daß es hier nicht um eine Trendphase ging, die schon in sechs Monaten vorbei sein würde. Grundsätzlich kann man bei derartig hohem Aufwärts-Momentum von einem mehrjährigen Kursaufschwung ausgehen.

Das ist vergleichbar mit dem, was wir zuvor über den McClellan-Oszillator gesagt haben.

Genau. Langfristig gesehen ist es genau das gleiche: diese „Out-Of-Limit"-Bewegungen.

Müßten Sie nicht auch irgendeine Möglichkeit haben, um die aktuelle Phase der Trendbewegung in Ihre Überlegungen mit einzubeziehen? Mit anderen Worten: Sollte man einen Wert von 1,08 nicht besser ignorieren, wenn die Börse sich im Endstadium eines Bull-Markets befindet?

Grundsätzlich bilden sich Tops zwischen 1,035 und 1,08. Wenn 1,08 überschritten wird, ist ein solches Top nicht mehr zu erwarten. Es könnte dann ein kurzfristiges Top mit einer Reichweite von wenigen Monaten auftreten, aber fast immer bedeutet ein Wert über 1,08, daß hier ein extremes Hausse-Momentum vorliegt, daß nicht innerhalb der nächsten sechs bis zwölf Monate verschwinden wird. Dasselbe gilt auch auf der Gegenseite, wobei man einräumen muß, daß wir derartige Negativwerte schon seit langer Zeit nicht mehr gesehen haben. Wenn diese „Out-Of-Limit"-Bewegungen nach unten auftreten, bedeutet uns die Relation, daß das Baisse-Momentum so stark ist, daß das nächste, größere Top kein neues All-Time-High-Niveau erreichen wird. Es gab fünf solcher Tiefs seit 1932 – 1932, 1938, 1966, 1970 und 1974. Bei jedem dieser Tiefs lag das nächste Top nicht signifikant oberhalb früherer Allzeithochs. Im März 1980 und im März 1982 hatten wir die ersten Negativwerte, die niedrig genug waren, um sich einerseits als wichtiges Markttief zu qualifizieren und andererseits auch ausreichend extrem waren, um den Dow Jones in den kommenden Jahren auf neue Rekordstände zu katapultieren. Mit anderen Worten: Die Bewertung lief nicht „Out-Of-Limit", und es gab genügend Indikationen dahingehend, daß es sich hier um typische Überverkauft-Levels handelte, um mit neuen Höchstkursen rechnen zu dürfen. Und genau das geschah dann ja auch nach diesen Tiefs von 1980 und 1982.

Sie verwenden also bei der CI/NCI-Relation lieber den absoluten Wert statt eines gleitenden Durchschnitts.

Ja. Zur selben Zeit, als ich den CI entwickelte, begann ich auch, mich mit den kürzerfristigen Indikatoren zu beschäftigen, denn diese erreichen schneller ihre Limits. Wenn Sie sich den 5-Tage-Kursgewinner-Oszillator ansehen, werden Sie feststellen, daß bei Erreichen einer Bewertung von 6 500 oder 7 000 die Tendenz des Marktes besteht, zumindest kurzfristig nach unten zu drehen.

Sie addieren hier also einfach die gestiegenen Aktien der letzten fünf Tage?

Ja, das heißt, ein Wert um 6 500 würde pro Tag durchschnittlich 1 300 gestiegene Aktien bedeuten. Es ist einfach eine andere Methode, um zu prüfen, ob der gesamte Markt steigt oder die Kurse nur durch ein paar ausgewählte Titel nach oben gezogen werden.

Der 5-Tages-Kursgewinner-Oszillator ist offensichtlich ein kurzfristiger Indikator. Wie kann man diesen am besten nutzen?

Ich will Ihnen da ein Beispiel geben, das gerade aktuell zum 189-Tages-Zyklus paßt. Diese interessante Technik ist dabei nicht meine Idee gewesen. Sie stammt aus „Investing for Profit with Torque Analysis" von

William C. Garrett. Ich erhielt auch einige meiner Ideen bezüglich der CI/NCI-Relation von Garrett, und ich möchte dies in solchen Fällen auch gerne hervorheben. Garrett nahm die gestiegenen Aktien der letzten fünf Tage und zeichnete sie oberhalb der gestiegenen Aktien innerhalb fünf Tagen vor 189 Tagen in einen Chart ein. Das kann man dann in verschiedenen Farben tun oder die eine Linie durchgezogen, die andere gestrichelt zeichnen, Hauptsache, man kann sie unterscheiden. Er überlegte sich, daß der Markt in einem positiven Zustand sein müßte, wenn die aktuellen Kursgewinner-Werte der letzten fünf Tage oberhalb derselben Fünf-Tages-Kennzahl vor 189 Tagen läge. Ich denke, man würde dies etwas überbewerten, wenn man daraus ein Kaufsignal ablesen wollte. Ich wollte diese Idee austesten, um zu sehen, ob man sie als eine Art System anwenden könne, obgleich mir von vornherein klar war, daß es hier viele Fehlsignale geben würde, weil diese Werte die „Meßlinie" oft in hoher Frequenz über- und unterschreiten. Nehmen wir an, Sie haben die letzten 189 Tage der Kursgewinner und bilden daraus einen gleitenden Netto- oder Durchschnittswert. Es gibt keine Möglichkeit für den CI zu steigen, solange die Werte der aktuellen Periode nicht höher liegen als diejenigen von vor 189 Tagen. Um dies weiterzudenken: Wenn die Börse steigt, kann auch der CI steigen. Garrett benutzte dies ausschließlich als positive/negative Bestätigung. Das ist nichts anderes als das Input und Output der Lage heute, verglichen mit der Situation vor 189 Tagen. Wenn der aktuelle Wert über dem vor 189 Tagen liegt, können Sie davon ausgehen, daß auch der 189-Tages-Durchschnitt als solcher steigen wird. So hat Garrett diese Kennzahl angewandt, und das war auch für mich oft hilfreich. Dies gehört zu den Indikatoren, die ich manuell einzeichne und täglich beobachte. Wenn der aktuelle Wert unter demjenigen vor 189 Tagen liegt, kann man nicht davon ausgehen, daß eine signifikante Kursrallye ansteht – und umgekehrt. Das ist eine der Möglichkeiten, wie sich der 5-Tages-Kursgewinner-Oszillator anwenden läßt.

Aber Sie sagten bereits, daß man zur Generierung dieser Daten einen Computer benötigt.

Keine Frage. Es wäre wirklich eine fürchterliche Arbeit, die Berechnungen ohne Computer durchzuführen.

Gibt es eine Möglichkeit für die Leser, etwas ähnliches wie die CI/NCI-Relation zu kreieren?

Die Formel hierzu ist sehr einfach und nicht geschützt. Ich gebe sie gerne weiter, aber man sollte sich wirklich erst daranwagen, wenn man über einen Computer verfügt. Sie addieren einfach die Zahl der Kursgewinner aus den letzten 189 Tagen und teilen diese Summe dann wieder durch 189. Dieser Durchschnittswert ist der Zyklen-Indikator, welchen ich CI nenne. Ich verwende 189 Tage, weil darin dann einige Feiertage eingerechnet werden können und der Wert trotzdem so nahe wie möglich an 39 Wochen liegt. Um den NCI, den „Neutral Cycle Indicator", zu berechnen, addieren Sie die letzten 189 Tage der Kursgewinner und zusätzlich die letzten 189 Tage der Kursverlierer. Diese beiden Werte werden addiert und danach durch zwei geteilt – das ist der NCI. Um die CI/NCI-Relation zu erhalten, teilen Sie den Wert des CI durch den NCI.

Einfach mal angenommen, jemand beginnt ausgerechnet in einer Woche mit der Berechnung des CI/NCI-Index, die sich durch extreme Schwankungen zwischen überkauften und überverkauften Levels auszeichnet, und erhält deshalb extreme Werte bei den Kursgewinnern und -verlierern. Würde dies die Relation auch über einen längeren Zeitraum beeinträchtigen?

Nein, überhaupt nicht. Es macht keinerlei Unterschied, wann Sie mit der Berechnung beginnen, solange Sie die notwendigen 189 Tage zusammen haben. Heutzutage haben viele Anleger Zugang zu Datenbanken und können sich die erforderlichen Daten leicht beschaffen. Ich würde indes jeden ermutigen, weitaus weiter in die Vergangenheit zurückzugehen, um eine Art Gefühl für die vergangene Performance des Indikators zu entwickeln.

Könnten Sie noch etwas zu Ihrer Arbeit mit Momentum-Widerstandslinien sagen?

Oh, das ist ein sehr interessantes Gebiet, welches ich auch heute noch verfolge. Ich sollte dabei auf Edson Gould verweisen, denn soweit mir bekannt ist, hat er diese Linien erfunden. Sie können sie in jedem Chart anwenden, ob Tages- oder Wochenchart. Ich verwende die Linien sogar in Tick-Charts, und auch dort funktionieren sie sehr gut. Man kann dabei jedes Tief und jedes Top verwenden, wobei die Linien um so wichtiger sind, je signifikanter die als Basis verwendete Wendemarke ist. Nehmen wir dazu an, Sie betrachten einen Dow-Chart von 1982 bis heute. Da gibt es eine Menge von Tiefs, die Sie als Meßgröße verwenden könnten. Eines davon ist dabei das Tief von 1982. Die anderen wären die Lows von 1984, 1987 und 1990. All diese Tiefpunkte wären angemessen, um die Momentum-Widerstandslinien dort beginnen zu lassen. Aber je kurzfristiger die Bedeutung eines Tiefs ist, desto geringer ist der Wert der Informationen, die Sie durch den Break solcher Linien erhalten.

Wie werden die Momentum-Widerstandslinien berechnet?

Sie zeichnen horizontale Linien durch das Hoch und das Tief. Im Beispiel 1982 hieße das also, eine Horizontale durch das Tief bei 627,46 und eine Parallele dazu durch das Hoch bei 958,12 zu zeichnen. Dann gilt es, eine vertikale Linie vom Hoch bei 958,12 bis hinunter zum Tief bei 627,46 zu ziehen, denn Sie wollen ja die komplette Distanz zwischen Hoch und Tief erfassen. Sie subtrahieren dann den niedrigeren Wert (das Tief) vom höheren Wert (das Top) und haben die Spanne dieser Kursbewegung: 330,66 Punkte. Nun wird diese Spanne in Drittel aufgeteilt. Das Ergebnis lautet 110,22. Nun wird die Kursspanne zwischen Hoch und Tief ebenfalls gedrittelt. Man zieht daher den Wert 110,22 vom Hoch ab und erhält 847,90. Danach wird dasselbe mit dem Tief praktiziert – hier werden 110,22 hinzuaddiert – das Ergebnis lautet dort 737,68. Diese beiden neuen Werte werden im Chart markiert, um Ihnen zu zeigen, durch welche Kurslevels Ihre steigende, gestrichelte Linie laufen muß. Nun zeichnen Sie, ausgehend vom Tief bei 627,46, jeweils eine ansteigende Linie durch diese beiden Punkte. Die steilere der beiden dient als 2/3-Momentum-Widerstandslinie. Die weniger steile, die in diesem Fall auf das Tief bei 790,67 vom November 1971 zurückgeht, ist die 1/3-Momentum-Widerstandslinie.

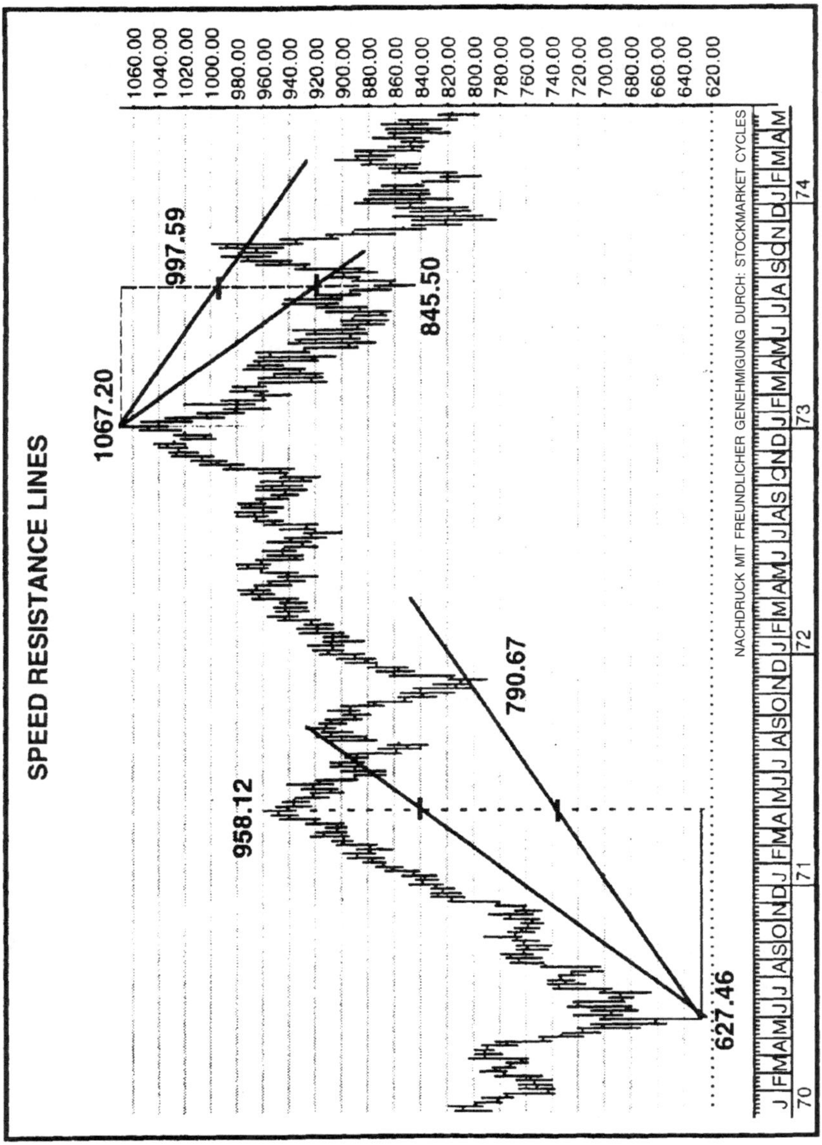
SPEED RESISTANCE LINES
1067.20
997.59
845.50
958.12
790.67
627.46
NACHDRUCK MIT FREUNDLICHER GENEHMIGUNG DURCH: STOCKMARKET CYCLES

Als Grundregel gilt nun: Wenn die 2/3-Linie erst einmal nach unten durchbrochen ist, sollten die Kurse auf die 1/3-Linie zurückfallen. Dabei gibt es hier einige interessante Fakten, die in solchen Fällen typisch sind. Zunächst wurde die 2/3-Linie mit Vehemenz unterschritten. Kurz darauf zogen die Kurse wieder an, konnten diese Linie aber nicht mehr überwinden. Als die Notierungen danach wieder abwärts drehten, wurde die 1/3-Widerstandslinie sehr schnell erreicht. Doch diese Linie hielt – dort entstand ein sehr bedeutendes Tief. Von diesem Level aus stiegen die Kurse nahezu 300 Punkte.

Sehen wir uns das andere Beispiel an, bei dem diese Momentum-Widerstandslinien abwärts gerichtet sind. Sie messen vom Top im Januar 1973 bei 1 067,20 bis zum ersten Tief bei 845,50. Zeichnen Sie eine horizontale Linie durch 1 067,20 und eine vertikale Linie nach oben, ausgehend von 845,50. Diese Senkrechte definiert die Spanne in Punkten – 221,70. Die Division durch drei ergibt 73,90. Diese vertikale Linie sollte also in drei gleiche Teile á 73,90 Punkte unterteilt werden. Wenn Sie 73,90 von 1 067,20 subtrahieren, ergibt das 993,30. Hier müssen Sie Ihre erste Markierung für die 1/3-Momentum-Widerstandslinie machen. Dann addieren Sie 73,90 zum Tief von 845,50 und erhalten 919,40 – der Bereich, durch den die zweite Momentum-Widerstandslinie verläuft. Dann werden diese beiden Linien im Chart eingezeichnet (durch den Punkt bei 919,40 und 993,30). Aber denken Sie daran: Wenn die Kurse nach einer zeitweiligen Erholung erneut fallen, ändern sich auch die Momentum-Widerstandslinien. Wenn erst einmal ein neues Tief erreicht wird, müssen diese Linien auf der Basis des neuen Tiefs neu berechnet werden.

Das heißt, daß Sie diese Linien neu gezeichnet hätten, wenn der Markt wieder auf 1 000 nach oben gelaufen und danach auf 780 gefallen wäre?

Absolut, dann muß man wieder von vorne beginnen. Was ebenfalls in bezug auf diese Momentum-Widerstandslinien wichtig ist: Die Kurse laufen oft über oder unter diese Linien hinaus – aber nie sehr weit. Achten Sie hier auf die Bewegung, nachdem der Markt von 1 067 auf

845,50 gefallen war und im Anschluß wieder in die Region um 1 000 anstieg. In einer dieser Wochen schlossen wir oberhalb der Momentum-Widerstandslinie. Wenn Sie sich den Chart am Ende dieser Woche angesehen hätten, wären Sie versucht gewesen zu sagen: „Na ja, wir haben die Linie durchbrochen. Das ist sehr bullish und bedeutet, daß wir zurück an die alten All-Time-Highs laufen werden.“ Eine der Richtlinien in Hinsicht auf einen solchen, möglichen Break legt nahe, daß ein kompletter Kursbalken – ob Tages- oder Wochenbalken – über der Momentum-Widerstandslinie notieren sollte, bevor der Ausbruch wirklich signifikant ist. In diesem Beispiel war das nicht der Fall. In dieser Rallye bis auf 977,59 schlossen wir zwar oberhalb der Momentum-Widerstandslinie, aber der Kursbalken für die gesamte Woche lag dennoch zum Teil unterhalb dieser Linie. In der Woche darauf konnte die Börse sogar noch ein wenig weiter steigen, drehte dann aber zügig wieder ab und schloß deutlich unterhalb der Linie. Es lag also keine komplette Woche vor, die oberhalb der Momentum-Widerstandslinie notiert hätte. Das ist zwar keine magisch zuverlässige Regel, aber dennoch eine brauchbare Richtlinie. Erst wenn ein ganzer Wochenbalken oberhalb der Widerstandslinie liegt, haben Sie eine überzeugende Bewegung, die darauf schließen läßt, daß die Börse wieder an ihre vorherigen Allzeithochs laufen wird.

Der Zeitraum, den wir hier betrachten, erstreckt sich über zwölf Monate. Ist es Ihrer Ansicht nach sinnvoll, die Momentum-Widerstandslinien auch für einen längerfristigen Zeitraum zu berechnen?

Das kommt darauf an, wie sich das aktuelle Gesamtbild darstellt. Wir können dazu ein Beispiel nachvollziehen. Wenn wir uns diesen Chart ansehen, würde ich sagen, daß der höchste Punkt bei 1 067,20 und der tiefste Punkt bei 627,46 liegt. Wir zeichnen nun eine Momentum-Widerstandslinie zwischen diese beiden Punkte. Zeichnen Sie jetzt eine horizontale Linie durch das Tief bei 627,46. Nun müssen Sie eine Senkrechte vom Top bei 1 067,20 einzeichnen, die sich mit der unteren horizontalen Linie schneidet. Diese vertikale Linie wird nun in drei gleiche Teile unterteilt. Die gesamte Distanz zwischen den beiden Punkten lautet auf 439,74 Zähler. Ein Drittel davon ist 146,58.

Wenn Sie 146,58 zu 627,46 addieren, erhalten Sie 774,07. Hier gehört also eine Markierung hin. Die 1/3-Momentum-Widerstandslinie wird jetzt vom Tief aus durch diese Markierung eingezeichnet. Als die Kurse sich dieser Linie abwärts gerichtet näherten, hielt diese Linie. Die Kurse stiegen wieder an, kamen erneut auf die Linie zurück, drehten ein weiteres Mal aufwärts, und gerade jetzt, am Ende des Charts, fielen die Notierungen darunter.

Wenn wir nur diesen Chart ansehen, können wir nicht wissen, wohin die Kurse im weiteren Verlauf gehen werden, aber es sieht aus, als wäre diese Linie in dieser einen Woche ziemlich nachhaltig unterschritten worden. Wenn Sie im Chart von rechts nach links zählen, sehen Sie, daß der 15. Kursbalken komplett unterhalb der Momentum-Widerstandslinie liegt. Nach der Richtlinie, welche ich vorhin erwähnt hatte, würde ich sagen: „Moment mal, das sieht wie ein überzeugender Breakout aus." Dieser Wochenbalken lag also vollkommen unterhalb der Linie, aber beachten Sie auch, daß wir in dieser Woche fast exakt an den Höchstkursen geschlossen haben. In einer solchen Situation bietet es sich an abzuwarten, was in der nächsten Woche passiert. Und siehe da: Blitzschnell stiegen die Notierungen in der nächsten Woche über die Linie und blieben auch für die nächsten zwölf Wochen oberhalb dieses Levels. Aber in der 13. Woche wurde die Linie erneut nach unten durchstoßen, und die 14. Woche lag komplett unterhalb der Momentum-Widerstandslinie. Damit ist die Aussage klar: Der Markt sollte weiter fallen.

Sehen wir uns einen anderen Dow-Chart an. Im Anschluß gab es noch eine Rallye von ein oder zwei Wochen Dauer, dann fielen die Kurse direkt unter 600 zurück. Wir haben also das Tief auf der linken Seite des Charts außerordentlich deutlich unterschritten. Der Dow fiel danach weitere 30 oder 40 Punkte, was auf diesem Level ungefähr 7 oder 8 % entspricht. Um die 2/3-Momentum-Widerstandslinie zu erhalten, müssen Sie 146,58 von 1 067,20 subtrahieren und erhalten 920,62. Wenn Sie diese Linie einzeichnen, erkennen Sie etwas sehr Interessantes. Diese 2/3-Momentum-Widerstandslinie ist nahezu ein exakter Schatten der früheren 1/3-Momentum-Widerstandslinie. So etwas passiert recht häufig. Von seinem Hoch bei 1 067,20 fiel der Dow, hielt sich dann für einige wenige Wochen, brach dann ziemlich kräftig ein und erreichte dabei fast die 1/3-Momentum-Widerstandslinie – aber nicht ganz. Dann sahen wir die Kurse mit der Rallye auf 997,59 wieder an die 2/3-Momentum-Widerstandslinie heranlaufen. Was ich dabei hervorheben will, ist der Umstand, daß die Kurse nach dem ersten Kursrutsch von 1 067,20 für zwei oder drei Wochen versuchten, diese Linie zu verteidigen, letztendlich aber darunter fielen und schnell an die untere Momentum-Widerstandslinie heranliefen, diese aber nicht erreichten. Es sieht aus, als hätten nur 20 oder 30 Punkte gefehlt, als der Dow seine neue Rallye bis an die 2/3-Momentum-Widerstandslinie begann. Es geht also bei dieser Form der Analyse um zwei Dinge. Die Kurse sind von der 1/3-Momentum-Widerstandslinie ebenso wie von der 2/3-Momentum-Widerstandslinie abgeprallt. Sie erkennen daraus, daß sich in diesem Bereich massive Widerstände befinden. Wie sich zeigte, fielen die Kurse zurück und sackten auf die 1/3-Momentum-Widerstandslinie ab. Dabei ist wichtig zu realisieren, daß ein Break derartiger Momentum-Widerstandslinien um so wichtiger ist, desto langfristiger diese sind. Nun habe ich bisher nie mit den wirklich langfristigen Charts experimentiert. Sagen wir zum Beispiel, Sie nehmen das Tief von 1932 und das Hoch von 1973. In solchen Fällen wüßte ich nicht, ob es besser wäre, einen logarithmischen oder einen arithmetischen Chart zu verwenden, aber es wäre interessant, sich das einmal anzusehen. Wenn man sich mit wirklich langfristigen Dingen beschäftigen möchte, sollte man wohl am besten zuerst mit einem Provisorium arbeiten, beide Arten von Charts einsetzen und einfach schauen, welcher sich besser bewährt.

Wäre es legitim, diese Momentum-Widerstandslinien für Kurszielberechnungen heranzuziehen?

Bis zu einem gewissen Grad ist das möglich, wenn Sie sich an die Grundregeln halten. Die Regeln besagen, daß, sobald die steilere der beiden Linien durchbrochen wurde, eine Kursbewegung an die zweite Linie zu erwarten ist. Da diese Linie sich aber vom Kursniveau mit der Zeit ändert, läßt sich nur ein „dynamisches“ Kursziel errechnen. Ist auch die flachere Linie durchbrochen, gilt es, diese Linien komplett neu zu berechnen. In dieser Hinsicht können Sie also durchaus von Kurszielen ausgehen, es muß nur klar sein, daß diese sich täglich verändern.

Als der Dow von 958,12 zurückfiel, durchbrach er in der Folge die 2/3-Momentum-Widerstandslinie. Zu diesem Zeitpunkt notierte die 1/3-Momentum-Widerstandslinie bei ungefähr 760 Punkten. Als diese Linie dann aber letztendlich touchiert wurde, lag sie bei 790 oder 800. Sie hätten also davon ausgehen können, daß diese Linie erreicht wird, ohne zu wissen, wann das geschehen wird. Ohne Kurs und Zeitraum zu kennen, fällt eine Prognose natürlich schwer. Diese Technik läßt sich übrigens auch bei Liniencharts anwenden. Wenn wirklich nervöse, erratische Sitzungen wie am 16. Juli 1996 auftreten, als der Dow um 180 Punkte gefallen war, aber letztendlich im Plus schloß, sollte man da das Tagestief oder den Schlußkurs verwenden? Wenn Sie einen Linienchart auf Basis der Schlußkurse nehmen, müssen die Momentum-Widerstandslinien durch diese Schlußkurse über- oder unterschritten werden. Bei einem Balkenchart indes ist es erforderlich, daß der ganze Kursbalken über oder unterhalb der Linie liegt, um ein Durchbrechen zu signalisieren.

Um das noch einmal klarzustellen: Wenn man einen Linienchart verwendet, müssen die Linien durch die Schlußkurse gezeichnet werden, bei Balkencharts geht es um das Intraday-Hoch bzw. -Tief.

Genau.

Gibt es einen besonderen Vorteil, den die Zyklen-Analyse gegenüber der puren Technischen Analyse hat?

Oh, sicherlich. Ich würde meinen, daß meine Arbeit einen ganz besonders wichtigen Vorteil hat: Die Kurszielberechnungen hinsichtlich der Zeit und des Kurses. Der Vorteil der Zyklen-Analyse liegt darin, daß Sie hier Tops und Tiefs im Markt vorhersagen können. Nun werden viele Leute sagen: „Prognostizieren Sie doch die Börse nicht, sie wird Ihnen schon zeigen, was es zu tun gilt." Aber ich ziehe es vor, eine

Richtlinie hinsichtlich Zeitrahmen und Kurs zu haben. So hatte ich zum Beispiel im Juli 1996 Kursziele für den Dow Jones von 5 350 – plusminus 30 oder 40 Punkte. Wir waren im RYDEX-Fonds engagiert, um von der Abwärtsbewegung profitieren zu können. Der Dow begann am 15. Juli zu fallen, hatte am nächsten Tag eine sehr erratische Sitzung mit einem Schlußkurs in der Pluszone, fiel dann aber wieder zurück und schloß am 23. leicht tiefer. Zu diesem Zeitpunkt sind wir dann wieder aus dem RYDEX-Fonds ausgestiegen. Ich denke, daß es sehr wenige Hinweise seitens der Technischen Analyse gegeben hat, die jemanden hätten veranlassen können, ausgerechnet an diesem Tag auszusteigen, denn es existierten keine Hinweise auf eine Trendwende. Aber bei der Zyklen-Analyse, ob hinsichtlich Zeit oder Kurs, wissen Sie, wie die Parameter lauten. Sie können immer sagen, daß sich die Kurse entweder zeit- oder kursbezogen innerhalb der Prognoserahmen bewegen, und daraufhin entscheiden, eine Long- oder Shortposition einzugehen oder die Position gegebenenfalls zu drehen. Mit Kurszielerwartungen in der Hinterhand wissen Sie auch sofort, wenn etwas falsch läuft. Wenn Sie eine Erwartung von maximal 30 Punkten nach unten haben, der Markt aber noch weitere 30 Punkte fällt, sind Sie bereits aus der Position ausgestiegen.

Ein Technischer Analyst würde dann auf einen Chart des RSI, der Stochastik oder eines anderen kurzfristigen Indikators sehen und sagen: „Moment, wir schlossen im Dow per 23. tiefer als am 16., also haben wir hier eine mögliche Divergenz." Ein Techniker muß mit möglichen Divergenzen immer höchst vorsichtig umgehen, denn solange sich diese nicht letztendlich bestätigen, können Sie lange Zeit nicht wissen, ob sich diese Möglichkeit auch in Tatsachen und damit für Sie positiv umsetzen wird. So sagt ja auch die Welles-Wilder-Regel, daß eine positive Divergenz alleine nicht ausreicht, sondern der RSI danach auch über das in dieser Divergenz entstandene Zwischenhoch steigen muß. Es geht einfach darum: Die Kurse müssen wirklich klar anziehen, bevor aus einem möglichen Tief auch wirklich ein echtes Tief wird. Erst dann werden die meisten Techniker eine Position eingehen, haben dabei aber durch das Warten auf Bestätigung bereits einige Prozentpunkte Gewinn verloren. Zyklen, ich wiederhole mich, geben Ihnen die Möglichkeit, umgehend von Tief- oder Hochpunkten des Marktes zu profitieren. Sie werden dabei nicht immer erfolgreich sein, aber Sie haben damit eine weitaus bessere Chance auf langfristigen Erfolg, denn Sie haben damit einen Vorteil gegenüber den Markttechnikern, die immer noch auf eine Bestätigung warten.

Wie viele Monate oder Jahre dauert es Ihrer Ansicht nach, ein System zu entwickeln, das auf regulärer Basis Profite erwirtschaften kann?

Da kann ich Ihnen keine Zeitspanne nennen. Ich glaube einfach daran, daß die Analyse sich ebenso wie alles im Leben in Zyklen vollzieht. Deswegen sehen Sie an der Börse auch all diese kurzlebigen Stars. Leute mit unsinnigen Erfolgen, die aber irgendwann falsch liegen und dieses falsche Engagement zu lange halten. Ich denke, es ist vor allem wichtig zu realisieren, daß wir alle immer wieder lernen müssen. Auch ich habe, gerade in den letzten zwei oder drei Jahren, viel dazugelernt, in einer Phase, in der ich starrsinnig negativ gestimmt war, die Börse aber dennoch immer weiter anstieg. Das hat mich gelehrt, wie wichtig Flexibilität ist. Der wahrscheinlich beste Markt für mich ist jahrein – jahraus der Goldmarkt gewesen, alleine, weil ich hier keinerlei emotionale Bindung habe. Ich war nie versucht zu sagen: „Ich bin sicher, daß dies oder jenes passieren wird." Ich habe mir immer nur jeden Tag den Gold-Chart angesehen, meine Analysen gemacht und den Leuten mitgeteilt, was ich dabei festgestellt habe. Es war mir dabei immer egal, ob die Kurse stiegen oder fielen. Im Aktienmarkt aber, gerade wenn Sie sich in einer Position befinden, die ein persönliches Interesse an der Kursentwicklung bedingt, bekommen Sie schnell Probleme. Wenn Sie zurückblicken, müssen Sie immer eingestehen, daß Sie oft dazu geneigt haben, die Realität in die Richtung Ihrer eigenen Positionen „hinzubiegen", anstatt sich auf die Objektivität der Analysen zu verlassen.

Kapitel VII

Bob Gabele

Bob Gabele arbeitete sieben Jahre lang als Aktienbroker, bevor er im Jahre 1982 seinen Dienst quittierte. Wenngleich sich seine Broker-Karriere durchaus gelohnt hatte, blieb er doch emotional unbefriedigt. Er folgte mehrfachen Anfragen, einen Finanzinformationsdienst zu gründen, wobei er verschiedene Bereiche ausprobierte, um sich schließlich auf die Analyse der Kauf- und Verkaufsaktivitäten von Unternehmens-Insidern zu konzentrieren. Dank der Mithilfe und des Einflusses zweier altgedienter Insideranalysten war dies ein Tätigkeitsfeld, in dem er bereits einige Erfahrungen mitbrachte, und welches zudem seinem Interesse an menschlichen Verhaltensweisen entgegenkam. Harte Arbeit und das konsequente Festhalten an seinen Zielen haben Mr. Gabele heute zu einer anerkannten Autorität auf dem Gebiet des Unternehmens-Insidertradings werden lassen.

Von Anbeginn an dienten ihm Perry Wysong und dessen Partner Larry Unterbrink als Mentoren und inspirierten ihn, in ihre Fußstapfen zu treten. Mr. Wysong war ein wohlbekannter Pionier im Bereich des Insidertradings und Herausgeber des „The Consensus of Insiders“-Börsenbriefes, der seine außerordentliche Erfahrung bezüglich der Analysen des Insidertradings ebenso wie die Methoden zu deren Interpretation bereitwillig mit Mr. Gabele teilte. 1983 gründete Mr. Gabele die Investment-Gruppe, ein Unternehmen, welches sich auf die Forschung und Analyse im Bereich Insidergeschäfte spezialisierte. Obwohl jeder seine eigene Unternehmung führte, setzten Mr. Wysong und Mr. Gabele ihre Zusammenarbeit fort, was sich in mehrfacher Hinsicht auszahlen sollte. Als Dank für dessen Starthilfe half Mr. Gabele seinem Mentor, dessen antiquiertes System zur Erfassung von Insidertransaktionen zu modernisieren. Ende der siebziger Jahre war die einzige Datenquelle für Insidertrading eine monatlich erscheinende Regierungsinformation mit dem Titel „The Official Summary of Insider Transactions and Holdings“. Das wochenlange Warten auf diese Informationen war alles andere als effizient. Da ein schnellerer Zugang zu aktuellen Daten erforderlich war, schlug Mr. Gabele 1983 seine Zelte im SEC-Hauptquartier in Washington D. C. auf und bearbeitete dort umgehend nach deren Veröffentlichung die täglichen Insidertradingdaten. Daraus errichtete er eine Datenbasis, die er später auch mit Wysong und Unterbrink teilte.

Die Analyse von Insideraktivitäten taucht tief unter die Oberfläche des allgemeinen Geschehens und ist weit mehr als ein kurzer Blick auf Käufe und Verkäufe. Es wurden große Anstrengungen unternommen, um jede kleinste Aktivität darzustellen mit dem Ziel, letztendlich ein klares Bild der Situation zu erhalten. Dieser „Sherlock Holmes" der Insider untersucht Vergangenheit und Gegenwart auf der Suche nach dem „wer, was, wann, warum und wie" jeder einzelnen Transaktion, um Hinweise darauf zu erhalten, wo die wirklichen, inneren Motive der Insider für den Kauf oder Verkauf liegen. Ein zusätzlicher Vorteil der Insiderana-lyse, basierend auf jahrelanger Beobachtung, ist die Fähigkeit, anhand dieser Daten die zukünftige ökonomische Entwicklung für einen bestimmten Industriezweig zu prognostizieren.

Die 1992 von CDA übernommene Investnet-Gruppe wurde zuletzt in CDA/Investnet umbenannt. Ihre Dienstleistungen reichen von umfassender Beratung mittels eines wöchentlichen Börsenbriefs mit dem Namen „The Insider's Chronicle" bis hin zu via Internet beziehbaren Daten der Insideraktivitäten für diejenigen, welche sich ihre eigene Meinung über die Lage bilden wollen. Die Kundschaft des Unternehmens rekrutiert sich aus Money-Managern, Aktienbrokern, Privatanlegern und über 150 Zeitungen. Die Beantwortung von An- und Nachfragen der Kundschaft beansprucht einen großen Anteil von Mr. Gabeles Arbeitszeit. Der CDA/Investnet-Dienst ist Exklusiv-Lieferant von Insiderdaten für „Daily Graphs", „Barron's" und das „Wall Street Journal".

Sein eigenes Motto „Nicht kämpfen, sondern denken" befolgend, erhält Mr. Gabele seine Führungsrolle gegenüber Mitbewerbern durch die konstante Suche nach neuen Wegen aufrecht, um Insiderdaten darzustellen und zu interpretieren. Für diejenigen, die versucht sind, den Aktivitäten von Insidern blind zu folgen, hält Mr. Gabele im folgenden einige Tips bereit, um möglichen Fallen zu entgehen.

Lassen Sie uns doch mit einigen einleitenden, das Insidertrading betreffenden Regeln und Vorschriften beginnen.

Das Investment-Gesetz von 1934 fordert, daß Insider ihre Transaktionen durch eine Meldung an die Securities and Exchange Commission (SEC) veröffentlichen müssen. Wenn ich dabei Transaktionen sage, meine ich damit nicht allein Käufe oder Verkäufe, sondern jede Veränderung ihrer Beteiligungen. Diese Meldung wird „Formular 4" genannt. Insider kann ein Vorstandsmitglied, ein Direktor oder jemand sein, der mehr als 10 % einer Aktiengattung eines Unternehmens besitzt. Aber Vorsicht: Wenn ich sage „mehr als 10 %" denken die meisten, daß ein Direktor oder Vorstandsmitglied mehr als 10 % seiner Aktien haben muß, bevor er als Insider bezeichnet werden kann. Das ist aber nicht der Fall. Sind Sie dabei Direktor oder Vorstandsmitglied, müssen Sie sich den Meldepflichten der SEC auch dann durch das sogenannte „Formular 3" unterwerfen, wenn Sie gar keine Aktien der Firma besitzen. Dieses Formular ist das initiale Statement, das Sie für alle nachvollziehbar zu einem offiziellen Insider macht. Alle Änderungen des dort festgehaltenen Status erfolgen dann via „Formular 4". Die Insider sind verpflichtet, per 10. des folgenden Monats alle vollzogenen Trades zu melden. Heute ist der 27. September. Wenn ein Insider am 1. September einen Kauf getätigt hat, muß er dies bis zum 10. Oktober gemeldet haben. Die längste Spanne, die ein Insider demnach warten kann, bis die Meldung seiner Transaktionen bei der SEC sein muß, ist vom 1. eines Monats bis zum 10. des Folgemonats.

Warten die Insider normalerweise mit der Meldung, solange es irgend möglich ist?

Wenn sie verkaufen, dann normalerweise ja. Bei Käufen geben sie dies aber meistens sofort bekannt, denn sie wollen ja erreichen, daß jedermann so früh wie möglich sieht, daß sie als Käufer auftreten.

Wie muß man die Optionen auf Aktien hierbei einordnen?

Nach der alten Regelung mußten die Insider bekanntgeben, wenn sie Aktien durch Ausübung dieser Optionen ge- oder verkauft haben. Dabei war es aber nicht erforderlich, daß die Insider zugleich veröffentlichen, ob sie neue Optionen erhalten haben oder wie hoch deren Bestände an Optionen sind. Man mußte nur melden, wenn solche Optionen ausgeübt wurden. Aber es gab keine Möglichkeit herauszufinden, was nach dieser entsprechenden Transaktion noch an Optionsbeständen übriggeblieben war. Doch im Jahre 1991 hat die SEC den Abschnitt 16 des Investment-Gesetzes von 1934 geändert. Dabei besagte eine der neu eingeführten Vorschriften, daß die Insider erhaltene Aktienoptionen und deren Inhalte offenlegen müssen.

In der Zeit vor 1991 sahen Sie Insider Optionen ausüben und alle daraus erhaltenen Aktien verkaufen, ohne zu wissen, ob sie nicht vielleicht noch auf Millionen weiterer Optionen „sitzen", die in keiner Meldung auftauchen. Für die Öffentlichkeit gab es keine Möglichkeit, sich über diese Bestände an Optionen zu orientieren. Heute wissen wir nicht nur dies, sondern auch, ab wann diese ausgeübt werden dürfen und wann die Optionen dann letztendlich verfallen. Das eröffnet ein weitaus besseres Verständnis für die Motive der Insider hinsichtlich der Ausübung dieser Optionen. Was sich 1991 zudem verändert hat, ist die Definition des „Executive Officer" seitens der SEC. Früher hieß es einfach, daß Direktoren und Vorstandsmitglieder zu melden hätten. 1991 wurde dies präzisiert, indem es hieß, daß „Executive Officers und diejenigen in aktiver, maßgebender Funktion" der Meldepflicht unterliegen. Ursprünglich war die Intention hierfür, die Gruppe der Meldepflichtigen zu präzisieren, doch ich denke, daß diese Gruppe dadurch sogar etwas größer wurde. Denn plötzlich tauchen in den Meldelisten Leute wie Labor-Direktoren von Biotechnologiefirmen und Personen in vergleichbaren Positionen auf, die zuvor gar nicht der Meldepflicht unterlagen.

Verfälscht das die Insiderdaten?

Nein, überhaupt nicht, denn oft sind die wichtigsten Trades nicht diejenigen, die von den Insidern im Vordergrund getätigt werden. Manchmal sind es die kleineren, unauffälligen Transaktionen, welche die größte Bedeutung aufweisen.

Im Augenblick sind Insider also rechtlich verpflichtet offenzulegen, wie viele Optionen auf Aktien sie besitzen?

Wir wissen zumindest jetzt, wie viele Beteiligungen in Form von Optionen vorliegen. Aber wenn man bedenkt, wie groß diese Bestände bei vielen Insidern sind, ist das – zusätzlich zu dem Wissen, wie umfangreich deren Aktienbestände sind – eine für die Anleger zweifellos sehr wichtige Erkenntnis.

Vielleicht sollten wir eine kurze Zäsur einlegen und klären, was hierbei unter Optionen zu verstehen ist.

Ja, gern. Es geht hier natürlich nicht um Derivate wie Call- oder Put-Optionen. Diese Optionen sind Rechte, Aktien des eigenen Unternehmens zu einem günstigen Preis zu beziehen. Sie dienen als Ansporn und Belohnungen und werden zusätzlich zum normalen Gehalt des Managers gewährt. Durch diese Optionen werden die Besitzer angespornt, durch gute und engagierte Arbeit eine Wertsteigerung der Firma – und damit der Aktie – zu erarbeiten. Außerdem werden die so Belohnten an das Unternehmen gebunden, denn diese Optionen können normalerweise nicht sofort ausgeübt werden. Mit der Option ist gemeinhin ein Plan für die früheste Ausübung und maximale Dauer der Rechte verbunden, die den Besitzer dieser Rechte zwingt, eine Reihe von Jahren in der Firma zu bleiben, bevor er sie ausüben darf.

Wie lange dauert ein solcher Plan normalerweise?

Früher waren das um die zehn Jahre, heute gibt es auch oft kürzere Fristen von fünf Jahren Dauer.

Wie lange muß der Besitzer nach der Gewährung der Optionen normalerweise mindestens warten, bis er die ersten Optionen ausüben darf?

Die am weitesten verbreitete Wartefrist in diesen Plänen beträgt ein Jahr. Erst danach darf der Insider eine erste festgelegte Menge der Optionen ausüben – aber das ist nicht immer so geregelt.

Machen Sie in Ihren Analysen nicht einen Unterschied zwischen Optionen, die „im Geld" (in-the-money-Optionen) liegen und solchen, die „aus dem Geld" (out-of-the-money-Optionen) notieren?

Ja, das ist etwas, worauf wir ein besonderes Auge haben. Wenn Insider ihre Optionen erhalten, liegt der Bezugspreis normalerweise über oder zumindest nahe am aktuellen Aktienkurs. Nehmen wir an, die Aktie kostet $ 20,00 und ich erhalte jetzt Optionen, die einen Ausübungspreis von ebenfalls $ 20,00 haben. So lange der Aktienkurs bei $ 20,00 liegt, habe ich nichts davon. Aber wenn die Aktie dann $ 30,00 kostet, würden diese zu $ 20,00 gewährten Optionen pro Stück $ 10,00 wert sein. Normalerweise liegt der Bezugspreis bei Gewährung wie gesagt nahe am aktuellen Aktienkurs, um den Insider anzuspornen, sich für die Wertsteigerung des Unternehmens anzustrengen – und damit die Optionen dadurch einen Wert bekommen.

Nun mache ich zunächst einen Unterschied zwischen Insidern, die Optionen besitzen, welche „im Geld" liegen und denen, deren Optionen „aus dem Geld" notieren. Wenn all meine Optionen nahe am aktuellen Aktienkurs notieren, gehe ich kein allzu großes Risiko ein, wenn ich diese Position weiter halte. Wenn ich die Optionen aber behalte, obwohl bereits ein großer Gewinn existiert, riskiere ich, diesen Profit zu verlieren.

Achten Sie bei der Analyse derjenigen Insider, die „In-the-money-Optionen" halten, mehr auf den Wert oder die Menge der Optionen?

Optionen sind für mich ein Teil der Insiderbestände. Diese bestehen also gleichermaßen aus Aktien und Optionen. Ich will erkennen, in welche Richtung sich diese Bestände entwickeln. Vergrößern oder verkleinern sie sich? Kümmern sich die Insider eines bestimmten Unternehmens um ihre Bestände? Wenn viele Insider große Bestände von „In-the-money-Optionen" halten, bedeutet das, auch wenn sie kürzlich nicht viele Aktien gekauft haben, daß sie über einen guten Stand in der Firma verfügen und das Kursrisiko gerne akzeptieren. Das bedeutet mit anderen Worten, daß diese Insider nicht davon ausgehen, daß der

Aktienkurs kurz- bis mittelfristig nach unten tendieren wird. Wenn sich die Bestände aber – seien es Aktien oder Optionen – verringern und dies in höherem Maße als in den Jahren zuvor, werfe ich darauf ein besonderes Auge.

Unterscheiden Sie zwischen Insidern mit „In-the-money-Optionen" und jenen, die reguläre Aktienkäufe tätigen, ohne dabei Optionen auszuüben?

Ja, denn da besteht natürlich ein klarer Unterschied. Aber ich muß dazu sagen, daß es Zeiten geben kann, in denen wir mehr Informationen erhalten, wenn wir uns diejenigen Dinge ansehen, die Insider *nicht* tun. Man verpaßt eine Vielzahl positiver Signale, wenn man nur darauf achtet, wann Insider kaufen, denn in vielen Unternehmen tun sie das fast nie. Meistens deswegen, weil sie so unglaublich viele Optionen besitzen. Sie können mir glauben, wenn ich Ihnen sage: Für manche Firmen werden Sie niemals ein Kaufsignal erhalten, wenn Sie sich nur auf die Käufe der Insider konzentrieren. So habe ich z. B. im Juni 1996 im „Insider's Chronicle" darauf hingewiesen, daß die Insider bei Intel an ihren Aktien *und* den Optionen festhalten und keinerlei Bestände abgeben, obwohl der Aktienkurs ein Allzeithoch erreicht hat. Es hatte zwar einige Insiderverkäufe im April gegeben, aber auch diese Abgaben waren gegenüber den normalen Bestandsverringerungen der letzten Jahre ungewöhnlich niedrig gewesen.

Unsere Statistiken zeigten, daß die Intel-Insider zwischen 1984 bis 1995 im Zeitraum Januar bis Mai im Durchschnitt 970 970 Aktien verkauften. Im selben Zeitraum des Jahres 1996 verkauften die Insider aber nur 122 980 Aktien. Noch beeindruckender war deren Entschlossenheit, nicht nur die Aktien, sondern auch die „In-the-money-Optionen" zu halten, gerade weil die Aktie dabei auf historischen Höchstkursen notierte. Das war ein deutlicher Hinweis darauf, daß sich die Intel-Insider ausreichend sicher fühlten, um das Risiko möglicher Kursrückgänge einzugehen. Ihr Verhalten verdeutlichte, daß die Chance weiterhin steigender Kurse hoch lag. Und so kam es dann auch: Zwischen Juni und Dezember verdoppelte sich der Kurs. Das ist der Grund, weshalb die

Überwachung der Optionsbestände einen wichtigen Teil des Analyseprozesses darstellt.

Wo liegen eigentlich die häufigsten Gründe für Insiderkäufe und -verkäufe?

Wenn Insider nach den Gründen für Verkäufe gefragt werden, liefern Ihnen die meisten eines der folgenden Argumente: Diversifikation des Portfolios, Bau eines Hauses, steuerliche Aspekte. Aber eine wirklich präzise Antwort werden Sie kaum erhalten. Aber es ist nicht vernünftig zu erwarten, eine „wahre" Antwort zu erhalten. Es ist schon immer allgemeine Meinung gewesen, daß die Insider nur aus einem einzigen Motiv heraus kaufen, nämlich wegen der Erwartung von Gewinnen. Als wir aber im Jahre 1983 mit unseren Daten die Analysen begannen, wurde schnell klar, daß es auch noch einen weiteren Aspekt gab, und zwar die erstmaligen Käufe eines Direktors, der soeben erst zum Unternehmen gestoßen ist. In letzter Zeit kamen dann sogar noch weitere Gründe hinzu. So sind Insiderkäufe beispielsweise oft auf die Ermutigung seitens des Unternehmens selbst zurückzuführen. Manchmal kommt es sogar vor, daß die Firmen den Insidern Geld leihen, damit diese davon Aktien kaufen können. Man muß bei der Analyse der Motive für Insiderkäufe grundsätzlich sehr vorsichtig vorgehen, um nicht irrtümlich den „falschen Mond anzuheulen".

Muß der Umstand, daß die Unternehmen den Insidern Geld für Aktienkäufe leihen, ebenfalls gemeldet werden?

Nein, dieser Faktor unterliegt nicht der Meldepflicht, auch wenn es eigentlich notwendig wäre. Um so etwas herauszufinden, bedarf es daher etwas intensiverer Detektivarbeit. Ich suche immer nach Kleinigkeiten, die sich unterhalb der Decke der offensichtlichen Daten offenbaren. So stelle ich zum Beispiel fest, daß 15 Insider gekauft haben – und zwar alle auf einmal und beinahe zum selben Kurs und zu derselben Investmentsumme. Das „kann" bedeuten, daß wir hier eine Situation haben, in der diese Insider seitens des Unternehmens zum Kauf „ermutigt" wurden. Die Insider sind sich der öffentlichen Wahrnehmung ihrer

Aktivitäten heutzutage weitaus bewußter, was den Analysten zwingt, ebenfalls deutlich umsichtiger zu arbeiten.

Das bedeutet aber doch, daß man die Insiderkäufe nicht länger als klares Signal des Vertrauens in das Unternehmen ansehen darf.

Doch, das kann man nach wie vor, man muß nur wissen, wonach es zu suchen gilt. Sie dürfen Insiderkäufe weder als blindes Vertrauen in das Unternehmen betrachten, noch sollte man Insiderverkäufe immer gleich als Katastrophe ansehen – niemals! Die Interpretation dieser Aktivitäten hat schon immer weitaus mehr Arbeit erfordert, als Außenstehende annehmen. Wenn ich Insiderkäufe analysiere, versuche ich zunächst immer, die Dinge in einen entsprechenden Rahmen zu setzen. Zuerst brauche ich dazu eine Aufstellung aller Insider des jeweiligen Unternehmens. Wir hatten zum Beispiel einmal einen Fall, in dem die Insider einer Firma auf der Käuferseite auftraten. Der Präsident des Unternehmens kaufte für ca. $ 50 000,00 Aktien, drei Vorstandsmitglieder zur selben Zeit Aktienpakete zwischen $ 15 000,00 und $ 30 000,00. Sie kauften die Aktien zu Kursen um $ 30,00, nachdem die Notierungen sechs Monate zuvor noch um $ 40,00 lagen. Auf den ersten Blick erschienen diese Akkumulationen durchaus positiv. Aber der Blick auf die zurückliegenden Aktivitäten veränderte das ganze Bild völlig. Zu den Tops des Aktienkurses vor sechs Monaten hatten alle große Bestände verkauft. So hatte alleine der Präsident Aktien im Wert von über vier Millionen Dollar verkauft, die anderen drei verhielten sich ähnlich. Nachdem ich das gesehen hatte, wurde mir klar, daß diese Insider durch die Käufe nur „Kurspflege" betreiben wollten. Sie versuchten, Vertrauen zu suggerieren, in der Hoffnung, die Anleger würden ihrem Beispiel folgen. Aber der Kurs der Aktie fiel dennoch immer weiter und notiert heute im unteren $20-Bereich. Dies ist ein gutes Beispiel für die Notwendigkeit, sich auch die historischen Daten der involvierten Insider zu betrachten, um imstande zu sein, die jüngsten Aktivitäten in einer korrekten Perspektive zu sehen.

Was allerdings zweifellos ein sehr zeitraubender Vorgang ist.

Sicher. Sie brauchen dazu natürlich die entsprechenden Daten. Wer glaubt, das gesamte Bild mit einem Blick auf die aktuellen Daten erfassen zu können, täuscht sich. Es ist selten möglich, einen Überblick zu erhalten, indem man sich ausschließlich auf einen Trade oder eine Serie von Trades eines jeweiligen Monats versteift. Man muß einfach wissen, was die entsprechenden Insider in der Vergangenheit getan haben. Wir überprüfen immer zuerst, wer was in der Vergangenheit getan hat, um zu sehen, wie die aktuellen Aktivitäten in dieses Bild passen. Dabei muß ich noch etwas Wichtiges hinzufügen: Vergleichen Sie niemals Insider verschiedener Unternehmen miteinander. Die Insider von Apple Computer und Compaq Computer sind miteinander nicht „kompatibel", alleine, weil es sich hier um zwei völlig verschiedene Unternehmenskulturen handelt.

Realistisch betrachtet, wie weit müssen Sie zurückblicken, um ein Kauf- oder Verkaufsmuster zu erkennen?

Nun, das kommt unter anderem darauf an, wie alt das Unternehmen ist. Bei manchen Firmen existieren wirklich umfangreiche Aufzeichnungen, bei anderen hingegen gibt es sie erst seit kurzer Zeit. Da ist es dann schwierig, aus den wenigen vorhandenen Informationen signifikante Erkenntnisse zu ziehen. Bei Unternehmen, die gerade erst an die Börse gegangen sind, haben Sie manchmal nicht mehr als die bloße Aufstellung der dazugehörigen Insider. Allerdings: Wenn einige dieser Insider vorher in anderen, an der Börse gelisteten Unternehmen aktiv waren, kann man sich die dort vorliegenden Daten ansehen, um die Gewohnheiten und Eigenarten dieser Personen anhand deren damaliger Transaktionen kennenzulernen. Wenn es aber überhaupt keine Daten aus der Vergangenheit gibt, hängen Sie quasi „in der Luft". Bei neuen Unternehmen muß man einfach ein wenig Geduld mitbringen und den Insidertransaktionen nicht solch hohe Relevanz zumessen, wie es bei Gesellschaften der Fall wäre, die bereits viele Jahre an der Börse sind. Aber wenn es möglich ist, würde ich so weit in die Vergangenheit zurückgreifen, wie es geht. Wenn ich mir Unternehmen wie Pepsi oder Coca-Cola ansehe, dann untersuche ich alle Daten, derer ich habhaft werden kann, um zu prüfen, ob die aktuellen Aktivitäten eine Anomalie darstellen oder nicht.

Mir ist klar, daß die Interpretation der Insideraktivitäten unmittelbar beim Börsengang des Unternehmens schwierig ist, aber wie sieht es mit Aktiengesellschaften aus, die bereits ein Jahr notiert wurden? Netscape ist zum Beispiel seit etwas über einem Jahr an der Börse, und gerade kürzlich hat ein Insider der Firma 2,4 Millionen Aktien verkauft. Ist so etwas nicht bereits signifikant?

Wir überwachen bei „neuen" Unternehmen das Ansteigen oder Abschwellen der Insideraktienbestände. Wenn die Insider eines neu gelisteten Unternehmens innerhalb einer Zeitspanne von ein bis drei Jahren 30 % oder mehr ihrer Bestände abstoßen, sehe ich mir die Sache natürlich genauer an. Aber Netscape gehört nicht dazu.

Neue bzw. relativ neue Unternehmen erwecken also dann Ihr Interesse, wenn die Insider zumindest 30 % ihrer Aktien- und Optionsbestände abstoßen?

Wenn sie einen hohen Anteil ihrer Bestände abstoßen, beginne ich damit, die Situation haargenau zu beobachten. Diese 30 % waren nur ein Beispiel. Ich habe schon Zahlen in einer Größenordnung von 90 % gesehen. Netscape hat übrigens durchaus unser besonderes Augenmerk, aber das hat andere Gründe. Insideraktivitäten sind immer relativ. Alles, was sich aktuell abspielt, steht in Relation zum Kursverlauf der Aktie in der Vergangenheit. Die Insiderverkäufe bei Netscape waren im Juli 1996 besonders auffällig, denn das war eine Phase, in der nur wenige Insider bereit waren, sich von High-Tech-Werten zu trennen, vor allem nicht von Aktien, die bereits so tief gefallen waren wie Netscape. Im Juli waren daher nur wenige bereit, sich zu derart – relativ zum vorangegangenen Kursverlauf – „niedrigen" Kursen von Netscape zu trennen. Aber im August schossen die Verkäufe dann plötzlich in die Höhe, obgleich die Kurse immer noch weit von ihren vormaligen Hochs entfernt waren.

Zugegeben, es gibt nicht allzuviel historische Daten über Insidertransaktionen bei Netscape, aber alleine die Tatsache, daß die Insider bereit waren, zu derart tiefen Kursen zu verkaufen, ist ein deutlicher Hinweis. Aber ist es bereits ein klares Alarmsignal? Nein, aber es ist zumindest etwas, was die Anleger interessieren sollte, denn es handelt sich bei Netscape um ein neues Unternehmen in einem neuen Industriezweig, und da ist jeder Hinweis hilfreich, der die Bewertung einer Firma erleichtert. Aber wäre es fair, den Netscape-Insidern zu unterstellen, sie könnten sich ein klares Bild über die Bewertung ihres Unternehmens am Aktienmarkt machen? Nein. Ist es sinnvoll, aus dem Umstand, daß die Insider zu Kursen verkaufen, die weit unter den Hochs vorhergehender Monate liegen, herauszulesen, daß die Aktie diese hohen Niveaus nicht mehr wiedersehen wird? Vielleicht. Ich denke, daß diese Verkäufe bei Netscape auf jeden Fall bemerkenswert sind, aber vergleichsweise nicht so bedeutungsvoll wie bei einem Unternehmen, dessen Daten weiter zurückreichen.

Diese 2,4 Millionen Aktien repräsentierten immerhin 14 % der gesamten Insiderbestände. Das schien ein ganz schöner Batzen zu sein.

Es ist nicht ungewöhnlich, daß die Insider einer erst ziemlich kurz an der Börse notierten Gesellschaft Bestände abgeben. Man sollte daher einfach damit rechnen. Anlegern, die sich mit diesem Metier noch nicht so auskennen, sei erklärt: Nachdem es den Unternehmern letztendlich gelungen ist, ihre Gesellschaft an der Börse zu plazieren, verbleibt eine gewisse Zeitspanne nach dem Börsengang, in der sie ihre Aktienbestände nicht verkaufen können. Eine Menge Schweiß und Energie steckt in diesen Aktien. Wenn die Möglichkeit zum Verkauf indes gekommen ist, werden diese Aktien sehr oft verkauft – aber darüber sollte man dann nicht erschrecken. 14 % der gesamten Bestände, wie bei Netscape, sind da keine ungewöhnlichen Werte.

Wenn Sie aber Insider einer etablierten Firma 30 % ihrer Bestände verkaufen sehen, würde das ein Alarmsignal bedeuten?

Es ist unwahrscheinlich, daß so etwas passiert. Aber lassen Sie mich erklären, wie komplex die Hintergründe sein könnten. Sind diese hypothetischen 30 % zum Beispiel nur auf eine einzige Person, welche das Unternehmen verläßt, zurückzuführen, dann ist das unbedeutend. Deswegen sagte ich auch eben, daß es nicht ausreicht, einen Insider kaufen zu sehen und daraus zu schließen: „Diese Aktie ist ein Kauf!" In jeder Situation müssen viele Fragen gestellt werden. Als erstes muß man sich in obigem Beispiel fragen: „Verläßt diese Person das Unternehmen?" Stellen Sie dann fest, daß dem nicht so ist, gehen Sie einen Schritt weiter. Bei Firmen wie Pepsi oder Coca Cola kann der Verkauf von 30 % der Bestände einer Einzelperson jederzeit auf die persönliche finanzielle Situation zurückzuführen sein. Ich hingegen suche eher nach Situationen, in denen mehrere Leute umfangreiche Bestände abbauen, ohne die Gesellschaft zu verlassen.

Können Sie uns an einem bestimmten Beispiel erklären, wonach Sie genau suchen?

Eine von uns beobachtete Aktie war Value Jet. Die Aktie war im September 1996 bereits deutlich gefallen, als fünf Insider in klassischer „Verkaufe auf Nachrichten"-Manier 1,9 Millionen Aktien auf den Markt warfen, nachdem bekannt wurde, daß die Gesellschaft von der Flugaufsichtsbehörde die Genehmigung erhalten hatte, den Flugbetrieb wieder aufzunehmen, der ja damals wegen des Absturzes in Florida untersagt gewesen war. Einige dieser Insider verkauften 40 % bis 60 % ihrer Bestände zu Kursen um $ 12,00, während die Aktie 1996 im Hoch noch um $ 35,00 notiert hatte.

Erstreckten sich diese Verkäufe über einen längeren Zeitraum?

Ja, die Insider hatten Value Jet-Aktien bereits vor September abgestoßen. Interessanterweise verkauften sie auch später noch ... zu noch tieferen Kursen. Die Aktien fielen von $ 12,00 in eine Range zwischen $ 8,00 und 9,00 im Dezember, und dennoch wurde unaufhörlich weiter verkauft. Damit waren unsere Erwartungen auf zukünftig wieder steigende Kurse für dieses Unternehmen natürlich nicht gerade optimistisch einzuschätzen.

Beobachten Sie Insiderverkäufe eigentlich zwischen vergleichbaren Branchen oder Industriezweigen? Sie haben vorhin beispielsweise erwähnt, daß die Netscape-Insider ausstiegen, während die Insider anderer High-Tech-Firmen größtenteils investiert blieben.

In der Tat traten während der starken Kursabschläge bei Technologieaktien im Juli 1996 ungewöhnlich wenige Insider als Verkäufer auf. In einer solch stürmischen Börsenphase fallen uns vor allem diejenigen Unternehmen auf, bei denen die Insider ebenfalls verkaufen. Value Jet erhielt unsererseits etwas überdurchschnittliche Aufmerksamkeit, weil der Aktienkurs vergleichbar stark gefallen war wie bei Netscape. Netscape war von seinen Tops bei $ 86,00 zurückgefallen und erholte sich dann im Mai 1996 auf $ 75,00. Im Juli gab es einige wenige Insiderverkäufe im Bereich um $ 40,00 – also bereits deutlich unterhalb der Höchstkurse. Seit Februar 1996 hatten die Insider von Netscape die Möglichkeit, zu verkaufen. Und sie taten das auch, wohingegen andere Insider der High-Tech-Branche investiert blieben – das war schon auffällig.

Als Sie über Netscape sprachen, erwähnten Sie, daß Verkäufe nicht unbedingt die Meinung des Insiders hinsichtlich der fundamentalen Situation des Unternehmens widerspiegeln müssen – warum nicht?

Erinnern Sie sich: Netscape war ein zu junges Unternehmen, um bereits ausreichende Insiderdaten aufzuweisen. Mit anderen Worten: Es gibt Zeiten, in denen den Insideraktivitäten ein wirklich hohes Gewicht beigemessen werden muß. Und es gibt genauso Phasen, in denen man zwar durchaus ein Auge auf die Insider hat, ihren Aktionen aber weniger Gewicht beimißt als üblich. Die Netscape-Verkäufe gehörten eindeutig zur zweiten Kategorie. Man sollte diese Verkäufe natürlich durchaus beachten, aber ich meine, sie haben weniger Gewicht, als wenn sich dieses Szenario bei einer länger an der Börse etablierten Firma abspielen würde.

Wie lange sollte ein Unternehmen bereits an der Börse notiert sein, bis dessen Insiderdaten wirklich ihre volle Bedeutung erlangen?

Nun, dafür gibt es keine festlegbare Zahl. Mit jedem Jahr, das vergeht, kommen mehr und mehr relevante Daten hinzu. So nimmt die Insideraktivität bei Netscape natürlich stetig zu, und auf diese Weise erfahren wir immer mehr über das Verhalten der Insider in Relation zum Kursverlauf der Aktie oder zum Zustand der Branche bzw. des Gesamtmarktes. Das heißt: Je weiter wir uns auf der Zeitachse nach rechts bewegen, desto besser verstehen wir die Daten.

Was gilt es in bezug auf den nominalen Wert der Insidertransaktionen zu beachten?

Nun, es ist in der Tat wichtig, die umgesetzten Dollarbeträge zu beachten. Wenn jemand $ 300 000,00 oder gar $ 500 000,00 auf den Tisch legt, um davon Aktien zu kaufen, dann kann und muß das unsere Aufmerksamkeit erregen. Aber in manchen Fällen denke ich, daß die kleineren Transaktionen ebenso viel bedeuten. Lassen Sie es mich so ausdrücken: Ich würde keine Entscheidung treffen wollen, die nur auf den Aktivitäten eines einzigen Insiders basieren würde – auch wenn dieser eine sehr große Anzahl von Aktien erworben hätte. Große Investitionen erscheinen mir aber dann interessant, wenn sie von vielen kleineren Insiderinvestments begleitet werden. Dabei meine ich nicht, daß all diese Akkumulationen innerhalb einer Woche stattfinden müßten. Ich spreche hier von einem Zeitraum von drei Monaten oder mehr.

Es ist interessant, wenn Sie sich die Insidertransaktionen auf Basis ihres Dollarwertes betrachten. Wenn jemand eine Aktie kaufen will und bereit ist, dafür eine halbe Million Dollar zu investieren, glauben Sie, daß er unmittelbar vor schlechten Nachrichten kaufen würde? Intuitiv sagen mir solche Aktionen daher: „Die Chancen stehen gut, daß die anstehenden Nachrichten für dieses Unternehmen gut aussehen werden." Nichts kann immer 100%ig funktionieren, aber die Logik sagt mir: Wenn ich diese Aktie zum ungefähr gleichen Kurs wie dieser Insider kaufen kann, dürfte mir nicht allzuviel durch unerwartet schlechte Nachrichten passieren – es sei denn, der Insider wußte davon auch nichts! Nehmen Sie beispielsweise einen Insider aus einem Versorgungsunternehmen. Was ist das Schlimmste, was Ihnen als Käufer einer Versorgeraktie passieren kann? Eine unerwartete Kürzung der Dividende. Wenn dieser Insider nun gerade für eine halbe Million Aktien seines Unternehmens gekauft hat und zufällig zum Vorstand gehört, ist es sehr zweifelhaft, daß in den nächsten Quartalen eine Kürzung der Dividende zu erwarten ist. Ja, in gewisser Hinsicht sollte man Transaktionen mit größerem Umfang besondere Aufmerksamkeit entgegenbringen. Ich denke aber, ob wir nun über Insider oder über andere Indikatoren sprechen – ein Anleger sollte sich nie dazu hinreißen lassen, eine Entscheidung nur auf Basis einer einzigen Indikation zu treffen. Es ist nur ein Werkzeug aus einer ganzen Werkzeugkiste. Das „Insider"-Werkzeug mag „kaufen" suggerieren, andere Indikatoren indes könnten zugleich „nein" sagen. Es liegt am Investor, dies dann abzuwägen. Wir erhalten auch im Insiderbereich unterschiedliche Signale. Manchmal sind diese sehr stark, manchmal eher unterschwellig, doch bleiben sie immer nur ein Indiz unter vielen.

Zurück zum Versorgeraktien-Beispiel. Wenn es um eine Branche mit eher geringer Schwankungsbreite, wie die Versorgerwerte, geht, kann der Kauf eines Insiders eine ganz andere Bedeutung als der Kauf eines Insiders bei einem hochvolatilen High-Tech-Wert haben. Unterstellen wir, daß der Vorstandschef eines Technologieunternehmens 1995 dreißig Millionen Dollar durch den Verkauf seiner Aktien nahe den Höchstkursen erlöst hätte. Als die Aktie dann im Juli 1996 stark unter Druck gerät, wird er aktiv und kauft für eine Million Dollar Aktien zurück – kein unbedeutender Betrag. Aber wenn ein Anleger dies sieht, muß er sich erinnern, daß dieser Mann dreißig Millionen zu Höchstkursen bekommen hatte und nun nur eine Million an den vermeintlichen Tiefs reinvestiert. In einem solchen Fall würde ich diesen Kauf nicht so hoch gewichten wie im Beispiel der Versorgeraktie. Denn vielleicht fühlt sich dieser Vorstandschef mit einem Kontostand von dreißig Millionen einfach verpflichtet, bei fallenden Kursen durch Käufe für seine Aktie einzutreten. In manchen Fällen bekomme ich den Eindruck, daß manche dieser Insider einfach dazu neigen, ein paar Dollar bei tiefen Kursen zu investieren, weil das einen guten Eindruck macht. Ich meine, daß die Anleger mit der Bewertung solcher Akquisitionen wirklich sehr vorsichtig sein sollten.

Wenn man die Käufe und Verkäufe von Insidern grundsätzlich betrachtet, worauf muß man achten: Auf die aktuelle Anzahl der ge- oder verkauften Aktien, den Wert dieser Transaktionen oder den Zeitraum, über den sich die Aktionen erstrecken?

Das kommt immer auf den Einzelfall an. Es geht immer wieder auf das alte Prinzip zurück: Die Insider agieren. Warum agieren sie? Sagen wir, die Aktie wurde gerade massiv gedrückt, und die Insider kaufen jetzt. Wieso? Die Aktie ist jetzt billig und quasi ein „Schnäppchen". Das ist doch ein gutes Argument, würde ich sagen. Dann aber fragen Sie sich: Warum wurde diese Aktie so massiv nach unten gedrückt? Das lag einfach an schlechten Nachrichten. Aber wenn es schlechte Nachrichten gab, was ist dann die wahre Bedeutung dieser aktuellen Käufe, und wie paßt dazu, daß eben diese Insider zuvor auf der Verkäuferseite gestanden hatten? So suchen Sie also nach Hinweisen darauf, ob nicht vielleicht noch weitere schlechte Nachrichten kommen könnten. Ein möglicher Hinweis ist: Große Insiderkäufe werden auch nicht zu derart tiefen Kursen auftreten, solange nicht alle schlechten Nachrichten heraus sind. Das allerdings heißt nicht, daß die Aktie sofort nach diesen Käufen deutlich anziehen muß. Das geschieht in der Regel eher selten. Gerade Aktien, die durch negative Nachrichten stark gedrückt wurden, benötigen eine gewisse „Genesungszeit", bevor sie wieder steigen können. In solchen Fällen ist es überaus hilfreich, wenn man wiederholte und regelmäßige Käufe von verschiedenen Insidern beobachten kann, während die Aktie noch „unten" ist.

Aber wie sieht es mit Käufen nahe den Tops aus, sprich, in einem Aufwärtstrend? Nun, dies ist eine völlig andere Situation mit ebenso vollkommen anderen, zugrundeliegenden Überlegungen. Das dadurch entstehende Erhöhen des Einstandspreises des Aktienbestands ist ein sehr bullishes Signal. Denn wenn die Insider dazu bereit sind, wissen sie, daß die Aktie aus sehr guten Gründen steigt. Einige unserer bullishsten Insidersignale kamen von solchen Gelegenheiten, als Insider ihre Bestände trotz weiterhin steigender Aktienkurse immer wieder aufgestockt haben. Ein anderer Fall liegt vor, wenn eine Aktie seitwärts tendiert. Nehmen wir dazu einfach mal an, daß eine Aktie bisher sechs, zwölf oder gar achtzehn Monate in einem Seitwärtstrend verlief und die Insider jetzt mit Käufen beginnen. Bisher waren keinerlei Käufe zu beobachten gewesen. Was hat sich geändert und sie veranlaßt, einzusteigen? Das ganze Szenario kann man genauso auf der Verkaufsseite entwickeln. Eine Aktie steigt. Die Insider wollen Gewinne realisieren und verkaufen deshalb. Aber das könnte etwas anderes bedeuten, als wir bisher angesprochen haben. Es ist nie ein gutes Zeichen, wenn Sie Insiderverkäufe nahe von Tiefstkursen beobachten. Wenn Sie Insider, die schon bei $ 40,00 verkauft haben, auch noch bei $ 30,00 und sogar bei $ 20,00 verkaufen sehen – also zu immer weiter fallenden Kursen – dann ist das sogar ein signifikantes Alarmsignal. Dasselbe gilt für Aktien in Seitwärtstrends. Eine Aktie läuft monatelang seitwärts, und plötzlich entscheiden sich die Insider zu verkaufen. Was steckt hinter dieser Entscheidung? Die Aktie hat sich ja kaum bewegt. Die Kursveränderung kann also nicht der Grund sein – nur was war es sonst? Es könnte etwas Internes im Unternehmen sein, etwas, was innerhalb der Branche vorgeht – kurz: Man darf nicht nur nach einer bestimmten „Sache" suchen, man muß sich einfach die Fakten ansehen und fragen: „Was geht hier vor?"

Die Insidertrades müssen demnach im Kontext der Rahmenbedingungen gesehen werden, die zu diesen Transaktionen geführt haben. Haben Sie hierzu bei Ihrer Analyse einen fixen Ausgangspunkt und einen darauffolgenden festgelegten Ablauf?

Als erstes nehme ich mir den Chart zur Hand und sehe, wo die Aktie herkommt. Als nächstes – wenn ich sehe, daß die Aktie in Bewegung geraten ist – durchforste ich die Nachrichten, um den Grund für die Kursbewegung zu entdecken. Danach gilt es zu prüfen, welche Insider aktiv geworden sind. Wenn ich die Kursbewegung in bezug auf die Insider durchschaut und verstanden habe, sehe ich mir deren Transaktionen der Vergangenheit an, um zu erkennen, wie sie sich zuvor verhalten haben. Mit anderen Worten, wir suchen einfach nach historischen Kauf- oder Verkaufformationen und behalten dabei sämtliche Ereignisse im Hinterkopf, die den Kursverlauf und das Unternehmen als solches beeinflußt haben. So hat z.B. Intel im November 1994 Probleme mit seinem neuen Pentium-Chip angekündigt. Zu diesem Zeitpunkt erhielten wir zahlreiche Anrufe von Anlegern, die erfahren wollten, was die Intel-Insider in Anbetracht dieser Probleme mit ihren Beständen tun. Nachdem wir die adjustierten Insidertransaktionen untersucht hatten, stellten wir fest, daß in diesem Bereich nichts Ungewöhnliches festzustellen war. Eigentlich war das Jahr 1994 historisch betrachtet sogar das Jahr mit den wenigsten Insiderverkäufen überhaupt. Auf Basis dieser Zahlen taten wir uns sehr schwer, diesen Daten überhaupt Relevanz beizumessen, eingedenk der Tatsache, daß sich hinter dieser „Spitze" der Pentium-Problematik noch ein ganzer Eisberg verbarg. Zu diesem Zeitpunkt notierte die Aktie in einer Handelsspanne zwischen $ 28,00 und $ 35,00 auf Jahresbasis. Sechs Monate später wurden Intel bei $ 78,00 gehandelt. Ich mußte eine Vielzahl kleiner Hinweise zu einem Gesamtbild formen, um daraus eine Entscheidung oder zumindest eine vernünftige Lösung abzuleiten. Es geht niemals darum, nur nach einem einzigen Hinweis zu suchen. Ein altes Sprichwort an der Börse besagt: „Wenn erst mal jeder den Schlüssel gefunden hat, dann tauschen sie die Schlösser aus." In bezug auf die Insider gilt meines Erachtens dasselbe.

Meinen Sie damit, daß die Insider „die Schlösser austauschen", um ihre Aktivitäten zu verschleiern?

Wir waren immer auf der Suche nach Situationen, in denen die Inaktivität der Insider uns ebenfalls eine Geschichte erzählt. Es gibt viele Unternehmen, in welchen die Insider jahrein, jahraus Aktien zu steigenden Kursen verkauft haben. Aber einmal fiel uns auf, daß die Kurse bei einem bestimmten Unternehmen zwar weiter stiegen, die Insider ihre Verkäufe aber plötzlich schlagartig einstellten. Dies war ein signifikantes Signal dafür, daß diese Leute gute Gründe besaßen, davon auszugehen, daß die Aktie weiterhin steigen würde, und deshalb entschlossen waren, diese Reise mit ihren gesamten Beständen mitzumachen. Wir haben bereits mehrfach Kommentare zu dieser Thematik veröffentlicht. Eines

Tages trat der Vorstandsvorsitzende eines Unternehmens vor die Kameras und verkündete lauthals, daß keiner der firmeninternen Insider auch nur eine einzige Aktie verkaufen würde. Nun, für dieses Unternehmen wurde das Schloß ausgetauscht, also mußten wir ein anderes finden. Erinnern Sie sich, daß die Insider meistens hoffen, daß ihre Aktivitäten vom Publikum in einem positiven Licht gesehen werden. Nachdem die Interpretation von Insiderdaten immer populärer wurde, wurde es auch zunehmend wichtiger, so objektiv und gründlich wie möglich bei der Interpretation der zur Verfügung stehenden Daten vorzugehen. Dabei bedarf es deutlich mehr als ausschließlich der Annahme, daß die Insideraktivitäten nur rein positiv oder rein negativ auszulegen wären.

Das heißt, daß man hier eine Menge Detektivarbeit leisten muß?

Man muß sich zuerst einmal ansehen, welche Reputation eine Aktie an der Wall Street genießt. Erhöhen die Analysten ihre Gewinnschätzungen oder nicht? Es gibt oft Situationen, in welchen sich eine Aktie über einen langen Zeitraum hinweg kaum bewegt und die Börse deshalb von diesem Wert kaum noch Notiz nimmt. Es gibt dann nur noch einige wenige Analysten, die sich mit dieser Aktie befassen und auch deren Einschätzungen sind nicht gerade positiv. Aber obwohl der Kurs in einem Seitwärtstrend verharrt, nehmen die Insiderkäufe langsam zu. Dies kann ein Hinweis darauf sein, daß sich die Nachrichtenlage des Unternehmens langsam bessert. Ich kann Ihnen dann natürlich immer noch nicht sagen, wann der Aktienkurs anziehen wird, aber das Risiko eines dramatischen Kursrückganges vermindert sich dadurch nachhaltig, zumal Wall Street in solche Werte keine überzogenen Erwartungen setzt. Da aber die Erwartungen der Insider weitaus besser sind, können eigentlich nur positive Überraschungen anstehen. Problematisch wird es nur dann, wenn die Insider regelmäßig Bestände verkaufen, während die Aktie ungehindert weiterklettert und viele Analysten Wachstumsraten zwischen 20 und 30 % in ihre Erwartungen einpreisen. Diese Insiderverkäufe scheinen dann auf den ersten Blick ein Fehler zu sein, wirkt doch der Kursverlauf der Aktie extrem bullish. Doch wenn ich solche Situationen beobachte, bekomme ich immer das Gefühl, daß sich die Analysten bei ihren Einschätzungen vielleicht vertan haben.

Diese Widersprüche sind sozusagen auffällig wie eine rote Fahne.

Richtig. Solche Situationen beobachten wir besonders intensiv. Wir bohren dann tiefer. Die richtige Antwort präsentiert sich oft nicht an der Oberfläche. Es ist dann notwendig, diese Aktie über einen längeren Zeitraum hinweg zu beobachten, um die Veränderungen im Verhalten der Insider zu verstehen.

Viele technische Analysten verwenden ein kumuliertes Kauf/Verkaufs-Ratio, welches die Käufe und Verkäufe der Insider sämtlicher börsennotierter Unternehmen beinhaltet, als eine Art Stimmungsindikator. Der Grundgedanke lautet dabei, daß Netto-Käufe grundsätzlich bullish, Netto-Verkäufe dagegen klar bearish zu interpretieren sind. Was halten Sie davon, diesen Indikator ausschließlich zu verwenden?

Ich bin nicht der Meinung, daß ein solches Gesamtbild eine brauchbare Aussagekraft besitzt. Es gibt Gelegenheiten, wo diese Relation lauthals „Kauf mich" schreit – so z. B. 1987 und 1990. Nach dem Crash 1987 kauften die Insider in Massen Aktien, wodurch diese Relation natürlich sehr bullish wurde. Aber wir haben diesen Indikator überprüft und konnten dabei keine direkte Korrelation zwischen dessen Signalen und den mittelfristigen Kursveränderungen feststellen. Trotzdem haben wir diese Indikation in unserem Börsenbrief bisweilen veröffentlicht, um den Anlegern einen Überblick über die Gesamtsituation zu geben, aber zugleich immer davor gewarnt, den Indikator als Timing-Instrument einzusetzen. Sicher, wenn ich beobachte, daß die Insiderverkäufe auf progressive Weise zunehmen, der allgemeine Markttrend indes weiterhin aufwärts gerichtet bleibt, dann ist das natürlich etwas, was die Leute wissen sollten. Aber trotz alledem bleibt es immens schwierig, daraus ein Timing für das Trading abzuleiten.

Welche Parameter gelten für diese Relation?

Im längerfristigen Durchschnitt lag die Relation bei 2 : 1 Verkäufen zu Käufen. Alles oberhalb von 2 ist dementsprechend negativ, alle Werte darunter positiv zu bewerten. Zumindest ist dies die Art von Parametern, die von der Mehrheit benutzt wird.

Was bedeutet es denn allgemein, wenn die Insider vieler Unternehmen ihre eigenen Aktien kaufen: Einen überverkauften Markt oder einfach nur eine bullishe Perspektive?

Ich denke, daß derart breit angelegte Käufe durchaus eine überverkaufte Situation anzeigen können. Ein Beispiel hierfür hatten wir im Juli 1996. Es traten ziemlich markante Insiderkäufe auf. Konnte man daraus wirklich ein bullishes Signal ableiten oder indizierte das nur eine kurzfristig überverkaufte Situation? Als diese Käufe im Juli auftraten, waren wir natürlich nicht allzu überrascht, schließlich waren die Kurse zuvor massiv zurückgekommen. Aber um wirklich ein bullishes Signal zu erhalten, muß man einfach abwarten, ob sich daraus eine vergleichbar positive, zwei oder drei Monate dauernde Periode entwickelt wie beispielsweise 1994. Damals traten derart umfangreiche Akquisitionen in hochkapitalisierten „Blue-Chips" auf, daß wir daraus schließen konnten, daß den Märkten eine weitaus substantiellere Hausse bevorstünde, als in dem Beispiel vom Juli 1996. Noch einmal: Es ist schon so, wie ich es vorhin beschrieben habe. Die Insider kaufen zwar, aber nur, weil die Kurse einfach deutlich billiger geworden sind. In einem solchen Fall handelt es sich ausschließlich um „Value-Player". Aber untermauern die fundamentalen Daten des Unternehmens wirklich dieses Verhalten? Das wird sich einfach mit der Zeit herausstellen müssen. Man kann nicht einfach hingehen und erwarten, daß die makro- und mikroökonomischen Daten sich so weit verbessert haben, daß die Börsen zwölf oder achtzehn Monate lang weiter steigen können, nur weil die Insider in einem Monat deutlich mehr investiert haben als üblich. Aber was wir 1994 beobachten konnten, waren regelmäßige Akkumulationen von Werten erster Adresse, die sich mit hoher Intensität bis Anfang 1995 hinzogen. Das war allerdings ein Signal dafür, daß dieser Trend für einen längeren Zeitraum Bestand haben würde.

Das heißt, daß der mittelfristige Trend der Käufe oder Verkäufe von Insidern durchaus wichtig ist?

Es ist sogar von höchster Bedeutung, und ich warne die Anleger wirklich, gerade bei diesem Indikator zu früh einen Trend identifizieren zu wollen.

Wie lange ist in diesem Zusammenhang ein Trend?

Das Level der Lichtgeschwindigkeit beträgt im Rahmen der Insideranalysen 90 Tage, also würde ich damit anfangen. Leute, die sich ausschließlich auf einen Monat beschränken, sollen das meinetwegen tun. Sie können richtig liegen, aber sie können genausogut falsch liegen. Ich gehe die Sache lieber langsam an.

Was lesen Sie aus simultanen Insiderkäufen und -verkäufen innerhalb eines Unternehmens heraus?

So was ist grundsätzlich überaus verwirrend. Solche gleichzeitigen Käufe und Verkäufe können vielerlei Gründe aufweisen. Es kann einfach sein, daß die Verkäufer das Unternehmen verlassen, und die Käufer eben nicht. Ich neige dazu, die Outsider, die wir Nießbraucher nennen, von den wirklichen Insidern zu trennen. Aber grundsätzlich bedeuten gleichzeitige Käufe und Verkäufe einfach eine neutrale Bewertung.

Wer sind diese Nießbraucher?

Das sind diese Leute, die 10%-Anteile besitzen, aber nicht regelmäßig als Insider auftreten. Oft sind es diese 10%-Besitzer, die verkaufen, während die echten Insider als Käufer auftreten. Aber ich tendiere dazu, diesen 10%ern nicht allzuviel Bedeutung zuzumessen, weil sie letztendlich keinen direkten Einfluß auf die operativen Elemente der Firma haben. Es gibt immer Zeiten, in denen die Insiderverkäufe gleichzeitig mit den Käufen zurückgehen. Jetzt kommen wir aber wirklich zu den ausschlaggebenden Punkten. Manchmal sieht es zwar so aus, als ob die Insider verkaufen würden, aber sie tun es nicht wirklich. Was einem hierzu einfällt, ist z.B. die Aktie von Cirrus Logic Anfang 1995. Zu dieser Zeit verkaufte der Präsident des Unternehmens, Michael Hackworth, 10 000 Aktien zu Kursen knapp unter $ 15,00. Die Novizen unter den Beobachtern hätten dies leicht als Verkäufe zu Tiefstkursen mißinterpretieren können, waren die Kurse doch zuvor um gut 60 % gefallen. In Wirklichkeit vergrößerte Hackworth aber seine Bestände. Denn

Da wir unseren Service ständig verbessern wollen, würden wir sehr gerne erfahren, wie Ihnen dieses Buch gefallen hat und mit welcher Literatur wir Ihnen in Zukunft helfen können.
Als Dankeschön für Ihre Mithilfe verlosen wir unter allen Einsendungen jeden Monat eine Buchprämie. (Der Rechtsweg ist ausgeschlossen.)
Schon jetzt vielen Dank für Ihre Bemühung.

Titel des vorliegenden Buches: ______________________

Wie finden Sie dieses Werk:

		+3	+2	+1	0	-1	-2	-3	
Verständlichkeit	hoch	❒	❒	❒	❒	❒	❒	❒	niedrig
Nutzen	hoch	❒	❒	❒	❒	❒	❒	❒	niedrig
Übersichtlichkeit	hoch	❒	❒	❒	❒	❒	❒	❒	niedrig
Preis/Leistung	hoch	❒	❒	❒	❒	❒	❒	❒	niedrig

Über welche Themen würden Sie gerne weitere Bücher lesen?

❒ Themen für Profis
❒ Börsenbiographien
❒ Technische Analyse
❒ Handelssysteme
❒ Themen für Börsenanfänger
❒ Börsenastrologie
❒ Fundamentale Analyse
❒ Derivate
❒ Sonstige Themen: ______________________

Ich möchte an der Buchverlosung teilnehmen:

ABSENDER

Name, Vorname

Straße

PLZ, Ort — Telefon

Datum — ✗ Unterschrift

BöTech 2.0399

Bitte senden Sie mir völlig kostenlos und unverbindlich:

- ☐ **Rosenheimer Börsen-Post**
  Der Infoletter für Bücher mit den attraktiven Subskriptionsrabatten
- ☐ **Rosenheimer Börsen-Katalog**
  Die umfangreiche Sammlung aller Produkte der TM BÖRSENVERLAG AG
- ☐ **Börsenstadt-Infoletter**
  Der Fahrplan für Ihre Wege durch die Börsenstadt

Bitte ausreichend frankieren oder per FAX an 0 80 31 / 20 33 30. (Rückseite nicht vergessen!)

An die
TM BÖRSENVERLAG AG
– KUNDEN*SERVICE*–
Salinstraße 1

83022 Rosenheim

einen Monat zuvor hatte er bereits Optionen über 120 000 Aktien ausgeübt. Er hatte voraussichtlich diese 10 000 Aktien nur deswegen verkauft, um einen Teil der Optionskäufe bezahlen zu können. Zwei weitere Insider waren gleichzeitig nach demselben Prinzip vorgegangen. Die Cirrus-Aktien begannen mit einer Rallye, die erst zu Jahresende bei $ 120,00 zu Ende ging.

Ist es wahrscheinlich, daß eine gleich große Anzahl von Aktien zeitgleich mit ausgeübten Optionen verkauft wird?

Nicht notwendigerweise. Sie hatten vorhin nach denjenigen Insidern gefragt, die zur gleichen Zeit kaufen und verkaufen. Manchmal beobachte ich Situationen, die zwar wie Verkäufe aussehen, aber diese Verkäufer haben in Wirklichkeit höhere Bestände, als sie sich leisten können. Also versuchen sie, einen Teil davon loszuwerden, während andere Insider gleichzeitig als Käufer auftreten. Das ist also bisweilen die Realität, während es an der Oberfläche nach Verkäufen aussieht. Man muß einfach genau aufpassen, was die Verkäufer tun. Üben sie z. B. all ihre Optionen aus und verkaufen dann auch noch die Aktien, die sie dadurch erhalten haben? So etwas hat immer hohe Bedeutung. Oder üben sie nur x % der Optionen aus und verkaufen dann nur 20 % der davon erlösten Aktien? Das ist dann etwas ganz anderes. Wie ich vorher schon sagte, kann es nun einmal sein, daß die Verkäufer das Unternehmen verlassen. Manchmal sind die Käufer auch gerade erst zum Unternehmen gestoßen und bauen deswegen einen Anfangsbestand auf. So etwas hat natürlich keine allzu große Bedeutung.

Es ist also manchmal nur heiße Luft?

Nein, nicht unbedingt. Das wäre nur der Fall, wenn zeitgleiche Käufe und Verkäufe auftreten, aber niemand das Unternehmen verläßt und niemand neu hinzustößt. Es kommt immer darauf an. Wenn diese zeitgleichen, sich widersprechenden Transaktionen auftreten, dabei aber keine Abgänge zu verzeichnen sind und einige Neuakquisitionen vorgenommen wurden, tendiere ich dazu, die Verkäufe höher zu bewerten. Es geht hier nicht um eine exakte Wissenschaft. Das ist übrigens ein weiterer Punkt, den ich hervorheben möchte. Es gibt auch Fälle, in denen Personen, die das Unternehmen aus Altersgründen verlassen, als Käufer auftreten. Man muß dann einfach in der Personalliste überprüfen, ob diese Leute ausscheiden oder nicht. Wenn sie dann als Käufer auftreten, ist das ein sehr gutes Zeichen. Es kommt zwar sehr selten vor, hat aber dann um so höhere Bedeutung. Ich erinnere mich an einen CFO von IBM, der die Firma verließ und trotz permanent steigender Kurse riesige Aktienbestände kaufte. Der Kurs hatte sich bereits verdoppelt und rangierte irgendwo zwischen $ 80,00 und $ 90,00. Es schien so, als wäre das schon ein überaus stolzer Preis, aber er kaufte trotzdem. Das sah nicht nur gut aus, sondern erwies sich im nachhinein als Kaufsignal. IBM stieg immer weiter und hatte zeitweise $ 170,00 erreicht.

Es ist also weitaus bullisher zu interpretieren, wenn Insider bei steigenden Aktienkursen kaufen?

Wenn eine Aktie steigt, sollten die Insider entweder kaufen oder zumindest nicht als Verkäufer auftreten. Dann kann man daraus schließen, daß der Wert zumindest nicht deutlich überbewertet ist. Ich mag Situationen, an denen die Insider permanent zu weiter steigenden Kursen einsteigen. Dies liefert eine solide Bestätigung dafür, daß die fundamentalen Daten sich zusammen mit dem Aktienkurs verbessern.

Gibt es hierbei auch Ausnahmen?

Wenn Sie das Verhalten der Insider als einen Indikator verwenden wollen, hängt die Gewichtung der einzelnen Transaktionen in hohem Maße davon ab, ob sich der Aktienkurs immer noch auf demselben Niveau befindet wie zu Beginn der Insideraktivitäten oder nicht. Ich kann Ihnen gar nicht sagen, wie oft ich auf Leute einreden mußte, die begeistert zu mir kamen und erzählten: „In dieser Aktie sind Insiderkäufe aufgetreten!“ Ja, da kauften z.B. Insider bei $ 13,00. Aber jetzt steht die Aktie bei S 20,00. Damit relativiert sich natürlich die ganze Sache, weil der Kurs jetzt 50 oder 60 % höher steht. Jetzt kaufen die Insider eben nicht mehr. Das ist es, was ich mit dem permanenten Erhöhen des

Einstiegskurses gemeint habe. Meinetwegen haben die Insider bei $ 13,00, $ 16,00 oder $ 18,00 gekauft und jetzt steht der Kurs bei $ 20,00, immer noch nicht mehr als einen Steinwurf von den Einstiegskursen dieser Leute entfernt. Und genau darum geht es. Es kommt so oft vor, daß die Leute vor Freude ganz außer sich sind, weil sie von Insiderkäufen gehört haben, ohne daß sie wissen, zu welchem Kurs die Käufe stattgefunden haben. Nehmen wir einmal an, daß Sie Gewinne oberhalb von 10 % erwarten. Wenn die Aktie jetzt aber schon 10 oder 15 % gestiegen ist, was wollen Sie da noch erwarten? Sie würden doch nicht bei $ 15,00 auf den fahrenden Zug springen, wenn die Insider schon bei $ 12,00 eingestiegen sind. Wenn Sie schon die Aktivitäten der Insider nachvollziehen wollen, dann müssen Sie auch zu den ungefähr gleichen Kursen einsteigen.

Wenn umfangreiche und konzertierte Insiderkäufe oder -verkäufe innerhalb eines engen Zeitfensters auftreten – ließe sich daraus bestimmen, wann und in welchem Umfang diese Transaktionen Auswirkungen auf den Kurs haben werden?

Wir haben überprüft, wie sich die Aktien nach dem Auftreten von Insideraktivitäten verhalten haben. Die normale Zeitspanne, in der eine positive Kursentwicklung nach massiven Insiderkäufen auftritt, beträgt zwischen fünf und sechs Monaten. Es kann aber auch schon mal bis zu einem Jahr dauern. Man darf da keine schnellen Entwicklungen erwarten. Manch einer denkt, daß er blitzschnell reagieren müßte, aber das ist normalerweise gar nicht nötig.

Gab es auch Fälle, bei denen Insider aggressiv als Käufer oder Verkäufer auftraten und trotzdem keinerlei Auswirkungen im Aktienkurs zu erkennen waren?

Ja. Manchmal habe ich solch aggressive Käufe gesehen, die Aktie fiel aber kurzfristig trotzdem weiter. Man kann wirklich nicht behaupten, daß die Insider besonders gut im Timing wären. Aber wir verwenden diese Indikationen ja auch nur als Value-Indikator.

Sie sind also der Ansicht, daß das Insiderverhalten besser zur Erkennung von Über- oder Unterbewertungen denn als Timing-Indikator geeignet ist?

Wir tendieren grundsätzlich zu dieser Ansicht. Bei manchen Gelegenheiten sieht es so aus, als wäre das Insidertiming tadellos. Aber das sind meistens nur Glücksfälle. Wenn eine Aktie z. B. fällt wie ein Stein, dann kommt es recht oft vor, daß die Insider zu den ersten gehören, die als Käufer auftreten. Daraus läßt sich dann zwar schließen, daß nicht mehr allzu viele negative Nachrichten folgen, was aber noch keinen Turnaround im Aktienkurs nach sich ziehen muß. Ein gutes Beispiel hierfür gab es im September 1996. Insider kauften ITT-Aktien innerhalb einer 2-Wochen-Periode, nachdem der Kurs deutlich in den Bereich zwischen $ 47,00 und $ 48,00 zurückgefallen war. Aber nach diesen Käufen setzte sich der Verkaufsdruck weiter fort und drückte ITT immer weiter in die Tiefe. Mehrfach wurde dabei ein Niveau von $ 41,00 erreicht. Danach entwickelte sich ein Seitwärtstrend, der weitaus tiefer als das Einstiegsniveau der Insider lag, bevor ein Übernahmeangebot der Hilton-Gruppe den Kurs auf über $ 60,00 katapultierte.

Es gibt doch sicher Gelegenheiten, bei denen die Insider ihr Unternehmen falsch einschätzen?

Sicher. Man muß ohnehin immer sehr vorsichtig mit der Interpretation dessen sein, was die Insider mit ihren Aktionen bezwecken. Auch Perry Wysong, mein Mentor in diesem Busineß, war immer auf der Hut vor dem, was die Insider wollten, was der Analyst sehen sollte.

Liefert CDA/Investnet Insiderdaten an „Mansfield" oder „Daily Graphs" für deren Verwendung in ihren Chart-Büchern?

Daily Graphs.

Wenn man sich bei „Daily Graphs" die Charts großer Unternehmen wie General Motors oder IBM ansieht, findet man am unteren Rand des Charts oft die Symbole von Insiderverkäufen. Im ersten Moment könnte

man denken, daß derartig intensive Verkäufe eine negative Einstellung der Insider zu ihrer eigenen Aktie bedeuten würden. Können Chart-Techniker aus diesen Informationen überhaupt etwas ableiten?

Im ersten Augenblick kann das wirklich so aussehen. Aber Sie müssen bedenken, daß gerade bei diesen großen Firmen eine Vielzahl von Managern einen großen Teil ihres Gehalts über die Aktien-Option bezieht. Da ist es dann kein Wunder, daß diese Insider ihre Optionen ausüben und die zugrundeliegende Aktie verkaufen. Es ist einfach ein Teil der Bezahlung, deswegen sollte man da sehr vorsichtig sein. Und wenn man erst mal vorsichtig ist, hat man auch verstanden, wie man mit solchen Informationen umgehen muß. Ich sage damit nicht, daß ich das immer kann. Aber eines ist klar: Die Insiderverkäufe in großen Unternehmen sind grundsätzlich schwerer zu analysieren.

Ist es richtig, davon auszugehen, daß um so mehr Insiderverkäufe auftreten, je länger die Gesellschaft bereits existiert?

Je besser sich das Unternehmen entwickelt, desto mehr Optionen gehen über die Theke – und dementsprechend steigen natürlich die Verkäufe. Denken Sie daran, wir sagten vorhin, daß der historische Durchschnitt bei zwei Verkäufen zu einem Kauf liegt. Mit der Zeit bekommt man ausreichend Erfahrung, um diese Käufe und Verkäufe abschätzen zu können. Wenn man sich einfach nur die Insiderdaten auf einem Chart ansieht, kann man daraus nicht einfach ableiten: „Die Insider verkaufen, also verkaufe ich auch." So funktioniert das einfach nicht. Wenn man die Interferenzen nicht herausfiltert, können die Signale sehr gestört und damit unzuverlässig sein.

Einige Ihrer Analysen erscheinen jeden Mittwoch im Wall Street Journal unter der Rubrik „Insider Trading Spotlight". Können Sie unseren Lesern einige Hinweise darauf geben, wie man diese Daten interpretieren könnte?

Um derartige Informationen korrekt interpretieren zu können, ob sie nun von uns oder sonst jemandem stammen, muß der Leser die Daten zunächst in den Blickwinkel der allgemeinen Rahmenbedingungen setzen – sprich global betrachten. So haben wir bei Barron's zwei ganz unterschiedliche Blickwinkel. Die erste Gruppe der Daten zeigt die kürzlich aufgetretenen Insideraktivitäten, den Prozentsatz, um welchen sich die Bestände der aktiven Insider verändert haben, sowie die Zahl der dabei gehandelten Aktien. Der zweite Datensatz stellt einen Zeitrahmen von sechs Monaten dar, und ich würde den Lesern dringend raten, diese mittelfristige Perspektive zusammen mit der ersten Datenreihe zu analysieren. Den besten Rat, den ich jemandem für den Umgang mit Insiderdaten geben kann, ist, nicht nur auf den Trade als solchen zu sehen. Schauen Sie sich an, wie es der Branche geht, betrachten Sie den Chart der Aktie und die Nachrichtenlage, soweit sie dieses Unternehmen betrifft. Versuchen Sie dann, die Insideraktivitäten mit diesen Faktoren in Verbindung zu bringen. Nehmen wir ein Beispiel: Staples wies über die vergangenen sechs Monate hinweg Verkäufe durch Insider auf. Wenn Sie sich dann mal die Branche ansehen, stellen Sie fest, daß im gesamten Büromöbelbereich ziemlich negative Insideraktivitäten zu verzeichnen waren. Zum selben Zeitpunkt sah man im Sektor der Öl- und Erdgasproduzenten ein sehr positives Insiderbild.

Was läßt sich daraus ableiten, wenn Insider verschiedener Unternehmen, die aber zu einem einzigen Industriesektor gehören, zeitgleich als Käufer oder Verkäufer im Markt auftreten?

In diesem Fall ist es notwendig, daß die Branche dieses Verhalten nachvollzieht. Man sollte in solchen Fällen nicht in die Fallen stürzen, die jemand anderes Ihnen stellt. Perry Wysong sagte immer: „Wenn Sie sich mit Insidern beschäftigen, sollten Sie sich auf die Situation konzentrieren, in denen viele Insider gleichzeitig dasselbe tun." Je größer die Zahl dieser Insider desto besser, denn eine höhere Zahl repräsentiert automatisch einen größeren Anteil von Entscheidungsträgern eines Unternehmens. Oder anders gesagt: Es ist dann nicht nur eine Einmann-Aktion. Das ist einfach eine gute, bewährte Regel, an die wir uns strikt halten. Aber die beste Möglichkeit, gezielten Irreführungen einiger Insider zu entkommen, ist, sich die gesamte

Branche zu betrachten. Wenn Insideraktivitäten erst einmal einen bestimmten Analyse-Filter durchlaufen haben (optionsunabhängige Verkäufe; eine Vielzahl beteiligter Akteure, die nicht regelmäßig als Käufer oder Verkäufer auftreten; aussagekräftige Nachrichtenlage sowie die Möglichkeit einer fundamentalen Einschätzung des Unternehmens), lauten die nächsten Schritte in bezug auf die Insideraktivitäten wie folgt: „Wie sieht es in dem entsprechenden Industriesektor aus? Sind Insider in diesem gesamten Industriesektor aktiv? Ist dies die einzige Firma in diesem Industriesektor, in der Käufe auftreten? Könnte es sein, daß alle anderen Unternehmen dieses Industriesektors Verkäufe aufweisen und dies die einzige Gesellschaft ist, in welcher die Insider kaufen?“ Je tiefer Sie bohren, desto mehr Informationen erhalten Sie. Ich mag besonders Gelegenheiten, wenn bei 20 oder 25 Unternehmen eines Industriezweigs nur ganz geringe Käufe auftreten – aber absolut keine Verkäufe. Das ist ein fantastisches Zeichen für Akkumulation. Wenn so etwas auftritt, habe ich sogar für diejenigen Firmen des Industriezweigs eine positive Einschätzung, in der überhaupt keine Käufe auftreten.

Null Insideraktivität ist ein gutes Zeichen?

Inaktivität in einem bestimmten Sektor kann zumindest ein wichtiger Hinweis sein. Nehmen wir einfach mal an, daß sich in der Ölservice-Industrie 20 Gesellschaften tummeln, und nehmen wir darüber hinaus an, daß Schlumberger innerhalb dieser Branche weder Insiderkäufe noch Insiderverkäufe aufweist. Nun sagen wir einfach mal, daß ich Schlumberger mag. Es ist eine sehr gute Firma und gehört zu den besten in diesem Industriezweig. Zugleich treten Insiderkäufe in anderen Ölservice-Unternehmen wie Baker Hughes und Parker Drilling auf. Daraus schließe ich, daß die Lage für diese Branche positiv aussieht und will in der Konsequenz Aktien des Branchenprimus kaufen, auch wenn hier gar keine Insiderkäufe auftreten. Das heißt, daß man in einem solchen Fall nicht notwendigerweise ausgerechnet diejenige Aktie kaufen muß, die die Insider kaufen. Lassen Sie mich den Begriff „keine Insideraktivität“ auf das Niveau einzelner Aktientitel herunterführen. Es ist nicht selten, daß Unternehmen zwischen 50 und

60 Insidermeldungen pro Jahr veröffentlichen. Wenn Sie erst einmal die durchschnittliche Anzahl dieser Meldungen für ein Unternehmen kennen, kann es sein, daß schlagartig keine einzige Meldung mehr kommt. Auf einmal sind Sie praktisch blind – keine Verkäufe, keine Käufe. Das kann durchaus eine Situation sein, in welcher sich innerhalb des Unternehmens relativ wenig tut – aber trotzdem interessant. Vor allem dann, wenn die Aktie steigt, während sich die Insider ruhig verhalten. Früher haben diese Insider vielleicht regelmäßig verkauft, wenn der Aktienkurs gestiegen war – und entscheiden sich nun plötzlich, am Ball zu bleiben. Das bedeutet in der Regel, daß etwas sehr bedeutsames „Im Busch“ ist.

Positiv oder negativ?

Positiv. Wenn die Aktie steigt und keiner verkauft?

Aber sie kaufen ja auch nicht?

Sie wären verrückt, im Vorfeld von denjenigen Nachrichten zu kaufen, von denen ich gerade spreche. Es könnte z.B. eine Übernahme anstehen. Vergessen Sie nicht, daß eine Menge dieser Leute Optionen haben. Die Tatsache, daß sie an der Oberfläche inaktiv wirken, heißt noch lange nicht, daß sie wirklich nichts tun. Denn je weiter die Aktie steigt, desto weiter laufen ihre Optionen ins Geld, so daß sie mit dem Festhalten an ihren Optionen immerhin ein Marktrisiko eingehen. Aus der Warte heraus ist die Inaktivität der Insider eine sehr positive Bestätigung. Der vorangegangene Anstieg der Aktie kann alle möglichen Gründe gehabt haben. Meinetwegen ist der Kurs um 30 % gestiegen. Was denken die Insider dann? Nun, keiner nimmt Gewinne mit. Keiner hat Angst, am Ball zu bleiben, und dann sehen wir uns Optionsbestände an und stellen fest, daß sie zusätzlich auch noch auf Unmengen von Optionen sitzen. Wir lernen also aus dem Verhalten der Insider, daß sie mit dem Verhalten der Aktie einverstanden sind. Für uns ist das ein grünes Licht. Es ist eine sehr klassische Art und Weise der Insideranalyse, ihre Gedankengänge zu hinterfragen. Inaktivität gehört zu den Aspekten, die wir regelmäßig und intensiv überwachen.

Es scheint so, als hätte die Analyse von Industriezweigen große Vorteile.

Nun, das wirklich Schöne an der Industriezweig-Analyse ist die Tatsache, daß der Bereich zu groß ist, als daß die Insider hier „Nebelkerzen" zünden könnten, um den Anleger zu verwirren. Es ist lächerlich anzunehmen, daß die Insider eines ganzen Industriezweigs zusammenkommen und sagen: „Laßt uns die Sache gut aussehen – kaufen wir!" Was wir aus dieser Analyse herauslesen können, geht über die einfache Bestätigung hinaus, ob es einer Branche oder einem Unternehmen gut geht oder nicht. Wir erhalten hier Informationen über den Zustand der gesamten Volkswirtschaft.

Gerade im Bereich von zinssensitiven Unternehmen tendieren die Insider dazu, sich „mit Masse" sehr gleichförmig zum Zinsverlauf zu verhalten – natürlich immer abhängig von der Einschätzung ihrer eigenen Situation. Gerade bei den Stromversorgerwerten haben es die Insider geschafft, die Veränderungen der Zinsen über Jahre hinweg vorherzusehen. Wenn diese Stromversorger-Insider Aktien in ausreichendem Umfang akkumulieren und im Gegenzug nur marginal verkaufen, steigt die Bewertung dieser Branche innerhalb unserer „Branchen-Hitliste". Wenn dies geschieht, brauchen wir uns normalerweise keine Sorgen darüber zu machen, daß die Zinsen anziehen könnten. Ich habe immer wieder mit diesen Insidern über speziell diese Thematik gesprochen. Einige sagten mir dabei: „Ich habe keine Ahnung, wie sich die Zinsen entwickeln werden. Ich weiß nur, daß sich die Wirtschaftslage in meiner Gegend deutlich bessert." Ein Direktor eines Stromversorger-Unternehmens erzählt mir, daß er besonders auf das Konsumverhalten achten würde, aber nicht seitens der Konsumenten, sondern in bezug auf den Einzelhandel. Immer, wenn er hier Verbesserungen in der Geschäftsentwicklung beobachtete, schloß er daraus, daß sich die gesamte Konjunkturlage der Region positiv entwickelte. Solche Untersuchungen gehen natürlich über die normale Beobachtung des Insiderverhaltens hinaus, sind aber notwendig, um erkennen zu können, ob die Dividende einer solchen Gesellschaft steigen wird – oder eben nicht.

Wenn ich Insiderkäufe bei Stromversorgern, Versicherungen und Banken beobachte, kann ich mich in bezug auf die Zinsentwicklung beruhigt zurücklehnen. Wenn aber vermehrte Käufe bei Restaurants, im Einzelhandel und der Textilindustrie auftreten, steigt die Wahrscheinlichkeit einer überhitzten Konjunktur und damit auch das Inflationsrisiko.

Erzählen Sie uns doch bitte etwas mehr über Insiderkäufe in Bereichen, die den „Gesundheitszustand" der Wirtschaft abbilden.

Die wichtigste Frage, die wir uns 1996 zu stellen hatten, lautete: „Wo sind die Konsumenten geblieben?" Unter dem Strich bewegte sich nicht viel. Die Einzelhandelswerte hatten zu Jahresbeginn einen Kursaufschwung, den aber die Insider in den meisten Unternehmen zu Verkäufen nutzten. Sie nahmen mit, was der Markt ihnen an Gelegenheiten präsentierte. Aber in einigen sehr interessanten Sektoren bemerkten wir einen Anstieg der Insiderkäufe. Es begann in den Branchen für langlebige Wirtschaftsgüter. Den Anfang machten dabei Möbelproduzenten wie Ethan Allen und der Maschinenbauer Maytag. Dabei traten hier nicht nur Käufe auf, sondern es wurden Optionen ausgeübt und die zugrundeliegenden Aktien nicht verkauft. Weiter ging dieser Prozeß dann mit einigen Spezialstahl-Produzenten und einen Monat später mit der Chemiebranche. Daraus formte sich bei uns der Eindruck, daß die Konsumenten anscheinend in diesem Jahr gewillt waren, in hohem Umfang größere Anschaffungen zu tätigen. Ob sich dies nun als relevant oder nicht herausstellt, kann nur die Zeit weisen, aber wir haben zugleich einen Anstieg in den Hausbau-Zahlen beobachtet. Es schien uns, als würde – auch wenn sich das in den Konjunkturdaten zum Einzelhandel noch nicht niederschlug – sich in diesen zyklischen Branchen, insbesondere bei den langlebigen Gütern, einiges tun. Dadurch erhält die Branchenanalyse eine Qualität, die über das, was man als Beobachter einzelner Unternehmen sehen kann, hinausgeht.

Haben Sie jemals konzertierte Insiderkäufe in einer schwachen Branche beobachtet?

Ja. Ein Beispiel hierfür waren die Bankenwerte in den Jahren 1989 und 1990. Die Insider kauften Bankaktien, aber da diese bereits deutlich unter Druck gestanden hatten, war dies eigentlich zu erwarten. Dieselbe Art von Logik muß man auch bei der Branchenanalyse anwenden. Ist irgend etwas geschehen, was eine Kursschwäche in einer Branche begünstigt, oder verbessert sich die Lage der Branche eher? Manchmal stellen wir fest, daß sich eine Branche langsam in bezug auf Insiderakkumulationen verbessert, ohne daß „billige" Kurse diese Leute zu Käufen angeregt hätten. Mit anderen Worten: Es gab keinen plötzlichen Kurseinbruch, der die Aktien dieser Branche billig erscheinen ließ. In diesen Fällen liegt der Grund in aller Regel in einer Verbesserung der fundamentalen Situation, wie jüngst in der Möbel- und Stahlindustrie.

Im Juli 1996 kommentierten Sie Insiderkäufe in „REITs". In welches ökonomische Bild paßt diese Gruppe?

Die „Real Estate Investment Trusts" (REIT) sind vor allem zinssensitiv. Insiderkäufe in REITs sind zeitgleich mit Akkumulationen bei Banken und Versorgerwerten zu erwarten. Fast über das ganze Jahr 1996 hinweg gab es Inflationsängste. Selten wurde über dieses Thema so viel diskutiert, aber zur gleichen Zeit sahen die Insiderdaten ganz und gar nicht nach Inflationssorgen aus. Es gab auch früher schon Phasen, in denen das Gesamtbild den Schluß nahelegte, daß man sich eher um eine Nachfrageinflation denn über eine Materialkosteninflation sorgen müßte.

Wie stellt sich das Bild denn dar, wenn die Inflation eher von der Nachfrage- als von der Kostenseite ausgelöst wird?

Eine Nachfrageinflation ist vor allem auf gestiegenes, verfügbares Einkommen und eine gesteigerte Bereitschaft zum Konsum zurückzuführen. Gerade Kaufhäuser profitieren dann davon. Bei Konsumwerten steigt dann zugleich auch die Insideraktivität auf der Käuferseite. Aber bisher ist davon noch nichts zu bemerken. Die aktuellen Käufe liegen nicht im Konsumbereich. Ich muß davon ausgehen, daß die meisten der jüngsten Akquisitionen vor allem auf „billige" Kurse der Aktien zurückzuführen waren.

Könnten Sie uns Ihr aktuelles Szenario anhand des Bildes, das Ihnen die Insideraktivitäten vermitteln, erläutern?

Seite Ende 1996 bzw. Anfang 1997 bietet sich bezüglich der Insideraktivitäten ein positives Bild bei Versorgerwerten und REITs. Dieses Faktum läßt in Kombination mit der Tatsache, daß sich im Konsumbereich kaum Insider zeigen, erwarten, daß die Inflation auch mittelfristig unter Kontrolle bleiben dürfte. Da dieses Modell demnach schließen läßt, daß sich die Konjunktur nicht in einer Boomphase befindet, sollte man sich eher Sorgen darüber machen, ob wir nicht unter Umständen in eine Rezession abgleiten könnten. Um diese Frage zu beantworten, konnten wir aus unserer Branchenanalyse ablesen, daß sich das Wachstum nicht in den kurzlebigen Wirtschaftsgütern manifestiert, sondern in denjenigen Branchen, wo auch die Insider mit Käufen aktiv werden. Dabei fallen einem Maschinenbau und Einzelhandel, Zykliker wie Stahl- und Metallindustrie oder die Möbelbranche ein. Dies unterstützt die These einer langsam, aber stabil wachsenden Wirtschaft, die nicht allzu schnell nach unten abdrehen dürfte.

Zyklische Unternehmen haben ja einen unmittelbaren Kontakt zur Konjunkturentwicklung insofern, als daß sich hier ein nachlassender Konsum sofort in einem Rückgang der Auftragsbestände manifestiert.

Ja, das ist richtig, ich pflege in meinen Analysen auch diejenigen Unternehmen herauszurechnen, die plötzlich deutlich unter Druck geraten sind, und wo die Insider nur deswegen eingestiegen waren, weil sich der Kurs plötzlich halbiert hat. Was ich suche, sind Situationen, in denen die Insider quasi „Quer durch die Bank" kaufen. Wer zu höheren Kursen gekauft hat, sollte zu niedrigeren Kursen ebenfalls als Käufer auftreten.

Manchmal kündigen Unternehmen den Rückkauf ihrer eigenen Aktien an. Ist so etwas für Sie von Bedeutung?

Ja, wir verfolgen das, so gut wir können. Das Problem ist nur, daß dieses Phänomen erst seit relativ kurzer Zeit existiert. Die Unternehmen müssen der SEC nicht melden, wenn solche Rückkäufe stattfinden, so daß wir im nachhinein keinerlei Daten über solche Aktionen bekommen.

Aber derartige Rückkäufe lassen sich doch in den Bilanzen der Unternehmen ablesen?

Das sollten sie, aber es fehlen dazu ja die Hinweise darauf, wie viele Aktien das Unternehmen vorher schon besessen hat. Was man ablesen kann, ist, was die Firma im nächsten Quartal oder im Verlauf des kommenden Jahres zu kaufen gedenkt. Die Leute neigen dazu, sich vor allem auf die aktuellen Ankündigungen derartiger Rückkäufe zu fokussieren. Aber wie hoch ist der Prozentsatz derer, die wirklich glauben, daß Rückkäufe der eigenen Aktien wirklich eine gute Sache wären?

Ich würde sagen 95 %. Aber ich persönlich denke, daß hier nur Kurspflege betrieben werden soll.

Das ist richtig, aber das dient nicht nur als Köder, meistens bleibt ihnen gar nichts anderes übrig. Die Unternehmen gewähren mehr Aktienoptionen als jemals zuvor. Dieses hohe Level wurde vor allem deswegen erreicht, weil die Aktienoptionen in zunehmendem Maße zu einem Teil der Gehälter geworden sind. Anstatt das gesamte Gehalt in Bargeld zu erhalten, hat es sich eingebürgert, daß 75 % in Cash und 25 % in Optionen ausbezahlt werden. Das sind einfach die neuen Regeln, die automatisch zu einer höheren Aktiennachfrage führen, um diesen gestiegenen Optionsbestand abdecken zu können, der ja innerhalb der nächsten Jahre ausgeübt wird. Ich habe in meinen Beobachtungen festgestellt, daß viele Firmen die Anzahl der ausgegebenen Optionen verdoppelt oder verdreifacht haben. Und ausgerechnet diese Firmen sind es, die Aktienrückkäufe ankündigen, einfach weil sie diese Aktien in ihrem Bestand benötigen. Ist dieser Bestand zu niedrig, gibt es für das Unternehmen nur zwei Möglichkeiten: Entweder sie kaufen Aktien an der Börse zurück, oder sie erhöhen das Grundkapital. Doch letztere Möglichkeit wird von den Aktionären vor allem deshalb nicht gerne gesehen, weil dadurch die Gewinne „verwässert“ werden.

Manchmal werden für diese Rückkäufe gar keine Gründe genannt, oder?

Ja, das geschieht oft. Im Augenblick ist gerade die Begründung in Mode, daß man Aktien aufgrund unternehmensinterner Notwendigkeiten kauft. Ein Unternehmen tut so etwas nicht, um den Anteil der freien Aktionäre am Grundkapital zu verringern. Sie tun es auch nicht, weil sie glauben, daß es sich hier um ein tolles Investment handeln würde. Sie tun es einfach, weil sie es müssen.

Wenn also nicht genug Aktien in den Tresoren des Unternehmens liegen, kündigen sie einfach Rückkäufe über die Börse an?

Ja, und es ist dabei durchaus nicht selten, daß so etwas gleichzeitig mit Insiderverkäufen abläuft. Wir sehen eine wachsende Zahl von Unternehmen, die in dem Augenblick Rückkäufe ankündigen, wenn die Insider aussteigen. Wir haben den Eindruck, daß die Analysten die Bedeutung solcher Rückkaufprogramme überschätzen, weil sie oft übersehen, daß gleichzeitig Insiderverkäufe stattfinden.

Unter welchen Umständen wären solche Rückkäufe denn positiv zu bewerten?

Nun, es kommt oft vor, daß die Insider und das Unternehmen gleichzeitig auf der Käuferseite stehen. In diesen Fällen verwenden wir das Insiderverhalten, um den Wert dieser Rückkaufprogramme einschätzen zu können. Die Anleger sollten solchen Situationen ihre besondere Aufmerksamkeit schenken. Die ursprüngliche Intention der Rückkäufe war ja, den „Shareholder-Value“ zu erhöhen. Wenn ich ursprünglich sage, meine ich damit die 70er Jahre und Teledyne. Henry E. Singleton hat damals tatsächlich die Kapitalisierung des Unternehmens verringert, indem er Aktien „auf Eis“ gelegt hat und wurde so zu einem Lehrbuch-Beispiel dafür, wer eigentlich von solchen Aktionen profitieren sollte: der Aktionär. Denn in einem solchen Fall werden ja die Aktien, die er besitzt, mehr wert. Heutzutage ist das nicht mehr so. Es ist vielmehr eine fundamentale Frage geworden. Werden die Aktien wirklich vom Markt genommen oder kommen sie später doch wieder in Umlauf? Denn wenn diese Aktien über kurz oder lang durch die Insider, welche ihre Optionen ausüben, wieder auf den Markt kommen, hat das alles natürlich wenig Bedeutung.

Gibt es außer den bekannten jährlichen Meldungen auch andere Quellen, wo private Investoren Informationen über Aktienrückkäufe erhalten können?

Alles was sie dazu tun müßten, ist ein Blick auf die Empfehlungslisten der Wall-Street-Analysten zu werfen. Aktienrückkäufe werden in diesen Kreisen grundsätzlich als positiver Faktor gewertet. Wenn derartige Rückkäufe anstehen, dann wird der Analyst dies in seiner Empfehlung erwähnen.

Gibt es irgendwelche speziellen, einzelnen Ereignisse, die definitiv ein positives oder negatives Szenario bedeuten?

Nein, es gibt nichts, was immer und überall entweder positiv oder negativ wäre. Manchmal, wenn mich irgend etwas total überzeugt, passiert gar nichts. Ich würde allerdings in bezug auf negative Faktoren behaupten wollen, daß eigentlich immer dann Probleme auftreten, wenn Insider bei permanent fallenden Kursen als Verkäufer auftreten. Auf der positiven Seite waren die überzeugendsten Fälle, die ich je gesehen habe, bei Noram Energy und Comp USA. Hier traten die Insider über einen längeren Zeitraum hinweg immer wieder trotz permanent steigender Aktienkurse auf der Käuferseite auf. Ich meine, daß dies die verläßlichsten Situationen sind, um „auf den fahrenden Zug zu springen“. Trotzdem muß ich davor warnen, sich allzusehr auf die Transaktionen der Insider zu verlassen. Ich hasse es zwar, Illusionen zu zerstören, aber vergessen Sie nicht, daß die Unternehmen diese Insider oft aus internen Gründen dazu ermutigen, Aktien zu kaufen. Oft leihen sie ihnen dafür sogar das notwendige Kapital. Das ist ja nicht unbedingt immer negativ zu werten – man sollte es nur berücksichtigen! Wenn sie Aktien kaufen, kaufen sie eben. Da ist es schwer, so etwas negativ zu beurteilen, aber es nimmt zumindest ein wenig die „Luft“ aus dieser

Tatsache. Es ist nicht immer leicht für die Analysten, diese Situationen zweifelsfrei zu beurteilen. Vor etwa eineinhalb Jahren habe ich wirklich konzertierte Insiderkäufe beobachtet, innerhalb eines engen Zeitraums und in ungemein hohen Mengen. Das veranlaßte mich, bei diesem Unternehmen anzurufen und bei der Investors-Relation-Abteilung nachzuhaken. Mein Ansprechpartner war sehr höflich und teilte mir mit, daß alle an einem Strang ziehen würden, ihre Anteile am Unternehmen erhöhten und daß dies sehr, sehr bullish wäre. Aber im Verlauf des Gespräches bekam ich heraus, daß die Insider für diese Käufe Bankkredite erhalten hatten, für welche das Unternehmen gebürgt hatte. Und was hinterlegten die Insider für diese Kredite als Sicherheiten? Natürlich die Aktien! Auf den ersten Blick sah die Aktie billig aus. Der Kurs lag vorher bei $ 4,00 und war dann bis auf $ 2,00 gefallen. Nun lassen Sie mich etwas anderes sagen: Ich bevorzuge langanhaltende Akkumulationen, weil dann ein weitaus geringeres Risiko besteht, daß die Käufe zur Irreführung dienen. Da gab es eine Gesellschaft während des Banken-Fiaskos 1989/1990: New England Bankcorp. Das war ein klassisches Beispiel dafür, wie Insider sich irren können. Ein ganzes Rudel von Insidern stürzte sich auf die Aktie und kaufte, während die Kurse fielen. Aber sie kauften nur zu einem einzigen Zeitpunkt. Ich meine, wenn so viele Insider bei $ 12,00 oder $ 13,00 als Käufer auftreten und diese Kurse in Ordnung finden, wo waren sie denn, als die Aktie dann bei $ 8,00 notierte? Wo waren sie bei $ 7,00? Wo waren sie bei $ 6,00? Verstehen Sie, was ich meine? Das war alles nur oberflächlich. Die Insider traten einmal auf und kamen nie wieder. In den späten Achtzigern lag der Kurs dieser Aktie bei $ 130,00 – heute gibt es sie nicht mehr.

Sie lassen keinen Stein umgedreht, wenn Sie die Aktionen der Insider untersuchen, nicht wahr?

Na ja, manchmal ist es auch so: Je mehr Sie wissen, desto weniger wissen Sie wirklich. Aber wir nehmen nur sehr selten Stellung, bevor wir nicht all diese umfangreichen Analysen abgeschlossen haben. Dabei fallen diese Kommentare in aller Regel recht kurz aus, denn wir wollen die Anleger nicht mit Dingen, die sich unter der Oberfläche abspielen, langweilen, wenn diese das eigentlich gar nicht wissen wollen.

Was wird in bezug auf das Insidertrading am meisten mißverstanden?

Die Leute denken immer, daß Insidertrading etwas ist, was den Aktienkurs beeinflußt – aber das stimmt nicht. Es mögen vielleicht die Informationen darüber sein, daß Insidertrading stattgefunden hat, welche den Kurs zeitweise in die eine oder andere Richtung bringen – aber auch das muß nicht immer der Fall sein!

Kapitel VIII

Paul Macrae Montgomery

In der Finanzanalyse ist Paul Macrae Montgomery eine Ausnahmeerscheinung. Seinen avantgardistischen Methoden verdankt er jede Menge weitblickende Transaktionen und eine umfangreiche Fangemeinde, darunter alle großen Namen der Finanzmärkte wie James Grant, Marty Zweig, Ned Davis und Robert Prechter.

Montgomery, heute bekannt als Bondmarkttimer, hat ursprünglich am Goldmarkt begonnen. 1972 galt Gold generell als wenig aussichtsreiche Anlage, doch Montgomery blieb unerschütterlich bei seiner optimistischen Haltung. Seiner Ansicht nach steckten Bonds und Aktien in einer nachhaltigen Baissephase, Gold dagegen voller Chancen. Sobald der Privatbesitz von Gold 1974 zugelassen wurde, riet er schon zum Kauf, lange vor dem Anstieg auf den Rekordpreis von $ 880 pro Unze. 1981 gelang ihm das Kunststück, den Tiefstand des Bondmarktes auf den Tag genau zu bestimmen. Außerdem prognostizierte er korrekt eine so nachhaltige Hausse für Bonds und Aktien, wie man sie seit Generationen nicht erlebt hatte. Auf frühe Anzeichen für Turbulenzen hin warnte er als einer der ersten vor der bevorstehenden Krise im Spar- und Darlehensgeschäft.

Montgomery hatte sich am College of William and Mary mit der festen Absicht eingeschrieben, im Hauptfach Philosophie zu studieren, doch morgendliche Vorlesungen und nachmittägliche Seminare waren ihm so ein Greuel, daß er seinen Stundenplan manipulierte, um ihnen zu entgehen. Am Ende legte er die Abschlußprüfungen in Philosophie, Literatur und Psychologie ab und setzte noch einen „MBA“ drauf – einen Abschluß in Betriebswirtschaft.

Der frischgebackene Betriebswirt trat ins Immobiliengeschäft seiner Familie ein, doch die Vielseitigkeit und Schnellebigkeit der Finanzmärkte faszinierten ihn mehr als die Immobilien. An der Börse konnte man „auf eine Marktentwicklung setzen und bis zum Abend wissen, ob man Gewinn gemacht hatte. Der Verkauf einer Wohnung dagegen konnte sich über eineinhalb Jahre hinziehen.“ So begann er 1971 als Börsenmakler und schlug Wurzeln bei Legg Mason, wo er bis heute als Marktanalyst und Money-Manager tätig ist. Um seine Kunden optimal auf bevorstehende Marktentwicklungen vorzubereiten, begann er, auf ihre individuellen Bedürfnisse abgestimmte Berichte zu verfassen. Als ihm auffiel, wie oft er sich dabei wiederholte, beschloß er, einen allgemeinen Informationsbrief unter dem Titel ***Universal Economy*** herauszugeben, in dem er seine Ansichten von den von Legg Mason vertretenen absetzte.

Als Betriebswirt mit Erfahrungen im Schätzen von Immobilien tendierte er naturgemäß zunächst zur Fundamentalanalyse, doch der Trader in ihm verlangte nach einem aktuelleren Ansatz. In der Überzeugung, daß die Märkte stärker psychologisch beeinflußt sind als fundamental, wandte er sich technischen, psychologischen und zyklischen Indikatoren zu – als wichtigste Hilfsmittel für kurzfristiges Trading. Unter dem Gesichtspunkt des Anlegers liegt jedoch mehr Gewicht auf monetären, ökonomischen und fundamentalen Faktoren. Montgomery unterteilt seine Analyse in sieben Kategorien: Trend-, technische, psychologische, monetäre, ökonomische, fundamentale und zyklische Analyse, jeweils mit den entsprechenden Indikatoren versehen. Bei der Interpretation von Indikatoren im Kontext vorhandener Marktbedingungen ist er stets sehr genau und legt größten Wert darauf, daß die Parameter der Indikatoren bei extremen Hausse- oder Baissebewegungen über das normale Maß hinaus angepaßt werden müssen.

Der bekannteste seiner Indikatoren ist der „***Time*** Magazine Cover Indicator“, doch Montgomery hat noch viele andere entwickelt, vor allem für den Bondmarkt. Fast zwanzig Jahre lang wurden die Bonds vernachlässigt und totgesagt. Bondtechniker starben aus. Als typischer Querdenker ahnte Montgomery den bevorstehenden Höhenflug der Bonds und arbeitete rasch und gewissenhaft an der Entwicklung geeigneter Indikatoren, die auch feine Trendänderungen wahrnehmen und ihm so einen Vorsprung vor der Masse sichern sollten. Mit seinen Bondindikatoren in der Hinterhand lauerte er darauf, von der erwarteten Jahrhunderthausse der Bonds zu profitieren. Dank seiner frühen Voraussicht und guter Vorbereitung entwickelten sich die Dinge wunschgemäß und brachten ihm viel Aufmerksamkeit seitens der Medien, die ihn meist ausschließlich in Zusammenhang mit dem Bondmarkt erwähnen.

Dieses Bild wird Paul Macrae Montgomery nicht unbedingt gerecht, denn er ist ebenso kompetent für Prognosen für Aktien und Gold.

Erläutern Sie bitte Ihren interdisziplinären Ansatz bei der Marktanalyse.

Unsere Arbeit ist unterteilt in sieben Bereiche: technische, fundamentale, Trend-, ökonomische, psychologische, monetäre und zyklische Analyse. Die schöpferischsten Leistungen erbringen wir hier bei den psychologischen und zyklischen Aspekten des Marktes. Durch meine Erfahrung im Schätzen von Immobilien ist mir der fundamentale Wertansatz sehr vertraut. An einer öffentlichen, „doppelten" Auktionsbörse wie der NYSE mit enormen Cashflows und Anlegern mit unterschiedlichstem Hintergrund haben Wertpapiere völlig andere Merkmale. Daher beziehe ich die psychologische und zyklische Analyse mit ein.

Haben Sie Ihre Indikatoren in ein Modell integriert?

Ich versuche, für alles ein Modell zu schaffen. Als Techniker oder Zyklustheoretiker kann man sich aus einer großen Zahl von Indikatoren die passenden herauspicken, und es dabei bewenden lassen. Am sichersten ist aber immer noch, ein Modell zu konstruieren. Ich habe eine ganze Liste von Indikatoren, die ich in sieben oder acht Kategorien einteile, wie psychologische Indikatoren, technische Indikatoren, fundamentale Indikatoren oder Trendfolger. Innerhalb jeder Kategorie verwende ich dann eine Reihe von Werkzeugen. Ich liste ein halbes Dutzend psychologische Indikatoren, ein halbes Dutzend monetäre Indikatoren, ein halbes Dutzend Zyklen, ein halbes Dutzend technische Indikatoren und vier Bankstatistiken auf. Solche Dinge eben.

Ist das Modell gewichtet oder ungewichtet?

Manche Märkte sind fundamental motiviert, andere psychologisch, so daß die Ideallösung wäre, die Sektoren flexibel zu gewichten, je nachdem, wovon der fragliche Markt bestimmt wird. Soweit bin ich aber im

Moment noch nicht, ich arbeite mit fester Gewichtung – nicht gleich, aber fest. So fallen vielleicht 30 % auf Trend, 25 % auf Psychologie, 30 % auf Technik und 15 % auf Bankstatistiken und so weiter.

Einer Ihrer psychologischen Indikatoren, der für viel Publicity gesorgt hat, ist Ihr* Time *Magazine Cover-Indikator. Wie weit sind Sie beim Testen dieses Indikators zurückgegangen?

Bis zur Erstveröffentlichung des ***Time*** Magazines im März 1923. Ich habe jedes Titelbild von Anfang der 20er bis Anfang der 80er Jahre berücksichtigt. Immer wenn ich auf einen Titel mit Bedeutung für die Finanzwelt stieß, habe ich mir die Kurse des betreffenden Wertpapiers oder Marktes zum Zeitpunkt des Erscheinens sowie drei, sechs und zwölf Monate später notiert. In etwas mehr als 50 % der Fälle tendierte der Markt oder das entsprechende Papier zunächst etwa einen Monat lang in die von der Schlagzeile vorgegebene Richtung. Ein Jahr nach der Veröffentlichung hatte sich der Markt dann in über 85 % der Fälle ein beträchtliches Stück in die Gegenrichtung bewegt.

Basiert der Erfolg dieses Indikators darauf, daß die Masse bei Extremsituationen irrt?

Die Theorie ist, daß nicht Gewinne, Dividenden, Umsätze oder sonst etwas den Kurs einer Aktie bestimmen, sondern Käufe. Nehmen wir an, ich soll ein Unternehmen bewerten. Wie genau meine Einschätzung von Umsatz oder Gewinn auch sein mag, so ist diese Information völlig wertlos, wenn sie bereits öffentlich bekannt ist, denn dann hat sie sich bereits in der Kursstruktur niedergeschlagen und kann keine Kursbewegungen mehr auslösen. Der große Vorteil des ***Time*** Cover-Indikators ist, daß er deutlich macht, in welchem Maß wichtige Informationen bereits in der Öffentlichkeit verbreitet sind und sich so in der Kursstruktur niederschlagen. Im Herbst 1992 war es, glaube ich, als das ***Time*** Magazine titelte „Can GM Survive in Today's World?" und damit anspielte auf einen möglichen Bankrott von General Motors. Man muß sich das mal vorstellen: GM hatte damals Probleme, doch die Tatsache, daß jedem, der sich im Laden an der Ecke Bier oder Süßigkeiten holte, vom Titelblatt des ***Time*** Magazines entgegen schrie ‚kann GM heute überleben?', bedeutete, daß die Geschichte wirklich in aller Munde war. Auch der letzte hatte es mitbekommen, und so konnte man davon ausgehen, daß jeder Aktionär bereits Gelegenheit gehabt hatte zu verkaufen. Und darin besteht der eigentliche Wert des Indikators. Es ist nicht so, daß die Öffentlichkeit nie recht hat, doch es zeigt, in welchem Maß Informationen bereits in der Öffentlichkeit verbreitet sind und sich so voll in den Kursen niederschlagen.

Können Sie sich an andere, besonders optimistische oder pessimistische Schlagzeilen großer Magazine erinnern?

Einmal war IBM auf der Titelseite. Die Schlagzeile lautete „The Colossus That Works". Einen Monat später notierte IBM bei 138 und rutschte dann ab bis auf Werte um die 90. Dreizehn Jahre später, im Sommer 1996, lag IBM noch immer unter den Werten, die es bei Erscheinen dieser Titelstory erreicht hatte. Ted Turner wurde als Mann des Jahres auf dem Cover von ***Time*** präsentiert, und die Aktien von Turner Broadcasting stiegen in der Folgezeit um einen Punkt auf rund $ 28,00 – ein meines Wissens bislang nicht mehr erreichter Wert. Ein gutes Beispiel ist auch die Schlagzeile zum Wohnungsmarkt von ***Newsweek***, deren Titelseiten die gleiche Wirkung haben wie die ***Time***-Covers. ***Newsweek*** zeigte ein Bild mit Wohnungspreisen im Aufruhr und titelte „The Real Estate Bust". Das „V" auf dem Dach zeigte nach unten wie ein Pfeil und drückte aus, daß es mit Wohnungspreisen und Wohnungsbauindustrie steil bergab ging. Im folgenden Jahr zeigten von 89 S&P-Gruppen die Aktien der Wohnungsbauindustrie nach Biotechnik und Maklerhäusern die besten Ergebnisse.

Das wiederkehrende Motiv ist wohl, daß bei einem Titel mit positiver Aussage eine pessimistische Börsenstimmung angezeigt ist, bei einem Titel mit negativer Aussage dagegen eine optimistische?

Genau. Fürs Tagesgeschäft ist das nicht interessant, aber über einen Zeitraum von mehreren Quartalen hinweg ist es ein äußerst zuverlässiger Indikator.

Eine Zeitlang bewegen sich die Aktien der auf der Titelseite dargestellten Unternehmen oder Branchen im Einklang mit der Stimmung der Schlagzeile. Wie lange dauert es, bis der Umschwung einsetzt und sich die Kurse in die Gegenrichtung bewegen?

In etwa 60 % der Fälle bewegte sich der Markt mehrere Wochen in die von der Schlagzeile vorgegebene Richtung. Ein Jahr später war in 85 % bis 90 % der Fälle eine gegenläufige Entwicklung festzustellen.

Wenn es sich also um einen optimistischen Artikel handelt, hat man noch genug Zeit, seinen Bestand abzustoßen?

Ja, über mehrere Wochen wird man in Stärke hinein verkaufen.

Hat der Indikator eine gute Erfolgsbilanz?

Über 85 %.

Viele Ihrer erfolgreichen Indikatoren veröffentlichen Sie nicht. Warum diesen Indikator?

Ich habe diesen Indikator vor 15 oder 16 Jahren der Öffentlichkeit zugänglich gemacht, weil ich dachte, daß ich schon alles aus ihm herausgeholt hätte. Ich bezweifelte, daß er noch lange funktionieren würde. Dabei hat er nicht nur genauso gute, sondern eher bessere Resultate gezeigt, seit ich ihn veröffentlicht habe. Das ist für Indikatoren untypisch. Sobald ein Indikator allgemein bekannt ist, funktioniert er nicht mehr, weil ihn jeder benutzt. Ich glaube, dieser Indikator funktioniert nur deshalb noch, weil sich niemand traut, danach zu handeln. Er bietet anregenden Gesprächsstoff, doch niemand hat den Mut, auf diesen Indikator ein paar Millionen Dollar zu setzen. Ein Fondsmanager wird kaum 20 Millionen Dollar von Microsoft abziehen, weil Bill Gates auf dem Titelbild von ***Time*** war. Man würde ihn kreuzigen, wenn er sich irrte. Ich habe solche Skrupel nicht. Ich würde auf der Stelle auf so eine Story hin die Hälfte meines Vermögens investieren.

Das sagt viel über Ihr Vertrauen in diesen Indikator. Verlassen Sie sich dabei nur auf das Titelbild, oder lesen Sie auch den zugehörigen Artikel?

Theoretisch muß man den Leitartikel schon lesen, um herauszufinden, worum es wirklich geht. Wenn der Titel aber so wenig eindeutig ist, daß man erst den Artikel lesen muß, um sicher zu sein, was gemeint ist, ist er als Indikator nicht sehr zuverlässig. Der Sinn muß klar sein. Ich erinnere mich an eine Story über die Dürre im mittleren Westen unter dem Titel „The Big Dry“. Als sie erschien, erlebte der Rohstoffmarkt einen Höhenflug.

Gibt es noch andere Magazine außer* Time *und* Newsweek*, die ähnliche Wirkungen erzielen?

Man kann solche Signale von vielen Magazinen empfangen. Ich habe mich auf ***Time*** eingeschossen, weil es die längste Geschichte und die meisten Beispiele bietet. ***Business Week*** hatte ein paar grandiose Titelgeschichten, die perfekte Kontra-Indikatoren abgaben. Am 28. Mai 1984 brachte sie einen Artikel mit dem Titel „Trouble in the Government Bond Market“. Gezeigt wurde Onkel Sam auf einem Tandem, von dem er jeden Augenblick herunterzustürzen drohte. Die Renditen von Staatsanleihen erreichten an dem Tag die 14%-Marke, ein Wert, den sie in zehn Jahren nicht wieder erreichen sollten.

Sollte man optimistische oder pessimistische Schlagzeilen von Barron's, Forbes oder anderen Fachblättern, die sich normalerweise mit Finanzthemen befassen, dabei grundsätzlich nicht berücksichtigen?

Wie schon gesagt, die ***Business Week*** hatte viele großartige Titel. Das Problem dabei ist: Nimmt man eine Fachzeitschrift wie die ***Business Week***, findet man so gut wie jede Woche ein Wirtschaftsthema auf dem Titel und muß sich dann überlegen, welche Tragweite es wohl hat. Das ist sehr aufwendig, und man empfängt nicht nur gute Signale, sondern auch viele Nebengeräusche. Es ist also schwer, die Spreu vom Weizen zu trennen. Nichtfachlich ausgerichtete Zeitschriften wie ***Time*** oder

Newsweek dagegen könnten ebensogut über Madonna, O. J. Simpson oder viele andere fachfremde, nichtwirtschaftliche Themen berichten. Wenn es wirklich mal ein Wirtschaftsartikel auf das Titelblatt vom ***Time*** Magazine schafft, dann ist da auch was dran.

Der Indikator funktioniert also am besten, wenn das Thema aus seiner natürlichen Umgebung herausgelöst ist.

Ja. Nur weil etwas auf dem Titelbild des ***Wall Street Journals*** ist, geht's damit noch lange nicht bergab, denn dort wird jeden Tag über Wirtschaftsthemen berichtet. Im Oktober 1929 zum Beispiel erschien in ***Variety*** die Schlagzeile „Wall Street Lays an Egg". Sechs Monate später hatte sich der Markt tatsächlich um 50 % zurückentwickelt. In **Reader's Digest** erschien im Juli 1996 der Artikel „How to Make a Million". Ähnliches konnte man 1928 lesen. John Jacob Raskob schrieb für das ***Ladies Home Journal*** „Everybody Ought to Be Rich". Wenn eine Zeitschrift ohne wirtschaftlichen Hintergrund ein Wirtschaftsthema aufgreift, kann man davon ausgehen, daß diese Geschichte wirklich jeden erreicht. Gewinn ist nur dann zu machen, wenn man gegen den Strom schwimmt.

Haben Sie die Rentabilität des Indikators anhand des S&P 500 überprüft?

Schon, doch das Problem dabei ist, daß man eben nicht ständig Signale empfängt. Wenn ein Titelblatt ein Signal abgab, war es, meine ich, fünf- oder sechsmal so ertragreich wie der S&P 500. Vor ein paar Jahren hatte das ***Time*** Magazine einen Raucher auf dem Cover, dem von allen Seiten Pistolen an den Kopf gehalten wurden. Der Titel lautete „Is It All Over for Smokers?". Phillip Morris notierte damals etwa bei $ 58,00 und stieg im Handumdrehen über die $100,00-Marke. Wer auf die jüngsten Signale des ***Time*** Covers hin GM gekauft und verkauft hat, war dem langfristig orientierten Anleger um 10 : 1 überlegen. Wenn man ein Signal empfängt, dann ist es äußerst zuverlässig, und man kann den Markt um Längen schlagen. Man kann aber nicht ausschließlich mit diesem Indikator arbeiten, da er über längere Zeiträume einfach schweigt.

Wenn ein solcher Trade 50 % oder 60 % Gewinn abwirft, könnte man den doch als Barguthaben parken, bis sich die nächste Gelegenheit ergibt?

Das ist richtig. Ich habe nie wirklich ausgetestet, ob man tatsächlich ausschließlich mit diesem Indikator arbeiten kann. Ich halte es nicht für besonders einträglich, da man in Phasen ohne Signale Barguthaben lange vor sich herschieben müßte. Treten Signale auf, dann sind sie vier- bis fünfmal so ertragreich wie ein langfristig orientiertes Anlageverhalten.

In den 70er Jahren haben Sie ein paar gut plazierte Haussetransaktionen am Goldmarkt durchgeführt. Ist Gold für Sie immer noch eine Marktnische?

Aber ja. Ein maßgeblicher Teil meines Einkommens stammt wohl aus dem Geschäft mit Goldaktien.

Es hat einmal eine Verbindung gegeben zwischen Bonds, dem Goldmarkt und Aktien. Diese Beziehung hat sich in den letzten paar Jahren offensichtlich gelockert. Wie denken Sie darüber?

Es gibt eine Beziehung, doch die ist nicht mehr so wie früher. Gold ist im Prinzip wie Geld, und Zinsen sind die Miete für Geld. Als Gold noch wirklich Geld war, das heißt, als wir noch den Goldstandard hatten, bestand quasi per definitionem ein Zusammenhang zwischen dem Goldpreis und den Zinssätzen. Als wir uns in den 70er Jahren vom Goldstandard lösten, kam es zu einem drastischen Anstieg bei Goldaktien, zu Inflation und steigenden Zinsen. Das war, als Gold auf $ 880,00 pro Unze stieg. Statistisch hat es, langfristig gesehen, immer eine starke inverse Korrelation gegeben zwischen Goldaktien und dem Aktien- und Rentenmarkt. Den Grund dafür, daß diese Beziehung in jüngster Zeit nicht mehr so eng war, sehe ich darin, daß es früher einmal einen ausgewählten Personenkreis gab, der in Gold und Goldaktien investierte. Diese Leute unterschieden sich stark von denen, die ihr Geld in Aktien und Bonds anlegten. Ich kann mich erinnern, daß in den 70er Jahren die

Cleveland Trust Company – die ihren Namen inzwischen geändert hat – Artikel veröffentlichte, in denen sie Bankkunden davor warnte, in Gold zu investieren. Wer bei einem Makler arbeitete und Goldaktien empfehlen wollte, riskierte seinen Job. Ich genoß da Sonderrechte, denn ich durfte bei Legg Mason empfehlen, was ich wollte. Von 1972 bis 1974 riet ich dringend zum Verkauf von „herkömmlichen" Aktien und zum Kauf von Goldaktien. In den letzten Jahren haben sich Goldaktien zum akzeptablen Anlageinstrument gemausert. Es gibt inzwischen 40 offene Investmentfonds für Goldaktien, und Maklerhäuser veröffentlichen Research-Berichte über sie. Sie sind eine legitime Anlagemöglichkeit für Banken und die Portefeuilles von Pensionsfonds. Das Publikum betrachtet Goldaktien als ganz normale Aktien, so daß sich die inverse Korrelation in den letzten Jahren nicht mehr so deutlich bemerkbar gemacht hat. So haben etwa viele der Goldaktienfonds im NASDAQ (elektronisches Quotierungssystem der NASD [National Association of Securities Dealers]) Ende Mai 1996 spektakuläre Höchststände erreicht und sind Mitte Juli um 20 % abgestürzt. Nach Mitte Juli, sind sie dann im NASDAQ wieder um 10 % bis 11 % gestiegen. Weil diese Aktien inzwischen genau wie andere Aktien sind, entwickeln sie auch die dem Aktienmarkt eigenen Merkmale. Ich denke, daß sich die ehemalige Beziehung aber langfristig wieder durchsetzen wird.

Es gibt ja wohl aus allen Richtungen viel Verkaufsdruck auf Gold.

Angeblich haben die Zentralbanken viel verkauft, und die ganzen Schweizer Konten, die immer auf 10 % bis 15 % der Anlage in Gold Wert gelegt haben, sind nun runter auf 1 % bis 2 %. Ich weiß nicht, wie wichtig es ist, wer hier kauft und verkauft. Die Nachfrage nach Gold ist psychologisch motiviert. Ich glaube, langfristig ist die Psychologie die ausschlaggebende Kraft. Bei Getreide kann durch Dürre oder Flut eine ganze Ernte vernichtet werden, während alles Gold, das je gefunden wurde, noch existiert. Der Gesamtbestand verändert sich im Jahr nur um maximal 1,5 %. Die Menge, die jedes Jahr hinzukommt, ist gering im Vergleich zu der im Umlauf befindlichen. Meiner Ansicht nach ist es die psychologische Nachfrage, die den Goldmarkt bestimmt, nicht so sehr der Nachschub, wo immer er auch herkommt.

Psychologisch betrachtet ist Gold ja ein sicherer Hafen in Zeiten der Inflation, und doch hat bei Gold in den letzten Jahren, während Inflationssensoren wie der CRB-Index reagierten, kaum Bewegung stattgefunden.

Das ist wahr, und ich sehe den Grund darin, daß sich in den letzten Jahren plötzlich viele Leute für Gold interessiert haben, für die das eigentlich untypisch ist. Gold wird gern mal überkauft, wohingegen etwa für Sojabohnen, für die niemand mehr viel Interesse zeigt, die Chancen auf einen heimlichen Höhenflug viel besser stehen, der dann für alle überraschend kommen wird. Ich meine, bei Gold wird sich etwas bewegen, da die Kapitalisierung aller Goldbestände weltweit wahrscheinlich nur zu einem Drittel so groß ist wie die von Coca-Cola. Eine kleinere Veränderung bei der Asset-Re-Allocation könnte da schon einen massiven Aufwärtstrend zur Folge haben. Wenn Gold jetzt zu steigen beginnt, wo das Publikum sensibilisiert ist und Wert darauf legt, 5 % des Portfolios in Gold anzulegen, wird es eng für alle Beteiligten.

Stützen Sie sich bei Ihrer Goldanalyse auf das Londoner Fixing oder auf die Comex-Notierung?

Ich sehe sie mir beide an. Ich verfolge sie nicht täglich genau, weil ich beim Gold kein Day-Trading betreibe. Ich betrachte es langfristiger. Einmal die Woche der Londoner Wert genügt für meine Zwecke.

Auf welche Indikatoren verlassen Sie sich beim Beurteilen des Goldtrends?

Ich betrachte den Geldfluß in offene Goldfonds.

Als Kontra-Indikator?

Ja. Wenn viel Kapital abgezogen wird oder in vier aufeinanderfolgenden Monaten Kapitalabflüsse aus den Goldfonds erfolgen, ist Kaufen eine sichere Sache. Dasselbe gilt für Netto-Zugänge. Nach mehreren Monaten großer Zugänge ist Aussteigen angesagt. Das ist ein richtig guter Indikator.

Für den psychologisch motivierten Goldmarkt brauchen Sie aber doch auch Sentimentindikatoren?

Die Umfragedienste sind ganz gut: Market Vane und Consensus. Für Barrengold jedenfalls, nicht für Goldaktien. Ich glätte die Zahl mit einem 5-Wochen-Moving-Average. Werden größere Höhen erreicht, wird es langsam gefährlich am Goldaktienmarkt. Goldaktien sind attraktiv, wenn sie steigen, sich beim Metall nichts tut und niemand Interesse zeigt. Bewegt sich der Goldpreis, werden die Amateure aktiv. Die Leute rufen ihre Broker an und wollen wissen, was da vorgeht. Kein idealer Markt. Wenn Laien anfangen, sich für Goldaktien zu interessieren, dann wird es riskant.

Sind Short-Interest-Ratios bei einzelnen Goldaktien verläßliche Kontra-Indikatoren?

Ich habe mich früher mit Short Interest bei Goldaktien befaßt, aber ich habe es schon vor Jahren aufgegeben, weil oft Hedging dahintersteckt. Ein anderer aussagekräftiger Indikator ist die wertgewichtete Put/Call-Ratio bei Goldaktien. Ich benutze ihn nicht mehr, weil er zu arbeitsintensiv ist. Statt Umsatz oder offene Positionen zu berücksichtigen, stelle ich lieber eine wertgewichtete Put/Call-Ratio auf. Dafür nimmt man jede Option und multipliziert den Preis mit dem Volumen oder den offenen Positionen. Wer sich diese Arbeit machen will, hat ein gutes Werkzeug an der Hand.

Spielen bei Ihrer Goldanalyse Zyklen ein Rolle?

Zyklen sind für meine Arbeit nur insofern interessant, als sie mir sagen, ob ich auf Barrengold achten muß oder nicht. Ich fälle keine Tradingentscheidungen auf ihrer Grundlage. So hinkt Gold seit 15 Jahren hinter den Erwartungen her, während es am Aktienmarkt seit 15 Jahren bergauf geht, und ein Zyklus 15 bis 16 Jahre lang ist. Das heißt nicht, daß ich jetzt losgehe und Gold kaufe, doch es heißt, daß ich durchaus erwägen sollte, meine analytischen Bemühungen und meine Zeit und mein Geld verstärkt in diesen Bereich zu verlagern. Über einen längeren Zeitraum hinweg sind Zyklen im Edelmetallmarkt am zuverlässigsten, weil das Goldangebot unverändert bleibt und die Nachfrage psychologisch motiviert ist. Es ist nicht wie bei Nahrungsmitteln, wo die Nachfrage enorm sein kann. Wie ist die Nachfrage nach Gold? Die Menschen brauchen es nicht unbedingt, um sich damit die Zähne füllen zu lassen. Niemand braucht Gold unbedingt. Man glaubt nur, daß man es braucht. Und wenn man glaubt, man braucht es, kommt es zur Panik. Die Nachfrage nach Gold ist ausschließlich psychologisch motiviert, und so benutze ich Zyklen, um extremen Optimismus und extremen Pessimismus zu identifizieren. Je stärker ein Markt von Psychologie bestimmt wird, desto verläßlicher sind Zyklen.

Welche Zyklen sind Ihrer Erfahrung nach die zuverlässigsten und brauchbarsten?

Die Foundation for the Study of Cycles hat Zyklen eingehend erforscht. Ich würde mich an sie wenden, denn sie betreibt dort viel statistische Analyse, bevor sie etwas veröffentlicht. So bekommt man einen Eindruck von der Zuverlässigkeit eines Zyklus. Es gibt mehrere verläßliche Zyklen: den 9-Monats-Zyklus, den 33-Monats-Zyklus, den 5-Jahres-Zyklus und so weiter. Hauptsächlich verwenden sie sinuswellenförmige Zyklen gleicher Länge – 33 Jahre, 15 Jahre, 5,58 Jahre. Die Zyklen, die ich beim Goldtrading verwende, sind meine persönlichen und nicht völlig mechanisch. Aufgrund meines Hintergrundwissens über Psychologie achte ich auf Extreme bei Emotionen, Enthusiasmus und Angst, und diese Zyklen sind gemeinhin unregelmäßig. Die Zyklen selbst sind vorhersehbar, doch es ist wie bei den Noten zu einem Lied: Die Pausen dazwischen sind nicht immer gleich lang. Am Markt gibt es optimistische und pessimistische Zyklen. Manchmal glauben die Leute, sie müßten unbedingt Gold haben, dann wieder wollen sie es nicht. Daher sind Zyklen auf dem Gold- und Silbermarkt sehr hilfreich, weil sie menschliche Emotionen ansprechen, und Gold ist ein emotionales Anlageinstrument.

Könnte man sagen, daß Sie sich bei der Entscheidung, Gold zu kaufen oder zu verkaufen, hauptsächlich auf die Zyklus- und die Elliott-Wellen-Analyse stützen?

Auf kurz- und mittelfristiger Basis schon. Langfristig gesehen arbeite ich bei Gold viel auf fundamentaler Ebene, um seinen tatsächlichen

Wert zu ermitteln. Das gleiche gilt für Silber. Diese Dinge sind in langfristiger Hinsicht von Bedeutung, doch was das Trading betrifft, so können Goldaktien in kürzester Zeit Kursschwankungen in der Größenordnung von 30 % durchmachen, und bei Bewegungen von 30 % möchte ich ungern auf der falschen Seite stehen.

Im Hinblick auf einzelne Goldaktien, so ist mein Eindruck, halten Sie sich bei größeren Emissionen von Gratisaktien, die bei großen Institutionen so begehrt sind, eher zurück?

Ich bevorzuge Goldaktien mit geringerer Kapitalisierung. Barrick und Placer Dome sind buchstäblich der gesamte XAU-Index. Barrick etwa stellt die größte Position in 25 verschiedenen offenen Fonds. Wo sollen da neue Käufer herkommen? Portfolio-Manager greifen zu, wenn viel Geld aus dem Publikum in den Fonds fließt, doch wenn es zu solchem Zufluß kommt, dann, weil Goldaktien kontinuierlich steigen, und die umsatzschwächeren Aktien sind dann lukrativer. Ich mag die Goldaktien, die keiner hat. Ich glaube, damit hat man bessere Chancen.

Kann man sagen, daß Goldaktien traditionell die Preisentwicklung von Barrengold in beide Richtungen vorwegnehmen?

Aufwärts und besonders abwärts. Meiner Erkenntnis nach gibt es bei Gold und Goldaktien eher Spitzen als gleichmäßige, abgerundete Hochs. Sehr oft begegnet mir eine solche Spitze an einem meiner Zyklustage. Der Enthusiasmus ist groß, und Aktien und Barrengold legen beide zu. Gelegentlich erreichen sie auch gleichzeitig ein Hoch, doch meist bewegen sich die Aktien mit Vorsprung, was ungleich mehr für Tiefs gilt. Von Dezember 1973 an durften amerikanische Staatsbürger Gold besitzen. Barrengold legte ein paar Tage davor stetig zu, doch die Goldaktien zogen nicht nach. Das war ein deutliches Warnsignal: Bei beiden kam es im folgenden Monat zu drastischen Einbrüchen. Die Goldaktien führen gern bei Hochs und auch bei Tiefs, doch bei Tiefs zuverlässiger, denn Tiefs bilden sich langsamer und sind flacher. Tops bei Gold und goldverwandten Anlagen bilden sich oft als Spitzen aus, und so können die Aktien bei Hochs keinen oder nur wenig Vorsprung aufweisen.

Gibt es ein Verhältnis, das Ihnen hilft zu beurteilen, wann Goldaktien im Vergleich zum Barrenpreis über- oder unterbewertet sind?

Da gibt es mehrere Möglichkeiten. Man kann zum Beispiel den XAU durch den aktuellen Gold-Terminkontrakt teilen. Von Unterbewertung ist bei 22 : 1 die Rede, von Überbewertung bei 28 : 1. Oder man nimmt den S&P Gold Mining Index und teilt ihn durch COMEX Gold. Der Normalbereich reicht von 44 : 1 bis 56 : 1. Ich würde Ihnen raten, die Aktien zu halten, solange das Verhältnis größer wird, und auszusteigen, wenn es abnimmt, egal wie sehr. Ich wende diese Ratios nicht an, doch es spricht nichts dagegen, wenn man es richtig macht. Man kann aber auch den Buchwert, die Dividenden und die Gewinne der S&P-Goldgesellschaften heranziehen.

Bei einem Verhältnis von 44 : 1 sind Goldminenwerte also in Relation zum Goldpreis unterbewertet, bei 56 : 1 überbewertet?

Ja. Der aktuelle Wert liegt bei 64, so daß Goldaktien nach diesem Index überbewertet sind. Der S&P-Goldminen-Unterindex wird im Augenblick für $ 240,00 gehandelt. Teilt man diesen Wert durch zwei, liegt der XAU bei etwa 120. Man verdoppelt also entweder den XAU, oder man stützt sich auf den S&P-Goldminen-Unterindex, der in etwa zweimal den XAU ausmacht. Für welchen der beiden Werte Sie sich auch entscheiden, man kommt zum gleichen Ergebnis. Einziger Unterschied: Das eine Verhältnis beträgt genau das Doppelte vom anderen. Ausschlaggebend ist dabei die Formation, und wie sie von ihrem angestammten Bereich abweicht. Betrachtet man das Verhältnis rückwirkend bis 1979, waren Goldaktien am 21. Januar 1980 billig, weil der Preis für Barrengold auf $ 880,00 geklettert war. Doch es war der falsche Zeitpunkt, um Goldaktien zu kaufen, da Barrengold innerhalb von ein paar Tagen 200 Punkte verlor und dann abstürzte.

Urteilsvermögen ist offensichtlich unerläßlich bei der praktischen Anwendung dieser Ratios?

Das ist das Problem bei Zahlenverhältnissen. Das ist nicht wie bei einem Kippschalter mit Ein/Aus-Position. Eine Ratio verrät irgendeinen der vielen verschiedenen Vorgänge im wirklichen Leben. Gold kann steigen, Goldaktien können verlieren. Es können auch beide verlieren, doch eins schneller als das andere. Oder sie legen beide zu, und wieder eins schneller als das andere. Die Betrachtung des Niveaus allein sagt einem Trader noch lange nicht, wo sein Geld gut aufgehoben ist. Deshalb wende ich sie auch nicht an.

Sprechen wir von einer anderen Anlageform, die Sie perfekt beherrschen – Bonds. Um einen Bezugspunkt zu haben, wie sieht bei Bonds Ihr zeitlicher Horizont für kurzfristige, mittelfristige und langfristige Transaktionen aus?

Ich arbeite mit vier verschiedenen Zeitrahmen. Kurzfristig sind für mich die innerhalb von ein bis fünf Wochen stattfindenden Marktbewegungen. Als langfristig würde ich sechs Monate bis zu mehreren Jahren bezeichnen. Dann betrachte ich noch einen Zeitrahmen, den manche Leute nicht wahrhaben wollen, den „Supercycle". Meiner Ansicht nach existiert er wohl, doch er gibt generationsorientierte Entwicklungen wieder, die sich über 20 Jahre hinweg erstrecken. Ich berücksichtige all diese Zeitrahmen, wobei für jeden andere Indikatoren erforderlich sind. Der kurzfristige Zeitrahmen ist ausschließlich tradingorientiert, und für ihn verwende ich primär technische und psychologische Indikatoren. Für mittel- und langfristige Zeitrahmen können Indikatoren wie die Zahlungsbilanz eine Rolle spielen. Diese Daten erfährt man aber so spät, daß sie für die Prognose einer Bewegung in der Größenordnung von einem Monat nicht von großem Nutzen sind.

Kann man anhand von Anleiherenditen kurzfristigere wirtschaftliche Entwicklungen prognostizieren?

Bestimmt gibt es einen Zusammenhang zwischen der Wirtschaft und den Zinsen, doch damit habe ich mich nicht befaßt, da mich nicht interessiert, was die Wirtschaft tut. Ich konzentriere mich auf die Prognose der Bondkurse. Mir ist jedoch bekannt, daß die Form der Renditekurve oft die wirtschaftliche Entwicklung signalisiert. Normalerweise gibt es keine Rezession ohne inverse Renditekurve, und es gibt selten eine inverse Renditekurve, ohne daß bald eine Rezession folgt. Ich weiß nicht, ob das Zinsniveau die wirtschaftliche Entwicklung vorwegnimmt, doch die Beziehung zwischen den Zinssätzen für Langläufer und denen für Kurzläufer hat ganz sicherlich eine Bedeutung. Es hat sogar einmal einen Börsenbrief gegeben, der die Marktentwicklung ausschließlich anhand der Renditekurve prognostiziert hat.

Stützen Sie Ihre Prognosen für den Bondmarkt auf die Renditekurve?

Ich habe mich viel mit diesem Thema beschäftigt und bin zu dem Schluß gekommen, daß die praktische Umsetzung problematisch ist, da es sich mit dem Verhältnis zwischen kurz- und langfristigen Zinssätzen ähnlich verhält wie mit dem Verhältnis von Goldaktien zu Barrengold. Das Verhältnis kann aus ganz verschiedenen Gründen größer oder kleiner werden. Die Form der Renditekurve kann sich ändern, weil die Zinssätze für Kurzläufer steigen, während die für Langläufer sinken, oder sie sinken beide, doch der eine schneller als der andere, oder sie steigen beide, wiederum der eine schneller als der andere. Das ist eine schwierige Situation, doch ich habe noch andere Erkenntnisse gewonnen. Grob gesagt, eine negative Renditekurve, eine, die sich verschlechtert, ist ungünstig für Bonds. Auch habe ich entdeckt, daß bei einer wirklich großen Spanne von, sagen wir, 300 oder 400 Basispunkten zwischen dem Zinssatz für Langläufer und dem für Kurzläufer der Anreiz groß ist, Geld in den Bondmarkt zu leiten. Bei einer so breiten Renditekurve und wachsenden Spannen zieht der Bondmarkt Mittel an. Haben die Langläuferzinsen die Hälfte ihres Vorsprungs auf die Kurzläufer verloren, und die Spanne schrumpft von 400 auf 200 Basispunkte, verliert ein bestimmtes Publikum das Interesse am Bondmarkt. Nehmen wir an, die Spanne war groß und langläuferfreundlich und schrumpft dann, wobei die Renditekurve für Bonds aber positiv bleibt – Langläufer bringen also immer noch mehr Rendite als Kurzläufer. Wird die Renditekurve enger, machen sich die Kunden rar – beim Zinsdifferenzgeschäft etwa, wo man sich in kurzen Laufzeiten verschuldet und am langen Ende kreditiert. Der Markt verliert für viele an Attraktivität, so daß dem Bondmarkt potentielle Kunden verlorengehen, wenn sich die Renditekurve zusammenzieht.

Wächst die Spanne zwischen den kurz- und den langfristigen Zinssätzen zugunsten der Langläufer, stehen die Vorzeichen gut für Bonds, wenn sie schrumpft, nicht so gut?

Ja, bei ansonsten gleichen Voraussetzungen. Man darf dabei nicht vergessen: Wenn langfristige Bonds stagnieren und aufgrund von negativen Nachrichten von jetzt auf dann zwei Punkte (200 Basispunkte) verlieren, löst das eine Verbreiterung der Spanne aus, wenn die Zinssätze für Kurzläufer nicht in gleichem Maß gestiegen sind. Und genau deshalb verlasse ich mich nicht auf die Kurve allein. Man muß Nenner und Zähler betrachten, um die zugrundeliegenden Entwicklungen zu erkennen. Viele, die sich bei einer Spanne von einem halben Punkt nicht für Bonds interessieren – wenn langfristige Anleihen bei 7 % und kurzfristige bei 6 1/2 % liegen –, werden plötzlich zu Käufern, wenn sich die Zinsspanne von Lang- zu Kurzläufern vergrößert. Bei 8 % oder 8 1/2 % statt 6 1/2 % verlagert sich das Käuferinteresse von Kurzläufern zu Langläufern. Knappe Spannen sind üblicherweise nicht günstig für den Bondmarkt, da dann der Anreiz gering ist, dort zu investieren.

Um eine Größenordnung anzugeben: Würden Sie sagen, daß eine Spanne von 400 Basispunkten genügt, damit die Käufer von Kurzläufern zu Langläufern überlaufen?

Interessant ist, daß ich hier keinen genauen Wert angeben kann, da die Leute sich hier nicht an 100 oder 200 Basispunkten orientieren. Eine größere Rolle spielt, wieviel bisher möglich war. Wenn schon einmal 100 Basispunkte erreicht wurden, sind 50 nicht so interessant. Oder wenn schon 400 erreicht wurden und die Spanne auf 200 schrumpft. Eine Spanne von 200 ist an sich nicht schlecht, doch es sind eben keine 400, also läßt das Interesse am Bondmarkt nach. Das Verhältnis zwischen den langfristigen und kurzfristigen Zinssätzen ist meiner Ansicht nach hier hilfreicher als die tatsächlichen Zahlenwerte. Heute arbeite ich in solchen Fällen viel auf der Grundlage einer Spanne und eines Verhältnisses. Beim Zugrundelegen einer Spanne zieht man die Sätze für Kurzläufer von denen für Langläufer ab.

An dieser Stelle sollten wir vielleicht Ihre Bezugsgrößen für die Zinssätze für Kurzläufer und Langläufer klären.

Ich arbeite normalerweise mit 30jährigen Bonds gegenüber Treasury Bills mit 90 Tagen Laufzeit. Viele meinen, man sollte lieber Wechsel mit zwei Jahren Laufzeit nehmen. Das ist mehr oder weniger eine Frage des Zeitgeschmacks. Ich lege Wert auf eine kontinuierliche Serie, sozusagen zurückverfolgt bis zum Bürgerkrieg. Bei den Kursen für Wechsel mit zweijähriger Laufzeit geht das nicht. Ich möchte eine klare Unterscheidung zwischen langfristigen Risikobonds und kurzfristigen Papieren, denn hier macht sich erst der große psychologische Unterschied bemerkbar. Die Frage ist, ob es den Menschen um ihre Bilanz oder um ihre Ertragsrechnung geht. Haben sie viel Vertrauen, werden sie sich um ihre Ertragsrechnung Gedanken machen und so lange wie möglich am Ball bleiben, um möglichst viel Rendite zu erzielen. Haben sie Angst, steigen sie eher aus. Darum geht es hier, um das Verhältnis von Angst zu Gier, um die Frage: langfristige Anlage oder eine schnelle Mark.

Sie wollten erläutern, wie Sie die Zinsspannen bewerten.

Da gibt es zwei Methoden. Bei lang laufenden Bonds zu 7 % und Geldmarkttiteln zu 3 1/2 % liegt die Renditespanne bei 350 Basispunkten. Das ist eine Betrachtungsweise, doch ich bevorzuge eine andere: das Dividieren der Zinssätze für Langläufer durch die für Kurzläufer. Beträgt der Langfristzins 7 %, der kurzfristige Zins 3 1/2 %, ergibt das eine Renditekurve von 100, weil der Langläufer 100 % mehr hergibt als der Kurzläufer. Der Blick in die Vergangenheit bringt hier viel, finde ich. In den 40er Jahren, mit Renditen von 1/4 % oder 1/2 %, waren die Spannen nicht so aussagekräftig, doch die Verhältnisse, die Formationen hielten sich. Bei historischen Betrachtungen verwende ich immer Verhältnisse. 1980, als die Zinsen unerreichte Höhen erklommen – 20 % für kurzfristiges Geld und 15 1/4 % für langfristige Staatsanleihen –, waren das unglaubliche Zahlen, doch die Verhältnisse gerieten nicht so sehr aus den Fugen. Außerdem muß man noch auf Formveränderungen der Renditekurve achten. Ein Merkmal des Jahrhunderttiefs auf dem Bondmarkt am 28. September 1981 oder am 1. Oktober 1981 – je nachdem, welche Bonds man betrachtet – war die Formveränderung der Renditekurve. 1981 war ein Baissejahr für Bonds. Die Zinssätze für Kurzläufer lagen immerhin um die 21 %. Seit Januar hatten Bonds schwächer notiert, doch am 1. Oktober waren die Zinssätze für Langläufer und für Kurzläufer auf dem gleichen Niveau. Wie ich schon sagte, bei ausgeglichener Renditespanne besteht nicht viel Anreiz. Ein paar Jahre lang war die Renditekurve negativ gewesen, und dann, am 1. Oktober, kam es zum Schnittpunkt. Der Bondmarkt versprach ein oder zwei Basispunkte mehr. An diesem Tag erreichte der Bondmarkt einen absoluten Tiefpunkt. Bis zu einem gewissen Grad war es Zufall, daß an dem Tag die Wende einsetzte, doch die Form der Kurve bewegte sich stark zugunsten von langfristigen Anleihen. Vordem konnte man 600 Basispunkte gutmachen, wenn man sich an kurzfristige Papiere hielt, doch die Zinsen für Kurzläufer gaben allmählich nach, und die Spanne schrumpfte auf 500, 400, 300 und dann nochmals im Oktober. Die Renditekurve ist nicht immer so eine präzise Hilfe beim Timing, doch dies ist ein klassisches Beispiel für die Vorgänge.

Um das Verhältnis der Renditekurven zu berechnen, ermitteln Sie also eigentlich die prozentuale Differenz zwischen den langfristigen und den kurzfristigen Zinssätzen. Gibt es Umstände, unter denen es günstiger ist, dieses Verhältnis zugrundezulegen statt der Basispunktspanne?

Beides, Verhältnis und Differenz, sind probate Mittel, doch die historische Perspektive zeigt regelmäßig eigenartige Phänomene. So hatten während der Depression Treasury Bills kurzfristig eine negative Rendite. Die Menschen trauten sich nicht, ihr Geld bei Banken, in Aktien oder Bonds anzulegen, und kauften Treasury Bills zu einem Kurs von 101, obwohl sie wußten, daß sie nur 100 zurückbekommen würden. Sie wollten ihr Geld sicher angelegt wissen. Die Treasury Bills hatten unterm Strich eine negative Rendite. Über einen langen Zeitraum betrugen die Renditen 1/8 %. Betrachtet man dies unter dem Gesichtspunkt der Verhältnismäßigkeit, ergeben sich extreme Verzerrungen, wenn die Zinssätze für Langläufer bei 7 % liegen und die für Kurzläufer bei 1/8 %. Setzte man diese Zahlen in Relation, so betrüge das Verhältnis

56 : 1 und läge damit außerhalb des Charts. In solchen Zeiten ist es sinnvoller, die Differenz der Basispunkte zu betrachten. Eine Basispunktdifferenz von 700 wäre hier nicht außergewöhnlich. Verhältnis und Differenz haben ihre Vorteile. Die Frage ist ähnlich wie die nach der Betrachtungsweise von Aktienkursen. Sollte man sie auf arithmetischer oder semilogarithmischer Grundlage betrachten? Beide Methoden haben ihre Berechtigung.

Eine inverse oder negative Renditekurve bedeutet also, daß Geld knapp ist?

Ja, und für den Anleger heißt das: Warum sollte er sein Geld über 30 Jahre lang Risiken aussetzen, wenn er für tägliches Geld höhere Zinsen bekommt? Wer sein Geld langfristig bindet, braucht dafür einen finanziellen Anreiz. Wenn sich langfristige Anlagen nicht auszahlen, schreckt der langfristige Bondmarkt ab. Dann kann er auch gleich bei kurzfristigen Papieren bleiben.

Wenn das so ist, warum stehen dann die Investoren bei Coca-Cola, IBM oder Disney Schlange nach Industrieanleihen mit 100jähriger Laufzeit mit Rückzahlungsrenditen in derselben Größenordnung wie 30jährige Bonds?

Keine Ahnung. Es ist ein kluger Schachzug von den Unternehmen, solche Anleihen zu emittieren. Wir sind daran gewöhnt, daß die Zinsen für Langläufer merklich höher sind als für Kurzläufer. Die Logik, die dahintersteht, besagt, daß es sich auszahlen muß, wenn man sein Geld für 30 Jahre anlegt statt für 30 Tage. Wer sich langfristig bindet, bekommt einen Risikobonus. Die ersten zwei, drei Jahrzehnte dieses Jahrhunderts dachte man noch anders. Damals waren die Zinsen für Kurzläufer beständig höher als die für Langläufer.

Beständig, ungeachtet der wirtschaftlichen Situation?

Ja, jedenfalls von 1890 bis 1920. Die Überlegung war damals, daß bei einer langfristigen Anlage auf 30 Jahre ein fester Zinssatz garantiert wurde. Bei kurzfristiger Anlage mußte man sein Geld nach 30 Tagen zurücknehmen, und niemand wußte, wieviel man dann dafür bekommen würde. Es war wie bei einer Versicherungspolice. Je länger der Zeitraum, für den der Ertrag garantiert wurde, desto geringere Zinssätze, mit denen sich der Kunde zufriedengab. Das sind Tatsachen. Bis in die 30er und 40er Jahre hinein war die Renditekurve die meiste Zeit invers. Seit den 40er Jahren war das nur noch selten der Fall. Meiner Ansicht nach brachte das Abrücken vom Goldstandard den Unterschied. Im 19. Jahrhundert wußte man noch, was der Dollar wert war. Doch als der Goldstandard abgeschafft wurde und Franklin Roosevelt die Goldklausel in Verträgen für nichtig erklärte, wußte plötzlich niemand mehr, was sein Geld in 20 Jahren wert sein würde. Seinerzeit war auf Bonds und Kontrakten vermerkt, daß derjenige, der jemandem $ 1 000,00 lieh, in 20 Jahren $ 1 000,00 oder den Gegenwert in Gold zurückbekäme. Ob man sich nun für 20 Tage oder 20 Jahre festlegte, ein Inflationsrisiko gab es nicht, da man wußte, daß der Dollar so gut war wie Gold oder daß man Gold bekommen würde. Heute weiß keiner, wieviel der Dollar wert sein wird, wenn er sein Anleihekapital nach 20 Jahren zurückbekommt. Es gibt nur noch Zeichen auf dem Bildschirm, keine echte Währung.

Apropos Inflation, in welchem Maß beeinflussen wirtschaftliche Faktoren die Kurse von Bonds?

Inflation ist natürlich ein entscheidender Faktor. Das Problem bei solchen Faktoren, die potentielle Auswirkungen auf die Zinsen haben, wie die Arbeitslosenquote oder die Industrieproduktion, ist, daß sie Trendfolger sind. Veränderungen bei den Zinssätzen werden von Angebot und Nachfrage nach Geld ausgelöst. Betrachtet man viele dieser wirtschaftlichen Faktoren, bekommt man ein Gefühl für Angebot und Nachfrage nach Geld – doch erst sehr spät. Diese Indikatoren reagieren meist erst, nachdem sich die Zinsen bewegt haben. Je nach Ausmaß der Trends der Wirtschaft kann man bei langen Bewegungen auch noch aufspringen und ein Stück mitnehmen, wenn man spät dran ist. Diese wirtschaftlichen Indikatoren sind nicht unbrauchbar, doch im Hinblick auf ein gutes Timing sind sie unweigerlich zu spät dran, um Nutzen zu bringen.

Sind steigende Zinsen notwendigerweise die Folge, wenn die Kreditnachfrage zunimmt?

Nein, denn es gibt vier Faktoren. Die Kreditnachfrage ist nur einer davon. Auf beiden Seiten der Gleichung gibt es Nachfrage und Angebot. Es gibt ein Angebot an Geld und eine Nachfrage nach Geld auf der Kreditgeberseite, und es gibt ein Angebot an Kredit und eine Nachfrage nach Kredit. So sollte man erwarten, daß die Zinsen bei einem Zahlungsbilanzdefizit oder einem Haushaltsdefizit explodieren, da die Regierung mehr ausgibt, als sie einnimmt, und die Differenz aufnehmen muß; und so ist es auch. Doch seit 20 oder 30 Jahren besteht eine inverse Korrelation zwischen Zinsen und Defizit. Ist das Defizit gesunken, sind die Zinsen gestiegen. Ist das Defizit größer geworden, sind die Zinsen gesunken. Wenn man in die erste Hälfte des Jahrhunderts zurückgeht, so gingen bei Haushaltsdefiziten die Zinsen in 50 % aller Fälle nach oben, in 50 % aller Fälle nach unten. Es war unberechenbar. In den letzten Jahrzehnten aber hat sich, wie schon gesagt, das Verhältnis zwischen Defizit und der Tendenz der Zinssätze umgekehrt, und zwar, weil noch so viele andere Faktoren mit hineinspielen, die seit den 60er Jahren solche Wirkungen mehr als ausgeglichen haben.

Können Sie diese Faktoren kurz schildern?

Der zusätzliche Finanzierungsbedarf im Jahr ist gering, verglichen mit dem riesigen Bestand an Bonds, die im Umlauf sind. Nehmen wir an, in einem Jahr fährt die Regierung ein maßgebliches Defizit ein. Wenn jeder Besitzer eines der zahllosen Bonds auch nur die ausbezahlten Zinsen zum Kauf neuer Bonds verwendet, fließt bereits mehr Geld in Bonds, als die Regierung zur Finanzierung des Defizits braucht. Brauchen die Leute dringend Geld und verwenden ihre Zinsen anderweitig, gibt es keinen Nachschub an Käufern. Die bereits bestehende Verschuldung ist überwältigend im Vergleich zu der jährlichen Neuverschuldung. Werden genügend der auf die Altverschuldung ausbezahlten Zinsen reinvestiert, wäre das mehr als genug, um die Neuverschuldung zu dekken. Hier liegt meiner Ansicht nach der Grund dafür, daß sich das Verhältnis von Zinsen und Defiziten in den letzten Jahren umgekehrt hat.

Außerdem haben wir hohe Verbindlichkeiten bei den ausländischen Zentralbanken. Wenn Zentralbanken Dollars wollen, kaufen sie kein Papiergeld mit dem Kopf von George Washington darauf. Um an Dollars zu kommen, kaufen sie auf Dollar lautende Treasury Bills, oder Wechsel mit zwei Jahren Laufzeit oder Bonds mit fünfjähriger Laufzeit. Haben wir ein großes Zahlungsbilanzdefizit, könnten die Ausländer all dieses Geld und noch mehr in die Bonds stecken, die der Staat emittiert. Wenn also Ausländer, hier in erster Linie die Zentralbanken, einen großen, positiven Netto-Cashflow haben, könnten sie unser Defizit finanzieren. Die Zinsen könnten weiter sinken, obwohl wir Defizite zu verzeichnen haben.

Wenn ausländische Zentralbanken Dollars via staatlicher Treasury Bills und Wechsel kaufen und dann beschließen, ihre Treasury-Bill-Positionen abzustoßen, könnte das zu Einbrüchen beim Dollarkurs führen?

Das halte ich für sehr wahrscheinlich.

Stellen Sie die Neuverschuldung am Bondmarkt dem im Umlauf befindlichen Angebot gegenüber?

Nein, weil die Zahlen nicht sofort bekannt sind. Ich verfüge über Datenmaterial zum Angebot an Aktien im Verhältnis zu den Kursen an der NYSE, das fünfzig Jahre zurückgeht und äußerst aufschlußreich ist. Gerne hätte ich so etwas für Bonds, doch leider habe ich es nicht. In längeren Zeiträumen starker Nettorückgänge beim Aktienangebot – wenn Unternehmen mehr Aktien aufgekauft haben als emittiert – ging es am Aktienmarkt stark bergauf. Sind vermehrt Aktien emittiert worden, gerieten die Kurse unter Druck.

Betrachtet man das Angebot an Schuldtiteln, welche Arten von Verschuldung sind in diesen Zahlen tatsächlich berücksichtigt?

Die Nettoverschuldung wird normalerweise in Staatsverschuldung und Unternehmensverschuldung aufgespalten. Das ist wichtig, denn manchmal heben sie sich gegenseitig auf. In Zeiten der Depression werden sich Unternehmen nicht verschulden. Sie werden ihre Schuldner bedienen, so daß hier die Verschuldung zurückgeht, während der Staat Geld aufnimmt, um entgangene Einnahmen auszugleichen und die Wirtschaft anzukurbeln. Man verwendet hier gern zwei Kategorien, weil es hier zu gegenläufigen Schwankungen kommt.

Um zu bestimmen, in welche Richtung die Zinsen tendieren, muß man also, zumindest bei Bonds mit 30 Jahren Laufzeit, vor allem das hintere Ende der Renditekurve beachten statt des vorderen Endes?

Nein. Zwei Drittel der Zeit bewegen sich die kurzfristigen Zinssätze in die gleiche Richtung wie die für Langläufer. Ein Drittel der Zeit bewegen sie sich in verschiedene Richtungen. Mir fällt es viel leichter, die Zinsen für Langläufer zu prognostizieren als die für Kurzläufer. Wenn jemand an einer Auktionsbörse Treasury Bills kauft, behält er sie meist bis zur Fälligkeit. Wer 30jährige Bonds kauft, behält sie nicht, gerade heute nicht mehr. Wenn die Leute Angst bekommen, werfen sie ihr Gold, ihre Aktien und ihre Bonds auf den Markt. Bei Treasury Bills geraten sie nicht in Panik und stoßen sie somit nicht in aller Eile ab. Sie halten sie und verlängern sie bei Fälligkeit. Eine Ausnahme bilden hier höchstens Anleger aus dem Ausland. Bereitet ihnen der Dollar Magenschmerzen, verkaufen sie gehäuft auf Dollar lautende Treasury Bills. Am vorderen Ende des Kapitalmarktes kommt es nicht in dem Maß zu Panikreaktionen wie am hinteren Ende. Soweit es den Zinsmarkt betrifft, gibt es für den Bondmarkt eine Reihe von psychologischen Hilfsmitteln, die für den T-Bill-Markt nicht taugen. Haben Sie einen 30-Tage-T-Bill, was kann Ihnen dann schon in den nächsten 30 Tagen passieren? Bei einem Bond mit einer Laufzeit von 30 Jahren ist alles drin. In ein paar Monaten kann man 15 % des angelegten Betrages verlieren.

Je weiter man sich auf der Renditekurve hinauswagt, desto höher ist also das finanzielle Risiko?

Bei einem 30jährigen Bond kann die Anlage beträchtlich an Wert verlieren.

Halten Sie das lange Ende des Bondmarktes in puncto Richtungsprognose für Zinsentwicklungen für berechenbarer?

Das lange Ende ist vorhersehbarer, weil viele der psychologischen und zyklischen Faktoren, auf die ich mich stütze, beim Bondmarkt Wirkung zeigen. Versprechen sich die Leute Gewinn, stürzen sie sich auf alles. Geht die Angst um, flüchten sie in die Liquidität. Wer die Inflation fürchtet, kauft Gold. Manche verlieren dabei und sorgen sich um ihre Bilanz. Dann stoßen sie alles ab: Gold, Aktien und Bonds. Wer richtig Angst hat, wird jede Anlage verkaufen, egal, welcher Art. Doch es kommt selten vor, daß die Leute aus Angst ihre T-Bills auf den Markt werfen. Der psychologische Zwang der Angst ist am kurzen Ende des Marktes nicht so vorhanden wie am langen. Das ist nicht immer so, weil die Leute manchmal nur ihr Bargeld unterbringen wollen. Ein andermal werfen Investoren aus Europa oder Asien T-Bills auf den Markt, weil sie Angst vor dem Dollar haben. Für das lange Ende des Marktes gibt es eine ganze Reihe von Indikatoren, die für das kurze Ende nicht anwendbar sind.

Um mit den psychologischen Indikatoren zu beginnen: Ist die Put/Call-Ratio für Bond-Optionen ein aussagekräftiges Hilfsmittel?

Schon, doch dabei ziehe ich nicht einfach den Umsatz oder die offenen Positionen heran, sondern ich berechne sie auf einer dollargewichteten Basis. Ich nehme den Basispreis eines jeden Puts und multipliziere ihn mit seinem Volumen und mit den offenen Positionen. Dasselbe mache ich für die Calls. Statt X Calls und Y Puts bekomme ich den tatsächlich in alle Puts und alle Calls investierten Dollarbetrag heraus. Das macht viel mehr Arbeit, doch spart man sich die, wird ein Put für $ 5,00 genauso bewertet wie einer für 50 Cents. Ich will genau wissen, wieviel Geld in Puts und wieviel Geld in Calls investiert wird. Als ganz grobe Faustregel gilt hier: Der Normalbereich liegt zwischen 50 und 200. Das heißt, daß manchmal doppelt soviel Geld in Calls oder doppelt soviel Geld in Puts gesteckt wird, und es ist immer noch im Normbereich. Bei einem Wert von 1 000 ist zehnmal soviel Geld in Puts wie in Calls, und das ist dann schon dramatisch. Solche Extreme werden erreicht, wenn es bei Markthochs oder -tiefs zu größeren Umschwüngen kommt.

Extremwerte sind also der Schlüssel.

Zwei Dinge sind hier von Bedeutung: Einmal der Extremwert, zum zweiten die Formation. Wie ich schon sagte, liegt der Normbereich zwischen 50 und 200. Dann bewegen sich Puts und Calls im Verhältnis von maximal 2 : 1. Wird der Bereich von 2 : 1 stark überschritten, wenn meinetwegen vier- oder fünfmal soviel Geld in Puts oder vier- oder fünfmal soviel in Calls steckt, haben wir es mit einem Stimmungsextrem zu tun. Die Puts und Calls verfallen ständig, und es kommen neue Serien dazu. Aus diesem Grund, und weil die Parameter einer Hausse sich zwangsläufig von denen einer Baisse unterscheiden, glätte ich die Serien. Ich bestimme die Parameter durch Berechnung eines 52-Wochen-Moving-Averages und einer mehrfachen Standardabweichung.

Im Grunde genommen berücksichtigt eine Glättung der Ratio den Umstand, daß in einem haussierenden Markt Calls stärker gefragt sind, in einer Flaute dagegen mehr Puts gekauft werden.

Richtig. In einem Haussemarkt wird die Put/Call-Ratio niedriger liegen als in einem Baissemarkt. Viele sprechen bei bestimmten Werten von einer „zu hohen“ oder „zu niedrigen“ Put/Call-Ratio. Da ist durchaus was dran, doch welcher Wert hoch und welcher niedrig ist, hängt davon ab, in was für einem Markt man sich befindet. Man kann nicht bei einem bestimmten Niveau grundsätzlich zum Kauf und bei einem anderen zum Verkauf raten. Ich versuche, Wendepunkte zu finden. Statt zu sagen, bei einer Put/Call-Ratio von unter 50 soll man Bonds verkaufen, bei über 200 kaufen, nehme ich einen 250-Tages-Moving-Average oder einen 55-Tages-Moving-Average und eine mehrfache Standardabweichung davon. Kommt es zu fundamentalen oder zyklischen Veränderungen auf dem Markt, die das Niveau nach oben oder unten verschieben, kann man rechtzeitig aussteigen. Man muß seine Parameter entsprechend anpassen. Ich verwende Standardwerkzeuge wie die Put/Call-Ratio oder die Renditespanne und kombiniere sie mit Standardabweichungen, so daß ich sie an aktuelle Marktentwicklungen anpassen kann.

Woher beziehen Sie Ihre Optionsdaten für Bond-Futures, und berechnen Sie Ihre Put/Call-Ratio auf Tages- oder Wochenbasis?

Wir bekommen die Daten direkt vom Parkett des Chicago Board of Trade. ***Barron's*** bietet einmal die Woche eine gestraffte Zusammenfassung. Wir berechnen sie aus alter Gewohnheit täglich, aber auch auf Wochenbasis ist sie sehr nützlich.

Barrons's veröffentlicht einmal die Woche die Umfrageergebnisse zur Marktstimmung für Bonds. Früher einmal konnte man bei Werten von 70 % und 30 % davon ausgehen, daß ein Umschwung vor der Tür stand. Gelten diese Größen noch?

Früher klafften diese Zahlen oft weit auseinander. In den letzten Jahren lagen sie näher beieinander, meist zwischen 40 % und 60 % statt zwischen 70 % und 30 %. Den Umfragediensten nach, Market Vane etwa oder Consensus, liegen die Werte in einem haussierenden Markt über, in einem Baissemarkt unter der Norm. Ich habe im Versuch einmal 70 % und 30 % als Kauf-/Verkaufsparameter für Bonds verwendet, ein andermal 80 % und 20 %. Dabei habe ich festgestellt, daß auf Grundlage der bloßen Zahlen weniger zu erwirtschaften war als mit einer langfristig orientierten Anlage. Nehmen wir an, Sie arbeiten mit den Werten 80/20 oder 70/30 und Sie erwischen einen kräftigen Bullenmarkt wie im Herbst 1981. Nach zwei, drei Wochen rasanter Entwicklung nach oben erreichen Sie Ihre 70%- oder 80%-Hausse und verkaufen. Die folgenden Wochen wird viel abgestoßen, doch der Stimmungsindikator fällt nie bis auf 20 % oder 30 %. Er erreicht 40 % oder 50 % und steigt dann wieder. Wer in einem Baissemarkt bei 30 % kauft und bei 70 % aussteigen will, wird es nicht schaffen, weil die Stimmung bei einer Baisse nie 70 % erreichen wird. Wer so feste Größen wie 70/30, 80/20 oder ähnliches zugrunde legt, wird in einer Hausse zu früh verkaufen und den Einstieg nicht mehr finden. In einer Baisse wird er zu früh kaufen und vergebens auf ein Verkaufssignal warten. 70 % und 30 % sind durchaus brauchbare Werte, doch in einem haussierenden Markt verkauft man bei 70 und kauft bei 50, und in einer Baisse kauft man bei 30 und verkauft bei 50. 50 % könnten in einem Baissemarkt als Verkaufssignal, in einem Haussemarkt als Kaufsignal gewertet werden. Die Ausschläge bei Aktien und Bonds sind mittlerweile weniger groß, doch ungeachtet der Zahlenwerte oder der Größe der Ausschläge, das Prinzip ist immer noch dasselbe: Man darf in einer Hausse nicht dieselben Kauf-/Verkaufssignale ansetzen wie in einer Baisse. Haussiert der Markt, muß man die Parameter anheben, ist er bearish, muß man sie senken. Sonst bleibt man im Baissemarkt auf seiner Position sitzen und schafft den Ausstieg nicht oder gerät im Haussemarkt ins flache Wasser.

Heißt das, diese Methode ist keine Hilfe fürs Timing?

Als Timinghilfe taugt sie nur, wenn wir die Parameter verschieben, und um das zu tun, muß man wissen, ob der Markt bullish oder bearish ist. Für sich allein ist sie nicht aussagekräftig. Man muß noch einen anderen, unabhängigen Indikator hinzuziehen, der Auskunft gibt über den generellen Trend.

Welchen anderen unabhängigen Indikator würden Sie hier verwenden?

Ich stütze mich da auf ein komplettes, mittelfristiges Modell. Doch wer einen Einzelwert sucht, dem würde ich einen monetären Indikator empfehlen, freie Rücklagen etwa oder die Form der Renditekurve.

Freie Rücklagen waren seit vielen Jahren netto immer im positiven Bereich, generieren also kaum viele Signale.

Stimmt, aber man muß ja nicht die Zahlenwerte allein betrachten. Man kann Standardabweichungen hernehmen oder einen 5-Wochen-Average, den man von einem 26-Wochen-Average abzieht. Dann zeigt sich mehr der Trend statt des Niveaus.

Sind die Barreserven von Bondfonds ein guter Stimmungsindikator?

Ja. Ich habe diesen Indikator bereits 1974 entdeckt, und auch ihn muß man der Renditekurve entsprechend anpassen. Die magische Zahl gibt es nicht, man kann nicht bei 4 % von bearish, bei 8 % von bullish sprechen. Bei Bondfonds sind feste Zahlenwerte nicht brauchbar, bei offenen Aktienfonds dagegen manchmal schon. Denn wer einen Wachstumsfonds im Aktienmarkt hat, wird theoretisch nach Wachstum streben, und daher investieren die Manager in Aktien. Hält ein Aktienfondsmanager größere Barreserven, mißtraut er dem Aktienmarkt. Hält ein Anleihefondsmanager größere Barreserven, mißtraut er nicht notgedrungen dem Bondmarkt. Es könnte auch an einer inversen Renditekurve liegen. Wenn Langläufer 8 % Rendite bringen, Kurzläufer 10 %, kann es für den Fondsmanager lukrativer und absolut risikolos sein, im kurzen Laufzeitenbereich zu bleiben. Es liegt in der Natur der Sache, daß ein auf hohe Ausschüttungen ausgerichteter Fonds dorthin tendiert, wo hohe Ausschüttungen möglich sind. Die Höhe der Barreserven eines Anleihefonds könnte also lediglich ein Hinweis auf die Form der Renditekurve sein. So war es in den Jahren 1979 bis 1981. Die Höhe der Barreserven von Anleihefonds erreichte damals um die 20 %. Und das lag nicht etwa an einer massiven Baisse für Bonds. Es lag vielmehr daran, daß die Kurzläuferzinsen 22 % betrugen und man im kurzfristigen Marktbereich mit weniger Risiko bessere Ergebnisse erzielen konnte. Bei der Betrachtung der Barreserven von Anleihefonds muß man die Form der Renditekurve berücksichtigen.

Man könnte also sagen, es wird die Spanne zwischen 90-Tages-Treasury-Bills und Bonds mit 30 Jahren Laufzeit betrachtet und dann entschieden, was lukrativer ist?

Richtig. Verspricht etwa der langfristige Marktbereich dreimal soviel Gewinn, ist es nur folgerichtig, die Barreserven gegen Null herunterzufahren. Sind die Zinssätze für Kurzläufer und Langläufer ungefähr gleich, und die Barreserven werden so stark gesenkt, so spricht das für einen ungerechtfertigten Optimismus der Anleihefondsmanager. Vor ein paar Jahren war die Spanne zwischen Kurzläufer- und Langläuferzinsen so groß wie nie zuvor. In dieser Situation werden Anleihefondsmanager ihre Barreserven nicht herunterfahren, denn sie sind hochgradig bullish. Solange sie 300 % mehr bekommen, wenn sie sich im langfristigen Marktbereich engagieren statt im kurzen, dann werden sie ihre Barreserven gegen Null fahren, um diese hohen Renditen mitzunehmen. Sind die Zinsen für Lang- und Kurzläufer einigermaßen gleich, und die Leute reduzieren ihre Barreserven trotzdem, dann ist das ein aussagekräftiger Indikator für ausgesprochenen Optimismus. Betragen die Barreserven eines Anleihefonds, sagen wir, 4 %, hat das bei einer sehr steilen Renditekurve eine völlig andere Bedeutung als bei einer flachen.

Um die Dinge in Kontext zu bringen: Welche Extremwerte bei den Barreserven von Anleihefonds sind bullish, welche bearish?

Hier können wir nicht auf 20 Jahre Geschichte zurückgreifen, doch in den letzten Jahren lagen die Extremwerte bei 4 % und 12 %.

Abgesehen von der Form der Renditekurve, welche anderen Führungsindikatoren können bei der Richtungsprognose der Zinsen hilfreich sein?

Das hängt vom Markt ab. Wie ich schon sagte, sind manche Märkte rein psychologisch motiviert. Von 1990 bis 1993 war der Bondmarkt anfangs fundamental oder monetär motiviert, die Spanne zwischen Langläuferzinsen und Kurzläuferzinsen war groß. Jedermann nahm Geld auf, um sich in Bonds zu engagieren und die Gewinne aus der Differenz der Fremdfinanzierungskosten und der Bondrenditen mitzunehmen. Damals war die Form der Renditekurve ein ausgesprochen aufschlußreicher Führungsindikator für den Bondmarkt, doch das war eine Ausnahmesituation. Gegen Ende dieser drei Jahre war die Spanne immer noch deutlich, doch psychologische und technische Faktoren dominierten immer mehr, weil es viele kreditfinanzierte Marktteilnehmer gab. Durch den starken Rückgang bei kurzfristigen Zinssätzen war es grundsätzlich attraktiv, Bonds fremdzufinanzieren, doch als dann so viele kreditfinanzierte Teilnehmer am Markt waren, hätte auch die allerkleinste Schwankung das Einsatzkapital bedroht. Zu diesem Zeitpunkt wurde es ein psychologisch-technisches Spiel. Welche Führungsindikatoren brauchbar sind, hängt also vom Markt ab. Manche – Zyklen zum Beispiel – sind immer Führungsindikatoren. Die psychologischen Faktoren wie die Put/Call-Ratio dagegen sind bis zu einem gewissen Grad Führungsindikatoren, doch ihre Führung ist nicht beständig. Die technischen Indikatoren stehen und fallen mit dem Markt, so daß sie als Führungsindikatoren zwar grundsätzlich taugen, aber nur bedingt.

Um Bondkurse zu prognostizieren, muß man also zunächst feststellen, welche Faktoren den Markt bestimmen – zyklische, technische, fundamentale, monetäre oder psychologische?

Das wäre ideal, doch in der Praxis erfordert es soviel Aufwand und Kenntnis, daß man einfach das vorhandene Zahlenmaterial betrachtet und versucht, das Beste daraus zu machen. Man hat dann nicht immer einen großen Vorsprung, manche Werte reagieren normalerweise verzögert. Verfolgt man etwa die Federal-Reserve-Politik, erwischt man eine Bewegung zwar in der Mitte, doch man verpaßt beide Enden, weil an Spitzen und Böden die Reaktion verzögert.

Was genau meinen Sie mit Federal-Reserve-Politik?

Veränderungen beim Diskontsatz, bei den Einschußsätzen oder dem Tagesgeldsatz – solche Dinge.

Ich war immer der Meinung, der Diskontsatz und der Zinssatz für 90-Tages-T-Bills seien ein stets zuverlässiges Hilfsmittel für die Prognose des Trends von Kurzläuferzinsen?

Das stimmt schon, doch die Federal Reserve setzt ja die Zinsen für Treasury Bills nicht fest. Ich unterscheide zwischen dem Zinssatz für T-Bills und dem Diskontsatz. Der Zinssatz für T-Bills ist für mich ein monetärer, in manchen Fällen sogar ein technischer Faktor, während der Diskontsatz ein verordneter Satz ist, der bei mir unter „Fed Funds Policy“ läuft. Werte wie der Diskontsatz hinken so gut wie immer hinterher. Der Zinssatz für T-Bills etwa wird frei vom Markt bestimmt und kann daher ein Führungsindikator sein. Früher war es so, daß man einen Anstieg der Zinsen für T-Bills bis auf einen Punkt unter dem Diskontsatzniveau als negatives Zeichen werten konnte. Lagen die Zinsen für T-Bills niedriger als der Diskontsatz, war das positiv. Mit diesen Formeln habe ich jahrelang gearbeitet, doch sie funktionieren heute nicht mehr so gut – wahrscheinlich, weil sich immer mehr Leute danach richten, die das früher nicht getan haben.

Wenn der Zinssatz für T-Bills über den Diskontsatz steigt, was sagt das über die Bedingungen auf dem freien Markt aus?

Normalerweise ist dann mit einem angespannteren Markt zu rechnen. Der Diskontsatz wird allgemein als eine Art Strafzins betrachtet. Man muß dann mehr zahlen, wenn man Geld aufnimmt. Liegen die Zinsen auf dem freien Markt über dem Diskontsatz, heißt das, die Lage wird schlechter und das Geld teurer. Die führenden Zinssätze steigen schon, die verzögert reagierenden sind noch nicht hinterhergekommen. Meiner Ansicht nach schadet ein Anheben des Diskontsatzes dem Bondmarkt nicht. Natürlich hat es Auswirkungen auf alle, deren Kredite sich daran orientieren. Gemeinhin wird der Diskontsatz sowieso dann angehoben, wenn die Lage ungünstig ist, um Schritt zu halten mit den Vorgängen auf dem freien Markt. Die Fed ist nicht die treibende Kraft hinter Zinsbewegungen. Meiner Ansicht nach vollzieht sie sie nur nach.

Vor Jahren haben Sie einen Indikator entwickelt, der die durchschnittliche Fälligkeit von Geldmarktfonds maß. Reagiert er immer noch so sensibel für Veränderungen bei Zinstrends?

Als ich ihn seinerzeit entwickelt hatte, war ich wirklich begeistert davon; doch vor allem deshalb, weil es meine Schöpfung und etwas völlig Neues war. Langfristig hat er meine Erwartungen aber nicht erfüllt. Er ist doch mehr ein trendbestätigender Indikator als ein führender, denn dabei gibt es viele Probleme. Zum einen differenziert er nicht. Je mehr die Geldmarktfondsbranche heranreifte, desto kürzer wurde die durchschnittliche Laufzeit. Das Publikum engagierte sich früher für 200 Tage, und das kann man heute nicht mehr. Es hat also maßgebliche Veränderungen gegeben. Die tatsächliche Anzahl von Tagen hat je nach Markt eine unterschiedliche Relevanz. Auch hier stelle ich mit Hilfe von Standardabweichungen und Moving-Averages fest, ob der Optimismus oder der Pessimismus zu groß ist. Diese Übung mache ich noch immer einmal die Woche und habe so eine gute Bestätigung dafür, ob der Trend aufwärts oder abwärts geht. Der ganz große Wurf ist damit aber nicht drin. Ich habe zumindest in jüngerer Zeit keine nennenswerten Erfolge erzielt. Vor ein paar Jahren ist mir das gelungen, aber nicht aufgrund dieses einen Indikators allein.

Ich habe ihn über mehrere Jahre hinweg verfolgt. Oft konnte man in der Veränderung einen Trend erkennen.

Das ist richtig. Er ist wirklich ein brauchbarer Indikator zur Trendbestätigung, doch es ist mir nur einmal gelungen, das Tageshoch oder -tief genau zu bestimmen, und zwar in Kombination mit einem weiteren Indikator. In Comics sind Cartoons über T-Bills erschienen. Es ist sehr ungewöhnlich, wenn auf der Comicseite von Geldmarktsätzen die Rede ist. Zeitgleich mit dem Erscheinen der Cartoons kam es zu einem Extrem bei den Fälligkeiten von Geldmarkttiteln. Daraufhin prognostizierte ich den genauen Wendepunkt der T-Bill-Sätze, und mit Erfolg. Doch ich hätte den Wendepunkt nicht auf Grundlage der Fälligkeitsrate für Geldmarkttitel allein ermitteln können. Dafür brauchte ich noch einen Indikator.

Barron's veröffentlicht diese Zahlen wöchentlich. Die Anzahl der Tage bis zur Fälligkeit steht für den Zeitraum, für den ein Anleger sein Geld festlegen will, und verrät seine Erwartungen hinsichtlich der Zinsentwicklung. Geht der Trend zu weniger Tagen, weist das darauf hin, daß die Anleger höhere Zinsen erwarten. Geht er zu mehr Tagen, rechnen die Anleger mit sinkenden Zinsen.

Ganz genau. Wenn sie fest damit rechnen, daß die Zinsen fallen, wollen sie sich den längsten Satz sichern, den sie kriegen können.

Kann man das als bullish interpretieren?

Sicher, und umgekehrt gilt: Wenn sie sicher sind, daß die Zinsen steigen, wählen sie die Restlaufzeiten möglichst kurz, so daß sie ihr Geld dort unterbringen können, wo es mehr Zinsen bringt. Es ist wie mit allen Dingen, mit Extremen liegt man meist falsch, doch um ein Extrem zu erkennen, braucht man eben etwas Sachkenntnis, Erfahrung und Hintergrundwissen. Einen festen Richtwert gibt es nicht. Auch er hängt wieder vom Markt ab, doch er kann zwischen 25 Tagen und 70 Tagen liegen. Bei einem Geldmarktfonds, dessen Preisfestsetzung am Dollar orientiert ist, muß man bestimmte Anforderungen erfüllen hinsichtlich der Menge von Papier, das man über eine bestimmte Anzahl von Tagen halten kann. Es gibt also heute mehr Einschränkungen, und diese haben die Parameter verändert.

Haben Sie auch Geldmengenwerte auf Ihrer persönlichen Indikatorenliste?

Diese verwende ich nicht mehr so häufig wie früher, da die meisten der Indikatoren, die auf den Geldmengenzahlen beruhen, in letzter Zeit keine beständigen und exakten Kauf- und Verkaufssignale für den Aktien- und den Bondmarkt generiert haben. Ich betrachte M2 und vergleiche sie mit dem Bruttosozialprodukt (BSP). Ich nehme M3 und verringere sie um den Index der Verbraucherpreise und glätte das Ergebnis, um die tatsächliche Veränderungsrate von M3 zu erhalten. Viele von mir verwendete Hilfsmittel – Umlaufgeschwindigkeit, tatsächliche M2, M3 und so weiter – haben in der Praxis von den 20er Jahren bis in die 70er Jahre gute Dienste geleistet, doch in letzter Zeit waren die Zahlen nicht beständig und die darauf basierenden Hilfsmittel entsprechend wenig nützlich. Ich habe Erklärungen für alle möglichen technischen Veränderungen in unserem Umgang mit Geld gehört, die theoretisch zugrunde liegen könnten, und ich bin sicher, es ist etwas Wahres daran. Ich weiß aber nicht genug über die Theorie des Aufbaus dieser Datenserien, um die richtigen Anpassungen vorzunehmen, und ich habe auch sonst niemanden gefunden, der das könnte.

Einmal haben Sie sich mit der Beziehung zwischen Geldmenge und Kreditnachfrage beschäftigt.

Ich achte auch heute noch darauf, ob Banken Kapital aufnehmen oder ihre Verschuldung abbauen. Ich schaue mir die Trends im Kreditgeschäft an, etwa ob die Banken ihr ganzes Geld in den Bondmarkt stekken, wie Ende 1990 bis 1993. Diese Trends folgen anscheinend zuverlässig der Form der Renditekurve, doch als Prozentsatz der Geldmenge oder der Algorithmen, die bei den verschiedenen Geldmengen Verwendung finden, haben sich die Zahlen verändert und sind nicht sehr brauchbar gewesen.

Inwieweit verwenden Sie Bond-Futures, um die Zinssätze zu prognostizieren?

Die Zahlen zu Sentiment und technischen Wellen sind bei Bond-Futures sehr nützlich, und der Grund dafür, so meine ich, ist, daß im Futures-Markt für jeden Kurzläufer ein Langläufer existiert. Bei Trends, die über mehrere Tage anhalten, wird es für die eine oder andere Seite eng. Im Terminmarkt spielen Angst, Gier und Panik eine viel größere Rolle als im Kassamarkt. So wird man kaum je beobachten, daß Treasury-Bond-Futures sich über mehr als 5 oder 6 aufeinanderfolgende Tage in die gleiche Richtung bewegen, denn wenn es bei Bond-Futures zu einer so lange anhaltenden Bewegung kommt, erstickt der Margin Clerk diesen spezifischen Trend durch Nachschußforderungen. Beim Kassamarkt dagegen kann die Advance/Decline Line der New York Bond Exchange 30 oder 40 aufeinanderfolgende Tage lang in eine Richtung tendieren, weil niemand zum Verkauf gezwungen wird. Psychologische, technische und zyklische Indikatoren funktionieren am besten in Märkten mit viel erzwungenen Käufen und Verkäufen und Emotionen.

Signalisieren Bewegungen bei Bond-Futures, daß auch im Kassamarkt Bewegungen bevorstehen?

Bis zu einem gewissen Grad. Wenn es zum Beispiel bei Futures zu einem größeren Umschwung kommt. Zeigt der Umschwung Wirkung, neigt der Kassamarkt, insbesondere die an der NYSE gehandelten Industrieanleihen und hochverzinslichen Anleihen, dazu, den Futures zu folgen. Bei Futures bekommt man viele falsche Signale, da sie gerne mal hin- und herhüpfen, doch bei dramatischen Umschwüngen haben sie meist einen kleinen Vorsprung.

Einer Ihrer Momentum-Maßstäbe berechnet verschiedene Veränderungsraten zwischen den Zinssätzen für Langläufer und denen für Kurzläufer. Gibt es eine bestimmte Veränderungsrate, die zeitraumbezogen zeitigere Signale generiert als andere?

Bei den Zinssätzen für Langläufer und Kurzläufer betrachte ich vor allem 90-Tages-Treasury-Bills gegenüber Treasuries mit 30 Jahren Laufzeit oder etwas Vergleichbares. Die Fed Funds Rate mit ihren wilden Ausschlägen aus allen möglichen Gründen ist hier denkbar ungeeignet. Ziel ist die größtmögliche Dichotomie zwischen langfristigem und kurzfristigem Marktbereich ohne künstliches Drumherum. Was die Zeiträume bei der Momentum-Messung angeht, so verwende ich hier die gleichen wie bei der Bildung von Moving-Averages. Bei der Anwendung von Moving-Averages oder der Messung eines Momentum sollen ja die Kurse am gleichen Punkt des jeweiligen Zyklus verglichen werden. Die Zyklen am Bondmarkt können 10 bis 60 Tage umfassen. Deshalb benutze ich bei der Berechnung von Momentum-Maßstäben 10 Markttage für die kurzfristige Perspektive, 21 Markttage bis zu 126 Markttage für die langfristige Perspektive, denn in diesen Intervallen zeigt der Bondmarkt typische Zyklen.

Was bedeutet es, wenn die Zinssätze für Langläufer eine schnellere Veränderungsrate zeigen als die für Kurzläufer?

Zunächst haben Kurzläuferzinsen einen höheren Beta-Faktor als Langläuferzinsen und zeigen daher bei jeder Veränderung mehr Bewegung. Auch die Volatilität ist bei Kurzläuferzinsen größer, und das ist ein weiterer Grund, sie zu glätten. Es ist wie beim Vergleichen von Versorgungswerten mit Technologiewerten. Im Haussemarkt machen die Technologiewerte eine bessere Figur, im Baissemarkt eine schlechtere. Das liegt einerseits an der Relativen Stärke, andererseits am Beta-Faktor. Technologiewerte haben von Natur aus einen höheren Beta-Faktor als Versorgungswerte. Das gleiche gilt auch für kurzfristigere Schwankungen von Lang- und Kurzläuferzinsen. Theoretisch entsteht bei einem Anstieg der Langläuferzinsen im Vergleich zu den Kurzläuferzinsen mehr Anreiz zum Hedging, und die Anleger gehen long. Wenn die Langläuferzinsen sinken und sich den Kurzläuferzinsen annähern, ist es weniger reizvoll, long in den Bonds zu gehen, und man geht lieber short. Ich untersuche die relative Veränderung zwischen Langläufer- und Kurzläuferzinsen nicht dahingehend, ob davon abgeleitet werden kann, welche schneller und welche langsamer zulegt. Ich schaue gleich die Renditespanneund das Renditeverhältnis bei Lang- und Kurzläufern an.

Sie haben einen 20seitigen Artikel geschrieben mit dem Titel „A Longer Term Perspective on the Bond Market". Darin zeigt sich deutlich Ihre Neigung zu originellen Denkmodellen. Der Text beinhaltete die Grafik einer Renditekurve. Zwei Niveaus sind darauf eingezeichnet, einmal der Rückgang um 33 % als bearish, einmal der um 50 % als sehr bearish. Was haben die beiden Werte für eine Bedeutung?

Ich hatte Probleme, allein auf Grundlage der Renditekurve gewinnbringend zu agieren, weil stets viele verschiedene Faktoren Wirkung zeigen. Die Zinssätze für Langläufer können steigen, die für Kurzläufer fallen. Die Zinssätze für Langläufer können steigen, die für Kurzläufer ebenfalls, doch langsamer als erstere. Oder beide steigen, doch die für Kurzläufer schneller als die für Langläufer. Auch das Gegenteil kann passieren, oder die Sätze für Langläufer bleiben gleich und die für Kurzläufer steigen, oder die für Kurzläufer bleiben gleich, während die für Langläufer steigen. Stößt man bei der Betrachtung des Verhältnisses von Renditekurven auf einen Wert von, sagen wir, 1,36, klingt das bedeutungsvoll. Doch wie ich schon sagte: Es gibt in der Praxis viele verschiedene Konstellationen, die hier die eigentliche Ursache sein können. Es ist alles hochkompliziert, und das ist mit der Grund, daß ich niemanden kenne, der auf der Grundlage des Renditekurvenverhältnisses zu zuverlässigen, aussagekräftigen Prognosen der zukünftigen Entwicklung einer der beiden Komponenten dieses Verhältnisses in der Lage war. Doch wenn man die Zinssätze für Langläufer ins Verhältnis setzt zu denen für Kurzläufer, kann man ein paar Faustregeln ableiten. Bei ansonsten gleichen Voraussetzungen ist es eher bullish, wenn die Langläuferzinsen höher liegen als die Kurzläuferzinsen, noch mehr, wenn die Zinsen für Langläufer gegenüber denen für Kurzläufer gewinnen, also die Spanne zwischen Langläufer- und Kurzläuferzinsen wächst. Und umgekehrt: Es ist negativ, wenn die Langläuferzinsen niedriger sind als die Kurzläuferzinsen, und es ist bearish, wenn die Renditespanne zwischen Langläufer- und Kurzläuferzinsen schrumpft. Ich wollte es noch genauer wissen. Ich wollte wissen, wie pessimistisch ein Schrumpfen der Renditespanne zu bewerten ist. Bei einem Zinssatz für Kurzläufer von 3 % und einem für Langläufer von 6 % lag der für Langläufer um 100 % höher. Wenn nun der Kurzläuferzins gleich bliebe und der Langläuferzins fiele, würde sich die Renditekurve wegen steigender Bondkurse zusammenziehen. Die Kurse kamen jedoch erst unter Druck, als sie 50 % ihres Vorsprungs vor den Kurzläuferzinsen eingebüßt hatten. Wenn nun die Kurzläufer bei 3 % blieben und die Langläufer von 6 % auf 5 % nachgäben, wäre der Langläuferzins immer noch attraktiver als der für Kurzläufer; doch wenn er von 6 % auf 4 1/2 % sänke, wäre die Hälfte des Vorsprungs verloren. Die Zinssätze für Langläufer hätten mit 300 Basispunkten 100 % über denen für Kurzläufer gelegen. Bei einem Absinken auf 4 1/2 % wären das nur noch 150 Basispunkte und damit 50 % Vorsprung auf die Kurzläufer. Diese Werte, 50 % und 33 %, waren bei vielen Spitzen in Aufwärtsbewegungen im Bondmarkt zu finden. Daraus ergibt sich folgende These: Liegt die Rendite weit über der von Kurzläufern, stehen die Zeichen gut für Bonds. Solange die Spanne noch deutlich ist, kann man seine Bonds halten, doch sobald der Vorsprung nur mehr die Hälfte beträgt, wird sich eine bestimmte Klientel aus dem Markt zurückziehen mit dem Argument: „Für 100 % mehr Gewinn riskiere ich den Bondmarkt, doch wenn es nur 50 % sind, ist es mir das Risiko nicht wert." Einen magischen Wert gibt es nicht, doch rückblickend habe ich festgestellt, daß der 50%-Faktor seine Berechtigung hat, und der Vorteil dieser Prozentwerte ist, daß sie in jeder Zinsumgebung funktionieren, ob der Zinssatz für Kurzläufer nun bei 1 % oder 20 % liegt. Die Renditespanne kann manchmal 100 Basispunkte betragen, manchmal 600 Basispunkte. Das spielt alles keine Rolle: Wenn sie auf die Hälfte des Ausgangsniveaus zurückgegangen ist, verlieren die Bondkurse Boden unter den Füßen, weil ein bestimmtes Publikum aussteigt.

Sie teilen einfach 30jährige Treasury Bonds durch 90-Tages-Treasury-Bills und zeichnen das Verhältnis in einen Chart?

Ja.

Wo wir gerade von Zahlenverhältnissen sprechen: Stichwort Verhältnis Bondrendite/Aktienrendite.

Allein und für sich ist dieser Indikator keine Hilfe zum genauen Timing, doch in Kombination mit anderen esoterischen Ansätzen wie der Elliott-Wellen-Analyse, der zyklischen oder der technischen Analyse kann er eine werden. Ich mag dieses Verhältnis, weil es der ultimative fundamentale Indikator ist. Wenn die Marktstimmung wechselt, will das Publikum, was der Bond garantiert: Man bekommt sein Geld zurück, und es bringt regelmäßig Ertrag. Zu anderen Zeiten erliegt es den Verheißungen der Aktien. Verpflichtungen zur Rückzahlung des Kapitals oder Ausschüttung von Ertrag werden nicht verlangt. Man setzt einfach darauf, daß die Aktien steigen. Für Aktien bekommt man Dividende, für Bonds Zinsscheine. Will man Aktiengewinne oder Dividenden vorausberechnen, braucht man einen Faktor. Der Faktor der Wahl ist hier die Ertragsrate von alternativen Anlageinstrumenten. Die logische Alternativanlage wären hier langfristige Anleihen, denn die Alternative soll ja die gleiche Lebensdauer haben wie die betreffende Anlage. Da Aktien theoretisch unbefristet sind, ist hier eine möglichst langfristige Anleihe zu wählen. Untersucht man den absoluten Wert von Anleiherendite und Dividendenrendite, kann man erkennen, ob Aktien grundsätzlich unter- oder überbewertet sind. Man kann die Rendite, die man in Form von Dividenden auf Aktien bekommt, vergleichen mit der Rendite von Anleihen und feststellen, welche höher ist. Daraufhin kann man sagen: „Grundsätzlich sind Bonds billiger als Aktien, oder grundsätzlich sind Aktien billiger als Bonds." Das ist eine Sichtweise. Doch die Entwicklung dieses Verhältnisses ist ein psychologisches Werkzeug, das Aufschluß gibt darüber, ob Ertrag für die Leute zweitrangig ist oder ob sie Angst haben und Ertragsdenken im Vordergrund steht.

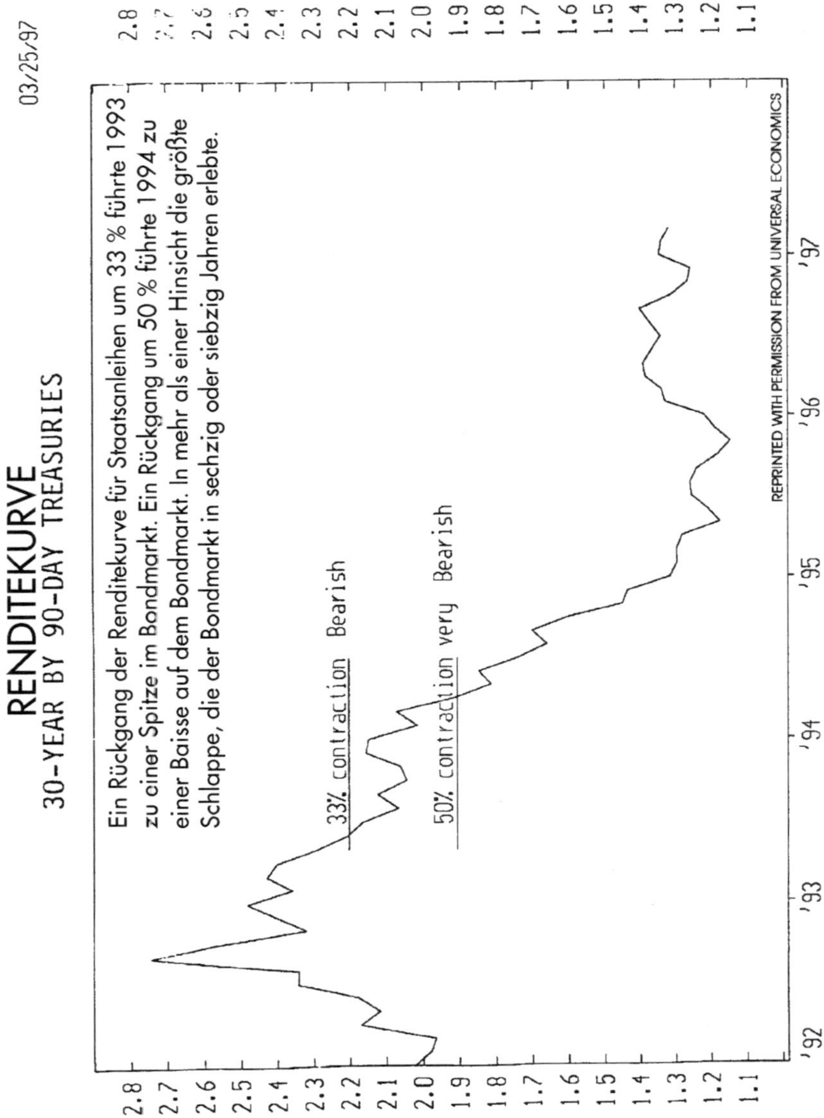
RENDITEKURVE
30-YEAR BY 90-DAY TREASURIES
03/25/97
Ein Rückgang der Renditekurve für Staatsanleihen um 33 % führte 1993 zu einer Spitze im Bondmarkt. Ein Rückgang um 50 % führte 1994 zu einer Baisse auf dem Bondmarkt. In mehr als einer Hinsicht die größte Schlappe, die der Bondmarkt in sechzig oder siebzig Jahren erlebte.
33% contraction Bearish
50% contraction very Bearish
2.8
2.7
2.6
2.5
2.4
2.3
2.2
2.1
2.0
1.9
1.8
1.7
1.6
1.5
1.4
1.3
1.2
1.1
'92
'93
'94
'95
'96
'97
REPRINTED WITH PERMISSION FROM UNIVERSAL ECONOMICS

Wie ermitteln Sie die Anleiherendite und die Dividendenrendite?

Die Anleiherendite ermittle ich anhand der erstklassigen S&P-Anleihen, die Aktienrendite anhand der S&P-Industriewerte. Ich verwende hier erstklassige Anleihen anstelle von Treasury Bonds, weil ich Unternehmensdividenden untersuche, die ich einer Anlage mit vergleichbarem Risiko gegenüberstellen möchte, und das sind hier Industrieanleihen. Eine Kommune kann Steuern erheben, um Zinszahlungen nachzukommen, der Staat kann Geld drucken, es also einfach selbst machen. Ein Unternehmen kann das nicht. Mit den Industriewerten von S&P betrachte ich die Emissionen von Schuldtiteln und Aktien desselben Unternehmens. Theoretisch ist das Unternehmerrisiko hier identisch. Ich verwende die S&P-Industriewerte anstelle des S&P 500, weil im S&P 500 auch Versorgungswerte enthalten sind, die zu einem gewissen Grad Anleiheersatz sind. Viele Leute kaufen Versorgungswerte statt Bonds aus Renditegründen. Mit diesem Verhältnis will ich die Stimmung am Markt feststellen. Wird Ertrag gewünscht oder Wachstum? Wenn es das Ziel ist, möglichst genau zwischen Ertrag und Wachstum zu unterscheiden, taugt hier kein Aktienindex, der mit Ersatzwerten für Anleihen gespickt ist. Hier braucht man keine Vorzugsaktien oder Versorgungswerte, sondern Industriewerte.

Gibt es aus fundamentalen Gesichtspunkten ein bestimmtes Niveau, auf dem Aktien im Verhältnis zu Bonds unter- oder überbewertet sind?

Der Wert liegt im Bereich von einer mehrfachen Standardabweichung unter oder über 2,25. Man kann das Verhältnis auch im Hinblick auf Gewinne statt Dividenden untersuchen. Die Rendite aus Aktiengewinnen und die Zinsscheine sollten dabei im Verhältnis 1 : 1 stehen. In der Vergangenheit sind Aktiengewinne nicht zu 100 % als Dividenden ausbezahlt worden, sondern wurden zu 50 % reinvestiert. In diesem Fall, bei Dividenden also, wäre das normale Verhältnis 2 : 1. Die Erträge aus Bonds sollten also zweimal so groß sein wie die Aktiendividende. Ich verwende 2,25 : 1,00 und eine mehrfache Standardabweichung, weil die Gewinne meiner Ansicht nach in letzter Zeit irreführend sind. Dividenden sind real, doch Gewinne sind so groß, wie sie auf dem Papier stehen, und zwei Jahre später bekommt man zu hören: „Tut mir leid, wir haben uns geirrt, und sie werden ausgebucht." Dividenden kann man nicht berichtigen.

Sind fundamentale Indikatoren im Hinblick auf den Bondmarkt nützlich?

Zunächst, wenn man etwa die Inflationsstatistik oder das Haushaltsdefizit betrachtet, sind sie zu langsam. Haushaltsdefizite sind seit 20 oder 30 Jahren Kontra-Indikatoren, doch sie spiegeln wider, was sechs Monate zuvor passiert ist, und außerdem werden sie revidiert. Wer über zeitige fundamentale Daten verfügt und diese kreativ umsetzt, etwa Veränderungsraten, dem können meiner Ansicht nach fundamentale Indikatoren eine große Hilfe sein. Ein Blick auf Größen wie das Bruttosozialprodukt oder die Inflationsstatistik oder den Geldstrom bringt hier wenig.

Realzinsen gelten als fundamentaler Indikator und werden ermittelt durch die Subtraktion der jährlichen Inflationsrate vom Marktzins. Welche Bondrendite und welchen Maßstab für Inflation setzen Sie in diese Formel ein?

Ich berechne sie auf zweierlei Art und Weise. Ich benutze den Index der Verbraucherpreise und den Erzeugerpreisindex, weil ich darüber die meisten Informationen gesammelt habe. Beim Erzeugerpreisindex kann ich zurückgehen bis 1770, er ist also der beständigste Wert. Ich will gar nicht bestreiten, daß man auch mit anderen Werten arbeiten kann, doch ich persönlich habe eben gern möglichst viel Hintergrundwissen. Für die aktuelle Rendite verwende ich langfristige Industrieanleihen mit AAA-Rating oder gleichwertige, doch auch hier nur deshalb, weil meine Datensammlung zurückreicht bis ins 18. Jahrhundert.

Was sind die Nachteile der Realzinsen?

Wenn man feststellt, daß die Realzinsen zu hoch sind, bedeutet das dann zwangsläufig, daß die Zinsen sinken werden oder die Inflation zunimmt?

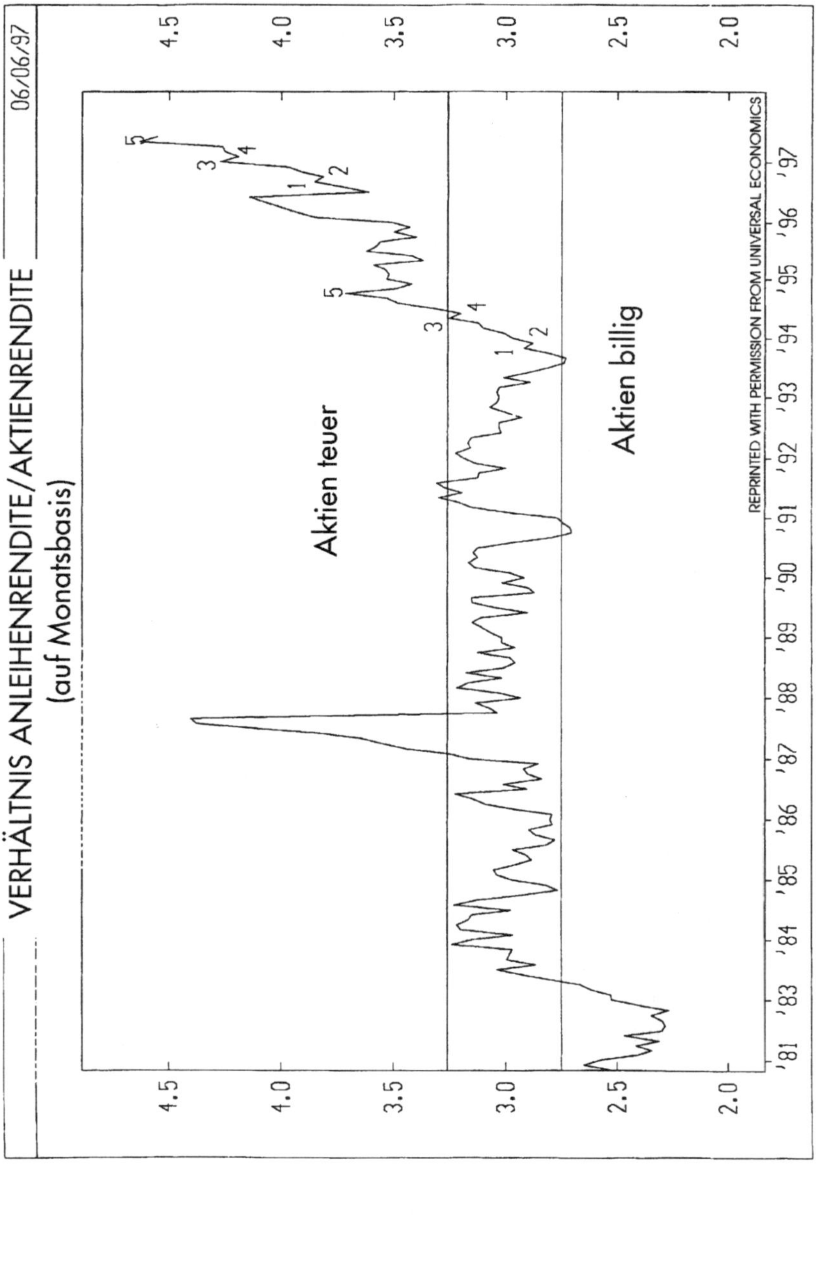
VERHÄLTNIS ANLEIHENRENDITE/AKTIENRENDITE
(auf Monatsbasis)
06/06/97
Aktien teuer
Aktien billig
4.5
4.0
3.5
3.0
2.5
2.0
'81
'83
'84
'85
'86
'87
'88
'89
'90
'91
'92
'93
'94
'95
'96
'97
REPRINTED WITH PERMISSION FROM UNIVERSAL ECONOMICS

Es ist das gleiche Problem wie bei der Renditekurve: Man weiß nie, welches Ende aus dem Ruder läuft, das kurze oder das lange. Ein einfaches Zahlenverhältnis wie beim Realzins wird eben von vielen wirtschaftlichen Faktoren beeinflußt. Betrachtet man die letzten 200 Jahre, lag der Realzins durchschnittlich bei 3 1/4 %, doch das heißt noch lange nicht, daß bei einem Realzins von 6 % der Nominalzins um 3 % sinkt. Statt dessen könnte die Inflation um 3 % zunehmen. Hinzu kommt, daß der durchschnittliche Realzins vielleicht 3 1/4 % betragen hat, doch ein Blick auf die Geschichte zeigt, daß es massive Abweichungen von diesem Durchschnittswert gegeben hat. Der Realzins hat tatsächlich zwischen den Extremen von –30 % und +30 % geschwankt. Die Verfechter der Realzinstheorie haben einen Untersuchungszeitraum von 8 bis 10 Jahren zugrunde gelegt, in dem der Realzins ohne größere Fluktuationen bei 3 % lag. Es war wohl die einzige stabile Phase in der 200jährigen amerikanischen Geschichte. Betrachtet man die gesamte Zeitspanne anstelle eines kurzen Ausschnittes, so bewegt sich der Realzins über den ganzen Fluktuationsbereich. Der Realzins ist nur dann ein brauchbarer Wert, wenn man erstens annimmt, daß die Relation zwischen Inflation und Zinsen konstant bleibt, was noch nie der Fall war, und zweitens, wenn man in der Lage ist, die Inflation zu prognostizieren. Mir fallen Zinsprognosen leichter als Inflationsprognosen. Ich verwende Realzinssätze in einem fundamentalen Modell, weil ich wissen will, wo sie liegen, doch ich gewichte sie so vorsichtig, daß sie allein wahrscheinlich nie ein Signal generieren werden.

Über die Renditekurve und die Tatsache, daß sie als Indikator sehr vielseitig ist, haben wird schon gesprochen. Wann wird sie zum technischen Indikator?

Die Renditekurve kann man vielfältig nutzen. Ein Indikator, bei dem zwei Faktoren verglichen werden, kann ein technischer, ein psychologischer, ein monetärer oder ein fundamentaler sein, je nachdem, wie er eingesetzt wird. Tendiert ein Verhältnis sehr stark in eine bestimmte Richtung, wird es zum technischen Indikator. Ist ein Güterzug unterwegs, will man aufspringen, unabhängig von fundamentalen Faktoren. Das Paradebeispiel ist das Verhältnis Gold/Silber. Allgemein gilt: Silber abstoßen bei einem Verhältnis von 15, Silber kaufen bei einem Verhältnis von 40, weil Silber fundamental gesehen billig ist zum Goldpreis mal 40 und teuer zum Goldpreis mal 15. Das kann schon sein, doch kürzlich ist das Verhältnis von 15 auf 20 auf 40 und weiter auf 101 gestiegen. Mein Gefühl sagt mir, daß man sich bei einem Anstieg des Verhältnisses im jeweils stärkeren Metall engagieren sollte. Ohne Rücksicht auf fundamentale Dinge. Das trifft in geringerem Maß auch auf Aktien und Bonds zu. Betrachtet man eine Spanne oder ein Verhältnis zu einem isolierten Zeitpunkt, erhält man einen fundamentalen Wert, und das Verhältnis von Anleiherendite zu Aktienrendite ist für den wertorientierten Anleger sicherlich sehr aufschlußreich. Die Kapitalmärkte sind jedoch dynamisch, und aus dem Blickwinkel des Traders ist die jeweils gewinnträchtigste Anlage vorzuziehen, auf die die jeweils stärkere Seite des Verhältnisses im aktuellen Markt hinweist. So ist diese Zahlenfolge auch ein sehr wertvoller technischer Indikator. Wenn die Verhältnisse Extremwerte erreichen, wenn etwa die Renditen von Treasury Bills unter dem Strich negativ sind, weil die Angst umgeht und man bereitwillig 1/4 % zahlt für das Privileg, Bills zu besitzen, dann ist dieses Verhältnis ein psychologischer Indikator.

Sind Momentum-(Rate of Change-)Indikatoren am Bondmarkt brauchbar?

Ja, denn das Momentum schlägt normalerweise vor den Kursen um. Wenn ein Ausstieg aus dem Bondmarkt zur Debatte steht, hat man noch etwas Zeit zum Verkaufen von Bonds, solange das Momentum noch neue Höhen erklimmt. Gehen seine Werte zurück, heißt das nicht, daß die Bondkurse nachgeben werden, doch daß man unter Umständen damit rechnen muß. Ich bestimme die Trendrichtung des Momentums durch technische Standardalgorithmen zu einer Momentumserie. Das Momentum errechnet sich beispielsweise aus dem Tageskurs im Vergleich zum Kurs „X“ vor ein paar Tagen. Hat man diese Zahl, kann man ein Moving-Average bilden oder Point- & Figure-Charts. Ein recht funktionstüchtiger Führungsindikator für den Aktienmarkt ist der Vergleich des aktuellen Kurzfristzinses mit dem entsprechenden Wert von vor 13 oder 26 Wochen. Die Leute entscheiden nicht über Geldanlagen aufgrund einer Gegenüberstellung des aktuellen Zinssatzes mit dem von letztem Freitag, doch errechnet man die Veränderungsrate für Treasury Bills, so wirken Raten, die niedriger sind als noch vor 13 oder 26 Wochen, bullish auf den Aktienmarkt. Sind die Raten höher als vor 13 oder 26 Wochen, ist das meist ein negatives Omen für den Aktienmarkt. Hier kann man das Momentum eines Anlageinstrumentes als Führungsindikator für ein anderes Anlageinstrument einsetzen.

Wie zeichnen Sie ein Momentum auf einem Point- & Figure-Chart ein?

Nehmen wir an, wir berechnen das Momentum in Basispunkten und vergleichen die aktuelle Rendite mit der von vor zehn Tagen. Bei gleicher Rendite betrüge der Wert des Momentums Null. Ist die aktuelle Rendite um einen Basispunkt höher, wäre der Momentumswert eins. Ist sie vier Basispunkte höher, wäre der Wert vier. Diese Zahlen zeichnet man ein. Sagen wir, das Momentum gerät in den Bereich von Zinshöhenflügen, die heute bei 7 % liegen, vor zehn Tagen noch bei 6,80 %. Hier läge der Wert des Momentums bei 20. Angenommen, die Anleihezinsen ziehen am folgenden Tag noch etwas an, liegen aber nur 17 Basispunkte höher als 20, verglichen mit dem Wert von vor 10 Tagen, weil Sie ja Ihre Daten vorwärtsschieben. Kommt es am Folgetag noch einmal zu einem Anstieg auf, sagen wir, 21 Basispunkte, bildet sich ein neues Hoch aus. Die Bondzinsen steigen weiter, doch wenn das Momentum nachgibt – vielleicht von 21 auf 20, auf 19. auf 18, auf 17 und dann auf 16 –, wenn der Momentumswert also auf 16 gefallen ist, generiert der Point- & Figure-Chart ein Verkaufssignal, denn obwohl die Zinsen noch steigen, verlangsamt sich die Veränderungsrate erheblich. Das Momentum gibt dann ein Verkaufssignal, so daß ich das Momentum als sehr pessimistisch werten würde. Solange die Bondkurse noch anziehen, würde ich meine Bonds halten und beim ersten mißlungenen Hoch vermutlich aussteigen. Es gibt noch eine andere anwendbare Methode. Statt die Rendite von vor zehn Tagen von der aktuellen abzuziehen, kann man auch dividieren. So erhält man Prozentsätze statt Zahlen – 99 % etwa, oder 101 % oder 105 %. Man nimmt also die aktuelle Rendite und stellt sie dem ausgewählten Zeitrahmen gegenüber, also dem von vor 10 Tagen, vor 10 Wochen oder wie auch immer, und erhält dann das

Verhältnis oder die Differenz. Das zeichnet man dann auf, und daraus ergeben sich technische Formationen und Point- & Figure-Breakouts.

Welchen Punktwert für Umkehrminima legen Sie beim Anfertigen eines Point- & Figure-Charts zugrunde?

Ich arbeite mit der Standardvariante des Point- & Figure-Charts. Ich verwende gewöhnlich 3-Punkt-Umkehrminima, doch man muß dabei den Maßstab so verändern, daß diese 3-Punkt-Umkehrminima während des gesamten relevanten Zeitraums Signale generieren. Der langfristige Trader wird hier einen höheren Punktwert ansetzen als der kurzfristig orientierte.

Sind Momentum-Indikatoren für langfristige Veränderungen auf dem Bondmarkt ebenso aussagekräftig wie für kurzfristige?

Sie sind durchaus brauchbar für die Ermittlung von langfristigen Veränderungen. Die kurzfristigen Momentum-Indikatoren sind geeignet für ein mehr mechanisches Trading. Bei den langfristigen geht einer Spitze meist eine Serie von niedrigeren Hochs voraus. Die langfristigen sind nicht so genau und wollen gut interpretiert sein.

Stellen Sie das Momentum für verschiedene Laufzeiten dar?

In vielen Fällen ja. Ich zeichne es für Bonds mit 30 Jahren Laufzeit, für T-Bills, Eurodollars und den Bond Buyer Index. Dann zeichne ich es auch noch für den Buchwert von einem Dutzend verschiedener Bondfonds, denn darauf sind meine Tradingaktivitäten ausgerichtet. Das von mir verwaltete Kapital investiere ich in Fonds ohne Ausgabeaufschlag, also möchte ich jeden Tag alles vor Augen haben, was ich habe oder von dem ich glaube, daß ich es habe. Statt nur die Standardrenditen graphisch darzustellen, zeichne ich auf, was ich tatsächlich trade, denn manchmal ergeben sich hier Unterschiede. Bei Risikospannen sind die Unterschiede natürlich am größten, das heißt, der Unterschied zwischen Staatsanleihen und spekulativen Anleihen mit hohem Risiko ist in bestimmten Abschnitten des Zyklus dramatisch, und Kommunalobligationen hatten in den letzten Jahren ein Stück weit Führungscharakter. Staatsanleihen führen normalerweise vor Industrieanleihen, engagiert man sich also in Staatsanleihen oder Kommunalobligationen, wird man sich nicht auf die Renditen von Industrieanleihen verlassen, die vermutlich hinterherhinken.

Kann man davon ausgehen, daß die Zinssätze für Kurzläufer bei Wendepunkten eher reagieren als die für Langläufer?

Historisch betrachtet haben die Kurzläuferzinsen in 60 % aller Fälle einen Vorsprung. Bei der Prognose der Zinsen für Langläufer sind Eurodollars und Versorgungswerte hilfreich. Wenn mich interessiert, was auf dem Bondmarkt passiert, und der Versorgungswertindex etwas ganz anderes tut als der Treasury-Bill-Index, so habe ich in den letzten Jahren festgestellt, daß die Versorgungswerte hier aussagekräftiger waren als T-Bills oder Kurzläuferzinsen. Vielleicht liegt das an der aktuellen Marktsituation, wo sich dasselbe Publikum für Versorgungswerte und langfristige Treasuries interessiert, während es nicht dieselben Leute sind, die sich für das kurze oder das lange Ende des Marktes interessieren. Normalerweise reagieren sowohl Treasury Bills als auch Versorgungswerte mit Vorsprung auf Bonds, doch wenn es hier in jüngerer Zeit zu widersprüchlichen Signalen kam, waren die Versorgungswerte ein zuverlässigerer Indikator als die Zinssätze für Kurzläufer.

Gibt es noch andere Gruppen, die so sensibel auf Zinsen reagieren, daß sie eine mögliche Trendwende bei den Zinssätzen bestätigen könnten?

Die wichtigsten Indikatoren in meinen Modellen sind hier der New York Financial Index, der alle börsennotierten Banken, Versicherungsgesellschaften und Broker beinhaltet. Dort kann man keine Divergenzen zwischen den einzelnen Gruppen erkennen, doch ich arbeite mich jeden Abend auch durch mehrere hundert offene Fonds und informiere mich so über die Unterschiede zwischen Regionalbanken, Versicherungswerten und so weiter. Ziehen Versorgungswerte, Banken und Versicherungen gleichzeitig an, ist der Bondmarkt normalerweise gut in Form, denn es muß viel Geld fließen, um Bewegung in diese hochkapitalisierten Sektoren zu bringen. Kommt es zu Divergenzen zwischen diesen Sektoren, ist das ein Warnsignal.

Sie schauen sich den New York Financial Index nur an, um zu überprüfen, ob er sich synchron zum Bondmarkt entwickelt?

Ja, und ich berechne auch die Relative Stärke. Wenn die Bankwerte anziehen und ich Moving-Averages und Momentum untersuche und sie immer neue Höhen erreichen, dann sage ich: „Klasse, dem Bond-markt geht es gut.“ Das ist ein Teil meiner Analyse, doch ich teile auch den NYSE-Index für Finanzwerte durch den NYSE-Index für Industriewerte, denn wenn die Bankwerte zu neuen Höhenflügen ansetzen, die Relative Stärke aber ins Rutschen kommt, ist das ein ernstzunehmendes Warnsignal für den Bondmarkt. Die S&P-Indizes sind ebenso gut, und ich berücksichtige alle.

Moving-Averages sind gemeinhin großartige Timer für den Aktienmarkt. Gilt das auch für den Bondmarkt?

Moving-Averages zu Bondkursen sind ausgesprochen wichtig. Ich berechne sie nicht nur für Kurse und Renditen, sondern ich wende sie auch an auf ergänzende Indikatoren wie High/Low-Ratios und Advance/Decline-Ratios, solche Dinge. Sie sind recht brauchbar. Für Zerobonds sind Moving-Averages nicht so geeignet. Wendet man einen Moving-Average auf einen Index für spekulative Anleihen an, kann man damit 99,9 % aller Fondsmanager aus dem Feld schlagen. Das Problem mit der Anwendung von Moving-Averages ist, daß derjenige, wer etwas auf sich hält, schlecht vor der Öffentlichkeit, seinen Kunden oder sich selbst eingestehen kann, daß er einfach einer mechanischen Linie folgt, und wenn der Kurs diese Linie überkreuzt, einsteigt, und wenn er eine andere Linie überkreuzt, aussteigt. Die Kunden wären entsetzt, doch in Wirklichkeit kann man so die große Mehrheit der Bondmanager deklassieren. Die Leute wenden nicht gern ausschließlich Moving-Averages an, weil sie zu allem eine Meinung haben müssen. Es ist viel imposanter, wenn man irgendwie logisch begründen kann, was man tut, und der Kunde fühlt sich dann wohler. Mehr Erfolg bringt es nicht unbedingt.

Wollen Sie damit sagen, Moving-Averages funktionieren bei Junk Bonds am besten?

Sie sind für alle Arten von Bonds geeignet, doch bei Junk Bonds sind sie todsicher. Und nicht nur das, bei Junk Bonds sind sie lebenswichtig. Ich verwende Moving-Averages auch für andere Bonds, nicht so sehr für prognostische Zwecke, sondern um ihr Kapital vor dem Abschmelzen zu bewahren. Ab und zu bricht der Dollar ein, oder es kommt zu einer Inflation wie 1973–1974. Für Bonds ist das tödlich. Wenn Gleitende Durchschnitte auch nicht viel über zukünftige Entwicklungen aussagen können, so kann man damit gut sein Kapital schützen, denn sobald der Kurs darunter fällt, verkauft man und steigt mit einem Verlust von 3 % aus statt mit einem von 30 %. Nullkupon-Anleihen haben vier- bis fünfmal die Volatilität von normalen festverzinslichen Anleihen, so daß jeder Moving-Average entweder ein großes Hin und Her verursacht oder gar nicht reagiert. Meiner Erfahrung nach sind Moving-Averages für Zero-Bonds unbrauchbar.

Wenn Sie Moving-Average sagen, meinen Sie dann einen 10-Wochen-, 30-Wochen- oder 40-Wochen-Moving-Average?

Ich arbeite mit verschiedenen Moving-Averages. Der kürzeste, den ich verwende, ist ein 2-Wochen- oder 10-Börsentage-Moving-Average. Dann verwende ich einen über 252 Tage, also fast ein Jahr. Für verschiedene Modelle verwende ich verschiedene Moving-Averages, doch der 10-Tages-Moving-Average ist dabei der sensibelste, den ich benutzen würde, und, wie bereits gesagt, bei Nullkupon-Anleihen funktionieren sie nicht. Dafür funktionieren Point- & Figure-Charts bei Zero Bonds. Meiner Erfahrung nach sind Moving-Averages für Goldaktien nicht das Hilfsmittel der Wahl, vielleicht auch hier wegen der Volatilitätsproblematik.

Haben wir noch technische Indikatoren ausgelassen, die Sie preisgeben würden?

Ich ziehe auch Intermarket-Ratios heran, etwa Bonds gegenüber Gold und Silber gegenüber Immobilien, doch betrachte ich sie nicht rein statisch nur daraufhin, ob etwas billig oder teuer ist. Ich betrachte sie dynamisch, unter Anwendung von Moving-Averages, Elliott-Wellen-Werten, Zyklen und so weiter, um herauszubekommen, wann die psychologische Dynamik vor dem Umschwung steht und welches Anlageinstrument am vorteilhaftesten ist. Ich benutze Standardwerkzeuge wie Moving-Averages, Point- & Figure-Charts, Stochastik und MACD, doch das Originelle an meiner Arbeit ist, daß ich sie nicht nur auf Standardkurse anwende, sondern auf all die sekundären Werte wie das Verhältnis vom Silberkurs zu Immobilienpreisen oder von Bondrenditen zu Aktienrenditen. Das ist eine Vollzeitbeschäftigung.

Wie ist Ihre analytische Perspektive zu den Zinssätzen im Ausland?

Ich betrachte die Zinsen auf dem internationalen Markt, doch in der Landeswährung, nicht in Dollar. Ich will wissen, ob die Zinsen in Frankreich, Deutschland, England oder Spanien steigen, während unsere sinken. In diesem Fall ist es wahrscheinlicher, daß unsere Zinsen umschwenken und steigen werden, als daß alle anderen Sätze sich den unseren anschließen. Ich benutze eine Advance/Decline Line für die internationalen Zinssätze, um herauszufinden, ob sie in den meisten Ländern steigen oder sinken. Tanzen ein oder zwei Länder aus der Reihe, schließen sie sich meist der großen Masse an, und nicht umgekehrt. Das kann manchmal sehr aufschlußreich sein. Nehmen wir an, wir haben in den Staaten eine Hausse am Bondmarkt, die bereits 6 bis 8 Monate anhält, und die Bonds haussieren auch im Rest der Welt. Dann geht es mit den Bonds in Deutschland, Frankreich und England bergab, während sie hier ihren Höhenflug fortsetzen. Da könnten wir uns doch glücklich schätzen. Doch wenn man eine Advance/Decline Line der internationalen Rentenmärkte betrachtet, weist sie nach unten, weil es in allen anderen Ländern abwärts geht, nur in den Staaten aufwärts. Das ist ein gutes Signal dafür, aus dem Bondmarkt auszusteigen.

Besteht trotz der Unterschiede in der Bewertung der Währungen ein enger Zusammenhang zwischen den Rentenmärkten in aller Welt?

Ja. Sicher besteht auch eine Relation zwischen Währung und dem Rentenmarkt, doch ich habe mich damit nicht näher beschäftigt, da sie nicht beständig ist. Vergessen Sie die Wechselkurse, konzentrieren Sie sich auf die Zinsentwicklung in jedem einzelnen Land, und schließen Sie sich dann der Mehrheit an, denn auch wenn ein, zwei Länder aus der Reihe tanzen, folgen sie den anderen unweigerlich nach.

Wie viele Länder berücksichtigen Sie bei Ihrer Advance/Decline Line?

Ich verfolge zwölf oder dreizehn Länder.

Wenn die Zinsen in einem Land angehoben oder gesenkt werden, löst das dann in den anderen Ländern eine Kettenreaktion aus?

Genau, und interessant ist dabei, daß sie sich oft synchron in Zyklen bewegen. Ich halte Zyklen für universelle psychologische Vorgänge. Sie sollten sich also in Japan und England ebenso bemerkbar machen wie bei uns.

Kapitel IX

John Murphy

John Murphy beschreibt seine Karriere als „eine Reihe von Zufällen“ und „eine gehörige Portion Glück“. Sein Interesse an der technischen Analyse wurde geweckt, als er zur rechten Zeit am rechten Ort war. Er begann Ende der 60er Jahre mit einem geisteswissenschaftlichen Studienabschluß. Sein erklärtes Ziel war die Wall Street. Dorthin zog es ihn nicht etwa aus besonderem Interesse für die Finanzmärkte, sondern weil er intuitiv wußte, daß die Wall Street Erfolg verhieß. Anfangs war es für ihn nur ein Job, doch dann zog ihn die technische Analyse in ihren Bann und hat ihn seit 30 Jahren nicht mehr losgelassen.

Angefangen hat Murphy bei der CIT Financial Corporation. Er war auf der Suche nach einem Job, und dort war einer frei. Als Assistent des Portfolio-Managers zeichnete er Charts für die im Firmendepot befindlichen Aktien. Für ihn war das nur ein Sprungbrett. Sein nächster, wohlüberlegter Schritt sollte ihn ins Herz der Branche führen. Die zahllosen Facetten der technischen Analyse sprachen seinen Intellekt an, und so las er alles, was er darüber in die Hände bekam. Je mehr er las, desto größer wurde sein Interesse. Anfang der 70er Jahre geriet der Aktienmarkt in eine Baisse, und seine Position bei CIT wurde gestrichen. Merrill Lynch suchte damals jemanden fürs Commodity-Geschäft. Sein Interesse für Commodities hielt sich in Grenzen, doch er brauchte wieder einen Job und nahm an in der Absicht, die paar Baissejahre zu überbrücken und sich dann wieder dem Aktienmarkt zuzuwenden. Aus zwei Jahren wurden zehn. Wie Murphy heute sagt: „Commodities waren damals brandheiß.“ Mit den neuen Finanz-Futures – Aktienindizes, Bonds und Währungen – herrschten aufregende Zeiten auf dem Commodity-Markt. Er wurde zum Leiter der technischen Analyse der Commodity-Abteilung von Merrill Lynch befördert und wechselte später ins Money-Management.

In den 80er Jahren machte sich Murphy als Berater selbständig und gab Abendkurse am New York Institute of Finance. Während er dort unterrichtete, hatte er Gelegenheit zur Zusammenarbeit mit dem Mann, der sein Lieblingsbuch über technische Analyse geschrieben hatte: William Jiler, Autor von ***How Charts Can Help You in the Stock Market.*** Murphy wurde angeregt, auf Grundlage seines Unterrichtsmaterials selbst ein Buch zu schreiben. Sein Erstlingswerk trug denselben Titel wie sein Kurs am NYIF: Technical Analysis of the Futures Market (dt. Titel: Technische Analyse der Terminmärkte, Hoppenstedt, 1991). Sein auch heute noch gefragtes Buch ist ein Meilenstein und behandelt umfassend die technische Analyse für den Futures-Markt.

Murphy war sieben Jahre lang technischer Berater und Autor beim Commodity Research Bureau. Als sich die Finanz-Terminbörse in New York entschloß, neue Terminkontrakte auf den CRB-Index anzubieten, suchte sie Murphys Unterstützung bei den Vorarbeiten. Seine Erfahrungen auf zwei so unterschiedlichen Gebieten und seine Arbeit mit Commodities bei Merrill Lynch bildeten das Fundament für ein Analysegebiet, das als sein Markenzeichen gilt: die technische Intermarket-Analyse. Im täglichen Umgang mit den verschiedenen Commodity-Märkten erkannte Murphy eine Beziehung zwischen Aktien, Bonds und Rohstoffen. Die Wechselwirkungen zwischen diesen Märkten stellten sich ihm so dar, daß er eine Bewegung definieren und von einem Markt auf den anderen verfolgen konnte. Nach zehn Jahren Forschungsarbeit in seiner Marktnische veröffentlichte er sein zweites Buch, ***Intermarket Technical Analysis*** (dt. Titel: Technische Intermarket-Analyse, Campus, 1992), eines der eingängigsten und bestrecherchierten Werke zum Thema technische Analyse. Gegenwärtig beschäftigt er sich mit der Intermarket-Analyse als Hilfsmittel bei der Asset-Allocation.

Die letzten fünf Jahre arbeitete Murphy für den Sender CNBC als hauseigener technischer Analyst. Jeden Montag, Mittwoch und Freitag gibt er dort zu festen Sendezeiten nützliche Ratschläge zu lukrativen Marktstrategien. Fünf Jahre Feedback und Erfahrung im Parieren von Fragen aus dem Publikum von CNBC zu seiner Sendung lieferten ihm die Anregungen für sein neuestes Buch, ***The Visual Investor*** (im dt. Buchhandel erhältlich: Visuelle Aktienanalyse. Mit Charts Börsentrends frühzeitig erkennen (VTAD), Campus, 1997). In diesem Buch versucht er, die technische Analyse für den Durchschnittsanleger zu vereinfachen im Hinblick auf offene Fonds, Branchen und global orientierte Investitionen.

Gemeinsam mit Greg Morris, einem Softwareentwickler mit 20 Jahren Erfahrung, gründete er MURHPY MORRIS, Inc., um Lehrsoftware und Online-Services für Anleger anzubieten. Die Internetadresse ist: www.murphymorris.com. Manchmal knapst er trotz seines gedrängten Terminplans noch etwas Zeit ab für die Arbeit an Softwareprojekten oder für Vorträge bei internationalen Konferenzen.

Er ist ein vehementer Vorkämpfer der Technikergilde und behauptet gern, die Techniker seien die Parias der finanzwirtschaftlichen Kastengesellschaft. Gern als schwarze Schafe abgestempelt, erfahren sie nur selten Anerkennung für ihre erfolgreichen Prognosen, während die Kritik für ungenaue Vorhersagen nie lange auf sich warten läßt. Die Vertreter der ökonomischen und fundamentalen Theorien dagegen werden wie Götter verehrt und ihre Fehleinschätzungen rasch vergeben und vergessen. Dieses Bild wird von den Medien präsentiert und propagiert. Am 27. Juni 1996 hat ein Reporter des Wall Street Journals vier technische Analysten interviewt und in seinem Artikel von der technischen Analyse als Voodoo des Aktienmarktes geschrieben. Was könnte Murphys Eindruck besser bestätigen?

Mit beinahe 30 Jahren Börsenerfahrung im Rücken warnt Murphy alle Anleger davor, die konventionellen Wall-Street-Weisheiten fraglos zu akzeptieren, da sie fast immer Selbstzwecke verfolgten. Statt dessen soll man den Markt beobachten und warten, bis er einem sagt, wann und wo zu investieren sei.

Ist die technische Analyse eine Kunstform?

Wer sie als Kunst bezeichnet, impliziert, daß sie rein subjektiv ist, daß es keine Regeln gibt. Dabei gibt es eine ganze Reihe von Regeln, nur können sie verschieden interpretiert werden. Jemand hat kürzlich zu mir gesagt: „Die technische Analyse funktioniert, weil die technischen Analysten dafür sorgen." Der Laie stellt sich das alles viel zu einfach vor. Es ist ein erstaunlich vielseitiges und komplexes Gebiet. Es gibt so viele verschiedene Ansätze wie Analysten. Es ist wie in der Medizin.

Zwei Ärzte können zu zwei völlig verschiedenen Diagnosen kommen, und doch ist dabei Wissenschaft im Spiel. Der Beweis, daß es sich nicht um eine Kunstform handelt, liegt darin, daß Computer heute Indikatoren nach einem Satz von Regeln interpretieren können. Nehmen wir an, ein Anleger möchte den Relative-Stärke-Index (RSI) von IBM wissen. Er ruft sein IBM-Chart auf, das den RSI am unteren Rand des Bildschirms einblendet. Nun kann er mit dem Cursor den RSI anklicken, und der Computer wird ihn interpretieren. Er stellt fest, ob der Markt überkauft oder überverkauft ist. Da ist keine Kunst dabei. Hier interpretiert ein Computer ein festes Regelwerk. Mir gefällt die Bezeichnung Kunst nicht. Es gibt feste Regeln, und die Kunst dabei ist, sie zu interpretieren – wobei „Können" hier sicherlich der treffendere Begriff wäre. Es ist eine Mischung aus Kunst, Wissenschaft und Können.

Im Lager der Fundamentalisten wartet man darauf, daß die technischen Analysten ihr Gegenstück zu einem Warren Buffet oder einem John Templeton hervorbringen. Außerdem hört man immer wieder den alten Spruch „Ich hab' noch nie einen reichen Techniker getroffen". Warum sind die technischen Analysten so unpopulär?

Es gibt eine ganze Reihe sehr wohlhabender Menschen, die sich der technischen Analyse bedienen. Ich verstehe wirklich nicht, warum die technischen Analysten immer in die Defensive gedrängt werden. Landet ein fundamentaler Analyst auf der falschen Seite des Marktes, heißt es lediglich, der Analyst habe die betreffende Aktie zu niedrig bewertet. Niemand wird kritisiert. Die technischen Analysten dagegen werden in der Luft zerrissen, wenn sie mit einer Prognose falsch liegen. Im Juli 1996 wurden für eine Halbleiteraktie enttäuschende Gewinne angekündigt, und der Kurs rutschte am Tag darauf um 8 Punkte ab – ein Einbruch von 25 %. Einen Tag später stufte einer der fundamentalen Analysten die Aktie von einem kurzfristigen auf einen langfristigen Erfolgswert um. Das ist doch ein Unding. Der Analyst hat Mist gebaut, und kein Hahn kräht danach – es kommt keine Kritik, gar nichts. Ich beobachte regelmäßig, wie fundamentale Analysten damit durchkommen. Ich glaube, daß viele der angeblichen fundamentalen Analysten heimlich technische Analyse betreiben und sich nur als fundamentale

Analysten ausgeben. Ich sage das, weil mir schon so oft aufgefallen ist, daß nach einer maßgeblichen Kursbewegung technischer Natur am Tag darauf 3 oder 4 fundamentale Auf- oder Abwertungen folgen. Ist es nicht verwunderlich, daß es jedesmal, wenn eine Aktie ihren Moving-Average schneidet, zu fundamentalen Auf- oder Abwertungen kommt? Vor zwei Jahren kam es zum größten Einbruch am Bondmarkt seit 50 Jahren. Ich gehörte zu denen, die das vorhergesagt haben. Die Charts signalisierten sehr deutlich, daß so etwas passieren würde. Die ökonomische Fraktion hatte die ganze Zeit über behauptet: „Das passiert nicht." Sie hat den großen Zusammenbruch nicht erkannt, und ich habe nie ein Wort der Kritik gehört. Sie hat die ganze letzte Rezession nicht erkannt, und doch werden in den Medien weiter Wirtschaftsfachleute interviewt, obwohl ihre prognostische Bilanz so erbärmlich ist. Dieses Jahr ist ein weiteres Beispiel. Wir haben erklärt, daß der Rückgang der Rohstoffpreise sowie mehrere andere Intermarket-Faktoren auf eine Konjunkturschwäche hinweisen. Die Fundamentalisten protestierten im Chor: „Nein, das kann nicht sein." Jetzt gibt es Anzeichen für eine Wirtschaftsflaute, doch in den Medien werden immer noch dieselben Leute interviewt. Ich bohre immer wieder: „Warum fragen Sie nicht die Leute, die recht behalten haben?" Es will mir nicht in den Kopf, warum fundamentale und ökonomische Analysten immer ungeschoren davonkommen, für technische Analysten dagegen ganz andere Maßstäbe gelten.

Woher stammt diese ganze Kritik?

Aus akademischen, ökonomischen und journalistischen Kreisen. Diese Gruppen stehen dem technischen Ansatz grundsätzlich ablehnend gegenüber, und das aus einem einfachen Grund: weil sie ihn nicht verstehen. Die Leute, mit denen man es bei den Medien zu tun hat, sind meist Fachautoren für finanzwirtschaftliche Themen. Sie engagieren sich nicht am Markt. Sie analysieren die Märkte nicht. Sie schreiben über die Märkte, nachdem etwas passiert ist. Jahrzehntelang haben uns die Akademiker erzählt, daß der Markt unberechenbar sei und man seine Bewegungen nicht vorhersagen könne. Dabei hat so mancher damit gutes Geld verdient. Sobald man als technischer Analyst gilt, ist man abgestempelt und wird nicht mehr ernst genommen.

Manchmal sind die technischen Analysten auch selber schuld. Man muß sich deutlich ausdrücken und schlüssig argumentieren. Die Arbeit beim Fernsehen, wo ich oft mit Zuschauerreaktionen konfrontiert bin, hat mir das besonders bewußt gemacht. Zeigt man einen Chart auf dem Bildschirm und rät den Leuten, eine Aktie zu kaufen, weil es bei MACD oder Stochastik eine Überkreuzung gibt, hat der Durchschnittszuschauer nicht die leiseste Ahnung, wovon Sie sprechen. Er wird sagen: „Und Sie meinen, ich gehe jetzt her und kaufe diese Aktie, weil sich zwei Linien überschneiden?" Viele technische Analysten sprechen Fachchinesisch. Das klingt sehr hochgestochen, und der durchschnittliche Anleger, dem die ganzen Indikatoren noch nicht vertraut sind, schaltet einfach ab. Man muß schon versuchen, den Leuten klarzumachen, wovon man spricht.

Aber offene Fonds und Institutionen haben doch eigene technische Analysten oder engagieren Analysten als Berater, um auf die technischen Entwicklungen auf dem Markt vorbereitet zu sein?

Natürlich. Die Konkurrenz ist groß, und es fließt eine so große Menge Geld, daß offene Fonds unter starkem Erfolgsdruck stehen. Das Ergebnis ist, daß das Geld von Aktien einer Branche in Aktien einer anderen Branche investiert wird. Das Spiel heißt Branchenrotation. Zieht man Geld von Technologiewerten ab, muß man es woanders investieren. Aufs Timing kommt es dabei an. Es wird dann von Momentum-Investition gesprochen. Wie man es auch nennt, für mich ist das reine Technik. Mit den Fundamentals hat das wenig zu tun, denn die verändern sich kaum. Um zu bestimmen, wann man von einer Branche in die andere wechselt, werden verschiedene Timing-Hilfen eingesetzt. Wenn man nun fragen würde: „Verwenden Sie hier technische Analyse?", wäre die Antwort vermutlich: „Nein, wir beschäftigen gar keinen technischen Analysten." Und was ist der dort drüben für einer? „Na ja, das ist unser quantitativer Analyst." Viele quantitative Analysten sind im Grunde technische Analysten. Zum Teil ist es ein rein terminologisches Problem. Ich mag den Begriff technische Analyse überhaupt nicht. Was heißt schon „technisch"? Gar nichts. Es schreckt die Leute nur ab. Ich ziehe die Bezeichnung „Marktanalyst" vor. Die ist viel weiter gefaßt.

Ist die technische Analyse der fundamentalen Analyse überlegen?

Ja. Nach den Fundamentals kann man sich beim Trading nicht richten, sie verändern sich zu langsam. Meine Aufgabe ist es, Dinge vorherzusehen und zu versuchen, Prognosen zu stellen. Sobald wichtige Neuigkeiten heraus sind, verliere ich das Interesse daran. Meine Aufgabe ist es, sie vorherzusagen. Etwa einen Monat vor dem Sumitomo-Kupferskandal haben wir uns mit dem Einbruch bei Kupfer und Kupferaktien beschäftigt und zum Ausstieg geraten. Als die Nachricht einen Monat später die Runde machte, hatte ich dazu nichts mehr zu sagen. Es ist die klassische Streitfrage zwischen fundamentaler und technischer Analyse. Sobald etwas bereits passiert ist, kann man mit der Information nichts mehr anfangen. Ein weiteres gutes Beispiel dafür sind die Vorgänge bei den Halbleiteraktien im 3. Quartal 1995. Die Technologiewerte erreichten Rekordhöhen. Ich erhielt allerhand negative Signale. Die Relative Stärke gab nach, der Umsatz tendierte negativ. Ich sagte im Fernsehen, der Zeitpunkt für einen Ausstieg sei günstig, doch die fundamentalen Analysten bei CNBC gaben sich ungebrochen bullish. Ich erinnere mich da an einen Analysten, der sich ganz besonders optimistisch äußerte. Der Moderator sagte zu ihm: „Unser technischer Analyst John Murphy meint, die Gruppe steht technisch gesehen nicht gut da – die Charts brechen zusammen. Was meinen Sie dazu?“ Der fundamentale Analyst lachte und sagte: „Schauen Sie, Charts sagen Ihnen vielleicht, wo sie waren, aber nicht, wohin sie gehen.“ Es sollte sich zeigen, daß die Gruppe über die nächsten 3 Monate fast 50 % an Wert verlor. Nicht nur das, im Januar und Februar 1996 gaben sich dieselben Leute, die eben noch zum Kauf geraten hatten, plötzlich pessimistisch, und ich ging auf Sendung und sagte: „Jetzt ist es Zeit zu kaufen.“ Sie ignorierten die Botschaft des Marktes. Die Fundamentalisten waren optimistisch geblieben und hatten einen Einbruch von 50 % hinnehmen müssen, und als die Baissenachricht draußen war, schwenkten sie am Tiefpunkt auf „bearish“ um. Das ist ein klassisches Beispiel für den Unterschied zwischen technischer und fundamentaler Analyse. Der Markt selbst bestimmt jeden Tag über die Fundamentals. Wir wissen vielleicht nicht, wie sie gerade aussehen, doch der Markt sagt es uns. Geht der allgemeine Trend der Kursentwicklung nach oben, weiß ich, daß die Nachfrage größer ist als das Angebot, die Rahmenbedingungen sind also positiv. Geht es mit dem Markt oder einer Aktie bergauf, und die Fundamentals sind bearish, so ergibt irgend etwas keinen Sinn. Sind die Fundamentals bullish und die Aktie oder Gruppe bricht ein, sagt uns der Markt ganz deutlich, daß hier etwas nicht stimmt. Der Markt entscheidet letztendlich. Das sind Grundprinzipien der Wirtschaft. Ist das Angebot größer als die Nachfrage, fallen die Kurse. Ist die Nachfrage größer als das Angebot, steigen die Kurse. Der Markt sagt uns, in welche Richtung die Angebots-Nachfrage-Gleichung tendiert.

In den vergangenen zwei oder drei Jahren ist es mit wachsender Regelmäßigkeit zu massiven, spontanen Ausbrüchen und Zusammenbrüchen gekommen. Liegt ein möglicher Grund für diese Verwerfungen im Momentum?

Bei Futures und Optionen liegt der Schwerpunkt oft auf kurzfristigen Transaktionen. Viele Profis sind technisch orientiert. Eine Aktie durchbricht eine Unterstützungslinie und löst spontane Verkäufe aus. Beim sehr kurzfristigen Trading stehen sich, glaube ich, technische Trader und technische Trader gegenüber. Es könnte an der raschen Verbreitung von Nachrichten liegen. Sobald eine Nachricht oder das Gerücht einer Nachricht heraus ist, ist es auf CNBC zu sehen, und die Aktienkurse reagieren prompt. Das kann man laufend beobachten.

Es liegt also nicht unbedingt daran, daß sich ein größerer Prozentsatz des Anlegerpublikums der technischen Analyse bedient?

Zum Teil schon. Die technische Analyse ist so verbreitet wie noch nie. Bereits unter $ 500,00 bekommt man ungeheuer leistungsfähige Softwarepakete und kann sich dann für geringe monatliche Kosten aktuelle Daten beschaffen. Für den Durchschnittsanleger ist es sehr schwer, fundamentale Analyse zu betreiben. Wie soll man 3 000 Aktien verfolgen? Aktien auf dem Bildschirm zu verfolgen, ist sehr einfach. Investoren, die sich in offenen Fonds engagieren, entdecken vermehrt, daß sie nur aufgrund von Charts in Fonds ein- und aussteigen können. Das ist vielleicht einer der Gründe für die kurzfristige Volatilität.

Glauben Sie, daß viele Anleger heute kurzfristiger orientiert sind als früher?

Ich sehe eine Entwicklung hin zur kurzfristigen Orientierung. Sie fangen als langfristige Investoren an, doch das ist ein Mythos. Langfristig investiert wird nur, wenn der Aktienmarkt 20 % im Jahr zulegt, doch in der Vergangenheit war das nicht so. Im Moment werden die Leute darauf gedrillt, in jede Abwärtskorrektur hinein zu kaufen, und das hat bisher gut geklappt. Doch damit wird es bald vorbei sein. Wir haben es mit einer ganzen Generation zu tun, die glaubt, Geld in offenen Fonds sei so gut wie Geld auf der Bank. Diese Leute sind unsanft wachgerüttelt worden durch den Zusammenbruch des Bondmarkts 1994. Sie werden eines Tages feststellen, daß sie 30 % ihres Geldes am Aktienmarkt verloren haben.

Was ist Ihr Marktansatz?

Ich arbeite mich von oben nach unten vor. Ich betrachte zwar einzelne Aktien, doch mein Schwerpunkt liegt auf den Branchen. Die Sektoren sind der Schlüssel zum Spiel. Da gibt es viel Aktivität unter der Oberfläche. Viele Börsen haben alle möglichen Branchenindizes eingeführt, etwa für Pharmawerte, Biotechnologiewerte, Halbleiterwerte, Telekommunikationswerte, um nur ein paar zu nennen. Zu fast allen gibt es entsprechende offene Fonds. Die Leute fragen mich nach der Marktentwicklung. Was meinen sie mit Markt? Der Dow war stark, der NASDAQ war schwach. Die Technologiewerte sacken böse ab, während die Ölwerte steigen. Es kommt immer darauf an, in welchem Markt man sich befindet. Wenn die Rohstoffpreise anziehen und auf konjunkturelle Stärke hinweisen, wird man sich den konjunkturreagiblen Werten wie Aluminium, Papier, Öl und Kupfer zuwenden. Ist eine Konjunkturflaute zu befürchten, fließt Geld in defensive Werte wie Nahrungsmittel, Pharmaka und Tabak. Drinnen oder draußen, ist hier die Frage. Man muß wissen, wo man zu einem bestimmten Zeitpunkt stehen sollte.

Mit welcher Methode bestimmen Sie, in welcher Branche und zu welchem Zeitpunkt Sie sich engagieren?

Wenn ich mich auf einen Indikator festlegen müßte, würde ich Analyse der Relativen Stärke sagen. Ich meine damit nicht den Relative-Stärke-Index. Das ist etwas anderes. Ich untersuche etwa 80 verschiedene Industriegruppen, meist S&P-Industriegruppen. Ich finde, die Stärke eines einzelnen Index in Relation zum S&P 500 ist hier besonders aussagekräftig. Ich nehme einfach die verschiedenen Industriegruppen und teile jede Gruppe durch den S&P 500-Index. Ich stelle das Verhältnis graphisch dar, damit ich sehen kann, wie sich jede Gruppe in Relation zum Markt verhält. Ich habe mir zum Beispiel den Index von Automobilwerten angesehen, der die drei großen amerikanischen Autohersteller beinhaltet – Ford, Chrysler und General Motors. Berechnet man nun das Verhältnis der Autogruppe zum S&P 500 für die letzten Jahre, ergibt sich eine fallende Linie. Auf der Grundlage der Relativen Stärke hieße das, die Automobilwerte sind in diesem Zeitraum hinter der Marktentwicklung zurückgeblieben. Anfang 1996 geriet die Linie in einen Aufwärtstrend. Das zeigte mir, daß die in Ungnade gefallenen Automobilwerte jetzt ein gutes Anlageinstrument abgeben müßten. Ich investiere viel Zeit in die Analyse der Relativen Stärke. Sie ist momentan mein nützlichstes Werkzeug.

Achten Sie bei der graphischen Darstellung von Verhältnissen nur darauf, in welche Richtung sich die Linien bewegen?

Auf diese Relative-Stärke-Linien kann man fast jeden Indikator anwenden. Man kann einen Oszillator benutzen, um Überkauft- und Überverkauftbereiche zu definieren. Ich mache das nicht, weil ich es für übertrieben halte. Manchmal setze ich Moving-Averages ein. Meist betreibe ich einfache Trendlinienanalyse anhand von Trendlinien. Wenn die Relative Stärke nachzugeben droht, verläßt man diese Gruppe und sucht sich eine, die aufwärts tendiert. Habe ich sechs Charts, die allesamt ansteigen, dann suche ich mir die Gruppe aus, die am schnellsten zulegt. Die Analyse der Relativen Stärke ist ein Hilfsmittel zur Isolierung der im Aufwind befindlichen Marktsektoren von den weniger erfolgreichen. Warum Geld in eine Gruppe investieren, die unter dem

Durchschnitt liegt? Das ist sehr vielschichtig. Hat man eine Gruppe gefunden, muß man entscheiden, welche Aktie innerhalb der Gruppe die höchste Relative Stärke zeigt. Um auf Chrysler, Ford und GM zurückzukommen, so kann man die jeweiligen Aktienkurse durch den Automobilindex teilen, um festzustellen, welcher der schwächste und welcher der stärkste ist. Man sucht also nicht nur die stärkste Branche, sondern auch die stärksten Aktien innerhalb der Branche. Dieses Werkzeug entwickelt sich zu meinem Favoriten. Es ist ein sehr einfacher Indikator. Man kann ihn mit fast jeder Software anwenden, und manchmal werden die Branchengruppen schon in einer Rangordnung plaziert, so daß man sehen kann, welche sich in der letzten Woche – verglichen mit vor drei Monaten – besonders stark behauptet haben. Die Analyse der Relativen Stärke ist äußerst zuverlässig, doch es gibt nichts, das immer funktioniert. Deshalb wende ich sie an in Verbindung mit vielen anderen Faktoren. Ich versuche nur, die Richtung der Relativen-Stärke-Linie zu erkennen als Hinweis auf eine Trendwende, der mir sagt, wann es Zeit ist, in eine Branche ein- oder auszusteigen, je nachdem, wohin sich die Linie bewegt. Ich mag es simpel.

Wie weit gehen Sie normalerweise bei der Analyse von Zahlenverhältnissen zurück?

Normalerweise sechs Monate, vielleicht ein Jahr. Ich suche nach Trendveränderungen. Ich untersuche die Relative Stärke hauptsächlich, um Änderungen im Marktcharakter selbst feststellen zu können. Im ersten Quartal 1996 etwa zeigten sich der NASDAQ-Index und die Technologiewerte ausgesprochen stark, und es kam zu groß angelegten Käufen bei konjunkturabhängigen Aktien. Dann, gerade zu Beginn des zweiten Quartals, gab es eine deutliche Veränderung bei der Relativen-Stärke-Linie. Die konjunkturabhängigen Aktien und die NASDAQ-Technologiewerte zeigten Einbrüche bei der Relativen Stärke. Auf den Charts selbst war das nicht eindeutig zu erkennen, doch bei der Relativen Stärke war zu sehen, daß Technologiewerte und zyklische Aktien erstmals unter dem Marktdurchschnitt lagen. Es begann eine Verlagerung von Mitteln in die defensiven Werte und alltägliche Konsumgüter wie Kosmetik, Haushaltsprodukte, Pharmaka, Nahrungsmittel, Tabak und Getränke. Diese ganze

Gruppe entwickelte sich über den Marktdurchschnitt hinaus, gerade als die zyklischen Aktien und Technologiewerte zum Sturzflug ansetzten. Das signalisierte eine erhebliche Marktverschiebung. Man muß nur auf Trendveränderungen achten. Mein Augenmerk gilt hier den Trendwenden. Die Perspektive ist dabei sehr kurzfristig, denn wir beraten Leute, die sich im Aktienmarkt und hier in Branchenfonds engagieren, so daß der Schwerpunkt auf den vergangenen drei bis sechs Monaten liegt.

Muß man beim ersten Anzeichen von Stärke oder Schwäche aufspringen, oder kann man noch auf halber Strecke zusteigen und trotzdem Gewinn mitnehmen?

Man sollte schon so früh wie möglich einsteigen, denn die Rotationen innerhalb des Marktes dauern oft nur ein paar Monate an. Man muß Veränderungen zeitig erkennen. Darum halte ich diese Verhältnisse in Charts fest. Im Mai 1996 etwa habe ich auf CNBC den Relativen-Stärke-Chart des NASDAQ dem S&P 500 gegenübergestellt. Die vorangegangenen drei bis vier Monate hatte NASDAQ einen maßgeblichen Vorsprung auf den S&P 500, weil die Technologiewerte kräftig anzogen. Ein Blick auf die Relative-Stärke-Linie zeigte, daß sie eine im September 1995 gebildete Widerstandslinie erreichte. Wir schlossen daraus, daß die Hausse bei Technologiewerten wohl ihrem Ende zuging und es an der Zeit sei, Gewinn mitzunehmen. Das war etwa eine Woche bevor der Index selbst eine Spitze zeigte. Hochs und Tiefs und Unterstützungs- und Widerstandslinien lassen sich auf Relative-Stärke-Linien genausogut anwenden wie auf einzelne Aktien. Wenn die Stärke oder Schwäche einer Gruppe offenbar wird und die Zeitungen darüber schreiben, ist es meist zu spät. Einen Monat nach meiner Sendung fragten mich meine Kollegen: „John, sollen wir jetzt lieber aus den Technologiewerten aussteigen?“ Ich entgegnete: „Nein, der Zeitpunkt zum Aussteigen war vor einem Monat, als ich es zum erstenmal gesagt habe.“ Es klappt nur, wenn man die Entwicklungen rechtzeitig erkennt, und das kann man nur anhand von Charts. Deshalb verwende ich nach Möglichkeit Trendlinien. Am besten ist, wenn man den genauen Höchst- oder Tiefststand erwischt, doch unterm Strich gelingt das selten. Die Verhältnislinie zeigt Sprünge im Abwärtstrend und Durchhänger im Aufwärtstrend. Man ist nie ganz sicher, ob es wirklich ein Umschwung oder nur eine Verschnaufpause ist. Ein Stück weit ist immer auch Urteilsvermögen gefragt.

Ist die Analyse der Relativen Stärke auch auf ausländische Märkte anwendbar?

Ja. Die letzten fünf oder sechs Jahre lag der japanische Markt, was die Relative Stärke betrifft, durchschnittlich hinter dem US-Markt zurück. Mitte 1995 überholte der japanische Markt das erste Mal seit fast fünf Jahren den US-Markt hinsichtlich seiner Relativen Stärke. 1996 brachten wir einen Beitrag über japanische Automobilwerte. Die Relative Stärke der japanischen Automobilwerte lag über dem japanischen Marktdurchschnitt. Wer in Japan investieren wollte, dem hätte ich Automobilwerte als eines der interessanten Anlageinstrumente empfohlen, da diese Branche mit am stärksten war. Ich habe viel Vertrauen in die Analyse der Relativen Stärke.

Das klingt so, als ob Sie auf Relative-Stärke-Linien dieselben konventionellen Interpretationsregeln anwenden wie für traditionelle Trendlinien?

Genau. Relative-Stärke-Charts sehen genauso aus wie andere Charts – eine auf- oder abwärts gerichtete Linie. Um noch einmal das Beispiel NASDAQ gegenüber S&P 500 aufzugreifen, so ging es lediglich darum, eine vorangegangene Spitze zu erreichen. Hätte man nur die Einzelcharts betrachtet, hätte man beim NASDAQ ein neues Rekordniveau registriert und beim S&P 500 ebenso. Es fehlte die Orientierungsgröße. Die Relative-Stärke-Linie dagegen zeigte, daß hier ein Niveau erreicht wurde, das dem Hoch von vor sechs Monaten entsprach, für mich ein Hinweis auf eine Widerstandslinie. Die Relative Stärke macht vieles sichtbar, bevor es sich auf den Charts selbst zeigt.

Welche Methoden benutzen Sie zum Aufbau einer Trendlinie?

Ich habe eine Schwäche für Trendlinien. Eine alte Regel der Trendlinienanalyse besagt, daß man zwei Punkte braucht, um eine Linie zu zeichnen. Noch ein dritter Bezugspunkt zur Überprüfung, und dann weiß man, daß man eine aussagekräftige Trendlinie vor sich hat. Wenn ich eine Trendlinie einzeichne, wird sie oft nur zweimal berührt. Mir ist klar, daß es sich dann womöglich nicht um eine echte Trendlinie handelt, doch zum betreffenden Zeitpunkt steht mir der Luxus von drei Punkten eben nicht zur Verfügung. Gelegentlich gestatte ich mir dann künstlerische Freiheit. Die Neigung einer Trendlinie ist eine subjektive Angelegenheit. Je steiler sie ist, desto weniger zuverlässig ist sie. Die besten Trendlinien haben meiner Erfahrung nach eine Neigung von 45 Grad. Sind sie viel steiler, werde ich mißtrauisch. Sind sie wesentlich flacher, werde ich noch mißtrauischer. Ich sitze da nicht mit dem Winkelmesser und messe nach, ich habe vielmehr einen ausgeprägten sechsten Sinn für die Verläßlichkeit einer Trendlinie. Und ich betrachte viele Trendlinien, auf Tages- und auf langfristiger Basis.

Lassen Sie sich das kürzerfristige Bild durch langfristige Charts bestätigen?

Ich möchte schon wissen, wo die längerfristigen Trends liegen, so daß ich mir zunächst Charts der letzten 20 Jahre ansehe. Möglicherweise haben sie ja keine oder nur wenig Auswirkungen auf die aktuelle Situation, doch mich interessiert, ob wir uns auf langfristige Unterstützungs- oder Widerstandslinien zubewegen. Mit dem passenden Chart läßt sich jede Einstellung rechtfertigen, ob bullish oder bearish. So kann auf einem Kurschart ein 52-Wochen-Hoch zu erkennen sein. An sich ist das nicht weiter aufregend, doch rückblickend zeigt sich, daß hier die Linie eines nachhaltigen Abwärtstrends, der seit fünf Jahren anhält, oder vielleicht eine seit drei Jahren bestehende Widerstandslinie durchbrochen wird. Ich habe einmal einen Beitrag über den japanischen Yen gebracht. Der Yen war gefallen, doch er näherte sich einer kleinen Unterstützung. Ein Monatschart des japanischen Yen über die letzten zehn Jahre zeigte, daß sich der Kurs auf der seit zehn Jahren bestehenden Aufwärtstrendlinie befand. Ich ziehe gerne sehr langfristige Charts heran. Der Blick zurück ergibt oft Überraschendes. Am besten geht man von einem 15- oder 20-Jahres-Chart aus. Es verschafft einem einen Überblick, und man muß sich dann nur noch vorarbeiten. Die abschließende Analyse macht man anhand eines 52-Wochen- oder 2-Jahres-Charts.

Stützen Sie sich im Tagesgeschäft eher auf Tages- oder auf Wochencharts?

Wenn ich mich auf einen Chart festlegen müßte, wäre es wahrscheinlich der über die letzten 52 Wochen, denn der vermittelt einem den Sinn für das wirklich Relevante. Ich versuche, mich nicht mit den sehr kurzfristigen Ausschlägen zu verzetteln. Ich sehe sie mir gründlich an, doch mein Publikum ist nicht in erster Linie spekulativ orientiert. Es sind größtenteils Anleger, so daß ich mich möglichst auf die wesentlichen Trends konzentriere. Mein meistverwendeter Chart ist der 52-Wochen-Chart, doch oft bewege ich mich von dort aus in beide Richtungen weiter und betrachte einen Chart über einen kürzeren Zeitraum und vielleicht einen über vier oder fünf Jahre. Dann schieße ich mich auf den aussagefähigsten ein.

Wenn Sie einen langfristigen Trend vor sich haben, der Unsicherheiten zeigt, auf welche Signale für die Bestätigung einer Trendwende achten Sie dann noch – außer auf ein Durchbrechen der Trendlinie?

Ich betreibe auch Elliott-Wellen-Analyse. Ich achte sehr genau auf den Umsatz. Befinden wir uns in der Nähe einer langfristigen Widerstandslinie, die vielleicht vor 10 oder 15 Jahren definiert wurde? Ich betrachte das On-Balance-Volume, um festzustellen, ob die letzte Aufwärtsbewegung vom Umsatz bestätigt wurde. Wenn nicht, bin ich vielleicht pessimistischer. Anhand von Stochastik und RSI stelle ich fest, ob wir uns in einem überkauften Markt befinden. Ich schaue mir auch an, wie sich die Aktie oder Gruppe in Relation zum gesamten Marktgeschehen verhält. Ich habe meist schon einen Standpunkt, lange bevor es zum Einbruch kommt. Vieles ist dabei Vorwegnahme, manches aber auch Reaktion.

Halten Sie bestimmte Chartformationen für besonders zuverlässig?

Ja. Die wichtigsten Formationen sind für mich die Kopf-Schulter-Formation als Trendumkehrformation, M- und W-Formationen und Dreiecke. Dreiecke mag ich besonders, weil sie nicht nur sehr leicht zu erkennen sind, sondern normalerweise den Trend bestätigen. Zum Teil analysiere ich auch Elliott-Wellen. Entdecke ich ein Dreieck, dann ist das in der Elliott-Wave-Theorie normalerweise eine vierte Welle, was im Aufwärtstrend bedeutet, daß noch eine Bewegung nach oben zu erwarten ist, möglicherweise aber die letzte. Habe ich Schwierigkeiten, Elliott-Wellen zu interpretieren, kann ich die gegenwärtige Position im Trend leichter bestimmen, wenn ich ein gutes Dreieck entdekke. Daher finde ich Dreiecke so nützlich. Mit Untertassen, Flaggen und Wimpeln beschäftige ich mich wenig. Sie sind mir nie eine besondere Hilfe gewesen.

Welche Art von „Dreiecken" meinen Sie?

Im allgemeinen symmetrische Dreiecke, doch wenn ich ein gutes absteigendes oder aufsteigendes Dreieck entdecke, berücksichtige ich auch das. Symmetrische Dreiecke sind mir die liebsten, weil sie normalerweise trendbestätigend sind.

Aktien, die die Nackenlinie einer Kopf-Schulter-Formation durchbrechen, sich dann unvermittelt korrigieren, um letztendlich oberhalb der Nackenlinie zu schließen, tendieren doch oft mit großem Momentum nach oben.

Eine der sichersten Formationen ist ein Kopf-Schulter-Hoch, das keines ist. Der Dow zeigte im Mai 1996 scheinbar eine Kopf-Schulter-Formation. Am 8. Mai 1996 durchbrach der Dow innerhalb eines Börsentages das Unterstützungsniveau der Nackenlinie. Es sah ganz nach einem massiven Einbruch aus, doch im Lauf des Tages erholte er sich wieder und schloß ausgesprochen stark. Es war das klassische Beispiel für eine Trendumkehr. Schwache Eröffnung, Durchbruch der Unterstützungslinie, Schluß oberhalb der Unterstützungslinie mit starken Umsätzen. Nun war klar, daß hier keine Kopf-Schulter-Formation vorlag. Bei der Elliott-Wellen-Analyse ist die „abc"-Formation die Korrekturphase. Geht die dritte „c"-Welle nach unten, stellt sie sich gern als Kopf-Schulter-Hoch dar. Ich frage mich bei jedem Durchbruch der

Nackenlinie: „Ist das wirklich ein Durchbruch, oder ist es nur die „c"-Welle, die abschließende Korrekturwelle?" Ist es eine „c"-Welle, ist die Formation ausgesprochen bullish. Das Signal ist häufig, wenn der Schlußkurs unterhalb der Nackenlinie liegt. Fällt eine Aktie unter die Nackenlinie, schließt aber darüber, interpretiere ich das sofort ganz anders. Es ist dann keine Kopf-Schulter-Formation. Es ist nur die Vervollständigung einer „abc"-Korrektur. In diesem Fall sollten wir zumindest die alten Hochs noch einmal überprüfen.

Sie lassen also etwas Spielraum für den Fall, daß eine Formation nicht zustande kommt?

Ganz genau. Sie müssen hier auf die genaue Formulierung achten. Wenn jemand sagt: „Das sieht aus wie eine Kopf-Schulter-Formation", sage ich nur widerwillig „Ja", denn es ist erst dann eine echte Kopf-Schulter-Formation, wenn die Nackenlinie durchbrochen wird. Wenn eine bestimmte Aktie ein vorangegangenes Hoch anvisiert, werde ich in meiner Sendung oft gefragt: „Ist das eine Doppelspitze?" Meine Antwort ist, daß es ohne weiteres eine Doppelspitze sein könnte, doch daß wir sie nicht so nennen sollten. Ist eine Aktie auf dem Weg zu einem vorangegangenen Hoch, schreckt sie in 80 Prozent der Fälle zurück und geht dann mitten hindurch. Schreckt sie zurück, kann man nicht von einer Doppelspitze sprechen. Die Anzeichen sind nicht deutlich genug dafür.

Durchbricht eine Aktie die Nackenlinie und dreht dann ab, ist es in diesem Fall wahrscheinlicher, daß der Kurs am Tag des Durchbruchs oberhalb der Nackenlinie schließt?

Das ist einfacher, denn dann weiß man gleich, daß man es nicht mit einem Kopf-Schulter-Top zu tun hat. Manchmal liegt der Schlußkurs aber auch ein wenig darunter. Das ist einer der Gründe, warum ich nicht gern genaue Zahlen angebe. Würde ich sagen, eine Aktie durchbricht die Nackenlinie, wenn sie unter 30 schließt, und sie schließt dann bei 29 7/8, wäre das nicht sehr überzeugend. Wir finden, diese Formationen sind oft zuverlässig, doch manchmal führen sie einen an der Nase herum. Vielleicht fällt der Kurs unter die Nackenlinie, um dann abzudrehen und kräftig zuzulegen, und schon sitzen Sie in der Falle. Der Schlußkurs ist für mich der wichtigste Kurs des Tages. Nehmen wir an, eine Aktie schließt unter der Nackenlinie, und alles sieht nach einem Kopf-Schulter-Durchbruch aus. Oft kommt es dann zu einem Umschwung auf Werte oberhalb der Nackenlinie. Der Schlüssel hierzu liegt eigentlich darin: Erfolgt eine Korrektur nach oben, und der Schlußkurs liegt oberhalb der Nackenlinie, ist Vorsicht geboten. Dann stimmt etwas nicht.

Nichts ist vollkommen.

Viele sagen, daß die Chartanalyse häufig versagt. Ich würde sagen: „Ja, das stimmt schon, doch auch fundamentale und ökonomische Faktoren versagen oft.“ Ich bin ein eher defensiver Trader. Damit meine ich, ich halte immer Ausschau nach Ereignissen, die mich auf Irrtümer hinweisen. Einer der großen Vorteile des Chartings ist, wenn man sich in einer Aktie engagiert und etwas schiefläuft, sagen einem die Charts sehr schnell, daß man einen Fehler gemacht hat. Dann kann man entweder seine Position glattstellen oder zumindest nichts mehr kaufen oder verkaufen. Bei Futures ist das sehr einfach: Man gibt seine Position schnellstens auf. Für Aktieninvestoren ist das nicht ganz so einfach. Niemand gibt gern zu, daß er unrecht hat. Deshalb rate ich jedem, stets in einzelnen Schritten vorzugehen, nicht mit einem Rundumschlag. Wenn es nach der Ausbildung eines Kopf-Schulter-Tops aussieht, warte ich nicht gern bis zum Durchbruch. Gibt es genügend Hinweise, daß es sich wirklich um ein Kopf-Schulter-Top oder um eine Doppelspitze handelt, doch andere Indikatoren sind negativ, dann sage ich vielleicht: „Nehmt Gewinn mit!“ – in Erwartung des Durchbruchs der Nackenlinie. Kommt es zum Durchbruch, kann man mehr verkaufen. Vielleicht macht man in dieser Position einen geringen Verlust, doch alles in allem schließt man bei dem Trade doch noch mit Gewinn ab, wenn man ein paar Aktien auf höherem Niveau verkauft. Bleibt der Durchbruch aus, und die Kurse ziehen an, hält man noch die Hälfte seiner Position und kann die andere Hälfte vielleicht wieder zurückholen. Schritt für Schritt. Meine Tradingerfahrung sagt mir, daß ein zu starker Anstieg einer Aktie oder die Annäherung an eine langfristige Widerstandslinie oder die Entdekkung einer Elliott-Welle 5 oder was auch immer als Hinweis nicht reicht, um daraufhin alle Aktien abzustoßen, doch ich werde einen Teil verkaufen. Wenn ich bei einer Aktie etwas erkenne, was mir einen Tiefststand signalisiert, werde ich kleine Mengen dieser Aktie aufkaufen – in Erwartung eines Aufschwungs. Sobald der Aufschwung tatsächlich einsetzt, kann man mehr kaufen. Es ist eine Mischung aus Vorwegnahme und Reaktion.

Ist das Ihre persönliche Anlagestrategie?

Ja, ich glaube schon. Ich würde mich zu keinem Zeitpunkt vollständig engagieren. Es gibt immer eine Reihe von weiteren Überprüfungen und Bestätigungen und dieses und jenes, ein Schritt nach dem anderen eben. Gerät eine Aktie in den überkauften Bereich, verkauft man einen Teil. Durchbricht sie ihren 50-Tages-Moving-Average, verkauft man mehr. Man geht stufenweise vor.

Welche Maßstäbe für die Marktveränderung beobachten Sie?

Ich betrachte alle A/D Lines, New-Highs und New-Lows, den McClellan-Oszillator und den McClellan Summation Index. Wenigstens einmal die Woche schaue ich, welcher Prozentsatz der Aktien oberhalb ihrer 10- und 30-Wochen-Moving-Averages liegt.

Lassen Sie uns auf die Einzelheiten Ihrer Analyse eingehen. Welche sind Ihre Lieblingsindikatoren?

Vieles von dem, was ich tue, ist ganz simpel. Über die Jahre habe ich mit jeder Methode und jedem Indikator experimentiert. Ich habe meine Arbeitsweise allmählich vereinfacht, da ich buchstäblich alles verfolge: internationale Märkte, Rohstoffe, Währungen, Indizes und einzelne Aktien. Wenn man 80 Indikatoren verwendet, kann man nicht alles gründlich analysieren, so daß ich meine Arbeit aufs Wesentliche konzentriert habe. Oft, das muß ich zugeben, verfolge ich einfach den Trend. Ich frage mich: „Wohin geht der Trend?“ Ich verwende Trendlinien und einfache Unterstützungs- und Widerstandsanalysen und ein paar der Formationen, über die wir bereits gesprochen haben. Ich berücksichtige auch Moving-Averages und Umsatz. Das On-Balance-Volume ist einer meiner bevorzugten Indikatoren. Es hat auch Nachteile, doch für meine Zwecke ist es geeignet.

Meinen Sie das von Joe Granville entwickelte On-Balance-Volume?

Ja. Mit vielen Computerprogrammen kann man heute das On-Balance-Volume direkt in den Kurschart einer Aktie einblenden. Ältere Programme zeigten die Linie am unteren Rand. Kommt es zu einem Kursanstieg, den das Volumen nicht unterstützt, weiß ich, hier gibt's ein Problem. Ich weiß immer gern, wie sich das On-Balance-Volume verhält.

Es wird oft behauptet, daß dabei die Kursbewegungen während des Tages nicht berücksichtigt werden. Haben Sie Granvilles ursprüngliches Konzept verändert?

Es kursiert die Meinung, daß eine Aktie an einem Tag möglicherweise um einen Tick schwächer schließt und dann das gesamte Volumen des Tages als negativ gezählt wird. Ich sehe das auch, meine jedoch, daß es kompensiert wird. Ich interessiere mich für den globalen Trend des On-Balance-Volumes, speziell in Überlagerung mit den Kursen, nicht für eine ein oder zwei Tage dauernde Bewegung in eine Richtung. Es gibt hier eine Fülle von Variationen. Ich mißtraue vielen, die zu sehr ins Detail gehen. Ich habe manche davon ausprobiert, doch die einfachere Variante liegt mir mehr. Sie ist sicher nicht vollkommen, doch ich habe gute Erfahrungen damit gemacht und tendiere daher dorthin. Sie sagt mir, ob der Umsatz in die gleiche Richtung geht wie die Kursbewegung, und das ist alles, was ich wissen will.

Wie wenden Sie die On-Balance-Volume-Linie an?

Sie ist ein Hintergrundindikator. Ich treffe keine spezifischen Tradingentscheidungen auf ihrer Grundlage. Sie sagt mir nur, ob im Moment alles stimmig ist. Bestätigt der Umsatz die Kursbewegung? Steigt das

On-Balance-Volume schneller als die Kurse, was man auf dem Computerbildschirm deutlich erkennen kann. Das ist für mich ein gutes Zeichen. Hinkt es hinter der Kursbewegung her, werte ich das negativ. Es kann vorkommen, daß eine Aktie ein neues Hoch erreicht, doch die On-Balance-Volume-Linie eine Doppelspitze bildet. Das On-Balance-Volume ist auch sehr hilfreich bei Bodenbildungs- und Gipfelbildungsformationen. Wenn etwa in einer Handelsspanne das On-Balance-Volume nach oben ausbricht, könnte mich das schon vor einem Ausbruch beim Kurs zu aggressiverem Verhalten verleiten. Kommt es bei der Aktie zu einem Ausbruch nach oben, den das On-Balance-Volume nicht bestätigt, bin ich entsprechend vorsichtiger. Die On-Balance-Volume-Linie zeigt mir, wann Vorsicht angebracht ist. In der zweiten Hälfte von 1996 erlebte IBM einen rasanten Aufschwung. Einer der Indikatoren, die mir die Hausse korrekt angezeigt hatten, war eine sehr starke OBV-Linie für IBM.

Verwenden Sie noch andere Umsatzindikatoren?

Ich brüte nicht stundenlang über Umsatzbalken. Ich weiß, daß es da ein paar ganz ausgefallene Indikatoren gibt, die sich mit internem Volumen, Geldfluß und solchen Dingen befassen. Ich werfe ab und zu mal einen Blick darauf, doch ich komme immer wieder auf das On-Balance-Volume zurück. Es ist so ein einfacher Indikator. Ich will sehen, daß die On-Balance-Volume-Linie die Kursbewegung bestätigt. Wenn ich dagegen eine größere Divergenz erkenne, werde ich mißtrauisch.

Sie haben vorhin gesagt, daß Sie Moving-Averages benutzen. Welche?

Ich verwende recht oft Moving-Averages, doch auch hier nichts Ausgefallenes. Ich nehme 20-Tages-, 50-Tages-, 100-Tages- und 200-Tages-Moving-Averages und ziehe aus jedem andere Schlüsse. Im sehr kurzfristigen Bereich verwende ich einen 20-Tages-Moving-Average, für stärkere Korrekturen einen 50-Tages-Moving-Average. Für die langfristigere Perspektive verwende ich einen 100-Tages- und einen 200-Tages-Moving-Average. In Verbindung mit Moving-Averages setze ich auch Bollinger Bands ein, um Unterstützungs- und Widerstandslinien zu bestimmen. Verwendet man Bollinger Bands bei Tagescharts, stellen sie sich normalerweise als zweifache Standardabweichungen um einen 20-Tages-Moving-Average dar. Der 20-Tages-Moving-Average ist für Unterstützung und Widerstand von Bedeutung. Ich verwende Bollinger Bands bei Tagescharts, doch es wird gern übersehen, daß sie auch bei Wochen- oder Monatscharts von Nutzen sind, insbesondere bei Wochencharts. Mit der gleichen Methode kann man auch Wochencharts bearbeiten, wobei man dann statt des 20-Tages-Moving-Averages einen 20-Wochen-Moving-Average einsetzt. Beim Monatschart würde man einen 20-Monate-Moving-Average verwenden. Da ich eher längerfristig orientiert bin, verwende ich Bollinger Bands am liebsten bei Wochencharts mit einem 20-Wochen-Moving-Average. Ich finde, daß der 20-Wochen-Moving-Average eine gute Unterstützungs- und Widerstandslinie produziert. Haben Sie einen Tageschart vor sich und möchten die 20-Wochen-Linie darauf übertragen, müssen Sie einen 100-Tages-Moving-Average verwenden, denn das entspricht 20 Wochen. Ein Durchbruch durch die 100-Tages-Moving-Average-Linie ist äußerst signifikant.

Bevorzugen Sie noch andere Standardindikatoren?

Ich verwende Welles Wilders Relative Strength Index (RSI) und die Stochastik für Überkauft- und Überverkauftsignale. Was überkaufte und überverkaufte Bereiche anbelangt, so liegt mein Schwerpunkt hier mehr auf Wochen- als auf Tagescharts. Der MACD, das Moving-Average Convergence/Divergence System, ist wohl mein Lieblingsindikator, weil er sowohl Trendfolger als auch Überkauft-/Überverkauftoszillator ist – zwei Fliegen mit einer Klappe. Das MACD-Histogramm ist ebenfalls sehr aufschlußreich, vor allem für Wochencharts.

Welchen Vorteil hat der Wochenchart gegenüber dem Tageschart für diese Überkauft-/Überverkauftindikatoren?

Bei ihrer Anwendung achte ich sorgfältig darauf, sie nicht zu kurzfristig zu betrachten. Ich möchte wissen, wie sie auf Wochenbasis aussehen, denn diese Perspektive, oder manchmal sogar die monatliche, ist aussagefähiger. Ich habe festgestellt, daß viele Trader, die sich nach den Kauf- und Verkaufssignalen auf der Basis der Stochastik von Tagescharts richten, arg gebeutelt werden. Sie vernachlässigen den Umstand, daß der Tageschart zwar ein Kaufsignal generiert, der Wochenchart aber ein Verkaufssignal. Ich denke, man sollte stets zuerst einen Blick auf den Wochenchart werfen. Ist die Wochen-Stochastik negativ, sind die Kaufsignale der Tages-Stochastik nicht von Wert. Man muß die Wochen-Stochastik als Filter benutzen.

Unterm Strich gibt es dann weniger Schaukelbewegungen.

Meiner Ansicht nach ist die Stochastik einer der zuverlässigeren Indikatoren, wenn man sie auf wöchentlicher Basis ermittelt und nicht auf jedes Signal reagiert. Ich rate immer davon ab, einem Signal blind zu folgen. Man sollte es lieber als Filter benutzen. Es verrät einem, wann eine Bewegung an Schwung verliert. Es warnt vor möglichen Trendwenden. Man muß es in Verbindung mit anderen Faktoren einsetzen. Ein weiterer guter Indikator, der nicht sehr häufig verwendet wird, ist der Average Directional Movement Index (ADX). Er zeigt mir, wann sich der Markt im Trend befindet oder seitwärts bewegt, und gibt mir Hinweise darauf, welcher Ansatz hier angebracht ist – Trendfolge oder Trading.

Bedeutet Markt hier, daß man den ADX auf Aktien, Bonds, Indizes und Commodities anwenden kann?

Man kann ihn auf alles anwenden. Bewegt sich die ADX-Linie nach oben, heißt das im Grunde, daß zu diesem Zeitpunkt ein lebhafter Trend herrscht. Über die Richtung des Trends wird nichts ausgesagt, nur, daß es ihn gibt. Nun wäre eine Trendfolgetechnik angebracht, etwa ein Moving-Average. Fällt die ADX-Linie, gerät der Markt in eine unruhige Phase ohne nachhaltigen Trend. Hier funktionieren Moving-Averages nicht. Man muß auf einen eher tradingorientierten Indikator umsteigen, einen Oszillator etwa. Wir haben viele Indikatoren, Moving-Averages zum Beispiel, die im Trend sehr effektiv sind, nicht aber in einer Handelsspanne. Am schwersten ist zu entscheiden, ob sich der Markt in einer Handelsspanne oder in einem Trend befindet. Die ADX-Linie ist dabei eine Hilfe. Ich betrachte sie auf Wochenbasis, weil ich wissen will, wann sie die Richtung ändert.

Noch andere?

Ich probiere das eine oder andere aus. So betreibe ich etwas Elliott-Wellen-Analyse, Zyklenanalyse und experimentiere gern mit Fibonacci Retracements, doch eher im Hintergrund. Ich würde sage, das halbe Dutzend hier präsentierter Indikatoren ist mein hauptsächliches Instrumentarium.

Führen Sie uns Schritt für Schritt durch Ihr Vorgehen bei der Auswahl einer Aktie und den Kriterien bei Ihrer Überwachung.

Meine Analysemethode ist unkompliziert. Bevor ich noch eine Aktie ins Auge fasse, verschaffe ich mir einen Überblick darüber, welche Marktsektoren gut laufen und welche nicht. Dann schaue ich mir die Gruppen an. Am Ende des Tages setze ich mich an meinen Computer und betrachte etwa 80 Gruppencharts. Ich überprüfe, was aufwärts und was abwärts tendiert. Ich konzentriere mich dabei auf die Gruppen, die technisch attraktiv sind. Habe ich fünf, sechs Gruppen ausgewählt, die erfolgversprechend aussehen, untersuche ich ihre Relative Stärke. Mein Schwerpunkt liegt dabei weniger auf Gruppen, die sich bereits mitten in einer Bewegung befinden. Eine Gruppe, die sich seit drei Monaten im Aufwind befindet, ist uninteressant. Vielleicht wird sie noch weiter zulegen, doch ich suche etwas, das gerade erst anfängt zu steigen oder zu sinken, und so eine Bewegung möchte ich möglichst früh erkennen. Ich suche als erstes eine oder mehrere Gruppen aus und schaue mir dann vielleicht ein Dutzend Aktien an, um herauszufinden, welche mir entsprechen. Ich suche mir die Aktien nicht nach dem Zufallsprinzip aus. Ich betrachte zunächst einen 52-Wochen-Chart, um einen Eindruck vom Verhalten der Aktie zu bekommen. Steigt sie, sinkt sie, erreicht sie gerade einen Tiefst- oder Höchstwert? Ich möchte wissen, wo der Kurs in Relation zu seinem 40-Wochen-Moving-Average liegt. Finde ich eine Aktie, die vielversprechend aussieht – vielleicht mit einem Ausbruch nach oben oder einer attraktiven Formation –, mache ich mir einen Ausdruck. Am Ende des Tages habe ich dann vielleicht fünf oder sechs Charts ausgedruckt, die mir interessant scheinen. Diese untersuche ich dann näher – mit Hilfe von technischen Indikatoren. Ich schaue mir den Umsatzfluß an, den MACD auf Wochenbasis, und vielleicht werfe ich auch einen Blick auf einen längerfristigen Chart. Bevor ich einen Chart gründlich analysiere, habe ich mir vielleicht 50 andere angesehen und mir die hinsichtlich der Gruppe und hinsichtlich ihrer allgemeinen Attraktivität vielversprechendsten ausgesucht. Ich schaue mir jeden Tag Unmengen von Daten an und, um ganz ehrlich zu sein, vieles davon rein visuell. Ich glaube, daß man über die Jahre ein Auge entwickelt für diese Dinge. Oft werfe ich nur einen flüchtigen Blick darauf. Das ist vielleicht nicht richtig, doch ich mache es so.

Haben Sie – bezüglich der Auswahl der besten Aktien – bei Ihrer Entscheidung einen Sollertrag im Kopf?

Nicht direkt, doch deshalb wähle ich Aktien oder Gruppen, die gerade ihre Richtung ändern. Ich suche nicht nach kurzfristigen Trendwenden, ich suche nach den nachhaltigen. Man wünscht sich eine Bewegung, die mehrere Monate anhält, und man möchte so früh wie möglich einsteigen. Wenn bereits ein Anstieg stattgefunden hat und ein Widerstandsniveau erreicht wird, gibt es keinen Grund zu kaufen. Doch nein, ich sitze nicht da und rechne mir Gewinne aus.

Berücksichtigen Sie bei Ihrer Methode in irgendeiner Form auch die fundamentale Analyse?

Ja, insofern als ich die gesamtwirtschaftliche Entwicklung im Auge behalte. Zeigen die konjunkturabhängigen Aktien oder die Technologiewerte Schwächen, sagt mir das, daß die Anleger die Wirtschaftsentwicklung pessimistischer bewerten. Dann kaufen sie normalerweise defensive Instrumente wie Bonds, Versorgungswerte und Konsumgüterwerte. Ich achte auch auf Zinsen und Inflation. Ist das fundamentale Analyse? Ich weiß es nicht. Was die Intermarket-Arbeit angeht, so fällt es mir schwer, ihr einen Namen zu geben. Wenn der Dollar gegenüber dem japanischen Yen zulegt, ist das ein Faktor von vielen, die mir den japanischen Aktienmarkt attraktiv machen. Das ist fundamental. Es interessiert mich auch, wann Gewinn- und Verlustrechnungen veröffentlicht werden, und wie der Markt auf diese reagiert. Die Reaktion des Marktes darauf sagt viel aus über seine technische Stärke oder Schwäche. Ist die Erfolgsbilanz gut und die Aktie reagiert nicht positiv, ist das normalerweise ein sehr schlechtes Zeichen. Ich glaube nicht, daß mein Vorgehen rein technisch ist.

Was ist technische Intermarket-Analyse?

Das ist nichts anderes als ökonomische Analyse in Reinkultur, bis auf einen Unterschied – wir verwenden keine ökonomischen Indikatoren, sondern die Märkte – den Bondmarkt, den Aktienmarkt und den Commodity-Markt. Hier kommen wir zurück auf eine der Grundvoraussetzungen der technischen Analyse, die besagt, daß die Märkte selbst stets Führungsindikatoren sind. Die ökonomischen Indikatoren reagieren immer verzögert. So sind Löhne und Gehälter kein Führungsindikator für Inflation. Sie tendieren zwar aufwärts, aber erst eine ganze Weile nach den Rohstoffpreisen. Die Märkte haben immer einen Vorsprung, reagieren also früh. Wir verwenden einfach Charts und die traditionelle technische Analyse, um die wirtschaftliche Entwicklung zu beurteilen.

Wie sind Sie zur technischen Intermarket-Analyse gekommen?

Es war eine Entwicklung. Zunächst habe ich mich am Aktienmarkt mit technischer Analyse befaßt. Dann übertrug ich sie auf den Futures-Markt. Das Futures-Trading umfaßt Commodities, Währungen, Bonds und Aktienindizes. Futures-Trader sind daran gewöhnt, alle diese Dinge gleichzeitig zu verfolgen. Für sie ist der Aktienmarkt ein Markt von vielen, während sich die Aktien-Trader ausschließlich auf den Aktienmarkt konzentrieren. Hat man sich lange genug damit beschäftigt, erkennt man allmählich alle möglichen Zusammenhänge zwischen den Märkten. Als mir diese Beziehungen bewußt wurden, begann ich, vermehrt damit zu arbeiten. Den Rest kennen Sie: Es entwickelte sich zu einer eigenen Analyseform.

Wie viele verschiedene Märkte spielen bei der Intermarket-Analyse eine Rolle?

Die Grundlage der Intermarket-Arbeit ist, daß man alles berücksichtigt. Der Schlüssel liegt hier bei der Beziehung zwischen Commodities und Bonds. Historisch betrachtet hat es immer eine sehr enge, inverse Beziehung gegeben zwischen Rohstoffpreisen und den Kursen von Bonds. Steigende Rohstoffpreise sind normalerweise ein Frühzeichen für Inflationsdruck, der sich für Bonds gewöhnlich negativ auswirkt. Das ist das wichtigste Bindeglied. Der nächste, logische Anknüpfungspunkt liegt zwischen Bonds und dem Aktienmarkt. Der Aktienmarkt reagiert äußerst sensibel auf Zinsbewegungen. Ich verwende den Bondmarkt als Führungsindikator für den Aktienmarkt. Spitzen und Böden bilden sich bei Bonds meist sechs Monate früher aus als auf dem Aktienmarkt.

Welche Beziehungen gibt es noch?

Ich befasse mich auch ein wenig mit internationalen Märkten. Es interessiert mich, was weltweit auf Renten- und Aktienmärkten vorgeht. Ich achte auf den Dollar, gewichte ihn aber nicht zu stark. Im Kern befasse ich mich mit den Beziehungen zwischen Commodities, Bonds und Aktien. Ich setze Commodities ein, um die Entwicklung der Bonds zu prognostizieren, und Bonds, um die Entwicklung von Aktien zu prognostizieren.

Wenn Sie so viele Märkte verfolgen, gibt es einen Ausgangspunkt und eine logische Reihenfolge für Ihre Intermarket-Analyse?

Es gehört viel dazu. Man kann nicht einfach irgendwo ansetzen, denn es ist ja eine kontinuierliche Entwicklung, die hier stattfindet. Ich verfolge laufend den Aktienmarkt, den Bondmarkt, den Dollar, Versorgungswerte, Gold und andere Commodities. Fangen wir hinten an. Wenn ich den Aktienmarkt analysiere, will ich wissen, wohin Bonds tendieren, denn Bonds beeinflussen Aktien. Also muß man Bonds untersuchen, bevor man Aktien untersucht. Um die Bonds zu beurteilen, muß ich mir

Commodities anschauen, also beginne ich bei den Commodity-Trends. Ich betrachte verschiedene Commodity-Indizes. Ich sehe mir Charts zu den einzelnen Rohstoffen an und versuche, die Richtung der Rohstoffpreise zu bestimmen. Manche sind dabei wichtiger als andere. Die Schlüssel-Commodities für mich sind hier der Ölmarkt, Kupfer, die Getreidemärkte und die Edelmetalle. Müßte ich mich für eine Commodity als allerwichtigste entscheiden, würde ich den Erdölmarkt nehmen. Ich versuche, eine Vorstellung vom allgemeinen Trend der Rohstoffpreise zu bekommen. Gelingt mir das, verrät es viel über die Richtung der Zinsen, insofern als bei einer Hausse der Rohstoffpreise Aufwärtsdruck auf die Zinsen zu erwarten ist. Zwischen der Richtung der Zinsentwicklung und den Rohstoffpreisen besteht ein enger Zusammenhang. Das ist mein Ausgangspunkt für die Analyse des Bondmarktes. Kommt es bei steigenden Rohstoffpreisen zu pessimistischen Signalen bei Bonds, bestätigt das wohl, daß ein Anstieg der Rohstoffpreise die Bonds unter Druck setzt. Wenn Bonds, Versorgungswerte und andere zinsempfindliche Marktbereiche nachgeben, richte ich mein Augenmerk auf den Aktienmarkt. Um festzustellen, ob die Intermarket-Kräfte am Werk sind, muß man den Aktienmarkt in viele Sektoren unterteilen. Bestimmte Sektoren, die Versorgungswerte etwa, laufen eher zu Höchstwerten auf als andere. So kommt es im Frühstadium eines Hochs am Aktienmarkt, wenn Bonds ihren Spitzenwert bereits erreicht haben, gewöhnlich zu einem Einbruch im zinsreagiblen Aktiensektor, bei Versorgungs- und Bankwerten etwa. Am augenfälligsten und zuverlässigsten ist diese Reaktion bei den Versorgungswerten. Wenn die zinsempfindlichen Marktsektoren Schwäche zeigen, legen zeitgleich viele der konjunkturabhängigen Werte, die zyklischen Aktien zum Beispiel, Stärke an den Tag. Läßt sich eine Rotation im Markt erkennen von Versorgungswerten und zinsempfindlichen Aktien hin auf zyklische Aktien, die tatsächlich von steigenden Inflationsraten profitieren, Kupfer und Öl etwa, bestätigt das ein bevorstehendes Markthoch. Ein Einbruch bei den zinsreagiblen Werten bei anhaltend starken Ölaktien ist ein sehr spätes Zyklusphänomen und typisch für ein Top auf dem Markt. Das ist der Zeitpunkt, um von zinsreagiblen Aktien auf Ölaktien oder vielleicht sogar Goldaktien umzusteigen. Was man auch über den Aktienmarkt hört oder liest, es geht immer eine Entwicklung auf dem Bondmarkt voraus. In den Medien

CRB-Index und T-Bond-Kurse

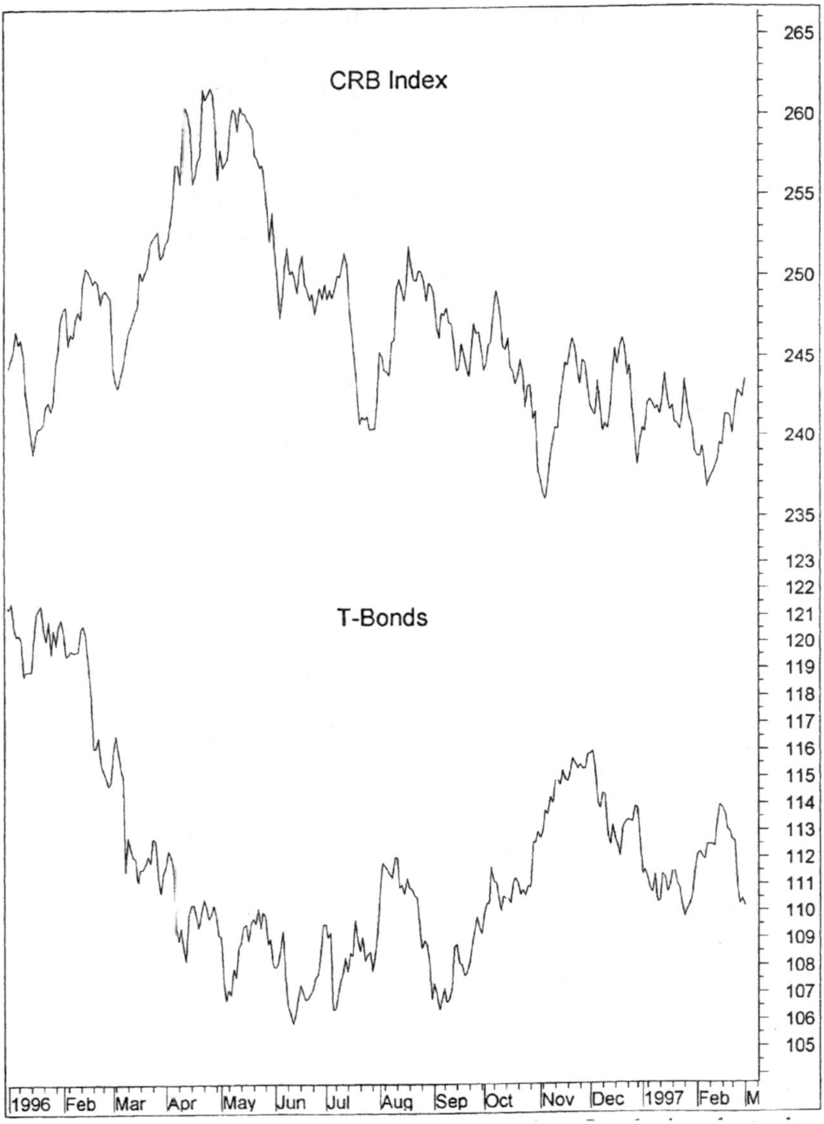

Diese beiden Märkte tendieren normalerweise in entgegengesetzte Richtungen. Die Rentenkurse zeigen sich viel stärker, wenn der CRB-Index fällt.

wird der Aktienmarkt sogar als eine Art Geisel des Bondmarkts bezeichnet. Vor fünf Jahren kam es zu einer kontroversen Debatte über die Bindeglieder zwischen Aktien und Bonds. Inzwischen ist das so alltäglich, daß es niemand mehr bestreitet. Es ist ein komplizierter Mechanismus, der viele Einzelschritte erfordert, doch so gehe ich eben vor.

Wenn ich mich richtig erinnere, schreiben Sie in Ihrem Buch, daß Sie verschiedene Maßstäbe für das Preisverhalten bei Commodities verfolgen?

Um sie richtig zu deuten, muß man tatsächlich eine ganze Reihe von Indizes über das Verhalten der Commodity-Preise verfolgen, denn die Indizes sind unterschiedlich aufgebaut. Der Commodity Research Bureau Index (CRB) zum Beispiel besteht zur Hälfte aus Agrarmärkten, während sich der Journal of Commerce (JOC) Index aus Industriepreisen zusammensetzt. Der JOC ist angeblich der bessere Indikator für Konjunkturtrends, doch ich betrachte beide. Um mich vom Vorhandensein eines Trends im Commodity-Markt zu überzeugen, müssen beide Indizes die gleiche Richtung einschlagen. Tendieren beide aufwärts, ist das schon recht handfest.

Sie betrachten nicht nur die beiden Indizes, den CRB und den JOC, sondern auch noch jede Commodity für sich?

Nun, nicht unbedingt jede einzelne. Ich ziehe mir ein paar Schlüssel-Commodities heraus. Ich möchte sehen, woher die Kraft kommt. Steigt der CRB, und die Getreidepreise sind die Ursache, ist das für mich nicht von großer Relevanz. Steigen auch die Ölpreise, hat das schon mehr Gewicht. Geben allein die Getreidemärkte dem CRB Auftrieb, kann man das nicht ignorieren, doch es ist bei weitem aussagekräftiger, wenn Kupfer- und Ölmarkt ebenfalls zulegen.

Welche Indizes verfolgen Sie sonst noch?

Ich verfolge alle möglichen Indizes, um zu sehen, ob sie sich gegenseitig bestätigen. Darunter sind der XOI Ölmarktindex und der Goldman

Bond-Kurse und der S&P 500

Ein anziehender Bondmarkt hat einen positiven Effekt auf Aktien. Ein nachgebender Bondmarkt geht normalerweise einher mit einer Korrektur oder einer Konsolidierung bei den Aktien.

Sach Commodity Index, der zu 50 % energieabhängig ist. Ich schaue mir den XAU Goldindex an und den BKX, den Bankindex.

Reagiert Gold mit Vorsprung auf andere Rohstoffe?

Ob Sie es glauben oder nicht, einer der ersten Führungsindikatoren auf dem Commodity-Markt ist Bauholz, weil es so stark von den Zinsen abhängig ist. Traditionell bewegt sich erst Holz, dann Gold. Die beiden sind hier führend. Obwohl Erdöl ein so wichtiger Rohstoff ist, würde ich bei Öl und Kupfer hier ein zeitliches Zusammenfallen erwarten.

Das Kursverhalten von Gold hat schon viele Analysten verwirrt.

In der Vergangenheit ist Gold ein Führungsindikator gewesen, doch seit kürzerem ist das nicht mehr so. Ende 1995 kam es zu einem Sprung bei den Goldaktien, die sich deutlich nach oben bewegt und Anfang 1996 den höchsten Wert in fünf Jahren erreicht haben. Für mich lief das alles großartig, und plötzlich kam der Zusammenbruch. Das hat mich wirklich überrascht, da die Edelmetalle, die normalerweise Führungsindikatoren sind, der augenblickliche Run auf Commodities absolut unberührt läßt, und das kann ich nicht so ganz verstehen. Gold ist auch insofern brauchbar, als die Goldaktien normalerweise eine negative Korrelation mit dem Aktienmarkt zeigen. Aktien erleben seit 1982 einen kräftigen Bullenmarkt, daher ist Gold in Ungnade gefallen. Mir ist über die letzten paar Monate aufgefallen, daß jedesmal, wenn es auf dem Aktienmarkt zu größeren Verkäufen kommt, ein ordentlicher Kurssprung bei den Goldaktien folgte. Sagen wir, Bonds haben den Zenit überschritten und sind daher kein reizvolles Anlageinstrument, und dann beginnen die Aktien zu fallen, und das Publikum mißtraut auch dem Aktienmarkt. Wo soll man dann noch investieren? Vielleicht wird sich der Eindruck durchsetzen, daß die Aktien nach einem Top in eine Baisse geraten, bevor Gold richtig anzieht. Ich weiß nicht.

Das sieht ja beinahe so aus, als würde Gold manipuliert?

Die Gründe dafür sind für mich irrelevant. Da gibt es viele Theorien, zum Beispiel die, daß die Zentralbanken Gold verkaufen. Wie auch immer, Gold hat auf meine Intermarket-Arbeit nicht reagiert. Wenn ich im Tagesgeschäft eine Marktprognose stelle, kann ich nicht davon ausgehen, daß es bei einem Dollartief zu einem Ausschlag bei Gold kommt, denn so war es nie. Ich gehöre zu denen, die glauben, daß der Markt immer recht hat. Seit zwei Jahren ist meine Einstellung zu Gold bullish. Damit habe ich falsch gelegen. Ich sage immer wieder, Gold sollte eigentlich steigen, und die Leute sagen mir: „Na ja, vielleicht wird das künstlich verhindert." Darauf ich: „Ja, vielleicht, doch das nützt mir auch nichts." Ich kann doch nicht behaupten, ich liege falsch, weil die Zentralbanken den Kurs drücken. Für mich ist das Drückebergerei. Eines Tages werden wir schon erkennen, was dahinter steckt. Vielleicht liegen wir gar nicht so falsch, vielleicht sind wir nur früh dran. Vielleicht ist es auch nur eine vorübergehende Erscheinung. Vielleicht greift die Relation an irgendeinem Punkt plötzlich wieder. Was mich dabei so frustriert, ist, daß jeder will, daß alles sofort passieren soll. Geben die Bonds nach, und die Aktien steigen, so fragen die Leute: „Warum funktioniert die Intermarket-Analyse nicht?" Dabei vergessen sie gern, daß wir es hier mit langfristigen Trends zu tun haben. Im Tagesgeschäft kann man diese Zusammenhänge nicht immer erklären.

Um die Märkte zu definieren, die bei Ihrem Intermarket-Ansatz überdurchschnittlich abschneiden, setzen Sie da auf die Analyse der Relativen Stärke oder auf die Analyse von Verhältnissen?

Ja. Es gibt hier alle möglichen Einflüsse zwischen den Märkten, die ich berücksichtige, und die Analyse von Verhältnissen ist hier sehr aufschlußreich. Die meisten Softwarepakete bieten Funktionen zur Ratio-Analyse. Ich wundere mich immer wieder, daß etwas so Einfaches nicht öfter Verwendung findet, denn es ist ein nützliches Hilfsmittel und sehr vielseitig einsetzbar.

Geben Sie uns Beispiele.

Nun, ich berechne alle möglichen Verhältnisse. Ich stelle den CRB-Index den Bonds gegenüber und erkenne daraus, wann es sinnvoll ist, sich in Commodities zu engagieren und wann in Bonds. Zur Berechnung des Verhältnisses ziehe ich normalerweise für Bonds den Treasury mit 30 Jahren Laufzeit heran, doch das halte ich nicht für so relevant, da sich die Bondmärkte gewöhnlich gemeinsam bewegen. Ziel ist es, den zu einem bestimmten Zeitpunkt stärksten Markt herauszufinden. Ich gebe viel auf das Verhältnis von CRB-Index und Bondkursen. Ich habe damit jahrelang guten Erfolg gehabt. Steigt das Verhältnis, heißt das, die Rohstoffpreise überflügeln die Bonds. Dann ist gewöhnlich mit etwas mehr Inflationsdruck und einem Konjunkturaufschwung zu rechnen. Historisch betrachtet war ein steigendes Verhältnis immer negativ für Aktien und Bonds. Über die letzten zehn Jahre ist das Verhältnis gesunken, denn wir waren in einer Art kontrainflationären Phase, wo Finanzanlagen gegenüber den Sachanlagen im Vorteil waren. Einen Spitzenwert erreichte das Verhältnis Mitte 1996. Für den Anleger hieß das: raus aus Commodities und inflationsreagiblen Aktien, rein in Bonds und zinsreagible Aktien. Es gibt viele Aktienkategorien, die ausgesprochen empfindlich auf das Verhalten einzelner Commodities reagieren. Ich betrachte die Beziehung von Commodities zu den betreffenden Aktiengruppen und dann die Aktiengruppen in Relation zum Gesamtmarkt. Kupferaktien etwa reagieren sehr sensibel auf den Kupfermarkt. Als im Mai 1996 wegen des Sumitomo-Skandals die Kupferpreise einbrachen, führte das zu einem Sturzflug der Kupferaktien, die bis dahin über dem Marktdurchschnitt gelegen hatten. Es war also eine klare Bestätigung der negativen Ereignisse im Kupfermarkt.

Können einzelne Aktien als Führungsindikator für den zugrunde liegenden Rohstoff fungieren?

Das tun sie sogar sehr häufig. In diesem Fall traf es allerdings nicht zu. Kupfer gab zuerst nach.

Stellen Sie die einzelnen Commodities wie Kupfer einem Commodity-Index wie dem CRB oder einem Marktindex wie dem S&P 500 gegenüber?

Ich überprüfe oft, wie sich eine Gruppe in Relation zum Gesamtmarkt darstellt. Ich achte auch auf Beziehungen wie Goldaktien zu Gold.

Was gibt es da für eine Beziehung?

Grob gesagt, Goldaktien haben gern einen Vorsprung auf den Goldpreis.

Goldminenwerte reagieren gewöhnlich mit Vorsprung auf das Metall selbst? Können Sie hier einen durchschnittlichen Zeitwert angeben?

Nein, an sich nicht. Wir haben bei den Goldaktien viele Kurssprünge beobachtet, die Gold nicht so richtig nachvollzogen hat. Ansonsten hat es 1996 gut funktioniert. Anfang des Jahres stiegen Commodities, Bonds waren am Boden, Versorgungswerte sanken, Aktien rutschten ab, Öl- und Goldaktien zogen an. Der Goldpreis wollte nicht nachgeben, und das war verwunderlich. Immer, wenn sich Gold der $400,00-Schwelle nähert, hört man von Verkäufen seitens der Produzenten und Zentralbanken. Es gibt ein Verhältnis, das angibt, wann die Goldaktien im Vergleich zum Goldpreis zu teuer sind. Man teilt den Barron's Gold Mining Index durch den Goldpreis. Ganz allgemein kann man bei einem Wert dieser Ratio von mehr als 2,00 davon ausgehen, daß die Goldaktien im Vergleich zum Goldpreis zu hoch angesiedelt sind. Dann würde man Goldaktien abstoßen. Fällt das Verhältnis unter 1,50, ist das in bezug auf den Goldpreis eine Kaufempfehlung für Goldaktien. Es ist ein Richtwert. Anfang 1996 setzten die Goldaktien zu einem Höhenflug an und trieben den Wert weit über 2,00. Folglich kam es zu Verkäufen. Ich bin kein fanatischer Verfechter dieses Verhältnisses, doch wenn es auf über 2,00 steigt, ist die Spanne zwischen den beiden Werten zu groß, und das kann zweierlei nach sich ziehen. Entweder wird der Goldpreis steigen, oder die Goldaktien müssen nachgeben. 1996 passierte letzteres. An einem Punkt in diesem Szenario sollte der Goldpreis dann anziehen.

Ein Verhältnis von CRB-Index und T-Bond-Kursen

Bei sinkenden Werten sind Bonds und Aktien den Commodities vorzuziehen. Ein fallendes Verhältnis spricht außerdem für zinsreagible Werte und Konsumgüteraktien. Steigt das Verhältnis, sind konjunkturabhängige und inflationsreagible Werte angesagt.

Es gilt allgemein, daß Versorgungswerte mit etwa neun Monaten Vorsprung auf Aktien reagieren. Wenn Bonds einen sechsmonatigen Vorsprung auf Aktien haben, kann man dann folgern, daß Versorgungswerte im Durchschnitt zeitlich vor Bonds reagieren?

Versorgungswerte und Bonds liegen meist eng zusammen. Zeigen die Versorgungswerte Schwäche, signalisiert das steigende Zinsen. Kommt es zu einem massiven Einbruch bei Versorgungswerten, weiß jeder, daß die Zeichen für Aktien auf bearish stehen. Die Vergangenheit bestätigt diese Regel. Zeigen sich die Versorgungswerte extrem schwach, insbesondere die Stromversorgungswerte, sind in sechs bis neun Monaten Probleme zu erwarten. Oft liegen die Versorgungswerte dabei kurz vor den Bonds, doch hier achte ich nicht so sehr auf den Vorsprung, sondern ich will nur, daß sie sich gegenseitig bestätigen.

Die zinsreagiblen Versorgungswerte sind schon immer ein Führungsindikator für den Aktienmarkt gewesen. Erwarten Sie eine Deregulierung seitens der Versorgungsindustrie, um sich hier abzukoppeln?

Ich halte nicht sehr viel von dieser These, weil ich sie nun schon seit 1994 höre und bisher nichts dergleichen eingetreten ist. Jedesmal, wenn die Versorgungswerte negativ tendieren, weise ich darauf hin, daß die Zinsen hier der Auslöser sind. Schon stehen ein Dutzend Analysten auf der Matte und behaupten, das habe nichts mit Zinsen zu tun, sondern mit Deregulierung. Trotz all des Geredes über Deregulierung halte ich die Verbindung zwischen Versorgungswerten und dem Bondmarkt für ausgesprochen eng. Vergleicht man die Charts von Versorgungswerten und Bonds, sieht man kaum einen Unterschied. Solange es funktioniert, werde ich mich auch weiterhin darauf verlassen. Erst wenn es nicht mehr funktioniert, werde ich es ad acta legen.

Der Dollar ist das vielleicht unsicherste Glied in Ihrer Intermarket-Analyse, stimmt das?

Ja, ich denke schon.

Ist das denn nicht der Ausgangspunkt Ihrer Analyse?

Nicht mehr so sehr. Viele Beziehungen des Dollars, die früher gut funktioniert haben, waren in den letzten Jahren nicht mehr aussagekräftig. Eine der historischen Beziehungen, die wir im vorigen Jahrzehnt beobachten konnten, war zum Beispiel die inverse Beziehung zwischen Gold und Dollar. Sie hat sich in letzter Zeit nicht bestätigt. Eine weitere Faustregel lautet, wenn der Dollar steigt, sind die Zeiten bullish für Bonds. Das hört man von allen Seiten, doch in Wirklichkeit waren es die steigenden US-Zinsen, die dem Dollar Auftrieb gegeben haben. Steigende Zinsen sind aber bearish für Bonds. Der Dollar ist ein höchst komplizierter Mechanismus. Ich berücksichtige ihn schon, doch in meiner Intermarket-Analyse hat er einen immer geringeren Stellenwert.

Wie entscheidend ist die Nummer „drei" in der „Three Steps and a Stumble"-Regel?

Meiner Erkenntnis nach sind viele dieser alten Klischees wie „Three Steps and a Stumble" oder „Two Tumbles and a Jump" nur Vorstellungen, die die Leute im Lauf der Jahre übernommen haben. Ich glaube nicht an die magische Wirkung von „drei" Schritten oder „zwei" Stürzen. Hier wird dem Umstand Rechnung getragen, daß Zinsen Einflüsse auf Aktien haben. Hebt die Fed die Zinsen an, wird der Aktienmarkt das ab einem gewissen Punkt spüren. Die „Three Steps and a Stumble"-Regel ist sehr präzise konstruiert. Wenn die Fed dreimal an der Schraube dreht, kann das alles mögliche bedeuten. Die Fed verhält sich heute anders als noch vor 30 Jahren. Sie geht viel subtiler vor. Ich denke, früher wurde in viel größeren Schritten gesteigert. Heute betragen die Steigerungsraten gerade mal einen achtel oder einen viertel Punkt. Für mich steckt da eine bestimmte Absicht dahinter. Ich richte mich im allgemeinen nicht nach solchen Regeln. Ich weiß, was sie bedeuten – nämlich, daß ein mehrfaches straffendes Eingreifen der Fed normalerweise dem Markt schadet. Ob nach zwei oder vier Stufen, ist Ermessenssache.

Kann man pauschal sagen, daß sich die internationalen Aktienmärkte in unmittelbarem Zusammenhang mit dem US-amerikanischen Markt bewegen?

Ich habe mich zunehmend auf die Beobachtung internationaler Korrelationen verlegt. Einige Märkte haben engere Beziehungen als andere. Wir Amerikaner sind eng mit Großbritannien, Kanada und anderen höher entwickelten Ländern verbunden. Japan dagegen hat sich in den letzten fünf Jahren eher von uns weg entwickelt. Lateinamerika und Mexiko korrelieren nur schwach mit den Vereinigten Staaten. Wer Angst hat, unsere Märkte seien ausgereizt, und deshalb nach Diversifikation strebt, sollte sein Geld nicht in hochentwickelten Ländern mit engen Wechselbeziehungen zu den USA investieren. Ich empfehle hier den japanischen oder mexikanischen Markt. Sie eignen sich besser für eine globale Streuung.

Welche Chartarten verwenden Sie für Ihre Intermarket-Analyse?

Ich bevorzuge stets eine längerfristige Perspektive. Es gibt einen ausgezeichneten Service, den ich sehr schätze: „The Business Picture" (Gilman Research, Oakland, CA). Dort bekommt man ein ganzes Buch voller großer Charts aller wichtigen Aktiendurchschnitte, Bondrenditen, Treasury Bills, des CRB-Index, der globalen Märkte und jeder Menge Indikatoren für den Zeitraum der letzten 30 Jahre. Zeiten wirtschaftlicher Stärke und Rezessionen sind eingezeichnet. Man kann die Charts überlagern, um zu sehen, was ein Anstieg des Dollars für Auswirkungen auf die Bondrenditen hat, oder was in der Vergangenheit auf dem Aktienmarkt passiert ist, wenn die Bondrenditen zurückgingen. Für meine Art der Intermarket-Analyse ist das sehr aufschlußreich. Wenn die Leute etwa sagen: „Diese Zinssituation ist ähnlich wie die von 1966", kann man das leicht zurückverfolgen, den T-Bill-Chart oder den Bondrenditen-Chart hernehmen und mit den Ereignissen des Jahres 1966 vergleichen, um zu sehen, ob es tatsächlich Parallelen gibt. Mit diesen Charts sind historische Vergleiche ein Kinderspiel.

Sie befassen sich mit Futures genauso viel wie mit Aktien. Ist der Übergang vom einen zum anderen schwer?

Die Methodik als solche ist meiner Ansicht sehr ähnlich. Mein Engagement im Futures-Bereich ist aber eher kurzfristig orientiert. Ich halte die kurzfristigere Analyse bei Futures für erfolgreicher – vielleicht, weil unter den Futures-Tradern so viele technische Analysten sind. Ich weiß es nicht. Mir fällt das bei den Aktien auf, weil ich mich soviel mit Futures beschäftigt habe. Ich muß mich dann zu einer längerfristigen Perspektive zwingen und kämpfe gegen die Versuchung, jeden kleinsten Ausschlag auf dem Aktienmarkt zu interpretieren.

Was halten Sie von Tradingsystemen?

Nicht allzuviel. Die technische Analyse hat offensichtlich viele ehemalige Ingenieure angezogen. Diese Leute sind statistisch sehr bewandert, doch ihnen fehlt das tiefere Verständnis für den Markt, so daß sie eine Mechanisierung versuchen und ihre Indikatoren in ein System integrieren. Im Lauf der Jahre habe ich zur einen oder anderen Zeit an so ziemlich jeder Computerkonferenz der Welt teilgenommen. Die Leute dort haben alle die neuesten Programme. Sie sind ja so gut informiert. Sie kennen alle brandneuen Indikatoren und Formeln, doch wenn man ihnen zeigt, was ich unter den Grundlagen der technischen Analyse verstehe, merkt man, daß sie keinen blassen Schimmer haben. Man muß, denke ich, ganz unten anfangen und lernen, wie die Märkte funktionieren. Man muß erst die gesamte klassische Schule durchlaufen, bevor man bei Computern und all den ausgeklügelten Indikatoren anlangt. Leider beginnen hier viele am falschen Ende. In der letzten Zeit spreche ich bei Konferenzen am liebsten über die Grundlagen der Charttechnik. Alle anderen sprechen über die raffiniertesten Indikatoren, doch niemand hat ihnen je gesagt, daß sie solche Kinkerlitzchen gar nicht brauchen. Sie sind eine nette Beigabe, doch zweitrangig, wenn man erst einmal kapiert hat, wie die Märkte arbeiten. Weil ich so viele Märkte in meine Betrachtungen einbeziehe, verbietet sich eine detaillierte Analyse aller Faktoren von selbst, so daß ich meine Vorgehensweise im Lauf der letzten Jahre noch mehr vereinfacht habe. Wie ich es sehe, arbeite ich ein ganzes Stück erfolgreicher, seit ich mich wieder aufs Wesentliche besinne und einfache Trendlinienanalyse, Gleitende Durchschnitte, Unterstützung und Widerstand und prozentuale Retrace-ments verwende.

Eine der Horrorvisionen von Tradingsystemen ist ihr Schaukelpotential.

Nun, das ist ja das Problem. Diese Systeme enthalten 50 oder 60 Indikatoren. Viele davon überlappen oder sind widersprüchlich. Würde man alle Indikatoren gründlich unter die Lupe nehmen, bliebe keine Zeit mehr fürs Trading. Wenn man 20 Indikatoren berücksichtigt, geben vielleicht sechs davon ein Kaufsignal, sechs ein Verkaufssignal, sechs sind neutral und die anderen beiden nicht zu interpretieren. Ich nenne das Indikator-Lähmung. Meiner Meinung geht es nur darum, „ob die Linie auf dem Chart aufwärts oder abwärts führt". Ich will nicht sagen, daß ich diese Indikatoren gar nicht verwende. Manchmal setze ich mich hin und ziehe alle Register. Wenn man sich lange Zeit mit technischer Analyse befaßt hat, kann man aus einem einfachen Kurschart erkennen, ob eine Aktie überkauft oder überverkauft ist, ohne einen Oszillator zu Rate zu ziehen. Nachdem ich mich seit vielen Jahren mit diesen Dingen beschäftige, läuft das bei mir zu großen Teilen unbewußt ab.

Sie agieren aus dem Bauch heraus?

Ja. Das kommt automatisch mit der Zeit und mit der Erfahrung.

Gibt es Weisheiten aus Ihren Investmenterfahrungen, an denen Sie den Rest der Welt gerne teilhaben lassen möchten?

Ja. *Wenn man auf dem Markt richtig liegt, ist die Mehrheit anderer Meinung.* Lande ich einen Volltreffer, wird mir jeder bei CNBC vehement widersprechen. Mich erfüllt das mit großer Genugtuung. Wenn alle dasselbe sagen wie ich, irre ich mich gewöhnlich. Die Sicherheitsanalysten, die Wirtschaftsgurus, die Fachjournalisten sind zu 90 % Fundamentalisten. Greift man die Theorie auf, daß die Charts Führungsindikatoren für die Fundamentals sind, heißt das, wer die Charts liest, ist den Fundamentalisten voraus, und sie werden alle anderer Meinung sein. Scheinbar im Unrecht zu sein, ist etwas, womit man sich abfinden muß. Am Anfang stört es einen. Es ist nicht einfach, damit umzugehen, doch irgendwann zeigt sich dann, daß man recht hatte. Ich fühle mich ausgesprochen wohl allein auf weiter Flur. Ich setze sogar voraus, daß ich allein sein muß, um auf der richtigen Seite zu stehen.

Kapitel X

Martin Pring

Martin Pring hat einen wesentlichen Beitrag geleistet zum Thema technische Analyse, insbesondere zu ihrer Verbreitung. Seine Bücher, Videos und CD-ROMs haben viel Interesse an der technischen Analyse geweckt und ihren Stellenwert gesteigert. Ich habe mir die Investmentzähne ausgebissen an ***„Technical Analysis Explained“*** (dt. Titel: Handbuch Technische Kursanalyse, Hoppenstedt, 1990), inzwischen in der dritten Auflage erschienen, und empfehle dieses Buch regelmäßig als erste Wahl für Einsteiger, die sich für die Grundlagen der technischen Analyse interessieren. Im Frühjahr 1997 sollte bei McGraw-Hill Martin Prings Grundkurs in technischer Analyse als CD-ROM/ Buch-Kombination erscheinen. Für den erfahreneren Analysten sind drei andere Bücher im Handel: ***„Martin Pring on Market Momentum“*)***, ***„The All-Season Investor“*** und ***„Investment Psychology Explained“***.

Der gebürtige Engländer Pring begann seinen Aufstieg in der Finanzwelt als Börsenmakler in Kanada. Als ihm ein Exemplar von Edwards/ Magees ***„Technical Analysis of Stock Trends“*** in die Hände fiel, begann er sich näher mit diesem Thema zu befassen. Aus wachsender Unzufriedenheit mit dem fundamental ausgerichteten Research seiner Maklerfirma wandte er sich verstärkt der technischen Analyse zu. Bald danach arbeitete er auf Teilzeitbasis als Berater für Bank Credit Analyst (BCA) im kanadischen Montreal und stieg 1974 voll ein. 1980 gründete er seine eigene Firma, The International Institute for Economic Research, setzte daneben seine Beratertätigkeit bei BCA fort und brachte mit ihrer Hilfe seinen ersten Börsenbrief heraus, ***The Pring Market Review***.

Um den Kundenservice zu verbessern, wurde der 48seitige ***Pring Market Review*** in zwei separate, monatlich erscheinende Publikationen aufgeteilt, einen zwölfseitigen Newsletter unter dem neuen Titel ***Intermarket Review*** und das ***Intermarket Global Chart Book***, ein einzigartiger, 38 Seiten umfassender historischer Überblick über die wichtigsten Finanzmärkte der Welt. Wöchentliche Updates des ***Intermarket Review*** sind per E-mail erhältlich. Der Newsletter ist in tech-

*) Die deutsche Ausgabe ist beim TM BÖRSENVERLAG AG unter dem Titel „Martin Prings Börsentechniken“ erschienen.

nologisch veränderter Form neuerdings auch multimedial im World Wide Web zu finden unter www.pring.com. Im Web ist Pring auch mit einem voll interaktiven wöchentlichen 5-Minuten-Kurs in technischer Analyse präsent.

Martin Prings Hang zum Innovativen ist ungebrochen. Die letzten Jahre hat er sich hauptsächlich der Entwicklung von benutzerfreundlichem Lehrmaterial für angehende technische Analysten gewidmet. In Zusammenarbeit mit Equis International hat er Lehrvideos und Übungsprogramme auf CD-ROM produziert, kombinierbar mit deren Metastock-Software für technische Analyse. Die CD-ROM gibt einen 5minütigen Überblick über Anwendung und Funktion eines jeden der insgesamt 25 Indikatoren, darunter seine Eigenentwicklung, der KST-Indikator. Außerdem hat er für das Metastock-Programm Schablonen entworfen, mit denen der Benutzer eigene Tradingsysteme entwickeln kann. Doch damit nicht genug, gleichzeitig arbeitet er an einem acht Module umfassenden CD-ROM-Kurs, der 90minütige bis 2stündige Unterrichtseinheiten in technischer Analyse auf CD bietet, sowie an einem CD-ROM-Programm für Telescan-Nutzer. Seine eigene Forschungs- und Analysearbeit steht bis zum Abschluß dieser Projekte hintan.

Doch Sie sollten sich von seinen diversen Ausflügen in die Theorie nicht täuschen lassen. In der Praxis hat Martin Pring bereits mehrere Volltreffer gelandet. Allein in ***Barron's*** hat er drei optimistische Prognosen gestellt, mit denen er voll ins Schwarze traf. In der Ausgabe vom 4. Mai 1987 äußerte er sich bullish über Commodities, in der vom 13. November 1989 über Gold und in der vom 10. Dezember 1990 über Bonds. Es sind auch Artikel von ihm erschienen im ***International Herald Tribune***, im ***Futures Magazine*** und in ***Technical Analysis of Stocks and Commodities***. Als Referent ist er bei Veranstaltungen von technischen Analysten rund um die Welt gefragt.

Pring verfügt außerdem über die Kontrollmehrheit bei Pring Turner Capital, einer Vermögensverwaltungsfirma mit globaler Investmentperspektive.

Gibt es, was die Methodik angeht, einen speziellen Aspekt Ihres Ansatzes, den Sie als Ihr „Markenzeichen" bezeichnen würden?

Was die technische Analyse betrifft, so ist das von mir verwendete KST-System wohl einzigartig.

Wofür steht KST?

Know Sure Thing.

Ist das KST-System eine Kombination von Indikatoren?

Es ist ein gewichteter, geglätteter Momentum-Indikator. Jeder Kurs wird zu jeder Zeit von einer Anzahl interaktiver Zyklen unterschiedlicher Länge bestimmt. Betrachtet man nur einen Rate-of-Change-Indikator, werden nur ein oder zwei dieser Zyklen berücksichtigt, vielleicht die längeren oder die kürzeren. Der KST basiert auf vier verschiedenen Veränderungsraten, glättet sie mit einem Moving-Average, addiert sie und gewichtet sie. Die größte Zeitspanne wird dabei am stärksten gewichtet. Der KST ist auf drei verschiedene Arten von Trends anwendbar – tertiäre, sekundäre und primäre. Es gibt also drei verschiedene KST-Indikatoren, die gleichzeitig arbeiten, denn man möchte ja über den ersten kurzfristigen Kaufschub im ersten langfristigen Bullenmarkt informiert sein. Der langfristige hat große Ausschläge und vermittelt Perspektive, wenn man am Anfang einer deutlichen Bewegung steht und sich ein neuer Höchstwert abzeichnet. Als Timing-Hilfe zieht man dann den mittel- und kurzfristigen KST heran. Einen kurzfristigen Ausschlag wird man dann nicht ernst nehmen, wenn der langfristige KST nach oben ausbricht oder fällt, denn der richtige Zeitpunkt zum Kaufen wäre ein Markttop oder eine kräftige Baissebewegung. Die kurz-, mittel- und langfristigen KSTs übertragen wir auf einen Chart, um uns einen Überblick zu verschaffen.

Welche Veränderungsrate nehmen Sie hier?

Eine beliebige. Den Aktienmarkt meinetwegen oder Bonds oder Gold.

Sie behandeln den KST als Momentum-Oszillator?

Auf jeden Fall.

Wie ist es zu interpretieren, wenn der KST unter die Nullachse fällt?

Daraus kann man nur einen Abwärtstrend beim Momentum erkennen.

Befindet er sich oberhalb der Nullachse, ist es im Aufwärtstrend?

Nun, ich will es mal so ausdrücken: Sinkt er unter Null, ist es im Abwärtstrend. Sinkt er oberhalb von Null, ist es ebenfalls im Abwärtstrend.

Wenn er die Nullachse von unten nach oben kreuzt, ist das ein Zeichen für einen Aufwärtstrend?

Ja, doch das Überkreuzen der Achse ist dabei für mich nicht ausschlaggebend.

Hat die Nullachse überhaupt irgendeine Bedeutung?

In der Hinsicht, daß, wenn der KST steigt und dabei unter Null bleibt, die Position sehr risikoarm ist. Steigt er oberhalb von Null, bestehen natürlich mehr Risiken.

Da der KST eine Chartlinie ist, achten Sie primär auf den „Trend" des Indikators und auf Formationen für alle drei Zeitrahmen?

Trendlinien, Doppelspitzen, Doppelböden, Divergenzen – alles.

Divergenzen zwischen den drei Zeiträumen?

Divergenzen zwischen den einzelnen KST-Indikatoren und dem Kurs.

Ist der KST-Indikator Bestandteil der Metastock-Software?

Nein. Man kann selbstentwickelte Formeln einbauen. Sie verkaufen auch ein Modul von mir, das man in Metastock integrieren kann. Das ist aber Zubehör.

Stützen Sie sich bei Ihrer Analyse generell auf Zyklen?

Nicht sehr, weil mir diese Wissenschaft zu viele Löcher hat. Ich habe sie im Auge. Der KST berücksichtigt nicht unbedingt alle Zyklen, doch er versucht, mehr als nur einen mit einzubeziehen.

Welche Bandbreite von Zyklenlängen ist im KST-Indikator enthalten?

Als langfristigen Zyklus haben wir eine Konjunkturphase von vier Jahren. Wir nehmen die Veränderungsrate von 9 Monaten, 12 Monaten, 18 Monaten und 24 Monaten und glätten sie mit Gleitenden Durchschnitten, gewichten sie, addieren sie und teilen sie durch 10, weil das die Summe der Gewichte ist. Beim Übertragen der geglätteten 24-Monats-Rate-of-Change auf einen Chart sollten dann Bullen- oder Bärenzyklen in den meisten Märkten deutlich zu erkennen sein. Das Problem bei der Darstellung langfristiger Zyklen, und damit haben wir es hier zu tun, ist, daß erst sehr spät Signale generiert werden. Bei der Betrachtung eines kurzfristigen KST verwendet man Zeitspannen auf Grundlage von Tagesdaten, doch das Prinzip ist das gleiche. Wir nehmen also eine 6-Tages-, 10-Tages-, 20-Tages- und 25-Tages-Veränderungsrate, glätten sie, gewichten sie und erhalten so unseren kurzfristigen KST-Indikator. Der mittelfristige wäre irgendwo zwischen dem kurz- und dem langfristigen anzusiedeln. Unter Einbezug der kurzfristigeren Zyklen erhalten wir dramatische Wendepunkte ohne zuviel Auf und Ab.

Das klingt, als würden Sie den kurzfristigeren KST verwenden, um auf bevorstehende Umschwünge größerer Tragweite aufmerksam zu werden?

Nun, er trägt zur Beschleunigung bei, ja, ohne dabei die Regelmäßigkeit der Ausschläge zu beeinträchtigen.

Eine Zeitlang waren die Konjunkturzyklen ein unverzichtbarer Bestandteil Ihrer Analyse. Gilt das noch immer?

Ja, das stimmt. Doch das ist nicht technische Analyse. Man kann mit Hilfe der technischen Analyse ermitteln, wo man sich in einem Konjunkturzyklus gerade befindet. Die Analyse der Konjunkturzyklen als solche ist aber grundsätzlich ökonomisch. Eine weitere typische Eigenheit meiner Methode ist, daß ich einen in sechs Phasen gegliederten Konjunkturzyklus zugrunde lege.

Sechs Phasen innerhalb des typischen Vierjahres-Zeitraums?

Ja. Grundgedanke ist dabei, daß sich ein Konjunkturzyklus in sich wiederholt. Er braucht ungefähr vier Jahre von Tiefpunkt zu Tiefpunkt. Die Ereignisse innerhalb eines Konjunkturzyklus haben eine chronologische Abfolge. Im ökonomischen Sinn gibt es viele unterschiedliche ökonomische Indikatoren, die sich chronologisch bewegen. Beginnen wir, meinetwegen, bei der Geldmenge und arbeiten uns dann durch Baugenehmigungen – dem ersten Sachanlageinstru-ment, wenn Sie so wollen, das während eines Zyklus in freien Fall gerät – weiter durch den ganzen Zyklus bis hin zu den Investitionen. Es gibt also eine ganze Reihe von Ereignissen, die während eines Konjunkturzyklus stattfinden, und normalerweise folgen diese brav in einer bestimmten Ordnung aufeinander. Wenn man doch einmal auf dem Holzweg ist, sieht man anhand der übrigen, was vorgeht. Es gibt drei Märkte: Bonds, Aktien und Commodities. Auch diese Märkte unterliegen einer bestimmten zeitlichen Abfolge: Erst kommen Bonds, dann Aktien und schließlich Commodities. Bei drei Märkten haben wir sechs Wendepunkte und daher sechs Phasen. Wir haben ein Hoch auf dem Aktienmarkt und ein Tief auf dem Aktienmarkt, jeweils ein Hoch und ein Tief auf dem Bondmarkt und jeweils ein Hoch und ein Tief auf dem Commodity-Markt.

Der kanadische Dollar und das Marktzyklusmodell

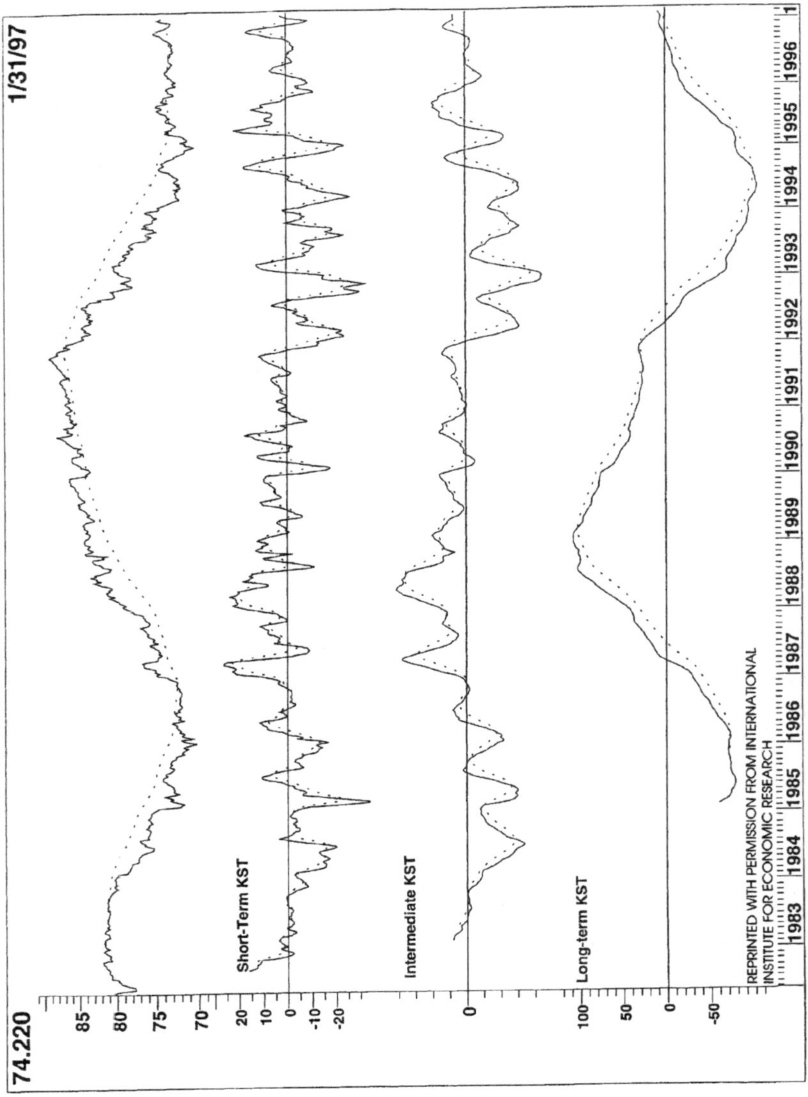

Wenn ich Sie recht verstehe, meinen Sie, daß jeder dieser drei Märkte innerhalb der vier Jahre ein Hoch und später ein Tief aufweist. Kann man davon ausgehen, daß diese zyklische Rotation mit einer gewissen Regelmäßigkeit auftritt?

Ja. Wenn wir zurückgehen bis ins 19. Jahrhundert, so hat dies für jeden Zyklus zugetroffen – mit ein paar bemerkenswerten Ausnahmen. Wenn es so einfach wäre, würde sich ja jeder danach richten. Deshalb bestimme ich mit Hilfe der technischen Analyse, in welcher Phase sich der Markt gerade befindet. Ich habe auch Modelle, die ich Barometer nenne. Es gibt, sagen wir, zehn oder zwölf Indikatoren, die sich in der Vergangenheit zur Analyse von Hausse- oder Baissemärkten bei Aktien als recht zuverlässig erwiesen haben, doch vollkommen ist keiner davon. Wir nehmen also diese Indikatoren, und jedesmal, wenn einer davon positiv signalisiert, wird das auf der Plus-Säule vermerkt. Sind mehr als 50 % der Indikatoren positiv, steht das ganze Barometer auf „bullish". Wir schließen daraus, daß unsere Kombination technischer, ökonomischer und finanzieller Indikatoren auf einen positiven Hintergrund für Aktien deutet, und umgekehrt. Dasselbe wiederholen wir für die Preise von industriellen Commodities und auch für Bonds. Es ist wichtig, die industriellen Commodity-Preise den agrarischen Rohstoffpreisen gegenüberzustellen.

Warum?

Weil die Preisentwicklung von industriellen Commodities abhängig ist von den konjunkturellen Zyklen, die agrarischen eher von der Witterung.

Haben agrarische Rohstoffpreise nicht Einfluß auf die Konjunkturzyklen hinsichtlich Inflation oder Deflation?

Ein Einfluß ist möglicherweise da, doch sie verhalten sich nicht so wie die industriellen Commodity-Preise. Was wir suchen, sind ausschließlich wirtschaftlich und ausschließlich konjunkturell bestimmte Größen wie eben die industriellen Commodity-Preise. Es finden sich auch Erzeugnisse wie Baumwolle, die an sich ein Agrarprodukt ist, unter den industriellen Commodities, so daß die Ausschließlichkeit hier ebenfalls nicht vollständig gegeben ist.

Betrachten Sie die industriellen Commodity-Preise einzeln oder zusammengefaßt in Gruppen?

Primär als Gruppe. Ich verfolge zwei Indizes. Der eine ist der Kassaindex für industrielle Commodities des Commodity Research Bureau (CRB), der andere der Rohstoffindex des Journal of Commerce (JOC). Sie unterscheiden sich etwas. Im JOC ist auch Energie enthalten, im CRB nicht.

Sie sprachen vom Einsatz eines Barometers. Werden Indikatoren aus verschiedenen Märkten als Gruppe in einem Barometer zusammengefaßt, oder gibt es separate Barometer für den Aktienmarkt, den Commodity-Markt und so weiter?

Nun, es gibt vielleicht zwei oder drei ökonomische Indikatoren, zwei oder drei finanzwirtschaftliche Indikatoren und zwei oder drei technische Indikatoren. Dann sind da noch ein paar chronologische Indikatoren. Wir wissen, daß die Bond-Kurse kurz nach den Tiefpunkten bei den Commodity-Preisen Spitzen zeigen. Also können wir die Bond-Kurse hier zu den Indikatoren zählen. Wenn wir also nachweisen können, daß die Bond-Kurse ein Top erreicht haben, weil sie ihren 9-Monats-Moving-Average geschnitten haben, so stehen für uns die Zeichen für Commodities auf „bullish“, weil damit die Voraussetzung für eine Befestigung bei den Commodity-Preisen gegeben ist.

In* „Technical Analysis Explained“ *haben Sie über den Kondratieff-Zyklus von 50 bis 54 Jahren geschrieben. Wenn der letzte Zyklus 1929 endete, ist der nächste doch langsam überfällig.

Nun, Sie müssen diesen Zyklus als Zyklus inflationärer und deflationärer Kräfte betrachten, weniger als Kurszyklus, denn eine Kurskorrektur blieb aus. Die Kurse sind weiter gestiegen, doch ein Blick auf den Bond-Markt zeigt, daß es bei den Renditen von 1981 bis zum Tiefpunkt 1992 einen unverkennbaren, langfristigen Rückgang gegeben hat. Daraus schließe ich, daß der Zyklus immer noch vorhanden ist und funktioniert. Die Frage ist: „Hat der absolute Tiefpunkt schon stattgefunden?“ Aus technischer Sicht kann man das noch nicht sagen.

Konnte man zu irgendeinem Zeitpunkt im geschichtlichen Rückblick das Auftreten des Kondratieff-Zyklus im Abstand von 50 bis 60 Jahren mit relativ großer Genauigkeit nachweisen?

Ich glaube, das geht immer noch. Man darf nur nicht die Verbraucherpreise und Großhandelspreise zugrunde legen, wie das bei frühen Versuchen gemacht wurde. Man muß die inflationären und deflationären Einflüsse betrachten. Einen guten Maßstab hierfür können die Renditen für langfristige Anleihen vermitteln.

Können die industriellen Commodity-Preise als Maßstab für inflationäre Kräfte dienen?

Ja, doch sie haben sich nicht korrigert wie die Bond-Renditen. Die Bond-Renditen liefern uns hier wahrscheinlich das bessere Signal, denn die industriellen Commodity-Preise haben seit 1981 nur eine Seitwärtsbewegung gezeigt.

Betrachten Sie die Veränderungsraten von langfristigen Bonds und industriellen Commodities und vergleichen die beiden Werte?

Ja, wir berücksichtigen geglättete Veränderungsraten.

Setzen Sie Ratios ein, die Zinsen und Commodities in Beziehung bringen?

Ja, Bondkurse im Vergleich mit Commodities. Einer unserer bevorzugten Indikatoren ist das Verhältnis von Inflationsgruppen zu Deflationsgruppen auf dem Aktienmarkt. Inflationsgruppen sind solche, die auf inflationäre Kräfte positiv reagieren – Minen- und Energiewerte wie Aluminium, Gold und Öl. Unter Deflationsgruppen fallen alle, die auf sinkende Zinsen gut ansprechen, wie Stromversorgung, Versicherungen und so weiter. In jede Kategorie nehmen wir vier Gruppen auf und bilden einen Index aus Deflationsgruppen und Inflationsgruppen. Dann berechnen wir das Verhältnis, indem wir Inflation durch Deflation teilen. Dieses Verhältnis erleichtert die Positionsbestimmung innerhalb eines Zyklus. Ist die Inflation höher als die Deflation, heißt das, wir befinden uns im rechten Teil eines Zyklus, und umgekehrt. Wir verwenden hier vier Gruppen statt einer, weil es innerhalb einer Branche zu ungewöhnlichen Entwicklungen kommen kann, die das typische, zyklische Verhalten dieser Branche verzerren. Das haben wir vor 10 oder 15 Jahren beim Landmaschinenindex erlebt. Dort kam es zu einer echten Depression. Infolgedessen hat diese Gruppe im inflationären Teil des Zyklus nicht viel Auftrieb erhalten. In diesem Fall handelte es sich um eine inflationsreagible Gruppe. Deshalb stützen wir uns lieber auf vier Gruppen statt auf eine. Wir könnten uns auf Gold und Stromversorgung beschränken, doch kommt es zu regulativen Eingriffen bei der Stromversorgung, könnte sich das Bild dieser Gruppe in einem bestimmten Zyklus verzerrt darstellen.

Betrachtet man Versorgungswerte als ein Anlageinstrument zur „Flucht in die Sicherheit“, würde dann der Indikator nicht verzerrt, wenn viel Geld dorthin geleitet wird?

Nein, gar nicht, das ist sogar positiv. Dann geht die Angst um. Wir wissen, daß wir uns in einem deflationären Zyklusabschnitt befinden, und aus analytischer Sicht ist das günstig. Verzerrend wirkt etwas, das abnormal ist für die zyklische Entwicklung.

Was verstehen Sie unter abnormal?

Wenn es in einem deflationären Zyklusabschnitt zu einer großangelegten PR-Kampagne für regulierende Maßnahmen bei den Versorgungsunternehmen kommt, geraten die Versorgungswerte möglicherweise unter Druck, wenn sie eigentlich steigen sollten. Anders gesagt, es gibt einen atypischen Faktor, der verzerrt, was eigentlich eine positive Zyklusperiode sein sollte. Deshalb verwenden wir mehrere unterschiedliche Gruppen. Zu so außergewöhnlichen Einflüssen kommt es nicht oft, doch manchmal eben schon.

Moodys-AA-Corporate-Bond-Rendite gegenüber Inflations-/Deflationsindex

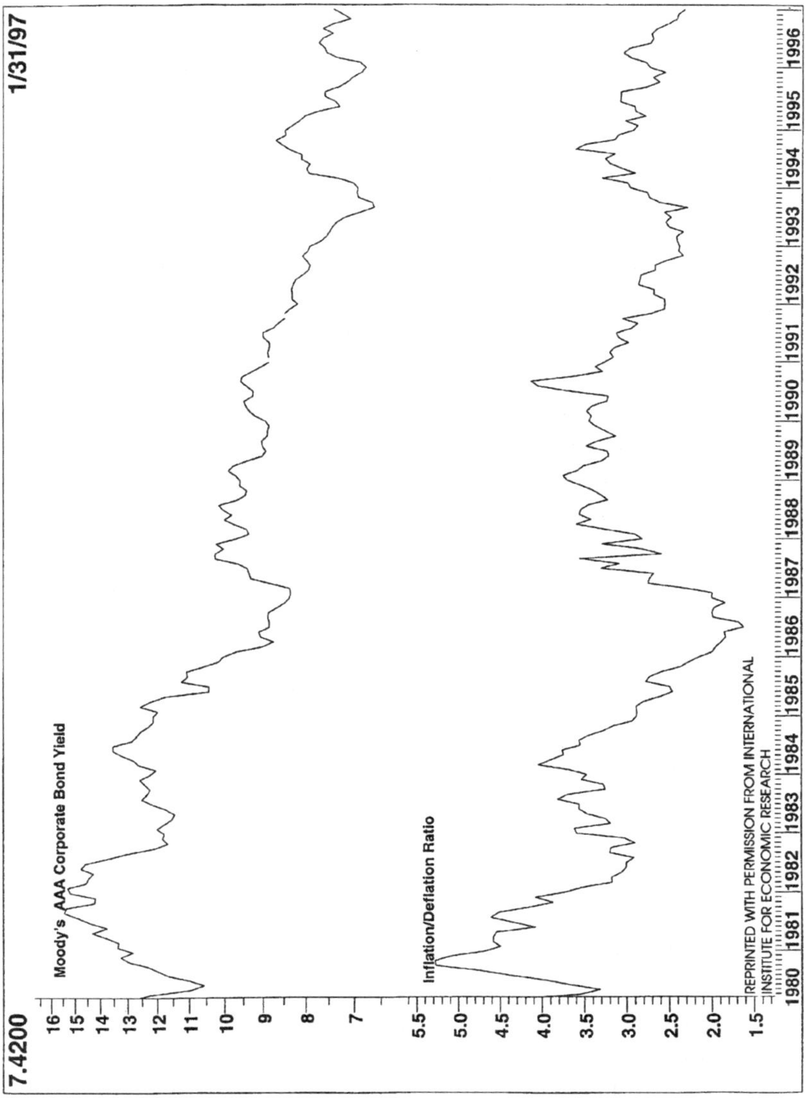

Wenn Sie das Verhältnis berechnet haben, wie ist es dann zu interpretieren?

Steigt der Wert, ist das positiv für inflationsreagible Werte und sagt uns, daß wir uns in einer inflationären Zyklusphase befinden. Sinkt der Wert, wissen wir, daß wir uns in einer deflationären Zyklusphase befinden und folglich die deflationsreagiblen Gruppen die inflationsempfindlichen überflügeln. Ob der Wert steigt oder sinkt, stellen wir fest, indem wir ihn in Beziehung setzen zu seinem 12-Monats-Moving-Average. Manchmal kann man auch Trendlinien oder Kursformationen oder andere trendbestimmende Techniken anwenden. Ein eklektischer Ansatz.

Ist das ein zusätzlicher Indikator, den Sie getrennt von den anderen Indikatoren Ihres Barometers betrachten?

Stimmt genau. Ein weiteres Verhältnis, das wir berücksichtigen, ist das von nicht-zyklischen Konsumgüterwerten und zyklischen Konsumgüterwerten. Nicht-zyklische Konsumgüter sind zum Beispiel Nahrungsmittelwerte, Tabakwerte und dergleichen. Sie gehören meist zu den defensiven Aktien, die am Zyklusbeginn gute Ergebnisse zeigen. Zu den nichtzyklischen zählen etwa Autoteile und Autos, Werte, die zum Zyklusende hin eine bessere Figur machen. Auch hier gibt es also eine bestimmte Abfolge. Möglicherweise steigen beide Arten, doch wenn man das Verhältnis ausrechnet, zeigt sich klar, welche vorne liegt. Auch damit wollen wir feststellen, wo genau wir uns befinden.

Wenn es mit den zyklischen Konsumgüterwerten bergauf geht, steht dann eine Bewegung in eine stärker inflationäre Umgebung bevor?

Ja.

Verwenden Sie noch andere Verhältnisse?

Aktien gegenüber Bonds. Grob gesagt, wenn Bonds einen stärkeren Trend zeigen als Aktien, ist das das Zeichen für einen Bärenmarkt, weil Bonds bereits ziemlich gesunken sind und zeitlich vor Aktien reagieren. An diesem Punkt fallen die Aktien abrupt. Das heißt, daß auch das Verhältnis Aktien/Bonds fällt, wiederum ein Zeichen für eine bevorstehende Aktienbaisse.

Verwenden Sie für den Nenner des Bruchs hier den aktuellen Wert des 30jährigen Treasury Bonds?

Man müßte schon einen 30-Jahres-Wert den Aktien gegenüberstellen, etwa den S&P 500. Am besten klappt es, wenn die Gesamtrentabilität mit eingerechnet wird, also Aktien inklusive Dividenden und Bonds einschließlich Zinsen, denn das ist der eigentliche Wert der Anlage.

Wie schwierig ist es, die Rentabilitätsdaten für den 30jährigen Bond und den S&P 500-Index zu bekommen?

Die meisten einschlägigen Datenbanken verfügen heute über einen Rentabilitätsindex für Aktien und Bonds. Das Problem ist, daß die Daten nicht sehr weit zurückgehen, nur vier oder fünf Jahre vielleicht. Ich verfüge über Daten aus den letzten 50 Jahren.

Wenn Inflation als schlechtes Omen für den Aktienmarkt gilt, reagieren diese Verhältnisse dann zeitlich führend, gleich oder verzögert?

Bei der Überschneidung eines 12-Monats-Moving-Average erwarte ich, daß die Signale später eintreten als die Ereignisse. Per definitionem muß immer etwas Zeit dazwischen liegen.

Verwenden Sie für alle diese Verhältnisse einen 12-Monats-Moving-Average?

Zwölf Monate sind sicher ein Kompromiß. Nichts funktioniert in jeder Situation perfekt, und ich würde sagen, ein 12-Monats-Moving-Average funktioniert weniger schlecht als andere. Man verwendet ihn und sieht dann rückblickend, ob er in der Vergangenheit zuverlässig war oder nicht. Manche Serien schneiden einen 12-Monats-Moving-Average ungefähr alle sechs Monate einmal, andere sind viel weniger unruhig. Wenn es in der Vergangenheit funktioniert hat, wird man ein Schneiden des 12-Monats-Moving-Averages stärker gewichten. Kommt es gleichzeitig zum Durchbruch einer Trendlinie, ist sehr wahrscheinlich mit einer Trendwende zu rechnen. Ist beim Momentum ebenfalls ein Wendepunkt erkennbar? Man verwendet einfach verschiedene Indikatoren und entwickelt ein Bewertungsschema für ihre Aussagekraft.

Könnte man den Trend nicht genausogut durch Berechnung eines einzelnen Verhältnisses auf halbwöchentlicher oder monatlicher Basis bestimmen statt durch Berechnung eines Moving-Averages?

Doch. Die meisten dieser Verhältnisse werden ohnehin auf Monatsbasis berechnet, so daß sie naturgemäß nur einmal im Monat zur Verfügung stehen. Man kann sich aber Mitte des Monats einen Eindruck von den Vorgängen verschaffen, wenn man die entsprechenden wöchentlichen Daten betrachtet.

Verwenden Sie bestimmte ökonomische Indikatoren?

Ein sehr einfacher ist der 12-Monats-Moving-Average des Diskontsatzes. Liegt der Diskontsatz höher als dieser Gleitende Durchschnitt, deutet das auf einen positiven Trend der kurzfristigen Zinssätze hin, und umgekehrt.

Sie verfolgen internationale Märkte. Was ist hier Ihr Ansatz?

Ich betrachte die Einzelmärkte und versuche, Gemeinsamkeiten zu erkennen. Wenn also alle Märkte gemeinsam neue Höhen oder Tiefen erreichen, hat das viel mehr Aussagekraft als ein Extremwert auf ein oder zwei Märkten. Wir benutzen die üblichen Indikatoren – die langfristigen KSTs. Ich verwende monatliche Veränderungsraten – Rates of Change über 9, 12, 18 und 24 Monate – und glätte sie mit Moving-Averages. Bis zu einem gewissen Grad verwende ich auch Relative Stärke. Die Marktveränderung von ausländischen Märkten messe ich nicht, da mir die nötigen Daten fehlen.

Was die Marktveränderung anbelangt, führen ausländische Börsenplätze Advance/Decline-Statistiken für ihre heimischen Märkte?

Manche. Ich habe mich viel mit dem italienischen Markt befaßt, und dort gibt es A/D-Daten zur Marktveränderung. Auch in Kanada und Großbritannien.

Befassen Sie sich im Rahmen Ihrer Analyse auch mit Emerging Markets?

Ja, ein wenig; jetzt, wo Daten zur Verfügung stehen. Mittlerweile kann man sich problemlos Daten über jedes Land der Welt beschaffen.

Können Sie eine Quelle empfehlen?

Hier gibt es verschiedene Möglichkeiten. Dow Jones bietet eine gute Datensammlung über internationale Märkte. Telescan hat eine umfassende Datenbank zu internationalen Aktienemissionen, die allerdings nicht sehr weit zurück reicht. Ein australisches Unternehmen namens Proview verfügt über eine Fülle von Informationen zu internationalen Zinsen, wie ich sie noch nirgendwo anders gefunden habe.

Ich nehme an, daß Sie auch ausländische Zinssätze verfolgen. Gibt es in ihrem Verhalten eine Beziehung zu den US-amerikanischen?

Es gibt da so etwas wie einen globalen Zyklus, doch innerhalb dieses globalen Zyklus bewegen sich die Länder unabhängig voneinander.

Angesichts der vielen ausländischen Dollar-Anlagen: Würde eine Veränderung bei den Zinsen in den USA bei den Zinsen in anderen Ländern eine Reaktion auslösen?

Alle Zinsen wirken über die Währung. Anders ausgedrückt, wenn die Währung gegen den Willen des Establishments an Wert verliert, sind staatliche Institutionen zur Straffung ihrer geldpolitischen Maßnahmen gezwungen. Dadurch werden die Zinsen angekurbelt, so daß auf jeden

Fall ein Zusammenhang besteht. Wenn in den USA die Zinsen steigen, verbessert das die Wettbewerbsfähigkeit im Vergleich zu anderen Ländern, so daß bei ansonsten unveränderten Voraussetzungen der Dollar aufgewertet wird.

Andere Länder, die ihre Zinsen aus währungspolitischen Überlegungen anheben, könnten dies also im Alleingang, ohne daß weitere Länder mitziehen?

Richtig.

Haben Sie hinsichtlich der Aktienmärkte in entwickelten Ländern Korrelationen festgestellt, und gibt es hier ein Land, das zur Führung tendiert?

Großbritannien hat in der Vergangenheit oft eine Führungsrolle für die Vereinigten Staaten gezeigt. Italien dagegen bewegt sich traditionell gern entgegengesetzt zum allgemeinen Trend. Weitere derartige Beziehungen sind mir nicht bekannt, mit Ausnahme der Energiemärkte, die eher zum Ende des globalen Konjunkturzyklus hin stärker tendieren. Toronto zeigt im Vergleich zu den Vereinigten Staaten zum Zyklusende mehr Relative Stärke, und umgekehrt. Das gleiche könnte man auch für Australien und Südafrika sagen, doch das liegt lediglich an den rohstoffabhängigen Aktien der betreffenden Indizes. Kanada hat Bankwerte, die sich logischerweise analog zu den Bankwerten in den Vereinigten Staaten verhalten. Ein weiterer Faktor ist also, daß sich die Industriegruppen rund um die Welt nicht gerade parallel zueinander, aber doch im engen Verbund bewegen. Anders ausgedrückt, eine europäische Bank, eine amerikanische Bank und eine kanadische Bank geraten meist gleichzeitig in eine Hausse.

Bewegen sich auch die Rohstoffwerte im Gleichklang?

Ganz besonders die Rohstoffwerte, weil deren Produkte in Dollar notieren.

Welche Rohstoffe außer Erdöl notieren noch in Dollar?

Wer Kupfer verkauft, wird es auf Dollarbasis verkaufen. Egal, ob es in Chile oder Kanada produziert wurde, es wird mit Dollars bezahlt. Steigt der Dollarkurs, steigen auch die Minenwerte. Auch an der London Metal Exchange sind bei Kupfer und Aluminium Dollarkontrakte üblich.

Der Preis für Barrengold variiert international. Welcher Preis gibt hier am exaktesten die Nachfrage-/Angebotssituation wieder?

Ich betrachte das nachmittägliche (p.m.) Fixing in London als Schlüsselwert, doch die Preise für Gold gehen nicht so weit auseinander. Das Londoner Nachmittagsfixing ist so interessant, weil es sich hier um physisches Gold handelt. An der COMEX geht es um Futures-Kontrakte. Das Nachmittagsfixing ist beständig. Beim p.m. Fix ist der Umsatz jeden Tag hoch, so daß ein guter Preis herauskommt. Ich glaube nicht, daß sich die Ergebnisse maßgeblich unterscheiden, wenn man statt des p.m. Fix den Schlußkurs an der New Yorker COMEX zugrunde legt. Ich ziehe es hauptsächlich wegen der Fülle an historischen Daten vor. Ich berücksichtige daneben auch den Index für Gold- und Silberaktien aus Philadelphia (XAU) und den Index für Gold- und Silberaktien der Toronto Stock Exchange (TSE). Außerdem verfolge ich noch den Goldaktienindex der Financial Times, einen Index südafrikanischer Goldaktien. Alle natürlich auf Dollarbasis, um ein stimmiges Bild zu bekommen.

In London gibt es zweimal am Tag ein Goldfixing, morgens und nachmittags. Warum ist der Umsatz nachmittags größer?

Weil dann der New Yorker Goldmarkt offen ist. Das Nachmittagsfixing in London ist um 15.30 Uhr, also 10.30 Uhr in den Vereinigten Staaten.

Verwenden Sie für die Gold-Indizes noch andere Analysemethoden als das Erstellen von Charts und die Ermittlung von Trends?

Ich achte auf die technischen Aspekte aller Vorgänge und setze sie in Beziehung zueinander. Goldaktien haben an Tiefpunkten meist einen

Vorsprung auf Gold. Ein Boden bei Aktien wird verfolgt von einem Boden bei Gold, dann kommt ein höheres Tief bei Aktien und ein tieferes bei Gold. Das ist ein gutes Omen, und umgekehrt. Bei Spitzen sind es dagegen die Divergenzen, die wir beachten müssen. Manchmal erreichen die Aktien ihr Hoch nach dem Gold, manchmal das Gold nach den Aktien, doch bei Böden sind die Aktien meist zuerst dran.

Berücksichtigen Sie beim Gold auch Verhältnisse?

Ja, das Verhältnis Gold zu Silber.

Berechnen Sie dieses Verhältnis mit dem Quotienten aus dem COMEX-Goldpreis und dem COMEX-Silberpreis?

Ja.

Vergleichen Sie hier den relativen fundamentalen Wert?

Eigentlich nicht. Ich achte mehr auf Trends. Ich glaube nicht, daß es bei Gold und Silber Über- oder Unterbewertungen gibt.

Wonach suchen Sie genau?

Nach dem Trend von Gold im Vergleich zu Silber. Ich will feststellen, welcher Trend der lukrativere ist. Bei einem Verhältnis pro Gold in einem Aufwärtstrend würde ich mich in Gold engagieren, in einem Abwärtstrend in Silber. Zeigt die Linie nach oben, spricht das für Gold, zeigt sie nach unten, für Silber.

Ich dachte, die Edelmetalle bewegen sich mehr oder weniger parallel?

Nein, würde ich nicht sagen. Langfristig bewegen sie sich gemeinsam, doch in jeder Gruppe gibt es einen Führer, und dort wollen wir unser Geld investieren. Möglich, daß beide steigen, doch eins steigt eben schneller.

Kann man davon ausgehen, daß Gold und Goldaktien sich invers zum Aktienmarkt bewegen?

Nein. Gold gehört irgendwo zwischen Bonds und Commodities, denn Gold nimmt gern den Commodity-Trend vorweg. Seit 1978 ist es bei jedem größeren Ausschlag den industriellen Commodity-Preisen vorausgeeilt.

Erklären Sie bitte, was Sie unter „vorauseilen“ verstehen.

Es nimmt Bewegungen der Commodity-Preise vorweg. Anders gesagt, die Goldpreise erreichten Anfang 1993 einen Boden, die Commodity-Preise Ende 1993. Wenn Gold sinkt, heißt das, ein Auftrieb bei den Commodity-Preisen ist begrenzt.

Trifft diese Theorie für Aufwärts- und Abwärtstrends zu?

Ja. Doch sie ist nicht sehr exakt. Die Vorsprünge und Verzögerungen sind unterschiedlich, und auch die Größenordnung.

Gibt es einen zeitlichen Durchschnittswert für den Vorsprung von Gold vor Commodities?

So ein Durchschnittswert kann irreführend sein. Der Zeitraum ist manchmal größer, manchmal kleiner. Es kommt darauf an, eine Trendwende bei Gold zu erkennen. Wenn Gold aufwärts tendiert und Commodities abwärts, muß man als nächstes auf eine Trendwende bei den Commodities achten. Ich würde sagen, daß eine Haussebewegung bei Gold quasi Voraussetzung für einen Aufschwung bei Commodities ist, und umgekehrt.

Trifft dies auf alle Commodities zu?

Auf industrielle Commodities. Da sich die Bondrenditen in Einklang mit den Commodities bewegen, gibt es da natürlich einen Zusammenhang. Ich betrachte das Verhältnis von Commodities zu Bonds. Wird das in einen Chart eingezeichnet, erkennt man einen Vorsprung von Gold vor Bondrenditen.

In welcher Reihenfolge kommen die Märkte in Bewegung?

Gold vor Commodities und vor Bonds. Erreicht Gold ein neues Tief, folgen erst die Commodities und dann die Bondrenditen. wenn Gold einen Tiefststand erreicht und Commodities ebenfalls, gibt es eine Spitze bei Bondkursen, so daß man von acht Phasen des Konjunkturzyklus sprechen kann.

Haben Sie mehr Vertrauen in die ökonomischen Aspekte Ihrer Arbeit als in die technischen?

Ich denke, sie gehen Hand in Hand.

Welche Indikatoren beachten Sie in technischer Hinsicht?

Den Relative-Stärke-Index (RSI). Ich nehme einen 9-Tages-RSI und glätte ihn mit einem 8-Tages-Moving-Average.

Verwenden Sie hier die Standardparameter – 70 für überkauft und 30 für überverkauft?

Eher 75/25, denn je kürzer der RSI, desto mehr Ausschläge zeigt er.

Würden Sie einem Anfänger, der sich mit dem RSI befaßt, empfehlen, nur auf Extreme hin zu agieren?

Ganz bestimmt.

Verwenden Sie noch andere technische Indikatoren?

Den McClellan-Oszillator und die A/D-Linie. New-Highs sind ein wichtiger Indikator. Ich betrachte die Werte auf Tages- und Wochenbasis.

Sie haben einmal ein „Vorschieben" des Moving-Averages empfohlen. Verwenden Sie diese Technik immer noch?

Nicht so oft, wie ich wahrscheinlich sollte. Es ist eine gute Methode.

Um wieviel wird der Moving-Average vorgeschoben?

Das hängt vom jeweiligen Average ab. Einen 25-Tages-Average würde ich so um 3 bis 7 Tage vorschieben.

Also um rund 25 % des Zeitraums, für den Sie den Average berechnen.

Normalerweise ein bißchen weniger.

In* „Technical Analysis Explained“ *haben Sie vom Durchbrechen der Nackenlinie einer Kopf-Schulter-Formation gesprochen und darauf hingewiesen, daß man hier einen Durchbruch in der Größenordnung von 3% abwarten sollte. Halten Sie das immer noch für sinnvoll?

Früher haben die Leute langfristige Charts verwendet, so daß 3 % für einen deutlichen Bullen- oder Bärenmarkt ein vernünftiger Wert war, doch im Day-to-Day-Geschäft wird er unsinnig. Betrachtet man kurzfristige Bewegungen, etwa beim Eurodollar, beträgt oft die ganze Bewegung gerade mal 3 %. Man kann mit diesem Wert also eigentlich nicht arbeiten. 3 % sollten einem maßgeblichen Durchbruch entsprechen, doch der kann auch bei 1 % oder 1/2 % liegen, denn jede Berechnungsgrundlage hat ihre eigene Volatilität. Was bei Versorgungswerten ein deutlicher Sprung ist, ist bei Goldaktien aufgrund ihrer höheren Volatilität gar nichts. Hier ist Urteilsvermögen gefragt.

Welche technischen Kriterien legen Sie bei der Auswahl einer Aktie zugrunde?

Bei der isolierten Betrachtung eines Anlageinstruments würde ich das Marktzyklenmodell (KST) einsetzen – den langfristigen, mittelfristigen und kurzfristigen KST. Diese würde ich dann in Beziehung setzen zu Trendfolgesignalen und zum Kurs selbst – Brüche der Trendlinie, Überkreuzung des 40-Wochen-Moving-Averages –, so etwa in der Art. Für einzelne Werte gehe ich beim Studium des Marktes von oben nach unten vor. Befindet sich der Markt in Kaufstimmung? Wie verhält sich die Gruppe? Wie verhält sich die Aktie innerhalb der Gruppe?

Wenn Sie vier oder fünf potentielle Tradinginstrumente gefunden haben und sich für eins davon entscheiden müssen, welche Indikatoren benutzen Sie bei Ihrer abschließenden Analyse?

Ich schaue mir den langfristigen KST an, um sicherzugehen, daß das Momentum unter Null und möglichst ansteigend ist. Per definitionem wird der langfristige KST einen Tiefpunkt erst nach dem kurz- und mittelfristigen erreichen. Nehmen wir an, der kurzfristige KST ist gestiegen, also der absolute Tiefpunkt des Marktes oder des jeweiligen Titels erreicht, und nun reagiert er. An diesem Punkt, wenn kurz- und mittelfristig Reaktionen zu erkennen sind, hat sich der langfristige KST noch oben gewendet, was auf eine weitere Chance hindeutet. Anders gesagt, wir achten auf die erste Reaktion in einem Bullenmarkt, um sie voll für uns nutzen zu können. Außerdem berücksichtigen wir die Relative Stärke. Wir entwerfen ein Marktzyklenmodell von der Relativen Stärke der Aktie im Vergleich zum Markt. KSTs sind zur Ermittlung der Relativen Stärke ausgesprochen geeignet. In „relativer" Hinsicht sind sie aussagekräftiger als in absoluter, denn das „Relative" ist eher zyklischer Natur. Wir betrachten das Marktzyklenmodell (KST) der Relativen-Stärke-Linie.

Verwenden Sie manchmal die Stochastik?

Nicht sehr oft, denn in die Stochastik habe ich nicht viel Vertrauen. Die meisten solcher Indikatoren sind sowieso nur Variationen eines Themas. Sie funktionieren alle ähnlich, so daß es nur eine Frage der Nuancierung ist. Den Heiligen Gral gibt es nicht. Deshalb verlasse ich mich auf die Veränderungsraten und ein Stück weit auf den RSI und den KST, eine Art weiterentwickelte Rate of Change. Damit fühle ich mich wohl. Alle anderen Hilfsmittel sind im Grunde nichts anderes als statistische Manipulationen des Kurses. Eine Ausnahme bildet der Umsatz. Der Umsatz ist eine ganz eigene, unabhängige Variable, weshalb wir die Veränderungsraten der Kursoszillatoren betrachten, die ja geglättete Trendabweichungen beim Volumen sind.

Könnten Sie das genauer erläutern?

Sie nehmen einen Moving-Average des Umsatzes und einen weiteren Moving-Average des Umsatzes und teilen den kürzeren durch den längeren. Sie können einen 5-Tages-Moving-Average durch einen 25-Tages-Moving-Average teilen oder einen 10-Tages-Moving-Average durch einen 25-Tages-Moving-Average, und das setzen Sie dann in Relation zu einem ähnlichen Maßstab für den Kurs. Steigen der Umsatz und der Kurs, ist das ein gutes Zeichen, tendiert das Kurs-Momentum nach oben, das Umsatz-Momentum aber nach unten, gibt das Anlaß zur Sorge, denn der Enthusiasmus fehlt.

Berücksichtigen Sie auch die Einzelumsätze, wenn ein Ausbruch erkennbar ist?

Schon, doch das ist nichts weiter als die visuelle Version einer Rate of Change. Kommt es zu einem Ausbruch, und die Umsatzbalken dehnen sich aus, setzt man sie per definitionem in bezug zu den Umsatzbalken der vorangegangenen 10 Tage oder der vorangegangenen 20 Tage und erhält eine steigende Veränderungsrate. Man erhält also die visuelle Darstellung der Veränderungsrate. Das Problem bei Umsatzbalken ist, daß man subtilere Veränderungsraten übersieht. Die Veränderungsrate oder der Kurs-Oszillator-Ansatz (Trendabweichungsansatz) weisen auf solche Dinge hin.

Wenn man den Trendabweichungsansatz auf eine 10-Tages-/25-Tages-Veränderungsrate anwendet, erhält man dann ein zeitiges Signal?

Manchmal schon. Wie bei allen solchen Indikatoren eilt der Kurs manchmal dem Indikator voraus, doch deshalb stürzen wir uns ja nicht auf jede Bewegung. Anders gesagt, man erkennt vielleicht ein gutes Signal in der Umsatzveränderungsrate und einer Kursveränderungsrate, die relativ nah am Tiefstand liegt, und daraufhin agiert man. Erfolgt das Signal, wenn der Kurs weit vom Tiefstand entfernt ist, sagt man sich: „Okay, das Signal war da, aber der Abstand ist zu groß, und es ist zu riskant, sich jetzt zu engagieren. Ich warte auf die nächste Gelegenheit."

Hier kommt das Urteilsvermögen ins Spiel?

Nun, das hat mehr mit Disziplin zu tun als mit Urteilsvermögen.

Sie arbeiten auch mit Branchen. Gibt es ein festes Bewegungsmuster für die Höchst- und Tiefstwerte bestimmter Aktiengruppen?

Es gibt da eine Rotation. Ich betrachte Wechselbeziehungen wie das Verhältnis einer führenden Gruppe, etwa den Finanzwerten, zu einer verzögerten Gruppe wie Energie, um festzustellen, ob Trading stattfindet. Energiewerte machen gegen Zyklusende die bessere Figur. Zinsreagible Anlageinstrumente wie Stromversorgungswerte und Finanzwerte tendieren stärker am Zyklusbeginn, manchmal sogar vor einem Tief am Aktienmarkt. Die Stromversorgungswerte und Finanzwerte erreichen meist vor dem Markt ihre Spitzen. Die Energiewerte reagieren an beiden Enden verzögert. Es gibt eindeutig eine Rotation, doch leider lassen sich die einzelnen Gruppen innerhalb der Rotationsbewegung nicht exakt einordnen, weil sie nicht immer gleich abläuft. Bankaktien sollten an sich früh im Zyklus Spitzen zeigen, weil sie zu den Finanztiteln gehören, doch 1973 standen sie am Zyklusende besonders gut da. So können auch frühe Führer mal spät vorne liegen. Als Faustregel gilt, daß zinsreagible Werte zu Zyklusbeginn, inflations- und wirtschaftsabhängige Werte der Grundstoffindustrie sowie die zyklischen Werte gegen Ende des Zyklus Hochform zeigen.

Kapitel XI

Phil Roth

Offiziell ist Phil Roth seit 1967 an den Finanzmärkten präsent, doch sein Interesse am Marktgeschehen wurde schon ein paar Jahre früher geweckt. Als Zwölfjähriger jobbte Phil Roth in der Bäckerei am Ort, schrubbte Fußböden und putzte Backformen. Nach ein paar Monaten teilte ihm der Bäcker mit, weil er sein Geld verschwende, werde er ihm in Zukunft fünf Dollar pro Woche auszahlen und den Rest seines Verdienstes in einen Investmentfonds stecken. Er trug damit nicht nur zur Sicherung von Phils Zukunft bei, sondern hatte auch den missionarischen Eifer, dem Jungen das Rüstzeug für eine kluge Geldanlage zu vermitteln. Dieses Rüstzeug bestand in technischer Analyse. Es mag seltsam klingen, doch Phil Roths erster Kontakt mit der technischen Analyse kam zustande durch einen aus Deutschland eingewanderten Bäcker.

Phil Roths Brötchengeber handelte eifrig mit Aktien und Commodities und stützte sich dabei ausschließlich auf technische Analyse. Interesse an der Börse war für die Angestellten in dieser besonderen Bäckerei ein Muß. Wer es nicht von sich aus zeigte, wurde indoktriniert. Neben dem Chef arbeiteten dort noch fünf andere Bäcker, alles deutschstämmige Immigranten. Jeder von ihnen war ein Börsenfreak, und die Gespräche drehten sich ständig um dieses Thema. Das Radio lief den ganzen Tag und brachte gelegentlich Meldungen zum Marktgeschehen. Um 17.00 Uhr wurde die ***World Telegram Sun Newspaper*** gebracht, die die Aktien-Schlußkurse des Tages enthielt. Das Mehl wurde von der Arbeitsplatte gewischt und marmeladenverschmierte Charts ausgebreitet, in die die aktuellen Tageswerte eingetragen wurden. Das war 1956, als es noch keine Computer gab, alles noch mit der Hand gemacht wurde und die Märkte um 15.30 Uhr schlossen. Phil Roth arbeitete auch während seiner High-School-Zeit weiter in der Bäckerei und lernte alle Nuancen der Geldanlage auf Grundlage technischer Analyse kennen.

Unter Anleitung seiner börsenerfahrenen Mentoren schuf sich Phil Roth während seiner fünf Jahre in der Bäckerei einen erklecklichen finanziellen Grundstock. Er dachte daran, selbst eine Bäckerei zu übernehmen. Als er siebzehn war, stand eine Bäckerei in der Umgebung zum

Verkauf. Er war nahe daran, sie zu kaufen und das College an den Nagel zu hängen, doch die Umstände waren damals nicht danach. Es war die Zeit des Vietnamkrieges, wo sich das ganze Leben „um die Einberufung“ drehte. Hätte er die Bäckerei gekauft und wäre dann eingezogen worden, hätte er sein Geschäft vielleicht verloren.

Da ihm die Risiken größer schienen als der Nutzen, beschloß er, auf dem College zu bleiben, und machte schließlich einen wirtschaftswissenschaftlichen Abschluß. Zunächst wollte er noch weiter studieren, doch er war es leid, auf Pump zu leben, brach sein Studium ab und schickte eine Flut von Bewerbungen an Adressen in der Wall Street. Eine Firma antwortete ihm – Merrill Lynch. 1967 wurde er dort ins Trainee-Programm für Research aufgenommen, zu einem Gehalt, das kaum zum Leben reichte.

Seine Ausbildung umfaßte mehrere Stadien. Trainees wurden zunächst dafür eingesetzt, Kunden telefonisch Informationen zukommen zu lassen. Dann kam die Korrespondenzabteilung. Hier gehörte es zu Roths Aufgaben, auf Anfrage gezielt Researchergebnisse zu liefern. Am Ende der Fahnenstange stand die Position des Portfolio-Analysten, der mit einem modernen Portfolio-Analysten allerdings nichts gemein hatte. In dieser Funktion mußte der Trainee die Depots von Kunden untersuchen, die Barguthaben auf ihren Konten liegen hatten. Er mußte auf Grundlage eines von Merrill Lynch vorgegebenen „Menüs“, einer Art Formel, Aktien oder Bonds empfehlen. Dieses Trainee-Programm lief ein Jahr, und dann konnte sich der Teilnehmer für eine Tätigkeit in der technischen Analyse, der Fundamentalanalyse oder im Portfolio-Management entscheiden. Das Schicksal wollte es, daß die erste Stelle, die Phil Roth angeboten wurde, in der Abteilung für technische Analyse angesiedelt war. Stünde er noch einmal vor der Wahl, so sagt er heute, würde er gerne eine Weile in der Fundamentalanalyse arbeiten.

Phil Roths erste Position in der Abteilung für technische Analyse war die eines Assistenten des „offiziellen Tickerbeobachters“. Sein Chef hatte 1928 als Parkettmitarbeiter an der New York Stock Exchange angefangen. Ohne Startkapital hatte er 1928 im Alter von 17 Jahren

$ 100 000,00 gemacht, als die heute unter dem Namen RCA bekannte Radio Corporation durch Manipulationen von $ 50,00 pro Aktie auf über $ 500,00 getrieben wurde. Damals konnte man ohne Eigenkapital mit Aktien handeln, solange man sie innerhalb eines Tages kaufte und verkaufte. Beim großen Crash von 1929 hatte er alles verloren. Wie man sich vorstellen kann, lernte Phil Roth viel von seinem Vorgesetzten. Seine erste Aufgabe als Assistent war es, den Papierstreifen des Tickers auszuwechseln. Ging eine Rolle zu Ende, mußte er mit einer neuen parat stehen und sie einlegen, bevor die alte auslief. Das war kein leichtes Unterfangen. Sein pedantischer Chef erlaubte nicht, daß der Ticker abgeschaltet wurde, denn dann hätte man ein paar Trades verpaßt. Anfangs ging ab und zu etwas schief dabei, so daß der Ticker abgeschaltet werden mußte. Dann herrschte dicke Luft, weil dem Chef ein paar Zeichen entgangen waren. Nachdem Phil Roth das Wechseln des Streifens perfekt beherrschte, hatte er ein tollen Job.

Von Merrill Lynch kam Phil Roth zu Loeb Rhodes und wechselte später zu E. F. Hutton. 1988 wurde E. F. Hutton von Shearson Lehman übernommen. Gegenwärtig ist Phil Roth technischer Chefanalyst und Senior Vice President bei Dean Witter Reynolds, Inc. Phil Roth geht bei seiner Analyse des Marktes von oben nach unten vor, untersucht erst den Gesamtzustand des Marktes aus langfristiger Perspektive und arbeitet sich dann langsam zum kurzfristigeren Geschehen vor. Seine Indikatoren teilt er in vier Kategorien ein, die den verschiedenen Markttrends entsprechen. Sie sind langfristig, zyklisch, mittelfristig und kurzfristig. Er bezeichnet sich selbst gern als „Indikator-Junkie“ und hat über 150 Indikatoren in seinem Repertoire, die er aber nicht alle auf Tagesbasis verfolgt. Ich möchte darauf hinweisen, daß er das Gespräch mit mir aus dem Stegreif führte, doch sobald eine Kategorie abgehandelt war, ging er noch einmal seine Indikatorenliste durch, um sicherzustellen, daß er auch ja nichts von Bedeutung vergessen hatte. Auf mich machte das einen sehr gewissenhaften Eindruck.

Als Phil Roth seine ersten Indikatoren entwickelte, gab es noch keine Computer und Taschenrechner. Charts wurden mit der Hand gezeichnet. Die Entwicklung eines Indikators war vor 30 Jahren ein äußerst arbeitsintensiver Vorgang. Als einziges Hilfsmittel für mathematische Berechnungen gab es eine strombetriebene Rechenmaschine, den „Addressograph Multigraph". Geschwindigkeit gehörte nicht zu seinen Stärken: Er brauchte zum Rechnen eine Sekunde pro Dezimalstelle. Um sich historische Daten zu beschaffen, mußte man Stunden in der Bibliothek zubringen und alte Ausgaben von ***Barron's*** und ***Wall Street Journal*** wälzen. So zeitraubend und mühselig diese Arbeit war, es waren ausgerechnet diese intensiven Recherchen, die zur Entwicklung eines Indikators beitrugen, der die technische Analyse für Phil Roth noch faszinierender und interessanter machte. Trotz aller Hindernisse und Beschwerlichkeiten erinnert sich Phil Roth gern an diese Zeit und an die tiefe Genugtuung, die es ihm verschaffte, seinen Aufwand durch die Entdeckung eines äußerst wirkungsvollen Indikators belohnt zu sehen. Auch heute findet er immer noch Zeit zum Entwickeln neuer Indikatoren.

Gehen Sie bei Ihrer Analyse von oben nach unten oder von unten nach oben vor?

Beides. Von oben nach unten lasse ich mir von meinen Marktindikatoren Fragen beantworten wie: „Ist es im Vergleich zu anderen Anlageformen überhaupt sinnvoll, in Aktien zu investieren? Sind Bonds attraktiver? Oder vielleicht Gold?" Und dergleichen mehr.

Also verfolgen Sie auch diese Märkte?

Ja, und dafür gibt es einen guten Grund, den ich Ihnen gleich nennen will. Bei der Analyse der Angebots-Nachfrage-Situation von Aktien zeigt sich, daß Veränderungen bei der Bewertung von alternativen Wertpapieren die Nachfrage und das Angebot auf dem Aktienmarkt beeinflussen. Anders ausgedrückt, bei ansonsten gleichen Voraussetzungen bedeutet ein Kursanstieg bei Bonds, daß sie im Vergleich zu Aktien an Attraktivität einbüßen. Geben die Bondkurse nach, werden sie billiger und sind damit im Vergleich zu anderen Wertpapieren attraktiver. Ich berücksichtige Rohstoffmärkte, Rentenmärkte und

Devisenmärkte. Die sagen mir ganz allgemein, ob der Aktienmarkt lukrativ ist oder nicht. Meine Makro-Indikatoren zeigen mir dann, auf welchen Sektoren des Aktienmarktes ein Engagement interessant ist. Bei fallenden Zinsen will ich vielleicht zinsreagible Werte kaufen. Bei steigenden Rohstoffpreisen interessiere ich mich für rohstoffbezogene Aktien. Die Makro-Indikatoren zeigen mir auch ganz bestimmte Branchen auf. Wenn mir der Markt unsicher aussieht und ich nach einer defensiven Alternative suche, finde ich vielleicht höher rentierende Stromversorgungswerte attraktiv. Die Makro-Indikatoren führen mich nicht zu bestimmten Titeln, doch zu Branchen und Sektoren, und sie sagen mir, ob es überhaupt sinnvoll ist, Geld in Aktien anzulegen. Dann schaue ich mir so oft wie möglich so viele Chartformationen wie möglich an. Davon erhoffe ich mir Signale für einzelne Werte, die sich möglichst gegenseitig bestätigen sollen. Weisen meine Makro-Indikatoren auf Ölaktien, rechne ich mit vielversprechenden Charts im Energiesektor. Ergibt sich kein übereinstimmendes Bild, muß ich mir die Sache noch mal durch den Kopf gehen lassen. Die Kurscharts verändern sich oft vor den Makro-Indikatoren, da Aktien mit Vorsprung auf die wirtschaftliche Entwicklung reagieren, Rohstoffe dagegen synchron dazu. Ölaktien werden ihren Trend vermutlich vor dem Ölpreis verändern. Ich muß also laufend die Charts daraufhin kontrollieren, ob die Makro-Botschaft noch stimmt oder ob sich eine Veränderung abzeichnet.

Was verstehen Sie unter Makro-Indikatoren?

Wenn ich den Begriff Makro-Indikatoren verwende, meine ich „Marktindikatoren“. Ich verwende mehr als 150 Indikatoren für verschiedene Zeitrahmen: kurzfristig, mittelfristig, langfristig und für das, was ich Jahrhunderttrend nenne. Dabei verfolge ich nicht jeden Tag alle 150 Indikatoren, denn manche sind längerfristiger Natur und verändern sich entsprechend langsamer. Ich verwende den Begriff „Makro“, wenn ich den Markt als Ganzes meine. Von Mikro-Indikatoren spreche ich, wenn ich eine Fülle einzelner Werte betrachte und versuche, den Markt damit genauso zu beurteilen, wie ich es anhand der Marktindikatoren tue.

Betrachten Sie Ihre Makro-Indikatoren einzeln oder in einem Modell?

Ich habe keine Black Box. Anders formuliert: Ich bin optimistisch, wenn 80 davon bullish und 70 bearish sind. Verschiedene Indikatoren funktionieren in verschiedenen Zeitrahmen. Ich muß mich in jedem Zyklus entscheiden: „Was ist in diesem Zyklus relevant? Was sind die Motive der Anleger? Welche Kräfte beherrschen den Markt in diesem Zyklus?" Manches ist dabei wichtiger, manches weniger wichtig.

Um bei Ihrem längsten Zeitraum anzusetzen, den Sie als Jahrhunderttrend bezeichnen: Beschreiben Sie bitte die Indikatoren, die für diesen Zeitrahmen in Frage kommen.

Mit diesem Begriff umschreibe ich den Trend, der zwei oder mehr Konjunkturzyklen und zwei oder mehr Zyklen auf dem Aktienmarkt umfaßt. Marktzyklen bzw. Konjunkturzyklen dauern normalerweise vier bis fünf Jahre, ein Jahrhunderttrend folglich ein Mehrfaches davon, bis zu 20 oder 30 Jahre. Für diesen Zeitraum eignen sich am besten Asset-Allocation-Indikatoren, also solche, die ermitteln, welchen Prozentsatz ihres Kapitals die Leute in Aktien, Anleihen und Bargeld angelegt haben. Am Anfang eines Jahrhunderttrends in Aufwärtsrichtung wird nur wenig in Aktien investiert, der Löwenanteil steckt in Barguthaben oder Bonds. Setzt sich der Jahrhunderttrend fort, fließt immer mehr Geld aus Barguthaben und Bonds in Aktien. Zum Ende eines solchen Trends hin liegen die Aktien mit Abstand an erster Stelle. Als Faustregel gilt für institutionelle wie für private Anleger, daß ein Aktienanteil von 40 % niedrig, einer von 60 % hoch ist. Zu Beginn des Zyklus in den 80er Jahren lag der Anteil bei 40 %. Die Leute hatten nicht viele Aktien in ihren Depots. Jetzt überschreiten wir die 55%-Marke von neutral zu bearish, doch die Signale sind noch nicht allzu negativ.

Was wäre für Sie sehr negativ?

Ich würde sagen 60 %, doch es könnten auch bis zu 70 % sein. Das sind nur ganz allgemeine Richtwerte, die mir ein gewisses Vertrauen in den

Jahrhunderttrend geben. Wenn bereits ein vergleichsweise hoher Prozentsatz des Anlagekapitals in Aktien steckt, wird die Nachfrage abflauen.

Wie kommt man an Daten zur Asset-Allocation?

Daten zur Asset-Allocation kann man in der „Flow-of-Funds"-Statistik finden, die von der Federal Reserve herausgegeben wird. Die Fed gibt Auskunft über die Asset-Allocation nach Wirtschaftssektoren. Sie veröffentlicht Zahlen für Lebens- und andere Versicherungsgesellschaften, nationale und kommunale Pensionsfonds und Pensionskassen. Sie vermittelt ein Gesamtbild der Kapitalanlagen für jeden Sektor und gibt den prozentualen Aktienanteil an der Gesamtheit aller Anlagen an. Kennzahlen gehören ebenfalls zu den extrem langfristigen Indikatoren.

Gehören Kennzahlen nicht zum Handwerkszeug der Fundamentalisten?

Kennzahlen sind keine fundamentalen Indikatoren. Das ist ein weit verbreiteter Irrtum. Die Leute meinen, daß Renditen, Kurs/Gewinn-Verhältnisse und der Buchwert fundamentale Indikatoren seien. Das sind sie nicht. Es sind technische Indikatoren. Warum wurden Aktien 1982 mit einem Kurs/Gewinn-Verhältnis von 8 verkauft, 1992 mit einem Kurs/Gewinn-Verhältnis von 22? Weil das Publikum am Aktienmarkt 1982 bearish eingestellt war und 1992 bullish. Mit Kennzahlen mißt man das Vertrauen der Menschen in Aktien. Warum kaufen und halten die Leute heute den S&P 500 bei einer Rendite von 2,3 %? Weil sie hinsichtlich zukünftiger Kursgewinne bei Aktien optimistisch sind. Wären sie das nicht, läge die Rendite nicht bei einem historischen Rekordtief. An dieser Stelle möchte ich betonen, daß meine Haltung zur Aktie nicht automatisch bearish wird, weil die Leute 60 % ihres Kapitals in Aktien anlegen und die Renditen Rekordtiefen erreichen, denn der Markt kann trotzdem auf hohem Kennzahlenniveau bleiben. Das sind sehr langfristig ausgelegte Indikatoren, die wenig Schwankungen unterworfen sind. Sie können über lange Zeiträume hinweg bullish oder bearish bleiben.

Sie verraten nicht, in welchem Monat oder in welchem Jahr der Markt kippen wird. Sie sagen nur aus, daß Aktien ein Hoch erleben und der Zyklus dem Ende zu geht. Fürs Timing braucht man dann mittel- und kürzerfristige Indikatoren.

Welche Kennzahlen beachten Sie besonders?

Kurs/Gewinn-Verhältnis und Rendite. Buchwertmaßstäbe sind hier weniger relevant, weil Buchwerte nur einmal im Jahr berechnet werden, und das normalerweise mit sechsmonatiger Verzögerung. Das heißt, daß wir den Buchwert für 1996 erste Mitte 1997 erfahren. Er interessiert mich schon, doch er kommt so selten und so verzögert. KGVs und Renditen dagegen werden täglich ermittelt.

Welche Parameter signalisieren normalerweise bei diesen Indikatoren einen zu hohen oder zu niedrigen Wert?

Bei Renditen die historischen Grenzwerte – unter 3 % gilt hier als niedrig oder bearish, über 6 % als hoch oder bullish. Beim Kurs/Gewinn-Verhältnis würde ich sagen, über 20 ist hoch oder bearish, unter 10 niedrig oder bullish. Der Durchschnittswert für Renditen liegt so bei 4 oder 4 1/2 %, bei KGVs bei 14 bis 15. Vielleicht sollte ich noch erwähnen, daß ich bei den Kennzahlen auch den Ausschüttungssatz berücksichtige. Ist der Ausschüttungssatz bei niedrigen Renditen hoch oder niedrig? Fallen Renditen und Ausschüttungssatz, wirkt sich das entgegengesetzt aus. Extrem niedrige Renditen sprechen für ausgeprägten Optimismus bei Aktien. Dieser Eindruck wird durch einen sehr niedrigen Ausschüttungssatz abgeschwächt.

Nachdem der Ausschüttungssatz bei Versorgungswerten üblicherweise hoch ist, betrachten Sie die Ausschüttungssätze auf der Basis des Durchschnitts aller Unternehmen oder jede Branche separat?

Standard and Poors geben den Ausschüttungssatz für den S&P 500 an. Das ist mein Referenzwert. In der Vergangenheit lag die Bandbreite hier üblicherweise bei 40 % bis 60 %.

Vom Jahrhunderttrend wenden Sie sich dann dem zyklischen Trend zu?

Unter Zyklus verstehe ich einen vier bis fünf Jahre andauernden Trend. Auf zyklischer Basis besonders aussagekräftige Indikatoren sind Cashflows und Barreserven. Wie liquide sind Institutionen, und wie sehen die Cashflows aus? Im vergangenen Zyklus bis 1990 war hier der wichtigste Indikator der vom Anlegerpublikum über Investmentfonds indirekt in Aktien geleitete Cashflow. Cashflows in Investmentfonds sind offensichtlich die Triebfeder dieses Zyklus. Sicher nicht Gewinne oder Zinsen. Gewinne waren mal besser, mal schlechter, Zinsen mal höher, mal niedriger. Stabil war dagegen der starke Cashflow aus Barreserven und Bonds in Aktien. Mehr ist dazu nicht zu sagen. Und wenn das ein Ende findet, wird der Markt Probleme bekommen, denke ich. Der naive Betrachter mag sagen: „Wenn wir Hinweise erhalten, daß das Publikum nicht mehr kauft, wird der Markt abrutschen." In Wirklichkeit wird erst der Markt ins Rutschen kommen, und dann werden die Leute aufhören zu kaufen. Sie haben vermutlich in der Zeitung gelesen, daß es letzte Woche zu Rückkäufen von Fondsanteilen gekommen ist.

In der Größenordnung von vier Milliarden Dollar, wenn ich mich richtig erinnere.

Nun, das war die Folge eines Marktrückgangs um 10 %. Das ist an sich kein frühes Warnsignal. Gehen die Rückkäufe jedoch weiter, könnte eine große Sache daraus werden. Eine Hausse kann auf zweierlei Arten enden. Entweder hört das Publikum auf zu kaufen, oder die Profis beschließen, ihr Bargeld nicht zu investieren. Der Markt hat zugelegt, weil das Publikum in offene Fonds investiert hat und die Fondsmanager das Geld unmittelbar in Aktien weitergeleitet haben. Sie haben alles Geld der Anleger umgehend investiert, ohne Barreserven anzulegen. Sollten die Profis Bargeld attraktiver finden, hätte der Bullenmarkt ein Problem, insbesondere, wenn Institutionen gerade dann Barreserven schaffen wollen, wenn der Cashflow aus dem Börsenpublikum abebbt. Die beiden Indikatoren, denen ich aus zyklischer Sicht am meisten Beachtung schenke, sind die Geldströme aus dem Investorenpublikum, meiner Erwartung nach kein führender Indikator, und der Umgang der Profis mit diesem Geld.

Wie kann man feststellen, ob Profis Aktien kaufen oder nicht?

Das Investment Company Institute (ICI) berichtet monatlich über die Nettoverkäufe von Fondsanteilen ans Publikum, die Barreserven der Investmentfonds, die Portfolio-Transaktionen der Portfolio-Manager und das Umsteigen der Anleger von Rentenfonds auf Aktienfonds (oder umgekehrt). Damit bekommt man einen ganz guten Eindruck vom Geschehen.

Müßte man Barreserven und Cashflows nicht eine ganze Zeitlang beobachten, um einen Trend zu erkennen?

Sicher. Das ist ja ein zyklischer Indikator, ausgelegt auf einen Zeitraum von vier bis fünf Jahren. Man braucht ein paar Monate, um einen Trend zu erkennen und eine Trendwende auszumachen.

Wie Sie bereits gesagt haben, sind Rückkäufe von Fondsanteilen kein Führungsindikator. Ist es Ihrer Ansicht nach gerechtfertigt, die Barreserven von Investmentfonds als Führungsindikator zu werten?

Ja, doch auf sehr langfristiger Basis. Die Barreserven sind über mehrere Jahre sehr niedrig gewesen. Bargeld war in diesem Zyklus nicht der große Renner. Das letzte Mal hielten die institutionellen Anleger Ende 1990, nach dem Golfkrieg große Barreserven, und das war ein Kaufsignal. 1992 waren die Barreserven stark geschrumpft. Wären die Barreserven der institutionellen Anleger unser einziger Indikator, hätten wir seit 1992 bearish agieren müssen. Die Profis waren gezwungen, Aktien zu kaufen. Um die 80 % der professionellen Money-Manager schnitten 1995 schlechter ab als der Markt. Sie mußten den starken Cashflow irgendwohin leiten. Bei steigenden Kursen hätten sie durch das Anlegen von Barreserven einen noch schlechteren Schnitt erzielt.

Wie ist die Bandbreite für die Barreserven von Investmentfonds?

Meine Tradingregeln besagen: Wenn die Barreserven weniger als 9 % ausmachen, ist das wenig, machen sie mehr als 12 % aus, ist das viel.

Im Augenblick liegen sie bei 6,7 %. Letztmalig haben sie sich in den 60er Jahren maßgeblich unter diesem Wert bewegt. Die Barreserven der Fonds lagen damals unter 5 %, doch ich glaube nicht, daß sie noch einmal so tief sinken werden, denn das Fondsgeschäft hat sich stark gewandelt. Jetzt kommt es häufig zu Kapitalverlagerungen zwischen den Fonds. Investmentfonds müssen größere Barreserven anlegen, weil die Geldströme viel schneller fließen als in den 60ern. Derart niedrige Niveaus wird es also nicht mehr geben. Der Cashflow ist ein Nachfrageindikator. Auf der anderen Seite haben wir die Angebotsindikatoren – Finanzierung durch die Ausgabe neuer Aktien. Wird das Angebot an Aktien verstärkt oder reduziert? Ist es groß oder klein?

Sprechen Sie hier von der Neuemission und von bereits im Umlauf befindlichen Aktien?

Ja, doch es gibt auch bereits gehandelte Unternehmen, die neue Aktien anbieten. Das ist dann keine Neuemission, sondern Kapitalerhöhung. Zusammengenommen ist das das Angebot. Ich verfolge dabei auch die Rückkäufe seitens der Unternehmen, was sich beim Angebotsindikator als Kontraktion bemerkbar macht.

Von Zeit zu Zeit kündigen Unternehmen den Rückkauf eigener Aktien an. Woher weiß man, daß das nicht einfach ein Trick ist, um auf die Aktie aufmerksam zu machen?

Ich richte mich hier nicht nach Ankündigungen. Nur weil etwas angekündigt wird, wird es noch lange nicht gemacht. Ich betrachte die „Flow-of-Funds"-Zahlen der Federal Reserve. Jedes Quartal wird hier das Netto-Angebot beziffert, das heißt, Finanzierung durch die Ausgabe neuer Aktien minus Rückkäufe.

Betrachten Sie den Trend oder die Zahlenwerte als solche?

Beides. Ich will wissen, ob die Zahlenwerte positiv oder negativ sind und ob sie zunehmen oder abnehmen.

Ein abnehmendes Angebot ist dann bullish, ein zunehmendes Angebot bearish?

Genau. Bei einem zyklischen Markttief kann man sehen, daß die Rückkäufe seitens der Unternehmen mehr ausmachen als die Ausgabe neuer Aktien. Das wäre dann ein zyklischer Indikator für bullish. Bearish ist es, wenn mehr Aktien neu emittiert als zurückgekauft werden. Obwohl es mit dem Markt im vierten Quartal 1995 bergauf ging, sank der Angebotswert von positiv auf negativ und wies damit auf einen Angebotsrückgang hin – ein ausgesprochen optimistisches Zeichen. 1996 sah das ganz anders aus.

Sie haben erwähnt, daß es beim ICI Statistiken über Kapitalverlagerungen zwischen verschiedenen Fonds gibt. Ist das interessant für Sie, und wenn ja, warum?

Ich interessiere mich dafür, weil es ein Teil des Cashflows ist. Für sich allein würde ich diesen Indikator nicht verwenden. Wenn das Publikum von Rentenfonds auf Aktienfonds umsteigt, ist die Stimmung bullish. Das ist die eine Information, die ich hier bekomme. Dann addiere ich noch die Netto-Verkäufe ans Anlegerpublikum, einschließlich reinvestierter Dividenden, und erhalte so einen Zahlenwert für den gesamten Cashflow.

Benutzen Sie die ICI-Statistik zur Kapitalverlagerung zwischen Fonds, um die Marktstimmung zu beurteilen? Anders ausgedrückt, wenn die Anleger von konservativeren offenen Investmentfonds in aggressivere Fonds wechseln, würden Sie das als spekulativ bezeichnen?

Ich betrachte den Cashflow in und aus der Gesamtheit aller Aktienfonds und in und aus den aggressiven Wachstumsfonds. Der erste Wert spiegelt besser das Anlageverhalten des konservativen Publikums wider, die aggressiven Wachstumsfonds dagegen die spekulative Einstellung.

Also verwenden Sie dies als Maßstab für die Marktstimmung?

Ja. So seltsam es scheint, in der Praxis ergibt sich hier fast immer ein ähnliches Bild. Wenn die Anleger sich generell für offene Fonds interessieren, stecken sie auch Geld in aggressive Wachstumsfonds. Tendieren sie generell eher zu Aktienfonds, stecken sie auch viel Geld in aggressive Wachstumsfonds. Die Betrachtung der einzelnen Faktoren bringt hier wenig anderes als das Gesamtbild.

Worauf achten Sie im zyklischen Zeitrahmen noch?

Geldmenge. Historisch betrachtet hat es immer eine starke, positive Korrelation zwischen Geldmengenwachstum und Aktienkursen gegeben. In diesem Zyklus ist dies aber keine große Hilfe gewesen. Geld wird neu definiert, so daß ich ihm momentan nicht allzuviel Bedeutung beimesse.

Was meinen Sie mit neu definiert?

Vor zehn Jahren gab es M1 und M2, und damit gut. Jetzt gibt es M3, M4 und M5. Die Ms sind nicht sonderlich hilfreich, weil sie nicht unterscheiden zwischen Bargeld und Anlagekapital. Außerdem sind die internationalen Geldströme in den letzten zehn bis fünfzehn Jahren stark angewachsen.

Gibt es noch mehr zyklische Indikatoren?

Kauf und Verkauf von US-Aktien durch ausländische Anleger und Kauf und Verkauf ausländischer Aktien durch amerikanische Anleger sind weitere zyklische Angebots-/Nachfrageindikatoren. Ich will wissen, ob US-Anleger mehr Geld im Ausland investieren als Ausländer hier. Ist das so, und das ist im Augenblick der Fall, wäre das ein negativer Angebots-/Nachfrageindikator. Diese Information beziehe ich von der Securities Industry Association (SIA). Es gibt sie für jedes Land, und ich bilde mir aus den Einzelwerten mehrere Aggregate.

Werden bei der Bildung dieser Aggregate bestimmte Länder vergleichsweise stärker gewichtet?

Ich gehe dabei nicht Land für Land vor, sondern nach Regionen. Bei den meisten Ländern sind diese Zahlen irrelevant. Es gibt nur ein paar, die einen stärkeren Einfluß auf den Gesamtwert haben. So zählt in Europa hauptsächlich Großbritannien, im Fernen Osten hauptsächlich Japan. Ich interessiere mich hier mehr für das Gesamtbild.

Es ist also nur wichtig, ob Geld zu- oder abfließt, nicht so sehr, welche geographische Region hier Mittel erhält oder verliert?

Wo US-Dollar hinfließen, sagt uns etwas darüber, wie spekulativ die Nachfrage auf amerikanischer Seite ist. Kommt ein zunehmender Anteil der von US-Amerikanern gekauften ausländischen Werte aus den Schwellenländern, ist das ein Hinweis auf Vertrauen und Spekulation. Ich interessiere mich dabei nur für eins: Fließt netto Geld zu oder ab? Hier hat es eine maßgebliche Veränderung gegeben. Die meiste Zeit in der finanzwirtschaftlichen Geschichte der USA haben wir netto von den internationalen Geldströmen profitiert. Das hat sich geändert. In den letzten paar Jahren haben Anleger aus den USA mehr Geld im Ausland investiert als Ausländer bei uns. Jeder spricht von den Wundern und Wohltaten internationaler Investitionen und darüber, wie sie die Risiken verringern. Davon, daß wir mehr Geld im Ausland investieren als Ausländer bei uns, spricht niemand. Unterm Strich sind wir bei diesem Spiel die Verlierer.

Wenn wir alle Ihre Indikatoren für den zyklischen Zeitrahmen abgehandelt haben, wollen wir uns dem mittelfristigen zuwenden.

Als mittelfristig betrachte ich einen Zeitraum von drei bis sechs Monaten. Er ist für mich aus zwei Gründen der wichtigste: Zum einen ist es der Zeitrahmen, in dem die meisten Leute operieren. Profis rechnen in Quartalen. Zum anderen kommen die meisten meiner Indikatoren aus dem mittelfristigen Zeitrahmen. Die Arten von Indikatoren, die im mittelfristigen Bereich die besten Ergebnisse liefern, sind psychologischer Natur. Wie bullish oder bearish sind die verschiedenen Marktteilnehmer? Grundannahme ist, daß sich bei konservativem Anlageverhalten Böden bilden, beim Trading dagegen Gipfel. Befindet sich der Markt im Abwärtstrend, achte ich mittelfristig auf Anzeichen dafür, daß Anleger mehr kaufen und Trader ihre Positionen glattstellen. Das werte ich als Hinweis auf ein bevorstehendes Tief. Es gibt zwei Arten von Marktstimmungsindikatoren – Umfragen und Transaktionsindikatoren. Aus Umfragen wissen wir, ob das Publikum bullish oder bearish eingestellt ist. Transaktionsindikatoren sagen uns, was die verschiedenen Kategorien von Investoren auf dem Markt tatsächlich treiben.

Sollen wir mit den Umfragen beginnen?

Umfragen sind sehr beliebt. Da bei allen Umfragen nur aggressive Marktteilnehmer befragt werden und aggressive Marktteilnehmer bei Tiefs extrem bearish und bei Hochs extrem bullish reagieren, gelten sie als Kontra-Indikatoren. Ich verfolge die Ergebnisse zu vier Umfragen, die wöchentlich ermittelt und in ***Barron's*** veröffentlicht werden. Da ist zunächst die Befragung der Mitglieder von Investmentclubs, die von der American Association of Individual Investors (AAII) durchgeführt wird. Diese Investoren werden gern für konservativ gehalten, doch in Wirklichkeit sind sie aggressive Einzelkämpfer. Die Richtwerte, die ich für die AAII-Umfrage anlege, liegen zwischen 3 : 1 für Bären bei einem Tief und 3 : 1 für Bullen bei einem Hoch. Ein Zeichen für Überhitzung oder bevorstehende Baisse wäre 60 % Bullen : 20 % Bären. Das Gegenstück, 60 % Bären : 20 % Bullen, steht für übertriebenen Pessimismus. Möglicherweise hat sich hier bereits ein Boden ausgebildet. Die Ergebnisse dieser Umfrage lassen sich über rund zehn Jahre zurückverfolgen. Am längsten gibt es die von Investor's Intelligence durchgeführte Umfrage bei 130 Autoren von Börsenbriefen. Sie haben eine Methode zur Bestimmung, ob ein Autor bullish oder bearish ist. Das ist manchmal gar nicht leicht zu sagen, denn die Leute halten sich bedeckt. Schreiber von Börsenbriefen sind häufig kurzfristig orientiert. Obwohl sie angeblich langfristig orientiert beraten, tun sie das in Wirklichkeit nicht. Deshalb funktioniert es bei dieser Umfrage umgekehrt. Ich beziehe daraus zwei Indikatoren. Zum einen betrachte ich den Bären-Anteil für sich allein. Liegt er bei 20 % oder darunter, ist der Indikator bearish. Bullish wird er, wenn der Prozentsatz an Bären 60 % oder mehr beträgt. Bei den Bären liegen meine Werte also bei 60 bis 20. Die Bullen betrachte ich auch, doch als Prozentsatz von Bullen plus Bären. Ich teile die Bullen durch Bullen plus Bären. Theoretisch kann dieser Prozentsatz von 0 bis 100 reichen. Unter 25 % wäre er bullish, über 75 % bearish. Dann gibt es zwei Umfragen unter Tradern von Aktienindex-Futures, die nachweislich einen kurzfristigen Blickwinkel haben. Die eine wird von Market Vane durchgeführt, die andere von Consensus Incorporated. Bei den Ergebnissen dieser Umfragen verwende ich einen Maßstab von 65 bis 35 und einen 4-Wochen-Moving-Average des Bullen-Prozentsatzes. Erreicht der Prozentsatz an Bullen, auf 4 Wochen gerechnet, 65 %, ist das bearish. Erreicht er, auf vier Wochen gerechnet, 35 % oder weniger, ist das ein Signal, das ich als bullish interpretiere. Zur Glättung benutze ich für alle Ergebnisse einen 4-Wochen-Moving-Average. Damit will ich vermeiden, daß eine Woche überbewertet wird.

Welche Fehler werden Ihrer Ansicht nach bei der Interpretation dieser Umfrageergebnisse gemacht?

Ich halte Marktstimmungsindikatoren nur bei Extremen für aussagekräftig. Nehmen wir Market Vane als Beispiel. Sagen wir, die Werte liegen in einer Woche bei 50 % Bullen, also von der Aussage her mitten im neutralen Bereich, in der nächsten steigen sie auf 60 %. Manch einer würde daraus schließen: „Zu viele Bullen, oder die Bullen sind mehr geworden, also ist der Indikator nun negativ." Zwar tendiert der Anstieg von 50 % auf 60 % zu bearish, doch ein Wert von 60 % ist meiner Ansicht nicht als bearish anzusehen. Marktstimmungsindikatoren bewegen sich die meiste Zeit im Mittelfeld. Deshalb sollte man sich nicht zu sehr darauf verlassen. Ist der Wert eher hoch und steigt noch etwas, muß das nicht unbedingt relevant sein. Relevant ist übertriebener Pessimismus oder übertriebener Optimismus.

Werten Sie bereits das Auftreten eines Extrems als Signal, oder warten Sie auf zwei aufeinanderfolgende Extreme?

Beim Einsatz von Marktstimmungsindikatoren ist stets das Marktgeschehen zu berücksichtigen. Je stärker der Markt tendiert, desto mehr Vorsprung hat man durch Marktstimmungsindikatoren, denn wenn ein Markt deutlich Stärke zeigt, merkt das jeder, und viele Leute setzen darauf und gewinnen. Ein Hoch oder Tief des Marktes wird meiner Ansicht nach nie von einem Marktstimmungsindikator allein angekündigt. Man muß die drei Komponenten eines Tiefstwertes berücksichtigen: 1) Trader, die ihre Position glattstellen, 2) Anleger, die kaufen, und 3) Stabilität. Ein Markttief ist der Punkt in einem Abwärtstrend, an dem die Kurse nicht weiter fallen, weil die Nachfrage der Anleger die Verkäufe der Trader kompensiert. Ein Markttief wird gekennzeichnet vom Zusammenspiel dreier Elemente, einem Trend, Investitionsaktivität und Spekulationsaktivität. Wie bearish oder bullish ein Marktstimmungsindikator auch ist, ich würde mich nie blind danach richten. Es sind noch andere Indikatoren und auch das Marktgeschehen im Spiel.

Welchen zeitlichen Vorsprung bieten Marktstimmungsindikatoren?

Dazu muß man wisssen, daß sich Tops nicht plötzlich bilden und Marktstimmungsindikatoren ein abschließendes Hoch der Averages manchmal lange vorher anzeigen. Die meisten Aktien ziehen zunächst kräftig an. In der Entwicklung eines Aufwärtstrends gehen dann Aktien verloren, und der Trend verliert an Schwung. Das pessimistische Extrem eines Marktstimmungsindikators oder auch exzessiver Optimismus werden meist dann auftreten, wenn die große Masse der Aktien gut dasteht. So kann es durchaus zu negativen Signalen in der Marktstimmung kommen, wenn eine Hausse einsetzt, weil dann jeder erkennt, daß der Trend stark ist. Die Stimmung ist nur ein Faktor, der bei der Erkennung eines Hochs oder Tiefs zu berücksichtigen ist.

Reagieren Marktstimmungsindikatoren auch bei Markttiefs mit Vorsprung?

Bei Tiefs ist das anders als bei Hochs. Tops und Böden sind nicht spiegelbildlich zu verstehen. Tiefstwerte überwinden Aktien oft gemeinsam, Höchstwerte dagegen nicht. Böden bilden sich generell schneller. Ist die Stimmung bearish, greift der Pessimismus schneller um sich, und die Marktstimmungsindikatoren haben bei Böden meist weniger Vorsprung. Ein Marktstimmungsindikator kann einem Hoch um drei oder vier Monate voraus sein. Bei einem Tief sind es selten mehr als ein paar Wochen.

Wie oft kommt es bei allen drei Umfragen gleichzeitig zu übereinstimmenden Signalen?

Ich würde sagen, bei ausgedehnten Böden werden die Umfrageergebnisse alle irgendwann während der Abwärtsbewegung bullish signalisieren, doch nicht unbedingt genau zur gleichen Zeit. 1987 und 1990 ist es zu größeren Tiefs gekommen. Bei beiden waren alle Umfrageergebnisse einhellig bullish. Es ist also so: Je bedeutsamer das Tief, desto größer die Wahrscheinlichkeit, daß alle Indikatoren synchron reagieren. Bei einem weniger ausgeprägten Tief wäre die Reaktion dann weniger eindeutig. Die Chancen, daß sich alle Umfrageergebnisse bei einem absoluten Markthoch ausgesprochen bearish zeigen, sind sehr gering. Bei einem abschließenden Hoch bewegen sich die meisten Aktien bereits bergab. Das Geld wandert von der breiten Front in die wenigen Blue Chips, die die Averages bestimmen. So kommt es, daß bei einem abschließenden Hoch eine kleiner werdende Minderheit an Titeln die Averages dominiert. Die Marktstimmungsumfragen bieten an diesem Punkt selten ein besonders optimistisches Bild, weil die Anleger bereits Geld verloren haben. Umfragen spiegeln wider, was die Leute sagen. Doch nicht immer verhalten sie sich auch danach. Man muß also wirklich die Umfragen und die Transaktionsindikatoren beachten. Bei mir müssen beide in die gleiche Richtung weisen, die Trader müssen sich also bearish äußern und bearish agieren. Wenn es so ist, steigert das mein Vertrauen in einen spezifischen Indikator.

Die Investoren sollen sozusagen ihr Geld auf ihr Wort setzen.

Der wichtigste Transaktionsindikator hinsichtlich des Verhaltens des Anlegerpublikums wären unsere internen Daten zum Geschäft hier bei Dean Witter. Über die breite Anlegerfront oder einzelne Investitionsaktivitäten auf dem Markt gibt es so gut wie keine Informationen, wenigstens keine aktuellen. Die Zahlen der Investmentfonds sagen zwar schon etwas aus über individuelles Anlageverhalten, doch sie werden einmal monatlich mit einem Monat Verspätung veröffentlicht. Die „Flow-of-Funds"-Statistik der Federal Reserve erscheint vierteljährlich mit mehreren Monaten Verspätung. Fürs Timing sind sie daher nicht brauchbar. Ich dagegen habe Zugang zu unserem internen Zahlenmaterial. Jeden Morgen weiß ich, was unsere Kunden tags zuvor gemacht haben.

Wie verwenden Sie Ihr internes Zahlenmaterial?

Ich teile Terminkontraktkonto durch Guthabenkonto. Ein Guthabenkonto spricht für konservativeres Verhalten als ein Terminkontraktkonto. Ich betrachte unser Geschäft an der NYSE im Vergleich zum OTC, dem Freiverkehrsmarkt, wobei ersteres konservativer und stärker anlageorientiert, letzteres eher spekulativ ist. Ein ideales Signal für ein Stimmungstief auf der Grundlage der Marktstimmungsstatistik unserer Firma wäre, wenn mit Guthabenkonten an der NYSE gekauft wird, mit Terminkontraktkonten an der NYSE und im OTC verkauft wird. Bei dieser Konstellation könnte ich davon ausgehen, daß Anleger kaufen und Trader glattstellen. Das kommt nicht oft vor, doch bei maßgeblichen Trendwenden schon. Das letzte Mal kam es bei dem großen Markttief von 1990 zu einer solchen Kombination. Seither sind die Zahlen neutral oder negativ gewesen. Ich berechne einen 10-Tages-Moving-Average dieser Daten. Zur Bewertung interner Geschäftstätigkeit gibt es verschiedene Möglichkeiten. Man kann die Aktien hernehmen, die Transaktionen und den Gegenwert in Dollar. Ich kenne die Zahl der von unseren Kunden gekauften Aktien, ich kenne die Zahl der Transaktionen, also Käufe gegenüber Verkäufen, und ich weiß, für welche Beträge ge- und verkauft wird. Ich habe also

Zugang zu allen drei Zahlenwerten, doch die Zahl, auf die ich dabei am meisten vertraue, ist nicht so sehr der Dollarwert, sondern die Anzahl der Transaktionen. Also konzentriere ich mich auf die Transaktionen.

Warum?

Weil ich durch die Transaktionen ein Indiz habe für die Anzahl der Anleger. Eine große Anzahl von Kauftransaktionen hat mehr Bedeutung als viel Geld, weil ein einzelner finanzstarker Käufer beim Geld Verzerrungen verursachen kann. Kommt es bei Kauf- und Verkaufstransaktionen zu einem Übergewicht, weiß ich, daß ich einen fundierten Eindruck vom tatsächlichen Marktgeschehen habe. Für meinen internen Unternehmensindikator stelle ich ein Kauf/Verkaufs-Verhältnis auf. Dabei gilt: Wenn bei den Guthabenkonten an der NYSE auf 10 Tage gerechnet auf einen Verkauf 1,2 Käufe kommen, so ist das ein Kaufsignal, doch es ist wieder nur ein Faktor. Bei den Terminkontraktkonten gehe ich spiegelbildlich vor. Ein Verhältnis von Käufen zu Verkäufen von 8,0, auf 10 Tage gerechnet, wäre als Signal bullish zu interpretieren. Eine günstige Tiefkonstellation wäre ein Wert von 1,2 auf 10 Tage bei den Guthabenkonten an der NYSE und ein Wert von 0,8 auf 10 Tage bei den Ter-minkontraktkonten an der NYSE. Für ein Top gilt das umgekehrt. Beim OTC unterliegen die Zahlen einer größeren Volatilität. Ich verwende hier 1,30 und 0,70. Ein Verhältnis von über 1,30 für Käufe am OTC wäre ein negatives Signal, eins von unter 0,7 bullish. Drastische Sprünge am Markt bewirken drastische Sprünge in den Zahlen, deshalb verwende ich einen 10-Tages-Moving-Average. Hier sind nur die Zahlen von Dean Witter berücksichtigt. Gelegentlich spreche ich mit Technikern von anderen Firmen. Wenn ich Extreme entdecke, haben andere Firmen sie meist ebenfalls registriert. Ich kann mich nicht erinnern, daß es hier schon mal größere Diskrepanzen gegeben hat. Diese Zahlen sind aber nur ein Beispiel, weshalb ich mich nicht auf sie allein stütze. Ich verwende diesen Indikator als bestätigendes Instrument.

Gibt es Ersatzwerte, auf die man sich beziehen kann, etwa die Sollsalden der Terminmarktkonten, die von Barron's veröffentlicht werden?

Nein. Die NYSE hat leider die Terminmarktdaten vor ein paar Jahren verändert. Sie enthalten heute neben den Daten zum Aktien-Terminmarkt auch die für den Bond-Terminmarkt. Daher sagt eine Erhöhung der Sollsalden bei den Terminmarktkonten nicht aus, ob mehr Aktien oder mehr Bonds gekauft werden. Vielleicht wird das Konto auch nur überzogen, um ein neues Auto zu kaufen. Stehen die Terminmarktkonten stärker im Soll, kann man daraus nur folgern, daß Geld aufgenommen wurde. Wofür, kann man nicht sagen. Im Grunde haben wir hier immer noch eine erwartungsgemäße Entwicklung. In einer Hausse wachsen die Sollsalden an. Die einzige Informationsquelle zum Verhalten des Anlegerpublikums wären die internen Bewegungen auf Gut-habenkonten bei den Maklerhäusern, die Zahlen der Investmentfonds, die einmal im Monat einzusehen sind, und die „Flow-of-Funds"-Daten einmal im Quartal. Hier spiegelt sich recht deutlich wider, wie sich die Anleger verhalten.

Was ist mit dem Verhalten der Trader?

Für das Verhalten der spekulativ ausgerichteten Marktteilnehmer gibt es viel mehr Indizien. Die Transaktionen bei Derivaten geben meist ein gutes Barometer für die Einstellung des spekulativen Publikums ab, weil derivative Anlageinstrumente hauptsächlich von Tradern gekauft und verkauft werden, nicht von Anlegern. Es ist nicht so, daß sich der konservative Investor hier gar nicht engagiert, doch der Löwenanteil des Geschäfts mit Optionen und Futures liegt in den Händen der Trader. Da ich davon ausgehe, daß spekulative Marktteilnehmer bei Trendwenden oft falsch liegen, erwarte ich hohe Put/Call-Ratios bei Markttiefs und niedrige Put/Call-Ratios bei Markttops. Ich rechne damit, daß bei Böden Aktienindex-Futures unter ihrem rechnerischen Wert verkauft werden und bei Tops weit darüber. Anhand der Optionen wollen wir uns das einmal näher anschauen. Ich verfolge eine ganze Reihe von Put/Call-Indikatoren. Ich messe die „Aktivität" von Optionen, wobei Aktivität nichts anderes bedeutet als Umsatz. Ich betrachte den Umsatz an Puts im Vergleich zum Umsatz an Calls. Als erstes schaue ich mir die gesamte Put- und Call-Aktivität an der Chicago Board Options Exchange (CBOE) an, die Index-Optionen und Aktien-Optionen umfaßt. Der Gesamtumsatz als solcher ist nicht sehr aussagekräftig, es sei denn, er ist besonders hoch oder besonders gering. Ich berechne einen 10-Tages-Moving-Average für alle diese Verhältnisse. Als Faustregel gilt für die gesamte CBOE-Put/Call-Ratio: Bei einem Wert von 1,0 und darüber ist sie bullish zu interpretieren, bei einem Wert von weniger als 0,6 bearish. Nur selten ist hier der Put-Umsatz gleich groß wie der Call-Umsatz. Fast immer gibt es mehr Call-Transaktionen. Kommt es zum Gleichstand, insbesondere auf 10 Tage gerechnet, ist das ein deutliches Haussesignal. Dann betrachte ich die Index-Optionen. Der Großteil des Index-Options-Umsatzes bezieht sich auf den S&P 100-(OEX)-Index. Bevor ich Ihnen mein Tradingprinzip verrate, möchte ich noch etwas vorausschicken. In den letzten Jahren sind Optionen ganz massiv für Hedgegeschäfte verwendet worden. Hedging ist natürlich keine echte spekulative Transaktion, so daß die Aussagefähigkeit des Indikators dadurch verwässert wird. Die Zunahme an Hedgegeschäften hat langfristig zu einem Anstieg der Put/Call-Ratio des OEX geführt. Aus diesem Grund mußte ich mein Tradingprinzip über die Jahre nach oben anpassen. Im Moment gehe ich davon aus, daß – auf 10 Tage gesehen – ein Wert von 1,30 und darüber bullish ist, einer unter 0,9 bearish.

Woher wissen Sie, wie sehr Sie Ihre Parameter anpassen müssen?

Das weiß ich nicht. Ich verfolge den Chart über einen längeren Zeitraum und stelle fest, daß der Indikator langfristig steigt. Anders gesagt: Das letzte Markttief hatte eine höhere Ratio als das davor, und dieses Hoch hat eine höhere Ratio als das letzte. Unglücklicherweise weiß ich nicht, ob der nächste Boden wieder eine höhere Ratio aufweisen wird. Das ist eins der Probleme der Optionsdatenanalyse. Es ist immer ein wenig Rätselraten dabei, und ich habe das Gefühl, daß meine Parameter eher zu niedrig liegen. Ich will es mal so sagen: Wenn Sie – unter sonst gleichen Bedingungen – verstärkt Hedging betreiben, sind Sie pessimistisch. Der Umstand, daß es sich um Hedging handelt, spricht nicht dagegen, daß hier ein Stück weit Pessimismus am Werk ist.

Worauf achten Sie sonst noch?

Ich beobachte Aktien-Optionen. Auch sie haben einen nachhaltigen Anstieg erlebt, doch nicht in dem Maß. Hier verwende ich im Moment 0,65 oder höher als Signalwert für bullish, 0,35 oder niedriger als Signalwert für bearish, jeweils auf 10 Tage berechnet.

Warum unterscheiden Sie zwischen OEX-Optionen und Aktien-Optionen?

Hauptsächlich, weil das Publikum ein anderes ist. Das Profilager engagiert sich meiner Ansicht nach eher in Index-Optionen, Einzelanleger eher in Aktien-Optionen. Ist die „Index"-Put/Call-Ratio höher, die „Aktien"-Put/Call-Ratio niedriger, heißt das, daß die Profis pessimistischer sind als das breite Anlegerpublikum. Bei Markttiefs erwarte ich sowohl bei Profitradern als auch bei privaten Tradern übertriebenen Pessimismus. Trader bleibt Trader. Ich möchte, daß sie sich gegenseitig bestätigen. Ich verfolge, was ich die „andere Index-Ratio" nenne. Die Gesamtheit aller CBOE-Optionen umfaßt Aktien-Optionen plus OEX plus alle übrigen Index-Optionen. Es gibt noch andere Index-Optionen, die vielleicht nur sehr geringen Umsatz zeigen. Ich zähle einfach alles zusammen. Mein Tradingprinzip besagt, daß Werte von mehr als 2 : 1 bullish sind, von weniger als 1 : 1 bearish. Von meinen Optionsindikatoren bewerte ich die CBOE für Aktien und den OEX am höchsten.

Woher bekommt man diese Optionsdaten?

Das ist ja der große Vorteil dieses Indikators – die Daten stehen prompt zur Verfügung. Ich bekomme sie direkt von der Notierung, doch sie stehen auch jeden Tag in der Zeitung. Bei der CBOE kann man die Daten des laufenden Tages jede halbe Stunde vom Band abhören. Ich mache während eines Tages Stichproben. Je nach Marktgeschehen könnte ein ganz besonders hoher Wert im Lauf des Tages von Bedeutung sein.

Berücksichtigen Sie bei Ihrer Analyse auch Optionsprämien?

Ja. Ich bekomme wöchentlich einen Bericht von der Options Clearing Corporation (OCC) mit den durchschnittlichen Prämien auf Puts und den durchschnittlichen Prämien auf Calls. Hier geht es um alle Calls und alle Puts, um die „im Geld“, „aus dem Geld“ und „am Geld“. Da ist jede Menge Ballast dabei. Optionsprämien werden vom Verhalten und von den Zinsen beeinflußt, doch ermittelt man das Verhältnis der beiden Faktoren, spielen die Zinsen eine untergeordnete Rolle. Das Aufstellen einer Ratio ist eine einfache Methode zum Ausmerzen der Zinseinflüsse. Ich arbeite mit dem 4-Wochen-Moving-Average der Summe der Put-Prämien geteilt durch die Summe der Call-Prämien. Das funktioniert recht gut. Die OCC veröffentlicht die Prämien auf Optionen auf Indizes, Aktien, Währungen und Rentenwerte. Ich verfolge nur die Prämien-Put/Call-Ratios für Indizes und Aktien. Die Parameter sind, auf vierwöchiger Basis, unter 0,5 für bearish und über 1,5 für bullish.

Wenn die OCC die Prämienzahlen veröffentlicht, sind das dann Durchschnittswerte für die ganze Woche, oder werden sie auf Grundlage des letzten Börsentages ermittelt?

Es werden die am Schluß des letzten Tages der Berichtswoche zu verzeichnenden Werte zugrunde gelegt. Jeder Optionspurist würde Ihnen sagen, daß ein Durchschnitt ein schlechter Wert ist, doch meiner mehrjährigen Erfahrung nach leistet er recht gute Dienste. Wenn ich die Zeit hätte, würde ich Optionen „im Geld“, „aus dem Geld“ und „am Geld“ separat betrachten, denn es könnte sich hier ein unterschiedliches Bild ergeben. Als ich bei E. F. Hutton war, wurde dort viel mit ungedeckten Optionen gehandelt, und daraus habe ich einiges gelernt. Hat der Optionstrader an sich schon einen kurzfristigen Horizont, gilt das um so mehr für alle, die sich mit ungedeckten Optionen befassen. Ungedeckte Puts und ungedeckte Calls werden immer verkauft, doch an einem Markttief kommt es zu einem explosiven Angebot an ungedeckten Puts. Sie sind ein unglaublich zuverlässiger Indikator für Hochs und Tiefs. Leider kann ich diesen Indikator nicht mehr einsetzen, da Trading mit ungedeckten Calls und Puts bei Dean Witter nicht erwünscht ist.

Welche anderen Maßstäbe für die Transaktionsstimmung beachten Sie noch?

Leerverkäufer sind bei nachgebenden Märkten stärker motiviert. Vor 25 Jahren gab es noch keinen nennenswerten Markt für Optionen. Trader mußten Aktien leer verkaufen, wenn sie in pessimistischer Stimmung waren. Shorting-Indikatoren waren sehr nützlich und wichtig, doch im Lauf der Zeit haben sie an Bedeutung eingebüßt. Die meisten Trader kaufen heute Puts oder Calls, statt bei Aktien short zu gehen. Die meisten Short-Positionen haben mit Pessimismus ohnehin nichts zu tun, sondern mit Arbitrage und Hedging. Ich verfolge einige Shorting-Indikatoren und habe aus diesem Grund wenig Vertrauen in sie. Dabei kommen die zuverlässigsten Signale von der NYSE, die Short-Transaktionen umlegt auf Specialists, NYSE-Mitglieder und Publikum. Ich betrachte vier Verhältnisse dieser wöchentlichen Zahlenfolge. Die ersten beiden sind „quantitative" Maßstäbe für Short-Transaktionen, die letzten beiden „qualitative". Zunächst schaue ich mir an, wieviel Prozent des Umsatzes der NYSE auf Short-Transaktionen entfallen. Obwohl der Anteil an Short-Hedges zugenommen hat, hat er sich prozentual nicht maßgeblich verändert, da der Gesamtumsatz der NYSE ebenfalls größer geworden ist. Unter 6 % wäre niedrig oder negativ, über 10 % hoch oder positiv. Die 6%- bis 10%-Regel hat viele Jahre Wirkung gezeigt und ist auch heute noch recht zuverlässig. Das nächste Verhältnis, das ich ermittle, ist, welcher Prozentsatz des Gesamtumsatzes an Short-Transaktionen auf das breite Anlegerpublikum entfällt. Dieser Anteil hat sich im Lauf der Jahre drastisch verändert, so sehr, daß ich gar nicht mehr sagen kann, welcher Wert hier als gut zu bezeichnen wäre. Als ich in dieses Geschäft eingestiegen bin, galt ein Satz von 2 % als extrem bullish. In letzter Zeit lag er bei 4 % oder 5 %, und der Markt hat mitnichten einen Boden gebildet. Ich verfolge diesen Wert trotzdem, weil ich hoffe, daß ich letztendlich doch Nutzen daraus ziehen kann. Außerdem berechne ich den prozentualen Anteil der auf NYSE-Mitglieder entfallenden Short-Transaktionen an der Summe aller Short-Transaktionen und auch den Prozentsatz der von Spezialisten getätigten Short-Transaktionen im Vergleich zu der Gesamtheit der Short-Transaktionen. Theoretisch gilt: Je niedriger der Wert der Short-Ratio für Mitglieder, desto optimistischer, denn das hieße, daß der Prozentsatz des breiten Publikums höher sein muß. Der ist jedoch im Lauf der Zeit stark gesunken. Unterm Strich ist die einzige dieser vier Ratios, die noch einigermaßen funktioniert, die von gesamten Short-Transaktionen zu Umsatz.

Ich dachte, daß auch die Specialist-Ratio noch etwas Aufmerksamkeit verdient?

An sich schon, doch leider kann ich hier keine genauen Werte mehr angeben. Der Grund für das Funktionieren dieses Indikators ist nicht, daß Spezialisten Genies sind, sondern daß sie per definitionem bei Markttiefs auf der Käuferseite, bei Markttops dagegen auf der Verkäuferseite sein müssen. Berufsbedingt müssen sie sich zum jeweils richtigen Zeitpunkt sehr optimistisch bzw. sehr pessimistisch geben. Anders gesagt, wenn es keine anderen Verkäufer mehr gibt und nur der Spezialist noch verkauft, steht ein Top vor der Tür. Das breite Börsenpublikum kann dann nicht mehr optimistischer werden. Ich werde diesen Indikator auf jeden Fall auch weiter im Auge behalten, denn sollte die Hedging-Aktivität abflachen, könnte er wieder nützliche Signale generieren.

Welche Marktstimmungsindikatoren beachten Sie noch?

Das öffentliche Börsenpublikum gehört bei Markttiefs zu den Käufern. Alle Trader zeigen sich an Tiefpunkten bearish. Es sind die Profis, die Bewegung in den Markt bringen. Vom Profilager bekommt man kaum führende Signale, so daß die institutionellen Anleger zu den eher zeitgleich reagierenden Indikatoren gehören. Der typische Portfolio-Manager muß von Quartal zu Quartal etwas vorzuweisen haben und wird daher in einem anziehenden Markt nicht zu lange bearish bleiben, und umgekehrt. Ich schaue mir die Large-Block-Statistiken an, mit Zahlen in der Größenordnung von 50 000 oder mehr. Sie erscheinen jede Woche in *Barron's*. Ich berechne einen 10-Tages-Moving-Average der Ratio Upticks/Downticks. Steigt der Wert, sind die institutionellen Investoren in einer Akkumulationsphase, und das ist positiv. Nimmt der

Wert ab, sind die Institutionen in einer Liquidationsphase, und das ist negativ. Aufgrund des relativ geringen Vorsprungs kommt es meist innerhalb von ein oder zwei Monaten um ein Top herum zu einer Häufung großangelegter Käufe. Massive Verkäufe sind innerhalb einer oder zwei Wochen rund um Böden festzustellen. Ich suche nach Extremwerten bei der Uptick/Downtick-Ratio für Large Blocks. Kommt es zu einem Höchstwert, ist ein Top zu erwarten, und umgekehrt. Steigt die Ratio innerhalb von 10 Tagen um +0,20 oder mehr, gilt das als positiv. Anders ausgedrückt, wenn die Ratio innerhalb von 10 Tagen von 0,8 auf 1,0 gestiegen ist, also um 0,20, weist das auf eine positive Stimmung hin. Ein Absinken um 0,20 wäre entsprechend negativ. Sagen wir, das Verhältnis fällt auf 0,60, was für massive Verkäufe spricht, und erreicht dann 0,80, wäre das ein deutliches Anzeichen für ein nahendes Tief. Es ist ein guter Indikator für Wendepunkte, und genau dafür benutze ich ihn.

Sprechen wir hier von kurzfristigen Umschwüngen?

Ich verwende ihn auf mittelfristiger Basis. Gelegentlich signalisiert er aber auch kurzfristige Entwicklungen sehr deutlich. Ich achte dann auf ein extremes Hoch oder Tief und eine darauf folgende Wende. Dabei fällt mir ein, daß wir schon mehrere Jahre lang kein Überkauft- oder Überverkauftextrem mehr hatten. So unwahrscheinlich es klingt, aber trotz aller Käufe seitens der institutionellen Anleger hat dieser Indikator keine maßgeblichen Signale generiert. Die meiste Zeit über bewegte er sich im neutralen Bereich zwischen 0,8 und 1,2, was für moderates Kaufen und Verkaufen steht. Eine der wenigen Möglichkeiten, die Aktivitäten von Profis im kurzfristigen Bereich einzuschätzen, gibt uns dieses Beispiel von Large-Block-Aktivität.

Welche anderen Indikatoren für die Marktstimmung bei den Profis verfolgen Sie?

Insideraktivitäten. Sie sind sowohl ein mittelfristiger als auch ein zyklischer Indikator. Insider wissen normalerweise, was sie tun. Ich berechne eine 8-Wochen-Ratio der Verkäufe gegenüber den Käufen bei den

Transaktionen, die ich von Vickers bekomme. Bei einem Verhältnis von 3 : 1 stehen die Anzeichen auf bearish. Beträgt es weniger als 1,25 : 1, ist es bullish. Sinkt es tatsächlich unter 1,00, so haben wir, auf acht Wochen gerechnet, netto Insiderkäufe zu verzeichnen. Das ist sehr ungewöhnlich und ausgesprochen bullish. Dieser Indikator funktioniert recht gut, doch hat er meist einen sehr langen Vorsprung. Er läßt sich nutzbringender auf längerfristiger, zyklischer Basis einsetzen als auf mittelfristiger. Aus kürzerfristiger Sicht ist er dann besonders brauchbar, wenn echte Extreme auftreten. Bei echten Extremen, vor allem in Abwärtsrichtung, gibt er ein recht gutes Kaufsignal ab. Bei Tops ist er nicht so aussagekräftig, weil Insider im Aufwärtstrend über einen längeren Zeitraum hinweg verkaufen. Bei Böden wirkt er besser.

Spekulation gibt die Marktstimmung wieder. Wie bewerten Sie spekulatives Börseninteresse?

Böden bilden sich, wenn das spekulative Interesse gleich Null ist, Tops, wenn das spekulative Interesse besonders groß ist. Wir suchen ständig nach Möglichkeiten, dies zu messen. Wir haben vorhin von Aktienfinanzierung gesprochen. Das ist ein Maßstab für spekulatives Interesse. Einer, über den wir noch nicht gesprochen haben, ist der relative Umsatz. Das heißt, die OTC-Umsätze im Verhältnis zu den Umsätzen an der NYSE. Bei einem Tief würde man am Freiverkehrsmarkt im Verhältnis geringe Umsätze erwarten, bei einem Top oder im Endstadium einer Hausse verhältnismäßig hohe Umsätze. Die OTC-Umsätze haben im Vergleich zur NYSE langfristig zugenommen. Obwohl die Ratio bei Spitzen hoch und bei Tiefs niedrig ist, sind die Spitzen und Tiefs gegenüber den Werten von vor 10 oder 15 Jahren alle höher gewesen. Das kann unter anderem an den Technologieriesen wie Intel und Microsoft liegen, die OTC-Werte geblieben sind und nicht an die NYSE gewechselt haben. Noch vor 20 Jahren ist jedes Unternehmen, das die Anforderungen erfüllte, schnellstens vom OTC an die NYSE gewechselt. Heute ist das nicht mehr unbedingt der Fall. Das hat diesen Indikator etwas verzerrt. Dennoch fallen Spitzen am Markt gern mit Spitzen im Umsatzverhältnis von OTC zu NYSE zusammen. Und ein Tief am Markt geht einher mit einem Tief bei dieser Ratio.

Sie teilen hier den OTC-Tagesumsatz durch den Tagesumsatz an der NYSE?

Genau. Ich berechne das auf Monatsbasis und dazu einen 10-Tages-Moving-Average. Im Frühjahr 1996 erreichte der Wert 145 % – 150 %, und der Markt überschritt ein Hoch. 1994 war das erste Jahr, in dem der OTC-Umsatz größer war als der an der NYSE. Dieses Jahr liegt er bislang bei 134 % des NYSE-Umsatzes. Das ist allerhand, wenn man bedenkt, daß der Wert 1994 101 % und 1989 80 % betrug. 1981 waren es 66 %. Obwohl hier langfristig eine Zunahme stattgefunden hat, ist es immer noch ein brauchbarer Indikator, der Hochs und Tiefs in Einklang mit dem Markt vollzieht. Erreicht der Markt einen neuen Höchstwert und rutscht dann ab, aber diese Ratio fällt nicht, so könnte man unter anderem daraus schließen, daß der Tiefpunkt noch nicht erreicht ist.

Wie kann man angesichts dieses langfristigen Anstiegs der relativen Werte einschätzen, was als spekulativ und was als konservativ zu bewerten ist?

Man kann hier keinen festen Prozentsatz angeben. Ich habe über einen längeren Zeitraum hinweg durch Verbinden von Hochs und Tiefs einen Kanal gezeichnet. Ich würde sagen, die untere Linie liegt jetzt bei ungefähr 100 %. Das nächste maßgebliche Markttief würde ich bei etwa 100 % erwarten. Jetzt ist der Wert von 150 % auf 134 % gefallen. Die Parameter verschieben sich weiter nach oben, doch spekulative Intensität läßt sich damit noch immer recht gut erfassen. Früher habe ich auch den Umsatz an der American Stock Exchange berücksichtigt. Ende der 60er Jahre konnte der AMEX-Umsatz manchmal 50 % des Umsatzes an der NYSE betragen. Jetzt liegt er bei 5 %. Für die AMEX trifft also das Gegenteil zu, hier hat eine Entwicklung nach unten stattgefunden. Die entsprechenden Hochs und Tiefs waren trotzdem leidlich gute Indikatoren für das Marktgeschehen. Sie liegen heute in etwa bei 8 % oder 9 % im Höchst-, bei 4 % oder 5 % im Tiefstbereich. Soviel zum Umsatz. Auch das Kursverhältnis ist ein Maßstab für Spekulation. Eine Berechnungsmethode dafür, die schon jahrelang angewendet wird, ist der Vergleich zwischen dem S&P-Index für erstklassige Aktien und dem

S&P-Index für niedrig bewertete Aktien. Die Standard-and-Poor's-Publikation ***OUTLOOK*** liefert dazu Daten bis 1926. Der S&P-Index für niedrig bewertete Aktien ist ein spekulativer Aktienindex. Der Wert der Ratio wird in einem Bullenmarkt größer, in einem Bärenmarkt kleiner. Man erwartet also bei einem Markthoch einen hohen Wert, bei einem Markttief einen niedrigen, da die spekulativen Aktien stärker nach oben und unten ausschlagen.

Betrachten Sie bestimmte Zahlen?

Von den 40er bis in die 70er Jahre hinein hat dieses Verhältnis während einer Hausse innerhalb einer schmalen Bandbreite geschwankt. Ist es auf 2 : 1 oder höher gestiegen, war das ein Top. Ist es auf 1 : 1 oder darunter gesunken, war das ein gutes Signal für ein Tief. Dieser Indikator ist in den 80er Jahren aus dem Ruder gelaufen und auf über 4 : 1 gestiegen. Vernünftige Werte sind heute 2,00 bis 2,50 : 1,00 für niedrig und 4,00 bis 4,50 : 1,00 für hoch.

Welche anderen Maßstäbe für spekulatives Interesse gibt es noch?

Der Durchschnittskurs der Liste der umsatzstärksten Werte ist ein Maßstab für spekulative Intensität. Normalerweise fällt der Wert bei einem Markthoch und steigt bei einem Tief. In einer Haussephase fällt der Durchschnittskurs der umsatzstärksten Werte meist, weil zu niedrigeren Kursen eher spekulative Titel gehandelt werden als erstklassige Werte. In den letzten Jahren ist der genaue Wert aufgrund der Tendenz zu Aktiensplits nicht mehr so leicht zu ermitteln. Alle Aktien haben dadurch einen etwas geringeren Durchschnittskurs als noch vor dreißig oder vierzig Jahren. Die genaue Zahl ist aber nicht so wichtig. Der Durchschnittswert bewegt sich in der Größenordnung von $ 30,00 bis $ 40,00. Unter $ 30,00 ist er niedrig, über $ 40,00 hoch oder bullish. Bei dem Tief von 1987 lag er bei $ 65,00, ein eindeutiges Signal für ein Tief. Bei dem Hoch von 1987 fiel er auf etwa $ 30,00. Die Theorie, die dahintersteckt, ist, daß die Marktführer stärker spekulationsorientiert agieren, was sich unter anderem in niedrigeren Kursen auf der Liste der umsatzstärksten Werte niederschlägt. Ich achte auch auf die Umsätze von umsatzstarken Aktien und auf ihre Performance. Sinkt der Durchschnittskurs, und der Umsatz bei umsatzstarken Aktien steigt im Vergleich zum Gesamtumsatz, und die Marktbreite bei umsatzstarken Aktien ist groß, wäre das so ziemlich die ideale Topkonstellation. Die Konstellation für ein Tief sieht entsprechend umgekehrt aus: steigende Kurse, im Verhältnis zurückgehender Umsatz, geringe Marktbreite. Ich verfolge den Durchschnittskurs, den Durchschnittsumsatz und die Performance der umsatzstarken Werte als Maßstab für Spekulation. Ein weiterer Sensor für Spekulation – oder ihr Ausbleiben – ist der Umsatz der 30 Dow-Aktien im Verhältnis zum NYSE-Umsatz. Das müßte sinken, wenn der Markt anzieht, und steigen, wenn der Markt unter Druck gerät. Hochs und Tiefs entwickeln sich nicht spiegelbildlich, so daß die wichtigsten Aktien ein Tief zuerst erreichen, ein Hoch dagegen zuletzt. Im Lauf eines Zyklus wechseln die Leute von erstklassigen Werten hin zu spekulativen, bis die spekulativen Werte einbrechen. Die erstklassigen Aktien hängen da drin, so daß es gewöhnlich spät zu einer weiteren Welle Relativer Stärke kommt. Das ist eine Erklärung dafür, warum zuerst die Marktbreite Höchstwerte erreicht, dann der DJIA, und es erklärt auch, warum Indizes wie der Russell 2000 und der Value Line Index vor dem Dow Höchstwerte zeigen.

Inwieweit verfolgen Sie Initial Public Offerings oder Aktiensplits im Hinblick auf spekulative Aktivität?

In den 80er Jahren gab es bei den Unternehmen die Tendenz, den Preis einer Aktie zu reduzieren. Es kam zu zahlreichen Aktiensplits ohne Rücksicht auf das Marktgeschehen. Seither habe ich mich damit nicht mehr eingehend befaßt. Ich betrachte die IPOs als Prozentsatz der Finanzierung durch die Ausgabe neuer Aktien. Das ist mehr ein zyklischer Indikator. Im ***Investment Dealers Digest*** erscheint einmal im Quartal eine fundierte Zusammenfassung der Daten zu IPOs. Im fortgeschrittenen Zyklus wird nicht nur die Aktienfinanzierung zunehmen, nicht nur die Zahl der IPOs steigen, sondern die IPOs werden einen höheren Prozentsatz des Ganzen ausmachen. Der letzte Höchstwert in der Gesamtfinanzierung vor 1996 wurde 1993 erreicht. Die Finanzierung durch die Ausgabe neuer Aktien lag 1993 bei $ 102 Milliarden,

59 % davon durch IPOs. Dieser Wert von 59 % ist nur einmal in den vorangegangenen 25 Jahren überschritten worden. Es war also nicht nur ein Höchstwert bei der Finanzierung durch die Ausgabe neuer Aktien, sondern auch der Prozentsatz der IPOs lag beinahe auf Rekordniveau. 1994 und 1995 ging er etwas zurück, 1996 wieder kräftig nach oben. Dieses Jahr erklettert er einen neuen Gipfel. Ich interessiere mich nur für neue Rekorde. Seit den 60er Jahren hat der Anteil der IPOs an der gesamten Finanzierung durch die Ausgabe neuer Aktien nie über 60 % gelegen. 1993 wurde dieser Wert fast erreicht, verfehlt und nun wird er wieder anvisiert. Für mich ist die gesamte Aktienfinanzierung aber ohnehin viel interessanter als die gesamten IPOs.

Lassen Sie uns nun über Ihre kurzfristigen Indikatoren sprechen.

Die internen Marktkräfte sind der einzige Grund für kurzfristige Analysen. Hier greifen Trend- und Momentum-Indikatoren wie Kurs, Umsatz, Marktbreite und Relative Stärke, aber vor allen Dingen der Kurs. Es gibt Techniker, die behaupten, der Umsatz sei wichtiger oder der Umsatz reagiere mit Vorsprung. Ich glaube das nicht. Es ist doch so: Wenn man eine Aktie kauft und sie im Kurs steigt, dann macht man Gewinn. Bei der Trendanalyse gehe ich immer vom Kurs aus. Der Kurs ist der *„quantitative"* Maßstab für den Trend. Ich verwende auch Umsatz, Marktbreite und andere Momentum-Maßstäbe, aber eher als trendbestätigende denn als Führungsindikatoren. Umsatz und Marktbreite sind *„qualitative"* Trendmaßstäbe und von zweitrangiger Bedeutung. Zeigen meine Kursindikatoren Stärke und gleichzeitig auch meine Marktbreite- und Umsatzindikatoren, habe ich mehr Vertrauen in den Trend. Kurzfristige Indikatoren verraten in erster Linie etwas über die Richtung und Stärke des Trends, doch man kann nicht erkennen, wo im Trend man sich gerade befindet.

Warum unterscheiden Sie zwischen qualitativen und quantitativen Trendmaßstäben?

Ich spreche hier von qualitativ, weil ich um so mehr Vertrauen in einen Trend habe, je stärker Marktbreite und Umsatz tendieren. Anders ausgedrückt: Der Trend ist dann von höherer Qualität. Steigt der DJIA, und die auf Tagesbasis ermittelte A/D-Line fällt, heißt das, eine Minderheit der Aktien bewegt sich in die Richtung des Dow. Es heißt nicht, daß der Markt nun auf keinen Fall anziehen wird. Allerdings habe ich unter diesen Umständen weniger Vertrauen in den Trend. Legen Marktbreite, Umsatz und Kurse zu, wird der Trend wohl kaum plötzlich vorbei sein. Geht ein Trend zu Ende, geben normalerweise erst Umsatz und Marktbreite nach, dann die Kurse.

Welche Kursmaßstäbe legen Sie bei Indizes an?

Es gibt viele Kursmaßstäbe. Die meisten Leute denken dabei an den DJIA, doch das ist ein ziemlich schlechter Maßstab für Kurse. Er bezieht sich auf 30 Blue Chips und ist ein arithmetischer Index. Ich berücksichtige ihn, weil ich weiß, daß sich die meisten Leute danach richten, doch bei meiner analytischen Arbeit verwende ich ihn kaum. Die meisten Analysen betreibe ich mit Hilfe des NYSE Composite Index, denn das ist ein kapitalisierungsgewichteter Index auf breiter Grundlage. Ich verfolge auch den S&P 500, weil er der Standardindex ist, den institutionelle Anleger zur Ermittlung ihrer Performance verwenden. Der S&P 500 stimmt zu etwa 85 % bis 90 % mit dem NYSE Composite überein, entwickelt sich also praktisch parallel. Ich schaue mir auch den NASDAQ Composite Index an, der ein Maßstab ist für stark gefragte Aktien spekulativen Charakters. Ich berücksichtige den Russell 2000 als Maßstab fürs Small-Cap-Segment. Ich betrachte den geometrischen Value Line Index, der ein Maßstab für die Durchschnittsaktie ist. Ich beachte so viele verschiedene Indizes, weil sie über die verschiedenen Marktsegmente informieren. Für den Markt als Ganzes verwende ich den NYSE Composite. Zur Messung des Kurs-Momentums benutzen wir Gleitende Durchschnitte.

Haben Sie dafür einen bevorzugten Zeitrahmen?

Es gibt so viele Moving-Averages, wie es Analysten gibt. Ich verwende gemeinhin kurzfristige Moving-Averages für kürzerfristige Trends und längere Moving-Averages für längerfristige Trends. Den „perfekten“

Gleitenden Durchschnitt gibt es nicht. Er ist im Grunde nur ein Mittel zur Glättung des Trends. Einmal habe ich mit einem anderen Analysten über diesen Indikator diskutiert und erwähnt, daß ich einen 10-Tages-Moving-Average verwende. Darauf er: „Wissen Sie, den habe ich auch ausprobiert und festgestellt, daß es mit einem 11-Tages-Moving-Average besser klappt." Ich fand diese Feststellung hochgradig lächerlich. Vielleicht hat es ja besser geklappt, vielleicht wird es morgen mit neun und nächstes Jahr mit zwölf Tagen besser klappen. Ich verwende so gern 10-Tages-Moving-Averages, weil sie so leicht zu berechnen sind. Man muß nicht dividieren, sondern nur ein Komma verschieben. Die Spanne zwischen Kursindex und seinem Moving-Average zeigt das Momentum. Ist sie weit im positiven Bereich, steht das für „überkauft", doch gleichzeitig für kräftiges Momentum nach oben. Liegt der Index weit unter der Moving-Average-Linie, steht das für „überverkauft", doch auch für die Generierung des Momentums nach unten. Die Spanne zwischen mehreren Moving-Averages, etwa für 10 Tage und 30 Tage, zeigt das auch. Steigt ein Kursindex, und liegt er dabei oberhalb eines ansteigenden 10-Tages-Moving-Averages, der seinerseits oberhalb des 30-Tages-Moving-Averages angesiedelt ist, spricht alles für einen besonders nachhaltigen Trend. Die Spanne zwischen 10-Tages- und 30-Tages-Moving-Average sagt uns auch etwas über das Momentum. Ein weiteres Zeichen für einen überkauften Markt im Aufwärtstrend ist, wenn die Spanne zwischen zwei Moving-Averages größer wird. Die Differenz zwischen einem Index und einem Moving-Average oder einem Moving-Average und einem zweiten ist ein Maßstab für die Intensität eines Trends.

Was ist, wenn es hier zu Überkreuzungen kommt, wenn also die Linie eines kürzerfristigen Moving-Averages die eines längerfristigen schneidet?

Überkreuzungen von Moving-Average-Linien sind durchaus aussagekräftig. Nehmen wir einen kurzfristigen Aufwärtstrend, bei dem der Kurs oberhalb des 10-Tages-Moving-Averages liegt, und dieser oberhalb des 30-Tages-Moving-Averages, wobei alle Linien steigen. Was könnte wohl als erstes passieren? Der Kurs kann fallen. Anders ausgedrückt, der

10-Tages-GD steigt noch, der Tageskurs liegt darunter. Als nächstes wird der 10-Tages-GD flacher – ein weiteres Anzeichen für Schwäche. Der Kurs liegt unterhalb des 10-Tages-GD, der 10-Tages-GD fällt, doch der 30-Tages-GD steigt noch. Nun wird der 10-Tages-GD unter den 30-Tages-GD fallen – noch ein Anzeichen für Schwäche. Der 30-Tages-GD steigt aber immer noch. Irgendwann liegt der fallende Kurs unterhalb des fallenden 10-Tages-Moving-Averages, und der wiederum unterhalb des ebenfalls fallenden 30-Tages-Moving-Averages. Die Ausgangssituation hat sich damit in ihr Gegenteil verkehrt. Jede dieser Veränderungen signalisiert eine Schwächung des Trends. Erst gibt der Kurs nach, dann der 10-Tages-Moving-Average, dann der 30-Tages-Moving-Average. Ich leite davon keine starren Regeln ab, doch zur Verfolgung des Trends sind diese Indikatoren sehr brauchbar. Ich berechne seit 30 Jahren einen 10-Tages- und einen 30-Tages-Moving-Average für den NY Composite Index. Grundsätzlich kann man sagen, daß bei steigendem NY Composite oberhalb des 10-Tages-GD und 10-Tages-GD oberhalb des 30-Tages-GD von einer mittelfristig positiven Entwicklung auszugehen ist. Überkreuzt die 10-Tages-GD-Linie die 30-Tages-GD-Linie, so ist das ein brauchbarer Trendfolgeindikator, aber kein vollkommener. Durch abrupte Marktveränderungen wird die Zuverlässigkeit dieser Moving-Average-Überkreuzung beeinträchtigt. Es kommt zu Schaukelbewegungen. Hat man nur dann eine Long-Position beim Index, wenn der 10-Tages-GD oberhalb des 30-Tages-GD liegt, und eine Short-Position, wenn der 10-Tages-GD unterhalb des 30-Tages-GD liegt, wird man beim NYSE Composite die anlageorientierten Investoren um Längen aus dem Feld schlagen. Selbst wenn es zu vielen Überschneidungen und dadurch zu viel Auf und Ab kommt, wird man immer noch besser abschneiden als der NYSE Composite. Der Grund für das Funktionieren dieser einfachen Tradingregel ist, daß man bei Einbrüchen short oder draußen ist.

Gibt es noch andere Methoden zur Glättung des Trends?

Man kann exponentielle Moving-Averages berechnen und am vorderen Ende gewichtete Moving-Averages. Diese sind sensibler. Ich arbeite nicht viel damit, denn ich glaube, beim Trading als solches ist ein auf die aktuelleren Werte hin stärker gewichteter Gleitender Durchschnitt keine echte Hilfe. Mit einem arithmetischen Moving-Average kann man seine Taktik genausogut anpassen.

Bergen gewichtete Moving-Averages nicht die Gefahr vermehrter Schaukelbewegungen?

Eben. Je sensibler ein Moving-Average reagiert, desto mehr Auf und Ab erleben wir. Der eine oder andere Trade bleibt zwischen den Signalen und Schaukelbewegungen auf der Strecke. Man muß sich für einen Zeitrahmen entscheiden. Je kurzfristiger man orientiert ist, desto mehr Hin und Her muß man in Kauf nehmen. Dafür weiß ich keine Lösung. Das Schaukeln läßt sich nicht eliminieren. Auch mit der Methode der kleinsten Quadrate kann man den Trend messen. Mein Composite-Trendindikator basiert eher auf dieser Methode als auf Gleitenden Durchschnitten. Ich berechne die Linie der kleinsten Quadrate und dann die Veränderung ihrer Neigung. Sie ist weniger unruhig. Bei der Methode der kleinsten Quadrate kommt es weniger häufig zu Richtungsänderungen als bei Moving-Averages. Anders ausgedrückt: Die Daten, die man heute wegnimmt, können ein Moving-Average stärker beeinflussen als die Daten, die hinzugefügt werden. Um dem entgegenzuwirken, kann man ein Moving-Average gewichten oder die Methode der kleinsten Quadrate verwenden. Die Bewegungen bei der Berechnung der kleinsten Quadrate sind nicht so lebhaft und die Endpunkte nicht so signifikant wie bei Moving-Averages. Die Disziplin ist hier allerdings wichtiger als die Art und Weise, wie genau der Trend und seine Neigung ermittelt werden. Das heißt, an einmal aufgestellte Regeln muß man sich konsequent halten.

Wonach richten Sie sich beim Umsatz?

Der Umsatz spiegelt den Kurs wider. Während eines Trends erwartet man, daß sich der Umsatz allmählich erhöht, wenn ein Wert steigt, und allmählich abnimmt, wenn ein Wert fällt. Am Ende von Aufwärts- und Abwärtstrends kommt es aber oft zu einer maßgeblichen Umsatzsteigerung. Ich habe da meine eigenen Theorie zum Umsatz. Die meisten Leute schließen aus steigenden Umsätzen in einem Aufwärtstrend auf steigende Nachfrage. Doch das Angebot nimmt ja auch zu. Sagen wir, von einem aufwärts tendierenden Titel werden 50 000 Stück am Tag gehandelt und plötzlich 100 000 Stück am Tag. Wir wissen dann, daß die Nachfrage gestiegen ist, doch das Angebot ist auch größer geworden. Man kann jetzt mehr verkaufen. Die Verkäufer werden aktiver. Meine Volumenregel besagt, daß der Umsatz, wenn er zunimmt, hoch bleiben oder weiter steigen wird, um den Trend beizubehalten, denn in diesem Stadium hat auch das Angebot zugenommen. Große Sprünge im Volumen sind daher ein Hinweis, daß der Trend zu Ende geht. In einem abflauenden Trend weist ein Aufwärtssprung im Umsatz auf verstärkte Käuferaktivität hin oder jedenfalls auf die Möglichkeit dazu. Ist eine Aktie sechs Monate lang gestiegen, und der Umsatz hat sich von, sagen wir, 100 000 Stück am Tag auf 200 000 Stück am Tag erhöht, und plötzlich werden 500 000 Stück am Tag gehandelt, wäre das für mich das Zeichen für das Erreichen einer Widerstandslinie, um so mehr, wenn die Kurse die Entwicklung nicht vorweggenommen haben. Große Sprünge beim Umsatz sind oft kennzeichnend für Trendwenden. Steigt eine Aktie bei mäßig zunehmendem Volumen, und es kommt plötzlich zu einer drastischen Umsatzveränderung, nähert sich der Aufwärtstrend vermutlich seinem Ende. Bei Abwärtstrends ist es umgekehrt. Eine maßgebliche Umsatzsteigerung kann das Ende des Rückgangs bedeuten. Während ein Abwärtstrend meist mit sinkenden Umsätzen einhergeht, könnte ein deutlicher Sprung nach oben hier das Ende des Abwärtstrends markieren.

Wie bei explosiven Bewegungen und Höchstwerten bei den Verkaufszahlen?

Genau. Eine weitere Faustregel besagt, daß umsatzstarke Titel bei hohen Umsätzen Tiefstwerte erreichen, umsatzschwächere Werte bei hohen Umsätzen Höchstwerte. Je stärker kapitalisiert eine Aktie ist, desto geringer die Wahrscheinlichkeit hoher Umsätze bei Tops und desto höher die Wahrscheinlichkeit hoher Umsätze bei einem Tief. Um einen Einbruch bei Big Caps aufzuhalten, müssen sie über einen langen Zeitraum hinweg gekauft werden. Daher würde ich bei höher kapitalisierten Werten eher breitere Böden und in deren Umgebung vergleichsweise höhere Umsätze erwarten. Spekulative Werte kann man nicht in einer Bodenbildungsformation erwerben, denn um sie kaufen zu können, müßte man sie aufwerten. Die Böden sind bei spekulativen Aktien gewöhnlich schmaler, und wenn ein Aufwärtstrend einsetzt, kommt es sofort zu Umsatzsteigerungen. Neue Höhen erklimmen sie, wenn der Umsatz hoch ist, denn nur dann kommen sie unter die Leute. Bei umsatzschwächeren Aktien würde ich bei einem Top im Vergleich zu umsatzstärkeren Werten immer die im Verhältnis höheren Umsätze erwarten. Weil es 10 000 verschiedene Aktien gibt, gibt es auch viele Ausnahmen, doch das sind so die Faustregeln.

Woran erkennen Sie Churning-Aktivitäten?

Ein Top besteht aus zwei Komponenten. Eines ist ein drastischer Sprung im Umsatz, das andere das Ausbleiben von Kursbewegungen. Wegen einer größeren Veränderung beim Umsatz allein würde ich nicht bearish tendieren, solange der Kurs noch steigt. Stagniert er aber bei gleichbleibend hohem Umsatz, würde ich das bearish interpretieren. Bullish wäre dann das Gegenteil: hohe Umsätze und ein Anhalten des Kursrückgangs.

Könnte man es auch so sagen: In einem rückläufigen Markt würden Sie im Abwärtstrend nur dann besonders hohes Volumen erwarten, wenn möglicherweise eine Trendwende bevorsteht?

Als Hinweis auf das Ende eines Abwärtstrends würde ich nicht in erster Linie auf hohe Umsätze achten. Kommt es dazu, könnte das ein Anzeichen für eine Trendwende sein. Abwärtstrends münden aber oft in eine Konsolidierung der Kurse bei sehr geringer Umsatzveränderung. Ich kann hier keine Prozentsätze nennen, doch häufig ist es so.

Also glauben Sie, daß das Volumen der gestiegenen Titel ein besseres bestätigendes Signal ist als das der gefallenen?

Normalerweise müssen Aktien nach oben getrieben werden. Sinken tun sie von selbst. Ein größerer Kursanstieg, der nicht von steigenden

Umsätzen begleitet wird, wäre für Aktien sehr ungewöhnlich. Schwache Umsätze bei anhaltend sinkenden Kursen sind jedoch normal. Betrachtet man den Markt in seiner Gesamtheit, kommt es beim Volumen meist vor den Kursen zu einem Höchstwert. Ein Anzeichen für einen spekulativen Markt sind gewöhnlich höhere Umsätze. Bei sehr viel spekulativer Aktivität erreichen die Märkte selten einen Höhepunkt, sondern normalerweise erst etwas später. In einem Trend stehen die Standardwerte normalerweise anfangs besonders gut da. Dann kommt irgendwann eine Phase, in der die spekulativeren Werte besonders gefragt sind. Doch vor dem Umschwung kommt es meist zu einer Rückbesinnung auf die Standardwerte. Da die Nebenwerte für einen Anstieg höheres Volumen brauchen, kommt es meist zu einem Umsatzhoch, bevor die Kurse ein Hoch erreichen. Generell gilt hier, daß der Umsatz drei oder vier Monate vor Erreichen eines Topkurses Höchstwerte zeigt. Das funktioniert nicht immer, doch sehr oft. Ich beachte dabei auch den relativen Umsatz. Unter relativem Umsatz verstehe ich den Umsatz an der NYSE, geteilt durch die Gesamtheit aller im Umlauf befindlichen Aktien. Das ist eine monatliche Statistik. Oft weist ein über lange Zeit hoher Umsatz an einem Markt nur auf den Absatz junger Aktien hin statt auf eine Zunahme der Tradingaktivität. Deshalb sollte man immer relativen Umsatz und Volumen betrachten. Normalerweise verlaufen sie parallel, doch es kann auch der relative Umsatz flach und das Volumen trotzdem steigend sein, wenn viele junge Aktien an der Börse notieren. So war es zum Beispiel in diesem Zyklus. An der NYSE notierten sehr viele junge Aktien. 1994 und 1995 war der Umsatz beträchtlich gestiegen, der relative Umsatz jedoch nicht. 1996 stiegen relativer Umsatz und Volumen, so daß für dieses Jahr von einer Zunahme der spekulativen Intensität auszugehen war.

Während Ihrer Zeit bei E. F. Hutton verfolgten Sie einen Upside/ Downside-Volume-Indikator?

Das tue ich noch. Man kann ihn auf verschiedene Arten berechnen. Entweder nimmt man das Gesamtvolumen aller gestiegenen Titel und vergleicht es mit dem Volumen aller gefallenen, oder man stellt das Volumen für gestiegene/gefallene Werte fest, indem man die Summe der Upticks der Summe der Downticks gegenüberstellt. Diese Daten sind allerdings schwerer zugänglich. Außerdem habe ich im Lauf der Zeit hier nie größere Diskrepanzen festgestellt. Unterm Strich bleibt die Differenz zwischen Umsatz gestiegener Werte und Umsatz gefallener Werte. Für das Verhältnis der Umsätze gestiegener/gefallener Titel berechne ich einen 10-Tages-Moving-Average für das Gesamtvolumen gestiegener Werte an der NYSE, einen 10-Tages-Moving-Average für das Gesamtvolumen gefallener Werte an der NYSE sowie einen 10-Tages-Moving-Average zu der Differenz der beiden. Die Differenz kann netto steigen, weil das Volumen der gestiegenen Werte schneller zunimmt als das der gefallenen, oder weil das der gestiegenen zunimmt, das der gefallenen abnimmt, oder weil das der gestiegenen stagniert und das der gefallenen zurückgeht. Die Erkenntnis, daß die Differenz unterm Strich steigt, ist nützlich, doch man muß auch wissen, weshalb. Deshalb ziehe ich noch die beiden anderen Komponenten zu Rate. Ich möchte wissen, ob ein Aufwärtstrend die Folge gesteigerter Nachfrage oder geringeren Angebots ist. Stellvertretend für die Nachfrage setze ich hier das 10-Tages-Upside-Volume ein, für das Angebot das 10-Tages-Downside-Volume. Diese beiden verfolge ich laufend und ziehe Schlüsse auf die zugrunde liegenden Vorgänge. Ich berechne auch Joe Granvilles On-Balance-Volume (OBV). Während eines beliebigen Zeitraums wird das Volumen bei höheren Kursen als positiv, bei niedrigeren Kursen als negativ betrachtet. Man kann das auf Tages- oder Wochenbasis berechnen. Ich ermittle es jetzt seit 30 Jahren auf Stundenbasis für den NYSE Composite Index. Es gehört zu meinen bevorzugten kurzfristigen Charts. Zu denken gibt, daß sich, ob man nun Upside/Downside, Upticks/Downticks oder Joes OBV-Methode verwendet, gewöhnlich ein ähnliches Bild ergibt. Sicher gibt es Unterschiede, doch meist sind sie nicht sehr groß.

Wie sieht die Erfolgsbilanz dieses Indikators im Hinblick auf kurzfristige Signale aus?

Das OBV eilt den Kursen gewöhnlich voraus. Tendiert ein Kurs seitwärts, und die OBV-Linie steigt, wäre diese Divergenz bullish zu interpretieren. Beim Index liegt wohl eine gewisse Aufwärtslastigkeit vor, da Aktien normalerweise mit höheren Umsätzen gehandelt werden, wenn sie steigen, als wenn sie fallen, so daß die OBV-Linien öfter steigen werden als der Kurs. Dieses Ungleichgewicht ist bei der Wertung einer optimistischen Divergenz zu berücksichtigen. Angesichts dieser Tatsache wäre eine negative Divergenz (bearish) also aussagekräftiger. Sie ist normalerweise ein brauchbares Signal, wenn die OBV-Linie einen Kursanstieg nicht bestätigt. Beim NYSE Composite Index kommt das eher selten vor. Verwenden Sie das OBV als Bestätigung und zur Erkennung von Divergenzen zwischen Kursentwicklung und Umsatz.

Haben Sie das ursprüngliche OBV-Konzept irgendwie abgewandelt?

Ich betrachte den stündlichen Umsatz als positiv, wenn der Index innerhalb dieses Zeitraums nach oben tendiert. Sinkt er, bewerte ich das Volumen als negativ. Da der Tradingtag keine glatte Anzahl von Stunden enthält, betrachte ich den Zeitraum von 12.30 Uhr bis 14.00 Uhr als eine Stunde, denn diese Zeit ist die umsatzschwächste des Tages. Obwohl der Börsentag 6 1/2 Stunden hat, berücksichtigt mein Chart folglich nur sechs.

Die separate Betrachtung des Volumens steigender Aktien und des Volumens fallender Aktien ist also wichtiger als das Verhältnis der beiden?

Ich berechne auch die Ratio, aber nur für einen Wert, und zwar zur Berechnung des Tradingindex. Für Umsatzzwecke berücksichtige ich nur die jeweils auf 10 Tage berechneten Summen des Volumens steigender Titel, fallender Titel und das Netto-Volumen, weniger das Verhältnis der beiden. Beide sind nützlich, doch ich halte das Gesamtvolumen für wichtiger als das Verhältnis, da Veränderungen im Gesamtvolumen für mich von größerer Bedeutung sind als relative Veränderungen des Volumens. Ein Tag mit sehr niedrigen Umsätzen ist nicht so relevant wie einer mit sehr hohen. Ich möchte wissen, ob eine Haussebewegung die Folge verstärkter Kaufkraft oder verminderten Verkaufsdrucks ist, oder der Kombination daraus. Die Leute sagen, ein Markt sei überverkauft, wenn der Netto-Umsatz weit auf die Minusseite gerät, doch manchmal trifft das gar nicht zu. Er könnte auch unterkauft sein. Anders ausgedrückt, manchmal wird die Zahl negativ, nicht weil das Downside Volume so stark zugelegt hat, sondern weil das Upside Volume stark zurückgegangen ist. Meiner Ansicht nach sind unterkaufte Märkte anders als überverkaufte. Sie haben weniger Bedeutung. In einem Aufwärtstrend wird ein Markt eher unterkauft als überverkauft sein. Das ist ein Zeichen von Stärke.

Wozu verwenden Sie den Tradingindex oder ARMS-Index?

Der ARMS-Index ist ein weiterer Umsatzindikator. Er bezeichnet das durchschnittliche Downside Volume, geteilt durch das durchschnittliche Upside Volume. Kommt es innerhalb eines Tages oder von einem Tag auf den anderen nicht zu besonderen Extremwerten, halte ich diese Zahl nicht für besonders wichtig. Für den Markt berechne ich einen 10-Tages-Moving-Average des ARMS-Index. Der 10-Tages-GD ist ein wichtiger Wert und bewegt sich meist zwischen 0,80 und 1,20. Innerhalb dieser Grenzen ist er neutral. Oberhalb von 1,20 beginnt der überverkaufte Bereich, unterhalb von 0,80 der überkaufte. Der Tradingindex hat meist mehr Vorsprung als andere qualitative Trendmesser. Ein überkaufter Tradingindex, der unter 0,80 liegt, tritt oft im Frühstadium einer Aufwärtsbewegung auf. Als Signal ist ein überkaufter Tradingindex also eher bullish als bearish. Zu höheren Werten im überverkauften Bereich kommt es meist in der Umgebung von Markttiefs. Für den OTC-Markt liegen meine Parameter hier bei 0,70 und 1,30.

Die größere Spanne beim OTC-Markt berücksichtigt die stärkere Volatilität?

Richtig. Im Freiverkehrsmarkt kommt es zu ausladenderen Bewegungen.

Welche anderen qualitativen Trendmaßstäbe außer dem Volumen benutzen Sie noch?

Ich betrachte die Anzahl von New-Highs und New-Lows. Je mehr Aktien in einem Aufwärtstrend neue Höchstwerte erreichen, desto mehr

Vertrauen habe ich in den Trend. Wie viele andere qualitative Trendmaßstäbe erreichen die New-Highs ihren Höhepunkt lange vor dem letzten Hoch der Durchschnitte. Ich erstelle einen 10-Tages-Moving-Average für New-Highs und New-Lows auf Tagesbasis, und ich führe auch Buch über New-Highs und New-Lows auf Wochenbasis. Als weiteren Indikator berücksichtige ich hier noch einen 10-Tages-GD der New-Highs geteilt durch die Summe New-Lows plus New-Highs.

Berechnen Sie den Wochenwert auf Grundlage eines 10-Tages-Moving-Averages?

Nein. Ich erstelle einen Chart von der Netto-Differenz der New-Highs und der New-Lows der Woche. Die entsprechenden Statistiken findet man in *Barron's*. In der Mehrzahl der Fälle ergibt sich hier das gleiche Bild wie bei den Tageswerten. Ich stelle nur fest, ob es abweicht, denn das könnte von Bedeutung sein. Es wäre zum Beispiel möglich, daß es jeden Tag zu 100 New-Highs an der NYSE kommt und zu 100 New-Highs in der Woche, wobei genau dieselben Aktien jeden Tag neue Höchstwerte erreichen. Es könnte auch zu 100 New-Highs pro Tag und 500 New-Highs die Woche kommen, wobei jeden Tag andere Titel Spitzenkurse erreichen. Die tatsächlichen Zahlen werden wahrscheinlich irgendwo dazwischen liegen, doch ein solches Extrem wäre ein äußerst bedeutsames Signal. Das gleiche mache ich für Phänomene, die ich als Ausbruch oder Kursalarm bezeichne. Ich habe eine Datei über die Kursbewegungen der letzten 75 Tage. Ich verfolge, wie viele Aktien innerhalb dieses Zeitraums neue Höchst- oder Tiefstwerte erreichen. Ich mache das gleiche wie mit der New-High-Liste in der Zeitung: Ich erstelle einen 10-Tages-Moving-Average des Netto-Wertes. Das ist dann eher ein kurz- bis mittelfristiger Indikator. Diese Liste liefert viele Anregungen zum Trading. Eine Aktie kann nicht steigen oder fallen, ohne sich hier wiederzufinden.

Haben Sie noch weitere Indikatoren für kurzfristige Trends in Ihrem Repertoire?

Ein Trend setzt sich zusammen aus Kurs, Umsatz und Marktbreite. Ich verfolge einen Indikator, den ich Composite-Trend-Indikator nenne, und

Composite-Momentum-Indikatoren. Das sind ungewichtete oder geometrische Indizes. Mein Composite-Trend-Indikator setzt sich zusammen aus einem Maßstab für den Kurs, einem für die Marktbreite und einem für den Umsatz. Der Kursmaßstab ist dabei der NYSE Composite Index. Die kumulative Marktbreite der NYSE ist der Maßstab für die Marktbreite, das OBV der Volumenmaßstab. Für das OBV verwende ich den stündlichen und den jeweils letzten Wert des Tages. Ich multipliziere den NY Composite Index mit dem Wert für die Marktbreite und mit dem OBV-Volumenmaßstab, ziehe die dritte Wurzel daraus und erhalte so meinen Composite-Trend-Indikator. Den betrachte ich auf Tagesbasis. Meine Composite-Momentum-Indikatoren berechne ich lieber auf Grundlage von kleinsten Quadraten, nicht so gern anhand von Moving-Averages. Ich berechne sie auf Tagesbasis für 10 Tage, 30 Tage, 10 Wochen, 30 Wochen und 30 Monate. Obwohl ich bei allen gleich vorgehe, möchte ich nur auf den 10-Tages-Wert näher eingehen. Um meinen 10-Tages-Composite-Momentum-Indikator zu ermitteln, berechne ich die Linie der kleinsten Quadrate für die letzten 10 Tage, für die mir Daten zur Verfügung stehen. Ich berechne die Neigung dieser Linie. Diese vergleiche ich mit der Neigung der Linie für die vergangenen 10 Tage, einschließlich dem Vortag. Jeden Tag habe ich so einen fortlaufenden oder kumulativen Zeitraum von 10 Tagen wie für einen Gleitenden Durchschnitt; doch statt eines Moving-Averages verwende ich die 10 Punkte. Ich vergleiche einfach die Neigung der Linie der kleinsten Quadrate. Vor fünfzehn Jahren habe ich einmal ausgetestet, ob die Methode der kleinsten Quadrate nicht ein glatteres Bild von Trendwenden und Momentumsveränderungen bietet als Moving-Averages. Das hat sich bestätigt, und deshalb mache ich mir heute diese Arbeit. Es ist durchaus möglich, ähnliche Modelle zu entwickeln. Sie würden damit nicht die gleichen Werte bekommen, da Sie nicht wissen können, was ich hier zugrunde gelegt habe, doch das wäre nicht weiter schlimm.

Was ist mit dem häufigsten Maßstab für die Marktbreite, der A/D-Linie?

Die traditionelle, oft verwendete A/D-Linie bezieht sich auf die Gesamtzahl der an der NYSE gehandelten Aktien. Diese ist seit Anfang der 80er

Jahre um 50 % gewachsen, von 2 000 auf über 3 000 Titel. Dabei sind auch geschlossene Bond-Fonds, Vorzugsaktien und ausländische Aktien berücksichtigt, die die A/D-Linie entstellen. Nicht nur die Zahl der notierten Aktien nimmt zu, sondern manche davon sind gar keine echten Aktien. Bond-Fonds zum Beispiel: Sie werden wie Aktien gehandelt, sind aber in Wirklichkeit Bonds. Meiner Ansicht nach verliert die Marktbreitelinie immer mehr an Bedeutung. Ich bin dazu übergegangen, in meine Statistik nur die Marktbreite bei den im S&P 500 berücksichtigten Werten aufzunehmen. Hier handelt es sich um operative Unternehmen. Man würde erwarten, daß sich dieser Wert vom retuschierten Gesamtwert stark unterscheidet; und so ist es auch. Langfristig tendiert er viel schwächer.

Hat jedermann Zugang zu den Advance/Decline-Zahlen für den S&P 500?

Nein. Ich habe mich an die NYSE gewandt und um Freigabe nur der Zahlen für hier ansässige, operative Unternehmen gebeten, ohne Bond-Fonds, Vorzugsaktien und ausländische Werte. Das wäre leicht möglich, doch meine Bitte wurde abschlägig beschieden. Gelegentlich wird in den Medien über die S&P-Marktbreite berichtet, doch natürlich nicht regelmäßig. Ich verwende normalerweise nicht gern Indikatoren, die für die Allgemeinheit nicht zugänglich sind, doch diesen brauche ich für analytische Zwecke. Ich will eine Reihe von Indikatoren speziell im Hinblick auf den S&P 500-Index untersuchen, etwa Upside/Downside Volume und TRIN.

Gibt es bestimmte Chartformationen, die Sie besonders bevorzugen?

Darüber habe ich mir schon oft Gedanken gemacht. Beginnt man bei den Grundlagen, bei Edwards und Magee etwa, steht im Lehrbuch, man soll „Formationen ausfindig machen", doch ich glaube, wenn man damit erst einmal anfängt, sieht man den Wald vor lauter Bäumen nicht mehr. Sucht man nach Kopf-Schulter-Formationen, findet man 10 000 oder gar keine. Soweit ich mich erinnern kann, ist mir noch nie eine vollkommene Kopf-Schulter-Formation untergekommen, dafür aber Tausende von unechten. Die Schönheit liegt im Auge des Betrachters. Bei Formationen ist nur eins von Bedeutung: „Handelt es sich um eine trendbestätigende Formation oder um eine Trendumkehrformation?“ Wenn der Trend einer Aktie plötzlich nicht weiter auf- oder abwärts geht, wird er etwas anderes tun. Führt diese Formation dann zu einer weiteren Bewegung in dieselbe Richtung oder zu einer in die entgegengesetzte? Meine erste Regel dazu lautet: Je länger sich die Aktie in einer Formation aufhält, desto höher die Wahrscheinlichkeit, daß es sich um eine Trendumkehrformation handelt. Aktien, die steigen, steigen. Sie legen dabei keine größeren Pausen ein. Die Identifikation von Formationen ist für mich nebensächlich.

Wo kommen bei Ihrer Analyse Commodities und Bonds ins Spiel?

Die anderen Märkte haben natürlich Einfluß auf meine Beurteilung des Aktienmarktes und der Aktienmarkt auf mein Urteil über die anderen Märkte. Aktien sind ein führender ökonomischer Indikator. Die Beziehung zwischen diesen Märkten sagt immer auch etwas aus über die Wirtschaft. In diesem Zusammenhang möchte ich als erstes der Annahme widersprechen, es müßten nur die Bonds steigen, damit auch die Aktien steigen. In der finanzwirtschaftlichen Fachpresse lese ich, daß Aktien und Bonds sich gemeinsam bewegen, sich dann für eine Weile ausklinken, um sich später wieder einzuklinken. Das treibt mich zum Wahnsinn, denn sie klinken sich nicht aus oder ein. Aktien wie Bonds sind Ausdrucksformen der Konjunktur. Aktien haben einen Vorsprung vor Bonds, weil sie führende Wirtschaftsindikatoren sind und Bonds in wirtschaftlicher Hinsicht Trendfolger. Wenn beispielsweise Aktien steigen, Bonds steigen und Commodities steigen, was wird dann wohl passieren? Wenn es an allen drei Märkten bergauf geht, was wissen wir dann über die wirtschaftliche Lage? Nun, die Commodity-Märkte ziehen an. Sie sind ein synchroner Indikator, also geht es auch mit der Wirtschaft bergauf. Die Aktien ziehen an. Aktien sind ein führender Indikator für die Wirtschaft, reagieren also darauf, daß weiterhin günstige Bedingungen erwartet werden. Bonds ziehen an. In diesem Umfeld sollte es hier nur zu einem zeitlich begrenzten Aufschwung kommen. Bonds müssen abwärts tendieren, damit wir merken, daß das Ende der Fahnenstange erreicht ist. Wenn alle drei Märkte anziehen, sollte man zusehen, daß man Bonds abstößt. Und was ist zu tun, wenn alle drei Märkte nachgeben? Man kauft Bonds.

Verwenden Sie den CRB-Index als Maßstab für Commodity-Preise?

Der CRB-Index ist weder ein perfekter Maßstab für Inflation noch für Commodity-Preise. Ich verwende den CRB ganz allgemein im Zusammenhang mit Commodity-Preisen, doch ein guter Index ist er nicht. Ihn kennzeichnet ein Ungleichgewicht hin zu den Getreidemärkten. Es kann passieren, daß der CRB steigt, während die industriellen Commodity-Preise nachgeben. Das ist dann kein Hinweis auf wirtschaftliche Stärke. Es besagt nur, daß in Iowa das Wetter schlecht ist. Ich verfolge eine Reihe von Commodity-Indizes: den CRB-Index, den Goldman Sachs Commodity Index, den Dow Jones Commodity Index und auch die industriellen Rohstoffpreise als solche. Die meiste Zeit über vermittelt der CRB das gleiche Bild. Wenn Sie die Dinge vereinfachen wollen, schauen Sie sich den CRB-Index an.

Nehmen wir an, die Indizes, die die Commodity-Preise messen, bewegen sich noch nach oben und die Aktien steigen. An einem Punkt kommt es dann zu einer Divergenz, richtig?

Kommt darauf an. Steigende Rohstoffpreise könnten ein Hinweis auf zunehmende Inflation sein. Das ist nicht einfach eine Folge der ganz normalen wirtschaftlichen Entwicklung. Haben steigende Commodity-Preise einen starken negativen Effekt auf Bonds, geht es vermutlich mit dem Aktienmarkt bergab. Steigen die Rohstoffpreise, und der Bondmarkt tendiert seitwärts, steigen die Aktien, denn die reagieren auf die positiven Aussichten auf höhere Gewinne, nicht auf den negativen Aspekt der niedrigeren Bewertung durch steigende Zinsen.

Nun wissen wir, welche Indikatoren Sie verwenden. Können Sie uns sagen, wie Sie dabei den langfristigen, den zyklischen, den mittelfristigen und den kurzfristigen Zeitrahmen in Verbindung bringen?

Durch analytisches Vorgehen von oben nach unten weiß ich, ob ich überhaupt Aktien kaufen will, verglichen mit anderen Anlageformen. Ich glaube, daß langfristige Trends die kurzfristigen steuern. Am größten ist mein Vertrauen im Hinblick auf kurzfristiges Kaufengagement, wenn der mittelfristige und der langfristige Trend nach oben tendieren. Nicht immer weist alles in dieselbe Richtung, doch wenn das der Fall ist, schafft es Vertrauen. Vom taktischen Standpunkt aus ist der längste Trend, der sogenannte Jahrhundert-Trend, relativ uninteressant. Er ist wichtig, wenn man am Anfang oder Ende eines zyklischen Trends steht. Wenn ich bei ansonsten gleichen Voraussetzungen annehme, daß der Jahrhundert-Trend sehr stark ist, doch der zyklische seinen Höhepunkt bereits erreicht hat, reagiere ich weniger pessimistisch. Das gleiche gilt bei der Gegenüberstellung von zyklischem und mittelfristigem Trend. Wenn der zyklische Trend stark nach oben tendiert, mache ich mir um mittelfristige Rückschläge weniger Gedanken. Ist der mittelfristige Trend vielversprechend, doch der zyklische negativ, bin ich schon viel vorsichtiger. Geht der mittelfristige Trend nach oben, nehme ich einen kurzfristigen Rücksetzer weniger ernst. Denke ich an den Kauf einer bestimmten Aktie, suche ich nach einer Branche, die über mehrere Zyklen nicht mehr über dem Marktdurchschnitt gelegen hat. Branchen sind, relativ gesehen, meist über mehrere Zyklen gefragt, selten nur über einen. Ich beginne also beim mittelfristigen Zeitraum, drei bis sechs Monate, und arbeite mich von dort zunächst in den kurzfristigen und dann in den langfristigen vor. Es gibt zwei Gründe, warum ich mich mehr auf den mittelfristigen Bereich konzentriere. Er ist das Arbeitsfeld der Institutionen und Einzelinvestoren. Ich kenne keinen ernstzunehmenden Money-Manager, der eine drei bis sechs Monate dauernde Bewegung aussitzt, auch wenn er seinen Zeitrahmen offiziell bei zwei bis fünf Jahren ansetzt. Und das gleiche gilt, denke ich, für das private Anlegerpublikum. Der andere Grund ist, daß ich für diesen Zeitraum mehr Indikatoren habe. Den kurzfristigen benutze ich fürs Timing meiner Entscheidungen, was ich zu kaufen gedenke und was nicht.

Würden Sie ein paar der Branchen nennen, die bei Tiefs führend sind und bei Hochs Spitzenwerte erreichen?

Die meiste Zeit über legt der Bondmarkt vor dem Aktienmarkt zu, so daß zinsreagible Werte aus dem Bereich Konsumgüter, Versorgung und, in geringerem Maße, Finanzen vor einem Tief und zu Beginn eines Aufschwungs Relative Stärke zeigen werden. Während eines Anstiegs sind die konjunkturreagiblen Werte besonders stark. Dazu gehören sowohl die zyklischen Konsumgüterwerte als auch die konjunkturabhängigen Industriewerte – wie Investitionsgüter und Technologie. Die Branchen, die als letzte nachziehen, sind normalerweise die rohstoffabhängigen Werte wie Energie und Grundstoffe. Doch in jedem Zyklus gibt es Ausnahmen, und das ist sowieso nur eine grobe Faustregel. Goldaktien und andere inflationsreagible Werte zeigen sich zum Ende eines Aufwärtstrends behauptet, und zwar oft, wenn der Markt kippt.

Wie unterscheiden Sie zwischen Konsumgüterwerten und zyklischen Konsumwerten?

Alltägliche Konsumgüterwerte sind stabile Wachstumsaktien. Dazu gehören Branchen wie Nahrungsmittel, Getränke, Tabak, Haushaltsprodukte, Gesundheit und Pharmaindustrie. Das sind die defensiven oder stabilen Wachstumsbereiche. Zyklische Konsumwerte sind Aktien aus dem Bereich Verbraucherausgaben: Einzelhandel, Autoindustrie, Immobilien, Medien, Freizeit/Unterhaltung. Alltägliche Konsumgüter zeigen meist sehr früh Stärke, vor einem Tief. Die zyklischen Konsumgüterwerte ziehen als nächstes an.

Welche wertvollen Ratschläge haben Sie für uns?

Meine wichtigste Regel beim Trading lautet: Gewinn macht man, wenn man keinen Verlust macht. Risikosteuerung ist hier das Schlüsselwort. Die technische Analyse packt die Risikosteuerung bei den Hörnern. Die fundamentale Analyse hat im Umgang mit Risiken ihre Probleme. Wenn sich ein fundamentaler Analyst für eine Aktie entscheidet, die bei $ 30,00 notiert, und diese Aktie sinkt auf $ 25,00, muß sie ihm eigentlich noch lieber sein, denn sie ist ja billiger. Vielleicht ist sie wirklich attraktiver, vielleicht aber auch nicht. Für den Techniker ist Schwäche ein Zeichen zur Vorsicht, nicht zum Optimismus. Die Aktie ist gefallen, also fragen wir uns, warum. Durch Zukaufen einen günstigeren Durchschnittskurs erreichen zu wollen, ist meist ein Fehler. Das geht meiner Meinung nach nur, wenn man sicher sein kann, daß die nächste Bewegung nach oben geht. Man muß dann noch sicherer sein, als wenn man die Aktie erstmalig kauft. Die Leute sind dabei aber meist nicht so sicher wie beim ursprünglichen Kauf. Sie stocken nur deshalb auf, weil der Kurs gefallen ist. Sie versuchen, ihre durchschnittlichen Kosten gerade dann zu drücken, wenn der Markt möglicherweise Warnzeichen gibt. Risikosteuerung ist entscheidend, und die technische Analyse ist bei der Ermittlung von Risiken sehr hilfreich, da wir Widerstandsbereiche, Trendlinien, Gaps und Moving-Averages zu Rate ziehen können. Es gibt viele Methoden zur Identifizierung eines Trends, eines Durchbruchs und einer Trendwende. Ich würde mir eine Aktie nicht kaufen, nur weil ich der Überzeugung bin, daß sie steigen wird. Ich achte immer auf ein günstiges Verhältnis von Risiko und Gewinn. Wenn ich das Risiko einer Aktie nicht ermitteln und quantifizieren kann, lasse ich die Finger davon. Als Trader gebe ich mich auf kurzfristige Sicht mit verhältnismäßig kleinen Gewinnen zufrieden. Bei kurzfristigem Engagement muß das Verhältnis Gewinn zu Risiko bei mir wenigstens 2 : 1 betragen. Als Anleger mit mittelfristigem Horizont lege ich es auf größere Gewinne an und werde daher auch größere Risiken in Kauf nehmen. Für den Anleger sollte das Verhältnis Gewinn zu Risiko bei 3 : 1 liegen. Soll mir ein „Trade“ 10 % einbringen, darf das Risiko maximal 5 % betragen. Bin ich als Anleger auf 30 % oder mehr Gewinn aus, akzeptiere ich ein Risiko von 10 %. Das Verhältnis Gewinn zu Risiko ist also bei einer längerfristigen Anlage höher als beim Trading.

Verwenden Sie Stops zur Begrenzung Ihres Risikos?

Um mit Alan Shaw, Chef der technischen Analyse bei Smith Barney, zu sprechen, gibt es vier Dinge, die beim Kauf einer Aktie passieren können. Sie kann leicht steigen, drastisch steigen, leicht fallen oder drastisch fallen. Die vierte Möglichkeit muß ausgeschlossen werden. Man muß Stops einsetzen, um Verluste zu begrenzen. Von Leuten, die Angst vor Stops haben, hört man oft: „Und was, wenn ich in eine Schaukelbewegung gerate? Wenn die Aktie nur 1/4 oder 1/2 Punkt unter meinen Stop sinkt und dann wieder steigt?“ Es ist die Angst davor, „verschaukelt“ zu werden, die ich widersinnig finde, denn was kann passieren, wenn man keinen Stop setzt? Man könnte einen empfindlichen Verlust erleiden. Bei Schaukelbewegungen kommt es zu kleinen Verlusten, die große Verluste verhindern. Das heißt, man muß sich mit einem kleinen Verlust abfinden, und damit gut. Dann kann man einen neuen Trade anvisieren. Diese Angst vor Schaukelbewegungen müssen wir uns aus dem Kopf schlagen, weil ein Stop uns vor einem großen Verlust schützt. Zu erfolgreichem Trading und Investment gehören eben auch die vielen kleinen Verluste.

Wenn Sie den idealen Einstiegspunkt im Hinblick auf Risiko und Gewinn beschreiben sollten, wie sähe er aus?

Ich kaufe gerne Aktien, bei denen das Risiko relativ gering ist; zum Beispiel Aktien, die gerade ein Tief hinter sich haben. Sagen wir, ich liebäugele mit einer Aktie bei $ 30,00. Sie hat gerade einen zwischen $ 20,00 und $ 30,00 angesiedelten Boden durchwandert. Ich bin mir ziemlich sicher, daß die Formation zwischen $ 20,00 und $ 30,00 ein Boden war, und schließe daraus, daß der Zielwert nun bei $ 40,00 liegt. Ich schaue mir den Chart an und stelle fest, daß die Aktie schnurstracks von $ 20,00 auf $ 30,00 gestiegen ist. Daraus würde ich folgern, daß sie kein ideales Kaufobjekt ist, da ich nur bis $ 40,00 hochrechnen kann, aber $ 20,00 riskiere. In dieser Situation ist das Risiko genauso groß wie das Potential. Ich möchte, daß eine Aktie unterhalb des Widerstandsniveaus verzögert und konsolidiert. Dann würde ich auf etwas Aktivität zur Stützung und Lückenfüllung oder Stabilisierung im Bereich von $ 27,00 bis $ 30,00 warten und auf die Herausbildung einer Unterstützung in der Umgebung. Ich möchte sie natürlich lieber in der Nähe der $27,00-Marke kaufen, doch ich zahle auch $ 30,00, denn jetzt habe ich einen Stop bei $ 27,00 und einen Zielbereich von $ 40,00. Bei einem Kurs von $ 30,00 habe ich 10 Punkte Potential und 3 Punkte Risiko und damit ein Verhältnis von Risiko zu Ertrag von 3 : 1. Jetzt behagt mir die Transaktion. Das wichtigste ist für mich ein gutes Verhältnis von Risiko und Gewinn, ganz egal, wie vielversprechend der Chart aussieht.

Haben Sie eine Faustregel, wie oft der Kurs die $27,00-Marke berühren muß, um hier von einer zuverlässigen Unterstützung zu sprechen?

Solche Regeln kann ich nicht aufstellen. Chartinterpretation ist eine sehr subjektive Angelegenheit. Das hängt wirklich davon ab, ob wir bei einer Aktie von einem Zeitraum von zwei Wochen, zwei Monaten oder zwei Jahren ausgehen. Der Umsatz der Aktie und die Volatilitätsänderung haben Einfluß darauf, wie lange ich den Zeitraum ansetze, den sie in der Bodenformation verharren wird. Ich achte auf einen Rückgang bei Volatilität und Umsatz nach einem Kursanstieg, der für eine Konsolidierung spricht. Für den Techniker ist die Volatilität die innerhalb eines Tages erreichte Bandbreite in bezug auf den Kurs. Diese Spanne muß meinen Erwartungen nach während einer Konsolidierungsphase schrumpfen. Mein normaler Horizont fürs „Trading" umfaßt ein bis zwei Monate. Für diesen Zeitraum würde ich auf eine Konsolidierungsphase von wenigstens mehreren Wochen achten, um zu einem Urteil zu gelangen.

Was ist für einen Techniker die schwierigste psychologische oder emotionale Sperre, die es zu überwinden gilt?

Einen Irrtum einzugestehen. Oft verkaufen die Leute nur deshalb nicht, weil sie dann zugeben müßten, daß sie falsch liegen. Wenn man sich geirrt hat, muß man sich von dem Trugschluß verabschieden, daß man sich vor dieser Wahrheit drücken kann, indem man die Aktie nicht verkauft. Verluste zu verkraften, gehört zum Börsenalltag. Hier muß man objektiv bleiben und auch mal Fehler zugeben können.

Kapitel XII

Lance Stonecypher

Ned Davis Research ist ein renommiertes Anlageberatungsunternehmen, das sich besonders durch seine innovativen Methoden bei der Analyse von traditionellen Indikatoren hervorgetan hat. Die 1980 von Ned Davis und seinem Partner Ed Mendel gegründete Firma hat sich zu einer bedeutenden „Denkfabrik" entwickelt. Elf Analysten befassen sich mit der gesamten Bandbreite: Aktienmärkte, Kreditmärkte, Devisenmärkte, internationale Märkte und spezifische Branchen. In acht verschiedenen Börsenbriefen werden die Analyseergebnisse zusammengefaßt veröffentlicht.

Für viele der kreativen Studien und Indikatoren, die von Ned Davis Research entwickelt werden, zeichnet Lance Stonecypher verantwortlich, „magna cum laude"-Absolvent (BBA) der Universität von San Diego. Lance Stonecypher kam 1986 als Research-Assistent zu Ned Davis. Er leistete wichtige Vorarbeit zur Entwicklung Hunderter von Indikatoren und wirkte mit beim Verfassen von Börsenbriefen, bevor er zum Leiter der Abteilung „Selection Services" avancierte.

In seiner Jugend hatte sich Stonecypher für die Fotografie begeistert und sogar eine Zeitlang damit geliebäugelt, sein Hobby zum Beruf zu machen, doch dann erkannte er, wieviel Geld die Fotografie verschlang, wenn man sie professionell betrieb. Da er ungern den Rest seines Lebens einer brotlosen Kunst widmen wollte, suchte er nach Alternativen. Rückblikkend haben seine Ausflüge in die Fotografie seine technische Begabung und seine Kreativität gefördert, beides Eigenschaften, die ihm als Research-Analysten zugute kommen sollten. Wie sein Vater interessierte er sich für Aktien und Commodities, und bereits als er aufs College kam, sah er seine berufliche Zukunft in einem der Teilbereiche der Finanzmärkte. Research lag ihm, und angesichts seiner Fähigkeiten in quantitativer und statistischer Analyse beschloß er, Investment-Research-Analyst zu werden. Entschlossen steuerte er auf dieses Ziel zu, übersah dabei jedoch eine winzige Kleinigkeit: War sein fachliches Können auch gefragt? Nachdem er monatelang vergeblich eine Stelle gesucht hatte, hörte er von Ned Davis Research, bewarb sich und wurde schließlich genommen. Ohne zu zögern, packte er seine Sachen, fuhr quer durch das Land von Kalifornien nach Florida und ist Ned Davis bis heute treu geblieben.

Mindestens 90 % der Arbeit von Ned Davis Research ist objektiv und stützt sich auf Präzedenzfälle. Die zeitigen und unparteiischen Kommentare basieren stets auf einer Fülle von Indikatoren mit nachweislich guter Erfolgsbilanz. Über 2 000 technische, fundamentale, monetäre und ökonomische Indikatoren wurden in Chartform gefaßt und sind einzeln oder zusammengefaßt in gebundener Form erhältlich.

Von 1968 bis 1978 erntete Ned Davis in Investmentkreisen große Anerkennung, weil es ihm gelang, Marktentwicklungen mit bemerkenswerter Genauigkeit vorherzusagen. Zum Jahresende, als Bilanz gezogen wurde, stellte sich heraus, daß die Gewinne weit hinter den spektakulären Prognosen zurückblieben. Warum gelang es ihm nicht, durch Beherzigen seiner eigenen Empfehlungen reich zu werden? Bei näherer Überprüfung entdeckte er eine Reihe von möglichen Ursachen, wie Pannen bei der Verlustbegrenzung, mangelnde Disziplin, emotionale Reaktionen und die fehlende Bereitschaft, Irrtümer einzugestehen. Um diese Probleme aus der Welt zu schaffen, reformierte er von 1979 bis 1980 seine Anlagestrategie.

Heute steht bei Ned Davis Research Risikosteuerung im Mittelpunkt, und die für den großen institutionellen Kundenstamm erzielten Gewinne haben Vorrang vor Marktprognosen. Auf Grundlage einer riesigen Datenbank von Indikatoren, alle ausgiebig und gründlich getestet, wurden verschiedene Modelle in wissenschaftlicher und mathematischer Form entwickelt, die objektive und disziplinierte Investmententscheidungen ermöglichen sollen.

Im folgenden Kapitel erläutert Lance Stonecypher die Anlagephilosophie von Ned Davis Research und präsentiert Beispiele ihrer Indikatorenmodelle, beides wichtige Grundlagen für den Erfolg des Unternehmens.

Das Investment-Credo von Ned Davis Research ist einer der wichtigsten Faktoren in der imposanten Erfolgsbilanz des Unternehmens. Lassen Sie uns damit beginnen.

Bei der Entwicklung von Indikatoren und Modellen halten wir uns so eng wie möglich an bestimmte Prinzipien. Wir haben in unserer Firma über einen Zeitraum von fast 16 Jahren Prognosen für die Finanzmärkte untersucht und nicht einen Menschen oder einen Einzelindikator gefunden, der beständig zuverlässige Prognosen einer unsicheren Welt lieferte. Die Suche nach dem Heiligen Gral war vergeblich.

Es ist gut, mit der Wahrheit nicht hinter dem Berg zu halten.

Während niemand jahrein, jahraus zuverlässige Prognosen stellt, gibt es eine ganze Reihe von Anlageberatern, die jahrein, jahraus ganz gut Geld machen – Marty Zweig etwa oder Dan Sullivan. Die beiden stehen auf der Sonnenseite der Investmentwelt und haben, jedenfalls laut Mark Hulbert, seit 1980 kontinuierlich Gewinne eingefahren. All diese Leute haben unterschiedliche Anlagephilosophien, von Benjamin Grahams langfristigen Bewertungstechniken bis hin zum schnellebigen Commodity Trading – wechselkursorientierte Durchschnittspreisbildung, Erwerb von Aktien mit hohen Renditen zum richtigen Marktzeitpunkt, Erwerb von relativ starken Aktien mit geringer Rendite. Hier zeigt sich deutlich, daß man auf vielerlei Weise Gewinn machen kann. Doch trotz der unterschiedlichen und manchmal widersprüchlichen Ansätze haben die Gewinner alle vier Schlüsseleigenschaften gemein, die die Grundlage der Philosophie von Ned Davis Research bilden.

Verraten Sie uns, welche Eigenschaften das sind?

Zunächst verwenden sie alle objektiv festgelegten Indikatoren und reagieren beim Trading nicht aus dem Bauch heraus. Ned kennt da ein Rätsel, das er Kunden in diesem Zusammenhang gern vorlegt. Stellen Sie sich ein Zimmer vor, in dem drei Personen sind: ein hochbezahlter Anwalt, ein schlechtbezahlter Anwalt und eine gute Fee. In der Mitte liegt ein 100-Dollar-Schein. Plötzlich geht das Licht aus und gleich darauf wieder an.

Die 100 Dollar sind verschwunden. Die Frage ist: „Wer hat den Schein genommen?" Die Anwort lautet: Es war der hochbezahlte Anwalt, denn die beiden anderen existieren nur in unserer Phantasie. Was ich damit sagen will, ist, daß wir sehr darauf achten, daß die Aussagen unserer Indikatoren faktisch belegt sind, nicht Auswüchse unserer Phantasie. Der entscheidende Punkt ist, daß wir uns nach objektiv festgelegten Indikatoren richten. Die zweite Gemeinsamkeit aller erfolgreichen Börsianer ist, daß sie in ihrem Vorgehen größte Disziplin an den Tag legen. Sie halten sich an ihr System, egal, was kommt. In klassischen griechischen Tragödien fällt der Held am Ende oft einem Charakterfehler zum Opfer. Wir sehen hier Parallelen, denn es ist der Fehler vieler Investoren, daß sie sich bei ihrer Sichtweise der Märkte von ihrer Persönlichkeit oder ihren Gefühlen leiten lassen. Das Eingestehen von Fehlentscheidungen fällt dann sehr schwer. Disziplin ermöglicht uns, unsere Fehler zu kontrollieren. Die dritte Gemeinsamkeit ist, daß all diese Leute zwar diszipliniert vorgingen, doch dabei flexibel genug waren, ihre Ansichten zu revidieren, wenn sich neue Entwicklungen abzeichneten. Ich erinnere mich da an den Crash von 1987. Marty Zweig hatte in einer Studie festgestellt, daß einem Einbruch des Aktienmarkts um 30 % noch jedesmal eine Depression oder eine ernstzunehmende Rezession gefolgt war. Und doch agierte Marty schon ein paar Tage nach dem Crash, als seine Indikatoren ausgesprochen bullish reagierten, ebenso optimistisch – trotz seiner Befürchtungen. Er war also flexibel genug, um aufgrund seiner objektiven Indikatoren seine Haltung zu ändern. Die vierte Gemeinsamkeit ist, daß all diese Leute extrem risikoscheu sind. Ned Davis hat einmal Paul Tudor Jones gefragt, wie sein Arbeitstag aussehe. Seine Antwort war: „Als erstes versuche ich herauszufinden, was alles schiefgehen könnte, und dann verbringe ich den Rest des Tages damit, meine Risiken möglichst zu begrenzen." Wir haben es hier mit einem Commodity-Trader zu tun, der als risikobereit gilt, doch ich behaupte, er ist risikoscheu. Diese vier Grundsätze – Objektivität, Disziplin, Flexibilität und Risikosteuerung – bilden das Fundament unserer Anlagephilosophie.

Was ist Ihre Strategie bei der Risikosteuerung oder -begrenzung?

Wir betonen, daß in unserem Geschäft immer Fehler gemacht werden. Wenn wir aber alle Fehler machen, was unterscheidet dann die

Gewinner von den Verlierern? Ganz einfach, die Gewinner machen nur kleine Fehler, die Verlierer große. Die Gewinner begrenzen ihre Verluste. Unsere Firma hat sich zwei Ziele gesetzt: Zum einen versuchen wir, Gewinn zu erzielen, zum anderen versuchen wir, größere Verluste zu vermeiden. 1991 hat Ned Davis ein Buch geschrieben mit dem Titel ***„Being Right or Making Money“***. Es ist ein schönes Gefühl, wenn man mit einer Prognose richtig lag, doch ungleich wichtiger ist für uns, damit auch Gewinn zu machen. Wir erzählen unseren Kunden, daß wir Prognosen nur zum Spaß stellen, das Erzielen von Gewinn dagegen ist ein todernstes Unterfangen, das wir so wissenschaftlich wie möglich angehen. Für uns ist die Risikosteuerung eine unserer vordringlichsten Aufgaben.

Die Risikosteuerung kommt noch vor der Aktienauswahl?

Ja, auf jeden Fall. Einer der Unterschiede zwischen Profis und Amateuren ist, daß der Amateur meist auf den möglichen Gewinn schaut, der Profi dagegen fragt: „Welche Risiken sind damit verbunden?“ Bei unserer Arbeit wahren wir meist eine breitere Makro-Perspektive der Märkte. Wir beschäftigen uns viel mehr damit, anhand des S&P 500 und des Dow Risiken zu ermitteln, als mit der Auswahl bestimmter Aktien.

Und Ihre Modelle verwenden Sie, um auf Risiken oder Chancen aufmerksam zu werden?

Genau. Ein hypothetisches Beispiel: Wenn wir ein Modell aus, sagen wir, 10 Indikatoren haben und alle bullish reagieren, wäre unsere Haltung logischerweise ausgesprochen optimistisch. Nehmen wir weiter an, daß zwei Indikatoren auf bearish umschwenken – also 8 Indikatoren sind bullish und zwei bearish. Dann würden wir die Anlage immer noch halten, doch vielleicht 20 % der Chips vom Tisch nehmen, nur wegen des erhöhten Risikos. Die Märkte sind nicht schwarzweiß, bullish oder bearish. Es gibt hier viele Grauschattierungen – graduelle Abstufungen von bullish zu bearish. Das ist für uns bei Ned Davis Research ein entscheidender Faktor.

Warten Sie, bis die festgelegten Parameter Ihrer Modelle Kauf- oder Verkaufssignale generieren, oder kommt an irgendeinem Punkt in Ihrem Entscheidungsprozeß auch subjektive Bewertung ins Spiel?

Wir machen beides. Die meiste Zeit über dienen unsere Modelle als objektive Anker, die uns die nötige Disziplin zur Arbeit vermitteln, doch oft lassen wir auch Raum für Interpretation. Unser wichtigstes Modell, (Composite Longterm Investment Guide) BIG MO, steht beispielsweise gerade bei 45 %, ein eher niedriger Wert im neutralen Bereich. Das heißt, 45 % der Indikatoren des Modells sind bullish. BIG MO enthält eine ganze Reihe von verschiedenartigen Indikatoren: monetäre Indikatoren, Marktstimmungsindikatoren, Kennzahlen oder ökonomische Indikatoren. Der vorherrschende Faktor bei BIG MO ist aber, was die Kurse sagen. Seit Jahren deutete die Kennzahlenkomponente des Modells auf großen Pessimismus, doch die Kurse tendierten bullish. Bei Divergenzen innerhalb des Modells ist die Interpretation entscheidend. Kennzahlen erreichen vielleicht extrem pessimistische Werte, während sich die Kurse weiter positiv entwickeln. Um einen beliebten Vergleich zu bringen, man hat einen Fuß in einem Eimer mit heißem Wasser, den anderen in einem Eimer mit kaltem. Im Durchschnitt ist alles in Ordnung, doch in Wirklichkeit nicht. Das Risiko ist hier nicht zu unterschätzen. Deshalb lassen wir uns etwas Interpretationsspielraum bei unseren Indikatoren, doch wir verwenden das Modell als Anker. Wir verfolgen die Charts von 2 800 Indikatoren und bilden uns erst eine Meinung, wenn wir all diese verschiedenen objektiven Indikatoren studiert haben. In Kenntnis unserer Auslegung der Situation können die Kunden dann möglicherweise schneller reagieren, wenn sich eine Entwicklung abzeichnet. Unterm Strich sind unsere Modelle in erster Linie auf Risikosteuerung ausgelegt. Wir wollen die ganz großen Reinfälle möglichst verhindern.

Wenn das so ist, sind Ihre Modelle wohl eher darauf ausgerichtet, maßgebliche Trendwenden zu erkennen, nicht so sehr auf die kleinen Kursausschläge im Day-to-Day-Geschäft?

Genau. Da wir institutionelle Interessen vertreten, konzentrieren wir uns auf die „Big Moves“, denn dort ist das große Geld zu holen.

Welche Vorteile bringt der Einsatz eines Modells für den Anleger?

Da einer der Schwerpunkte bei Ned Davis Research auf der Entwicklung von Modellen für die Finanzmärkte liegt, ist das gewöhnlich eine der ersten Fragen von Kunden. Im wesentlichen gibt es drei gute Gründe für den Einsatz von Modellen. Wie bereits erwähnt, vermitteln uns die Modelle Objektivität. Nicht, daß wir etwas gegen Urteilsvermögen haben, doch wir finden es einfach gut, wenn unsere Modelle unsere bevorzugten Indikatoren mathematisch quantifizieren können und uns so eine objektive Testplattform bieten, die frei ist von emotionalen Fehlurteilen. Außerdem schätzen wir unsere Modelle, weil sie uns Disziplin vermitteln. Man kann beobachten, wie die Modelle sich zum Besseren oder zum Schlechteren hin entwickeln, doch wenn die Signale von positiv auf negativ umschalten, ist der Zwang immens, dem Modell zu folgen. Und dann ist da noch der besondere Schwerpunkt unserer Modelle, die Risiken. Wenn die Indikatoren nachgeben und die Risiken steigen, geben wir unsere Position allmählich auf. Die wichtigsten Gründe für den Einsatz von Modellen sind also, um es noch einmal auf den Punkt zu bringen: Objektivität, Disziplin und Risikosteuerung.

Würden Sie uns durch die acht beigefügten Charts führen?

Diese acht Charts machen deutlich, wie unsere Modelle aufgebaut sind; doch die meisten unserer wichtigsten zusammengesetzten Modelle sind noch viel komplexer. BIG MO etwa, unser primäres Trendmodell, besteht aus mehr als 800 verschiedenen Indikatoren. Für viele dieser Indikatoren erstellen wir separate Charts, weil wir gerne genau wissen wollen, was im „Innenleben" unserer zusammengesetzten Modelle abläuft.

Diese Charts erstrecken sich offensichtlich über einen Zeitraum von 27 Jahren. Ist das die Zeitspanne, die Sie üblicherweise bei Ihren Modellen zugrunde legen?

Die vorliegenden Charts gehen zurück bis 1968, doch viele unserer Modelle noch weiter. Viele der ökonomischen Modelle reichen zurück bis in die 40er Jahre. Unser Datenmaterial reicht zurück bis zum

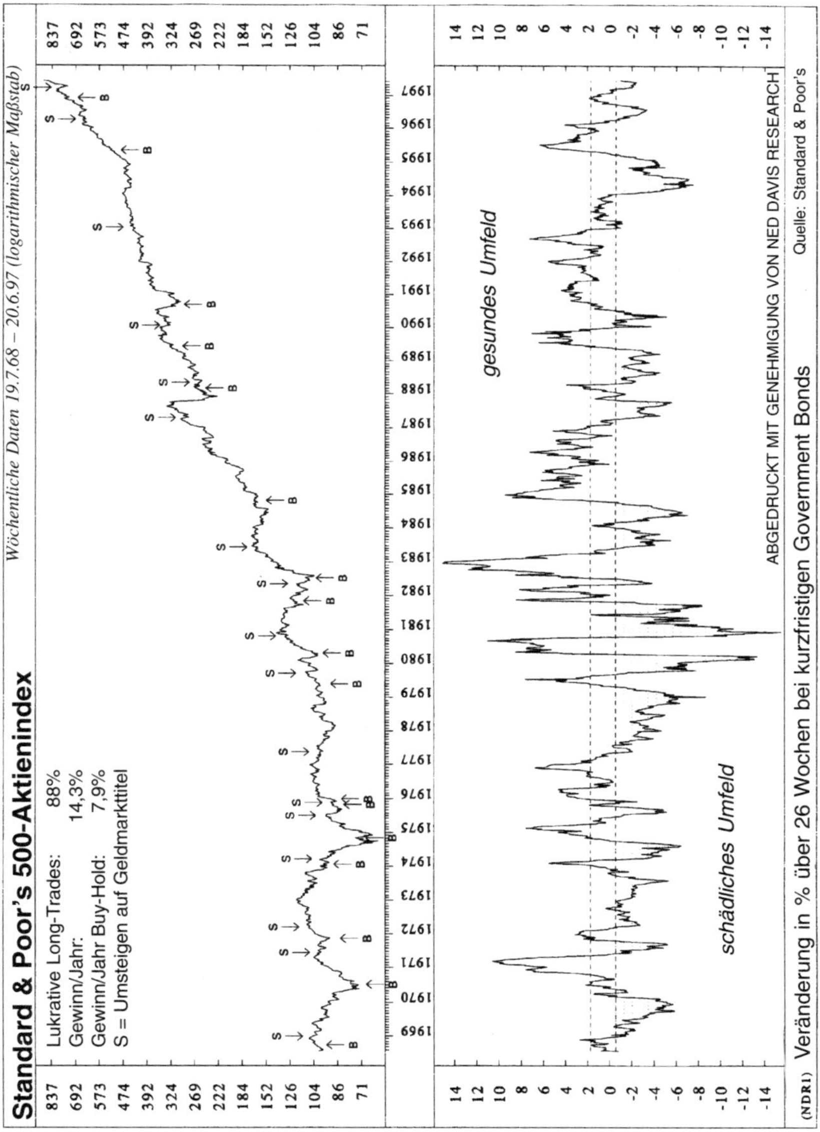
Standard & Poor's 500-Aktienindex
Wöchentliche Daten 19.7.68 – 20.6.97 (logarithmischer Maßstab)
Lukrative Long-Trades: 88%
Gewinn/Jahr: 14,3%
Gewinn/Jahr Buy-Hold: 7,9%
S = Umsteigen auf Geldmarkttitel
837
692
573
474
392
324
269
222
184
152
126
104
86
71
1969
1970
1971
1972
1973
1974
1975
1976
1977
1978
1979
1980
1981
1982
1983
1984
1985
1986
1987
1988
1989
1990
1991
1992
1993
1994
1995
1996
1997
gesundes Umfeld
schädliches Umfeld
14
12
10
8
6
4
2
0
-2
-4
-6
-8
-10
-12
-14
ABGEDRUCKT MIT GENEHMIGUNG VON NED DAVIS RESEARCH
(NDRI) Veränderung in % über 26 Wochen bei kurzfristigen Government Bonds
Quelle: Standard & Poor's

Anfang des Jahrhunderts, manche Indikatoren sogar bis ins vorige, doch die meisten unserer wöchentlichen Daten beginnen um 1960 bis 1965 herum. Ich will Ihnen zunächst ein wenig Orientierungshilfe geben. In der linken unteren Ecke eines jeden Charts finden Sie die Chartnummer. Die Charts sind von NDR 1 bis NDR 8 durchnumeriert. Auf allen Charts, mit einer Ausnahme vielleicht, geben die Überschriften an, welchen Markt wir hier prognostizieren oder bezüglich seiner Risiken einordnen wollen. In diesem Fall handelt es sich um den S&P 500, dem Standard für institutionelle Kunden. Im unteren Teil des Charts NDR 1 ist die Rate of Change für kurzfristige Government Bonds über 26 Wochen dargestellt, die wir brauchen, um aus der oberen Graphik Kauf- und Verkaufssignale abzuleiten. Der Pfeil nach oben, Punkt „B“ auf der oberen Graphik, zeigt, wo dieser Indikator zum Kauf rät, der abwärts gerichtete Pfeil bei „S“, wo wir verkaufen und uns auf Geldmarktpapiere verlegen sollten. Einer unserer Grundsätze lautet: „Stelle dich nie gegen die Federal Reserve.“ Um auf der richtigen Seite von monetären Trends oder Zinstrends zu bleiben, ist die auf 26 Wochen berechnete Rate of Change für kurzlaufende Government Bonds ein guter Indikator. Um sie zu ermitteln, nimmt man einfach den Standard & Poor's Shortterm Government Bond Index für 2–4jährige Staatsschuldtitel und überprüft, ob der Index höher oder tiefer steht als vor sechs Monaten. Liegen die kurzfristigen Staatsschuldtitel um 1,8 % oder mehr höher, ist das ein Kaufsignal. Sind die kurzlaufenden Bonds gegenüber dem 26 Wochen zurückliegenden Wert um 0,5 % gesunken, generiert das Modell ein Verkaufssignal. Um noch genauer zu werden, muß der Indikator für unsere Zwecke oberhalb der oberen gestrichelten horizontalen Linie liegen. Ist dieses Niveau überschritten, wird ein Kaufsignal generiert. Umgekehrt impliziert ein Wert unterhalb der unteren gestrichelten Linie ein Verkaufssignal. Unser Computerprogramm kann die Treffsicherheit dieser Indikatoren, ihr durchschnittliches Leistungsvermögen, bewerten. Hätte man die Kaufsignale beim S&P 500 befolgt und wäre bei Verkaufssignalen auf risikolose Geldmarkttitel umgestiegen, hätte man in dem Betrachtungszeitraum von 28 Jahren ein Plus von 14,3 % im Jahr erzielt. Langfristige Anlagen im S&P 500 hätten über denselben Zeitraum nur 7,9 % gebracht. Wenn man sich nicht gegen die Fed gestellt hätte, hätte man doppelt soviel Gewinn gemacht wie der langfristig orientierte „Buy-and-Hold"-Anleger. Doch selbst bei einem so zuverlässigen Indikator verlassen wir uns nicht nur auf einen Ast, sondern bevorzugen einen ganzen „Baum" von Indikatoren. Monetäre Trends und die Federal-Reserve-Politik sind nur ein Ast an diesem Baum.

Wie sehen die anderen Äste aus?

Wichtigste Vorgabe ist, den Primärtrend zu respektieren; doch wir verwenden auch andere Arten von Indikatoren bezüglich monetärer Faktoren und Marktstimmung, die uns bei der frühzeitigen Erkennung von Gipfel- oder Bodenbildung und bei der Einschätzung der Marktrisiken helfen. Der erste Chart (NDR 1) zeigt die Liquidität, die die Fed den wirtschaftlichen und finanziellen Systemen zur Verfügung stellt, doch wir betrachten auch die Liquidität innerhalb des Aktienmarktes. In der Theorie gilt, daß bei extrem optimistischer Stimmung restlos investiert wird, während Barreserven angelegt werden, wenn die Angst umgeht. Ist die Angst besonders groß, kommt es zu einer potentiellen Nachfrage nach Aktien auf den Nebenmärkten. Schauen wir einmal Chart NDR 2 an. Er zeigt den Prozentsatz an optimistischen Beratern geteilt durch die Summe von optimistischen plus pessimistischen Beratern nach Investor's Intelligence. Der Indikator bewegt sich normalerweise bei 30 %, wenn die Masse besonders pessimistisch ist, und um 90 %, wenn die Masse besonders optimistisch ist. Die Regel, die wir für diesen Indikator entwickelt haben, lautet: „Vorsicht vor der Masse bei Extremen." Wir haben ein paar Kauf- und Verkaufssignale entwickelt, die auf diesem Chart zu sehen sind, doch, um ehrlich zu sein, ist die Erfolgsbilanz bestenfalls durchwachsen. Das Problem ist, daß bei größeren Bewegungen die Masse tatsächlich eine gewisse Zeitlang recht behält. In diesen Phasen funktionieren Marktstimmungsindikatoren wie der vorliegende nicht besonders gut, weil sie oft zu früh dran sind. Chart NDR 3 verdeutlicht, was passiert, wenn der Indikator zur Marktstimmung der Anlageberater mit dem Momentum-Indikator für kurzlaufende Government Bonds kombiniert wird, den wir im ersten Chart (NDR 1) kennengelernt haben. Dieser kombinierte Indikator geht davon aus, daß bei „günstigen" monetären Bedingungen *weniger*

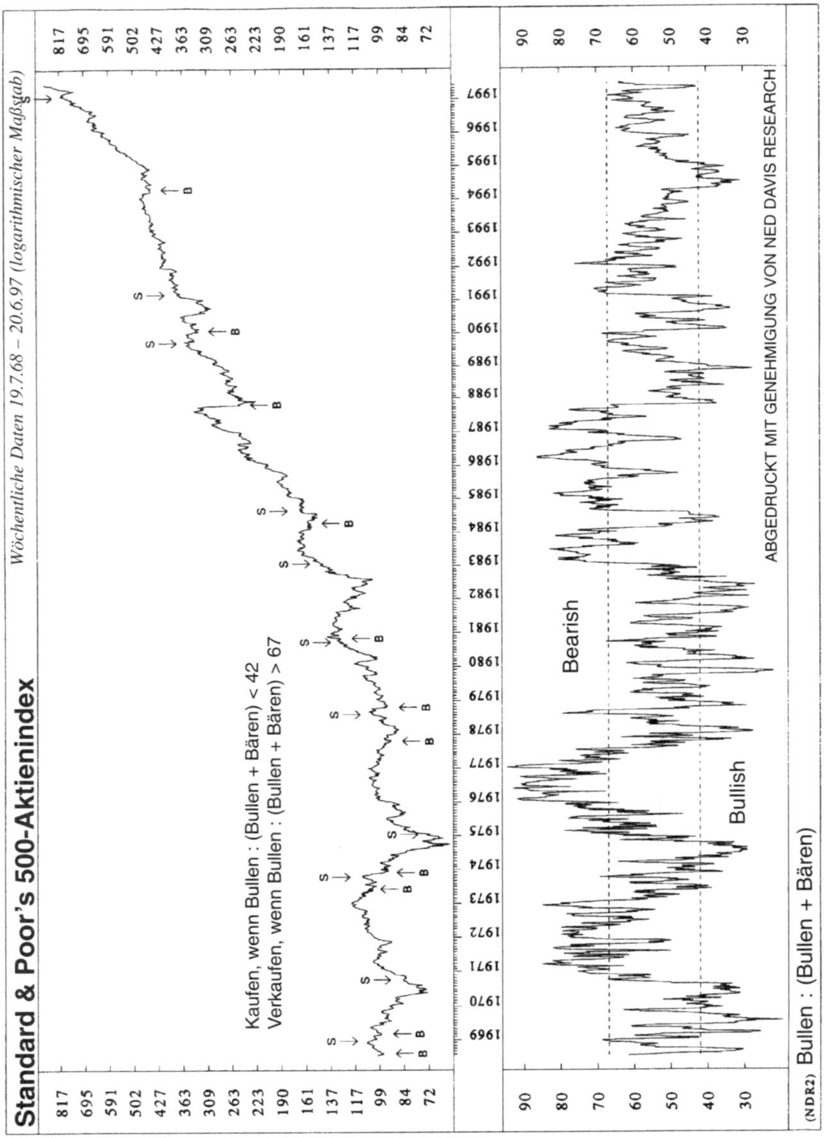
Standard & Poor's 500-Aktienindex
Wöchentliche Daten 19.7.68 – 20.6.97 (logarithmischer Maßstab)
Kaufen, wenn Bullen : (Bullen + Bären) < 42
Verkaufen, wenn Bullen : (Bullen + Bären) > 67
Bearish
Bullish
ABGEDRUCKT MIT GENEHMIGUNG VON NED DAVIS RESEARCH
(NDR2) Bullen : (Bullen + Bären)

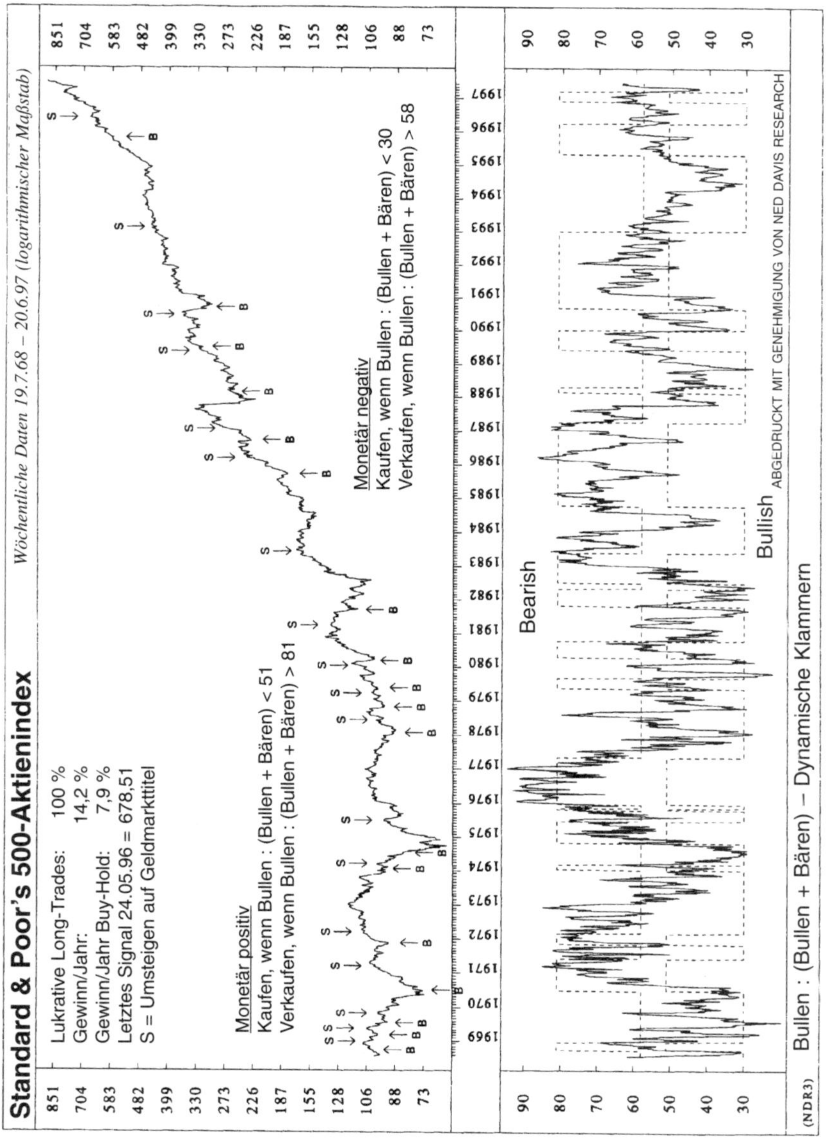
Standard & Poor's 500-Aktienindex
Wöchentliche Daten 19.7.68 – 20.6.97 (logarithmischer Maßstab)
Lukrative Long-Trades: 100 %
Gewinn/Jahr: 14,2 %
Gewinn/Jahr Buy-Hold: 7,9 %
Letztes Signal 24.05.96 = 678,51
S = Umsteigen auf Geldmarkttitel
Monetär positiv
Kaufen, wenn Bullen : (Bullen + Bären) < 51
Verkaufen, wenn Bullen : (Bullen + Bären) > 81
Monetär negativ
Kaufen, wenn Bullen : (Bullen + Bären) < 30
Verkaufen, wenn Bullen : (Bullen + Bären) > 58
Bearish
Bullish
ABGEDRUCKT MIT GENEHMIGUNG VON NED DAVIS RESEARCH
(NDR3)
Bullen : (Bullen + Bären) – Dynamische Klammern

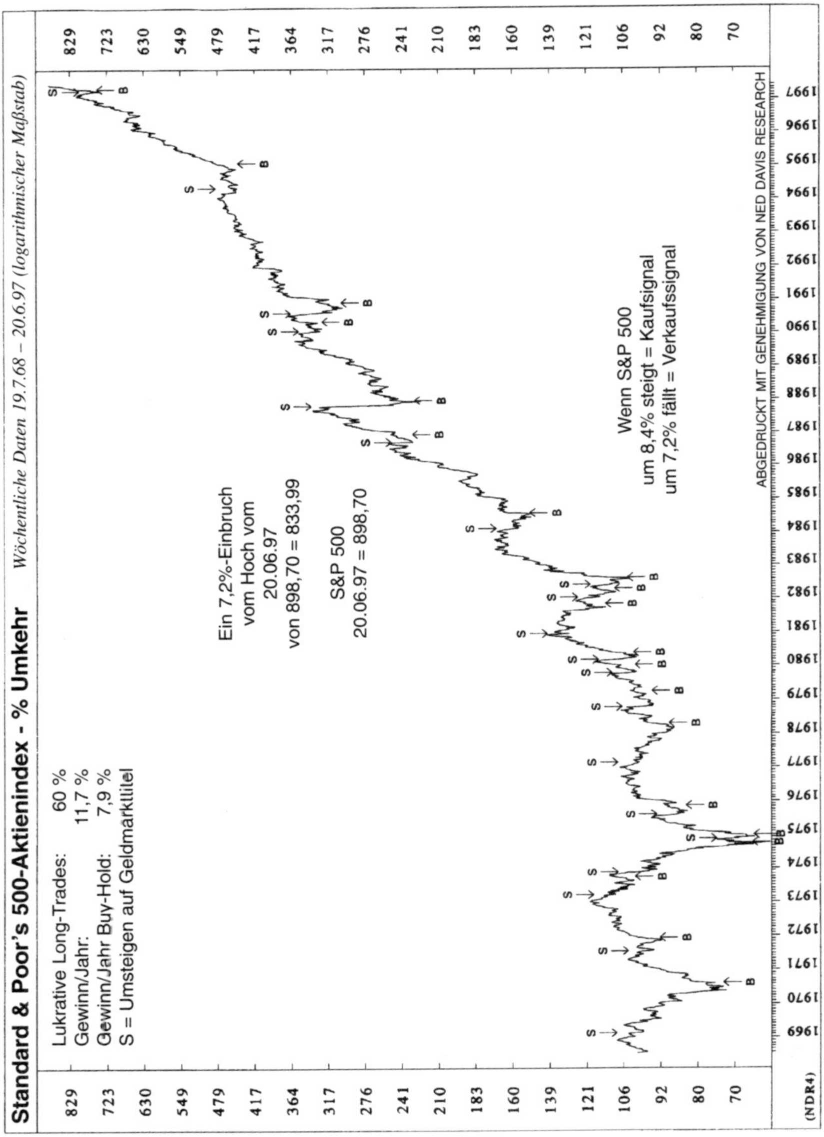
Standard & Poor's 500-Aktienindex - % Umkehr
Wöchentliche Daten 19.7.68 – 20.6.97 (logarithmischer Maßstab)
Lukrative Long-Trades: 60 %
Gewinn/Jahr: 11,7 %
Gewinn/Jahr Buy-Hold: 7,9 %
S = Umsteigen auf Geldmarkttitel
Ein 7,2%-Einbruch
vom Hoch vom
20.06.97
von 898,70 = 833,99
S&P 500
20.06.97 = 898,70
Wenn S&P 500
um 8,4% steigt = Kaufsignal
um 7,2% fällt = Verkaufssignal
ABGEDRUCKT MIT GENEHMIGUNG VON NED DAVIS RESEARCH
829 723 630 549 479 417 364 317 276 241 210 183 160 139 121 106 92 80 70
1969 1970 1971 1972 1973 1974 1975 1976 1977 1978 1979 1980 1981 1982 1983 1984 1985 1986 1987 1988 1989 1990 1991 1992 1993 1994 1995 1996 1997
(NDR4)

Pessimismus ausreicht, um eine Konstellation als „bullish“ zu interpretieren, und *mehr* Optimismus erforderlich ist, um eine Konstellation „bearish“ zu deuten. Umgekehrt gilt, daß bei „ungünstigen“ monetären Bedingungen viel mehr Pessimismus erforderlich ist, um einen für Bullen interessanten Boden zu erreichen, und weniger Optimismus für ein Bärentop. Chart NDR 3 illustriert diesen Effekt an dem von uns als „dynamische Klammern“ bezeichneten Element. Deutet der Bond-Momentum-Indikator auf positive monetäre Bedingungen, verlagern sich die Klammern nach oben, und umgekehrt, wenn der Indikator schlechte monetäre Bedingungen verheißt. Es zeigt sich, daß die Strategie, bei Verkaufssignalen auf Geldmarkttitel umzusteigen, bei 100 % der auf diesem Chart dargestellten Closeout-Trades Gewinn gebracht hätte.

Beziehen Sie die Zahlen für Chart NDR 2 von verschiedenen Börsendiensten oder ausschließlich von Investor's Intelligence?

Die Zahlen zur Marktstimmung stammen ausschließlich von Investor's Intelligence. Wir berücksichtigen nur die optimistischen und die pessimistischen Anlageberater und nicht die Korrekturkategorie. Der dritte Teilbereich, auf dem hier der Schwerpunkt liegt, besagt: „Stelle dich nie gegen den Kurs.“ oder „Der Trend ist dein Freund.“ Chart NDR 4 zeigt einen Indikator, den wir trend- oder kursreagibel ausgelegt haben, so daß wir in Einklang mit dem Markt vorgehen können. Diesen Indikator vergleiche ich gern mit dem Dienstwagen auf einem Zug. Durch den Wochen-Schlußkurs des S&P 500-Aktienindex wissen wir: Wenn der S&P 500 von einem Tief um 8,4 % zulegt, wird der Zug nach Norden fahren. An diesem Punkt erhalten wir ein Kaufsignal. Fällt der S&P 500 von einem Gipfel um 7,2 % zurück, heißt das, der Zug fährt sicher nach Süden, und ein Verkaufssignal wird generiert. Der Nachteil solcher Indikatoren ist ihre unzulängliche Trefferquote. Die Vergangenheit zeigt, daß es bei Trendfolgeindikatoren viel Auf und Ab gibt, was zu einer Reihe von kleinen Verlusten führen kann. So war dieser Indikator, was Kaufsignale anbelangt, tatsächlich nur in etwa 60 % der Fälle zuverlässig. Fast den gleichen Erfolg hätte man durch das Werfen einer Münze erzielt. Sie fragen vielleicht: „Wozu benutzt man ihn dann?“ Von unseren Tests wissen wir, daß das ganz große Geld mit den sogenannten „Big Moves“ gemacht wird. Deshalb verwenden wir diesen Indikator, denn wenn es zu einer so ausgeprägten Bewegung kommt, ist man damit quasi garantiert auf der richtigen Seite. Bei einer nachhaltigen Baisse wie der von 1968 bis 1970, die zu Beginn des Charts zu sehen ist, wird man nicht lange tatenlos herumsitzen. Trendreagible Indikatoren wie dieser haben eingebaute Stop-Loss-Mechanismen, um sicherzustellen, daß man bei einer größeren Bewegung nicht auf der falschen Seite landet. Bei Anwendung dieses Modells hätten Sie 11,7 % Gewinn im Jahr gemacht, gegenüber 7,9 % mit der „Buy-and-Hold“-Variante. Chart NDR 5 zeigt eine weitere Methode zur Generierung von trendreagiblen Signalen. Dieser Indikator basiert einfach auf der 30-Wochen-Rate-of-Change des Value Line Composite Index.

Glätten Sie die 30-Wochen-Rate-of-Change mit einem Moving-Average?

Nein, wir nehmen einfach die 30-Wochen-Veränderungsrate auf Grundlage des Wochenschlußkurses des Value Line Composite Index. Um ein Kaufsignal zu generieren, muß die Rate of Change aus dem überverkauften Bereich auf mindestens –1 % steigen. Um ein Verkaufssignal zu generieren, muß der Indikator aus einem überkauften Bereich bis auf +15 % sinken. Mit einer Trefferquote von 94 % bei den Kaufsignalen und einem Plus von insgesamt 11,5 % im Jahr ist die Erfolgsbilanz dieses trendreagiblen Indikators viel besser als die des Charts NDR 4. Wir sagen unseren Kunden, daß Fehler zum Geschäft gehören und daß jeder Fehler macht. Der Unterschied zwischen den Gewinnern und den Verlierern am Aktienmarkt, der *einzige* Unterschied, ist im Prinzip, daß Verlierer große Fehler machen, von denen sie sich nicht mehr erholen, und die Gewinner begrenzte Verluste, die sie verkraften.

Herzlichen Dank für diesen entscheidenden Hinweis.

Kursreagible oder trendreagible Indikatoren sind für unsere Arbeit von großer Bedeutung. Auch wenn ihre Erfolgsbilanzen zu wünschen übrig lassen, und das ist oft der Fall, legen wir trotzdem Wert darauf, daß bei den Modellen, die für Positionsbestimmungen bei unseren Kerninvestitionen Verwendung finden, mindestens 50 % der Gewichtung auf trendreagible Indikatoren entfällt. Es kommt hier zu vielen kleinen Schwankungen, die das Leistungsvermögen insgesamt beeinträchtigen. Bei zinsreagiblen Indikatoren ist die Trefferquote zwar höher, doch es kann vorkommen, daß die Zinsen sinken und auch der Aktienmarkt nachgibt. Das war zum Beispiel in den 30er Jahren der Fall. In so einer Situation fehlt dem zinsreagiblen Modell ein objektiver Mechanismus zur Generierung eines Ausstiegssignals. Dafür braucht man dann die trendreagiblen Indikatoren. Bei diesem speziellen Modell haben wir bei den Kaufsignalen gekauft, bei den Verkaufssignalen jedoch „leer verkauft". Liegt der Gesamtindikator oberhalb von Null, sind die Indizien in der Mehrheit positiv, und es wird ein Kaufsignal generiert. Sind die Indizien zum Großteil negativ, ist das das Signal für Leerverkäufe. Das Leistungsvermögen dieses Indikators beträgt 70 %, das heißt also, 2/3 aller Signale brachten Gewinn. Tests ergaben, daß man damit ein jährliches Plus von 7,3 % erzielt hätte – verglichen mit 7,9 % durch die Buy-and-Hold-Strategie.

Die Buy-and-Hold-Strategie ist dann ja geringfügig überlegen.

Wenn man sich für die riskantere Variante entscheiden würde, long zu gehen und leer zu verkaufen, zeigt der Test, daß man nur leicht hinter den Ergebnissen des Buy-and-Hold-Ansatzes zurückläge. In einem Bullenmarkt, wie wir ihn gerade erlebt haben, ist es sehr schwer, mit einer Leerverkaufsstrategie Gewinn zu machen. In einem Bärenmarkt dagegen wird dieser Indikator Leerverkäufe signalisieren und richtig Geld einbringen, weit mehr als die Buy-and-Hold-Strategie. Chart NDR 7 enthält dieselben vier Indikatoren wie Chart NDR 6, diesmal unterteilt in Modi oder Schichten, wie wir es nennen. Im Bullenmodus muß das Modell netto mit wenigstens zwei Indikatoren im positiven Bereich sein. Liefern die Indikatoren ein gemischtes Bild, befinden wir uns im neutralen Modus und bei mindestens netto zwei negativen Indikatoren im Bärenmodus. Zu beachten ist dabei, daß die Indikatoren die meiste Zeit über gemischt sind, doch während der Intervalle, in denen wenigstens zwei unterm Strich positiv sind, erreicht der S&P 500 ein jährliches Plus von 34,4 % – ein Traumwert. Im neutralen Modus legt der S&P 500 um rund 8,1 % zu, was in etwa den 7,9 % Gewinn bei langfristig orientiertem Anlageverhalten entspricht. Gerät der Indikator in den Bärenmodus, fällt der Markt im Jahresdurchschnitt um 15,4 %. Das ist die Art von Risikoanalyse, die wir mit unseren Modellen betreiben. Durch Berücksichtigung der verschiedenen Modi kann man messen, ob der Markt bullish und risikoarm oder bearish und risikoreich ist.

Welche Alternative bleibt Anlegern, die nicht leer verkaufen wollen?

Für diejenigen unserer Kunden, die nicht leer verkaufen oder große Risiken eingehen wollen, haben wir ein Asset-Allocation-Modell entwickelt. Ein Beispiel dafür finden Sie in Chart NDR 8. Damit wird nur festgelegt, wieviel Geld wir in den Aktienmarkt investieren wollen. Sind alle vier Indikatoren bullish, legen wir mehr Kapital in Aktien an, weil in diesem Modus die Gewinne so attraktiv sind. Sind nur zwei netto im positiven Bereich, sind wir immer noch in Kaufstimmung, begrenzen aber unsere Risiken, indem wir nur 75 % in Aktien anlegen. Liegt der Indikator netto bei Null, bleiben wir mit 50 % am Aktienmarkt. Sind alle vier Indikatoren negativ, lassen wir komplett die Finger von Aktien und bringen unser Kapital sicher in risikolosen Geldmarktfonds unter.

Sie stocken also Ihre Positionen auf, wenn der Markt anzieht, und bauen sie ab, wenn der Markt Schwäche zeigt?

Ja, und wenn wir 75 % des Kapitals in Aktien angelegt haben, stecken wir den Rest in Geldmarktpapiere. Investieren wir 50 % in Aktien, investieren wir die anderen 50 % in Geldmarkttitel. Sind wir mit 25 % in Aktien engagiert, haben wir 75 % des Kapitals in Geldmarkttiteln. Ausgehend von einer bereinigten Rate von 100 im Jahr 1968 ist der S&P 500 seither auf fast 900 gestiegen. Die obere Linie von Chart NDR 8 zeigt, wie man mit dem Asset-Allocation-Modell gefahren wäre. Hätte man 1968 $ 100,00 entsprechend investiert, wären das heute $ 3 400,00. Der jährliche Gewinn liegt damit bei 12,9 % gegenüber den 7,9 % des Buy-and-Hold-Anlegers. Man schneidet also fast doppelt so gut ab wie nach dem Buy-and-Hold-Prinzip und hat ein

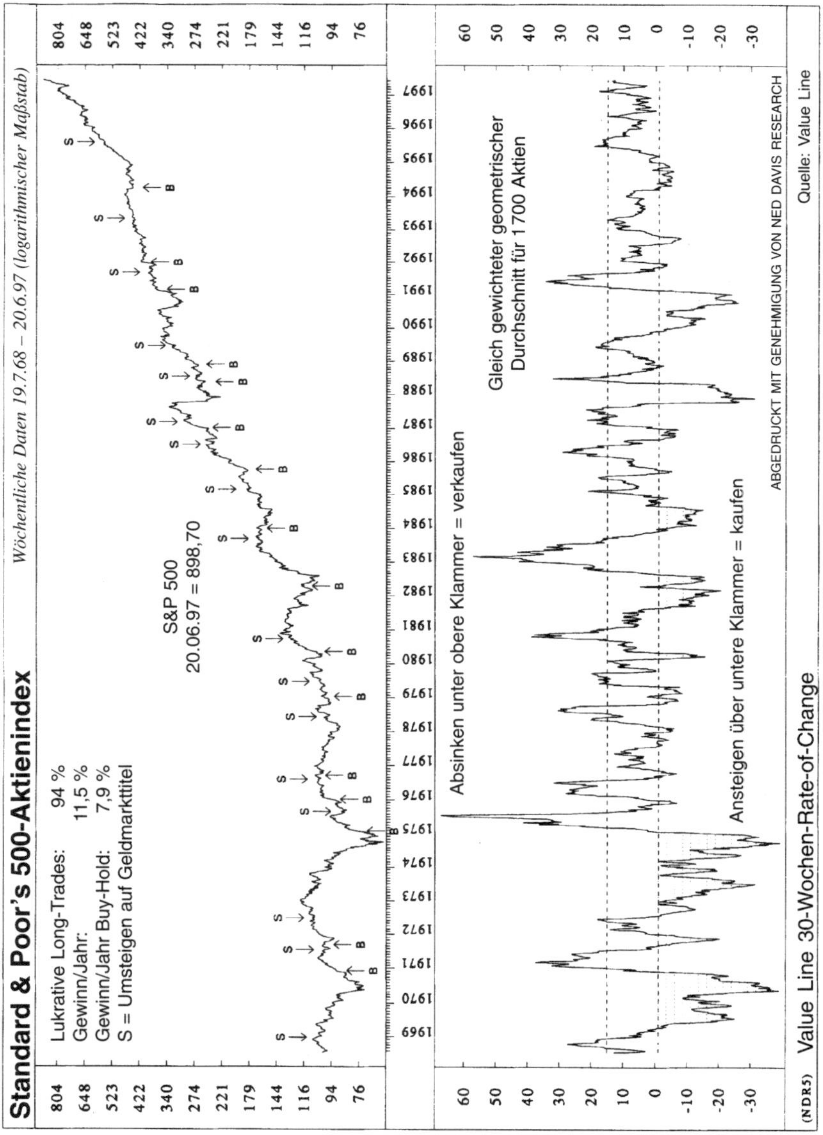
Standard & Poor's 500-Aktienindex
Wöchentliche Daten 19.7.68 – 20.6.97 (logarithmischer Maßstab)
Lukrative Long-Trades: 94 %
Gewinn/Jahr: 11,5 %
Gewinn/Jahr Buy-Hold: 7,9 %
S = Umsteigen auf Geldmarkttitel
S&P 500
20.06.97 = 898,70
Absinken unter obere Klammer = verkaufen
Ansteigen über untere Klammer = kaufen
Gleich gewichteter geometrischer
Durchschnitt für 1700 Aktien
ABGEDRUCKT MIT GENEHMIGUNG VON NED DAVIS RESEARCH
(NDRS) Value Line 30-Wochen-Rate-of-Change
Quelle: Value Line

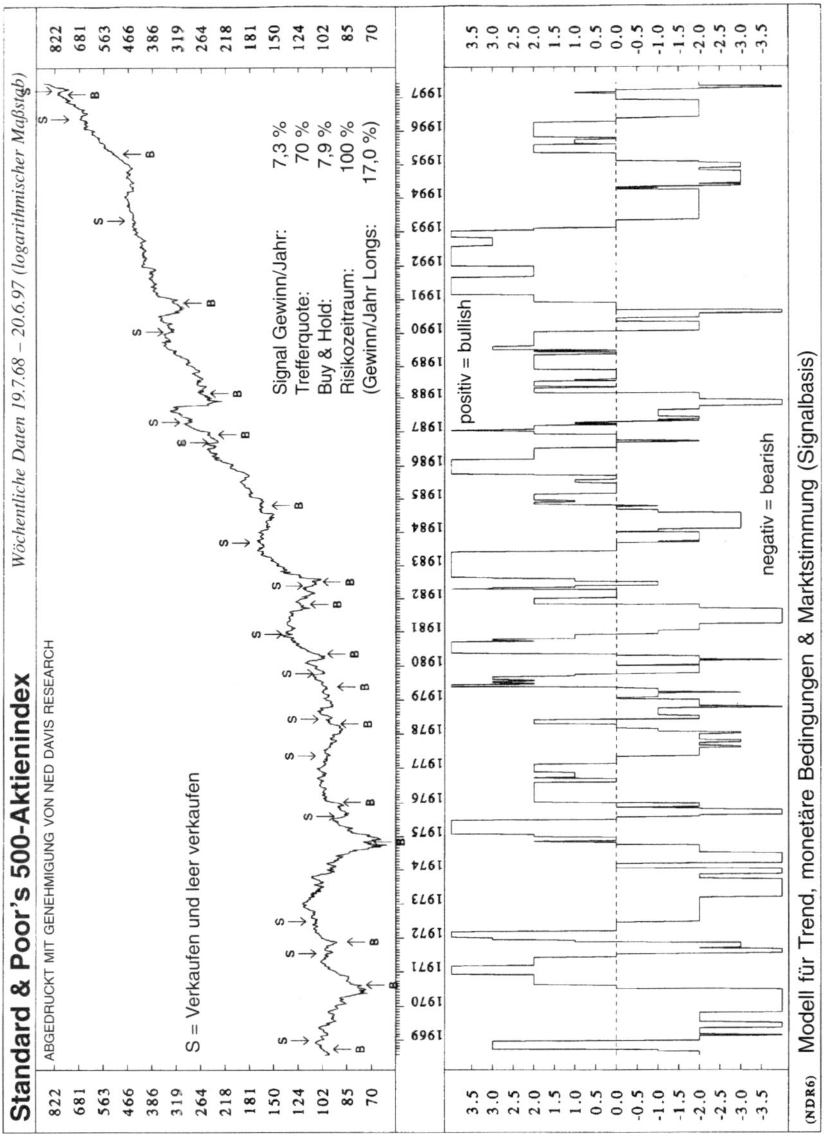
Standard & Poor's 500-Aktienindex
Wöchentliche Daten 19.7.68 – 20.6.97 (logarithmischer Maßstab)
ABGEDRUCKT MIT GENEHMIGUNG VON NED DAVIS RESEARCH
S = Verkaufen und leer verkaufen
Signal Gewinn/Jahr: 7,3 %
Trefferquote: 70 %
Buy & Hold: 7,9 %
Risikozeitraum: 100 %
(Gewinn/Jahr Longs: 17,0 %)
positiv = bullish
negativ = bearish
(NDR6)
Modell für Trend, monetäre Bedingungen & Marktstimmung (Signalbasis)

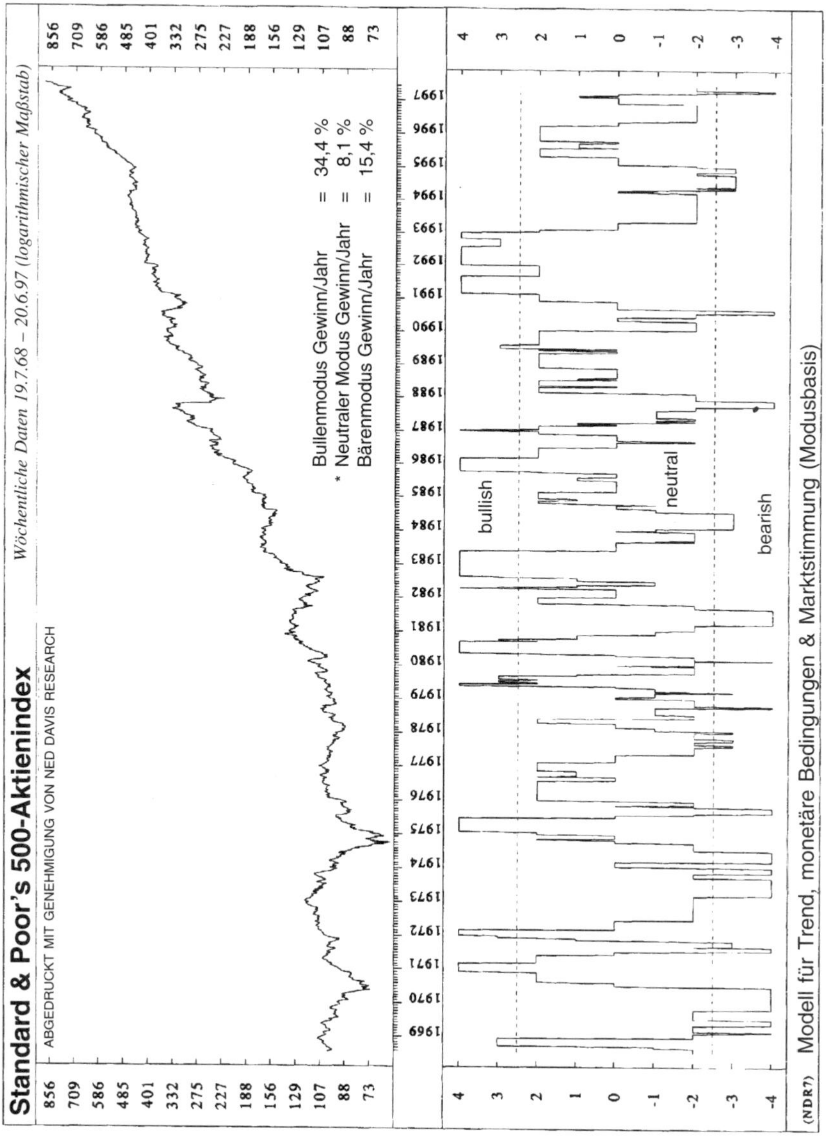
Standard & Poor's 500-Aktienindex
ABGEDRUCKT MIT GENEHMIGUNG VON NED DAVIS RESEARCH
Wöchentliche Daten 19.7.68 – 20.6.97 (logarithmischer Maßstab)
Bullenmodus Gewinn/Jahr = 34,4 %
* Neutraler Modus Gewinn/Jahr = 8,1 %
Bärenmodus Gewinn/Jahr = 15,4 %
bullish
neutral
bearish
Modell für Trend, monetäre Bedingungen & Marktstimmung (Modusbasis)

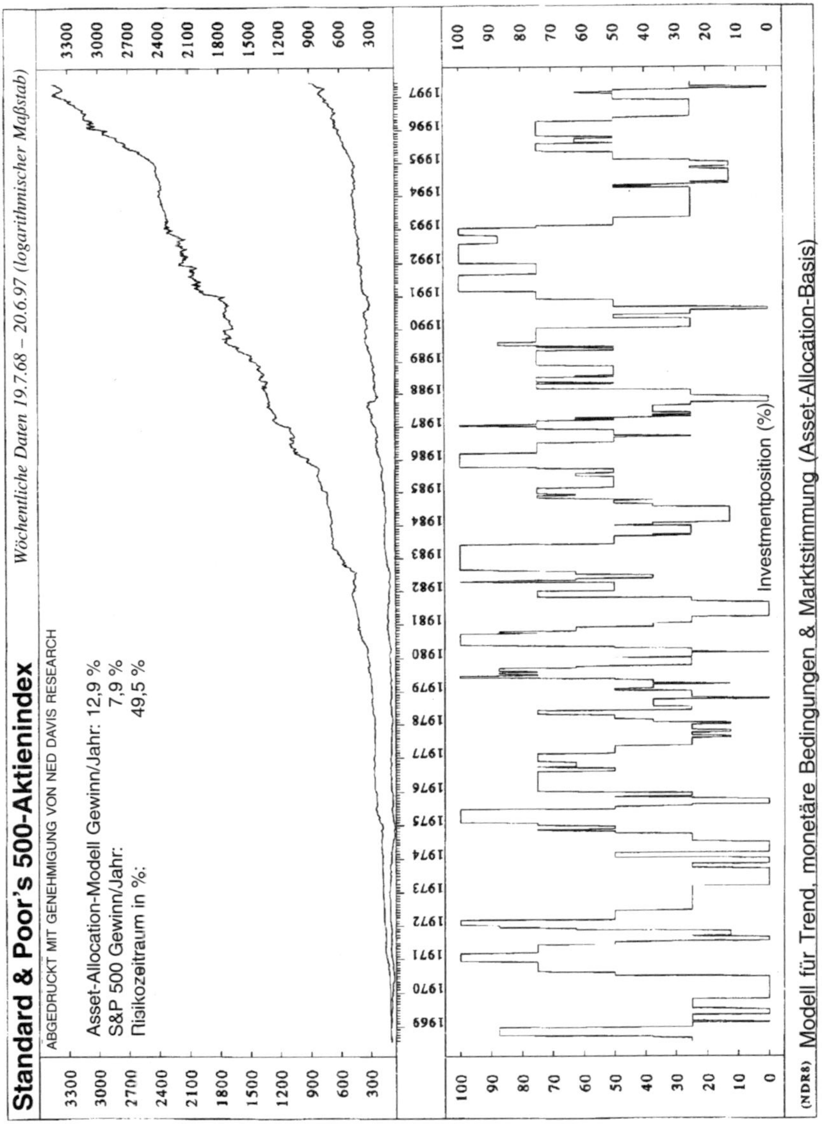
Standard & Poor's 500-Aktienindex
ABGEDRUCKT MIT GENEHMIGUNG VON NED DAVIS RESEARCH
Wöchentliche Daten 19.7.68 – 20.6.97 (logarithmischer Maßstab)
Asset-Allocation-Modell Gewinn/Jahr: 12,9 %
S&P 500 Gewinn/Jahr: 7,9 %
Risikozeitraum in %: 49,5 %
Investmentposition (%)
(NDR®)
Modell für Trend, monetäre Bedingungen & Marktstimmung (Asset-Allocation-Basis)

geringeres Risiko, denn die Hälfte der Zeit steckt das Geld sicher in verhältnismäßig risikolosen Geldmarktpapieren. Die drei Grundpfeiler unserer Unternehmensphilosophie sind also: „Stelle dich nie gegen die Fed.“, „Vorsicht vor der Masse bei Extremen.“ und „Stelle dich nie gegen den Kurs.“

In Ihrem Indikatorenfundus bei Ned Davis Research haben Sie verschiedene monetäre und ökonomische Indikatoren und Kennzahlen, die klare Kauf- und Verkaufsparameter haben und leicht zu berechnen sind. Einer dieser Indikatoren ist die Rate of Change des Tagesgeldsatzes.

Die monetären Indikatoren gehören zu unseren nützlichsten Hilfsmitteln und haben – wenn man den deflationären Zyklus der 30er Jahre einmal ausnimmt – in der Vergangenheit beste Ergebnisse gezeigt. In den 30er Jahren sind die Zinsen zwar gesunken, doch die monetären Indikatoren haben im entsprechenden Zyklus trotzdem versagt. Die Rate of Change des Tagesgeldsatzes der Fed beruht auf den bloßen Monatsdaten. Man berechnet einfach die prozentuale Veränderung des Tagesgeldsatzes verglichen mit dem Wert von vor 16 Monaten. Die obere Klammer liegt bei 26 %, die untere bei –7 %. Die Interpretation dieses Indikators ist etwas anders. Fällt der Tagesgeldsatz von einem hohen Wert unter das Niveau von +26 %, wird ein Kaufsignal generiert. Steigt das Momentum des Tagesgeldsatzes von einem niedrigen Niveau auf über –7 % an, ergibt sich ein Verkaufssignal.

Für eine Veränderungsrate sind 16 Monate ein relativ langer Zeitraum. Sind die Signale dieses Indikators als Beginn eines langfristigen Trends zu deuten?

Von einem Signal bis zum nächsten können manchmal Jahre vergehen. Die Begriffe kurz-, mittel- und langfristig haben für jeden eine andere Bedeutung. Für mich gehört der vorliegende Indikator jedenfalls zu den längerfristigen monetären Indikatoren.

Was kurzfristige Zinssätze angeht, so ist das Verhältnis von 90-Tages-Treasury Bills zum Diskontsatz offensichtlich ein guter Führungsindikator zur Ankündigung von Trendwenden beim S&P 500.

Ja. Diesen Indikator ermitteln wir, indem wir einfach die Rendite des 90-Tages-Treasury-Bills durch den Diskontsatz teilen. Die Richtgrößen sind hier 96,58 und 109,03. Steigt der Indikator über 109,03, wird ein Verkaufssignal generiert, weil die 90-Tages-T-bill-Rendite im Verhältnis zum Diskontsatz zu hoch ist. Ein Grund dafür könnte sein, daß die Banken Treasury Bills auf den Markt werfen, um ihre Liquidität zu erhöhen. Fällt der Indikator unter 96,58, wird ein Kaufsignal generiert.

Für die Berechnung der Renditen kurzfristiger Treasury Bills werden zweierlei Werte angesetzt: die Durchschnittsrendite von Abzinsungstiteln oder die Rückzahlungsrendite. Welchen haben Sie verwendet?

Wir verwenden die Rückzahlungsrendite.

Ist die Ratio von Tagesgeldsatz und Diskontsatz nicht ein ebenso wertvoller monetärer Indikator?

Ja. Wenn der Tagesgeldsatz 113 % des Diskontsatzes beträgt, so lehrt die Vergangenheit, ist Pessimismus angesagt. Liegt er bei 105 % des Diskontsatzes, zeigen wir uns optimistisch. Unseren Erkenntnissen nach hat der Value Line Composite bei einem Indikatorwert von 105 % oder darunter ein jährliches Plus von 34,1 % erzielt. Bei einem Niveau von über 113 % ist beim Value Line ein jährliches Minus von 3,4 % zu verzeichnen – ein maßgeblicher Unterschied, der einmal mehr für die Leistungsfähigkeit der monetären Indikatoren spricht.

Hat nicht die Differenz aus S&P 500-Aktienrendite und 90-Tages-T-bill-Rendite eine gute Erfolgsbilanz beim Erkennen von maßgeblichen Trendwenden?

Ja, historisch hat dieser Indikator gute Ergebnisse gebracht. Zwei Faktoren arbeiten hier für uns – Kennzahlen und Zinsen, und die Indizien werden in zweierlei Hinsicht gewertet. Steigt der Indikator über 1,4, signalisiert er bullish, sinkt er unter –0,5, ist das ein Indiz für bearish.

Gibt es noch andere Indikatoren, die das Verhältnis von Kennzahlen und Zinsen untersuchen?

Die Ratio der Rendite von langlaufenden Treasury Bonds gegenüber der Rendite des S&P 500. Legen wir für die Rendite von langlaufenden Treasury Bonds den S&P Longterm Government Bond Index zugrunde, berechnen wir zunächst die Ratio und gehen dann noch einen Schritt weiter mit der Ermittlung der Veränderungsrate über 26 Wochen. Der untere Richtwert liegt hier bei –8,9 %, der obere bei 8,7 %. In der Vergangenheit sind die langlaufenden Staatsanleihen im Jahresdurchschnitt um 8,7 % gefallen, wenn die 26-Wochen-Rate-of-Change des Verhältnisses von Bondrenditen zu Aktienrenditen über 8,7 % lag. War die 26-Wochen-Rate-of-Change unter –8,9 % gefallen, betrug das jährliche Plus bei langlaufenden Staatsanleihen 7,4 %.

Ein ökonomischer Indikator, der insbesondere auf Markttops und -böden hinweist, ist das Verbrauchervertrauen.

Ökonomische Indikatoren sind bei der Analyse nur bedingt brauchbar, da die entsprechenden Daten nur mit zeitlicher Verzögerung zur Verfügung stehen und revidiert werden können. Dieser spezielle ökonomische Indikator gehört sicherlich zu den zuverlässigeren. Das Verbrauchervertrauen ist ein Maßstab für die Erwartungen der Verbraucher, die wichtig sind, weil die Ausgaben der Privathaushalte etwa 2/3 der gesamten Wirtschaftstätigkeit ausmachen. Das Conference Board (größtes US-Wirtschaftsforschungsinstitut) untersucht jeden Monat mehrere tausend Haushalte und stellt Fragen zur allgemeinen wirtschaftlichen Situation und zu den beruflichen Aussichten. Die Umfragen bestehen etwa zu 40 % aus Fragen zur gegenwärtigen Situation. Mit 60 % sind die Erwartungen für die Zukunft gewichtet – etwa, ob die Verbraucher glauben, daß es mit der Wirtschaft in den folgenden sechs Monaten bergauf oder bergab gehen wird. Die Umfrageergebnisse werden zusammengestellt und monatlich vom Conference Board unter dem

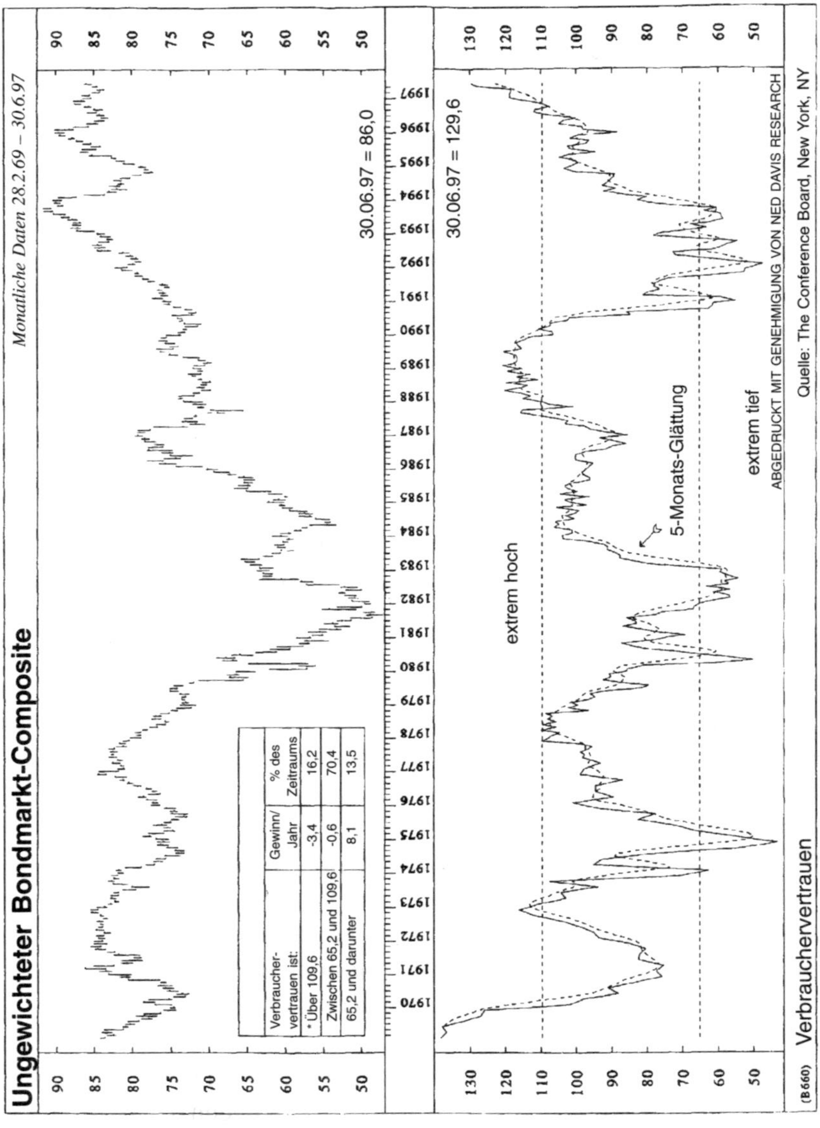

Verbraucher-vertrauen ist:	Gewinn/ Jahr	% des Zeitraums
* Über 109,6	-3,4	16,2
Zwischen 65,2 und 109,6	-0,6	70,4
65,2 und darunter	8,1	13,5

Schlagwort „Consumer Confidence“ (Verbrauchervertrauen) veröffentlicht. Für unsere Zwecke benutzen wir den geglätteten 5-Monats-Wert des Verbrauchervertrauens. Um den Indikator zu testen, haben wir einen Maßstab entwickelt, den wir „ungewichteten Bondmarkt-Composite“ nennen. Wir haben festgestellt, daß die Bondkurse oberhalb eines Wertes von 109,6 im Jahresdurchschnitt um 3,4 % gefallen sind. Bei Werten unter 65,2 legen die Bondkurse jährlich um 8,1 % zu.

Um den Indikator zu glätten, ermitteln Sie den Average der nackten Zahlen für fünf aufeinanderfolgende Monate?

Ja, lediglich einen einfachen Moving-Average, einen gleitenden Mittelwert.

Da der Bondmarkt der Maßstab für die Performance eines Indikators ist, hat das Verbrauchervertrauen hier mehr Aussagekraft als beim Aktienmarkt?

Nicht unbedingt. Wir testen viele unserer Indikatoren am Bondmarkt, weil oft eine starke Korrelation zwischen Konjunktur und Zinsen festzustellen ist. Sicherlich gibt es auch am Aktienmarkt Korrelationen und Trends, doch wir sind einfach noch nicht dazu gekommen, alle ökonomischen Indikatoren hinsichtlich ihrer Leistungsfähigkeit für den Aktienmarkt zu testen. In letzter Zeit haben wir uns verstärkt darauf verlegt, ökonomische Daten für spezifische Branchen einzusetzen statt für den gesamten Markt. So untersuchen wir beispielsweise das Verbrauchervertrauen im Verhältnis zu den Einzelhandelswerten.

Inflation hat normalerweise negative Auswirkungen auf den Aktienmarkt. Ist es sinnvoll, die Veränderung des CRB-Index von einem Jahr auf das andere zu verfolgen?

Ja, denn dieser Indikator sagt uns, wann der Markt im risikoarmen Bereich ist und wann es besonders riskant wird. Berechnet wird einfach die Veränderungsrate des wöchentlichen CRB-Kassakurses von einem Jahr aufs andere in Form einer Ratio. Anders gesagt, wir nehmen die

Schlußnotierung des CRB-Kassakurses vom Freitag und teilen diesen Wert durch die 52 Wochen zuvor registrierte Notierung. Dann glätten wir das Verhältnis mit einem 3-Wochen-Average. Die Richtwerte sind 96 bzw. 108,2. Unterhalb von 96 gilt die Inflation als niedrig, oberhalb von 108,2 als hoch. Ist der Indikator über 108,2 gestiegen, haben die Dow-Jones-Industriewerte im Jahresdurchschnitt um 4,7 % nachgegeben. Ist der 3-Wochen-Average der Ratio unter 96 gefallen, hat der Dow um durchschnittlich 19,7 % im Jahr zugelegt.

Kapitel XIII

Dan Sullivan

Seine ersten Aktien kaufte Dan Sullivan, als er in der achten Klasse war – Gotham Hosiery zu $ 10,00 das Stück. Er hatte damals zwei gute Gründe, gerade in diese Aktie zu investieren: Sie war billig, und im Vergleich zu allen anderen börsennotierten Werten war sie im vorangegangenen Jahr am stärksten abgerutscht. Leider zeigte sich, daß diese Strategie nicht zum gewünschten Erfolg führte. Obwohl er sich einmal die Finger verbrannt hatte, suchte er unbeirrt nach besseren Lösungen. Ein paar Jahre nach seinem ersten Abenteuer an der Börse fielen ihm zwei Bücher in die Hände, die seine ursprüngliche Investmentphilosophie, am Tiefpunkt zu kaufen, völlig revidierten: ***Battle for Investment Survival**** von Gerald Loeb und ***How I Made Two Million in the Stock Market*** von Nicholas Darvas. Beide Autoren empfahlen, Aktien nicht beim Tiefststand zu kaufen und auf einen Aufschwung zu warten, sondern erst zuzuschlagen, wenn der Kursanstieg bereits eingesetzt hatte. Man sollte also kaufen, wenn sich der Kurs schon befestigt hatte, und verkaufen, wenn er weiter gestiegen war. Mit der neuen Methode ließen sich Dan Sullivans Börsentransaktionen gleich besser an. Seit dieser Erleuchtung vor 25 Jahren hat sich der Markt stark gewandelt, doch Dan Sullivan hat seinen Modus Operandi beibehalten.

Nur wenige Bücher zum Thema Geldanlage sind dem passionierten Leser Sullivan fremd. Seine freie Zeit verbrachte er in Antiquariaten auf der Suche nach jedweder Art von Investmentliteratur. Es kam durchaus vor, daß er den gesamten Bestand aufkaufte. Dabei fiel ihm auf, daß in Baissephasen die Regale förmlich überquollen, während zu Haussezeiten praktisch nichts im Angebot war. Sein ausgeprägter Wissensdurst hat ihm eine beeindruckende Büchersammlung eingebracht.
Mit mehreren Jahren Börsenerfahrung im Rücken fühlte sich Dan Sullivan gerüstet, seine Ansichten und Empfehlungen mit anderen zu teilen, und er dachte ernsthaft an die Veröffentlichung eines Börsenbriefes. Das nötige Fachwissen war da, doch über seine Fähigkeiten als Autor war er sich nicht sicher. Also verfaßte er übungshalber ein paar Börsenbriefe und verglich sie mit denen, die die Maklerhäuser an ihre

*) Die deutsche Ausgabe des Börsenklassikers ist beim TM BÖRSENVERLAG AG unter dem Titel „Börsengewinne und wie Sie sie behalten“ erschienen.

Kunden verschickten. Aussage und Sprache waren ähnlich. So ließ er 1969 seine Pflichten als Eigentümer eines Spirituosenladens hinter sich und widmete sich der Herausgabe eines Börsenbriefes für den Aktienmarkt mit dem Titel *The Chartist.* Laut Bewertung von Hulbert Financial Digest hatte *The Chartist* über die letzten 15 Jahre eine durchschnittliche jährliche Gewinnquote von 16 %. 1988 brachte Sullivan einen zweiten, monatlich erscheinenden Newsletter heraus für die Anleger offener Investmentfonds. Er heißt *The Chartist Mutual Fund Timer.*

Dann wandte sich Dan Sullivan dem Money-Management zu. Bevor er jedoch das Geld anderer Leute aufs Spiel setzte, arbeitete er mit seinem eigenen Kapital und dem seiner Mutter – mit Erfolg. Dieses Familienkonto ist die Grundlage für die Rubrik „Actual Cash Account", die in jeder Ausgabe von *The Chartist* zu finden ist. Als persönlicher Erfolgsnachweis wird in „Actual Cash Account" jede Kauf- oder Verkaufsempfehlung, die der Newsletter seinen Abonnenten gibt, real nachvollzogen. Kurz gesagt, Dan Sullivan „setzt sein Geld auf sein Wort" – eine mutige Haltung, die Vertrauen in sein Anlageverhalten signalisiert, und ein Zug, der ihn von vielen seiner Kollegen unterscheidet. Obwohl ihm von Anfang an klar war, wie problematisch es für einen Anlageberater werden kann, wenn er sein eigenes Geld einsetzt, ist er überzeugt, daß insbesondere für seine Kunden hier die Vorteile die Nachteile überwiegen. Es geht dabei um Nachvollziehbarkeit. Man legt seine Bilanz offen. Irrt man sich, kann man sich nicht darüber hinweg mogeln. Man fährt dieselben Gewinne oder Verluste ein wie der Kunde.

Im Hinblick auf das Portfolio-Management legt Dan Sullivan bei der Auswahl von Aktien in erster Linie Wert auf hohe Relative Stärke. In den meisten Fällen wären das aggressive Wachstumsaktien, doch es gibt auch Zeiten, in denen die „Blue Chips" diese Kriterien am besten erfüllen. Zwei entscheidende Elemente seiner Anlagestrategie sind, Verluste schnell mitzunehmen und Gewinne laufen zu lassen.

Seine Trend- und Momentum-Modelle will Dan Sullivan nicht preisgeben, dafür aber eine Reihe von selbstentwickelten Momentum-Indikatoren, die eine beeindruckende Erfolgsbilanz aufweisen. Eine seiner Entwicklungen, die 90 % Plus Momentum Thrust Ratio, ist einmal von einem anderen Techniker abgekupfert worden. Um seine Urheberschaft zu beweisen, setzte er in ***The Chartist*** eine Belohnung aus für denjenigen, der die Ausgabe vorlegen könne, in der dieser Indikator erstmals erwähnt wurde. Ein aufmerksamer Leser lieferte bald darauf den nötigen Beweis.

Wodurch wurde Ihr Interesse an technischer Analyse geweckt?

Durch die Kursbewegungen an der Börse. Ich beobachtete, wie Aktien vor den Fundamentals reagierten. Die positive oder negative Beurteilung einer Aktie besagt nicht notgedrungen, daß sie sich auch in die entsprechende Richtung entwickeln wird. Einer meiner besten Werte war einmal Resorts International. ***Barron's*** brachte drei Artikel in Folge, in denen die Aktie verrissen und auf kriminelle Verstrickungen angespielt wurde. Daraufhin wurde sie natürlich massiv abgestoßen und erlebte im Anschluß einen Höhenflug.

Hatten Sie die Aktie schon, als die negativen Schlagzeilen erschienen, oder haben Sie sie erst danach gekauft?

Ich hatte sie kurz vorher gekauft und habe sie behalten. Der dritte Artikel bereitete mir wirklich Kopfschmerzen. Damit waren nacheinander drei Artikel über diese Aktie erschienen, und infolgedessen wurde sie von allen Seiten auf den Markt geworfen. Ich habe die genauen Zahlen nicht im Kopf, doch sechs Monate später hatte sie rund 500 % zugelegt. Das war ein richtiger Hechtsprung.

Gehen Sie bei Ihrer Analyse von der Bestimmung des vorherrschenden Markttrends aus?

Ja. Ich betrachte immer auch die einzelnen Kurscharts, doch als erstes stelle ich fest, wohin sich der Markt bewegt. Die Richtung des Marktes ist das primäre Ziel, dann erst befasse ich mich mit den Aktien. Dabei konzentriere ich mich auf die führenden Werte, also Aktien mit hoher Relativer Stärke, die eine vordere Marktposition einnehmen.

Achten Sie sehr auf Branchen?

Nein. Ich richte mich nach der Relativen Stärke, und es zeigt sich, daß die führenden Werte meist aus ähnlichen Branchen stammen, doch ich lege mich nicht auf eine bestimmte fest.

Ihre Strategie ist, die Aktien mit der größten Relativen Stärke auszuwählen. Gehen Sie short bei Werten, die die geringste Relative Stärke aufweisen?

Ich habe eine Leerverkaufsstrategie entwickelt, die sich allerdings nicht auf einzelne Aktien bezieht. Ich verwende sie für den Rydex URSA Fund, der beim S&P 500 short gehen kann. In der Praxis habe ich sie aber noch nicht eingesetzt, und auch die Erfolgsbilanz war nicht so überragend. Die Signale brachten einen durchschnittlichen Gewinn von 6 % pro Trade, doch es kamen nicht viele Trades zustande. Ich ging zurück bis 1964, und da waren es, glaube ich, nur acht Trades. Ich denke nicht, daß mit Leerverkäufen viel Geld zu verdienen ist, doch ein nützliches Hilfsmittel ist diese Methode trotzdem. Eine potentielle Gefahr liegt allerdings darin, daß hier Derivate verwendet werden.

Bei lediglich acht Signalen in 32 Jahren besteht jedenfalls nicht die Gefahr von zuviel Auf und Ab. Sie fassen Ihre Indikatoren in Modellen zusammen, ist das richtig?

Ja. Im Moment verwende ich drei Modelle – ein monetäres, ein Trend-Modell und ein Momentum-Modell. Sind zwei davon positiv, ist das ein Kaufsignal. Auf der Verkaufsseite ist es insofern ein wenig anders, als man mit Momentum oder Trend den Ausstieg finden kann, nicht aber mit dem monetären Modell. Ich habe festgestellt, daß der Markt nicht unbedingt zusammenbrechen muß, wenn das monetäre Modell auf negativ schwenkt. Manchmal legt er sogar noch zu. Beim Ausstieg richte ich mich also nach dem Trend-Modell oder auch nach dem Momentum-Modell. Es ist schon vorgekommen, daß das monetäre Modell negativ signalisiert hat und der Markt kurz darauf eingebrochen ist, doch ich verlasse mich beim Ausstieg lieber auf das Trend-Modell.

Könnten wir vielleicht mit dem monetären Modell beginnen und ein paar der darin enthaltenen Indikatoren diskutieren?

Nun, ich will es eigentlich nicht veröffentlichen, doch es beruht auf dem Trend der Zinsen. Es ist eine Kombination aus kurzfristigen und langfristigen Zinssätzen.

Wie steht es mit dem Trend-Modell und dem Momentum-Modell?

Auch diese sind nicht zur Veröffentlichung bestimmt, doch beim Trend handelt es sich ganz einfach um den Markttrend. Vom Momentum-Modell kann ich Ihnen einen von mir verwendeten Indikator verraten, der jahrelang sehr gut funktioniert hat. Es ist ein 10-Tages-Moving-Average steigender Aktien im Verhältnis zu fallenden Aktien an der NYSE. Ned Davis verwendet eine eigene Version dieses Indikators. Ein idealer Kaufzeitpunkt ist, wenn der Moving-Average der Ratio über 2,00 : 1,00 steigt. Drei Monate nach einem Wert von 2 : 1 war ein durchschnittliches Plus von 10,38 % zu verzeichnen, sechs Monate später waren es sogar 17,93 %. Es gibt viele Fallbeispiele, die die gute Trefferquote dieses Indikators bestätigen. Ein Grund dafür, daß ich die Hausse von 1995 verpaßt habe, ist, daß dieser spezielle Indikator einmal nicht reagiert hat. 1990 hat er dagegen reagiert. Am 26. August 1982 erreichte er ein Rekordniveau von 2,64. 1982 hatten die Leute einfach kein Vertrauen, weil der Abwärtstrend schon so lange angehalten hatte. Damals hat er gut funktioniert, doch inzwischen sind diese Thrust-Indikatoren so bekannt, daß ich nicht sagen kann, wie gut er das nächste Mal funktionieren wird. Ich habe die 2 : 1 Momentum Thrust Ratio entwickelt, die mittlerweile oft kopiert und abgewandelt worden ist.

Mit Ihrer Momentum Thrust Ratio können Sie eine Erholung oder den Beginn einer Hausse bestimmen?

Ja. Vorher wurde sie nur als Überkauft-/Überverkauftindikator verwendet. Wenn der Indikator über 2,00 stieg, hieß es, der Markt sei überkauft. In Wirklichkeit ist es umgekehrt. Meist ist das der Beginn einer

Hausse. Der Indikator hat seit Jahren nicht mehr funktioniert. Dabei hat er nicht etwa versagt, sondern einfach keine Kaufsignale generiert.

Wie berechnen Sie die A/D Momentum Thrust Ratio?

Mit einem 10-Tages-Moving-Average der steigenden gegenüber einem 10-Tages-Moving-Average der fallenden Werte. Man addiert alle gestiegenen Werte der letzten zehn Tage und erhält eine Summe. Dann addiert man die gefallenen Werte. Um das Verhältnis zu ermitteln, teilt man die gestiegenen durch die gefallenen. Beträgt die Ratio mehr als 2 : 1, ist in jedem Fall Kaufen angesagt.

Wäre es möglich, daß es während einer Baisse zu einem Wert der A/D-Ratio von 2 : 1 kommt?

Theoretisch ja, doch das ist noch nie passiert. Es ist erstaunlich. Obwohl es 1973 und 1974 zu zwei starken Marktbewegungen kam, wurde die 2,00-Marke die ganze Zeit über kein einziges Mal überschritten. Erst 1975 lag der Wert wieder deutlich über 2,00. 1991 gaben die 90%-Regel und die Momentum-Ratio beide eindeutige Signale, und der Markt war extrem stark. In dem Jahr erzielte ich ein Plus von 71 %.

Was ist die 90%-Regel?

Ein eher kurzfristiger Momentum-Indikator. Liegen 90 % aller an der NYSE notierten Aktien oberhalb ihres 10-Wochen-Moving-Averages, ist das ein Kaufsignal. Das funktioniert immer. Steigen 90 % aller Werte über ihren 10-Wochen-Moving-Average, deutet das darauf hin, daß der Markt genug Schubkraft besitzt, um noch mehrere Monate zuzulegen. Es ist dann schwer zu kaufen, da sich der Markt bei jeder Gelegenheit stark überkauft und hochempfindlich zeigt. Alle Aktien machen den Anstieg zumindest ein Stück weit mit, doch der Markt ist die nächsten 3, 6, 9 und 12 Monate weiter gestiegen. Der Indikator hat eine ausgezeichnete Trefferquote. Seit 1970 hat er nur 8 Signale generiert. Vom ursprünglichen Signal bis in die vierte Woche danach hatte der Markt jedesmal angezogen. Ian McAvity hat dies für viele zurückliegende Jahre in Charts festgehalten. Ich habe festgestellt, daß es stets ein günstiger Zeitpunkt zum Kaufen war, wenn die Linie über 90 % stieg. Doch der Indikator gibt auch Warnzeichen. In dem unglücklichen Baissemarkt von 1973 bewegte sich der Wert für die Aktien, die oberhalb ihrer 10-Wochen-Moving-Averages lagen, bei über 89 %. Damals hat der Indikator das Kaufsignal bei der 90%-Marke um Haaresbreite verfehlt. Wäre die 90%-Marke überschritten und ein entsprechendes Kaufsignal generiert worden, hätte der Indikator Schiffbruch erlitten, denn während der folgenden 12 Monate fiel der Dow um rund 400 Punkte.

Kein Auf und Ab.

Er hat noch nie versagt. Er hat zwar seit Jahren kein Kaufsignal mehr gegeben, doch wenn es dazu kommt, ist die Erfolgsbilanz gut. Das letzte kam am 15. Februar 1991. In der Vergangenheit haben Bullenmärkte, die von einem so ausgeprägten Momentum begleitet wurden, stets monatelang angedauert. In jedem Fall lag der Markt nach dem ursprünglichen 90%-Wert 4, 12, 26 und 52 Wochen später höher. Nimmt man alle Zeiträume zusammen, war der S&P 29 von 30 Mal gestiegen. Nur 1980 lag er einmal niedriger, als er zwischen der 26. und der 52. Woche 5,65 % verlor. Man kann also sagen, der Markt tendierte 96,6 % der Zeit stärker.

Gelegentlich habe ich auf CNBC die Zahl der Aktien, die oberhalb ihrer 10-Wochen- und ihrer 30-Wochen-Averages liegen, über den Bildschirm flimmern sehen. Kann man diese Daten noch woanders bekommen?

Sie sind auch bei ***Investor's Intelligence*** erhältlich.

Sie haben einmal die Gültigkeit der 80/60-Regel bestätigt. Was ist das, und wie wird sie angewendet?

Es ist ein Indikator, den ich verfolge. Ich habe in Wall Street Week darüber gesprochen und viel darüber geschrieben. Er gibt Signale für das Timing des Verkaufs, doch wie so viele andere Indikatoren funktioniert er einmal und ein andermal nicht. Bis vor fünf Jahren brachte er ganz gute Ergebnisse, doch in letzter Zeit hat er nicht mehr richtig reagiert. Die 80/60-Regel berücksichtigt Aktien, die oberhalb ihrer 30-Wochen-Moving-Averages liegen. Die 80/60-Regel aus ***The Chartist*** besagt, daß es ein Warnsignal ist, wenn die Zahl der an der NYSE notierten Aktien, die über ihren 30-Wochen-Moving-Averages liegen, 80 % erreicht und von dort auf 60 % oder niedriger absinkt. In 11 der 12 Präzedenzfällen wurden die 80 % erst wieder erreicht, nachdem Werte unter 30 % zu verzeichnen waren. Auch wenn es nach dem Einbruch auf unter 60 % zu leichten Erholungen kommt, erfolgt normalerweise ein Sturz unter 30 %, bevor eine Trendwende einsetzt. Erst wird also die 30%-Marke berührt, bevor ein erneuter Anstieg auf 80 % erfolgt. An sich ist das nicht besonders vielsagend, denn einzelne Aktien können trotzdem steigen. Soviel ich weiß, kam es im Juli 1996 zu einem Absinken auf unter 30 %, doch der Markt ist lange nicht so stark eingebrochen.

Kann man bei Indikatorwerten oberhalb von 80 % von einem stark überkauften Markt sprechen?

Nicht unbedingt. Man ging zunächst von der Annahme aus, daß ein so starker Rückgang dem Bullenmarkt das Rückgrat brechen würde. Doch etwas stimmte dabei nicht. Es gab immer weniger Aktien, die sich längerfristig – bei einem 30-Wochen-Moving-Average – konträr zum Trend entwickelten. Selbst wenn es zu einer Erholung kam, wurden nicht notgedrungen neue Höchstwerte erreicht. Wir verwenden diesen Indikator nicht zur Generierung von Verkaufssignalen, da er oft voreilig reagiert und auch schon einmal überhaupt nicht funktioniert hat.

Gibt es eine Strategie, die angezeigt ist, wenn die 30%-Marke erreicht wird?

Das ist nicht unbedingt als Verkaufssignal zu interpretieren. Dieser Indikator ist sicher nicht das Mittel der Wahl für ein exaktes Timing. Gibt er ein Warnsignal, müssen wir nicht in jedem Fall sofort den Ausstieg planen und alle Aktien abstoßen, doch auf die leichte Schulter nehmen dürfen wir es auch nicht. Im Lauf der Jahre haben wir festgestellt, daß er sich am besten dazu eignet, uns von weiteren Käufen abzuhalten. Wenn die

80/60-Regel ein Warnsignal gibt, kaufen wir nicht mehr. Auch nach diesem Warnsignal dauert es oft noch mehrere Wochen, bis eine Hausse abflaut. Manchmal kommt das Signal mehrere Monate zu früh, manchmal auch zu spät. Sie müssen Geduld haben. Dafür verhindert dieser Indikator, daß Sie sich bei einem Gipfel mitreißen lassen.

Sie würden nicht dazu raten, den Indikator als Kaufsignal zu verwenden, wenn er unter 30 % gefallen ist und nach oben dreht?

Vielleicht kann man ihn so einsetzen, doch ich habe das nie versucht, weil er manchmal anzieht und dann wieder nachgibt. Manche Leute würden 30 % sicher für überverkauft halten, doch ich habe auch schon Werte von 5 % erlebt, wenn ein Markt wirklich stark einbricht. So ist er meines Wissens auf dem Chart von 1987 bis zum unteren Rand gefallen.

Wieviel Prozent der Aktien oberhalb ihrer 30-Wochen-Moving-Averages liegen, erfahren Sie aus Investor's Business Daily und Investor's Intelligence?

Investor's Intelligence enthält meines Wissens die 30-Wochen-Zahlen.

Verwenden Sie das MACD?

Ich persönlich nicht, doch es ist ein guter Trendfolger, und es funktioniert.

Haben Sie außer Ihrer Momentum Thrust Ratio noch andere ungewöhnliche Ansätze hinsichtlich der Marktbreite?

Ich achte auf die tägliche A/D-Linie. Wichtig ist dabei, daß sie die übrigen Averages bestätigen muß. Kommt es bei den Averages zu einem Ausbruch, muß die A/D-Linie nicht unbedingt ein New-High erreichen, doch der Markt als Ganzes sollte daran teilhaben.

Die Relative Stärke ist fester Bestandteil Ihrer Analyse, richtig?

Die Relative Stärke ist tatsächlich von großer Bedeutung.

Beachten Sie hier die Relative-Stärke-Linie, die auf Kurscharts eingezeichnet ist?

Ich habe da meine eigene Methode. Für die Relative Stärke verwende ich Ratings, doch die sind vertraulich.

Kann man auch die Relative Strength Ratings aus Investor's Business Daily verwenden?

Die von mir verwendeten sind denen aus ***Investor's Business Daily*** sehr ähnlich. Man findet dort wirklich gute Relative Strength Ratings, die durchaus verwendet werden können.

Hat Ihr Ansatz auch fundamentale Aspekte?

Die Fundamentals sind sicher nicht unwichtig, doch als Techniker und Chartist berücksichtige ich sie nicht. Wenn man viel über die Fundamentals eines Unternehmens weiß, kommen persönliche Vorurteile ins Spiel. Die fundamentalen Ursachen für die Über- oder Unterbewertung einer Aktie zeigen sich ja in den Kursen. Andererseits können die Fundamentals absolut in Ordnung sein, und trotzdem fällt eine Aktie.

Berücksichtigen Sie die Marktstimmung?

Ich achte darauf und spreche viel darüber, doch ich entscheide nicht danach. Es scheint, daß der Markt immer das Gegenteil von dem tut, was alle erwarten, doch dann gibt es wieder Zeiten, in denen die Leute längerfristig Marktbewegungen in beide Richtungen korrekt vorwegnehmen.

Inwiefern beschäftigen Sie sich mit dem Umsatz?

Bei der Aktienauswahl achte ich auf den Umsatz, weil ich Wert lege auf lebhaftes Trading.

Muß der Umsatz zunehmen, wenn die Kurse steigen?

Das ist nicht schlecht, doch wenn es nicht so ist, hält mich das auch nicht vom Kauf einer Aktie ab. Jede Hausse lebt in gewisser Weise von einer größeren Umsatzsteigerung. Jeder Zyklus hat mehr Volumen. 1982 war das zum Beispiel der Fall.

Was macht Ihren Investmentstil so einzigartig?

Manchmal engagiere ich mich von einem Tag auf den anderen aus dem Stand zu 100 %. Ein andermal bin ich zu 100 % engagiert und steige von jetzt auf dann komplett aus. Das macht die Leute nervös. Manchmal warte ich lange, bevor ich reagiere, steige dann ein, stelle fest, daß ich mich geirrt habe, und steige wieder aus. Ich glaube, ich kann meine Fehler sehr rasch korrigieren. Ich weiß, wann ich falsch liege, besonders in Abwärtsrichtung. Dann steige ich blitzschnell aus. Einer meiner Grundsätze ist, daß man seine Verluste möglichst rasch begrenzen muß, wenn sich der Markt oder die Aktie nicht wunschgemäß entwickeln. Eine weitere typische Eigenheit ist, daß ich, sobald ich mich in der Gewinnzone befinde, mit den Gewinnen auf dem Papier spiele. Zeitweilig halte ich Aktien zu lange und verliere einen Teil meines Gewinns. Im Moment habe ich nur zwei Kernwerte, die schon lange im Depot sind, nämlich Microsoft und United Healthcare. Bei beiden geht es auf und ab, doch United Healthcare ist von immerhin 69 in der letzten Zeit auf den aktuellen Kurs von 41 gefallen. Hier ist mir also ein hübscher Gewinn durch die Lappen gegangen. Dafür ist Microsoft gestiegen und hat einen neuen Höchstwert erreicht. Manchmal halte ich Aktien zu lange, doch ich glaube, Gewinne auf dem Papier sollte man riskieren.

Sicher haben Sie gute Gründe dafür, Aktien so lange zu halten. Sind sie aus technischer Sicht immer noch vielversprechend?

Am Anfang kaufe ich wie ein Trader, doch sobald eine Aktie auf dem Papier Gewinn gebracht hat, betrachte ich sie eher als langfristiges Anlageinstrument. Engagiere ich mich neu, versuche ich, Verluste möglichst rasch zu begrenzen, wenn ich auf der falschen Seite lande. Manchmal steige ich deshalb aus, und dann kommt es zu einer Trendwende. In so einem Fall muß man einfach wieder einsteigen. 1990 verlor ich gleich bei Einsetzen der Hausse den Anschluß. Wir waren vor dem Golfkrieg eingestiegen, und der Markt zog an. Dann kam es im Januar zu einem Sell-off, und ich blieb auf der Strecke. Eine Woche später waren wir schon wieder dabei. Das ist nicht die Regel, doch man muß eben allzeit bereit sein. Normalerweise kaufe und verkaufe ich nicht soviel. Ich versuche nicht, jeden noch so kleinen kurzfristigen Spekulationsgewinn mitzunehmen. Ich warte auf die großen Kursbewegungen um 100 % oder 300 %, doch am Anfang agiere ich als Trader, insofern, als ich Fehlentscheidungen schnell korrigiere, um Verluste möglichst gering zu halten.

Trading um jeden Preis ist also nicht Ihre Sache?

Ich hoffe, daß alles glattgeht und meine Aktien einfach immer weiter steigen.

Auf welches Signal hin steigen Sie aus?

Bei einem Durchbruch der Moving-Average-Linie oder einer Unterstützungslinie. Bevorzugt arbeite ich mit dem 200-Tages-GD.

Wenn Sie sich längerfristig für eine Aktie entscheiden, um größere Bewegungen abzuwarten, legen Sie dabei einen 10-Jahres-Chart zugrunde?

Ich bin hier zeitlich nicht festgelegt. Die beiden bereits erwähnten Werte habe ich seit 1991. Ich habe die Absicht, sie so lange wie möglich zu behalten. Manche Aktien machen zwei oder mehr Zyklen mit, doch davon gibt es nicht viele. Erwischt man die eine oder andere, entschädigt das für viele Nieten.

Ich weiß nicht, wie lange Sie Microsoft schon im Depot haben, doch nehmen wir einfach mal an, es seien fünf Jahre. Was muß passieren, damit Sie das Handtuch werfen und Ihren gesamten Bestand abstoßen?

Solange die langfristigen Chartformationen günstig sind, behalte ich die Aktien.

Was verstehen Sie unter einem langfristigen Chart?

Eine Formation über mehrere Monate.

Über einen Zeitraum von fünf Jahren kann eine Aktie mehrere Unterstützungslinien entwickeln, die dann veralten. Welches Niveau berücksichtigen Sie hier?

Bei solchen Werten bin ich viel weniger anspruchsvoll als bei denen, die ich im aktuellen Zyklus gekauft habe. Über einen längeren Zeitraum nehme ich sogar stärkere Einbußen in Kauf.

Würden Sie, der Klarheit halber, Ihre Investmentstrategie noch einmal für uns zusammenfassen?

Ich engagiere mich zu Anfang eines Zyklus mit 100 %. Ich versuche, in die Gewinnzone zu kommen, und nehme auf dem Weg nach oben etwas Gewinn mit. Steht meiner Ansicht nach eine Korrektur bevor, kürze ich mein Investitionskapital auf 50 %. Den auf dem Papier stehenden Gewinn für den an der Börse verbleibenden Teil setze ich dabei aufs Spiel.

Auf dem Weg nach oben reduzieren Sie Ihr Engagement, um am Gipfel nicht 100 % Ihres Gewinns zu riskieren.

Genau.

Investieren Sie Ihr eigenes Kapital nach Ihren Empfehlungen?

Ja.

Das finde ich recht ungewöhnlich. Ich kenne nicht viele Analysten, die ihr Geld auf ihr Wort setzen.

Das ist richtig. Das habe ich noch gar nicht erwähnt. Ich riskiere wirklich mein eigenes Geld. Viele Leute sagen, daß man dann nicht mehr objektiv sei, doch ich glaube, man ist dann erst recht objektiv, weil man alle Vorgänge genau beobachtet. Man kann seinen Kunden nicht guten Gewissens raten, was man selbst nicht tun würde.

Verfolgen Sie auch Fonds-Indikatoren wie Barreserven oder Kapitalzuflüsse?

Wir haben einen Fonds-Brief, und die Barreserven sind sicherlich wichtig und werden bei meinen Entscheidungen berücksichtigt. Ich halte es für bedenklich, daß die Barreserven momentan so gering sind. Zu Beginn der Hausse lagen sie bei 13 %. Jetzt sind es nur noch 7 %, so daß man davon ausgehen kann, daß der Bullenmarkt ermüdet. Der Markt braucht dauernd Geld, um weiterzulaufen. Ich glaube, das Wachstum kommt daher, daß die Leute ihr Geld in Fonds investieren und die Fonds-Manager Aktien kaufen, ungeachtet ihrer Bewertung. Viele Leute werden einen ordentlichen Schock bekommen, wenn sie merken, daß eine Aktie auch fallen kann. Alle sind darauf gedrillt, in jede Abwärtskorrektur hinein zu kaufen. Die Leute halten das für eine Geldmaschine, doch der Zusammenbruch kommt so sicher wie das Amen in der Kirche. Und das wird ein böses Erwachen geben.

Waren Sie während des letzten Ansturms auf offene Fonds 1968 an der Börse aktiv?

Nein, aber ich habe viel darüber gelesen. 1969 habe ich meinen ersten Börsenbrief veröffentlicht. Er kam damals zur rechten Zeit, denn die Aktien fielen gerade. Der Rückgang hielt sechs Monate an, bis Ende 1974. Obwohl der Dow neue Höchstwerte erreichte, zog der Value Line Composite nicht mit. Die damaligen Entwicklungen ähneln stark den heutigen, nur, daß es jetzt um so viel mehr Geld geht. Jeden Tag entstehen neue offene Fonds.

Welche Chartformationen bevorzugen Sie?

Ich mag es, wenn es zu einer Konsolidierung und im Anschluß zu einem Rückgang um 1/3 des vorangegangenen Anstiegs kommt. Braucht die Aktie dazu wenig Zeit, sagen wir acht Wochen, und es kommt zu einem Kurssprung auf neue Höchstwerte, ist das eine sehr deutliche Formation. Danach halte ich Ausschau.

Sie kaufen also, wenn es nach einem Boden während der Erholung zu einem Ausbruch kommt?

Ja.

Arbeiten Sie nur auf Grundlage von Balkencharts?

Ja. Candlesticks oder Point-and-Figure-Charts verwende ich nicht.

Achten Sie auf Wechselbeziehungen zwischen Bonds und Aktien?

Ja. Ich glaube, der Bondmarkt ist für den Aktienmarkt von großer Bedeutung. Es ist ein gutes Zeichen, wenn der Bondmarkt floriert. Ein Kaufsignal meines Bond-Modells sehe ich mit Freuden. Setzt bei Bonds eine Aufwärtsbewegung ein, zieht der Aktienmarkt häufig nach.

Auf welche technischen Aspekte achten Sie besonders bei der Auswahl einer Aktie?

Ich suche mir eine Aktie mit viel Tradingaktivität, die nach einem Boden einen Ausbruch zeigt und noch nicht zu hoch gestiegen ist. Das sind Aktien, die den Kriterien entsprechen, die Gerald Loeb in ***Battle for Investment Survival*** beschrieben hat. Er bevorzugte Aktien, die lebhaft gehandelt wurden und das Feld anführten.

Was verstehen Sie unter „lebhaft gehandelt“? Geht es dabei um die Anzahl der im Umlauf befindlichen Aktien?

Um Umsatz und in Umlauf befindliche Aktien. Von umsatzschwachen Werten lasse ich lieber die Finger.

Nach welchen psychologischen Faktoren richten Sie sich hauptsächlich?

Wenn sich Verluste abzeichnen, bekomme ich schnell kalte Füße und steige aus. An diese Regel halte ich mich. Mit dem mir anvertrauten Kapital habe ich nie größere Verluste eingefahren, weil ich rechtzeitig ausgestiegen bin. Man muß mit dem Strom schwimmen. Hat man sich geirrt, muß man sich das eingestehen und seine Position korrigieren.

Nehmen wir an, Sie engagieren sich und folgen dann einem Ausstiegssignal. Warten Sie mit einem erneuten Einstieg, um sicherzugehen, daß Sie nicht gleich wieder aussteigen müssen?

Ich richte mich nach meinen Modellen. Sie sagen mir, wann es Zeit ist auszusteigen, und ich steige wieder ein, wenn die Signale positiv sind.

Wenn Sie sich strikt an Ihre Modelle halten, gibt es an der Börse keine emotionalen Elemente für Sie?

Man braucht eine Strategie. Das heißt nicht, daß ich immer nach Schema X vorgehe – manchmal weiche ich auch ab. Mit den Jahren entwikkelt man sich weiter, doch man muß immer wissen, wann und wie man rechtzeitig reagiert. Man nimmt eine Position ein und entscheidet dann, was zu tun ist, wenn dies oder jenes eintritt. Man hat sich eine Strategie zurechtgelegt und muß sich daran halten. Ich richte mich beim Trading nach einer Reihe von Regeln.

Was für Regeln sind das?

Größtenteils sind sie Bestandteil der Modelle, die nicht zur Veröffentlichung bestimmt sind, doch ein paar kann ich Ihnen verraten: der Momentum-Thrust-Indikator etwa oder wenn 90 % der Aktien oberhalb ihrer 10-Wochen-Moving-Average-Linie liegen. Man muß sich auf die Aktien konzentrieren, die steigen, nicht auf das Prognostizieren von Böden. Viele Amateure kaufen gern niedrig und verkaufen hoch, doch ich kaufe lieber hoch und verkaufe noch höher.

Wenn ich Sie recht verstehe, gehören Sie nicht zu denen, die bei Tiefs zugreifen. Sie kaufen eine Aktie erst, wenn sich ein Trend etabliert hat.

Ich kaufe nicht bei Tiefs. Ich steige am liebsten nach einem Boden ein, wenn ein Trend eingesetzt hat.

Werden Sie aufgrund einer bestimmten technischen Formation eine Position eröffnen, etwa auf ein Doppeltief hin, oder warten Sie auf einen prozentualen Anstieg über die Tiefstwerte?

Die Aktien, auf die ich mich konzentriere, sind bereits im Steigen begriffen. Sogar in einem Bärenmarkt werden sie steigen, weil sie sich gegen den Trend bewegen. Sie befinden sich in ihrer eigenen kleinen Hausse. Sobald ich sicher bin, daß ein Umschwung stattgefunden und ein Aufwärtstrend eingesetzt hat, konzentriere ich mich auf die führenden Werte, die meist überbewertet wirken. Das ist immer so. Sie sehen so aus, als hätten sie sich selbst überholt.

Doch Sie kaufen trotzdem und warten nicht auf eine Korrektur?

Gibt es am Markt eine Trendwende, und die Kurse fallen, haben sie sich tatsächlich selbst überholt und zahlen die Zeche. Deshalb muß man bei Werten mit hoher Relativer Stärke schnellstens aussteigen.

Das klingt, als sei die Relative Stärke Ihr erklärter Lieblingsindikator?

So ist es.

Kapitel XIV

Jim Tillman

Jim Tillman begann sein Studium an der Clemson University mit dem Ziel, einen Abschluß in Elektrotechnik zu machen. Angeregt durch ein Kursprojekt in Wirtschaftswissenschaften (Economics 101), verlagerte er seine Ambitionen. Das Projekt, zu dem die Entwicklung eines hypothetischen Aktien-Portefeuilles gehörte, weckte augenblicklich sein Interesse an den Finanzmärkten, speziell an technischer Analyse. Um möglichst zielsicher die stärksten, gesündesten Aktien auszuwählen, hatte er sich nämlich auf das gestützt, was ihm von seinem Ingenieurstudium her vertraut war – auf Charts. Als ihm klar geworden war, daß es ihn an die Finanzmärkte zog, brach er die Ingenieurlaufbahn ab und entschied sich statt dessen für eine Karriere als Börsenmakler. Leider gab es hier ein gesetzliches Mindestalter, so daß er sein Ziel noch bis zu seinem 21. Geburtstag zurückstellen mußte.

Im Jahr 1961 hatte die technische Analyse erst wenige Anhänger und war in Investmentkreisen noch weitgehend verfemt. Als eifriger Verfechter der technischen Analyse gelang es Jim Tillman, ein offenes, flexibles Maklerhaus zu finden, das seine bevorzugte Analyseform akzeptierte und ihm zugestand, Anleger auf dieser Grundlage zu beraten. Nachdem er Niederlassungsleiter geworden war und seine Firma dann im Zuge der Fusionen von Maklerhäusern Ende der 60er, Anfang der 70er Jahre aufgekauft worden war, wechselte er 1971 als institutioneller Broker zu Interstate Securities in Charlotte, North Carolina. Im selben Jahr schrieb er unter dem Titel ***Cycletrend*** die ersten Börsenbriefe für institutionelle Kunden. ***Cycletrend*** erscheint heute alle drei Wochen und befaßt sich vornehmlich mit dem Timing von Transaktionen – für den Privatmann wie für Institutionen.

Jim Tillmans Analyseansatz basiert im Grunde auf einer Kombination von drei sich ergänzenden Techniken: Zyklenanalyse, Elliot-Wellen-Analyse und zentrierte Gleitende Durchschnitte. Zentrierte Gleitende Durchschnitte sind besonders geeignet, um die Beendigung eines Aufwärts- oder Abwärtstrends zu prognostizieren – in zeitlicher Hinsicht oft ebenso wie im Hinblick auf die Kurse. Wie viele andere Techniker weiß Jim Tillman um den Wert der Fundamentals und berücksichtigt, daß sich Primärtrends aufgrund der fundamentalen Faktoren einer Aktie herausbilden und entwickeln. Geben technische und fundamentale Analyse widersprüchliche Hinweise, wird die technische Analyse allerdings vorrangig gewertet. Wenn Aktien bei den Kennzahlen Extremwerte erreichen, ist die technische Analyse absolut unerläßlich.

Timer Digest bestätigt, daß Jim Tillmans Prognosen für Aktien, Bonds und Gold ihm seit 1990 beständig zu einem Platz unter den zehn erfolgreichsten Anlageberatern verholfen haben. Ein kurzer Überblick über seine ausgezeichneten Vorhersagen zeigt warum. Im Oktober 1974 stand das Publikum vor einem Markt, der seit Juli desselben Jahres Kursstürze zu verzeichnen hatte, wobei manche Aktien bis zu 80 % auf ihre Topkurse von 1968 eingebüßt hatten. Zwei Ereignisse im Oktober überzeugten Jim Tillman, daß der Markt vor einer Trendwende stand: Der dominante 4-Jahres-Zyklus drehte nach oben, und die Kursziele der zentrierten Gleitenden Durchschnitte erreichten die unteren Zielwerte. In der folgenden Ausgabe von ***Cycletrend*** war zu lesen „The Bear is Gone", und das genau zu Beginn der lang ersehnten Hausse. 1977 verkündete Tillman dann im Hinblick auf den 60-Jahres-Kondratieff-Zyklus das Einsetzen einer kräftigen Hausse für den Zeitraum von 1981 bis 1983. Im Gegensatz zum spekulativen Börsenumfeld der 70er Jahre betonte er, daß die beste Strategie für die 80er Jahre ein konservativer Buy-and-Hold-Ansatz sei. Kurz nach dem Crash von 1987 wurde Jim Tillman auf FNN interviewt und prognostizierte einen Aufschwung des Marktes für die kommenden drei bis vier Monate. Aufgrund des Ausmaßes und der Folgenschwere des Zusammenbruchs vom 19. Oktober fiel eine optimistische Haltung schwer, doch Tillmans Zyklenanalyse sprach für neue Höchstwerte bis 1989 oder 1990. Der Moderator der Sendung, Bill Griffeth, zog Parallelen zur Situation von 1929, doch auf Grundlage der überzeugenden Indizien blieb Tillman fest und wiederholte, daß seine Zyklenanalyse für die kommenden Monate neue Tops auf dem Aktienmarkt erwarten ließ. Im Juni 1990 stand der Dow bei 3 000 Punkten.

Bei einem Auftritt in der Ira-Epstein-Show prognostizierte Tillman einen drastischen Rückgang auf 2 100 bis 2 200 Punkte zum Jahresende. Wie er gesagt hatte, gab der Markt bis zum 10. Oktober 1990 nach, als er einen Tiefstwert von 2 353 Punkten erreichte. Am Vorabend des Einmarsches amerikanischer Truppen in Kuwait, am 16. Januar 1991, erschien Tillman auf CNBC und sprach von einer Haussekonstellation. Am folgenden Tag explodierte der Markt und erlebte einen Aufwärtstrend, der sechs Jahre lang fast ununterbrochen anhalten sollte.

Als einer der ersten offiziell anerkannten Markttechniker (Chartered Market Technician, CMT) ist Jim Tillman immer noch aktives Mitglied des Berufsverbandes, der Market Technician's Association, wo er auf Seminaren Vorträge hält und für die vierteljährlich erscheinende Verbandszeitung schreibt. Hauptberuflich ist Tillman heute selbständiger Berater für institutionelle Anleger und Herausgeber von ***Cycletrend.***

Wie unterscheiden sich Zyklen von traditionelleren Formen der technischen Analyse?

Bei Zyklen geht es darum, Muster zu erkennen. Mit ihrer Hilfe kann man meiner Ansicht nach leichter nachvollziehen, wie alle Kursformationen auf eine zugrundeliegende Kombination von Zyklen zurückgeführt werden können. Das klassische Beispiel ist die große, makellose Kopf-Schulter-Formation des DJIA, die in jedem 4-Jahres-Zyklus von 1966 bis 1974 aufgetreten ist. Die linke Schulter ist das erste zyklische Hoch nach 18 Monaten, der Kopf das zweite Hoch nach weiteren 18 Monaten und gleichzeitig der Gipfel des 4-Jahres-Zyklus, die rechte Schulter ein drittes Hoch nach 18 Monaten, nach dem der 4-Jahres-Zyklus stark abfiel. Ich glaube, in der Kombination von Zyklen liegt der Schlüssel zu allen Entwicklungen, und deshalb mag ich diese Methode.

Im Rahmen Ihrer Zyklenanalyse verfolgen Sie 10-Wochen-Zyklen, 20-Wochen-Zyklen, 40-Wochen-Zyklen, 80-Wochen-Zyklen und 4-Jahres-Zyklen, bis hin zum 60-Jahres-Kondratieff-Zyklus. Was ist Ihrer Ansicht nach für Anfänger ein guter Ausgangspunkt bei der Zyklenanalyse?

Bei der Betrachtung eines Charts suche ich als erstes das letzte maßgebliche Tief, das auf dem Chart zu erkennen ist. Hat man einen lang-

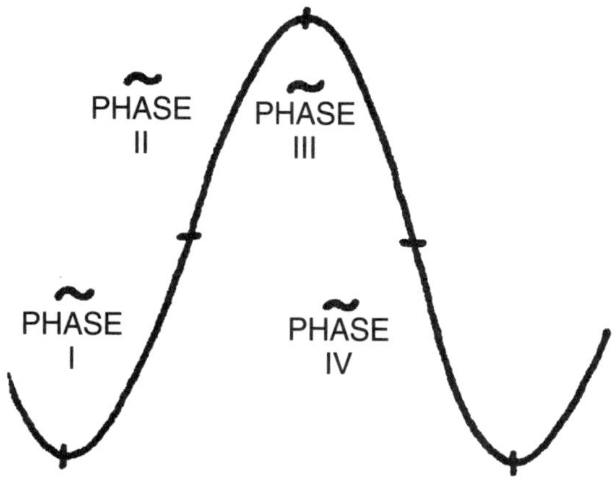

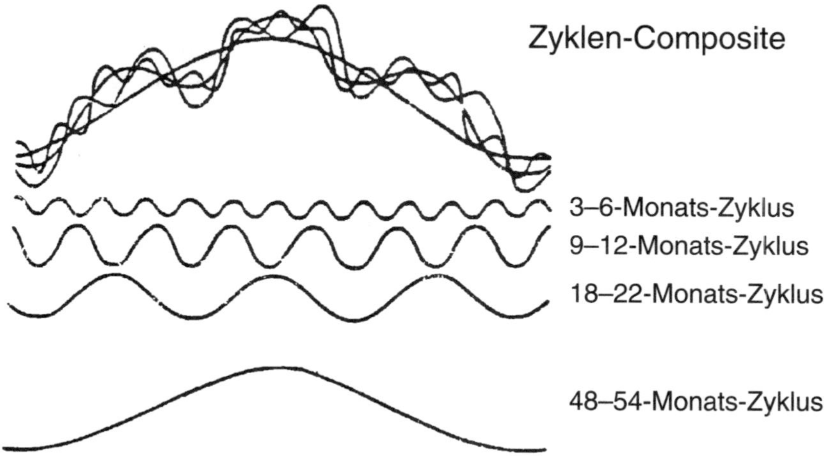

ABGEDRUCKT MIT GENEHMIGUNG VON CYCLETREND

fristigen Chart vor sich, sucht man am besten den Punkt, der sich als Tiefstwert eines 4-Jahres-Zyklus identifizieren läßt. Dieser Zyklus ist der längste, der am Aktienmarkt Wirkung zeigt. Weil es hier mehrere Möglichkeiten geben kann, muß man ein Tief finden, das ungefähr im Abstand von drei bis vier Jahren auf das vorangegangene folgt.

Ausgangspunkt für die zyklische Analyse ist also immer mindestens ein 4-Jahres-Zyklus?

Ich glaube schon. Wer wissen will, wo er sich in einem längerfristigen Trend befindet, und feststellt, daß das letzte maßgebliche Tief bereits zwei Jahre zurückliegt, sollte sich auf ein größeres zyklisches Hoch einstellen, das eine Änderung der Anlagestrategie erfordert. Nach einem maßgeblichen zyklischen Tief ist reiner Tisch gemacht worden. Deshalb muß man so ein Sell-off des Kurses erkennen. Glaubt man, einen 4-Jahres-Boden oder ein bedeutsames Tief gefunden zu haben, beobachtet man die Korrekturen, die 10, 20 und 40 Wochen darauf auftreten. Man wartet quasi auf die Abfolge von zyklischen Tiefs, die ein echter 4-Jahres-Boden nach sich zieht. Der kurzfristig orientierte Trader nutzt die zyklische Korrektur nach 10 Wochen zum Kauf. Der mittelfristig orientierte Anleger wartet auf die ausgeprägteren Tiefs nach 20 und 40 Wochen, die zwei- bis dreimal im Jahr auftreten, und kauft dann. Immer vorausgesetzt, daß der 4-Jahres-Zyklus nach oben tendiert.

Wann gab es das letzte größere zyklische Tief vor 1996?

Aus vierjähriger Perspektive war das 1994 und davor 1990.

In einem Ihrer Börsenbriefe bezeichnen Sie 1889 als Ihr „Modelljahr". Trifft das noch zu?

Verschiedene Marktkonstellationen aus der Vergangenheit haben für bestimmte Zeiten Modellfunktion. Anfang der 70er habe ich mich zum Beispiel auf die Zeit von 1908 bis 1915/1916 bezogen als Modell für die Entwicklung der Zyklen auf dem Aktienmarkt. Sicher war das keine identische Situation. Aber der Markt zeigte von Anfang der 70er

Jahre bis 1978/1979 dasselbe Muster. Darauf gründete sich meine Annahme, daß der Markt vom traditionellen 4-Jahres-Tief abweichen und im Zeitraum von 1978/1979 ein Doppeltief zeigen würde, denn genau das war 1910–1915 passiert, kurz vor und ursächlich für die Hausse in den 20er Jahren. Später ist mir ein anderer Zeitraum aufgefallen, von 1887 bis 1890, der mit großer Übereinstimmung Entwicklungen zeigte, wie sie zwischen 1987 und 1990 stattfanden. Er diente mir gut drei Jahre lang als erstklassiger Wegweiser. Da viel auf einen alle 100 Jahre wiederkehrenden Zyklus hindeutete, wurde ich 1993 sehr früh vorsichtig. Natürlich kam es 1993 nicht zu so einem Zusammenbruch wie 1893. Unterschiedliche Zeitabschnitte aus der Vergangenheit zeigen den Markt exakt den damaligen Zyklen entsprechend, weshalb man sich nicht 100%ig danach richten kann. Man darf nie vergessen, daß Abweichungen möglich sind. Die Vergangenheit bietet uns gute Muster und Modelle für ähnliche Zyklen, die eine Zeitlang mit den aktuellen Entwicklungen übereinstimmen, doch an irgendeinem Punkt von diesen abweichen werden. Dann müssen wir uns auf die Analyse des aktuellen Zyklus konzentrieren.

Gibt es für ein bestimmtes Jahrzehnt eine Folge von Wochen oder Monaten, über die ein Zyklus zuverlässig eine bestimmte Entwicklung zeigen wird, oder ist das Zufall?

Bei der Betrachtung von Zyklen muß man stets sicherstellen, daß man von einem maßgeblichen Tief ausgeht, wie es jede Generation nur einmal erlebt. Das gesamte 19. und das beginnende 20. Jahrhundert hindurch dauerte der deutlichste Zyklus 17 bis 18 Jahre, doch man darf einen Zyklus nie isoliert betrachten. Man fragt sich: „Wo kommt die Kraft her? Wohin geht der aktuelle Trend?“ In den 50er Jahren war der Aufwärtstrend so stark, daß es nur alle 52 bis 53 Monate zu Korrekturen kam. Damals waren die Korrekturbewegungen des 4-Jahres-Zyklus so gering, weil der 17-Jahres-Trend so stark war. Der Markt wanderte in 17 Jahren von einem Boden zu einem Top, vom Tief von 1949 zum Hoch von 1966. Von 1966 an verkürzte sich der 4-Jahres-Zyklus von Tief zu Tief auf 48 Monate und später auf 43 Monate – ein Indiz für eine Veränderung in der längerfristigen Trendunterstützung. Die große

Wende kam nach dem Einbruch des Aufwärtstrends von 1966 bis 1968. Das war der Beweis, daß der Zyklus gekippt war. Mitte der 70er Jahre war der 4-Jahres-Zyklus extrem schwer zu erkennen. Der Markt geriet in eine massive Seitwärtsbewegung mit verkürzten Tiefs. Wichtig ist, daß man die langfristige Perspektive nicht aus den Augen verliert, doch in der Praxis geht man einfach vom deutlichsten Tief aus, das auf dem Chart zu sehen ist. Entspricht es dem 4-Jahres-Zyklus, kann man dann systematisch kleinere Zyklen ausmachen.

Würden Sie, um eine Bezugsgröße festzulegen, bitte definieren, was Sie unter kurzfristig, mittelfristig und langfristig verstehen?

Langfristig heißt bei mir, ungefähr zwei Jahre – der Zeitraum vom Tief zum Hoch eines 4-Jahres-Zyklus. Als mittelfristig würde ich sechs bis neun Monate betrachten, also die Hälfte der vorherrschenden 12-Monats-(40-Wochen-) oder 18-Monats-(80-Wochen-)Zyklen, jeweils vom Boden zum Top. Bei beiden Zeitrahmen kann eine Aktie vom Tief zum Hoch sechs Monate oder länger brauchen. Kurzfristige Zyklen dauern 10 bis 20 Wochen, wobei der optimale kurzfristige Trade vom Tief zum Hoch 23 Börsentage in Anspruch nimmt.

Ist die Zyklenanalyse schwieriger, wenn sich der Markt in einer stürmischen Hausse befindet?

Wenn der Trend so stark ist wie in den 80er Jahren, dann ja. In einem starken Trend kommt es zu einer Verlagerung der Zyklen, denn hier hat man es mit extrem langfristigen Zyklen zu tun. Der längste Zyklus ist der dominierende Einfluß, die kürzeren Zyklen sind schwerer zu erkennen. Erst einmal muß man das große Monatsszenario im Kopf haben, dann das Wochenszenario und schließlich das Bild das Tages, denn man hat es mit Monats-, Wochen- und Tageszyklen zu tun. In den 70er Jahren war es ein Kinderspiel, den 4-Jahres-Zyklus auf dem Aktienmarkt von Hoch zu Hoch auszumessen und von dort auf das dazwischenliegende Tief zu schließen. Die Aktien folgten brav dem 4-Jahres-Zyklus und erreichten das Tief nahe am vorausberechneten Punkt. Das war äußerst hilfreich, als der Markt Ende der 60er und bis in die 70er Jahre hinein in eine Seitwärtsbewegung geriet. Obwohl wir uns seit 1982 in einem kräftigen Aufwärtstrend befinden, wird man, wenn man maßgebliche Hochs bestimmt und von einem dazwischenliegenden Tief ausgeht, die nächsten Tiefs ungefähr in diesem Bereich finden. Das ist an sich eine Spielerei, doch wenn man den richtigen Einstiegspunkt für eine Aktie sucht, insbesondere, wenn sie gerade eine größere Kurskorrektur hinter sich hat – wobei es bei einer Baisse nicht ungewöhnlich ist, wenn Aktien von 50 auf 7 oder 8 fallen –, kann man durch einen Blick auf das Monatsszenario annähernd ermitteln, wo das zyklische Tief wohl auftreten wird – nur durch Ausmessen der Hochs. Es funktioniert nicht immer, doch es kann eine große Hilfe sein. Zusätzlich kann man dann noch andere Hilfsmittel oder einen einfachen Durchbruch der Trendlinie im fraglichen Zeitabschnitt hernehmen, um die Ausbildung eines Bodens zu bestätigen.

Wird die zyklische Analyse Ihrer Ansicht nach komplizierter, wenn es zu einer größeren Korrektur kommt?

Nun, es gibt da nur zwei Alternativen. Entweder kommt es zu einem Abwärtstrend von gleicher Intensität wie der Aufwärtstrend, und in diesem Fall wird es bestimmt komplizierter. Oder der Markt tendiert seitwärts, wie in den 60er oder 70er Jahren. Damals gab es zunächst einen starken Aufwärtstrend, und nachdem die maßgeblichen Zyklen ihre Hochs erreicht hatten und seitwärts oder abwärts tendierten, erlebte die Börse eine Phase der Stagnation. Betrachtet man die 200jährige Geschichte, waren Aufwärtsbewegungen des Marktes immer langfristiger Natur, doch manchmal tendierte er auch über Jahre hinweg seitwärts. Bei solchen Seitwärtsbewegungen zeigt sich dann der 3- bis 4-Jahres-Zyklus und sein großer Nutzen.

Der 4-Jahres-Zyklus ist leichter in einer langfristigen Seitwärtskonsolidierung zu erkennen?

Ja, das ist seine Stärke. Dann werden auch die Wochen- und Tageszyklen interessant, denn man kann die Hochs messen und erkennen, daß die Tiefs nach Plan auftreten.

Welche Möglichkeiten gibt es zum Erkennen von zyklischen Tiefs auf Charts?

Schnell und einfach geht das mit zwei Fingern. Finden Sie zwei zurückliegende Tiefs, und legen Sie einen Finger auf jedes. Dann heben Sie die Finger ab und bewegen sie vorwärts, um festzustellen, ob ein neues Tief fällig ist, oder Sie messen zwei zurückliegende Hochs aus und bewegen sich dann von einem dazwischenliegenden Tief aus vorwärts. Ich benutze oft die von Hurst vorgeschlagene Methode, nehme einen Streifen Papier und markiere mit einem Stift einen Punkt zwischen zwei Tiefs. Dann schiebe ich den Papierstreifen über den Chart, um festzustellen, wo noch weitere Tiefs auftreten. Wo Sie weitere Korrekturtiefs bei zurückliegenden zyklischen Böden erkennen, markieren Sie sie mit Ansammlungen von schwarzen Punkten als Zeichen für „Synchronizität" rechts von Ihrem Papierstreifen. Überträgt man dies, ausgehend von einem mehrere Wochen zurückliegenden maßgeblichen Tief, auf die Zukunft, kann man rasch den nächsten Zyklusboden ermitteln. Macht man das für ein Dutzend verschiedener Aktien, stellt man bald fest, daß die Tiefpunkte aller Aktien innerhalb eines Fensters von etwa einer Woche liegen. Das ist manchmal als Marktzyklus zu verstehen. Man muß dabei allerdings berücksichtigen, daß bei einer Aktie, die das letzte Hoch eines mittelfristigen Zyklus erreicht hat, die kleinen Markierungen in der Zukunft für ein Hoch stehen können statt für ein Tief. Aus diesem Grund ist ein System, das möglichst lange den Trend mitmacht, hier ebenfalls verwendbar. Das ergibt sich meist im Endstadium einer Bewegung und nach der optimalen Kombination von Bullenzyklen. Bei einer anderen technischen Methode, den Elliott-Wellen, treten diese ausgiebigen Bewegungen meist in der Nähe des Höhepunkts der Welle 3 auf, die gewöhnlich den längsten und stärksten Abschnitt eines Aufwärtstrends darstellt. Wer sich mit Elliott-Wellen befaßt hat, weiß, daß der Zeitraum vom Boden der Welle 1 bis zum Ende der Welle 2 oft der gleiche ist wie bis zum Top am Ende der Welle 3. Grundsätzlich gilt also, daß Welle 3 länger ist als Welle 1, manchmal 1,618mal so lang, und so kann man zeitlich von Tief zu Tief, vom Boden von Welle 1 zum Boden der Korrektur durch Welle 2, gehen und dann von Tief zu Hoch, vom Boden von Welle 2 zum Top von Welle 3.

Welche Sequenz von Zyklen verwenden Sie?

Die meisten Zyklen betragen das Doppelte des vorangegangenen – 10 Wochen, 20 Wochen, 40 Wochen und so weiter. Ich habe aber stets drei 3-Wochen-Zyklen für einen 10-Wochen-Zyklus und drei 18-Monats-Zyklen für einen 4-Jahres-Zyklus eingesetzt.

Kann es sein, daß Sie sich nicht auf exakte Zeiträume festlegen möchten?

Genau. Ich verwende drei 3-Wochen-Zyklen als Entsprechung für einen nominalen 10-Wochen-Zyklus. Ein 3-Wochen-Zyklus umfaßt durchschnittlich 13 bis 17 Börsentage von Zyklustief zu Zyklustief. Das Hoch des 10-Wochen-Zyklus tritt auf, nachdem der zweite 3-Wochen-Zyklus nach oben gedreht hat. Die Hälfte von 13 ist 6,5 Tage. Wenn also innerhalb von 13 Tagen erwartungsgemäß das Tief des 3-Wochen-Zyklus aufgetreten ist, steht 6 1/2 Tage später, also etwa nach 19 Tagen, möglicherweise das nächste 3-Wochen- oder 10-Wochen-Zyklus-Hoch ins Haus. Viele Bewegungen betragen vom Tief zum Hoch etwa 18 bis 23 Börsentage, denn das ist das Hoch eines 3-Wochen-Zyklus und auch das Hoch eines 10-Wochen-Zyklus. Entwickelt sich ein Chart länger als 10 Wochen nach rechts oben, haben wir es mit einem sehr starken 20-Wochen-Zyklus oder einem besonders ausgeprägten Trend zu tun. Im oberen rechten Bereich des Charts drückt sich die Stärke der übrigen Zyklen aus. Sie werden jedoch feststellen, daß Ihre Oszillatoren dennoch an denselben Punkten zur Wende ansetzen.

Funktioniert die Papierstreifen-Methode bei Wochencharts und bei längerfristigen Charts?

Das alles kann man mit Wochen- und Monatscharts durchführen; doch man sollte ohnehin einen Monatschart berücksichtigen, um festzustellen, ob unter den vorliegenden Tiefs ein 4-Jahres-Zyklus-Tief, ein 2-Jahres-Zyklus-Tief oder ein 1-Jahres-Zyklus-Tief ist. Achten Sie zunächst darauf, in welcher Richtung sich die Zyklen bewegen könnten.

Kommt es auf dem Tageschart eines Jahres zu Durchbrüchen von seit sechs oder acht Monaten bestehenden Trendlinien, weiß man sofort, daß hier ein längerer Zyklus die Richtung ändert.

Könnten Sie für alle, denen die Elliott-Wellen-Theorie nicht vertraut ist, Ihre Auffassung davon kurz darlegen?

Welle 1 ist die erste Aufwärtsbewegung, die sich in fünf kleinere Wellen unterteilen läßt. So kann man die Richtung des tatsächlichen Trends erkennen. Auf dem Tageschart bezeichnet man die erste der fünf kleinen Wellen als Impulswelle. Sie sollte durch einen klaren, deutlichen Anstieg gekennzeichnet sein. Sie umfaßt manchmal nur wenige Tage, doch Aktien oder Indizes durchbrechen Abwärtstrendkanäle und der Umsatz steigt. Das ist dann ein Anzeichen für eine endgültige Trendwende und dafür, daß die Zyklen sich nach oben gedreht haben. Nach den fünf Wellen folgt eine „a-b-c"-Korrektur um etwa 50 % in Zickzackform oder als Seitwärtskonsolidierung. Beide sind gleichwertig. Konträr zum Trend verlaufende Bewegungen werden durch Buchstaben gekennzeichnet statt durch Zahlen, so daß eine „a-b-c"-Korrektur eine gegenläufige Bewegung in einem Aufwärtstrend darstellt. Diese Bewegung bezeichnen wir als Welle 2. Der nächste Anstieg wird dann als Welle 3 bezeichnet. Nach Welle 3 kommt es zu einer weiteren, regulären Korrektur, der Welle 4, die einen Rückgang um 0,23 bis 0,38 des vorangegangenen Anstiegs darstellt. Die Korrektur der Welle 4 kann als konsolidierende Seitwärtsbewegung oder in Zickzackform verlaufen, doch nach der Alternationsregel wird die Welle 4 eine Seitwärtskonsolidierung sein, wenn Welle 2 eine Zickzackkorrektur war. Welle 2 und Welle 4 werden nicht die gleiche Form haben. Robert Prechters Buch ***The Elliott Wave Principle*** ist das Buch zur Elliott-Wellen-Analyse schlechthin.

Die dritte Welle ist also der längste Teil der Bewegung, die fünfte ihre Endphase.

Richtig.

Sie haben einmal gesagt, der Vorteil der Zyklen bestehe darin, daß sie „zum richtigen Zeitpunkt eine konträre Sicht" böten. Würden Sie das bitte näher erläutern?

Empirische Beobachtungen über die Jahre haben ergeben, daß der Optimismus bei Tops am größten, der Pessimismus bei Böden am größten ist. Markttops und Böden stimmen hinsichtlich der optimistischen oder pessimistischen Marktstimmung im Grunde mit den Zyklen überein, doch die Marktstimmung ist ein so allgemeiner Indikator, daß er bei den Wendepunkten des 4-Jahres-Zyklus am aussagekräftigsten ist. Erreicht der Markt ein Hoch, und ein 4-Jahres- oder 18-Monats-Zyklus gerät in seine Hochphase, ist ein Blick auf die Marktstimmung äußerst aufschlußreich. Dann sind die spekulativen Kräfte am stärksten, und die Stimmung steigert sich zur Euphorie. Gerät ein Zyklus in ein Tief, ist die Stimmung ausgesprochen pessimistisch.

Man könnte also sagen, wenn man Zeiten untersucht, in denen die Marktstimmungswerte besonders hoch oder tief waren, und sie in zeitlichen Bezug setzt zum Zeitraum eines 4-Jahres-Zyklus, dann weist die Marktstimmung bei zyklischen Böden und Gipfeln ebenfalls Extremwerte auf?

Ja, die Marktstimmung sollte bei Hochs oder Tiefs im 4-Jahres-Zyklus Extremwerte erreichen, doch 100%ig kann man sich darauf nicht verlassen. Ich stütze mich nicht so sehr auf die Marktstimmung, da die Marktstimmungsindikatoren von so vielen Leuten verwendet werden, daß man Gefahr läuft, Prognosen vorauszusagen. Im Auge behalten sollte man sie aber. Ich betrachte lieber die Zyklusziele, die sich aus den zentrierten Gleitenden Durchschnitten ergeben, die in der Vergangenheit einen Schwerpunkt gebildet haben. Konzentrieren sich die Schwerpunkte im Zentrum einer Elliott-Welle 3, und man weiß, daß nun eine breitere Handelsspanne oder ein Top folgt, kann man davon ausgehen, daß es sich um eine Welle 5 handelt. Dann betrachtet man die Zyklenintervalle, etwa den 4-Jahres-Zyklus oder den 18-Monats-Zyklus, im Durchschnitt 78 Wochen. Vom Tief im November 1996 zum Top im Juli 1996 waren es 78 Wochen. In so einem Fall, wenn der Markt bis zu diesem Punkt kontinuierlich zugelegt hat, glaube ich nicht an ein bevorstehendes Zyklustief. Erreicht der Markt zu einer Zeit ein Hoch, wenn an sich ein zyklischer Boden auftreten sollte, würde ich rasch umdenken und sagen, daß wohl der nächstlängere Zyklus hier dominiert.

Der vorherrschende Trend zählt also immer mehr als die Botschaften des Zyklus?

Richtig, denn nur, wenn der Markt an einem zyklischen Tief nachgibt, ist es wirklich ein Zyklusboden. Sie haben Ihre Strategie vielleicht schon monatelang in der Schublade liegen, doch wenn der Markt in die Zeitvorgaben des Zyklus hinein weiter zulegt und Ihre Indikatoren zum Kauf raten, agieren nur Narren gegen den Kurs. Achten Sie auf die zyklischen Zeitrahmen, doch vergessen Sie dabei nicht, daß der nächstlängere Zyklus nicht kippen wird, bevor nicht durchbrochen wurde, was Hurst als gültige Trendlinie bezeichnete. Das ist besonders bei einzelnen Aktien hilfreich, da Trendlinien leicht zu zeichnen sind.

Wie hat Hurst eine gültige Trendlinie definiert?

Die Trendlinien, die Hurst als „valid", also gültig, bezeichnete, verbinden zwei zyklische Böden im Abstand von rund 10 Wochen. Diese Trendlinie verlängert man dann in die Zukunft. Wird sie durchbrochen, spricht das für ein Kippen des 20-Wochen-Zyklus, d.h. eine Drehung in Abwärtsrichtung. Es könnte auch bedeuten, daß ein längerer Zyklus nach unten dreht. Beim Zeichnen der Trendlinien muß man zyklusbezogen denken.

Wird eine Trendlinie, die zwei Böden des 10-Wochen-Zyklus verbindet, durchbrochen, heißt das, der 20-Wochen-Zyklus dreht nach unten. Folgt daraus, daß ein Bruch der Trendlinie zwischen zwei Tiefs im 20-Wochen-Zyklus einen Abwärtstrend im 40-Wochen-Zyklus signalisiert?

Ja. In diesem Fall würde man mittelfristige Positionen glattstellen, da sie auch Trendlinien durchbrechen oder sich auf den Verkauf verstärkt um das nächste zyklische 10-Wochen-Hoch herum einstellen.

Um den Anfang eines 10-Wochen-Zyklus zu bestimmen, würden Sie da einfach zwei zurückliegende Tiefpunkte auf einem Chart suchen, die ungefähr 10 Wochen auseinander liegen?

Ja, man müßte einfach zurückschauen, um innerhalb der vergangenen 20 Wochen zwei Tiefs zu finden, die vermutlich Böden eines 10-Wochen-Zyklus sind, und diese beiden Punkte dann durch eine Trendlinie verbinden.

Wenn Sie einen 52-Wochen-Tageschart verwenden, wären die einzigen erkennbaren wiederkehrenden Zyklen der über 10 Wochen und der über 20 Wochen. Richtig?

Ja. Interessieren Sie sich als langfristig orientierter Anleger für den 4-Jahres-Zyklus, müßten Sie statt dessen einen Wochenchart verwenden, der mindestens drei Jahre umfaßt, denn man sucht ja Bewegungen, die zwei Jahre andauern, also vom Tief zum Hoch eines 4-Jahres-Zyklus. Sind Sie nicht spekulativ orientiert, sind Wochencharts günstiger als Tagescharts. Die Mansfield-Charts sind sehr empfehlenswert, einschließlich ihrer Relative-Stärke-Linie. Bei der Relativen Stärke erkennt man Änderungen, wenn die Trendlinie durchbrochen wurde, weil dann das Momentum verlorengeht.

Gibt es Phasen innerhalb von Zyklen, für die die Relative Stärke von vergleichsweise größerer Bedeutung ist?

Ich glaube, sie ist bei zyklischen Hochs am wichtigsten. Es geht zwar auch mit Hilfe von Trendlinien, doch die Relative Stärke ist eine gute, schnelle Methode, um festzustellen, welche Aktien zeitlich vor dem Markt schwächer werden. Besonders geeignet ist die Relative Stärke auch bei einem maßgeblichen Tief, etwa das eines Zyklus von 40 Wochen oder länger. Manche sagen, man solle sich bei Markttiefs an die Werte mit der höchsten Relativen Stärke halten, doch ich habe damit in der Vergangenheit schlechte Erfahrungen gemacht – etwa, wenn die Aktie mit der größten Relativen Stärke ein Versorgungswert ist, der sich nicht vom Fleck bewegt. Am Boden eines mittel- oder langfristigen

Zyklus ist meiner Ansicht nach eine Aktie mit kurzfristig schwacher Relativer Stärke am vielversprechendsten, deren langfristige, monatliche Relative Stärke noch intakt ist. Zu dieser Entscheidung gelangt man über zwei zyklische Überlegungen. Eine längerfristig gute Relative Stärke weist darauf hin, daß der 4-Jahres-Zyklus oder der längerfristige Trend immer noch aufwärts tendiert, während eine extrem schwache Relative Stärke auf kurzfristiger Basis anzeigt, daß das Tief einer Aktie möglicherweise ausgelotet ist. Die Relative-Stärke-Linie auf einem langfristigen SRC-Monatschart ist bei mittelfristigen Böden ebenfalls recht aufschlußreich. Nach einer größeren Korrektur sollte man Aktien wählen, die auf monatlicher Basis eine positive Relative Stärke aufweisen. Vor Jahren habe ich den Swing-Faktor entwickelt, um zwei Zeitrahmen auf der Basis von Zyklen zu vergleichen – mit dem Ziel, kleinste Veränderungen bei der Relativen Stärke festzustellen. Ich bekam Kaufsignale für Aktien oder Branchen, wenn andere sie abstießen, weil die Relative Stärke nachgab. Ich ging genau konträr zu anderen Relative-Stärke-Strategien vor, und das mit großem Erfolg.

Was ist der Swing-Faktor?

Die zweite Ableitung von Relativer Stärke. Nachdem ich Datenmaterial über einen Zeitraum von 20 Jahren überprüft hatte, habe ich verschiedene Zyklen für bestimmte Branchen gefunden, doch ich konzentrierte mich hauptsächlich auf zwei Zeiträume. Ich verglich die Relative Stärke einer Branche im Vorjahr mit der Relativen Stärke im Jahr davor. Ich stellte vom letzten 1-Jahres-Zyklus zum vorhergehenden 1-Jahres-Zyklus eine Veränderung fest. War die Relative Stärke im letzten 1-Jahres-Zyklus besser als im Jahr davor, wurde der Swing-Faktor positiv. Theoretisch war nach Überschreitung der Mitte des zweijährigen Abwärtstrends ein Boden des 4-Jahres-Zyklus fällig. Konnte ich eine positive Veränderung der Relativen Stärke erkennen, bevor sie sich im Chart zeigte, entdeckte ich ein glockenförmiges Tief gegenüber einer glockenförmigen Kurve nach oben im Vorjahr, die zum Mittelpunkt hin abfiel. Mein Swing-Faktor war positiv, während die Aktie sich immer noch in einem zyklischen Tief befand. In den 80er Jahren habe ich mich davon abgewandt, doch im Tradingmarkt der 70er habe ich mich häufig danach gerichtet.

Bringt diese Methode nur etwas, wenn sich der Markt in einer Handelsspanne wie in den 70er Jahren befindet?

Nein, sie dient der Erkennung von Änderungen im langfristigen Trend, funktioniert allerdings am besten in rotierenden Märkten, wenn große Branchen einander ablösen. Im Oktober 1980 etwa habe ich meinen Swing-Faktor angewendet, und die ersten fünf negativen Aktiengruppen waren allesamt Öl- und Goldwerte, während sich die ersten zehn positiven Gruppen aus dem Bereich Konsumgüter, Kaufhäuser, Einzelhandel rekrutierten – Branchen, die seit Jahren keine Beachtung mehr gefunden hatten. Ich konnte mir nicht vorstellen, was diese Veränderung bewerkstelligen sollte. Als Reagan die Präsidentschaftswahl gewann, zeigten die Charts Höchstwerte für Öl und Tiefstwerte bei Konsumgütern. Der Markt erkannte in seiner unendlichen Weisheit, wofür Reagan wirklich war – nämlich für freies Unternehmertum und Wirtschaft. Die Ölwerte erreichten inflationsbedingt ein Top, und Einzelhandel und Kaufhäuser waren die nächsten paar Jahre der absolute Renner. Bei einem Markt im langfristigen Trend schlugen hohe Werte bei der monatlichen Relativen Stärke oder den Swing-Faktoren zwar noch an, doch nicht mehr so gut, weil es keine größeren Schwankungen gab, wie wir sie von umsatzschwachen oder seitwärts tendierenden Märkten kennen.

Wird der Swing-Faktor in der Zukunft wieder Wirkung zeigen?

Ja, es kommt bestimmt wieder eine Zeit, in der er Bedeutung haben wird. In einem Trendmarkt, wie wir ihn jetzt hatten, sind die Relative-Stärke-Linien natürlich trotzdem interessant, weil sie den Trend bestätigen sollen. Kurs und Relative Stärke sollten den gleichen Trend zeigen. Die Relative Stärke wird ihn allerdings eher durchbrechen, und das ist dann ein Verkaufssignal.

Um noch einmal auf Trendlinien zurückzukommen: Es gibt wohl eine sehr enge Beziehung zwischen der eigentlichen Trendlinie und den Zyklen. Wird eine gültige Trendlinie durchbrochen, ist dann immer davon auszugehen, daß der nächstlängere Zyklus abwärts dreht?

Ja, der Zyklus-Theorie nach sollte ein etablierter Trend nur durchbrochen werden, wenn der zugrunde liegende Zyklus seine Richtung ändert.

Nehmen wir beispielsweise einen Chart mit einer Trendlinie über sechs Monate. Der Markt hat diese Trendlinie bei jeder Korrektur respektiert, doch schließlich wird sie durchbrochen. Da sie sich über sechs Monate erstreckt, kann man davon ausgehen, daß der abdrehende Zyklus wenigstens ein Jahr oder mehr umfaßt. Der abdrehende Zyklus muß länger sein als der Zeitraum, in dem die Trendlinie besteht. Das ist der erste stichhaltige Hinweis darauf, daß der Zyklus in Abwärtsrichtung tendiert. Während des starken Aufwärtstrends 1996 waren kurzfristige zyklische Tiefs teilweise schwer auszumachen, weil sich jede Korrektur an eine stabile, langfristige Trendlinie hielt, die seit Dezember 1974 bestand. Man konnte nicht sagen, ob eine dieser Berührungen zu einem 10-Wochen-, 20-Wochen- oder sogar einem 40-Wochen-Zyklus gehörte, weil keine Trendlinie durchbrochen wurde. Das ist das Problem bei der Definition, welcher Zyklusboden wo anzusiedeln ist. Solange der Trend so stark ist, daß er kurzfristige Zyklen mit großer Amplitude weitgehend ignoriert, muß man sich einfach an diesen Trend halten und sich bewußt machen, daß der vorherrschende Zyklus ein oder vielleicht vier Jahre umfaßt. Dieses Phänomen tritt auf, wenn alle zentrierten GDs buchstäblich übereinander sitzen. Sie bilden dann einen geradlinigen Trend mitten durch das Zentrum aller Kurse, förmlich auf einer Linie, weil alle Zyklen in einem Kanal liegen. In so einem Fall steckt man am besten die Hände in die Taschen und geht mit dem Trend, denn eine Gipfelbildungsformation als Indiz dafür, daß die Zyklen einen Wendepunkt erreichen, ist erst in Sicht, wenn die Trendlinie durchbrochen wird. Punktum. Bis der Trend gebrochen wird, kann man Korrekturen auf die Trendlinie in acht bis zehn Wochen Abstand als Kaufsignale auffassen.

Sie sagen, mit dem Trend gehen: Legen wir dabei die Trendlinie zugrunde, die wir mit Hilfe der beiden Tiefpunkte im Abstand von acht bis zehn Wochen ermittelt haben?

Ja, und dann zeichnen wir noch eine 20-Wochen-Trendlinie, wenn es der zeitliche Abstand zum nächsten großen Tief erlaubt. Oft liegen sie auf einer Linie. Wenn Sie nicht spekulativ orientiert sind, sollten Sie sich an den längeren Trend halten. Eine Korrektur 17 bis 23 Wochen nach einem mittleren Tief könnte der Boden eines 20-Wochen-Zyklus sein.

Die Zahl „20“ ist also nicht unumstößlich?

Sie ist nur ein Richtwert, die Zyklusintervalle umfassen durchschnittlich 17 bis 23 Wochen.

Nehmen wir an, eine gültige 10-Wochen-Trendlinie wird durchbrochen. Müßten Sie eine zweite Trendlinie als Verbindung der beiden Tiefpunkte des 20-Wochen-Zyklus einfügen, um mit dem längerfristigen Trend in Einklang zu bleiben?

Ja, doch erst, wenn es sich nachweislich um den Boden eines 20-Wochen-Zyklus handelt. So könnte etwa die gültige 10-Wochen-Trendlinie kurz durchbrochen werden als Hinweis auf ein Abdrehen des 20-Wochen-Zyklus. Man weiß dann aber noch nicht, ob der Zyklus hier einen Boden ausbildet und dann wieder nach oben dreht. Man weiß nur, daß der 20-Wochen-Zyklus ein Tief erreicht. Ähnliches gilt für die Trendlinie zwischen zwei zyklischen 20-Wochen-Tiefs: Wird dieser Trend durchbrochen, hält man das für ein Tief des 40-Wochen-Zyklus. Ist der Durchbruch zeitlich stark begrenzt, und der Abstand zum vorigen Tief liegt bei 39 bis 40 Wochen, kann man davon ausgehen, daß man einen Boden vor sich hat, und es als Kaufsignal deuten.

Ist der Bruch einer 20-Wochen- oder 40-Wochen-Trendlinie von größerer Relevanz als der einer 10-Wochen-Trendlinie?

Das hängt vom Zeitrahmen ab, auf den Sie Ihre Anlagestrategie ausgerichtet haben. Sind Sie kurzfristig orientiert, werden Sie sich eher für die Trendlinie des 10-Wochen-Zyklus interessieren. Ein Durchbruch der Trendlinie sagt Ihnen, daß der nächstlängere Zyklus abdreht, doch nicht, ob die Wende gerade erst eingesetzt hat. Vielleicht hat sich bereits ein Boden gebildet, wenn die Trendlinie durchbrochen wird. Und hier wird's knifflig. Wie ich bereits sagte, würde man vom vorigen Tief ausgehen. Betrüge der Abstand dazu 39 bis 40 Wochen, und die Trendlinie wird nur kurz durchbrochen und der Durchbruch gleich wieder revidiert, könnte es sich um den Boden eines 40-Wochen-Zyklus handeln. Der Durchbruch weist darauf hin, daß der Zyklus sich im Tief befindet, doch er sagt nicht aus, ob der Abwärtsdruck noch wochenlang anhalten wird. Nehmen wir ein anderes Beispiel, diesmal mit einer Trendlinie über 20 Wochen. Befinden wir uns 15 Wochen vom vorigen 20-Wochen-Boden entfernt, und die gültige Trendlinie des 20-Wochen-Zyklus wird durchbrochen, könnten noch 4 bis 5 Wochen ins Land gehen, bevor der Boden des 20-Wochen-Zyklus fällig ist. Der Durchbruch der Trendlinie zeigt, daß der Markt schwächer geworden ist, nicht nur aus der Perspektive des 20-Wochen-Zyklus, sondern vielleicht auch aus der Perspektive längerfristiger Zyklen. Wie schwach der Markt geworden ist, kann man leichter bestimmen, wenn man den Zeitpunkt des Durchbrechens der Trendlinie in Relation setzt zum Beginn des Zyklus.

Anders ausgedrückt: Man muß also wissen, wann jedes zurückliegende Zyklustief aufgetreten ist, um vorhersagen zu können, wieviel Zeit noch bis zum nächsten bleibt. Was gibt es noch für Anzeichen für das Vorhandensein eines Zyklusbodens?

Nun, um die Zyklen umfassend zu analysieren, müßten wir wissen, in welchem Stadium sich die einzelnen Zyklen befinden – der 10-Wochen-, der 20-Wochen-, der 40-Wochen-, der 80-Wochen-Zyklus und so weiter. Die Brüche der Trendlinie sind wie ein Wegweiser, der Ihnen sagt, wo Sie sich gerade befinden. Der Bruch einer Trendlinie ist sicher ein Warnsignal, doch ist der Markt auch überverkauft, wie es am Boden eines 20-Wochen- oder 10-Wochen-Zyklus sein müßte? Man kann dann einen Blick auf die Oszillatoren werfen und die Überverkauft-Faktoren mit zurückliegenden Böden entsprechender Zyklen vergleichen. Zyklen sind nicht der letzte Schluß der Dinge. Man braucht noch verschiedene andere Hilfsmittel, die die Zyklenanalyse ergänzen.

Wenn ich Sie recht verstehe, verwenden Sie zunächst traditionelle Formen technischer Analyse und setzen dann Zyklen ein, um die Aussagen Ihrer anderen Indikatoren zu bestätigen oder zu entkräften?

Ja. Zyklen helfen, den Überblick zu behalten. Man kann die Böden zurückliegender 4-Jahres-Zyklen betrachten und, je nach Situation, statistische Werte zu Überkauft-Faktoren oder zur damaligen Marktstimmung vergleichend heranziehen. Statistische Werte für ähnliche Zyklusintervalle halte ich hier für besonders aussagefähig.

Was genau verstehen Sie unter dem Vergleichen statistischer Werte?

Die Tiefpunkte der 18-Monats- und 4-Jahres-Zyklen in den 70er Jahren waren, mittel- und langfristig betrachtet, die wohl ausgeprägtesten Baissephasen. Das Tief von 1974 ist, was die Marktstimmung anbelangt, durchaus mit dem von 1970 vergleichbar. In jüngerer Zeit kam es im Abstand von 3 bis 4 Jahren zu Tiefpunkten – 1984, 1987 und 1990. Die Zyklen verliefen also ähnlich. Nicht so 1994. In 90 % der Fälle betreibe ich Zyklenanalyse auf Grundlage des Dow, doch andere Indizes zeigen die zyklischen Einflüsse ebenfalls. Betrachtet man den Zeitraum vom November 1994, hatten die Versorgungswerte, die Advance/Decline-Linie und die Bonds auf ihre Tops im September 1993 25 % verloren. Der Dow deutete nicht auf einen normalen Boden eines 4-Jahres-Zyklus hin, ausgehend vom Tief 1990. Im November hatte er noch nicht einmal das vorangegangene Tief von April oder Mai 1994 unterschritten. Hier kommt die erwähnte Synchronizität ins Spiel. Betrachtet man ausschließlich den Dow, landet man womöglich im Abseits. Man muß auch den Markt als solchen berücksichtigen. Das Tief von 1994 war ein ganz normaler Boden eines 4-Jahres-Zyklus. Am Dow war das nicht zu erkennen, aber dafür an vielen anderen Indizes.

Wie gehen Sie vor, wenn nicht alle Indizes oder Averages ein übereinstimmendes Zyklusmuster ergeben?

Gemeinsamkeit. Hurst rät in seinem Buch, Zyklen auf ein Aktienportefeuille anzuwenden und das Zeitintervall zu ermitteln, das die meisten gemeinsam hatten. Ich halte das für einen wichtigen Punkt, denn, wie schon gesagt, kann es bei Werten, die nicht im Dow Jones Industrial Average enthalten sind – wie Nebenwerte, Versorgungswerte oder Bonds –, zu einem Sell-off des Kurses kommen. Dann bildet sich ein deutlicher zyklischer Boden, der vom Dow nicht nachvollzogen wird. Natürlich sind die zyklischen Böden am leichtesten auszumachen, bei denen der Dow und die maßgeblichen Averages die erwartungsgemäße

Entwicklung zeigen: einen ausgedehnten, steilen Rückgang. Aus charttechnischer Sicht fiel auch der Zeitraum von 1978–1979 aus dem Rahmen. Obwohl seit dem zyklischen 4-Jahres-Tief von 1974 vier Jahre vergangen waren, fielen Entscheidungen schwer, da es sich um ein Doppeltief handelte – ein Tief im Frühjahr 1978 und ein Tief im Frühjahr 1979. Jede Baisse der vorangegangenen 30 Jahre hatte ein hübsches, sauberes „V" gezeigt. Bei einem Doppeltief oder einem Doppeltop muß man damit rechnen, daß der Zyklus auf halber Strecke zwischen den beiden Extremen die Richtung ändert. 1978 zeigten dann die zentrierten GDs an, wo der Boden des 4-Jahres-Zyklus tatsächlich lag: ziemlich planmäßig vier Jahre nach dem Tief von 1974.

Kommt es bei zyklischen Böden meistens zu einem V-Tief oder Selloff des Kurses?

Ja, das wäre das erwartungsgemäße Zeichen dafür, daß alle Zyklen zusammen einen Boden durchlaufen.

Welche Methode eignet sich zum Ausmachen von Gemeinsamkeiten zwischen Aktien und Indizes?

Wenn man bei der Analyse von Aktien aus zyklischer Sicht und der Ermittlung von Höchst- und Tiefstwerten Notizen macht oder Eintragungen in Charts vornimmt, erkennt man, wann einzelne Werte im selben Zeitraum Hochs oder Tiefs erreichen oder erreichen sollten. Mit Hilfe dieser Methode überprüfe ich, wie sich der Markt als solcher gegenüber dem Dow oder anderen Indizes entwickelt. Zyklische Veränderungen kann man nicht an der Relativen Stärke ablesen. So hat der 1-Jahres- oder 40-Wochen-Zyklus am OTC-Markt in den letzten zwei Jahren gut funktioniert. Als der 40-Wochen-Zyklus einen Boden durchlief, war die Relative Stärke am OTC-Markt ausgesprochen schwach, doch als der 40-Wochen-Zyklus im November/Dezember 1994 anzog, nahm die Relative Stärke zu. Der OTC-Markt hat, zumindest in den letzten Jahren, stärker auf den 1-Jahres-Zyklus reagiert, so daß man bei einem Tief dieses Zyklus die OTC-Werte meiden, bei einem Aufwärtstrend dagegen die volatileren OTC-Aktien in Betracht ziehen konnte.

„Cyclemeter mit Zyklus-Wendepunkten und zentrierten Gleitenden Durchschnitten"

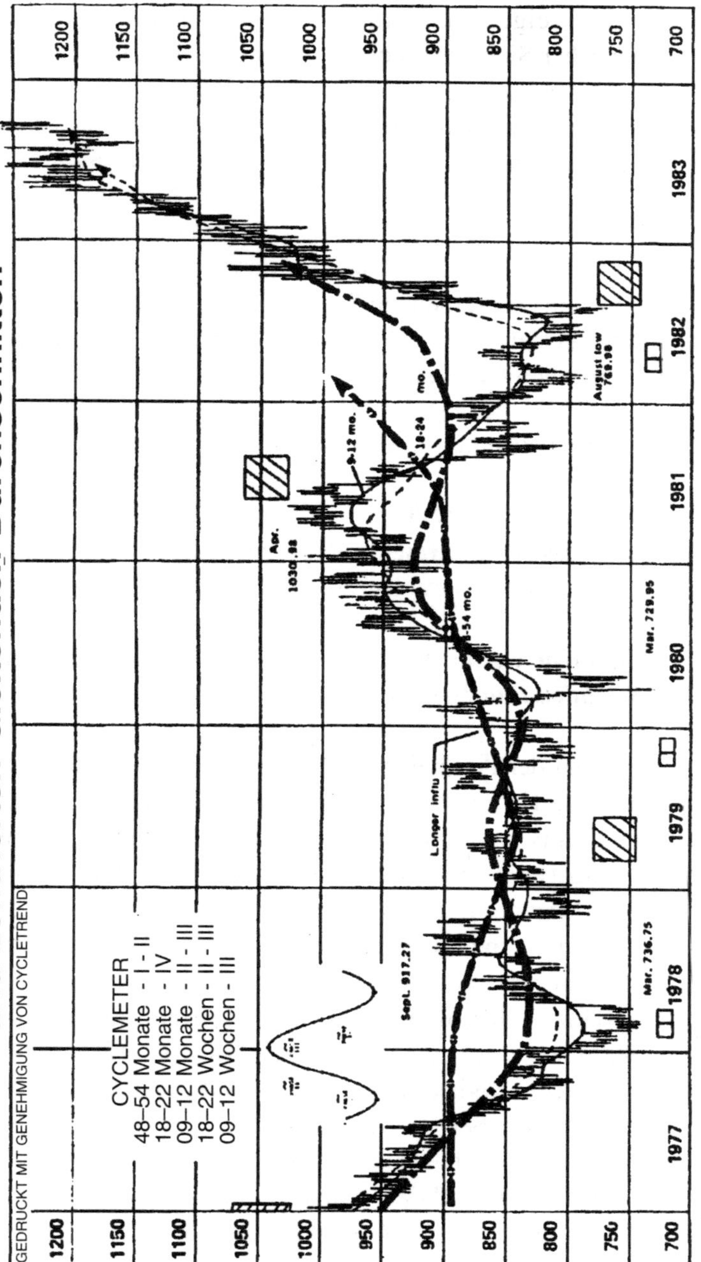

▨ ermittelte Wendepunkte d. 48–54-Monats-Zyklus ◫ ermittelte Wendepunkte d. 18–22-Monats-Zyklus ▭ ermittelter Zielbereich d. akt. kurzfr. Zyklus

Auch die Veränderung bei der Relativen Stärke war erkennbar, ein zuverlässiger Hinweis darauf, daß der 40-Wochen-Zyklus greift.

Der Anleger muß sich also damit abfinden, daß einzelne Indizes und bestimmte Sektoren zyklische Tops und Böden gestaffelt ausbilden?

So war es immer, und hier wird die Relative Stärke interessant. Mit ihrer Hilfe kann man erkennen, ob zyklische Auswirkungen am Werk sind oder nicht. Beim Tief von 1974 etwa waren Stahlwerte fast konkurrenzlos die Branche mit der höchsten langfristigen Relativen Stärke. Im Oktober und November 1974 befand sich der Markt mitten im zyklischen 4-Jahres-Boden. Die Stahlaktien zeigten auf den Monatscharts einen ausgeprägten Doppelboden, doch das Vorjahrestief vom Dezember 1973 wurde dabei nicht unterschritten. Sie lagen damit deutlich über dem Marktdurchschnitt. Ihre langfristige Relative Stärke präsentierte sich ausgesprochen positiv, und sie führten den neuen Bullenmarkt an.

Für die Relative Stärke kann man verschiedene Zeiträume zugrunde legen. Welches Mindestintervall würden Sie empfehlen?

Ich denke, jede Analyse sollte von den langfristigen Monatscharts ausgehen, um einen breiteren Überblick zu bekommen. Ein Sektor kann dabei langfristig Veränderungen bei der Relativen Stärke durchmachen. Manchmal dauert es 7 bis 9 Jahre, bis die Relative Stärke umschwingt. Werte mit hoher Relativer Stärke notieren außergewöhnlich hoch und überschreiten Tops meist zuletzt. Die Relative Stärke hält sich häufig an den Sektor, der im 4-Jahres-Zyklus hoch im Kurs steht. Im Zeitraum von 1972–1973 waren es die von den institutionellen Anlegern favorisierten Werte. Aktien wie Xerox und Eastman Kodak wurden mit einem Kurs/Gewinn-Verhältnis von 60 verkauft. Diese Werte erreichten ihre Tops im September 1973, während der Dow bereits im Januar ein oberes Extrem gezeigt hatte. Als die von den institutionellen Anlegern bevorzugten Aktien 1973 ihre Kurstops hinter sich hatten, zeigten sie im Vergleich zu den anderen Averages und Sektoren die folgenden sechs Monate lang Schwächen bei der Relativen Stärke – bis zum Boden des

4-Jahres-Zyklus im Frühjahr 1979. Betrachtet man die Monatscharts der von den institutionellen Anlegern favorisierten Werte, zeigten sie alle einen in fünf Wellen verlaufenden Anstieg, der bei dem Tief Mitte der 60er Jahre begonnen hatte. 1973 kam es zur fünften, explosiven Wellenbewegung beim dritten zyklischen 4-Jahres-Top. Was sich hier zeigt, ist folgendes: Drei 4-Jahres-Zyklen ergeben 12 Jahre, doch das Top des dritten 4-Jahres-Zyklus liegt im neunten Jahr. Neun Jahre sind also der übliche Zeitraum für maßgebliche Bewegungen von Tief zu Hoch. Drei 4-Jahres-Zyklen können auf langfristigen Charts ein deutliches 5-Wellen-Muster ergeben.

Kann man als kurzfristigen Richtwert die auf den Tagescharts ausgewiesene Relative Stärke oder die Zahlenangaben zur Relativen Stärke im* Investor's Business Daily *heranziehen?

Ja, und über die Relative Stärke aus ***Investors Business Daily*** kommt eine weitere technische Methode ins Spiel: der „Cup-with-Handle"-Ansatz aus William O'Neils Buch ***How To Make Money in Stocks***. Kommt es bei einer Aktie zu einem Kursanstieg und infolgedessen zu einem kleinen Doppeltop und dann zu einer Kurskorrektur von 1/2 bis 1/3 der vorangegangenen Aufwärtsbewegung, ergibt sich ein gerundeter Boden, der aussieht wie eine Tasse und die Korrektur wie der Henkel dieser Tasse – „cup with handle". Im Grunde ist das nichts anderes als ein zyklischer Boden. Ein spekulativer Marktteilnehmer sieht vielleicht bei dieser Aktie ein Doppeltop, doch die folgende Korrektur ist nur geringfügig. Bleibt die Relative-Stärke-Linie während der Kurskorrektur stabil, ist mit einem Ausbruch der Aktie beim kommenden Anstieg zu rechnen. Bleibt die Relative Stärke während der Korrektur stabil, kaufen manche Anleger, bevor der Ausbruch auftritt. Ich vergewissere mich dann gerne, ob der langfristige Moving-Average hoch liegt. Kauft man beim Ausbruch, empfiehlt O'Neil, innerhalb von 10 % des Ausbruchspunktes zu kaufen und dabei eine 7%-Stop-Loss-Strategie zu verfolgen. Positive Relative Stärke und eine Doppeltop-Formation mit einem kurzfristigen flachen Boden sind allesamt positive Zeichen. Dreht ein 30-Wochen- oder 200-Tages-Moving-Average nach oben, weist das auf stärkere Effekte des längerfristigen Zyklus hin.

Wenn Sie die Relative Stärke über neun Jahre zurückverfolgen, dann brauchen Sie ja sehr langfristige Charts.

1978/79 wollte ich über einen 61 bis 63 Jahre langen Zyklus schreiben, der turnusmäßig 1981 bis 1983 einen Boden bilden sollte. Statt des Tradings, wie es in den 70er Jahren betrieben wurde, als das Timing eine große Rolle spielte, prognostizierte ich für die 80er Jahre ein Jahrzehnt der „Buy-and-Hold"-Strategie. Zu dieser Überzeugung gelangte ich aufgrund von 40-Jahres-Charts. Für die Blue Chips konnte man rückblickend die Charts von den 40er bis 60er Jahren betrachten und eine eindeutige langfristige Trendlinie von Top zu Top ziehen, die sich als obere Trendlinie eines sehr effektiven parallelen Kanals präsentierte. Hier kam es beim Dow Mitte der 60er Jahre zu einem oberen Extrem. Dann konnte man die Parallellinie vom Tief von 1942 oder meinetwegen vom Tief von 1946 ziehen und erhielt so einen langfristigen Kanal. 1979 bis 1981 waren Aktien wie American Telephone, General Motors, Borden und Campbell Soup solange vernachlässigt worden, daß keine davon es in 17 Jahren zu einem New-High gebracht hatte. Sie hatten sich seitwärts bewegt, bis sie am Boden ihrer langfristigen Aufwärtstrendkanäle angelangt waren. Diese Werte reagierten beim Tief von 1982 als erste und fungierten erwartungsgemäß die ganzen 80er Jahre hindurch als Führer. Diese Entwicklung war anhand der sehr langfristigen Trends vorherzusehen. Ich denke, man sollte sich stets der Trends über wenigstens 10 Jahre oder mehr bewußt sein.

Darf ich davon ausgehen, daß Sie Charts der Securities Research Corporation verwenden?

Ja. Ich halte sie für eine ausgezeichnete Quelle. Arithmetische Charts zeigen bei langfristigen Bewegungen übertriebene Werte. Sie sind für den kurzfristigen Bereich geeignet, doch die längerfristigen Kanäle, die ich hier anspreche, werden recht gut deutlich anhand von semi-logarithmischen Charts wie den SRC-Charts.

„Zentrierte Gleitende Durchschnitte", eine Abwandlung der traditionelleren Moving-Averages, sind der Pfeiler Ihrer Analyse und korrelieren mit Ihren Zyklusintervallen. Wie sind sie aufgebaut?

Zunächst ermittelt man die Gleitenden Durchschnitte der Aktien- oder Indexkurse, die man analysieren will. Dabei wählt man einen Moving-Average über die Hälfte des zu untersuchenden Zyklusintervalls. Für einen 4-Jahres-Zyklus würde man also einen 2-Jahres-Moving-Average hernehmen. Ein 2-Jahres-Moving-Average gibt Auskunft über einen 4-Jahres-Zyklus. Dann verschiebt man den 2-Jahres-GD auf den Charts um die Hälfte des fraglichen Zeitraums nach hinten, also um ein Jahr. Bei der Betrachtung eines 20-Wochen-Zyklus würde man folglich einen 10-Wochen-Moving-Average ermitteln und diesen auf dem Chart um fünf Wochen nach hinten versetzen. Jeder GD, den ich verwende, umfaßt zeitlich die Hälfte der Zykluslänge und ist um die Hälfte dieser Spanne zurückversetzt.

Was bezwecken Sie mit dem charttechnischen Zurückversetzen der Moving-Averages um die Hälfte des Zeitraums?

Dadurch wird der Zyklus mathematisch exakt nachvollzogen. Man möchte sichtbar machen, wie sich der Zyklus in der Vergangenheit entwickelt hat. Man könnte annehmen, die zeitliche Rückversetzung sei von geringem Nutzen, doch zentrierte Gleitende Durchschnitte zeigen ein interessantes Phänomen. Trägt man drei oder mehr zentrierte GDs auf einen Chart ein, stellt man fest, daß sie alle auf dem Chart durch einen zentralen Kurswert gehen. Er markiert meist die Mitte einer deutlichen, forcierten Auf- oder Abwärtsbewegung. Erstaunlich ist daran, daß man auf Grundlage von Stundencharts oft Tage oder Wochen vorher prognostizieren kann, wo sich dieser Schwerpunkt ausbilden wird. Man braucht die zentrierten GDs für Tage oder Wochen nicht abzuwarten, um das Zentrum der Bewegung zu ermitteln. Beim Crash von 1987 bildete der Abwärtstrend bei den stündlichen zentrierten GDs einen Schwerpunkt, und Monate später durchdrangen die monatlichen und wöchentlichen zentrierten Moving-Averages denselben Kurs. Anders ausgedrückt, sobald die Stundenzyklen einen Schwerpunkt gebildet hatten und der so bestimmte Zielwert erreicht wurde, sprach das für die Beendigung der Abwärtsbewegung.

Unter Schwerpunkt verstehen Sie die Konvergenz mehrerer zentrierter Gleitender Durchschnitte?

Ja, denn das ist der zentrale Punkt mehrerer Zyklenkanäle.

Wie können Sie die zukünftige Entwicklung eines Trends von einem Schwerpunkt ableiten, der von so kurzfristigen Werten gebildet wird wie Moving-Averages auf Stundenbasis?

Die Schwerpunkte, die auf Stundencharts gebildet werden, werden vermutlich später auch von den für Tage oder sogar Wochen berechneten zentrierten GDs erreicht. Man bekommt also zeitig eine Vorstellung vom Zielbereich der Tages- oder Wochenwerte. Auf einen langfristigen Wochenchart würde man stündliche zentrierte GDs natürlich nicht anwenden. Ich benutze für Tagescharts dieselben zentrierten Gleitenden Durchschnitte wie auf stündlicher Basis. Ich verwende zentrierte 7-Stunden-, 13-Stunden-, 25-Stunden- und 50-Stunden-GDs. Zentrierte Gleitende Durchschnitte ermittle ich immer mindestens auf „stündlicher" Basis, obwohl sie auf jeden beliebigen Zeitraum anwendbar sind.

Ihre Ausführungen lassen annehmen, daß diese Schwerpunkte ausgesprochen aufschlußreiche Timing-Hilfen sind?

Ja. Dafür gibt es zwei Gründe. Ausgehend von vorangegangenen Tiefs kann man einen Zielbereich für Zeit und Kurs bestimmen, indem man vom Schwerpunkt aus spiegelbildlich vorgeht, denn Zyklen entwickeln sich so zurück, wie sie sich aufgebaut haben. Der Abstand von einem vorangegangenen Hoch bis zum Schwerpunkt beträgt die halbe Strecke einer Bewegung, so daß die zweite Hälfte der Bewegung der ersten entsprechen sollte. Auf diese Weise erhält man ein Kursziel. Es funktioniert nicht immer, doch wenn man eine solche Entwicklung erkennt, ist sie sehr hilfreich. So erreichte der Dow Jones Industrial Average am 3. September 1996 ein Tief bei 5 550 Punkten. Die stündlichen

Zentrierte Gleitende Durchschnitte mit Schwerpunktbildung durch Konvergenz
Dow Jones Industrial Average

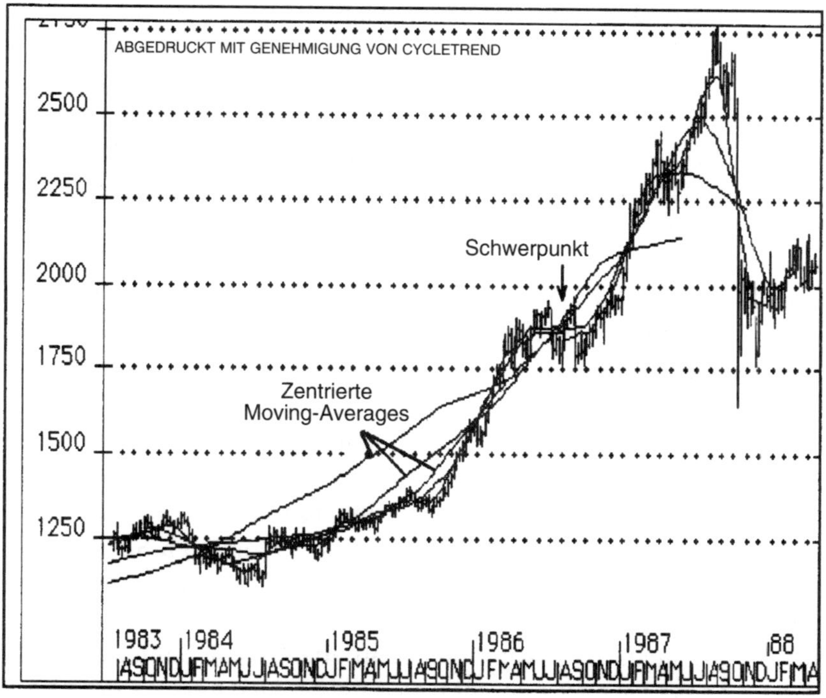

zentrierten GDs kreuzten sich am 11. September bei 5 754, und der Schlußkurs und Tiefstwert des Tages lag bei 5 750. Das vorangegangene Tief war bei 5 550 erfolgt, also mit 200 Punkten Differenz. Addiert man diese 200 Punkte zum Schwerpunkt von 5 750, ergibt sich ein Kursziel von 5 950 Punkten. Als ich die Tagescharts heranzog, zeigten auch dort die zentrierten GD-Linien auf dasselbe Niveau von 5 750 Punkten, deuteten also auf dasselbe Kursziel wie die stündlichen zentrierten GDs. Die zentrierten Gleitenden Durchschnitte auf Tagesbasis lagen zwar um ein paar Tage hinter den stündlichen zurück, doch sie schnitten denselben Schwerpunkt bei 5 750. Die Schwerpunkte auf Tages-, Stunden- und sogar auf Wochenbasis (Mitte 1995 ausgebildet) ergaben alle miteinander ein Kursziel im Bereich von 5 950. Meine Zielwerte lagen bei 5 922, 5 924, 5 956 und 5 986. Den letzten Wert erhielt ich, indem ich die kleine Welle 1 nach oben des stündlichen Elliott-Wellen-Musters ermittelte. Da Welle 5 der Welle 1 entspricht, kam ich auf 5 986. Berechnet man die Zyklen und mißt die Elliott-Wellen, erhält man im allgemeinen einen Zielbereich für Kurse.

Den Zielbereich für einen Kursanstieg ermitteln Sie, indem Sie vom vorangegangenen Tief zum Schwerpunkt messen und diesen Abstand verdoppeln?

Man zieht eine gerade Linie vom vorangegangenen Tief durch den Schwerpunkt, und diese Linie führt man weiter. Dann nimmt man einen Zirkel oder zwei Finger, mißt damit vom Tief zum Schwerpunkt und verdoppelt diesen Abstand entlang der Linie. Markieren Sie das Top, bei dem die Abstände vom Schwerpunkt zum Top und vom Schwerpunkt zum vorangegangenen Tief gleich sind. Machen Sie das nicht öfter als dreimal, denn wenn drei zentrierte GDs durch einen Punkt verlaufen sind, haben Sie drei Zyklen im Visier, und mehr als drei Kurs- oder Zeitziele sind nicht erstrebenswert.

Wie ermittelt man mit dieser Methode das Zeitziel?

Sie messen den zeitlichen Abstand vom vorangegangenen Tief zum Schwerpunkt und projizieren den gleichen Zeitraum nach vorne.

In Ihrem Beispiel haben Sie deutlich gemacht, daß zentrierte Gleitende Durchschnitte eindeutig zur Ermittlung von Kurszielen für den DJIA geeignet sind. Gilt das auch für einzelne Aktien oder Bonds?

Für einzelne Aktien oder Bonds haben sie die gleiche Bedeutung.

Würden Sie als Minimum drei zentrierte GDs empfehlen, um einen zuverlässigen Schwerpunkt zu bekommen?

Ja, und ich glaube, daß das ein Stück weit mit Elliotts Fünf-Wellen-Prinzip zusammenhängt.

Wie sind hier die Zusammenhänge?

Der Schwerpunkt liegt meist im Zentrum der Welle 3. Als erstes kommt der Anstieg von Welle 1, gefolgt von einem Rückgang oder einer Seitwärtskorrektur bei Welle 2, und parallel dazu setzen die zentrierten GDs zu einem Tief an und steigen dann langsam. Danach folgt die Aufwärtswelle 3, die ein Hoch erreicht und seitwärts tendiert, und der Übergang zu Welle 4. Inzwischen haben die zentrierten GDs Welle 3 geschnitten und tendieren immer noch kräftig nach oben. Ungefähr zu dem Zeitpunkt, wenn sie den Boden der Seitwärtskonsolidierung von Welle 4 erreichen, hebt der Markt mit Welle 5 ab. Anders ausgedrückt, es bildet sich ein Schwerpunkt in der Konsolidierungsphase von Welle 4. Die Korrektur ist vorüber, und der Markt kommt mit Welle 5 in Fahrt. Betrachtet man die Marktkonstellation von 1974–1975, fand ab Juni/Juli 1975 eine Korrektur statt. Die Seitwärtsbewegung dauerte bis Dezember an, und Sie können sehen, daß alle zentrierten GDs kräftig aufwärts tendierten und durch das Zentrum von Welle 3 gingen – alles Hinweise, die ein Ende der Konsolidierungsphase im Dezember erwarten ließen. Im Januar 1976 explodierte der Markt. Das ist ein ausgesprochen klassisches Beispiel, das sich jedoch bei einzelnen Werten immer wieder beobachten läßt. Es hilft zu bestimmen, wo die Welle 5 vorüber ist.

„Kursziel von 7242 auf Grundlage des Schwerpunkts bei 6256 und des Zyklustiefs bei 5270“

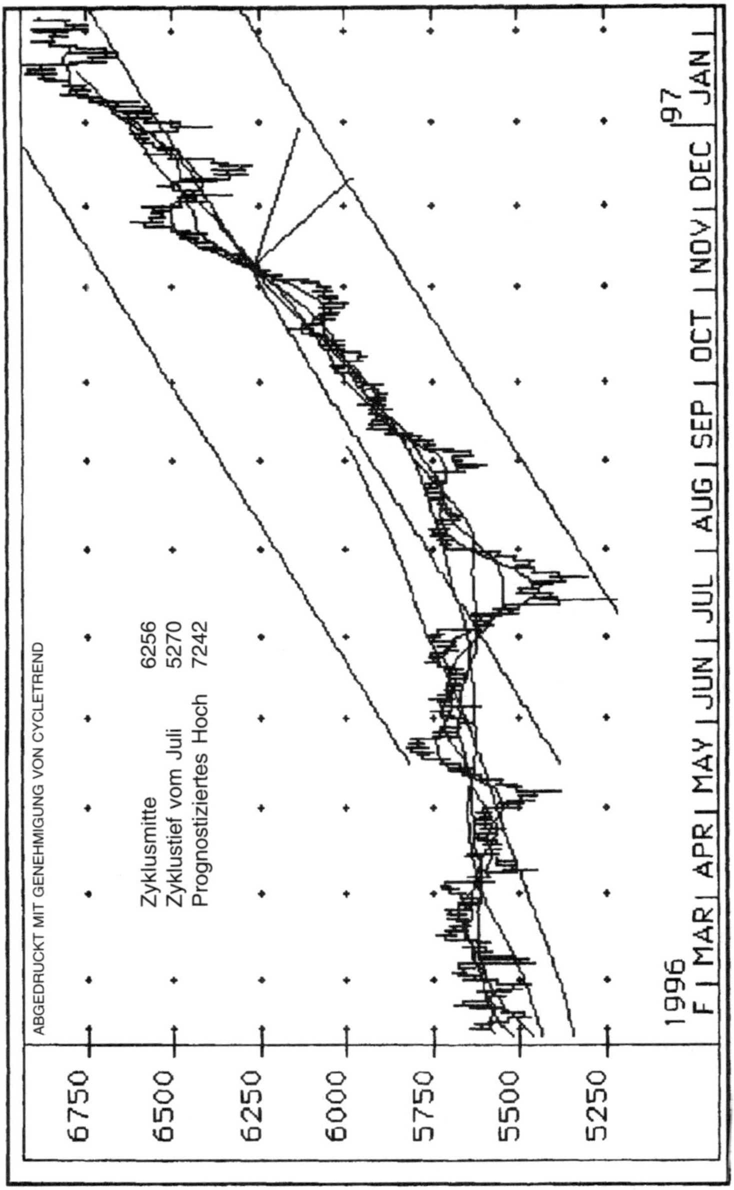

Wenn im Zentrum der Welle 3 ein deutlicher Schwerpunkt liegt, kann man dann von vorangegangenen Tiefs aus eine Linie ziehen, um Zeit und Kurs zu projizieren?

Ja. Jedesmal, wenn zentrierte Gleitende Durchschnitte einen Schwerpunkt bilden, vermittelt eine (im Aufwärtstrend) vom vorangegangenen Tief ausgehende Linie durch den Schwerpunkt eine gute Vorstellung von den Zielbereichen im Hinblick auf Kurs und Zeit. Der Hauptschwerpunkt liegt im Zentrum der längsten Anstiegsphase, normalerweise bei Welle 3. Durch diesen Punkt zieht man drei Linien, ausgehend von vorangegangenen Tiefs. Den ersten Zielwert erhalten wir, wenn wir eine Linie ziehen vom Boden der Welle 2 (letztes Tief) und durch den Schwerpunkt weiterführen. Sie legt die Zielvorstellung für Kurs und Zeit für Welle 3 fest. Eine Linie vom Tiefstwert der Welle 1 durch denselben Punkt im Zentrum von Welle 3 gibt normalerweise die Zielwerte für Welle 5 an.

Und das für Kurs und Zeit?

Ja, normalerweise für Kurs und Zeit. Zeitlich kann es bei Welle 5 allerdings zu kleineren Verschiebungen in die eine oder andere Richtung kommen, da der Gipfelpunkt des Momentums auf dem Hoch von Welle 3 liegt. Von diesem Punkt an sind die Zyklen bereits im Wenden begriffen.

Beim „Gipfel" von Welle 3?

Ja. Von diesem Punkt an geht das Momentum verloren. Die Welle 4 braucht ein Drittel länger, um sich zu entfalten, weil der Aufwärtstrend nicht mehr so stark ist wie am Boden von Welle 2. Hat Welle 2 zwei Wochen gebraucht, braucht Welle 4 vielleicht drei Wochen. Das ist nur ein Richtwert, es kann auch mal länger dauern. Nun müssen wir berücksichtigen, daß die zentrierten GDs mit zeitlicher Verzögerung reagieren. Sie klettern Tag für Tag weiter nach oben, und ungefähr wenn sie Welle 4 berühren, setzt der Anstieg von Welle 5 ein. Sie können Ihre Trendlinie durch das Zentrum von Welle 3 und Welle 4 ziehen und so das Zentrum Ihres Kanals ermitteln. Diese Linie führen Sie dann einfach in die Zukunft weiter und wissen dann, wohin sich Welle 5 entwikkeln wird, denn sie ist die Mittelpunktslinie des Kanals.

Welche Einsatzmöglichkeiten für zentrierte Gleitende Durchschnitte können Sie empfehlen?

Man muß sich darüber im klaren sein, daß man gewöhnlich den oberen Kurszielwert vor sich hat, wenn sich alle zentrierten GDs schneiden. Manche Leute fragen: „Wozu soll das gut sein?" Nun, im Grunde wissen Sie dann, daß diese Bewegung zu Ende geht, und können mit einer Entwicklung in die entgegengesetzte Richtung rechnen. Ist das Kurs- oder Zeitziel erreicht, konzentrieren Sie sich einfach auf die Gegenrichtung. Deshalb ist der Einsatz von zentrierten GDs so vorteilhaft. Sie wissen dadurch, daß eine Bewegung beendet ist, und sehen bestätigt, daß ein oberer Zielwert erreicht wurde. Nähern Sie sich einem oberen Zielwert, machen Sie sich bereit zum Verkaufen. Man kann noch andere Indikatoren zu Rate ziehen – Oszillatoren, Verkaufssignale auf Grundlage von Divergenzen, Trendlinienbrüche, Brüche der Moving-Average-Linien –, eben alles, was auf das Ende einer Bewegung hinweist. Das gleiche gilt für eine Abwärtsbewegung. Ist ein Schwerpunkt aufgetreten, und alle Zielwerte wurden erreicht, ist mit einer Wende in Aufwärtsrichtung zu rechnen. Eine ideale Konstellation wäre hier, wenn es im 10-, 20- oder 40-Wochen-Zyklus-Intervall zur Bodenbildung käme. Von Januar 1984 bis zur Jahresmitte durchlief der Dow eine Korrekturphase. Alle längerfristigen Moving-Averages des Dow befanden sich in einem besonders kräftigen Aufwärtstrend, doch die zentrierten 10-Tages-, 20-Tages- und 40-Tages-GDs, obwohl nicht hoch, bildeten einen perfekten Schwerpunkt auf halber Strecke der Korrektur, so daß kurzfristige Zielwerte erreicht wurden. Der längerfristige Aufwärtstrend war immer noch gut in Fahrt, doch das Momentum blieb unverändert. Dies konnte man als mittelfristiges Verkaufssignal werten. Ein weiteres Beispiel: Beim Crash von 1987 waren viele Leute extrem pessimistisch und glaubten an ein neues 1929. Beim Vergleich der Vorgänge von 1987 mit denen von 1929 war von Bedeutung, wo der Schwerpunkt lag. Und hier gab es einen maßgeblichen Unterschied: 1987 lagen die längerfristigen Moving-Averages, die den Schwerpunkt nicht geschnitten hatten, noch unterhalb davon und *stiegen.* Was war erforderlich, um sie durch den Schwerpunkt zu manövrieren? Der Markt mußte „in der Zukunft" *zulegen,* damit sie denselben Schwerpunkt schneiden würden, den die niedrigeren GDs geschnitten hatten (siehe Chart vom DJIA 1983–1988). 1929 lagen die längerfristigen Moving-Averages in den Charts *oberhalb* des Schwerpunkts. Was war erforderlich, um sie zum Schwerpunkt hinunter zu drücken? Ein zukünftig niedrigeres Kursniveau. Das ist ein subtiler, doch ausgesprochen wichtiger Schlüsselfaktor bei zentrierten GDs. Beim Einsatz von zentrierten Gleitenden Durchschnitten muß man in die Zukunft denken.

Dieses Beispiel zeigt, wie wichtig es ist, längerfristige zentrierte GDs auf kürzerfristig zu beziehen.

Ich glaube, die Magnetwirkung reicht aus, um längere Averages an einen bereits gebildeten Schwerpunkt heranzuziehen.

Hat man einen Schwerpunkt ermittelt, besteht dann noch viel Gefahr, daß die zentrierten GDs abdrehen und den Schwerpunkt total verfehlen könnten?

Das kann passieren, wenn der Markt aufgrund unerwarteter Neuigkeiten umschwingt, aber das ist eher ungewöhnlich. Sich danach zu richten, ohne weitere Vorsichtsmaßnahmen zu treffen, ist dennoch kein guter Rat. Nehmen wir an, Sie haben mehrere GDs, die Ihrer Ansicht nach weiter steigen und den Schwerpunkt dabei schneiden werden. Das wäre ein guter Hinweis auf einen fortgesetzten Aufwärtstrend. Bildet sich jedoch ein Doppeltop, ist Vorsicht geboten, denn ein Zyklus kann zwischen den beiden Tops um die Hälfte zurückgehen. Die zentrierten Gleitenden Durchschnitte des Zyklus werden durch den Schwerpunkt hindurch ansteigen, doch dann stagnieren und sich seitwärts bewegen, bevor sie zwischen zwei Tops um die Hälfte nachgeben. Das spricht für die Abwärtsbewegung eines größeren Zyklus. Ein Doppeltop ist immer möglich, also muß man besonders darauf achten. Da sich der letzte Anstieg bei Welle 5 normalerweise rasch vollzieht, ist ein Innehalten in der Umgebung eines vorangegangenen Hochs ein Warnsignal. Dann sollte man seinen Gewinn schleunigst vom Tisch nehmen.

Um möglichst gute Ergebnisse zu erzielen, verwenden Sie, glaube ich, fünf oder mehr zentrierte GDs. Gilt das für längerfristige Analysen?

Auf Monatscharts angewendet, vermitteln sie eine längerfristige Perspektive, doch sie können genausogut für eine kürzerfristige Perspektive bei Tages- oder Stundencharts eingesetzt werden. So schnitten zum Beispiel langfristige zentrierte GDs auf Monatsbasis direkt das Zentrum des gesamten Anstiegs von 1949 bis 1966. Ende der 60er Jahre habe ich auf die Bedeutung dieser Entwicklung hingewiesen, denn alle langfristigen Schwerpunktziele wurden bei einem Stand des Dow von 1000 Punkten erreicht. Was passiert, wenn bedeutende langfristige Zyklusziele in Aufwärtsrichtung erreicht werden? Der Markt wendet sich entweder nach unten, oder er tendiert seitwärts. von 1966 bis 1982 bewegte sich der Markt seitwärts. Ein ähnlich umsatzschwacher Markt war von 1906 bis 1914 zu verzeichnen, und das war mein Vergleichszeitraum für die 60er und 70er Jahre.

Gibt es in so einer Situation noch andere Indikatoren, die im voraus auf eine Abwärts- oder Seitwärtstendenz des Marktes hinweisen, oder muß man einfach abwarten, was passiert?

Es kommen immer auch andere Indikatoren zum Einsatz, doch wir sprechen hier von Zyklen solcher Ausdehnung, daß man lieber die aussagekräftigeren zentrierten GDs für kürzere Zyklen einschalten sollte, etwa für 4 Jahre, 18 Monate oder 1 Jahr. Den großen Rahmen und die langfristigen Zyklen sollte man dabei im Hinterkopf behalten, denn sie sind eigentlich nur bei der Entwicklung einer Grundstrategie von Nutzen.

Also, zur Bestimmung des langfristigen Jahrhunderttrends?

Richtig.

Auf welche zentrierten Moving-Averages stützen Sie sich bei Ihrer persönlichen Analyse?

Ich verwende einen zentrierten 7-Wochen-GD zur Beurteilung von Zyklen von 10 bis 13 Wochen Länge. Dann verwende ich einen 13-Wochen-GD für 20- bis 26-Wochen-Zyklen. Jeder Moving-Average liefert dabei auf dem Chart ein Bild für den halben und für den gesamten Zeitraum. Ein 13-Wochen-Moving-Average etwa zeigt Trend und Form eines 26-Wochen-Zyklus und ist dabei gleichzeitig GD für den gesamten Zeitraum des 10 bis 13 Wochen langen Zyklus. Er ist also Gleitender Durchschnitt eines halben 26-Wochen-Zyklus und Gleitender Durchschnitt eines gesamten 10- bis 13-Wochen-Zyklus. Auf einen Blick zeigt er die Richtung des 20-Wochen-Zyklus, und über die Projektion der zweiten Hälfte vermittelt er, vom Schwerpunkt aus gesehen, eine Zielvorstellung für diesen Zyklus. Ich lege also 7, 13, 25 und 49 „Tage oder Wochen" für die Ermittlung der Moving-Averages zugrunde. Um ungerade Zahlen zu erhalten, habe ich jeweils „1" abgezogen. Damit lag der Durchschnitt genau am gewünschten Platz zwischen den Kursbalken, als ich die Charts noch mit der Hand gezeichnet habe.

Bisher haben Sie nur von Kurszielen bei Aufwärtsbewegungen gesprochen. Bekommt man auch für die Gegenrichtung genaue Zielangaben, wenn man vom Zyklushoch aus eine Linie durch den Schwerpunkt zieht?

Ja, doch da Zyklen meist gleichzeitig Böden ausbilden, muß man hier Spielraum lassen für einen Schuß über das Ziel hinaus. Kurzfristige Zyklen in einem steilen Abwärtstrend werden die allgemeineren längerfristigen Zyklusziele zeitweise überschreiten. Darum funktioniert die Spiegelbildmethode bei Tiefs nicht so gut. Sie geben einem eine ungefähre Vorstellung vom Kurs, doch man muß dabei eine mögliche Überschreitung einkalkulieren, da mehr als ein Zyklus zur gleichen Zeit verläuft. Die spiegelbildliche Darstellung des Zielbereichs ist bei Aufwärtsbewegungen zuverlässiger.

Was meinen Sie mit Spiegelbild?

Ein Spiegelbild ist ein sehr zuverlässiges zyklisches Phänomen. Bei einem Top bildet sich oft ein ähnliches Muster aus wie bei einem Tief. Stellen Sie sich eine Sinuswelle vor, die vom Tiefpunkt zum Höhepunkt führt. Ist sie im Ansteigen, kann man mit Hilfe des Schwerpunktes der

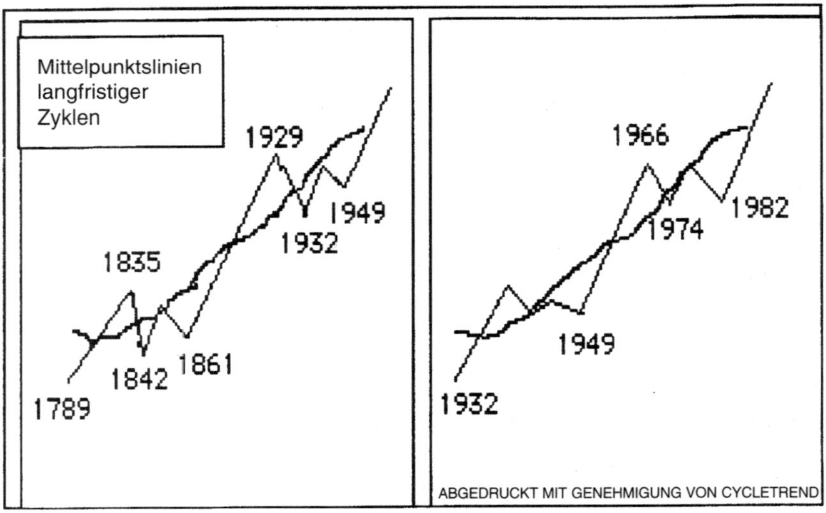
Mittelpunktslinien
langfristiger
Zyklen
1929
1949
1932
1835
1861
1842
1789
1966
1982
1974
1949
1932
ABGEDRUCKT MIT GENEHMIGUNG VON CYCLETREND

zentrierten GDs bestimmen, an welchem Punkt der Anstieg zur Hälfte vorüber ist. Dann kann man vom vorangegangenen Tief aus eine gerade Linie durch den Schwerpunkt ziehen und in die Zukunft fortschreiben. Das Abmessen dieser Linien vom Schwerpunkt aus vermittelt eine zeitliche, räumliche und kurstechnische Vorstellung vom bevorstehenden Hoch. Verwenden Sie dabei nicht mehr als drei Tiefpunkte, denn Zyklen treten immer in Zweier- oder Dreierkombinationen auf. Drei begleitende oder drei sich berührende Zyklen sind normalerweise für den Löwenanteil der Bewegung im entsprechenden Zeitraum verantwortlich. Nimmt man das erste Tief vor dem Schwerpunkt, erhält man das erste Hoch. Dann geht man weiter zurück und stößt vielleicht auf ein vorangegangenes Tief und projiziert das zweite Hoch. Dann verbindet man das erste Tief, normalerweise am Boden der Welle 1, durch den Schwerpunkt und erhält so einen Hinweis auf das Top einer Elliott-Welle 5.

Sähe auch die eigentliche Chartformation ähnlich aus?

Ja. Aus diesem Grund haben manche Computerprogramme Funktionen eingebaut, mit denen man Chartformationen umblättern oder umkehren kann.

Wenn man den Boden einer Formation auf Pauspapier festhält und den Schwerpunkt markiert, kann man dann durch Drehen des Papiers um den Schwerpunkt die Entwicklung der Formation am Top projizieren?

Ja, das ist gar keine schlechte Methode. Drehen Sie es um, und legen Sie es am Schwerpunkt der zentrierten Gleitenden Durchschnitte an. Das ist ebenso aussagekräftig wie die zentrierten GDs selbst.

Gibt es Software-Produkte, die zentrierte GDs berechnen können?

So gut wie jede moderne Software hat die Fähigkeit, Gleitende Durchschnitte zu zentrieren. Mit allen gebräuchlichen Computerprogrammen kann man einen Moving-Average überall dort plazieren, wo man ihn haben will.

Vorhin haben Sie erwähnt, daß Sie Oszillatoren als bestätigendes Kriterium für zyklische Tops und Böden einsetzen. Auf welche Art von Oszillatoren greifen Sie dabei zurück?

Auf eine einfache Rate of Change. Mit anderen Worten, ich nehme die Differenz vom aktuellen Tageskurs und vom Kurs von vor 7 Tagen und glätte die Veränderungsrate dann mit einem 3-Tages-Moving-Average. Eigentlich verwende ich einen 3-Tages-Moving-Average einer 4-Tages-Rate-of-Change. Sie vermittelt mir das gleiche Bild wie eine Rate of Change über 7 Tage, doch sie ist zuverlässiger und wendet nicht so abrupt.

Wie sind die Oszillatoren aufgebaut?

Ermitteln Sie eine Rate of Change für 1/4 der Zykluslänge, wenn Sie Divergenzen am Zyklushoch und -tief feststellen wollen, und für 1/2 der Zykluslänge, wenn Sie die Form des Zyklus interessiert. Ich verwende gern die Rate of Change, die einem Viertel des Zyklusintervalls entspricht, weil mein Blick darauf trainiert ist, Divergenzen zu erkennen. Betrachtet man etwa einen 28-Tages-Zyklus, wäre ein 7-Tages-Oszillator angebracht. So erhält man eine Divergenz am Tief des 10-Wochen-Zyklus und eine Divergenz am Hoch des 10-Wochen-Zyklus und damit mehr oder weniger mechanische Kauf- und Verkaufssignale.

Bitte erklären Sie, worauf man bei solchen Divergenzen achten muß.

Eine Divergenz entsteht, wenn ein beliebiger Momentum-Oszillator ein neues Hoch im Aufwärtstrend des zugrunde liegenden Instruments – oder ein neues Tief im Abwärtstrend – nicht bestätigt. Ein Zyklus muß am Schwung verlieren, bevor er seine Richtung ändert, also achten wir auf eine entsprechende Veränderung beim Momentum. Kommt es in einem Aufwärtstrend zu einem zweiten, höheren Kurstop, während zwei Oszillatorengipfel einen Abwärtstrend zeigen, ist das ein gutes Verkaufssignal, sobald der steilste durch Verbindung der Kurstiefs konstruierbare Aufwärtstrend durchbrochen wird. Das kommt normalerweise in der Nähe der obersten Trendlinie eines Kanals vor. Die nächste positive Divergenz ist dann in Bodennähe dieses Kanals 4 bis 5 Wochen später zu erwarten.

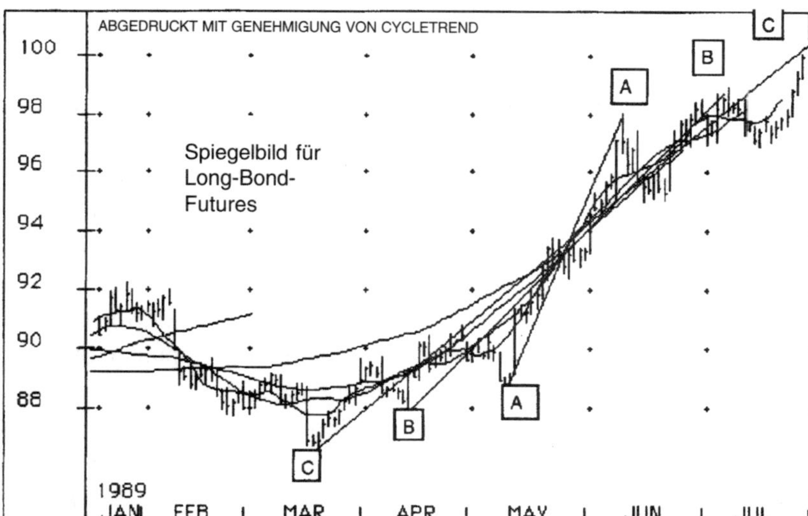
ABGEDRUCKT MIT GENEHMIGUNG VON CYCLETREND
100
98
96
94
92
90
88
Spiegelbild für Long-Bond-Futures
A
B
C
A
B
C
1989
JAN
FEB
MAR
APR
MAY
JUN
JUL

Ist dieses Szenario nur so zu deuten, wenn der parallele Kanal aufwärts tendiert?

Nein. Hat man den richtigen Oszillator für den Zyklus eingesetzt, gäbe ein flacher Trend an zyklischen Wendepunkten theoretisch perfekte Kauf- und Verkaufssignale. Der Trend des nächstlängeren Zyklus führt innerhalb eines Zyklus zu einer Verlagerung nach links oder rechts. Dann können die Signale leicht variieren.

Können Trader, um noch einmal auf die Divergenzen bei Hochs und Tiefs von 10-Wochen-Zyklen zurückzukommen, auf Grundlage dieser Divergenzen Positionen einnehmen?

Ja, denn die Aufwärtsbewegungen in einem 10-Wochen-Zyklus dauern meist etwa 23 Börsentage. Im Lauf der Jahre haben sich rund 23 Börsentage als gebräuchlichster Wert herauskristallisiert, doch es können auch einmal bis zu 30 sein. 1996 zum Beispiel waren es vom Tief zum Hoch 32 bis 33 Tage, doch das war eher ungewöhnlich. Allgemein gilt, daß sich eine starke Bewegung durch einen Anstieg der stündlichen Welle 5 vom Tief eines 10-Wochen-Zyklus bis zum Top eines 10-Wochen-Zyklus auszeichnet. Des weiteren werden Sie kleine Schwerpunkte im Zentrum von Welle 3 feststellen und eine Divergenz beim Oszillator am Top des 10-Wochen-Zyklus. Das ist dann ein stimmiges Bild.

Natürlich gelten für alle Zyklusintervalle dieselben Richtlinien für den Einsatz dieser Momentum-Oszillatoren?

Ja. Geht es um einen 20-Tages- oder 20-Wochen-Zyklus, würde man einen Rate-of-Change-Oszillator in der Größenordnung von der Hälfte des Zykluszeitraums verwenden, um die Form des Zyklus zu erkennen – 10 Tage also bzw. 10 Wochen. Theoretisch liegt das Zentrum der ansteigenden Sinuswelle innerhalb der ersten fünf Tage eines 20-Tages-Zyklus. In den folgenden fünf Tagen oder am 10. Tag ist der Oszillator dann gefallen, um anschließend nach oben zu drehen. Es folgt ein Gipfel, der möglicherweise niedriger ist als der der Kurse. Es liegt also eine negative Divergenz vor, die man als mechanisches Verkaufssignal betrachten kann.

ABGEDRUCKT MIT GENEHMIGUNG VON CYCLETREND

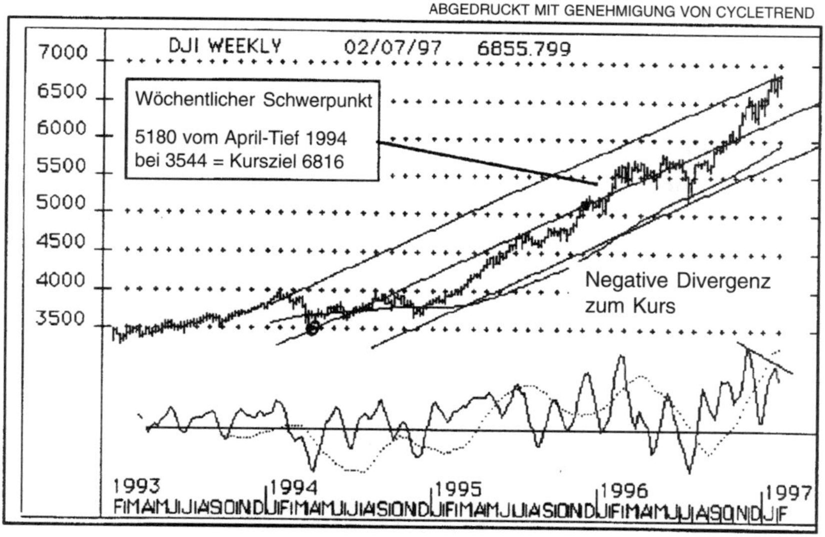

Wendet sich der Oszillator ein zweites Mal nach unten, können Sie getrost verkaufen, denn Sie wissen, daß das zyklische Hoch erreicht ist. Dasselbe gilt für einen Boden. Kommt es zu einer positiven Divergenz, kaufen Sie. Der Oszillator hat hier den Vorteil, daß er bei einem besonders starken Trend beim zweiten Anlauf ein New-High erreichen kann, aufgrund dessen Sie Ihre Position noch halten werden, bis sich eine negative Divergenz herausbildet. Warten Sie, bis die Aktie ein weiteres neues Hoch erreicht und der Oszillator ein niedrigeres. In diesem Fall können Sie von einem Anstieg in 5 Wellen ausgehen: Aufwärtsbewegung bei Welle 1, Korrektur bei Welle 2, Aufwärtsbewegung bei Welle 3, starker Trend und dadurch leichte Korrektur bei Welle 4, Anstieg auf ein höheres Hoch bei Welle 5, und hier – statt in einem früheren Zyklusstadium – kommt es dann zu einer Divergenz.

Das Aufteilen eines 10-Wochen-Zyklus in 3-Wochen-Zyklen ermöglicht Ihnen also, genau zu ermitteln, wo Befestigungen und Korrekturen auftreten. In welcher Phase kommt es nach der Korrekturbewegung zu dem New-High?

Nach dem Tief eines 10-Wochen-Zyklus erfolgt die erste Korrektur normalerweise in Form eines 3-Wochen-Zyklus von etwa 13 Börsentagen. Hier darf man davon ausgehen, das die halbe Strecke des Anstiegs geschafft ist. Dann kann die Aktie ein neues Hoch erreichen, das gleichzeitig Gipfel eines 3- und 10-Wochen-Zyklus ist. Dreht der Oszillator zum zweitenmal nach einem niedrigeren Hoch nach unten, und der Kurs liegt bei einem neuen Höchstwert, ist das eine negative Divergenz, und Sie verkaufen. Jahrelange Erfahrung sagt, daß die Signale normalerweise 18 bis 23 Tage vom Kaufpunkt entfernt auftreten. Käme es im 3-Wochen-Zyklus zu einer Korrektur bis zum 13. Tag und einem Anstieg bis zum 18. Tag, geht es fünf Tage lang aufwärts. Ungefähr hier bekäme man normalerweise das Verkaufssignal der Divergenz. Kommt es aber parallel zum Kurs auch beim Oszillator zu einem neuen Hoch, spricht das für einen besonders starken Trend, und man würde noch etwas zuwarten. Vielleicht plazieren Sie in diesem Fall einen Stop unter einer leichten Korrektur, doch Sie bleiben am Ball. Dauert der Trend bis zum 23. Tag an, und es kommt dann zu einer Divergenz, werten Sie diese als Verkaufssignal. An sich ist das ein mechanischer Ansatz. Ich erinnere mich, daß 1984 für Juni/Juli ein Tief des 18-Monats-Zyklus zu erwarten war. Bei der Korrektur zeigten sich auf den Wochencharts positive Divergenzen, und dann ergaben sich auch auf den Tagescharts positive Divergenzen – ein Hinweis darauf, daß es sich hier um das gemeinsame Tief eines mittel- und eines kurzfristigen Zyklus handelte. Die konservativsten und exakteren Signale werden generiert, wenn zuerst die Wochencharts eine Divergenz aufweisen und dann die Tagescharts.

Ist das der einzige Momentum-Maßstab, den Sie verwenden?

Ja, doch jede andere Methode wird ebensogut funktionieren, wenn man sie auf den richtigen Zyklus anwendet.

Generieren die Oszillatoren auch Divergenzsignale für langfristige Zyklen, den 4-Jahres-Zyklus etwa?

Ganz bestimmt. Suchen Sie nach einer Divergenz beim Top eines 4-Jahres-Zyklus, würden Sie einen 1-Jahres-Oszillator einsetzen. Um den Zyklus als solchen zu erkennen, verwenden Sie einen 2-Jahres-Oszillator. Um Divergenzen festzustellen, benutzen Sie einen für 1/4 dieses Zeitraums. Wollen Sie einen vollständigen Zyklus darstellen, verwenden Sie 1/2. Sie können sie auch beide anwenden, damit sie sich gegenseitig bestätigen.

Können sie auch widersprüchlich signalisieren?

Nein, normalerweise werden sie in Einklang stehen. Manchmal erkennt man die Wende eines 1/2-Oszillators nicht gleich. Die Divergenz zum 1/4-Oszillator macht das schneller deutlich.

Sind diese Oszillatoren auch für einzelne Aktien geeignet?

Darin besteht ja ihr großer Vorteil. Wer Arbeit sparen will, kann auch nur auf Grundlage des Oszillators selbst agieren. Ich habe mir Programme geschrieben, bei denen automatisch anhand von Divergenzen Verkaufs- oder Kaufsignale generiert werden – sowohl für Tages- als auch für Wochencharts –, und sie arbeiten ausgesprochen zuverlässig.

Gibt es in Zyklen synchron verlaufende Abschnitte? Anders gefragt: Werden die Gipfel und Böden eines 10-Wochen-Zyklus mit denen eines 20-Wochen- und denen eines 40-Wochen-Zyklus zusammenfallen, oder werden sie sich schneiden?

Nun, das sagt etwas aus über die Tragweite eines zyklischen Hochs oder Tiefs. Kommt es im 40-, 20- und 10-Wochen-Zyklus zu einem gemeinsamen Tief, wird dieses von größerer Bedeutung sein als ein 10-Wochen-Tief für sich allein.

Die Zyklenanalyse besagt, daß ein Primärtrend durch das Ziehen einer Trendlinie durch zwei Schwerpunkte kürzerer Zyklen definiert wird. Sind mit kürzeren Zyklen hier der 10-Wochen- und der 20-Wochen-Zyklus gemeint?

Auf einem Tageschart wäre es der Schwerpunkt vom 10-, 20- und 40-Wochen-Zyklus. Dieser Schwerpunkt bildet sich normalerweise im Zentrum von Welle 3 heraus. In der Konsolidierungsphase der Kurse bei Welle 4 entsteht ein weiterer Schwerpunkt, der allerdings oft weniger deutlich ist. Die Trendlinie ziehen Sie vom Schwerpunkt im Zentrum der Welle 3 durch das Zentrum der Welle 4. So bestimmt man den langfristigen Trend. Dann kann man als äußere Begrenzung eine Trendlinie vom Tief bei Welle 2 zum Tief bei Welle 4 ziehen. Wird diese durchbrochen, weiß man, daß die 5. Welle vorüber ist.

Ist das die Methode, mit der Sie parallele Kanäle konstruieren?

Ja. Die Mittelpunktslinien schneiden beim Ansteigen immer das Zentrum eines parallelen Kanals. Man zeichnet erst die Mittelpunktslinie durch die Schwerpunkte und dann parallel dazu die äußeren Begrenzungslinien. Man kann Kanäle mit geraden Linien zeichnen oder solche, die den Mittelpunktslinien der Zyklen folgen. Zeichnet man 3 oder

4 Kanäle nach verschiedenen Mittelpunktslinien, kann man sehr gut erkennen, wie die Zyklen ineinandergreifen.

Welches Szenario müßte sich nach Welle 4 präsentieren, damit Sie sicher sind, daß das Ende eines Aufwärtstrends erreicht wurde?

Nehmen wir an, Sie haben 4 Wellen eines erwarteten 5-Wellen-Musters dargestellt. Es ist bereits ein Schwerpunkt in Zentrumsnähe des letzten starken Anstiegs (Welle 3) erkennbar, und der Kurs befindet sich in einer Konsolidierungsphase (Welle 4). Der nächste Anstieg wird normalerweise die Mittelpunktslinie des Kanals nicht überschreiten. Nur selten wird bei Welle 5 die obere Begrenzung des Kanals berührt. Das es sich tatsächlich um eine Welle 5 handelt, wissen wir, wenn die Aktie oder der Index steigt, die zentrale Linie erreicht ist und dann fällt und dabei die untere Begrenzung des parallelen Kanals durchbricht.

Würden Sie erst reagieren, wenn die Trendlinie des unteren Parallelkanals durchbrochen wird?

Das hängt davon ab. Normalerweise gehen vom Top der Welle 5 bis zum Durchbrechen der Trendlinie oder des Moving-Averages gut 10 % verloren. Wenn Sie sicher sind, daß der Anstieg in fünf Wellen verlaufen ist und Sie einen deutlichen, gut ausgebildeten Kanal und eine klare Mittelpunktslinie vor sich haben, und Ihr letztes Hoch – bei dem eine negative Divergenz beim Momentum zu erkennen war – auf der Mittelpunktslinie lag, haben Sie alle Indizien, die Sie brauchen, um hier zu verkaufen, und müssen nicht auf einen Bruch der Trendlinie zu warten.

Was Sie gerade beschrieben haben, ist eine Strategie für den besten Zeitpunkt zum Verkaufen. Gibt es auch eine Entsprechung für den idealen Moment zum Kaufen?

Wendet man die Methode umgekehrt an, vollenden Aktien normalerweise die 5. Abwärtswelle mit einem neuen Tief, wobei sie die Mittelpunktslinie des Abwärtskanals nicht überschreiten. Eine positive

ABGEDRUCKT MIT GENEHMIGUNG VON CYCLETREND

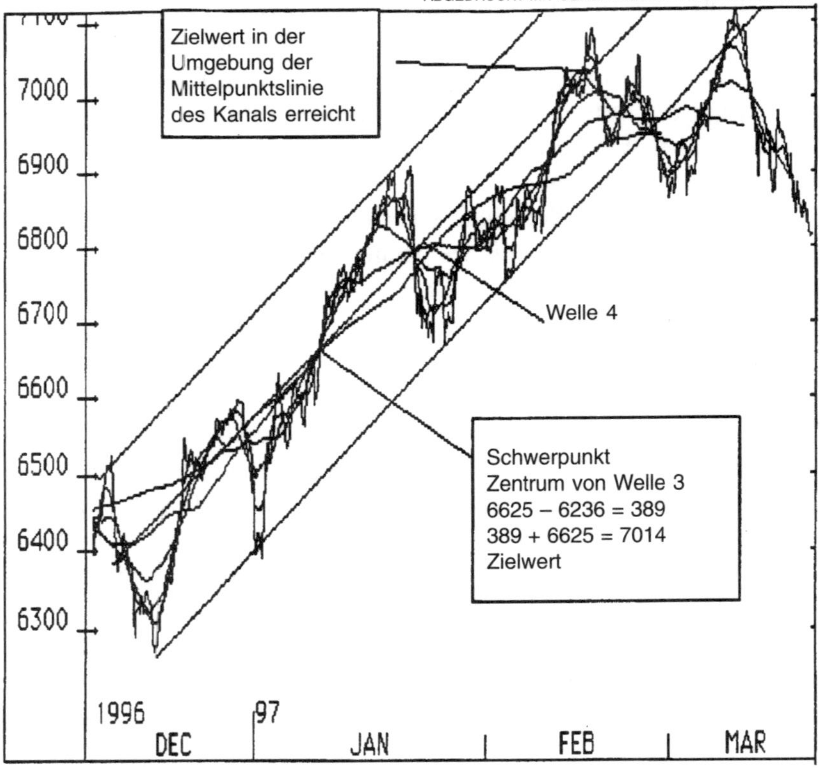

Divergenz sollte bestätigen, daß es sich um ein vollendetes 5-Wellen-Muster handelt. Auslöser könnte die einfache, von Tradern angewandte 1-2-3-Methode sein.

Was ist die 1-2-3-Methode?

Nehmen wir an, eine Aktie erreicht ein Tief, erholt sich wieder, und dann erfolgt eine Korrektur um 50 % nach unten. Bei diesem Boden würden Sie die Nummer 1 einsetzen. Das erste kleine Hoch im Anstieg, das auf den Boden folgt, wäre die Nummer 2. Erfolgt eine Korrektur und danach ein Kursanstieg über die Nummer 2 hinaus, markieren Sie diesen Punkt und schreiben eine 3 daneben. Trader lieben es einfach – steigt eine Aktie oder ein Index über Punkt 2, ist das der Punkt, an dem sie kaufen. Verwechseln Sie das aber bitte nicht mit Elliott. Nummer 2 oder der erste Anstieg erreicht seinen Höhepunkt gegenläufig zu einem parallelen Abwärtstrendkanal. Die Korrektur auf Punkt 3 ist normalerweise ein erneuter Test der Mittelpunktslinie des Kanals. Wendet sich der Kurs wieder nach oben, wird er aus dem Kanal ausbrechen. Sie können die alte 1-2-3-Methode anwenden, die Ausbruchs-Methode, oder Sie richten sich beim Kaufen nach Elliott – Welle 1 geht nach oben, Welle 2 ist die Korrektur, und mit dem Überschreiten des vorangegangenen Hochs ist man in Welle 3. Bei jeder dieser Methoden entspricht das erste Kursziel der doppelten Breite des vorangegangenen Abwärtskanals. Gemessen wird von der unteren Trendlinie des Kanals zur oberen Trendlinie des Kanals. Diese Methode ähnelt dem traditionellen „Measured Move“. Ist ein Ausbruch aus dem Abwärtstrendkanal sowie eine Korrektur auf das Niveau der Mittel-punktslinie eingetreten, und der Kurs dreht dann nach oben, kann man mit Hilfe dieser beiden Tiefs einen neuen, vorläufigen Aufwärtskanal ermitteln.

Inwiefern unterscheidet sich ein „Measured Move“ vom eben Beschriebenen?

Wir wollen von der „a-b-c“-Korrektur der Elliott-Wellen-Theorie ausgehen. Angenommen, eine Aktie oder der Markt ist in fünf Wellen in einem hübschen Aufwärtskanal gestiegen. Die erste Korrektur nach dem

Hoch wird gemeinhin als „a“-Korrektur bezeichnet. Nicht selten wird eine Aktie kurz danach ihren Aufwärtstrendkanal durchbrechen und ein Tief erreichen. Dieses liegt normalerweise auf halber Strecke zwischen der Mittelpunktslinie des Kanals und seinem Boden. Eine Aktie überwindet diesen Abstand erneut, doch ist das dann kein „Measured Move“, sondern nur die „a“-Welle nach unten. Der folgende „b“-Anstieg führt oft bis direkt an den Trendlinienbruch heran. Das ist die „b“-Bewegung. Der nächste Rückgang, die Welle „c“ abwärts, entspricht meist dem ersten. Das „a“ und das „c“ abwärts sind in bezug auf Zeit und Kurs gleiche „Measured Moves“. Mißt man die Entfernungen vom Hoch zum Hoch, vom Top der fünf bis zum Top der Welle „b“ und dann vom Tief von „a“ bis zum Tief von „c“, so erhält man zeitlich und kurstechnisch oft die gleichen Werte. Die „b“-Bewegung ist die kleine, korrigierende Bewegung, der „Rückstoß“, der gewöhnlich von einem sehr kurzfristigen Zyklus verursacht wird. Es ist normalerweise die Erholung des 3-Wochen-Zyklus auf der Abwärtsseite des 10-Wochen-Zyklus. Sagen wir, der 10-Wochen-Zyklus ist 5 Wochen lang gestiegen, und jetzt wird er 5 Wochen lang fallen. Der zweite 3-Wochen-Zyklus müßte nach 6 oder 6 1/2 Wochen aufwärts tendieren. Dort wäre normalerweise innerhalb des Abwärtstrends des 10-Wochen-Zyklus eine leichte Erholung zu erwarten.

Welche Überkauft-/Überverkauft-Oszillatoren verwenden Sie?

Jahrelang habe ich einfach den 10-Tages-Überkauft-/Überverkauft-Oszillator verwendet, der auf der Rückseite von Trendline zu finden ist. Ich nehme den Nettowert der gestiegenen und gefallenen Aktien über 10 Tage und bilde daraus einen laufenden Gesamtwert, und schon habe ich meinen Oszillator. Nehmen wir an, es kommt in 10 Tagen zu der folgenden Nettodifferenz zwischen gestiegenen und gefallenen Werten: +404, –113, –99, +418, –313, +227, +503, +107, –145, –992. Für diesen 10-Tages-Zeitraum läge die Mehrheit bei –3 Titeln. Dies ermitteln wir auf kumulativer Basis. Einen solchen Oszillator kann man für Divergenzen oder als kurzfristiges Tradingwerkzeug verwenden. Ich plaziere den Oszillator direkt unter den Dow Jones Average und stelle bei Tops und Böden häufig Divergenzen fest, wie bei einem Momentum-Oszillator. Beim Tief eines 20-Wochen-Zyklus sollte der Markt stark überverkauft sein, was der A/D-Oszillator bestätigen soll.

Wie können Sie sicher sein, daß Sie ein echtes Kaufsignal bekommen haben?

Weist der Oszillator auf einen stark überverkauften Markt hin, und das letzte Tief liegt 20 Wochen zurück, wenn es zu einem Bruch der Trendlinie kommt, kann man davon ausgehen, daß man sich am Tief eines 20-Wochen-Zyklus befindet. In diesem Fall kann man auf jede kurzfristige positive Divergenz hin kaufen. Liegt das letzte Tief in einem 20-Wochen-Zyklus aber erst 15 oder 16 Wochen zurück, und die Aktie durchbricht die Trendlinie, ist vielleicht ein ernstzunehmender Kurseinbruch im Anzug. In diesem Fall ist es günstiger, darauf zu warten, daß der Markt sich in der näheren zeitlichen Umgebung eines projizierten Tiefs überverkauft präsentiert. Unter diesen Bedingungen wäre das Durchbrechen der Trendlinie ein Verkaufssignal.

Haben Sie noch andere nützliche Maßstäbe für die Marktbreite in Ihrem Repertoire?

1970 habe ich etwas entwickelt, daß ich das Umsatz/Aktien-Verhältnis oder Tillmans VIR-Indikator nenne. Der VIR-Indikator ist die Umsatzratio minus der Aktienratio. Die Umsatzratio erhält man, wenn man das Gesamtvolumen der gestiegenen Werte über 10 Tage nimmt und es durch das Gesamtvolumen der gefallenen Werte der 10 Tage teilt. Dasselbe geschieht bei der Aktienratio: Man teilt die gesamten gestiegenen Aktien durch die Gesamtzahl der gefallenen. Dann ziehe ich die Aktienratio einfach von der Umsatzratio ab. Beträgt die Umsatzratio 0,95 und die Aktienratio 0,96, läge der VIR bei –1 (0,95–0,96). Ich kaufe am ersten Tag, wenn der VIR von Null oder darunter auf einen positiven Wert steigt. Mein Stop ist dabei das Tagestief. Man würde erwarten, daß sich Aktienratio und Umsatzratio in enger Beziehung zueinander entwikkeln, doch ich kam schon vor Jahren zu dem Schluß, daß der Umsatz zunimmt, wenn sich der Markt erholt, und die Differenz zwischen den beiden Ratios dann größer wird. Bei einer Aufwärtsbewegung an der

NYSE erreicht die Ratio selten eine Netto-Differenz von 50 Punkten, und in einer Abwärtsbewegung des Marktes fällt sie kaum je auf Null zurück. Über Jahre war es ein Verkaufssignal, wenn die Netto-Differenz des Umsatz/Aktien-Verhältnisses gleich Null war. An dem Tag, an dem dieses Signal erfolgte, erreichte der Markt oft seinen Tiefststand. Im Lauf der Jahre hat sich das ein wenig verändert. Nun blieb sie vielleicht zwei, drei Tage nach einer stark überverkauften Situation unter Null, doch sobald sie auf Werte über Null sprang, erholte sich der Markt zusehends. Sie ist ein gutes Kaufsignal. Der Grund dafür ist, daß der Umsatz zunimmt, wenn es zu einem Sell-off des Kurses kommt. Manche Aktien trotzen dem Trend, während der Umsatz steigt. Das heißt, man gerät in eine Art Kapitulationsphase, so daß die VIR-Ratio auf Null oder tiefer absackt.

Wenn ein Wert unter Null einen überverkauften Markt kennzeichnet, bei welchem Wert gilt er dann als überkauft?

Für die NYSE gilt, wenn die Ratiodifferenz auf über 35 steigt und dann auf unter 30 zurückfällt, hat es bereits Tops gegeben. Ist die Börse richtig in Fahrt, steigt der Wert auch mal auf 40 oder 50. Ich habe schon Werte um die 70 erlebt, bevor der Rückgang einsetzte. Das kommt normalerweise in einem 10- oder 20-Wochen-Zyklus vor. Wenn der Markt seinen Höhepunkt hinter sich hat, nimmt meist das Volumen ab, und die Anzahl der steigenden Werte geht zurück. Da der Oszillator auf Aktien und Umsatz äußerst empfindlich reagiert, wird er abwärts tendieren. Es mag Zufall sein, doch oft fällt er direkt auf dem Höhepunkt unter die 30er Marke.

Gibt es eine bestimmte, analytische Abfolge, die Sie jeden Tag durchführen?

Wenn ich von einem langen Urlaub zurückkäme und mich auf den neuesten Stand bringen wollte, würde ich als erstes die Averages aktualisieren. Ich würde den 10-Tages-Oszillator für die Marktbreite und die kumulative Advance/Decline-Linie berechnen, um mir ein Bild vom Zustand des Marktes zu machen. Dann würde ich auf einen Chart vom

Dow die zentrierten Gleitenden Durchschnitte eintragen, um zu sehen, wo der Markt sich in bezug auf eine vorangegangene Bewegung befindet. Diese drei Dinge, der Marktbreite-Oszillator, die A/D-Linie und die zentrierten GDs des Dow, geben mir ein Gefühl für den Marktzustand und dafür, ob schon Kursziele erreicht worden sind. Nach der Bestimmung des Allgemeinzustands des Dow überfliege ich etwa 1 000 Aktien in Trendline, um mir einen Eindruck davon zu verschaffen, wie die Entwicklung einzelner Werte ins Gesamtbild paßt. Als nächstes würde ich mich aufs Ausmessen von 10-Wochen-, 20-Wochen- und 40-Wochen-Zyklen für einzelne Aktien konzentrieren, oft mit der Hand, um die Werte ausfindig zu machen, die ich gerne kaufen oder leer verkaufen möchte.

Welche Faktoren bestimmen, ob Sie long oder short gehen?

Erst würde ich feststellen, in welcher Phase sich die Zyklen befinden. Erreicht der Dow ein Kursziel, ist das in neun von zehn Fällen auch bei den Einzelwerten der Fall. Bei Objekten zum Shortgehen würde ich nach Aktien suchen, die sich parallel zum Dow entwickelt und ihre Kursziele erreicht haben, und deren 10- und/oder 20-Wochen-Zyklen nach unten drehen. Fürs Longgehen brauche ich einen überverkauften Markt. Es geht ausschließlich darum, Aktien zu verfolgen, die sich analog zum Dow entwickeln. Sobald der 10-Wochen-Zyklus sein Kursziel in Abwärtsrichtung erreicht hat, wäre ein Kaufsignal aufgrund einer positiven Divergenz beim Momentum-Oszillator zur Vervollständigung des Bildes ausreichend. Kommt es zu einem Kaufsignal aufgrund einer positiven Divergenz, ist das normalerweise alles, was man braucht. Um das Signal auf Tagesbasis zu verfeinern, verlange ich als zusätzliche Bestätigung noch einen positiven Candlestick. Am Tag eines Tiefpunktes zeigt sich oft ein positiver Candlestick bzw. eröffnet die Aktie auf einem Chart mit Eröffnungskursen am Tag eines Tiefs niedrig, gefolgt von einem Sell-off des Kurses. Der Schlußkurs wird dann über dem Eröffnungskurs liegen. Ob er dabei höher liegt als der Schlußkurs des Vortages, spielt keine Rolle. Wir können das Gesamtbild betrachten und lange darüber diskutieren, doch auf jedem Chart, ob auf Tages-, Wochen- oder Monatsbasis, gibt es „einen" Balken, der den Tag mit dem absoluten Höchst- oder Tiefstpunkt repräsentiert. Jahrelang habe ich so manches Mal auf der Suche nach einem zyklischen Tief ein oder zwei Tage zu früh gekauft und bin dann ausgestoppt worden. Also habe ich nach einem einfachen Zeichen für einen Wendepunkt gesucht, und die Candlestick-1-Tages-Umkehr funktioniert einwandfrei. Zugrunde liegt die Vorstellung, daß ein zyklisches Hoch oder Tief ein Extrem darstellt und zu einem explosiven Hoch oder einer maßgeblichen Umkehr führt. Sind alle Zyklen gemeinsam in einer Abwärtsbewegung, und einer davon befindet sich in einer besonders starken „c"-Wellen-Korrektur, oder eine Aktie ist 7 Tage am Stück gefallen und steigt am 8. Tag, war das ein Sell-off. Als zusätzliches Hilfsmittel kann man hier den üblichen MACD-Indikator einsetzen. Kreuzen sich die beiden Linien, ist das zyklische Tief überwunden.

Legen Sie bei Ihren persönlichen Investmententscheidungen Wert darauf, daß all diese Indikatoren dasselbe aussagen?

Ja. Eine positive Divergenz, kombiniert mit einem positiven Candlestick und der Überkreuzung der zentrierten GDs in Abwärtsrichtung, das sind die drei einfachsten Voraussetzungen, um long zu gehen. Noch besser wäre, wenn sich ein „a-b-c"-Elliott-Wellen-Muster erkennen ließe oder der vorangegangene Anstieg um 50 % korrigiert würde. Im Lauf der Jahre habe ich viele ausgefallene Spielereien und vermutlich jedes bekannte System ausprobiert, doch sehr oft läßt sich das alles auf diese einfachen Dinge reduzieren. Es gibt da ein paar primitive Hilfsmittel, die einem aus zyklischer Sicht ein wenig Einblick geben, ob ein Zyklus gerade ein Tief oder ein Hoch durchläuft. Hat man sich mit den einfachen Grundlagen vertraut gemacht, mit dem Zusammenwirken von Trendlinienkanälen und zentrierten Gleitenden Durchschnitten etwa, kommt man mit diesen einfachen Hilfsmitteln erstaunlich weit.

Das ist viel Stoff, der hier verdaut werden will. Sollten noch Fragen offen sein, die wir nicht oder nicht eingehend genug behandelt haben, könnte Hursts Buch hier Abhilfe schaffen?

Ja, auf jeden Fall.

Kapitel XV

Stan Weinstein

In einer Welt, die noch immer von fundamentalen Analysten beherrscht wird, gehört Stan Weinstein zu den wenigen Technikern, denen es gelungen ist, sich weithin Anerkennung und Respekt zu verschaffen. Wenn er spricht, hören alle zu.

Bei seinen ersten Gehversuchen auf dem Markt erging es Stan Weinstein jedoch nicht besser als vielen anderen Börsenneulingen, die sich erstmals aufs Parkett wagen. 1961, er war noch auf dem College, investierte er sein gesamtes Bar-Mitzvah-Geld in Aktien. Wie es seinem wirtschaftswissenschaftlichen Hintergrund entsprach, verließ er sich bei seinen Entscheidungen auf die Analyse der Fundamentals. Die Baisse, die 1962 einsetzte, wurde ihm zum Verhängnis. Nach dieser Erfahrung ging er auf die Suche nach einer alternativen, gewinnbringenderen Strategie. Er las ***Technical Analysis of Stock Trends***, testete die darin vorgestellten Prinzipien und fand sie bestätigt. Daraufhin stieg er von der fundamentalen auf die technische Analyse um und ist seither Techniker mit Leib und Seele.

Seine mißglückte Börsenpremiere hielt Stan Weinstein nicht davon ab, nach seinem wirtschaftswissenschaftlichen Studienabschluß sofort ins Broker-Geschäft einzusteigen. Sieben Jahre lang hatte er als Wertpapiermakler gearbeitet, als er bei der damaligen Firma Walston and Company mit dem Schreiben von Kauf- und Verkaufsorders begann. Nachdem er in dieser Position ordentlich Geld verdient hatte, fand er es an der Zeit für einen Wechsel. Es drängte ihn aus der Sicherheit heraus ins Ungewisse: 1970 wagte er den Schritt vom Broker zum technischen Redakteur bei ***Indicator Digest***. Drei Jahre später kündigte er und übernahm mit seinem Technikerkollegen und Partner Justin Mamis den ***Professional Tape Reader***, einen Börsendienst, der damals noch in den Kinderschuhen steckte. 1976 zahlte er Mamis aus und konzentrierte sich auf den Ausbau seines Kundenstamms. In wenigen Jahren konnte er die Abonnentenzahlen von 200 auf über 10 000 steigern.

An der Börse faszinieren Weinstein ganz besonders zwei Dinge: Herausforderung und Spannung. Das Marktgeschehen mag ihn manchmal frustrieren, doch niemals langweilt es ihn. Technische Analyse ist für ihn keine Arbeit, sie ist das „ultimative Vergnügen“. Laut Weinstein gibt es drei unabdingbare Voraussetzungen für den Erfolg an der Börse wie im Leben: Organisation, Disziplin und Pragmatismus. Bei jeder Arbeit muß man Prioritäten setzen und als erstes das Wichtige vom Unwichtigen unterscheiden. Das Wichtigste muß man zuerst erledigen, das Unwichtigste zuallerletzt. „Hat man für die Stochastik keine Zeit, kommt man auch ohne sie aus“, sagt Weinstein. Um einen disziplinierteren, weniger emotionalen Ansatz fürs Trading zu entwickeln, hat er ein eigenes Modell konstruiert, das 50 Indikatoren enthält. Er nennt es „Weight of the Evidence“ (Gewicht der Indizien). Wie der Name schon sagt, hat jeder Indikator eine eigene „Gewichtung“, einen eigenen Bedeutungsgrad. Obwohl von anderen Technikern oft kopiert, war es nachweislich Stan Weinstein, der diesen Begriff geprägt hat.

Sein Lebensstil als „Workaholic“ (ein Teil dieses Gesprächs wurde auf Weinsteins Bitte und Kosten über Mobiltelefon geführt) wird zum einen bestimmt durch die Pflichten als Herausgeber und Verleger des ***Professional Tape Reader***, eines zweimal wöchentlich erscheinenden Börsenbriefs. Daneben bietet er institutionellen Kunden noch einen weiteren Service unter der Bezeichnung ***Global Trend Alert***. Außerdem hat er Seminare für Anleger jeder Couleur veranstaltet. Das Themenspektrum reicht von einfachen Gleitenden Durchschnitten bis hin zu den Vorzügen der Kapitalsicherung. Aufgrund seiner frühen Erfahrung mit Verlusten rät er konsequent zum Einsatz von Stops, und tatsächlich blieben seinen Abonnenten bislang größere Verluste erspart, wenn sie sich an die vorgegebenen Stops hielten.

Beeindruckt von Stan Weinsteins technischem Können, schickte ich ihm 1989 eine Bewerbung als Assistent. Bald darauf bekam ich ein Päckchen mit folgendem Inhalt: eine Absage und ein Exemplar von Weinsteins Buch ***Secrets for Profiting in Bull and Bear Markets*** mit ein paar aufmunternden Worten als persönliche Widmung. Diese liebenswürdige Geste ist ganz typisch für Stan Weinsteins Umgang mit Menschen. Aus Hunderten von Publikationen zum Thema Geldanlage wurde sein Buch vom ***Stock Trader's Almanac*** zum besten Investmentbuch des Jahres gekürt, das zur Pflichtlektüre eines jeden Marktteilnehmers gehören sollte. Ich empfehle dieses erstklassige Werk dringend zur Nachbereitung all dessen, was hier erörtert wird. Außerdem enthält es ausgezeichnete Tips zu Risikomanagement und Methoden zur Berechnung von Kursprojektionen.

Stan Weinsteins Ansichten zum Börsengeschehen sind unter anderem nachzulesen im ***Wall Street Journal,*** in ***Barron's*** und ***USA Today,*** in der ***New York Times*** und in ***Investors Business Daily***, um nur ein paar Namen zu nennen. Er ist häufiger Gast bei ***Wall Street Week*** und ***Nightly Business Report*** und in vielen anderen führenden Wirtschaftsmagazinen.

Sein Porträt im Magazin ***Millionaire*** ist nur ein Hinweis darauf, wie seine finanziellen Erfolge das Funktionieren seiner Methoden bestätigen. Seit 17 Jahren hat er, mit Ausnahme vom August 1985, jede größere Hausse oder Baisse treffsicher vorhergesagt. Seine erfolgreichen Prognosen haben ihm den vom ***Timer Digest*** verliehenen Ehrentitel „Stock Timer of the Year for Stocks" eingetragen.

Jeder technische Analyst hat bei der Marktanalyse seinen eigenen Stil. Durch welche typischen Eigenheiten unterscheidet sich Ihr Vorgehen von dem Ihrer Technikerkollegen?

Ich würde sagen, absolut einzigartig ist hier nichts, doch ich sehe schon Unterschiede im Ansatz. Einer ist, daß ich wirklich zu 100 % Techniker bin. Ich bin heute soweit, daß ich die Fundamentals überhaupt nicht mehr ins Kalkül ziehe. Als Techniker bezeichnen sich viele. Wenn ich dann ihre Bücher lese, stoße ich darin auf Bemerkungen wie „wenn die Fed dies oder jenes tut". Für mich zählt nur Angebot und Nachfrage. Und das sage ich nicht nur, ich handle auch danach. Das ist der eine Unterschied. Der zweite ist, daß ich mich aus Überzeugung strikt an meine Grundsätze halte und meine Analyse nicht zu kompliziert gestalte. Ich kenne sämtliche Spielereien – Kerzencharts, Point-and-Figure-Charts, Balkenchart, und so weiter und so fort. Ich habe sie alle ausprobiert, doch dabei festgestellt, daß man um so mehr widersprüchliche Hinweise bekommt, je mehr Hilfsmittel man einsetzt. Auf drei optimistische kommt ein pessimistisches Signal. Das verwirrt nur. Ich habe mir angewöhnt, bei meinem System zu bleiben, es zu verbessern und im Grunde nur auf die Charts selbst zu hören. Ich halte viel von Moving-Averages. Meiner Ansicht nach sind sie bei der Definition von Trends auf Charts eine große Hilfe. Vor Jahren habe ich einen nicht zur Veröffentlichung bestimmten Indikator entwickelt, den ich NYSE Survey nannte. Er ermittelt den Prozentsatz der Aktien, die aus technischer Sicht gesund sind – in den Stadien I und II jedenfalls. Als Indikator ist er wohl einzigartig. Mein NYSE Survey hat im Lauf der Jahre sehr erfolgreich größere Trendwenden prognostiziert. So hat er Ende 1972/ Anfang 1973, obwohl der Dow ein neues All-Time-High ansteuerte, deutlich Schwäche gezeigt. Auch Ende 1976 (vor der Baisse von 1977) zeigte er diese negativen Tendenzen, und noch einmal im Sommer 1987 vor dem Crash im Oktober. Gehe ich über die Charts von einzelnen Aktien hinaus, stütze ich mich auf meinen persönlichen „Weight-of-the-Evidence"-Ansatz. Ich verwende 50 Indikatoren, die alle eine gute Erfolgsbilanz aufweisen. Ich will bestimmt niemandem am Zeug flikken, denn wenn ihre Methoden funktionieren, ist das toll – jeder muß sehen, wie er zurechtkommt –, doch ich beobachte oft, daß sich die Leute bei ihren Marktprognosen auf zwei, drei Lieblingsindikatoren verlassen. Ich dagegen halte mich an das, was die Mehrheit meiner Indikatoren zu einem bestimmten Zeitpunkt anzeigt. Typisch für mein Vorgehen ist auch mein „Forest-to-the-Trees"-Ansatz. Als letzten Punkt möchte ich betonen – und so steht es auch in meinem Buch –, daß ich es für klug halte, wenn man sein Portfolio auf Hedging ausrichtet. Wenn sich der Markt in einem Übergangsstadium befindet, also weder bullish noch bearish ist, kann man Gewinne in beide Richtungen erzielen.

Ist Ihr „Forest-to-the-Trees"-Ansatz Ausgangspunkt Ihrer Analyse?

Ja. Als erstes betrachte ich den primären Markttrend. Das ist der Wald („Forest"). Bevor ich noch den ersten Blick in mein Mansfield-Chartbuch werfe, möchte ich wissen: „Welcher Trend wird wohl die kommenden 6 bis 12 Monate vorherrschen?" Das ist ein wichtiger Ausgangspunkt. Ich mag es einfach. Ist die Börse wirklich in Fahrt, will ich nicht in Short-Position sein, sondern auf der Käuferseite. Dann arbeite ich mich zu den

Bäumen vor („to the Trees"). Die Bäume sind die Sektoren. Ich will nur in die vielversprechendsten Branchen investieren. Ich will keine Trendfolger kaufen, sondern führende Werte. Die kleinen Blätter an den Bäumen, das sind dann die einzelnen Aktien. Auf die Gefahr hin, daß es sich verrückt anhört: Die Einzelwerte sind für mich am wenigsten ausschlaggebend. Der historische Rückblick zeigt, daß man bei maßgeblichen Bewegungen des Marktes kaum falsch liegen wird. So konnte man vor der Hausse im Juli oder August 1982 praktisch alles kaufen und vor der Baisse im August 1987 praktisch alles verkaufen. Der Markt ist also hier der wichtigste Faktor, dann kommen die Sektoren, und die Aktien, die sicherlich auch wichtig sind, liegen für mich erst an dritter Stelle. Nun kann man sagen: „Okay, der Markt ist bullish, der Sektor XYZ ist der beste, und innerhalb des Sektors XYZ ist diese Aktie die vielversprechendste." Umgekehrt gilt, wenn der Markt nach unten dreht, sucht man sich die schwächsten Sektoren und daraus wieder die schwächsten oder empfindlichsten Werte. Die Bestimmung des Trends ist der Ausgangspunkt, doch dabei muß man nach allen Seiten hin offen bleiben. Ich würde mich nie an einer bestimmten Vorstellung festbeißen. Eine meiner Stärken ist, daß ich Fehler zugeben kann. Glauben Sie mir, auch ich habe mich schon geirrt und ich werde mich auch in Zukunft irren. Das gehört nun mal zum Börsengeschäft. Ich weiß, daß auch ich mal Rückschläge einstecken muß, doch ich habe bestimmt mehr Erfolg als die meisten anderen. Ich versuche, meine Mißerfolge zu minimieren. Habe ich eine Fehlentscheidung getroffen, korrigiere ich sie möglichst schnell, und schon bin ich wieder im Spiel. Nachdem ich meinen „Forest-to-the-Trees"-Ansatz durchgegangen bin, habe ich schon eine bestimmte Vorstellung im Kopf, doch ich höre dann auf die Charts. Es ist schon öfter vorgekommen, daß ich pessimistisch eingestellt war, doch bei der Durchsicht der Charts immer mehr positive Entwicklungen erkannt habe. Dann sattle ich einfach um und agiere optimistischer.

Gibt es bei der Chartanalyse einen Zeitrahmen, den Sie besonders bevorzugen?

Auf jeden Fall. Ich finde, Charts über weniger als ein Jahr sollte man überhaupt nicht berücksichtigen. Noch besser sind 2-Jahres-Charts. Charts über drei oder sechs Monate können Sie vergessen. Sie zeigen vielleicht einen Ausbruch, doch wenn man die vorangegangene Entwicklung betrachtet, könnte der Kurs ins Angebot kommen. Beim Durchforsten der Mansfield-Charts fühle ich mich wie ein Oberligist, der sich die Absteiger anschaut. Wenn unser Team Tausende von Mansfield-Charts durchgearbeitet hat, haben wir die Auswahl in etwa eingeengt auf die hundert besten und die hundert schlechtesten. Das ist unser Ausgangspunkt. Für diese Werte betrachten wir dann Horsey-Charts (Monatscharts über die letzten 8 bis 10 Jahre), um maßgebliche Unterstützungs- und Widerstandsbereiche zu identifizieren. Nehmen wir weiter an, ich habe aus dem großen Branchenangebot sechs Aktien herausgefiltert, die alle meine Kriterien erfüllen. Dann beginne ich mit Timingexperimenten und spiele mit Stochastik, MACD und Relativer Stärke herum. Von den sechs Werten sind der Stochastik nach vielleicht zwei überkauft. Sie könnten in 30 Tagen interessant werden – nach einer Korrektur. Für die vier übrigen deutet die Stochastik auf überverkauft. Aus timingbetonter, spekulativ orientierter Sicht wären diese vorzuziehen. Man kann nicht jeden Chart so gründlich analysieren, es sei denn, man wäre Rip Van Winkle. Für den Durchschnittsanleger genügt es vollkommen, wenn er den Markt betrachtet, dann die Sektoren und anschließend die Aktien in den Sektoren, und das mit gesundem Menschenverstand. Aktien, die meilenweit von der Unterstützungslinie entfernt sind, wird man nicht kaufen. Lieber verpasse ich einen Trade, als zuviel zu bezahlen. Hier bin ich fast schon neurotisch. Kommt es bei Aktie XYZ zu einem Ausbruch bei 20, zahle ich gern 20 1/2 oder 21 – kein Problem. Doch wenn Aktie XYZ für 20 1/8 gehandelt werden sollte, und die Leute zahlen 26, sind das genau die Leute, die erst ordentlich draufzahlen und dann sagen: „Charts sind eben nicht zuverlässig." Man muß schon relativ nah am idealen Ausbruchspunkt zugreifen, um das Risiko möglichst gering zu halten.

Kaufen Sie angesichts der heute so zahlreichen Momentum-Spekulanten eine Aktie sofort bei Ausbruch, oder warten Sie auf die Korrektur?

Beides. So steht es auch in meinem Buch. Ein Trader sollte zuschlagen, ein konservativer Anleger – und das sind die meisten Leute – ist gut beraten, wenn er bei Ausbruch die eine Hälfte seiner Position einnimmt, bei der Korrektur die andere Hälfte. Kommt es bei 20 1/8 zum Ausbruch, und die Aktie schließt bei 19 1/2, vergessen Sie die Sache. Liegt der Schlußkurs des Tages nach einem echten Ausbruch aber bei 20 1/4, und der Umsatz ist gestiegen, würde ich bei Ausbruch die Hälfte meines Bestandes kaufen, eine ganze Weile abwarten, bis der Kurs 22 oder 23 erreicht hat, und dann die zweite Hälfte kaufen, wenn er sich nach einer Korrektur bei 20 1/4 oder 20 1/2 einpendelt. Das ist ein guter Eins-Zwei-Schlag. Kauft man grundsätzlich nur nach einer Korrektur, was sicherer ist, muß man auf so manche lukrative Aktie verzichten, weil man nichts mehr abbekommt, sobald die Momentum-Spekulanten den Titel an sich reißen. Es ist ganz einfach so: Wenn die Momentum-Spekulanten die Charts bestimmen, muß man sich den Entwicklungen anpassen. Im Lauf der Zeit hat die Börse die verschiedensten Typen von Marktteilnehmern erlebt. In einem Zyklus sind es die Techniker, die die Szene beherrschen, dann wieder die konservativen Buy-and-Hold-Anleger. Die letzten drei bis vier Jahre waren die Momentum-Spekulanten am Zug – und das wird vielleicht noch ein Jahr so weitergehen. Wenn sie aus der Mode kommen, werden wir wieder leichter Aktien kaufen können.

Sie haben gesagt, daß Sie auf 8- bis 10-Jahres-Charts nach Unterstützung und Widerstand suchen. Wie effektiv sind alte Unterstützungs- und Widerstandsniveaus in der Praxis?

Viele Leute meinen, daß ein Widerstand nach ein oder zwei Jahren nicht mehr als solcher zu werten sei, doch ich bin da anderer Ansicht. Für mich zählt auch ein sechs bis zwölf Monate zurückliegender Widerstand. Natürlich hat ein jüngerer Widerstand mehr Relevanz als ein 10 Jahre alter, doch auf den Charts gehe ich trotzdem 10 Jahre zurück. Ein Widerstand ist ein Widerstand. Ich denke, man sollte wissen, daß er da ist, auch wenn er immer mehr an Bedeutung verliert, weil bereits so viele Leute Verluste erlitten haben. Ein Beispiel: Eine Aktie bricht bei 20 aus, wird ausgereizt bis zum letzten und steigt auf 32. Ich frage mich: „Wo ist das Ende der Fahnenstange?“ Ich schaue auf die Horsey-Charts und entdecke, daß vor sieben Jahren ein Hoch von 34 erreicht wurde.

Man kann wohl davon ausgehen, daß von den damaligen Marktteilnehmern keiner mehr im Spiel ist. Doch was passiert? Der Kurs bremst sich bei 33 1/2 ein. Es ist erstaunlich. Deshalb achte ich noch auf die alten Widerstandsniveaus, wobei man sich darüber im klaren sein muß, daß sie mit der Zeit an Wirkung verlieren. Ein zwölf Monate alter Widerstand dagegen ist noch sehr kräftig.

Haben Sie eine spezielle Technik zum Konstruieren von Trendlinien?

Dazu sollten Sie wissen, daß Trendlinien für mich weniger wichtig sind als Gleitende Durchschnitte. Ich weiß, daß ich mich hier im Widerspruch zu vielen anderen Technikern befinde, doch ich verwende Trendlinien und Moving-Averages, und im Zweifelsfall halte ich Moving-Averages für aussagefähiger. Für eine Trendlinie braucht man nur zwei Punkte, doch wenn Sie eine 2-Punkte-Umkehr-Trendlinie zeichnen, muß es bei den zwei Böden schon zu einer deutlichen, steilen Bewegung kommen. Man sollte hier lieber die Tiefs innerhalb eines Börsentages verwenden als die Schlußkurse. Der Kurs innerhalb eines Börsentages ist für mich von größerer Bedeutung. Achten Sie darauf, daß die beiden Punkte, die Sie verbinden wollen, deutliche, echte Punkte sind mit vernünftigem Abstand dazwischen – im Idealfall mindestens zwei Wochen, eventuell sogar mehrere Monate. Das Lineal auf den Chart legen, drei Punkte finden, die über drei bis fünf Monate verteilt liegen und vom Chart berührt werden, eine Linie ziehen und sicher sein, daß es sich um eine relevante Trendlinie handelt – das ist zu schön, um wahr zu sein. Verlängert man eine solche Trendlinie in die Zukunft, ist das Ergebnis erstaunlich. In meinem Buch habe ich, wenn ich mich recht entsinne, Skyline als Beispiel verwendet. Ich glaube, die Aktie hat innerhalb von eineinhalb Jahren sechsmal die Trendlinie berührt. Ich betrachte so etwas einfach mit gesundem Menschenverstand. Die Charts mancher Leute sehen für mich aus wie Spinnweben – vor lauter Linien kann ich gar nichts erkennen. All die widersprüchlichen Signale stiften doch bloß Verwirrung. Man sollte auf den ersten Blick sehen können: Das ist ein guter Chart, das ein schlechter. Wohl einer der größten Fehler, die mir im Lauf der Jahre aufgefallen sind, ist, wenn man sich mit zu vielen

Anwendungen verzettelt. Versuchen Sie, die Dinge einfach zu halten. Suchen Sie sich eine wirklich klare Linie, die über die letzten Monate drei- oder viermal berührt wurde. Und bleiben Sie bei Verstand. Manchmal beobachte ich, wie Leute Trendlinien malen, die im 60-Grad-Winkel nach oben verlaufen. Ist die Linie so steil, wird sie nur allzu schnell durchbrochen. Ich würde sagen, eine Trendlinie sollte maximal im 45-Grad-Winkel liegen, um aussagekräftig zu sein. Je flacher die Trendlinie, desto mehr Tragweite hat der Bruch. Machen Sie sich klar, daß eine sehr steile Trendlinie nur für ein abnehmendes Momentum spricht, nicht für eine Baisse.

Ich dachte, eine steile Trendlinie sei ein Zeichen für ein besonders starkes Momentum?

Und so ist es auch. Ich spreche vom Durchbrechen einer steilen Trendlinie. Der steile Anstieg zeigt, daß wir es hier mit einer aggressiven Aufwärtsbewegung zu tun haben. Nach dem Bruch wird die Trendlinie vielleicht in einem flacheren Winkel weiter steigen. Stellen Sie sich folgendes vor: Nehmen wir an, eine Aktie oder der Markt steigt im 60-Grad-Winkel und durchbricht die Trendlinie. Das ist nicht unbedingt ein Verkaufssignal. Vielleicht setzt sich der Anstieg ja fort, nur mit 40 Grad statt mit 60. Zweifellos steckt ein Nachlassen des Momentums dahinter. Ja stärker die Annäherung an die Horizontale, desto ernster die Lage. Wird eine Linie, die im Winkel von 10 oder 15 Grad angestiegen ist und dabei mehrmals berührt wurde, nach unten durchbrochen, ist das mehr als nur ein Nachlassen. Stellen Sie sich schon mal auf eine Talfahrt ein.

Vorhin sprachen Sie von Ihrer Vorliebe für Moving-Averages. Lassen Sie uns dieses Thema vertiefen.

Die beiden Moving-Averages, die mir in der Vergangenheit die besten Dienste geleistet haben, sind der über 10 Wochen und der über 30 Wochen. Viele Chart-Dienste verwenden den 40-Wochen-GD. Ich habe mit 40 Wochen, 30 Wochen und 20 Wochen gearbeitet. Ich habe festgestellt, daß der 20-Wochen-Moving-Average zuverlässig und zeitig funktioniert, doch viel Unruhe erzeugt. Der 40-Wochen-Moving-Average, der an der Wall Street wohl am meisten verwendet wird, verläuft zwar ruhiger, doch reagiert zu spät. Ich bin Realist. Ich weiß, daß das Leben nicht vollkommen ist, der Aktienmarkt nicht und auch die technischen Hilfsmittel nicht. Ich suche nach einer Lösung mit einer hohen Trefferquote, die einen guten Mittelweg darstellt. Der 30-Wochen-GD ist so ein guter Mittelweg. Man wird nicht so stark geschaukelt, kaum mehr als beim 40-Wochen-GD, doch er reagiert eher. Es kommt nicht selten vor, daß ich Kauf- bzw. Verkaufssignale gebe und 4 bis 8 Wochen darauf die Börsendienste, die mit 40-Wochen-Moving-Averages arbeiten, schnell nachziehen. Ich halte den 30-Wochen-GD für ein wichtiges Hilfsmittel für den konservativen Anleger. Der 10-Wochen-Moving-Average dagegen ist eher für den spekulativen Marktteilnehmer von Bedeutung. Meiner Ansicht nach sollten Anleger und Trader lernen, mit dem 10-Wochen- und dem 30-Wochen-GD zu arbeiten. Außerdem schwöre ich auf gesunden Menschenverstand. Es ist ein Fehler, sich als reinen „Anleger" oder als reinen „Trader" zu bezeichnen. Auch der sogenannte Anleger sollte lernen, daß eine Korrektur im Anmarsch ist, wenn Aktie XYZ einen kräftigen Sprung von 10 auf 30 macht, und der 30-Wochen-GD trotz langfristig optimistischer Tendenz, sagen wir, bei 15 liegt und Sie den langfristigen Moving-Average verdoppelt haben. Dazu muß man kein Genie sein. Kommt es zum Durchbruch des 10-Wochen-GD, der vielleicht bei 28 liegt, würde ich sicherlich niemandem raten, seine gesamte Position aufzugeben, doch ich denke, selbst der langfristig orientierte Anleger sollte seinen Bestand dann ein wenig zurechtstutzen – ein paar Chips vom Tisch nehmen. Gewinnmitnahme ist schließlich kein Schimpfwort. Wie man sieht, haben die Märkte im letzten Jahr eine unglaubliche Volatilität entwickelt. Ich denke, das ist eine Sache, die mittlerweile sogar die Fundamentalisten unter meinen institutionellen Kunden verinnerlicht haben: Ein ganz klein wenig Tradingmentalität sollte jeder zulassen. Ich spreche hier nicht vom kurzfristigen, sondern vom mittelfristigen Geschäft – zwei bis drei Monate. Ist ein Wert wirklich ausgereizt, sollte auch der konservativste Anleger Gewinne mitnehmen, wenn der 10-Wochen-GD durchbrochen wird. Ein Trader wird natürlich viel aggressiver verkaufen.

Muß ein Markt einen klaren Aufwärts- oder Abwärtstrend aufweisen, damit Moving-Averages nützlich sind?

Nützlich ist hier das falsche Wort. Ein Moving-Average ist immer nützlich, sei es nur, um festzustellen, daß man sich in einer Schaukelbewegung befindet. Wirklich „gewinnbringend“ ist er aber nur in einem starken Trend, gar keine Frage. Moving-Averages sind ausgesprochen nützlich in einem Markt mit klar definiertem Trend. Im Mai und Anfang Juni 1996 etwa sind viele Charts unter ihre 10-Wochen- und 30-Wochen-GDs gerutscht. Es folgte ein Sell-off bis Mitte Juli. Anfang August hatten viele Aktien ihre 10-Wochen-GDs bereits wieder überschritten. Wird im überverkauften Bereich der 10-Wochen-Moving-Average überschritten, gilt es, eventuelle Short-Positionen zu verringern. Manche Werte überschritten auch ihre 30-Wochen-GDs. Der Anstieg war kräftiger als erwartet, also paßten wir uns rasch der Lage an. Die größten Gewinne kann man nach einer langfristigen Baisse erzielen, wie 1982 bis Ende 1983. Alle Aktien lagen eineinhalb Jahre lang oberhalb ihrer Moving-Averages. Ebenso war es Ende 1994. Das ganze Jahr 1995 und bei den meisten Werten auch noch das erste Halbjahr 1996 war ausgesprochen bullish. Betrachtet man rückblickend die gegensätzliche Konstellation 1973 bis 1974 etwa, so blieben viele Aktien fast zwei Jahre lang unter ihren Moving-Averages. Trading ist viel lukrativer und einfacher, wenn man einen Trend im Rükken hat. Die momentane Situation ist sehr schwierig, weil es viel Auf und Ab gibt. Mit diesem Argument verzichten manche Leute ganz auf Moving-Averages. Natürlich ist es ärgerlich, wenn man „verschaukelt“ wird, doch ich denke, es ist ein geringer Preis dafür, nicht vom Parkett gefegt zu werden. Lieber erlebe ich drei oder vier Schaukelbewegungen nacheinander, als mich an etwas zu klammern ohne die geringste Vorstellung, wann ich loslassen sollte, und long oder short den Bach runter zu gehen.

Ist das die Situation, in der die Redewendung „when in doubt, stay out“ (im Zweifel lieber draußen) greift?

Ich habe durchaus etwas übrig für solche Sprüche. Ein anderer lautet: „The bigger the top the bigger the drop“ – je höher das Top, desto tiefer der Fall. Und wir haben hier ein paar ziemlich hohe Tops. Aber man muß ja nicht auf jedes Pferd setzen. Im Augenblick stehen die Chancen für unsere Einsätze nicht allzu gut. Ich denke, wir sind gerade in einer sehr hitzigen, labilen Phase. In meinem Fax an institutionelle Kunden habe ich – halb im Spaß, halb im Ernst – geschrieben: „Man möchte fast an den Zufall glauben.“ Bei einem Markt so ganz ohne Trend ist Trading nicht sonderlich aussichtsreich. Doch der Trend wird sich schon wieder herauskristallisieren. Andeutungsweise kann ich ihn möglicherweise bereits erkennen, doch ich würde lange nicht so viel darauf geben wie von Januar bis Mai 1996. Das war für mich ein sauberer Volltreffer auf Long-Seite. Juni und Juli dagegen waren Volltreffer auf Short-Seite. Es ist völlig in Ordnung, wenn Sie für sich entscheiden: „Ich setze erst einmal aus und warte in Ruhe ab.“ Wenn man schon wettet, dann nicht unbedingt auf jedes Pferd.

Welche Bedeutung messen Sie den Spannen zwischen 10-Wochen- und 30-Wochen-Moving-Averages bei?

Je volatiler die Aktie, desto größer die Spanne – deshalb ist das immer etwas subjektiv. Bei Cisco Systems wird die Spanne wesentlich größer sein als bei einer Aktie wie General Motors. Man muß einfach seinen Verstand gebrauchen. Schauen Sie sich einen Chart über zwei, drei Jahre an, und Sie können erkennen, welche Spannen hier bei den einzelnen Aktien üblich sind. Sie werden feststellen, daß in der Vergangenheit jede Abweichung um 5 oder 6 Punkte von ihrem Moving-Average als Überkauft-/Überverkauft-Signal zu werten ist. Umgekehrt kann bei einer extrem volatilen, hochspekulativen NASDAQ-Aktie der Abstand zur Moving-Average-Linie 15 oder 20 Punkte betragen. Unterm Strich ist das alles eine Frage des bisher entwickelten Musters. Es ist wie bei Kindern: Jedes hat seinen eigenen Charakter. Auch Charts haben Charaktere. Ich würde mich nicht ausschließlich und immer darauf verlassen, doch alles in allem klappt es ganz gut.

Haben Sie nicht Börsenindizes und einzelne Aktien in vier verschiedene Stadien eingeordnet – I, II, III und IV?

Richtig, und ich will die Stadien gleich näher erläutern. Stadium I ist das Bodenbildungsstadium, Stadium II die aufregende Phase des

Anstiegs. Nach einer Aufwärtsbewegung gerät eine Aktie dann ins Stadium III, die Gipfelbildungsphase. Durchbricht sie eine Unterstützungslinie und tendiert abwärts, befindet sie sich im destruktiven Stadium IV, im abnehmenden Zeitabschnitt. Ein Zahlenbeispiel: Nehmen wir an, die Aktie XYZ ist von 20 auf 8 gefallen. Solange ein Titel unter seinem 30-Wochen-GD liegt, befindet er sich im Stadium IV. Dann bewegt er sich vielleicht um Werte von 8 bis 10 und bildet einen konstruktiven Boden. Liegt der 30-Wochen-Moving-Average noch in weiter Ferne, sagen wir bei 15, ist das für mich immer noch die Endphase von Stadium IV. Das ist sicher nicht ganz objektiv, doch setzt sich die Bodenbildung fort und der 30-Wochen-GD sinkt auf 10 1/2, also in unmittelbare Nähe des Kursniveaus, wäre das für mich die Anfangsphase eines Stadium-I-Bodens. Das Ende von Stadium I kündigt sich an, wenn die Aktie über den 30-Wochen-Moving-Average steigt bzw. der 30-Wochen-GD stagniert oder fast horizontal verläuft. Ist ein Anstieg über den 30-Wochen-GD erfolgt, befindet sich die Aktie im Stadium I, auch wenn ein Ausbruch aus einem echten Boden noch nicht stattgefunden hat. Nehmen wir an, wir befinden uns im Stadium I, und der Kurs liegt zwischen 8 und 10. Schließlich, vielleicht sechs Monate nach der Seitwärtsbewegung am Boden, wird der Widerstand bei 10 1/2 durchbrochen und der 30-Wochen-GD überschritten. Dann hat Stadium II eingesetzt. Das ist die Momentum-Phase. Jetzt greifen Sie zu. Ganz egal, was die Fundamentals sagen, bei so einer Aktie bin ich Optimist. Im Stadium II sollten langfristig orientierte Anleger eine Aktie halten. In der Folge kommt es zu einer ganzen Reihe von Korrekturbewegungen, die sich aber alle oberhalb des 30-Wochen-GD bewegen werden. Hören Sie nicht auf den Trader in Ihnen, lassen Sie sich einfach treiben. Ein Jahr später liegt der Kurs vielleicht bei 22 und gerät in eine Seitwärtsbewegung. Dabei sackt er immer wieder leicht unter den flacher werdenden 30-Wochen-Moving-Average. Das ist dann die Verteilungsphase, das Top im Stadium III. Hier wirft der Trader seinen gesamten Bestand auf den Markt. Der Anleger sollte sich jetzt zurücknehmen und vielleicht ein Viertel bis ein Drittel seiner Position aufgeben. Kommt es zum Durchbruch der unteren Begrenzung eines Tradingkanals, vielleicht bei 20, ist das der Übergang vom Stadium III zum Stadium IV. Fällt der Wert unter 20, befindet er

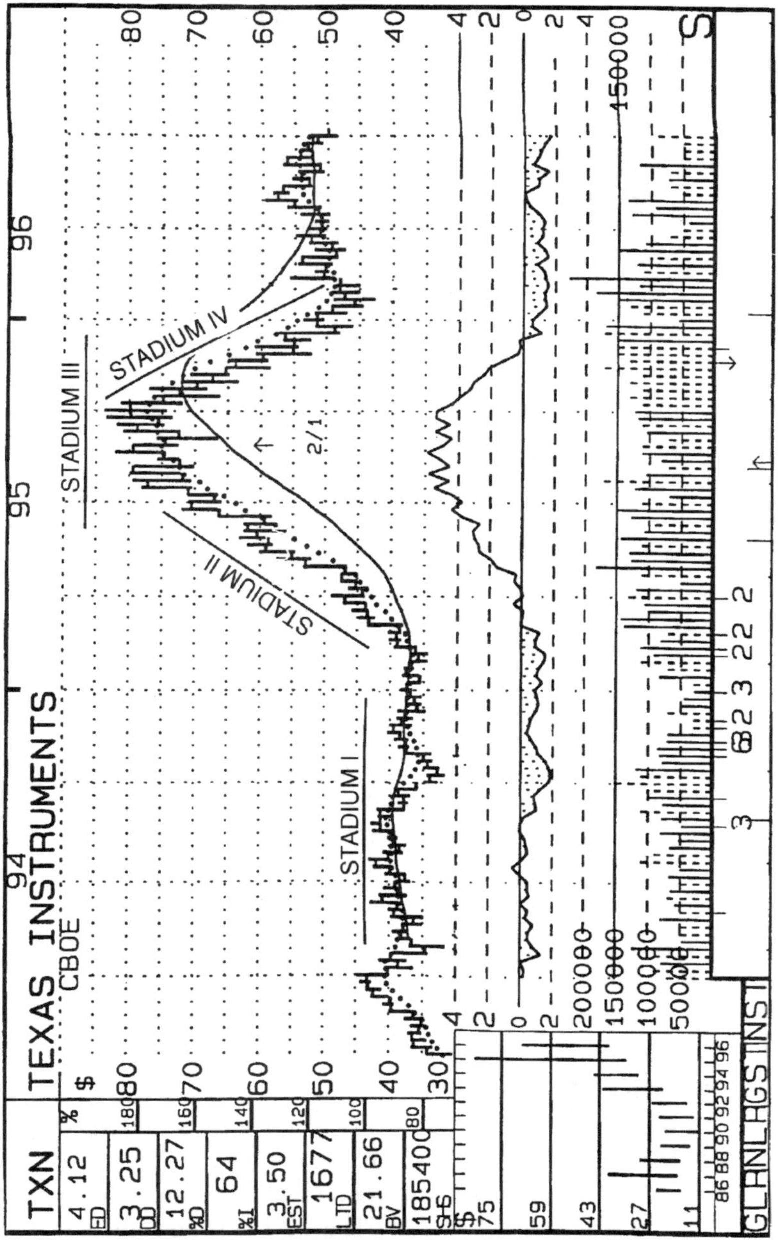

MIT FREUNDLICHER GENEHMIGUNG VON MANSFIELD STOCK CHART SERVICE, JERSEY CITY, NJ 07306

sich im Stadium IV. Eine im Stadium IV befindliche Aktie sollte niemand behalten. Hier macht man einen schnellen Abgang und läßt danach schön die Finger davon – logisch. Wer ein Gewinner werden will, das möchte ich an dieser Stelle betonen, muß alle Verhaltensweisen ablegen, die in die Verlustzone führen. Das ist meine feste Überzeugung, weshalb ich in jedem meiner Vorträge darauf hinweise. Die wichtigste Grundregel lautet also, nie eine Aktie im Stadium IV zu behalten. Wer sich daran hält, hat schon den ersten Schritt zum Erfolg geschafft. Wenn ich Vorträge halte, sage ich schon mal im Scherz: „Das ist heute ein Treffen der Anonymen Alkoholiker. Sie werden alle einen Eid ablegen: 'Wir wollen nie wieder eine Aktie im Stadium IV halten oder zu niedrigem Kurs kaufen, um Durchschnittskosten zu senken'." Auch der glückloseste Spekulant kann den Quantensprung nach vorne schaffen, wenn er das nur beherzigt.

Gute Vorsätze gegen schlechte Gewohnheiten.

Genau. Jeder hat seine Laster, doch die meiste Zeit machen wir andere dafür verantwortlich. Der Broker ist schuld oder die Medien oder der Autor des Börsenbriefes. Manche Leute sind die geborenen Verlierer. Sie erleiden immer Schiffbruch, egal, wonach sie sich richten. Wenn jemand zu mir kommt und sagt: „Stan, ich hab keine Zeit für diese ganze Analysegeschichte, verrate mir doch deinen Spitzenreiter, der in den nächsten 30 Tagen um 100 % zulegt.", dann weiß ich, das kann nur ein Verlierer sein, weil er nicht bereit ist, sich ernsthaft mit der Sache auseinanderzusetzen.

Wenn Sie eine Aktie entdecken, die aus einem Boden ausbricht und vom Stadium I zum Stadium II übergeht, wie unterscheiden Sie dann, ob es sich um einen falschen Ausbruch oder um den Beginn eines echten Aufwärtstrends handelt?

Das ist mit 100%iger Sicherheit erst hinterher zu sagen. Allerdings gibt es Hinweise darauf, was im jeweiligen Fall wahrscheinlicher ist. Bleiben deutliche Umsatzsteigerungen aus, kann es gut sein, daß wir es mit einem falschen Ausbruch zu tun haben.

Ist hier eine Verdoppelung des durchschnittlichen Tagesvolumens zu erwarten?

Wenn nicht mehr. Rückblickend zeigen die Tagescharts der ganz großen Gewinner mindestens den dreifachen Umsatz. Die Wahrscheinlichkeit eines falschen Ausbruchs ist meiner Ansicht nach verschwindend gering, wenn der Wochenchart doppelt und der Tageschart dreimal soviel Volumen anzeigt. Es gibt noch eine Möglichkeit, falschen Ausbrüchen aus dem Weg zu gehen: Steigen Sie kurz oberhalb des Ausbruchs ein. Wenn Sie diese beiden Dinge am Ende des Tages beherzigt haben, sind Sie kaum auf einen falschen Ausbruch hereingefallen. Sagen wir, eine Aktie ist bei 20 1/8 ausgebrochen, auf 20 1/2 gestiegen und hat bei 19 7/8 geschlossen. Der Umsatz hat nicht zugenommen. In dieser Situation ist die Wahrscheinlichkeit groß – und nur darum geht es hier –, daß es sich um einen falschen Ausbruch handelt. Deshalb kaufe ich Aktien nicht gern um 9.42 Uhr. Ich warte lieber ab, wie sie am Ende des Börsentages dastehen.

Bei einem Ausbruch würden Sie also erwarten, daß die Aktie beim Tageshoch schließt?

Der Schlußkurs muß nicht unbedingt auf dem Tageshoch liegen, doch oberhalb des Ausbruchs. Lag der Ausbruch bei 20 1/8, sollte der Schlußkurs etwas höher liegen. Je näher am Höchstwert, desto besser.

Nehmen wir an, Sie haben Ihr Mansfield-Chartbuch vor sich und suchen ein geeignetes Kaufobjekt. Auf welche Eigenschaften einer Aktie achten Sie dabei besonders?

Bei mir läuft das alles instinktiv ab. Es ist fast wie in der Gestaltpsychologie, wo einzelne Faktoren weitgehend unberücksichtigt bleiben. Mit der Zeit betrachtet man alle Komponenten in ihrer Gesamtheit, als Ganzes eben. Doch ich will versuchen, sie in Einzelelemente zu zergliedern. Erst einmal befasse ich mich mit den Branchen. Zunächst konzentriere ich mich auf Aktien aus starken Branchen. Als nächstes achte ich auf vielversprechende Chartformationen. Ich suche Aktien, die noch nicht ausgebrochen sind oder gerade einen Ausbruch hinter sich haben und eine Korrektur durchmachen. Ich suche nach der Aktie, die es gar nicht gibt – 20 Punkte vom Ausbruch entfernt und fast schon überkauft. Außerdem muß auch der Zeitpunkt stimmen. Ich suche nach Werten, bei denen ein Rückzug auf den Ausbruch oder der Ausbruch selbst bevorsteht. Kommt es zum Ausbruch, ist mir ein nahes Widerstandsniveau ein Dorn im Auge. Bricht die Aktie bei 20 1/8 aus und wird für 22 angeboten, läßt mich das kalt. Betritt eine Aktie nach dem Ausbruch Neuland auf dem Weg zu einem bis dahin unerreichten All-Time-High, ist das schon eher ein Anreiz. Neue All-Time-Highs ziehen mich an. Diese Konstellation gefällt mir so gut, weil es hier theoretisch kein Angebot gibt. Niemand hat mit diesem Wert Verluste gemacht und muß aussteigen. Ein weiterer wichtiger Punkt ist das Verhältnis von Risiko und Chance. Ich suche Aktien, bei denen dieses Verhältnis auf meiner Seite ist. Nehmen wir an, eine Aktie ist bei 20 1/8 ausgebrochen und notiert jetzt bei 22. Dann sage ich: „Wenn sie wieder einbricht und auf 19 oder 18 7/8 fällt, verliere ich drei Punkte, doch wenn alles klappt, erreicht sie 30.“ Hier kann ich zumindest davon ausgehen, daß der Gewinn im Verhältnis größer ist als das Risiko. Meine bevorzugte Risiko/Gewinn-Ratio liegt bei 3 : 1 zu meinen Gunsten. Ich möchte drei Aufwärtspunkte für einen Abwärtspunkt haben. Nehmen wir an, unsere Aktie könnte auf 29 steigen. Der aktuelle Kurs ist 22. Das macht sieben Punkte aufwärts und drei, die ich verlieren könnte, bis mein Stop greift. Das Verhältnis beträgt dann etwas mehr als 2 : 1, und das macht mich nicht glücklich. Ich suche mir eine andere Aktie, die bei 22 notiert. Hier gibt es kein Angebot, und ich denke, sie könnte 32 anvisieren, während ich bei 20 7/8 einen Stop setzen könnte, weil es hier einen vorangegangenen Boden gibt. Daraus ergäbe sich ein Verhältnis Risiko zu Gewinn von 5 : 1 zu meinen Gunsten. Schon bei der ersten Durchsicht der Charts habe ich das Verhältnis von Risiko und Gewinn im Kopf. Ich rechne das nicht jedesmal genau aus. Beim ersten Blick auf die Charts mache ich mir eine Liste von vielversprechenden Aktien aus vielversprechenden Branchen. Nehmen wir an, darauf stehen 20 Aktien aus bestimmten Branchen. Diese selektiere ich dann nach dem Motto: „Wenn ich bei dieser ausgestoppt werde, verliere ich 4 Punkte und kann vielleicht nur 8 Punkte gewinnen, also 2 : 1 – nicht schlecht.“ Bei der sind es 3 : 1 – ausgezeichnet. Dann wende ich mich anderen Faktoren zu. Bei ansonsten gleichen Voraussetzungen bevorzuge ich breitere Böden, denn ich glaube, eine ausgedehntere Sammelphase führt zu größeren Bewegungen. Wenn es auf diesem Niveau sehr wenig oder gar keinen Angebotsüberhang gibt, spricht mich das an. Ich sehe gern gute Werte bei der Relativen Stärke und natürlich auch Umsatzwachstum, sogar noch vor einem Ausbruch. Das ist normalerweise ein eindeutiger Hinweis auf ein allmähliches Erstarken. Ich achte auf charakteristische Umsatzbewegungen und Bestätigung durch den Umsatz.

Der Kurs sollte dabei natürlich oberhalb seiner Moving-Average-Linie liegen.

Das versteht sich von selbst. Entdecke ich diese Konstellation unterhalb einer fallenden 30-Wochen-Moving-Average-Linie, werde ich ihr kaum Beachtung schenken. Der Moving-Average muß stimmen. Im Idealfall sähe das so aus: Eine Aktie bricht aus, es gibt kein Angebot, sie liegt in der Nähe oder über ihrem 10-Wochen-Moving-Average und kommt mit dem Ausbruch über ihr 30-Wochen-Moving-Average. Das wäre die Gelegenheit schlechthin.

Man könnte also sagen, daß es als recht zuverlässiges Kaufsignal zu werten ist, wenn eine Aktie Werte oberhalb ihrer 10- und 30-Wochen-GDs anvisiert, selbst wenn darüber ein Widerstandsniveau liegen könnte?

Aber sicher. Doch dieser erste Durchlauf engt die Auswahl noch nicht genug ein. Ich selektiere weiter, indem ich die Aktien bewerte: „Das ist eine A–, das ist eine B+, das eine A+.“ Beim idealen Kandidaten gibt es nur einen kleinen oder gar keinen Widerstand, doch vielleicht ist ein solcher ja gar nicht dabei. Ich entferne mich nicht gern zu weit vom Ausbruch und bevorzuge einen verhältnismäßig eng gesetzten Stop. Liegt der Stop 20 % entfernt, ist der Fall für mich erledigt.

Sie machen also eine eher allgemein gehaltene Liste von Aktien und eliminieren dann die am wenigsten attraktiven Objekte?

Ja. Genau so sollte man es machen. Beim ersten Versuch ist das ganz schön verwirrend, wenn man alles richtig machen will. Dann sollte man einfach auf seinen Instinkt vertrauen.

Auf einen flüchtigen, visuellen Eindruck?

Achten Sie nur auf grundsätzlich vielversprechende Formationen. Beim ersten Durchlauf bleiben von, sagen wir, 1 000 Aktien nur 20 bis 30. Beim zweiten Durchlauf wird es etwas kniffliger: Dann muß man Risiko und Chance abwägen und die Spielchen treiben, die ich eben beschrieben habe. Entdecke ich einen aufregenden Chart, der auf einen unmittelbar bevorstehenden Ausbruch hindeutet, denke ich mir: „Wow, das ist ja ein echtes Kunstwerk." Dann untersuche ich es auf quantitative Aspekte hin.

Sie betonen, daß Moving-Averages, das Identifizieren von Formationen und die Branchenstärke zu Ihren wichtigsten technischen Hilfsmitteln gehören, um eine große Gruppe von Aktien zu selektieren. Nehmen wir an, Sie haben die Auswahl von zwanzig Aktien auf vier eingeengt. Welche weiteren Indikatoren in der Reihenfolge ihrer Bedeutung würden Sie bei der endgültigen Entscheidung berücksichtigen?

Bei der Feinabstimmung würde ich Widerstand als nächstwichtigen Faktor bewerten. Man muß sich langfristige Charts ansehen und Widerstandsniveaus feststellen. Nehmen wir an, wir haben vier A+-Aktien vor uns, die, der Einfachheit halber, alle bei $ 12,00 notieren, und eine davon erobert Neuland, während eine andere bei 14 ein Widerstandsniveau hat. Klar, daß wir die mit dem nahe gelegenen Widerstand bei 14 aussondern und uns auf die ohne Angebotsüberhang konzentrieren. Wann immer ein Wert unter eine Ihrer Ansicht nach bedeutsame Unterstützung fällt und dann stark nach oben tendiert, wird er darüber steigen, sich beim Top von der Masse lösen und dann wieder unter die Unterstützung fallen. So entstehen Tops und Böden.

Wenn Sie langfristig sagen, ist dann ein 3-Jahres-Chart ausreichend?

Das ist sicher brauchbar, doch ich betrachte 10-Jahres-Horsey-Charts. Jeder Anleger sollte Charts über wenigstens drei oder vier Jahre zu Rate ziehen. Langfristige Widerstände sind durchaus effektiv. Ich kann Ihnen gar nicht sagen, wie oft ich bei langfristigen Charts schon beobachtet habe, wie eine Aktie auf ein 10 oder 12 Jahre altes Hoch zusteuert und dort innehält, als wolle sie sich vor einem weiteren Anstieg drücken. Man sollte stets die langfristigen Charts im Auge behalten, um zu erkennen, wo es Probleme geben könnte.

Was hilft Ihnen noch bei der Entscheidungsfindung?

Die Relative Stärke. Bei sonst gleichen Voraussetzungen ist eine Aktie hinsichtlich ihrer Relativen Stärke möglicherweise neutral, eine andere deutlich positiv. Ein weiterer wichtiger Faktor bei der Auswahl von Aktien ist das Verhältnis von Risiko und Chance. Meiner Ansicht nach denken zu viele Leute in erster Linie an das Wachstumspotential einer Aktie. Ein einfaches Beispiel: Sagen wir, wir haben unsere Liste auf zwei Werte zusammengestrichen. Beide erobern Neuland, beide entwickeln sich prächtig, beide haben bei der Relativen Stärke gute Werte. Wie entscheide ich mich zwischen den beiden? Eine von ihnen notiert bei 12 und hat bei 8 eine Unterstützung. Ein realistischer Punkt für einen Stop wäre bei 7. Irre ich mich, stehe ich mit 40 % Verlust da. Die andere Aktie notiert ebenfalls bei 12, hat aber eine Unterstützung bei 11. Ein effizienter Stop könnte bei 10 3/8 gesetzt werden. Da muß ich nicht lange nachdenken – die zweite Aktie macht das Rennen. Zu viele Leute achten nur darauf, daß die Formation vielversprechend ist, und das ist ja gut so, doch man muß auch das Verhältnis von Risiko und Gewinn berücksichtigen, denn wir wissen ja, daß wir alle nicht unfehlbar sind. Ich will nicht, daß mir irgendeine Aktie empfindliche Verluste beschert. Ich würde mich nie für einen Titel entscheiden, bei dem der Stop mehr als 15 % vom aktuellen Kurs entfernt ist. Im Idealfall sollten es sogar nur 10 % oder weniger sein. Wenn Sie einen Wert mit einem Stop um 10 %, nahe gelegener Unterstützung, keinem Widerstand und guter Relativer Stärke sehen: Greifen Sie zu!

Bei Mansfield werden die Charts für einzelne Aktien nach Gruppen oder Branchen zusammengestellt. Separat drucken sie auch Charts zur Performance bestimmter Branchen. Wenn Sie die schwachen von den starken Branchen aussondern wollen, tun Sie dies anhand der Branchencharts oder anhand der Einzelcharts innerhalb einer Branche?

Normalerweise genügen hier die vorne aufgeführten Mansfield-Branchencharts, die wirklich eine große Hilfe sind. Doch ich gehe noch weiter: Wenn man die Zeit hat, kann man aus der Betrachtung der Einzelcharts innerhalb einer Branche tiefere Zusammenhänge erkennen. Manchmal sind Branchen sehr eng definiert, so daß eine Gruppe nur 3 oder 4 Aktien umfaßt. Kommt es hier bei einem Wert zu einer Übernahme, kann das das Gesamtbild vollkommen verzerren. Früher war mir das nicht klar. Ich sagte dann: „Die Branche sieht vielversprechend aus." Daraufhin arbeitete ich mich durch die Mansfield-Charts, betrachtete 22 Charts innerhalb der Branche und mußte feststellen, daß nur einer davon wirklich vielversprechend war. Die Branche als solche war also gar nicht so attraktiv. Bei meiner Arbeit nehme ich gerne einen naiven Blickwinkel ein. Ich ignoriere mein Hintergrundwissen über Branchen und konzentriere mich auf das aktuelle Bild – was sieht problematisch aus, was gut? Ich betrachte die Ausschläge der Charts gern unvoreingenommen. Ich möchte, daß Gruppen- und Einzelcharts stimmig sind. Das ist sozusagen mein zweites Standbein. Hier noch ein gutes Beispiel: Als wir vor mehreren Monaten die Kaufempfehlung für Bankwerte herausgaben, präsentierte sich der S&P-Banken-Unterindex recht ansprechend, doch keineswegs überragend. Einzeln betrachtet lieferten viele Aktien wie die Bank of America oder Nation's Bank ein erstklassiges Bild. Meiner Ansicht nach war da viel Ballast in der Branche, doch die führenden Werte brachen aus und erklommen neue Höhen. Ich denke, die Einzelwerte waren der Branche hier voraus. An jenem Abend stand ich plötzlich mit 22 Kaufempfehlungen da, darunter 11 Banktitel. Obwohl die Branche nur durchschnittlich abschnitt, mußte man kein Genie sein, um zu erkennen, daß das eine günstige Gelegenheit war. Das gleiche passierte kürzlich bei den Pharmaindustriewerten, als die Branche ein durchschnittliches Bild lieferte, bei Warner-Lambert jedoch ein Anstieg zu erkennen war und bei Abbott ein

Ausbruch. Viele Einzelwerte aus dem Pharmaindustriesektor präsentierten sich äußerst vielversprechend. Einzelcharts und Branchen sollten übereinstimmen. Tun sie das nicht, ist meist etwas im Busch.

Sind Branchen und Einzelcharts nicht stimmig, geben Sie dann mehr auf die Einzelcharts?

Ganz ohne Frage, auf jeden Fall würde ich den Einzelcharts hier mehr Beachtung schenken. Doch ich suche mir Aktien lieber danach aus, ob beides übereinstimmt. So sollte es bei Bankencharts als Gruppe nicht zu einem Verkaufssignal kommen, wenn eine Aktie wie Bank America stark anzieht. Das würde mich beunruhigen. Präsentieren sich die Branchencharts für Banktitel annehmbar, vielleicht mit B statt A bewertet, und bei den Einzelwerten wimmelt es nur so von A+, ist das in Ordnung. Schließlich empfiehlt man ja eine Aktie, keine Branche. Wer als Durchschnittsanleger hier nur eine Seite untersuchen kann, wird in 80 % der Fälle zu einem ähnlichen Schluß kommen, wenn er nur die Branchen betrachtet.

Was halten Sie von Kauf- oder Short-Transaktionen bei Aktien, die gegen den primären, vorherrschenden Trend agieren?

Ich finde, das ist eine tolle Sache, die allerdings nicht für jeden geeignet ist. Für diejenigen, die das richtige Temperament haben und die Sache wirklich ernst nehmen, ist es durchaus interessant, ihr Portfolio auf Hedging auszurichten. Ich mache das oft. Wir alle sind mal träge, freuen uns über eine Hausse und achten dabei nur auf die vielversprechenden Werte. Dabei verpaßt man so manche lukrative Abwärtsbewegung. So habe ich im August/September 1995 ein Verkaufssignal für den Technologiesektor gegeben und selber durch Leerverkäufe mehr Gewinn gemacht. Mitten während der Hausse haben wir Leerverkäufe bei Micron Technology empfohlen. Ich denke, jeder sollte ein Stück weit mit kombinierten Positionen arbeiten. Ist die Konstellation extrem bullish, kann man ohne weiteres sagen: „Ich bin zu 98 % bullish und habe nur eine Short-Position, also bin ich zu 2 % short.“ Umgekehrt ist es eine gute Übung, sich nicht zu 100 % mit einer Baisseposition zu engagieren, um nicht voreingenommen zu werden und gegen den Markt zu agieren, wenn er umschwenkt. Mit kombinierten Positionen ist es leichter, der Strömung des Marktes zu folgen. Vor drei oder vier Monaten etwa hätte man zu 95 % in Long- und zu 5 % in Short-Position sein müssen. In den Juni hinein hätte ich das auf 65 % long und 35 % short heruntergeschraubt. Hätte ich heute abend ein wirklich auf Hedging ausgerichtetes Portfolio zu verwalten, wäre für mich ein Verhältnis von 50 % long zu 50 % short durchaus denkbar. Ich glaube, man kann auf beiden Seiten des Marktes Geld verdienen. Long gehen würde ich zu 50 % bei den erstklassigen Topwer-ten, meine 50%ige Short-Position bestünde aus hochspekulativen OTC-Aktien. Mit Leuten, die montags bullish und dienstags plötzlich bearish sind, kann ich nichts anfangen. Richtig ist, wenn man rückblikkend über den letzten Monat erst zu 90 %, dann zu 80 %, 70 % und immer weniger bullish war. Je mehr Charts einbrechen oder Höhenflüge sich zeigen, desto mehr wenden Sie sich in die angezeigte Richtung, so daß Sie bereits in Position sind, bevor der offizielle Startschuß erfolgt.

Anders formuliert: Sie gehen mit dem Trend, verlagern jedoch Ihre Asset-Allocation?

Richtig. Wir bewegen uns wirklich mit dem Trend. Das ist soweit problemlos, wenn man den Trend kennt. Nach einem Boden wie 1982 weiß man zum Beispiel, wohin der Trend geht. Nach einem massiven Einbruch wie 1962 oder 1973 bis 1974 weiß man das auch. Doch wie sieht der Trend im Moment aus? Die Averages deuten auf einen Aufwärtstrend hin. Einzeln betrachtet, fallen viele Aktien aber eher, als daß sie steigen. Die Pharmaindustrie- und Bankwerte geben dem S&P einen recht optimistischen Anstrich, während einzelne Aktien vor Ihren Augen den Bach runter gehen. Meiner Ansicht nach findet hier unter dem Deckmantel eines starken Dow viel Verteilung statt. Ich glaube, daß sehr viele Beteiligte in Abwärtsrichtung Schiffbruch erleiden werden, wenn die Sache ins Kippen kommt und auf bearish umschwenkt. Wer bei so einem Markt zu 100 % long geht, ist verrückt. Deshalb mag ich den NYSE Survey so gern. Wenn der NYSE Survey sich extrem bullish präsentiert und ich für jeden Einbruch fünf Ausbrüche sehe, weiß ich, wo mein Schwerpunkt liegen sollte. Trotzdem achte ich auf den einen Einbruch, denn der paßt in einem Bullenmarkt nicht ins Bild. In einem Hausse- bzw. Baisseszenario halte ich es für ausgesprochen klug, sich long und short zu engagieren. Wer das beherrscht, wird bei einem breiten Chartspektrum immer schrittweise vorgehen, nie mit einem Rundumschlag.

Am oder um den 16. Juli 1996 ist eine große Zahl von Aktien unter ihren 10- und auch 30-Wochen-Moving-Average gefallen, um dann schnell wieder darüber zu steigen. Ein Börsenneuling hätte den Durchbruch des 30-Wochen-GD als Stadium IV interpretiert, alles abgestoßen und wäre verschaukelt worden.

Durchbricht eine Aktie ihren 30-Wochen-GD, solange dieser noch ansteigt, spricht dies eher für Stadium III als der Bruch eines horizontal verlaufenden oder fallenden 30-Wochen-Moving-Averages. Das ist das eine. Das andere ist etwas subjektiv. Durchbricht die Aktie ihren 30-Wochen-GD und sackt zusätzlich unter die Stauphase eines Tops ab, halte ich das für Stadium IV, ob ich hier in eine Schaukelbewegung gerate oder nicht. Nehmen wir an, der Kurs bewegt sich zwischen 23 und 26, und die Linie des 30-Wochen-GD ist flach und liegt bei 24. Die Aktie fällt unter 24 und dann unter 23, ein Wert, bei dem die letzten drei bis vier Monate eine Unterstützung lag. Das ist dann Stadium IV. Hat eine Aktie gerade ein New-High hinter sich, fällt unter ihren 30-Wochen-Moving-Average, der vielleicht noch steigt, und erreicht dann wieder höhere Werte, bildet sich ein großes Stadium-III-Top aus, wenn nicht sogar neue Höchstwerte anvisiert werden. Vielleicht bleibt der Kurs sogar noch ein paar Monate länger hoch. Betrachtet man die Charts von 1973, finden sich viele Aktien, die ihre Moving-Averages durchbrochen hatten und darum herumschwankten, doch keine hat es auf Werte weit oberhalb dieser Region geschafft. Das Ganze war Teil eines Stadium-III-Tops, zweifelsohne der kritischste Abschnitt des Zyklus. Zu soviel Hin und Her kommt es in Übergangsphasen, meist zwischen Stadium I und Stadium III. Es erfordert nicht viel Intelligenz zu erkennen, daß wir es hier nicht mit einem Stadium-I-Boden zu tun haben. Solange nicht wirklich ein neuer Bereich betreten wird, solange die festgelegte Spanne nicht unterschritten wird und solange der Moving-Average immer noch ansteigt, müssen wir davon ausgehen, daß wir uns im Stadium III befinden.

Eine recht plausible Erklärung für dieses Verhalten ist, daß es als „Warnzeichen" für ein bevorstehendes Stadium-III-Top zu verstehen ist.

Ja, es ist ein Warnzeichen. Hier stoßen viele bei der technischen Analyse an ihre Grenzen, weil sie erwarten, daß sie funktioniert wie die Chirurgie. Doch es ist wie im wirklichen Leben, auch in der Chirurgie passieren Pannen. Menschen kommen durch ärztliche Eingriffe zu Tode. Die heile Welt ist eine Illusion. An der Börse wird es immer Schaukelbewegungen geben. Das gehört dazu und ist ein denkbar schlechter Vorwand, die technische Analyse zu disqualifizieren. Glauben Sie ja nicht, daß die ganze Sache nichts taugt, nur weil der Kurs einmal unter seinen 30-Wochen-GD gefallen und dann wieder darüber geklettert ist. Sie müssen einsehen, daß wir es hier mit einem sehr effektiven Werkzeug zu tun haben, das aber eben nicht vollkommen ist. Wenn Sie diese Methode fair und unvoreingenommen angehen und lernen, sie richtig einzusetzen, wird sie in 80 % aller Fälle funktionieren. Wird die Linie eines 30-Wochen-GD durchbrochen, so ist das eine Warnung, die man beachten sollte.

Sind Überkreuzungen von Moving-Averages als kurzfristige Signale zu werten?

Nein, ganz im Gegenteil. Vielleicht stehe ich da im Widerspruch zu vielen anderen, doch meiner Ansicht nach sind Überkreuzungen (wenn etwa der 10-Wochen-GD über oder unter den 30-Wochen-GD der jeweiligen Aktie gerät) eine längerfristige Bestätigung oder eine Untermauerung des vorherrschenden Trends. Manche Leute richten sich beim Trading streng danach. Ich will nicht sagen, daß das nicht geht, doch ich halte es für einen sehr langsamen, verzögert reagierenden Indikator, der zu spät reagiert. Es gibt andere, zeitigere Möglichkeiten. Wer eine Bewegung in der Größenordnung von sechs bis zwölf Monaten sucht und sich bereits in der Aktie engagiert hat, kann seinen Einsatz erhöhen, wenn es zu einer solchen Überkreuzung kommt. Doch wer darauf wartet, bevor er überhaupt einen Einsatz riskiert, kommt vielleicht erst im fünften Durchgang des Spiels zum Zug. Stellt sich dann heraus, daß man richtig gesetzt hat, wird jeder gute Money-Manager den Einsatz erhöhen. Es ist wie bei Black Jack. Läuft es gut, sollte man mit höheren Einsätzen spielen als in einer Pechsträhne. Wenn eine günstige Formation für Sie arbeitet, sollten Sie auf jeden Fall den Einsatz erhöhen.

Wie interpretieren Sie Überkreuzungen von Moving-Averages?

Als verspätetes, doch bestätigendes Signal für eine drastische Trendwende, wenn der 10-Wochen-GD dabei den 30-Wochen-GD schneidet. Es ist immer die gleiche Entwicklung: Eine vielversprechende Aktie gerät in ein Stadium-III-Top. Sie durchbricht zunächst ihren 10-Wochen-Moving-Average und dann auch ihren 30-Wochen-Moving-Average nach unten. Dabei liegt der 10-Wochen-GD vielleicht noch oberhalb des 30-Wochen-GD. Es ist also zu einem abrupten Kurseinbruch gekommen, und dann folgt eine Erholung. Der 10-Wochen-GD kreuzt daraufhin den 30-Wochen-GD, wobei sie oft an dem Punkt verzögern, an dem sie konvergieren. Diese Konstellation ist eine günstige Gelegenheit für Leerverkäufe. Wieder warte ich auf das Signal, und wenn es kommt, ist das eine eindeutige Bestätigung. Der kurze Ausreißer am Boden ist auch ein optimistisches Signal. Nehmen wir an, eine Aktie bricht aus bei 15, steigt auf 20 und korrigiert auf 15 oder 16. Sie haben sich bereits eingedeckt. Dann fällt der 10-Wochen-GD unter den 30-Wochen-GD und steigt gleich wieder darüber. Das ist ein optimistisches Zeichen und bestätigt mich in der Absicht, meine Position aufzustocken. Ich glaube nicht, daß es so gut ist, Trades aufgrund von Überkreuzungen zu initiieren. Für mich sind sie deutliche, längerfristige Bestätigungen für größere Trendwenden in die eine oder andere Richtung. Als solche werte ich sie und stocke meine Positionen entsprechend auf.

Welche Überkreuzung ist aussagekräftiger: Wenn der 10-Wochen-Moving-Average den 30-Wochen-Moving-Average nach oben oder unten kreuzt, oder wenn der 30-Wochen-Moving-Average den 10-Wochen-Moving-Average nach oben oder unten kreuzt?

Mir sagt es mehr, wenn der 10-Wochen-Moving-Average den 30-Woche-Moving-Average in Auf- oder Abwärtsrichtung schneidet. Der 10-

Wochen-GD schwenkt schneller um als der 30-Wochen-GD. Die beiden Varianten mit der größten Relevanz sind für mich, wenn der 10-Wochen-Moving-Average lange Zeit unterhalb des 30-Wochen-Moving-Average gelegen hat und ihn dann nach oben kreuzt – als deutliche positive Bestätigung, die meist mit einer Korrektur einhergeht; und umgekehrt, wenn der 10-Wochen-Moving-Average lange oberhalb des 30-Wochen-GD verlaufen ist und ihn dann nach unten durchbricht – als zuverlässige negative Bestätigung. Vermutlich hat es bereits im Vorfeld andere Signale und Formationen gegeben, die man bullish oder bearish interpretieren konnte. Für mich ist so eine Überkreuzung wie eine offizielle Bestätigung dafür, daß ich eine Formation korrekt gedeutet habe.

Sie verfolgen die Differenz der Aktien, die auf Tages- und Wochenbasis New-Highs bzw. New-Lows erreichen. Weist die Tagesdifferenz hier zeitiger auf eine Trendwende hin?

Auf jeden Fall, gar keine Frage. Per definitionem generiert der Tageswert hier zuerst ein Signal, doch man muß wissen, daß es immer ein Vorzeichen hat. Über einen längeren Zeitraum führt die Tagesdifferenz hier zu einer Reihe von Schaukelbewegungen, die auf Wochenbasis nicht in dem Maß vorkommen. Deshalb hat der Wochenwert mehr Aussagekraft. Der Tageswert weist als erster auf einen Umschwung hin. Ist sein Signal von großer Tragweite, sollte es drei oder vier Wochen später vom Wochenwert bestätigt werden. Auch wenn der Tageswert eher einen kurzfristigen Anstrich hat und eher für Trader von Bedeutung ist, kann er auch auf längerfristiger Basis eingesetzt werden. Wie in unserem Fall kann man die Charts der letzten eineinhalb Jahre zurückverfolgen und dabei feststellen, daß der Tageswert niedrigere Gipfel aufweist, obwohl der Dow gestiegen ist. Man kann beobachten, wie so eine Formation entsteht. Der Wochenwert hat, langfristig betrachtet, seine Vorteile, doch der Tageswert erfüllt fürs kurzfristige Trading durchaus seine Zwecke. Meiner Ansicht nach sollte man beide berücksichtigen.

Ihr nicht zur Veröffentlichung bestimmter Indikator NYSE Survey ermöglicht es Ihnen, den Gesamtzustand des Marktes durch die Einteilung einzelner Aktien in vier Stadien auf Grundlage der Ratio

vom Kurs zu seiner 30-Wochen-Moving-Average-Linie zu erfassen. Besteht eine deutliche Korrelation zwischen Ihrem Indikator und dem von Investor's Intelligence ermittelten Prozentsatz von NYSE-Aktien oberhalb ihrer Moving-Average-Linie?

Ich würde sagen, daß hier sicherlich eine Korrelation besteht, doch nicht im Verhältnis 1 : 1, sondern eher in der Größenordnung von 75 % zu 80 %. Es kommt aber vor, daß meine NYSE-Werte extrem bullish signalisieren, der andere Indikator dagegen ausgesprochen bearish. Ich denke, bei meinem Maßstab ist die Einstellung feiner, weil wir neben den Moving-Averages auch Formationen berücksichtigen. Stützt man sich ausschließlich auf Moving-Averages, wird der andere Indikator theoretisch sofort negativ, wenn es zu einem Durchbruch unter einen Moving-Average kommt. Er funktioniert also nicht perfekt. Auch unterscheidet er nicht, ob ein Moving-Average ansteigt oder nicht. Darin ist mein Indikator meiner Ansicht nach überlegen.

Vielen Leuten fehlt aber die Zeit oder die Lust, Hunderte von Einzelcharts zu betrachten.

Ganz klar, daß der durchschnittliche Anleger nicht die Zeit hat, sich jeden einzelnen Chart anzusehen. Wer nicht in weiser Voraussicht den ***Professional Tape Reader*** abonniert, so daß wir Irrtümer korrigieren können, sollte zumindest den Prozentsatz von Aktien oberhalb oder unterhalb ihrer Moving-Average-Linie berücksichtigen.

Sie haben den „Elf-Uhr"- und den „Letzte-Stunde"-Indikator entwickelt. Können Sie uns diese erläutern und erklären, was es gerade mit diesen Zeiten auf sich hat?

Angefangen haben wir mit dem Letzte-Stunde-Indikator. Ich beginne nämlich immer von hinten. Viele Leute erkennen logisch erscheinende Zusammenhänge und versuchen dann, diese zu belegen. Bei mir funktioniert das umgekehrt. Ich schaue mir all die vielen Indikatoren und Formationen an, und wenn ich sehe, daß etwas funktioniert, fange ich an nachzudenken. Sie fragen vielleicht: „Was für eine Theorie steckt dahinter?“ Um ganz ehrlich zu sein, mir ist völlig schnuppe, warum etwas funktioniert. Wichtig ist nur, daß es funktioniert. Ich bin der Pragmatiker in Reinkultur. Wollen Sie wissen, wie es wirklich war? Wir haben einfach Charts zu den einzelnen Stunden angefertigt, und die erste, bei der eine wirklich deutliche Korrelation zu erkennen war, war die letzte Stunde, die von 15.00 Uhr bis 16.00 Uhr. Der Grund dafür war leicht zu finden, denn ich hörte von Parkettmitarbeitern an der Börse, daß Spezialisten in der letzten Stunde vor Feierabend gern ihren Büchern den letzten Schliff verpassen. Außerdem steigen viele kurzfristig orientierte Trader vor Börsenschluß aus, um sich erst am nächsten Tag wieder zu engagieren. Die Positionen, die in der letzten Stunde eingenommen werden, sind also von besonderer Bedeutung. Das leuchtete soweit ein, doch es griff auch auf langfristiger Basis. Wir haben es dann bei allen anderen Stunden ausprobiert. Dabei hat sich herausgestellt, daß die Stunde von 11.00 Uhr bis Mittag besonders interessant war. Je mehr ich mich damit befaßte, desto klarer zeigte sich, daß der Elf-Uhr-Indikator in mancher Hinsicht der letzten Stunde noch überlegen war. Das hat mich wirklich überrascht, denn ich war überzeugt, die letzte Stunde gäbe hier die besten Hinweise. Was auch immer der Grund sein mag, ich habe festgestellt, daß die Stunde von 11.00 Uhr bis 12.00 Uhr etwas stärker langfristig ausgerichtet ist, während die letzte Stunde eher für den mittelfristigen Zeitrahmen aussagekräftig ist. Für die meisten Dinge gibt es einen Grund, doch der ist für mich zweitrangig. Ich habe mit vielen Börsenprofis gesprochen, die mir alle bestätigt haben, daß diese beiden Zeiträume tatsächlich von Bedeutung sind. Für die Stunde von 11.00 Uhr bis 12.00 Uhr mittags gilt: Mal ehrlich, wer will sich schon gleich bei Eröffnung engagieren, wenn Orders vom Vortag, Kleinaufträge, Auslandsorders und ähnliches hereinkommen. Es dauert normalerweise so eineinhalb Stunden, bis diese ausgeführt sind. Von 10.30 Uhr bis 11.00 Uhr nehmen allmählich die Trader ihre Positionen ein, wenn sie sehen, daß der Kleinkram vom Tisch ist. Danach gehen sie zum Mittagessen – jedenfalls alle diejenigen, die nicht unter Magengeschwüren leiden. Daher kommt es wohl, daß zwischen 11.00 Uhr und 12.00 Uhr ein Eindruck davon entsteht, welche Positionen an diesem Tag eröffnet werden. Von 15.00 Uhr bis 16.00 Uhr bekommt man eine Momentaufnahme und einen Einblick in die Einstellung der Trader zu Börsenschluß – ob Positionen eröffnet oder glattgestellt werden. Diese beiden Bilder präsentieren sich in mancher Hinsicht symmetrisch. Zusammengenommen, insbesondere, wenn beide in die gleiche Richtung weisen, sind das ausgesprochen aufschlußreiche Indikatoren.

Wenn jemand Charts zu diesen beiden Indikatoren erstellen will, kann er das aus dem Stand heraus, oder muß er zurückliegende Daten berücksichtigen?

Der Anfang ist ganz einfach. Es ist wie bei einer Advance/Decline-Linie: Solange die Relation zum Betrachtungszeitraum stimmt, kann man an jedem beliebigen Zeitpunkt beginnen. Man muß nicht ein Jahr zurückgehen. Es funktioniert schon mit den Daten von ein paar Monaten. Natürlich gilt auch hier: Je mehr Daten man berücksichtigt, desto erfolgversprechender.

Ziehen Sie zur Berechnung der Indikatoren einfach den Stand des DJIA von 11.00 Uhr vom Mittagswert und den Stand von 15.00 Uhr von dem von 16.00 Uhr ab?

Genau, so einfach ist das. Sie berechnen die Differenz der beiden Zeiträume für den DJIA, und es ergibt sich ein positiver oder negativer Wert. Er ist kumulativ, Sie addieren oder subtrahieren also jeden Tag die aktuellen Zahlen zur bzw. von der Vortagssumme. Dazu erstellen Sie eine Tagesgraphik. Man bekommt leicht einen falschen Eindruck, wenn man mit einer Aufstellung von ein paar guten und ein paar schlechten Tagen arbeitet. Zeichnen Sie einen Chart, denn dann können Sie den Trend erkennen, und das ist wichtig. So war der Elf-Uhr-Indikator von Ende 1994 etwa bis Mai 1995 ausgesprochen bullish. Die letzten paar Monate dagegen hat er Schwäche gezeigt. Selbst der momentane leichte Ausschlag nach oben deutet noch nicht auf eine nachhaltige Erholung, wie sie der Marktentwicklung entspräche; was bestätigt, daß bei diesem Anstieg deutliche Unstimmigkeiten vorliegen. Alle anderen Aufwärtsbewegungen der vergangenen eineinhalb Jahre waren in Ordnung. Diesmal ist wohl ein Anstieg da, doch ein sehr schwacher, der für mich auf das Überschreiten eines Gipfels hinweist. Das funktioniert aber auch mit Aktien. Wenn man die Sache ernst nimmt und ein paar Lieblingswerte hat, ist dieser Indikator meiner Erfahrung nach auch für einzelne Aktien äußerst brauchbar. Er erfordert etwas Zeit, doch wenn man diese aufbringen kann, zeigt er gute Erfolge.

Sie verfolgen die Indikatoren auf separaten Charts?

Man sollte sie in zwei getrennte Charts fassen, weil sie ab und zu widersprüchliche Aussagen zu aktuellen Entwicklungen geben. Ideal ist, wenn Übereinstimmung herrscht. Das ist dann ein Volltreffer. 1995 haben die beiden Indikatoren das ganze Jahr über ein übereinstimmendes Bild abgegeben. Im April oder Mai sind sie dann auseinandergedriftet. Jetzt kommt es zu einer Divergenz: Der Letzte-Stunde-Indikator wirkt noch einigermaßen günstig, der Elf-Uhr-Indikator nicht mehr. Dort zeigt sich eine kurzfristige Erholung innerhalb einer langfristig negativen Formation weit unterhalb des vorangegangenen Hochs. Der Elf-Uhr-Indikator erreicht Wendepunkte meist eher als der Letzte-Stunde-Indikator.

Wäre es hier dienlich, eine Ratio zu berechnen, indem man den Umsatz für die entsprechenden Stunden durch den Gesamtumsatz des Tages teilt?

Dazu kann ich nicht viel sagen, weil ich es noch nicht ausprobiert habe. Hat man etwas noch nie gemacht, kann man nur theoretisieren. Es wäre unter Umständen einen Versuch wert, doch ich glaube, der Umsatz ist hier weniger aussagekräftig als der Kurs. Der Kurs ist meiner Ansicht nach das A und O. Der Umsatz soll den Kurs bestätigen. Richtet man sich nur nach dem Umsatz und Umsatzcharts, landet man oft im Abseits. Man kann nicht sagen, ob der Trend an einem Tag nach oben oder unten ging. Ich glaube nicht, daß das Umsatzmuster hier so besonders hilfreich ist. Verfolgt man den Kurs, dann weiß man: „Das war ein radikaler Einbruch, da ist viel Angst im Spiel" oder: „Das war ein kräftiger Anstieg, da war viel Enthusiasmus zu spüren". Ich kann es nicht beschwören, doch meinem Gefühl nach ist der Umsatz hier nicht annähernd so aussagekräftig.

Welche anderen Indikatoren würden Sie zur Beurteilung des vorherrschenden Markttrends verwenden?

Auf jeden Fall sollte man die Call/Put-Ratio betrachten. Das ist nichts anderes als die Put/Call-Ratio, nur umgekehrt.

Wozu kehren Sie die Ratio um?

Ich berechne sie schon seit Jahren so, aus alter Gewohnheit. Ob so oder so, das Resultat ist das gleiche. Welche Sie auch verwenden, Sie müssen sie lediglich richtig interpretieren. Ich bevorzuge die Call/Put-Ratio, weil sie auch für den Laien leicht zu verstehen ist. Dabei verwende ich die folgenden Richtwerte: Bei 3,00 und darüber ist mit kurzfristigen Tops zu rechnen, bei 2,00 und darunter mit kurzfristigen Böden, bei Werten unter 2,00 ganz besonders. Alle Werte dazwischen liegen im neutralen Bereich. Bei dem ausgeprägten mittelfristigen Boden im Juli kamen auf jeden gehandelten Put etwa 1,4 Calls. Das war extrem niedrig, fast schon ein Gleichstand, was in der Vergangenheit kaum vorgekommen ist. So etwas spricht für starken Pessimismus. Im Mai, vor dem Rückgang, war das Verhältnis mit 4 : 1 extrem hoch. Das zeugte von starkem Optimismus. Für jeden Put wurden 4 Calls gehandelt. So einen hohen Wert hat es seit Jahren nicht mehr gegeben. Die Call/Put-Ratio zeigte, daß die Leute im Mai viel zu optimistisch und im Juli viel zu pessimistisch waren. Ende August, Anfang September kam es zu einem Sell-off, und der Markt ging von 5 700 auf 5 560 zurück. Der Pessimismus griff unglaublich rasch um sich. Die Call/Put-Ratio fiel auf 1,9. Für mich war das der kleine Hinweis, daß der Dow zu neuen Gipfeln aufbrechen würde, obwohl viele andere Averages das nicht bestätigten.

Berücksichtigen Sie bei der Call/Put-Ratio Optionen auf Aktien, Indizes oder beides?

Zunächst einmal berechne ich sie nicht mehr selbst. Früher habe ich sie aus ***Barron's*** berechnet. ***Barron's*** hat die CBOE und andere Börsen, aus denen ich einen gemeinsamen Durchschnitt gebildet habe. Heute verwende ich die aus meinem Bridge-System, die auf Aktien beruhen. Ich halte Aktien hier für aussagekräftiger als Indizes.

Die CBOE hat eine gebührenfreie Rufnummer eingerichtet, über die man die stündlichen und halbstündlichen Put/Call-Daten für diesen Börsenplatz abrufen kann. Die Put/Call-Ratio für Aktienoptionen ist bereits vorberechnet.

Das ist hervorragend. Es macht keinen Sinn, zwei Stunden zu opfern, um achtzehn Einzelheiten eines einzigen Indikators zu berechnen. Ich halte mich hier an das Akronym KISS, das für „keep it simple stupid" (macht es idiotensicher). Ich habe bei vielen Indikatoren festgestellt, daß man richtiggehend einen Blick für Trendwenden bekommt, wenn man sie eine Zeitlang verfolgt. Meine Call/Put-Werte liegen vielleicht bei 3,00 und 2,00 und die der CBOE bei 2,80 und 1,80. Die von mir verwendeten Zahlenwerte sind vielleicht ein wenig höher oder tiefer angesiedelt, doch sie korrelieren mit den CBOE-Werten. Wenn man die Zahlen per Anruf bekommen kann, ohne lange herumzurechnen, sollte man es der Einfachheit halber auch tun.

Letztendlich ist es das Ziel, Extreme zu erkennen.

Genau. Die Extreme sind es, auf die es ankommt, und vielleicht noch ungewöhnliche Formationen. Manchmal kommt es ja gar nicht zu einem Extrem. Im Mai und Juli waren die Hoch- und Tiefextreme eindeutig. Ende August, Anfang September waren die Werte gar nicht so extrem, doch der Umstand, daß der Dow ein Hoch anvisierte und soviel Pessimismus gezeigt wurde, war das Alarmzeichen für einen bevorstehenden Ausbruch nach oben. Fällt die Call/Put-Ratio von 3,00 auf 2,00, der Markt gibt aber nur geringfügig nach, breitet sich der Pessimismus zu schnell aus, und das sagt mir mehr als ein Sturz um 500 Punkte. Hätte der Markt so stark nachgegeben, hätte ich einen Rückgang der Ratio auf 2,00 erwartet. Natürlich ist die Wahrscheinlichkeit eines Überverkauft-Ausschlags groß. Kommt es zu Extremen, kann man sich 1000%ig sicher sein, doch die Zahlen mit dem Marktgeschehen in Verbindung zu bringen, ist auch wichtig. Ändert sich das Verhältnis zu schnell in die eine oder andere Richtung, so ist das durchaus von Bedeutung. Die Call/Put-Ratio ist besonders für mittelfristige Transaktionen geeignet, nicht so sehr für kurzfristige.

Welche anderen Indikatoren verwenden Sie im kurzfristigen Bereich?

Den Prozentsatz an pessimistischen Beratern. Der Umstand, daß dieser Indikator auf 45 % bis 46 % gestiegen ist, der höchste Wert seit eineinhalb Jahren, bestätigt das von der Call/Put-Ratio im Juli vermittelte Bild. Eine perfekte Übereinstimmung. Außerdem verwende ich gern den Überkauft-/Überverkauft-Oszillator von Investor's Intelligence –die Anzahl der Aktien oberhalb oder unterhalb ihrer 10-Wochen-Moving-Averages. Auch hier kam es Mitte bis Ende Juli zu hohen Werten im überverkauften Bereich.

Welche Parameter liegen dem Überkauft-/Überverkauft-Oszillator von Investor's Intelligence zugrunde?

Ich würde sagen 70 % für Überkauft, 30 % für Überverkauft. Doch diese Dinge kann man nicht rein mechanisch angehen. Man muß sie in bezug auf das Marktgeschehen betrachten. Zeigt sich der Markt gut behauptet, und es werden 70 % erreicht, die Charts lassen aber kein Ende des Anstiegs erkennen, so ist das zwar leicht überkauft, doch ich werde dem nicht zuviel Wert beimessen. Das ist ein sehr frühes Zeichen. Umgekehrt gilt, wenn es bei einer drastischen Bewegung Anzeichen für Churning gibt und der Wert auf über 70 % steigt und von dort aus wieder fällt, würde ich ein paar Chips vom Tisch nehmen. Nicht immer hat ein Wert von 70 % die gleiche Bedeutung. Es gilt stets auch folgendes: Wird ein Wert überschritten, dann sollte der Indikator danach mindestens eine Woche lang wieder etwas niedriger liegen. So könnte er eine Woche bei 75, die nächste bei 72 und die nächste bei 70 liegen. Man muß sichergehen, daß der Indikator tatsächlich einen Rekordwert erreicht hat. Das erfordert dreierlei. Zum einen muß der Wert kurz über oder unter 70 liegen. Zum zweiten warten wir auf Anzeichen für ein Nachlassen des Aufwärtstrends, und zum dritten muß der Indikator wieder zurückgehen. Noch einmal zusammengefaßt: Sagen wir, der Indikator ist in der letzten Woche auf 71 % gestiegen, und der Markt zeigt Churning-Aktivitäten. Die

Woche darauf liegt der Wert bei 69 %. Man würde nicht Haus und Hof darauf verwetten, doch das ist ein deutliches Zeichen für Überkauft. Das ist der eine Gedankengang. Der zweite ist, daß man hinsichtlich der Überverkauft-Zahlen wohl etwas mehr Aggressivität zeigen sollte. Ich habe schon erlebt, daß der Überkauft-Wert über mehrere Wochen hinweg geführt hat. Es kommt gar nicht selten vor, daß Werte von 70 % erreicht werden und der Markt sich noch sechs oder acht Wochen auf hohem Niveau hält. Der Überverkauft-Wert korreliert normalerweise enger mit Wendepunkten. Signalisiert der Indikator Überverkauft, so steht ein bedeutender kurz- bis mittelfristiger Boden innerhalb einer oder zwei Wochen bevor. Das ist eine weitere Feinheit dieses Indikators. Ich denke, es ist ein oft begangener, großer Fehler, zu mechanisch vorzugehen. Bei der technischen Analyse muß man ein Gespür für die Situation entwickeln. Manchmal führt ein 70%-Wert zu einem relativ unbedeutenden Rückgang, manchmal zu einer eindeutigen Korrektur. Das gleiche gilt für die Stochastik. Verkauft man seine Aktien bei jedem Überkauft-Signal, wird man „verschaukelt". Wenn sie das Gesamtbild bestätigt, kann sie, wie schon gesagt, bei der Feineinstellung als Indikator gute Dienste leisten. Ein weiterer brauchbarer Indikator ist der 10-Tages- und 30-Tages-Moving-Average der Advance/Decline-Linie (A/D). Gerät die 10-Tages-A/D-Linie weit in den überkauften Bereich, sagen wir oberhalb von +300, oder in den überverkauften Bereich, also unter –300, und die Linie des 10-Tages-A/D-Moving-Averages kreuzt die 30-Tages-A/D, ist das ein bestätigendes Signal. Ist der Markt wirklich stark überverkauft, wie im Juli 1996, als er um 600 Punkte nachgab, und dann kreuzt noch der 10-Tages-A/D-Moving-Average die 30-Tages-A/D-Linie in Aufwärtsrichtung, ist das eine deutliche Bestätigung für bullish. Das ist allerdings eher selten. Liegt umgekehrt der 10-Tages-A/D bei +400, und sein Moving-Average durchbricht die 30-Tages-A/D-Moving-Average-Linie nach unten, ist das eine gute Bestätigung dafür, daß eine Korrektur ins Haus steht.

Würden Sie die Überkauft-/Überverkauft-Signale der 10-Tages-Advance/Decline-Linie etwas näher erläutern?

Es ist ein Oszillator. Man nimmt einfach die Netto-Differenz von den gestiegenen Werten abzüglich der gefallenen Werte über 10 aufeinanderfolgende Tage. Nehmen wir an, wir haben heute 1 000 Werte, die gestiegen sind, und 700 Werte, die gefallen sind. Die Differenz beträgt dann +300. Entweder berechnet man dann die Summe der Netto-Differenz fortlaufend für 10 aufeinanderfolgende Tage, oder man teilt den Gesamtwert durch 10 und bildet so einen Gleitenden Durchschnitt. Beides ist möglich, solange man konsequent bei einer Methode bleibt. Erhält man Werte in der Größenordnung von +300 oder +400 oder – für die Summe – +3 000 bis +4 000, ist das der Erfahrung nach überkauft. Dagegen ist –300 bis –400 überverkauft. Man kann das Spiel auch noch etwas weitertreiben. Nehmen wir an, wir haben in einer Woche ein Überkauft-Signal bei +380. Sie sagen sich: „Na gut, der Markt ist ausgereizt, dann nehme ich eben ein paar Chips vom Tisch." Zwei Wochen später wendet sich der 10-Tages-A/D-Moving-Average nach unten und durchbricht den 30-Tages-Advance/Decline-GD. Nehmen wir weiter an, daß der 30-Tages-GD bei +200 liegt und der 10-Tages-GD darunter fällt. Das ist dann ein bedeutsames kurz- bis mittelfristiges Verkaufssignal. Schneidet der 10-Tages-GD den 30-Tages-GD, führt das normalerweise zu einem mehrere Wochen andauernden Rückgang. Für einen Boden gilt umgekehrt: Wir sind, sagen wir, bei –320 gelandet. Der Markt ist überverkauft, also stellen wir ein paar Short-Positionen glatt. Der 10-Tages-GD schneidet den 30-Tages-GD in Aufwärtsrichtung, der bei –200 liegt. Dadurch wissen wir, daß der Anstieg kräftiger sein wird, als erwartet, so daß wir weiter glattstellen. Das ist dann ein guter kurz- bis mittelfristiger trendbestätigender Indikator. Es hat immer irgendeine Bedeutung, wenn der 10-Tages-A/D-Moving-Average den 30-Tages-GD nach oben oder unten schneidet, doch rückblickend wurden die stärksten Kursbewegungen nach oben oder unten dadurch angekündigt, daß der 30-Tages-GD weit von der Nullinie des Oszillators entfernt lag. Je höher der 30-Tages-GD beim Ausbruch, desto aussagekräftiger – eine weitere Feinheit dieses Indikators. Um das nochmals klarzustellen: Wir gehen davon aus, daß die 10-Tages-A/D-Linie bei +400 liegt, die 30-Tages-Linie in der Nähe der Nullinie, und die 10-Tages-A/D-Linie durchbricht die Nullinie nach unten. Dann kommt es zu einem Einbruch, der allerdings viel größer ausgefallen wäre, wenn der 30-Tages-Moving-Average auf dem Oszillatorenchart höher gelegen hätte. Befindet sich die 30-Tages-Linie im Bereich von +150 bis +200, wenn der Durchbruch erfolgt, kommt es zu einem drastischeren Sell-off, als wenn sie in der Nähe der Nullinie liegt. Ein Beispiel: Der 10-Tages-A/D-Moving-Average hat deutlich oberhalb des 30-Tages-Moving-Averages gelegen und durchbricht ihn in Abwärtsrichtung an einem Punkt, bei dem der 30-Tages-GD weit über der Nullinie liegt, sagen wir bei +200. Dann kommt es zu einem folgenschwereren Sell-off. Erfolgt dagegen ein Umkehrsignal an einem Markttief, also ein Überverkauft-Signal, wenn der 30-Tages-GD bei –150 bis –200 liegt und der 10-Tages-A/D-Moving-Average ihn nach oben kreuzt, ist das ein Zeichen für einen stärkeren Anstieg, als wenn der 10-Tages-GD den 30-Tages-GD bei der Nullinie kreuzt.

Sind das alle Trendfolger, die Sie einsetzen?

Ich will Ihnen noch einen nützlichen nennen: den TRIN. Wir wollen es nicht unnötig komplizieren. Wenden Sie ihn nicht auf die Vorgänge innerhalb eines Börsentages an. Ermitteln Sie statt dessen den 10-Tages-GD für den Tagesschluß-TRIN. Sinkt er auf 0,80 oder tiefer, ist der Markt gewöhnlich überkauft. Steigt er dagegen auf 1,20 oder höher, liegt er im überverkauften Bereich. Die Feinheiten erkennt man, wenn man den TRIN mit dem Marktgeschehen in Beziehung setzt. Ende August, Anfang September 1996 hatte der TRIN den Wert von 1,20 für richtig überverkauft knapp verfehlt. Er erreichte nur 1,16. Das war sehr ungewöhnlich, denn der Markt war immer noch in der Topregion. Vieles sprach dafür, daß sich bei zahlreichen einzelnen Aktien Pessimismus zeigte, nicht aber am Markt als Ganzes. Das ist ein weiteres Zeichen für übertriebenen, voreiligen Pessimismus. Es ist etwas ganz anderes, wenn das Überverkauft-Signal nach einem Kurssturz um 500 Punkte erfolgt. Verfehlt der Indikator die 1,20-Marke und steigt nur auf 1,10, und ein Sell-off bleibt aus, hat das eine Bedeutung. Wer sich nach diesen Indikatoren richtet, ist gut auf das Marktgeschehen eingestellt.

Auf einen Nenner gebracht: Würden Sie Ihre Überkauft- und Überverkauft-Indikatoren in kurzfristige und mittelfristige unterteilen?

Ich unterscheide zwischen den Indikatoren, die ich für den Aktienmarkt anwende, und denen für einzelne Aktien. Für den Markt als solchen ist der 10-Tages-A/D ein sehr guter mittelfristiger Indikator. Der fortgeschrittenere Marktteilnehmer, der computergestützt arbeitet, ist im kurzfristigen Bereich auch mit MACD oder Stochastik gut bedient. Die Stochastik ist wendiger als der MACD, doch auch entsprechend unruhiger. Beim MACD gibt es weniger Auf und Ab, dafür reagiert er leicht verspätet. Es geht hier um den ganz kurzfristigen Bereich, wohlgemerkt. In Kombination sind diese beiden Indikatoren für den Markt und für einzelne Aktien einsetzbar. Überkreuzungen beim 10-Tages-Moving-Average der A/D-Linie können kurzfristige Prognosen eindeutig bestätigen. Im mittelfristigen Bereich sind der TRIN und die Call/Put-Ratio besonders nützlich. Diese Indikatoren sind allerdings säuberlich voneinander zu trennen. Aus Verwirrung wird so manche Konstellation als überverkauft interpretiert, weil sich der 10-Tages-A/D im überverkauften Bereich bewegt. Dabei wird übersehen, daß der TRIN oder die Call/Put-Ratio gar nicht so überverkauft signalisieren. Ich habe schon erlebt, daß der A/D lange Zeit im überverkauften Bereich war. Bei deutlichen Bewegungen kommt es erst bei den kurzfristigen Indikatoren zu Überverkauft-Signalen und dann bei den mittelfristigen; wie im Juli 1996, als alle das gleiche Bild zeigten – der TRIN, die Call/Put-Ratio und kurzfristige Indikatoren wie der 10-Tages-A/D. Sind sie alle stimmig, dann hat das wirklich Aussagekraft.

Dann ist insbesondere der unerfahrene Anleger wohl gut beraten, wenn er wartet, bis sie alle gleich signalisieren?

Ich glaube schon. Das ist etwas, was man mit viel Erfahrung im Rücken schrittweise machen kann. Der Laie dagegen wird bei den ersten Überverkauft-Signalen sofort in Panik verfallen, wie man immer wieder beobachten kann. Meiner Ansicht nach sollten Anfänger sich auf der Lernkurve allmählich nach oben arbeiten. Man muß nicht auf jedes Pferd setzen. Konzentrieren Sie sich am Anfang auf die eindeutigen Sieger. Mit wachsender Sicherheit kann man dann auch auf Außenseiter setzen. Normalerweise gibt es in einem Jahr nur ein paar echte Extreme. 1996 gaben all diese Indikatoren dasselbe Signal, und zwar wann? Richtig, beim Hoch im Mai und beim Tief im Juli.

Welche Indikatoren benutzen Sie als Maßstab für das Momentum?

Ich würde sagen, das Momentum mißt man, indem man untersucht, wo der Markt und die Averages sich in Relation zu ihrem 30-Wochen-GD bewegen. Wie weit liegt eine Aktie über ihrem 30-Wochen-Moving-Average? Liegt sie weit genug darüber, ist klar, daß sich hier viel Momentum aufgebaut hat. Liegt eine bestimmte Aktie sehr weit oberhalb ihres 30-Wochen-Moving-Averages und insbesondere über ihrem 10-Wochen-GD, ist das ein Zeichen für ein langfristig starkes Momentum. Jede Aktie hat ihre eigenen historischen Charakteristika. Wird auf dem Chart ein bestimmter Punkt erreicht, etwa das Doppelte des Moving-Averages, ist nicht nur das Momentum außergewöhnlich groß, sondern das ist auch ein Signal für kurzfristig überkauft. Ein weiterer guter Maßstab für Momentum ist die Stochastik. Als Rate of Change ist sie ein perfekter Maßstab für das Momentum, besser noch als der MACD. Für einzelne Aktien sollte man das Momentum meiner Ansicht nach mit der Stochastik oder dem MACD bestimmen.

MACD und Stochastik sind in erster Linie kurzfristig ausgerichtet, richtig?

Stochastik und MACD sind nicht nur für kurzfristige Transaktionen zu verwenden. Sie sind zwar von der Sache her kurzfristig, doch ein Computerprogramm kann sie anpassen und dasselbe Konzept auch auf Wochencharts anwenden. Ich benutze MACD und Stochastik mittelfristig auf Wochencharts. Eine 6-Tages- oder 12-Tages-Stochastik ist sicherlich kurzfristiger Natur. Doch berechnet man sie auf Wochenbasis, über 6 oder 12 Wochen auf Wochencharts, sind die mittelfristigen Signale sehr aufschlußreich. Sie weisen auf Bewegungen hin, die oft 3 bis 6 Monate anhalten. Als letztes Mittel zur Messung des Momentums benutze ich die Relative Stärke. Besonders bei einzelnen Aktien ist sie unschlagbar.

Meinen Sie damit den Relative-Stärke-Index?

Ja. Ich würde ihn auf zweierlei Art einsetzen: den kürzerfristigen Relative-Stärke-Index für Tagescharts und den auf Wochenbasis berechneten Relative-Stärke-Index, der nachweislich mittel- und langfristig von Bedeutung ist. Bei Extremen kann er auch als Hilfsmittel beim Trading eingesetzt werden. Steigt er auf maximale Höhe, weiß man, daß ein Top erreicht ist, sinkt er bis auf 10 %, steht das für stark überverkauft. Sowohl der Relative-Stärke-Index als auch die Stochastik reagieren sehr früh. Bei den Mansfield-Charts wird die Relative Stärke in besonderer Weise gewichtet. Setzt ein Anstieg der Relativen Stärke ein, der über die Mansfield-Nullinie hinausgeht, so ist das meiner Erfahrung nach von großer Bedeutung. Der Relative-Stärke-Index ist ein kürzerfristiger Maßstab für das Momentum, mehr fürs Trading geeignet, während die Relative-Stärke-Linie längerfristig ausgerichtet ist.

Auf welche Indizes achten Sie bei der Beurteilung des vorherrschenden Börsentrends besonders?

Wer dabei nur den Dow beachtet, kann einpacken. Um auf alles vorbereitet zu sein, muß man den Dow, den S&P 500, den NASDAQ Composite, den Dow für Verkehrswerte, den Dow für Versorgungswerte und die A/D-Linie berücksichtigen. 1995 waren sie fast das ganze Jahr über geschlossen im Aufwärtstrend. Ergibt sich hier ein einheitliches Bild, gehen Sie einfach mit dem Trend. Betrachtet man die Konstellation von Ende Mai, Anfang Juni 1996, erhält man dagegen ein sehr uneinheitliches Bild. Manche erreichen New-Highs, manche nicht. Das ist das Zeichen für die Ausbildung eines Tops. Stehen alle Werte im Einklang, brauchen Sie sich keine Gedanken zu machen, ob sie zu hoch oder zu tief liegen; gehen Sie einfach mit dem Trend. Kommt es hier zu Abweichungen, signalisiert das eine Trendumkehr. Das geschieht normalerweise in dieser Reihenfolge: Erst kommen die Versorgungswerte. Dann bewegen sich die Verkehrswerte. Als nächstes folgt meistens die A/D-Linie. Anschließend sollten die spekulativen Werte ein neues Hoch erreichen. Als letztes überschreiten gewöhnlich die Blue-Chip-Averages ihren Höhepunkt. Die Anleger flüchten zum Ende hin, wenn sie Vertrauen verloren haben, gern in Qualität. Wenn es hier zu Abweichungen kommt, kann man damit Geld verdienen, doch man muß äußerst umsichtig vorgehen, denn es ist etwas im Busch.

Wie messen Sie spekulative Aktivität?

Ein einfacher Maßstab ist mein „Spekulationsindex", der sehr einfach zu berechnen ist. Die Zahlen finden Sie jede Woche in ***Barron's***. Er errechnet sich aus dem wöchentlichen NASDAQ-Umsatz geteilt durch den wöchentlichen Umsatz der NYSE. Normalerweise sollte die NYSE mehr Umsatz aufweisen als der OTC-Markt. Ist der OTC-Umsatz extrem niedrig, nur 70 % oder 75 % des NYSE-Umsatzes, ist das normalerweise ein sicheres Anzeichen für mangelnde Spekulationsbereitschaft. Dann ist ein Tief nicht weit. So war es zum Beispiel Ende 1994. Ist der Wert dagegen ungewöhnlich hoch, sagen wir bei 1,20 oder 1,30, dann werden für jede an der NYSE gehandelte Aktie 1,20 oder 1,30 NASDAQ-Werte gehandelt, was auf Spekulation hinweist. Ende Mai 1996, als ich bei den aggressiven Aktien ein ungutes Gefühl hatte, kam es zu einem neuen All-Time-High. Der Wert erreichte, glaube ich, 1,80. Also wurden für eine Aktie an der NYSE fast zwei OTC-Aktien gehandelt, und das sagte alles. Egal, wie hoch der Dow gestiegen ist, ich glaube, Ende Mai werden die spekulativen Werte einen Höhepunkt überschreiten, ganz im Einklang mit diesem Spekulationsindex. Er ist ein zuverlässiger langfristiger Maßstab für Spekulation. Das kurzfristige Gegenstück hierzu wäre die Call/Put-Ratio.

Sie befassen sich viel mit Branchen. Haben Sie bei Markttops und Markttiefs hinsichtlich der Branchenrotation eine bestimmte Reihenfolge festgestellt?

In der Vergangenheit, würde ich sagen, haben die Anleger zu Beginn einer Bewegung meist in Qualität investiert – in hochwertige Blue Chips. Erst später haben sie sich dann auch den stark spekulativen Werten, den OTC-Aktien für $ 1,00 oder $ 2,00 zugewandt. Zum Ende der Bewegung hin waren dann wieder ausschließlich solide Standardwerte begehrt. Für mich ist das viel eindeutiger als Feststellungen wie: „Am Anfang bewegt sich Branche A, am Schluß Branche B." Historisch betrachtet, bewegen sich Kupfer oder Öl sehr spät, doch das muß nicht immer so sein. Oft ist so etwas nur leeres Gerede. Die Leute stellen solche Regeln auf und müssen im nächsten Zyklus erleben, wie

Wohnmobile als erstes reagieren. Jeder Zyklus ist anders. Das ist ähnlich wie bei Modetrends. Am wahrscheinlichsten ist immer noch, daß sich die Anleger, solange sie der Sache nicht trauen, an Blue Chips halten werden. Dann werden sie mutiger und investieren aggressiver – in spekulative OTC-Aktien. Wenn die spekulativen Werte schließlich verzögern und ihre Höchstwerte überschreiten, während der Dow ein New-High erreicht, ist das für mich ein deutliches Zeichen, daß man seinen Gewinn mitnehmen sollte. Das ist von viel größerer Tragweite, als würde ich sagen: „Verkaufen Sie Aktien, weil Kupfer in Bewegung gekommen ist." So was ist für mich nur unglaubwürdig.

Normalerweise bewegen sich Bonds und Finanzwerte meist in dieselbe Richtung, doch 1996 kam es hier zweimal zu Divergenzen. Ist das eine Ausnahmeerscheinung?

Ja, doch es gibt viele solche Regeln, die sich in die Köpfe der Menschen einzementiert haben, etwa „Gold muß fallen, wenn es bei Bonds aufwärts geht" oder „Geht es den Bonds gut, sind auch die Bankwerte im Aufwind" und dergleichen mehr. Meistens trifft das ja auch zu, doch hin und wieder gibt es eben Abweichungen. Unterm Strich heißt das, es kommt zwar selten vor, doch möglicherweise gerade jetzt. Die Leute sagen: „Stan, wieso machst du dir Sorgen um den Markt, wo doch die Vergangenheit gezeigt hat, daß der Markt okay ist, wenn die Finanzwerte okay sind?" Ich entgegne dann, daß es sich hier um einen der seltenen Ausnahmefälle handeln könnte. Ich blicke immer zurück und frage: „War es schon einmal so?" 1962 etwa ging es dem Bondmarkt großartig, und doch kam es zu einem Crash am Aktienmarkt. 1977 war die Lage keineswegs ideal, doch Bonds hatten keine Probleme und die Zinsen standen günstig. Es kam zu einer Baisse am Aktienmarkt. Dasselbe geschah 1990, als Aktien eine kleinere Baisse erlebten, während es für Bonds bereits wieder günstig aussah. Es ist also schon vorgekommen. Die Leute richten sich zu oft nach den erlernten Regeln. Diese Regeln gelten vielleicht für 75 % der Fälle, doch kommt es zu einer Ausnahme, muß man dafür offen sein und akzeptieren, daß die Regeln eben in 25 % der Fälle nicht greifen. Das ärgert mich so an der Wall Street. Dort haben sie auf alles „die" Antwort. Macht die Fed dies, wird die Börse das tun. Das ist doch lächerlich. Wenn es so einfach wäre, könnten wir alle morgen schon Millionäre sein.

Wenn es zu Abweichungen kommt, suchen Sie die Antwort beim Ticker?

Ganz genau. Das Logo auf meinem Börsenbrief lautet „the tape tells all" (der Ticker sagt alles). Und das glaube ich auch. Rückblickend haben wir immer dann allesamt falsch gelegen, wenn wir nicht auf den Ticker gehört haben. Ich bin über die Jahre oft genug auf die Nase gefallen, um zu wissen, daß der Markt schlauer ist als ich.

Davon kann ich ebenfalls ein Lied singen.

Wie wir alle eben. Dabei bin ich überzeugt, daß Sie, wenn Sie ehrlich sind, dann am weitesten daneben gelegen haben, wenn Sie sich im Kopf alles wunderbar zurechtgelegt hatten. Hier sind Charts am allernützlichsten, wenn sie von dem abweichen, was sich die Leute in ihren Köpfchen zurechtzimmern. Ich habe auch schon die tollsten Vorstellungen entwickelt – „es müßte dies passieren, es müßte das passieren" –, doch sie platzen wie Seifenblasen, wenn die Charts nicht mitziehen. Die technischen Hilfsmittel sind nicht wie Nancy Reagans Astrologie. Wenn sich ein Arzt ein Kardiogramm ansieht, kann er daraus bestimmte Schlüsse auf Ihre Gesundheit oder Krankheit ziehen, auch wenn er Sie noch nie gesehen hat. Das gleiche gilt für Blutuntersuchungen. Und genauso machen wir es mit Charts: Wir schreiben Kardiogramme für den Markt, der aus Angebot und Nachfrage besteht. Und wenn Sie lernen, auf diese Kardiogramme zu hören, haben Sie viel bessere Erfolgschancen als mit den schönsten Gedankengebäuden.

Es ist schwer, die Auflösung einer Chartformation nicht vorwegzunehmen, sondern statt dessen abzuwarten, was der Chart uns sagen will.

Und genau das müssen wir alle lernen. Die meisten Leute dringen gar nicht zu den Chartformationen vor. Sie lesen in der Zeitung, daß XYZ gute Gewinne macht, und schließen daraus auf einen Kursanstieg. Der

Chart dieser Aktie zeigt womöglich ein Schreckensszenario. Deshalb habe ich mich der technischen Analyse verschrieben. Ich habe Wirtschaftswissenschaften studiert und daraufhin gedacht: „Nun müßte der Markt so oder so reagieren." Das hat nie funktioniert, und ich habe viel Geld dabei in den Sand gesetzt. Ich war überzeugt, daß es eine bessere Methode geben mußte. Manche Leute sind einfach vernagelt. Sie rennen immer wieder mit dem Kopf gegen die Wand und verstehen nicht, warum die Wand nicht nachgibt. Wenn ein Weg nicht zum Ziel führt, muß es einen anderen geben, und den habe ich gesucht.

Im Rahmen Ihres „Weight-of-the-Evidence"-Ansatzes verfolgen Sie ungefähr 50 Indikatoren. Sind diese Indikatoren alle gleich gewichtet?

Keineswegs. Manche Indikatoren halte ich für wichtiger als andere. Im Scherz sage ich immer, wenn ich auf einer einsamen Insel ausgesetzt würde und nur zwei Indikatoren mitnehmen dürfte, dann wären das wohl mein NYSE Survey und die Advance/Decline-Linie. Der dritte Indikator wäre der Dow mit noch einem Average und seinem 30-Wochen-GD. Diese drei werte ich wesentlich stärker, denn ich halte sie für besonders aussagekräftig. Doch vergessen Sie die Gewichtung. Viel wesentlicher ist meines Erachtens die Unterscheidung zwischen frühen Warnzeichen und bestätigenden Indikatoren, die also zeitgleich mit aktuellen Entwicklungen auftreten. Das ist der Punkt, an dem die meisten Leute scheitern. Theoretisch müßten sich im Moment immer höhere New-Highs zeigen. Der Aktienmarkt legt zu. Betrachtet man dagegen den NYSE Survey, der normalerweise mit Vorsprung reagiert, zeigt er sich nicht so stark, wie man es bei einem solchen Anstieg erwarten würde. Ergibt sich ein solches Bild, sind in 3 bis 4 Monaten Probleme zu erwarten. Divergenzen zeigen sich manchmal weit vor der Zeit. Statt sich Gedanken zu machen über die Gewichtung, sollten sich die Leute lieber damit befassen. Wir wissen, daß Tops die kritischsten Zyklusphasen sind. Wir erreichen ein Stadium-III-Top, das eine Übergangsphase darstellt. Das zeigt sich nicht im Dow, aber es zeigt sich bei vielen Aktien. Wie wird sich das Top also ausbilden? Zunächst sollten die Bonds und die Versorgungswerte mit Vorsprung vor dem Markt Gipfel erklimmen. Das war im Januar/Februar 1996 der Fall. Sie sind dem Markt normalerweise um 6 bis

9 Monate voraus. Dann sollten die spekulativen Werte ihre Tops erreichen. Der Spekulationsindex hat seinen Höhepunkt im Mai erreicht. Beim Sell-off im Juni/Juli hätten die spekulativen Werte vom Parkett gefegt werden müssen, und so war es auch. Der Dow hatte nur um 10 % nachgegeben, der OTC Composite um ganze 25 %. So sollte es sein. Die Aufwärtsbewegung nach dem Tief im Juli sollte von einem Mangel an Vertrauen gekennzeichnet sein. Die Anleger würden sich nicht gleich wieder spekulativ engagieren, sondern die von den institutionellen Anlegern favorisierten Werte bevorzugen. Und so ist es auch. Viele der hochspekulativen OTC-Billigaktien unter $ 20,00, die bis Mai das Feld angeführt hatten, rühren sich nicht vom Fleck, obwohl der Dow um fast 600 Punkte gestiegen ist. Die A/D sollte vor dem Dow ihr Hoch überschreiten. Das hat sie, denke ich. Das war eines der Details, die bei dem Top im Mai nicht gestimmt haben. Im Mai hat es bei der A/D-Linie keine Divergenzen gegeben. Es wirkte damals alles recht schlüssig, doch jetzt kommt es zu zahlreichen Divergenzen – klassische Phänomene, etwa, wenn der Dow ein New-High erreicht, nicht aber die Verkehrswerte. So entwickelt sich alles, wie es sollte, wenn ein Top bevorsteht. Manchmal geht das schnell, wie 1987, manchmal zieht es sich über ein Jahr hin, wie 1972. Rechnen Sie mit einem Top, und alles entwickelt sich lehrbuchmäßig, kann das eben dauern. Man erhält eine Reihe von irreführenden Bewegungen und ärgert sich. Dieses ist eines der kompliziertesten Tops, die mir in meiner 35jährigen Börsenerfahrung begegnet sind, doch ich denke, wenn wir uns zurücklehnen, werden die meisten Entwicklungen, die wir gerade beschrieben haben, genau nach Plan ablaufen.

Was war die schmerzlichste Lektion, die Ihnen der Markt erteilt hat, und was haben Sie daraus gelernt?

Der Markt hat mir viele schmerzhafte Lektionen erteilt. Dazu vorweg: Wie sicher man sich einer Sache auch ist, man sollte nie Haus und Hof darauf verwetten. Die erste Lektion lernte ich bereits Ende 1961, Anfang 1962. Damals studierte ich noch und bereitete mich auf meinen wirtschaftswissenschaftlichen Abschluß vor. Seinerzeit war ich überzeugter Fundamentalist. Ich bezog jede Menge fundamentalistischer Informationsbriefe und las darin über all die ach so tollen Aktien. Ich steckte mein gesamtes Bar-Mitzvah-Geld in den Aktienmarkt und verlor es bis auf den letzten Pfennig bei dem Crash von 1962. Für mich war das damals eine Menge Geld. Ich lernte daraus, daß die Fundamentals nicht funktionieren – jedenfalls nicht sie allein. Die Fundamentals sind wichtig, wenn man sie mit einem Chart in Beziehung bringt. Das war Lektion Nummer 1, die mich zur technischen Analyse brachte. Ich weiß noch, daß ich danach in die Bibliothek ging, mir das Buch ***Technical Analysis of Stock Trends*** von Edwards and Magee besorgte und mich fragte: „Was zum Teufel ist denn das?“ Ich begann, mich mit Charts zu beschäftigen. Ich will nicht behaupten, daß ich damit sofort Gewinn gemacht habe, doch meine Verluste wurden kleiner. Ich stellte fest, daß an der technischen Analyse wirklich was dran war, und sie faszinierte mich. Ich sparte etwas an und wagte mich erneut an die Börse, diesmal schon sehr viel erfolgreicher. Die zweite Lektion, die ich lernte, betraf das Begrenzen von Verlusten. 1962 fielen die Aktien so tief, daß ich am Tiefpunkt verkaufte, weil ich zwangsläufig annahm, der Sturz sei bodenlos. Rückblickend mußte ich feststellen, daß es an sich Aktien solider Unternehmen waren. Manche davon erlitten katastrophale Einbrüche. Mir war bis dahin nicht klar gewesen, daß auch Aktien solch seriöser Unternehmen in den freien Fall geraten konnten. Bei der Betrachtung der Charts ging mir auf, daß keine Aktie je um die Hälfte nachgeben und dabei soviel Verlust verursachen dürfte. Wissen Sie noch, daß ich gesagt habe, man solle zwei Charts betrachten und darauf achten, wo das Risiko geringer ist? Aufgrund meiner anfänglichen Erfahrungen bin ich ausgesprochen risikoscheu. Solche Erlebnisse vergißt man nicht. Ähnlich geht es denen, die die Weltwirtschaftskrise mitgemacht haben. Bevor ich mir überlege, wieviel bei einer Transaktion herausspringt, frage ich mich: „Wieviel kann ich dabei verlieren?“ Das ist für mich vorrangig. Sie werden feststellen, daß der Profi eine ganze Reihe kleiner Verluste verkraften und am nächsten Tag wieder einsteigen kann, doch gerät man durch einen größeren Rückschlag wie 1962 an seine finanziellen Grenzen, kann es lange dauern, bis man wieder das nötige Einsatzkapital zusammen hat. Es war eine schmerzhafte Lektion, doch sie hat mir gut getan. Ich glaube, daß aus allem Negativen auch etwas Positives erwächst. Und so war es auch in diesem Fall. Heute bin ich Techniker und habe gelernt, meine Verluste zu begrenzen.

Diese Erfahrung war Ihr Nachhilfeunterricht.

Das sehe ich auch so. Wer an der Börse Erfolg haben will, kann ebensowenig einfach einsteigen und Gewinn machen, wie jemand auf den Tennisplatz gehen und sofort den Ball treffen wird. Es ist noch kein Meister vom Himmel gefallen. Bei einigen Menschen verläuft der Lernprozeß vielleicht schneller als bei anderen. Manche gehen durchs Leben und lernen nichts dazu. Sie schieben die Schuld auf ihre Broker oder die Börsenbriefautoren. Lehrgeld muß man eben zahlen.

Welche psychologischen Eigenschaften zeichnen den erfolgreichen Börsianer aus?

Ich denke, vor allen Dingen muß man sich eingestehen, daß man emotional reagiert, und die Emotionen dann nach Möglichkeit ausklammern. Das ist ein weiterer Grund, warum ich mit Stops arbeite. Ich bin nicht weniger emotional als andere. Wir alle glauben, daß eine explodierende Aktie bis 100 steigen und eine fallende Aktie auf 0 absinken wird. Das liegt in der Natur des Menschen. Wer lernt, Stops richtig einzusetzen und zu plazieren, kann seine Investitionsentscheidungen von den Gefühlen loslösen. Disziplin gehört zu meinen starken Seiten. Läuft etwas nicht planmäßig, sage ich: „Ich habe mich geirrt." Und das war es dann. Man muß seine Emotionen richtig einordnen können, man muß lernen, damit umzugehen – mit Disziplin nämlich. Ich richte mich nach meinen Stops. Ich sage mir nicht: „Diesmal wird alles anders." In meinem Buch habe ich geschrieben – und davon bin ich überzeugt –, daß diejenigen, die lernen, mit Verlusten umzugehen, die ganz großen Gewinner werden können. Was viele zu Fall bringt, ist die Einstellung zu warten, daß eine Aktie wieder anzieht, um ohne Verlust dazustehen. Wer Verluste nicht ertragen kann, wer seine Stops verschiebt oder keine Stops setzen will, der wird Schiffbruch erleiden. Es ist dann nur noch die Frage, wann und auf welchem Markt. Er wird deshalb scheitern, weil die Aktie sich früher oder später gegen ihn stellen wird, und irgendwann so sehr, daß er ruiniert ist. Können Sie einen Verlust verkraften? Können Sie diszipliniert arbeiten? Können Sie sagen: „Na gut, dann gerate ich eben mal in eine Schaukelbewegung, doch das ist immer noch besser, als bei einer Aktie 50 % oder 60 % zu verlieren."?

Wenn Ihre Prognosen nicht eintreffen, gehen Sie dann manchmal zurück und analysieren die Situation?

Natürlich. Es tut weh, ist aber wichtig. Ich versuche grundsätzlich herauszufinden, was schiefgelaufen ist. Als der Markt im Mai 1996 sein Hoch erreicht hat, habe ich mich weit aus dem Fenster gelehnt und gesagt, damit sei für den Dow und alle Averages das Ende der Fahnenstange in Sicht. Bei 5 180 habe ich Short-Positionen glattgestellt und auf den Anstieg gesetzt, doch nur auf 5 600. Mit 6 500 habe ich nicht gerechnet, also habe ich mich im August korrigiert und gesagt, der Dow könnte ein geringfügig höheres New-High anvisieren. Rückblickend ist mir klar, was hier schiefgegangen ist. Es hat keine Divergenzen gegeben. Es ist im gesamten 20. Jahrhundert nur zwei- oder dreimal vorgekommen, daß der Markt einen Gipfel überwunden hat, ohne daß es zu Divergenzen kam. Aber ich hatte so viele pessimistische Charts betrachtet, daß ich dachte: „So muß es sein." Ich habe einfach den Umstand vernachlässigt, daß es aller Wahrscheinlichkeit nach zu Divergenzen kommen müßte. Deshalb fühle ich mich bei diesem zweiten Anstieg viel wohler, bei dem sich ein Doppeltop abzeichnet. Das stimmt mit der klassischen Divergenz-Theorie überein. Früher habe ich darüber Tagebuch geführt, welche Fehler mir wohl unterlaufen sind. Ich denke, jeder sollte solche Dinge festhalten, weil man bald ein bestimmtes Verhaltensmuster erkennen kann. Jeder geht nach einem bestimmten Schema vor. Das Verhaltensmuster mancher Leute ist, daß sie Gewinne zu schnell mitnehmen. Andere nehmen nie Verluste mit. Sie werden Ihr Verhaltensmuster erkennen und lernen, damit umzugehen. Wenn jemand seine technische Analyse beherrscht und immer noch größere Verluste macht, liegt das 100%ig am Charakter. Dann muß man nur noch herausfinden, welches Fehlverhalten daran schuld ist, denn das kann man abstellen. Manchmal sagt man rückblickend: Stünde ich noch einmal vor der Wahl, würde ich es ganz genauso machen. Es war die perfekte Gelegenheit, hat aber einfach nicht geklappt. In diesem Fall würde ich die Angelegenheit einfach abhaken. Das gehört nun einmal zum Geschäft.

Haben Sie Lieblingssprüche?

„Der Ticker sagt alles“ und „Setze nicht auf jedes Pferd“. Oft höre ich die Leute sagen: „Diesmal hat der Markt nicht recht.“ Darauf antworte ich stets: „Der Markt hat immer recht. Der Markt ist die ultimative Wahrheit. Wir haben unrecht.“ Außerdem sage ich gern: „Leerverkaufen ist keine nationale Schande.“ Ich finde, jeder sollte sich damit anfreunden. Die Abneigung gegen die Baissespekulation ist nichts anderes als kaufe man sich ein Auto ohne Rückwärtsgang.

KAPITEL XVI

NEWTON ZINDER

Ursprünglich wollte Newton Zinder Arzt werden, doch der Zweite Weltkrieg durchkreuzte seine Pläne. Aus Patriotismus ließ er sich von einem Vorbereitungskurs aufs Medizinstudium befreien und ging zur Marine. Als er aus dem Krieg zurückkehrte, waren die medizinischen Fakultäten überfüllt, und die Bewerber standen Schlange. Er wurde abgelehnt. Wie er selbst sagt, ließ er sich dann „eine Weile treiben", bevor er sein Interesse an den Finanzmärkten entdeckte. Um sich den nötigen finanzwirtschaftlichen Hintergrund anzueignen, belegte er Abendkurse in Wirtschaftswissenschaften, Buchführung und Geldanlage.

1953 besuchte Newton Zinder noch immer seine Abendkurse, als er eine Stelle als fundamentaler Analyst bekam. Die nächsten acht Jahre seines beruflichen Werdegangs befaßte er sich ausschließlich mit der Analyse der Fundamentals. 1960 wechselte er als fundamentaler Analyst zu E. F. Hutton. Joe Granville deckte damals dort den technischen Bereich ab und hatte ein recht ungezügeltes Temperament; ab und an rannte er bei E. F. Hutton durch die Gänge und brüllte: „Großer Ausbruch, großer Ausbruch!" Ungeachtet seiner exzentrischen Anwandlungen war Granville ein Meister der technischen Analyse und leistete wertvolle Beiträge zu ihrer Weiterentwicklung, darunter unter anderem sein erstes Buch ***A Strategy of Daily Stock Market Timing for Maximum Profits***. Nachdem ihre Schreibtische nahe beieinander standen, schloß der gesellige Granville Freundschaft mit Newton Zinder und ließ ihn an seiner technischen Arbeit teilhaben. Er schrieb für E. F. Hutton einen technisch ausgerichteten Börsenbrief auf Tagesbasis. Im Sommer 1962 ging Granville in Urlaub. Robert Stovall, der seinerzeit die Research-Abteilung leitete, war aufgefallen, daß Granville Zinder ein paar fachliche „Tricks und Kniffe" beigebracht hatte. Da die täglichen Börsenbriefe auch weiterhin erscheinen sollten, wurde Zinder gebeten, diese Aufgabe während Granvilles zweiwöchiger Abwesenheit zu übernehmen. Er zögerte, denn für ihn war es „verrückt", Marktprognosen auf Tagesbasis zu erstellen, doch seine Loyalität zur Firma war größer als seine Skepsis. Im Jahr darauf ging Granville wieder zwei Wochen in Urlaub, und wieder mußte Zinder stellvertretend als technischer Analyst fungieren. Am Tag seiner Rückkehr kündigte Granville. So fand sich Zinder mehr oder weniger unfreiwillig auf dessen Posten wieder und wurde über Nacht vom fundamentalen zum technischen Analysten. Das war 1963. Bis er sich 1992 zur Ruhe setzte, ist er der technischen Analyse treu geblieben und hat jeden Tag einen Börsenbrief verfaßt.

Newton Zinder fand sich gut in die technische Analyse ein, doch aufgrund seiner Vorgeschichte ließ er die Fundamentals nie so ganz außer acht. Sein Vorgänger wäre damit nicht einverstanden gewesen. Joe Granville hielt nichts davon, Technisches und Fundamentales zu vermischen. Newton Zinder erinnert sich, daß Granville gern fragte: „Was hat der Gewinn mit den Kursen zu tun?" und die ironische Antwort umgehend nachschob: „Gar nichts."

Newton Zinder arbeitete bei E. F. Hutton von 1960 bis 1988, als die Firma von Shearson Lehman übernommen wurde. Bei Shearson blieb er dann bis zu seiner Pensionierung 1992. Während seiner technischen Laufbahn entwickelte er den saisonalen „Labor-Day-Week"-Indikator, der im ***Stock Trader's Almanac*** hoch gelobt wurde.

1987 wechselte mein Broker zu E. F. Hutton. Er wußte, wie sehr ich mich für die technische Analyse interessierte, und sammelte Zinders „interne" tägliche Börsenbriefe, die er mir dann schubweise zukommen ließ, immer 50 oder 60 Stück auf einmal. Obwohl die Informationen nicht mehr aktuell waren, hat die Lektüre von Zinders fundierten Börsenkommentaren und seinen detaillierten Beschreibungen des Marktgeschehens meine Karriere als technische Nachwuchsanalystin sehr gefördert.

Auf welche Anzeichen für Markthochs oder Markttiefs achten Sie?

Bei einem Marktboden wären hier die Marktstimmungsindikatoren zu nennen. Das könnten die Umfragen bei Anlageberatern aus ***Investor's Intelligence*** sein, die Put/Call-Ratios oder ***Market Vanes*** Umfrage bei den Aktien-Index-Futures-Tradern. Diese Indikatoren sollten allesamt einen ausgesprochen negativen Eindruck vom Markt vermitteln. Manche Beobachter halten es für ein gutes Zeichen, wenn der Umsatz relativ schwach ist und der Markt einen Abwärtstrend zeigt. Ich bin da anderer Ansicht. Bei vergleichsweise geringen Umsätzen kann man meiner Ansicht nach im Kleingeld ersticken. Schwacher Umsatz zeugt für mich in erster Linie von fehlenden Käufern. Zu jedem Zeitpunkt gibt es Aktien, die verkauft werden müssen. Möglicherweise will jemand ein Haus bauen, seine Kinder auf eine teure Schule schicken oder eine Reise machen. Gekauft werden muß dagegen nicht unbedingt zu jedem Zeitpunkt. Bei ansonsten gleichen Voraussetzungen, denke ich, gibt es grundsätzlich mehr Verkäufer als Käufer. Ist der Umsatz sehr schwach, wird der Markt wahrscheinlich nachgeben. Ich spreche nicht von schwachen Umsätzen während einer kurzfristigen Korrektur in einem Aufwärtstrend. Dann wäre eine Umsatzschwäche kein Thema, doch in einer Baissephase oder bei einer offensichtlich mittelfristigen Korrektur ist schwacher Umsatz kein optimistisches Zeichen. Erst, wenn das Volumen wieder zunimmt, könnte das Ende der Talfahrt in Sicht sein, denn eine Umsatzsteigerung weist möglicherweise darauf hin, daß endlich wieder Käufer auf der Bildfläche erscheinen. Das wäre dann ein Hinweis auf Bodenbildung. Um einen Kurssturz abzufangen, braucht man Käufer. Nimmt der Umsatz bei einem Kurssturz zu, bedeutet das oft, daß dieser seinem Ende zu geht. Das wäre das zweite Anzeichen, auf das ich achten würde.

Können schwache Umsätze nicht auch ein Zeichen für Gleichgültigkeit oder Unentschlossenheit sein?

Beides wäre möglich, doch Gleichgültigkeit erhöht ebenfalls die Gefahr, daß eine Aktie durch ihr Eigengewicht nach unten gedrückt wird. Ich spreche hier von einem Markt, der sich offensichtlich im Abwärtstrend befindet. In dieser Situation könnte ich schwache Umsätze nicht bullish oder positiv deuten. Manche Leute sagen: „Der Markt tendierte heute schwach, doch das lag an den geringen Umsätzen.“ Fällt eine Aktie, kann man damit Geld verlieren, ob der Umsatz hoch oder niedrig war. Gibt der Markt nach, und es erreichen immer weniger Aktien New-Lows, wäre das ein Anzeichen für einen bevorstehenden Boden. Die Averages erreichen vielleicht niedrigere Tiefstwerte, doch immer mehr einzelne Aktien halten sich oberhalb der vorangegangenen Tiefs. Ein weiteres Anzeichen wären schlechte Nachrichten, die den Markt nicht mehr weiter zum Abrutschen bringen. Man muß daran denken, daß Böden nicht als Gegenstück zu Tops zu verstehen sind. Ist der Umsatz lebhaft, und die Aktie oder der Markt kommt nicht vom Fleck, heißt das, Käufer und Verkäufer sind im Gleichgewicht. Starke Umsätze und das Ausbleiben einer weiteren Aufwärtsbewegung ist ein Anzeichen für ein Top. In der Marktstimmung zeigt sich das als extremer Optimismus. Die breite Masse glaubt, der Markt müsse noch weiter anziehen, und das schlägt sich in Put/Call-Ratios, Umfragen bei Beratungsdiensten, ***Market Vane*** und anderen Marktstimmungsindikatoren nieder.

Worin unterscheiden sich Tops und Böden?

Ein Boden bildet sich normalerweise eher abrupt. Er ist selten besonders ausgedehnt, und der erste Anstieg danach kann sehr drastisch ausfallen. Tops dagegen ziehen sich mehr in die Länge. Ein Top dauert nicht nur wenige Tage. Meist hält es ein paar Monate an, manchmal sogar noch länger. Ein weiteres Anzeichen für Tops oder Böden wäre das Ausbleiben von Bestätigungen jeglicher Art. Bei potentiellen Böden erreichen manche Averages tiefere Tiefs, während andere oberhalb vorangegangener Tiefs abgefangen werden. Vorsicht hier bei der Marktbreite, denn es ist wahrscheinlich, daß die kumulative Marktbreite ein tieferes Tief erreicht, nachdem die meisten Averages ihren Tiefpunkt bereits hinter sich haben. Andererseits wird die kumulative Marktbreite ihren Höhepunkt mit einigem Vorsprung auf die Averages erreichen. In der technischen Analyse geht es nicht nur um den Dow Jones Industrial Average, den viele Leute und auch die Medien gerne mit „dem Markt" gleichsetzen. Man hört: „Der Markt hat um 21 Punkte zugelegt." Das heißt dann, der Dow hat 21 Punkte zugelegt, und oft sind für den Anstieg um 21 Punkte nur drei oder vier Aktien verantwortlich. Wenn der Großteil des Marktes verhält oder abwärts tendiert, ist das sicher ein Warnzeichen. Ich achte dabei besonders auf die Technologiewerte, da sich dort schwerpunktmäßig Trader engagieren. Diese Werte zeigen viel Volatilität. Sie sind schnell ge- und verkauft. Machen sie eine gute Figur, halte ich das für ein positives Zeichen für den Markt. Tun sie es nicht, ist das für mich ein schlechtes Omen. Auf allgemeiner langfristiger Basis ist der Dow ein gutes Indiz für das Marktgeschehen. Auf sehr kurzfristiger Basis kann er irreführend sein. Manchmal gibt es Indizien für bestimmte Branchen. Versorgungswerte etwa bilden ihre Tops meist vor dem Markt aus, ihre Tiefs dagegen verzögert. Das gilt auch für viele andere Aktien, für Finanzwerte etwa, die zur Kategorie der zinsreagiblen Werte gehören. Sie bewegen sich meist mit Vorsprung auf dem Markt. In den letzten Jahrzehnten hatten die Zinsen so starke Auswirkungen auf die Börse, daß diese Aktien oft auf Veränderungen bei den Zinsen oder auf die Richtung bevorstehender Veränderungen hinwiesen.

Bewegen sich nach Ihrer langjährigen Erfahrung bei der Beobachtung der Märkte Bonds und Versorgungswerte mehr oder weniger gemeinsam?

Versorgungswerte reagieren meist vor Bonds. Zeigen sich die Versorgungswerte stark, wäre das ein Indiz dafür, daß die Zinsen möglicherweise nicht weiter steigen, sondern vielleicht sogar sinken werden, was wiederum für einen Aufschwung bei Bonds spricht. Aktien sind ein führender Indikator und Bonds eher ein synchroner oder verzögert reagierender. Auf Tagesbasis läßt sich eindeutig ein starker Einfluß des Bondmarktes auf Aktien feststellen. Stellt man morgens fest, daß Bonds stark nachgegeben haben, ist mit einer schwächeren Eröffnung bei Aktien zu rechnen.

Der DJIA macht einen deutlichen Sprung nach oben, den er noch am gleichen Tag wieder korrigiert. Wie können Sie dann wissen, ob dieses Muster nur eine kurzfristige Korrektur oder der Beginn einer Baisse ist?

Das kann man so nicht sagen. Der erste Kurssturz in einer Baisse wirkt immer wie eine normale Korrektur im Zuge einer Hausse. Nehmen wir an, es ist am Vortag zu einem Hoch gekommen, und heute folgt ein Einbruch. Er sieht aus wie die erste Korrektur, doch das Top wird vielleicht nicht wieder erreicht. Der erste Kurssprung nach einem Tief wird immer wie ein Anstieg wirken, der möglicherweise nicht von Dauer ist, doch solche Tiefen werden auch nicht mehr erreicht. Wie ich schon sagte, ziehen sich Tops mehr in die Länge, so daß die Formation breiter wird. Ich möchte noch darauf hinweisen, daß Entwicklungen, die früher zwei Monate in Anspruch nahmen, heute in zwei Stunden stattfinden. Die Zyklen werden immer komprimierter.

In Ihrem täglichen Börsenbrief haben Sie verschiedentlich angesprochen, daß Märkte emotional reagieren. Was zeichnet emotionale Bewegungen aus?

Normalerweise sind sie von großer Volatilität. Sehr oft gibt es drastische Bewegungen in verschiedene Richtungen innerhalb kürzester Zeit, die dann als Indiz für eine Richtungsänderung des gesamten Marktes zu werten sind. Am 16. Juli 1996 war es so. Meiner Ansicht nach waren die extremen Ausschläge, die bereits früh am Tag auftraten – steil nach unten, nach oben, wieder nach unten, wieder nach oben –, ein Indiz dafür, daß die Abwärtsbewegung, die ein paar Wochen zuvor eingesetzt hatte, dem Ende zu ging. Eine Woche später wurde das Tief auf die Probe gestellt, das mich, um ehrlich zu sein, zu diesem Zeitpunkt an der Nase herumführte, weil ich damit so schnell nicht gerechnet hatte. Vermutlich wäre ich in eine Schaukelbewegung geraten. Ich hatte angenommen, der Markt würde anziehen, sich ein paar Wochen lang behaupten und dann allmählich wieder nachgeben, doch bereits eine Woche später kam der erneute Vorstoß nach unten, und ich konnte es gar nicht glauben. Im nachhinein muß ich sagen, ich war naiv, denn nach dem Test Ende Juli kam es ja zu einem starken Kurssprung. Den ganzen Tag über herrschte lebhafter Umsatz, was für eine große Schlacht zwischen Käufern und Verkäufern sprach, die die Käufer gewannen. Haken und Ösen gibt es immer. Wir haben es hier ja mit einer Kunst zu tun, nicht mit einer exakten Wissenschaft. Man muß flexibel sein. Ein weiteres Beispiel für eine emotionale Reaktion war die Reaktion von Tabakaktien auf einen jüngsten Richterspruch. Ich dachte, sie würden sich bald wieder erholen, doch das taten sie nicht. Im Gegenteil, sie erreichten immer neue Rekordtiefs. Dieses Urteil hatte eine andere Qualität als die Hinweise, daß Zigaretten schädlich sind. Es ging da um die Suchtgefahr, über die die Hersteller Bescheid wußten, ihre Kunden jedoch nicht davor gewarnt hatten. Manchmal ist eine emotionale Reaktion die realistischere.

Ist es nicht typisch, daß die Dow-Werte Markttiefs als erste und Markthochs als letzte verlassen?

Ja, Aktien von soliden Großunternehmen reagieren oft mit Vorsprung. Dorthin wendet sich das Publikum in einem Markttief oder bereits in der Nähe eines solchen, weil es noch nervös ist. Man will sich wieder an der Börse engagieren, doch Zweit- oder Drittmarkttitel werden jetzt sicher nicht gekauft.

Wie interpretieren Sie größere Bewegungen nach oben oder unten zum Ende des Börsentages hin?

Zunächst muß man wissen, was dahintersteckt. Wurden Nachrichten oder Gewinne veröffentlicht, oder hat sich ein Maklerhaus bullish oder bearish geäußert? Ich habe festgestellt, daß Marktbewegungen heute viel stärker dem Zufall unterliegen als noch vor zwanzig oder dreißig Jahren. Für manche technischen Analytiker ist das Ketzerei. Meiner Erfahrung nach kommt es manchmal zu ausgesprochen kräftigen Bewegungen in der letzten halben Stunde oder Stunde, die in keinerlei Zusammenhang mit den Geschehnissen des folgenden Tages stehen. Von den 60er Jahren bis weit in die 80er Jahre hinein hatte ich den berechtigten Eindruck, daß ein starker Schluß am Vortag oft eine starke Eröffnung am nächsten Tag nach sich zog. War der Schluß schwach, war die Wahrscheinlichkeit groß, daß es am Folgetag zumindest anfangs weiter bergab gehen würde. Das ist heute anders. Es kommt vor, daß der Dow in der letzten halben Stunde des Börsentages noch 30 Punkte zulegt. Man könnte meinen: „Donnerwetter, toller Schluß, die Eröffnung morgen sollte vielversprechend sein.“ Vergessen Sie es. Heutzutage heißt das nicht mehr viel.

Was ist der Grund dafür?

Dafür gibt es mehrere Gründe. Einer ist, daß zum Tagesschluß hin sehr viel Futures- und Options-Trading stattfindet, das sehr spät noch unverhältnismäßig starke Auswirkungen zeigt. Zum anderen ist der Markt heute ganz anders strukturiert als vor dreißig Jahren. Damals gab es nur die NYSE. Schloß sie, waren keine Transaktionen mehr möglich, bis sie wieder eröffnete. Heute sage ich gern: „Markt ist rund um die Uhr und rund um die Welt.“ Erst kürzlich konnte man beobachten, wie Aktien auf dem Drittmarkt noch große Sprünge machen, wenn die New Yorker Börse bereits geschlossen hat. Dann wird eben in Japan gehandelt. Bond-Futures werden in Chicago die ganze Nacht über gehandelt. Die Londoner Börse, an der viele US-Werte notieren, eröffnet früh am nächsten Morgen – lange vor New York. Trading findet quasi rund um die Uhr statt, so daß sich die potentiellen Auswirkungen eines starken oder schwachen Schlusses in New York am Folgetag nicht mehr so bemerkbar machen. Zum Ende meiner Laufbahn hin mußte ich feststellen, daß das Schreiben über die Börse auf Tagesbasis vergebliche Liebesmühe ist. Mein erster Handgriff um 6.00 Uhr morgens war das Einschalten des Radios, um zu hören, wie der Dollar in Europa gehandelt wurde, wie US-Aktien und wie Bonds in Europa gehandelt wurden, weil dadurch die Eröffnung unseres Marktes viel stärker beeinflußt wird als vom Schluß des Vortags.

Also messen Sie den Vorgängen der letzten Stunde oder der letzten halben Stunde nicht allzuviel Bedeutung bei?

Nein. Betrachten wir noch einmal das ausgeprägte Auf und Ab am 16. Juli. Diese Art von Bewegung, besonders bei einem starken Schluß nach einem steilen Sturz im Lauf des Tages, sollte am nächsten Tag Auswirkungen zeigen. Das ist aber eher ein Sonderfall. Befindet sich der Markt in einer normalen Handelsspanne, dann ist ein starker oder schwacher Schluß nicht unbedingt ein aussagekräftiges Indiz dafür, was wohl am nächsten Tag passieren wird.

Sind Tage mit viel Auf und Ab nicht auch ein Zeichen für eine Richtungsänderung im Trend?

Ja, für eine kurzfristige Trendwende.

Achten Sie darauf, wie der Markt auf Nachrichten reagiert?

Ja, doch es sind in jedem Zyklus andere Nachrichten relevant. Ich weiß noch, wie wir Donnerstag nachmittags immer auf Kohlen saßen, wenn die Geldmengenzahlen veröffentlicht wurden. Heute wissen die meisten Investoren gar nicht mehr, was die Geldmenge ist. Statt dessen machen wir uns Gedanken um eine Konferenz der Fed oder darüber, ob der Produzentenpreis-Index oder der Verbraucherpreis-Index um 0,1 % höher oder tiefer liegt, als prognostiziert war. Reaktionen auf Nachrichten sind sicher von Bedeutung. Wie Sie wissen, hat die Fed kürzlich die Zinssätze auf ihrem alten Stand belassen. Mancher wunderte sich: „Das waren doch gute Nachrichten gestern, aber der Markt hat kaum reagiert.“ Nun, auch der letzte wußte doch bereits, daß die Fed die Zinsen nicht antasten würde. Das war die ganz offensichtliche Erwartung, die sich bereits am Markt niedergeschlagen hatte. Der Markt reagiert, wenn etwas passiert, das den Erwartungen zuwiderläuft. Alle waren der Überzeugung, daß die Fed die Zinssätze nicht verändern würde. Hätte sie die Zinsen gesenkt oder angehoben, dann wäre das eine Überraschung gewesen. Es war naiv zu erwarten, daß der Markt zulegen würde, weil die Fed die Zinsen nicht änderte. Der Gedanke war deshalb so lächerlich, weil ja alle damit gerechnet haben, daß die Fed hinsichtlich der Zinsen nichts unternehmen würde.

Hat eine Nachricht bereits die Runde gemacht, ist sie für Sie nicht mehr interessant?

Nein. In erster Linie geht es doch darum, was der Markt erwartet. Ändern sich die Erwartungen, hat das Auswirkungen auf den Markt. Nehmen wir beispielsweise an, die Fed hätte die Zinsen gestern angehoben, doch der Markt wäre nicht eingebrochen. Das wäre ein äußerst optimistisches Zeichen. Dieses Beispiel macht deutlich, wie Nachrichten einen Eindruck vom Innenleben des Marktes vermitteln können.

Dasselbe gilt für überraschende Gewinnmitteilungen. Reagieren Aktien auf Gewinneinbußen mit gleichbleibenden oder steigenden Kursen, ist das ein optimistisches Zeichen.

Entweder das, oder die schlechte Nachricht hat sich bereits im Kurs niedergeschlagen.

Welche Zusammenhänge erkennen Sie zwischen Dollar und Aktienmarkt?

Ein starker Dollar wird auf Unternehmen vom Dow Jones-Typ Einfluß haben, die multinational tätig sind. Ist der Dollar relativ stark, könnte das die Gewinne drücken. Ein starker Dollar könnte auch darauf hinweisen, daß die Leute mit steigenden Zinsen rechnen, was wiederum Auswirkungen haben könnte. Er ist ein Faktor, den es zu berücksichtigen gilt.

Wie beurteilen Sie die Beziehung zwischen US-Märkten und ausländischen Märkten?

Höre ich, daß sich der britische Markt ohne ersichtlichen Grund sehr stark präsentiert – ohne daß in London die Zinssätze verändert wurden oder dergleichen –, dann wird eine solche Entwicklung wohl früh am Tag auch bei uns einsetzen. Doch man kann dabei nie sicher sein, ob der britische Markt so stark ist, weil er unsere Entwicklung vom Vortag nachvollzieht, oder ob wir seine Entwicklung nachvollziehen werden, wenn unser Markt eröffnet.

Zwar gibt es verschiedene Auslegungen zur ursprünglichen Dow-Theorie, doch viele Leute halten bis heute daran fest, daß die Dow-Verkehrswerte die Dow-Industriewerte bestätigen müssen und umgekehrt. Ist das immer noch eine Grundbedingung?

Als Autor eines täglichen Börsenbriefes mußte ich mich auf die sehr kurzfristigen Trends konzentrieren, und die Dow-Theorie ist nicht auf kurzfristiges Arbeiten ausgerichtet. Sie ist eher auf längerfristige Trends anwendbar. Ein entsprechendes Signal bekommt man vielleicht, wenn der Dow bereits um 400 Punkte gefallen ist. Sie mögen fragen: „Wozu soll das gut sein, ein Signal für eine Baisse zu bekommen, wenn sie schon längst eingesetzt hat?“ Soweit es mich betrifft, hat die Dow-Theorie immer weniger Gültigkeit. Außerdem hat sich ja auch der Markt in den letzten 25 Jahren verändert. Er ist viel weniger homogen als damals. Heute kann man nahezu gleichzeitig Aktien und Branchen in Baissephasen und Aktien und Branchen in Haussephasen erleben. In der Vergangenheit gab es anhaltende, umfassende Markttrends, die es heute nicht mehr in der Form gibt. Volatilität und Divergenzen haben zugenommen.

Was ist Ihr bevorzugter Maßstab für das Momentum?

Hier gibt es viele Möglichkeiten, doch ich verwende im Grunde drei: die 10-Tages-Advance/Decline-Zahlen, das 10-Tages-Volumen gestiegener Werte im Verhältnis zum 10-Tages-Volumen gefallener Werte, das sogenannte On-Balance-Volume, und den 10-Tages-Trading (ARMS)-Index. Momentum-Indikatoren erreichen ihre Höchstwerte meist vor einem Kurstop und ihre Tiefstwerte vor einem Kurstief.

Ihre Beschreibung des On-Balance-Volume klingt etwas anders als die Urfassung von Joe Granville.

Sie ist eine Art Weiterentwicklung. Joe hat primär mit einzelnen Aktien gearbeitet, ich lege den Markt als Ganzes zugrunde. Sie addieren das Volumen der gestiegenen Werte der letzten zehn Tage und ziehen davon die Summe des Volumens der gefallenen Werte der letzten zehn Tage ab. Sie erhalten dann eine Zahl, sagen wir 322 Millionen. Diese Zahl zeichne ich in einen Chart ein. Es ergeben sich Tops und Tiefs, Gipfel und Böden im Momentum. Ein niedrigeres Hoch beim Momentum bei einem höheren Hoch bei den Averages könnte ein Anzeichen für ein nachlassendes Momentum sein. Ich habe jedoch festgestellt, daß Umsatzindikatoren heutzutage weniger zuverlässig sind. Meiner Ansicht nach unterliegen die Umsatzzahlen Verzerrungen durch Doppelanrechnung. Im NASDAQ-Handel kommt es sicher zur Doppelanrechnung.

Was meinen Sie mit Doppelanrechnung?

Nehmen wir an, Sie wollen an der NYSE 1 000 Chrysler-Aktien billigst kaufen und plazieren Ihre Order im selben Augenblick, in dem ich eine Bestensverkaufsorder für 1 000 Chrysler-Aktien plaziere. Unsere Orders werden auf dem Parkett zusammengeführt, und 1 000 Chrysler-Aktien gehen über den Ticker. Das heißt, 1 000 Aktien, die einen Teil des gesamten Tagesumsatzes von Chrysler ausmachen. Nehmen wir weiter an, Sie wollen 1 000 Amgen-Aktien kaufen, eine OTC-Aktie, und ich beschließe, 1 000 Aktien zu verkaufen. Ihre 1 000 Aktien werden von Ihrem Broker verkauft, vielleicht über einen Händler, der ein Marktmacher für Amgen ist. 1 000 Aktien werden registriert. Meine Verkaufsorder geht ebenfalls an einen Händler, der sie ausführen wird. Wieder werden 1 000 Aktien registriert. Das sind dann also zwei separate Trades von 1 000 Aktien, die zusammen 2 000 Aktien des Gesamtumsatzes von Amgen am entsprechenden Tag ausmachen. Wenn Sie sehen, daß der NASDAQ-Umsatz soviel mehr ausmacht als der Umsatz an der NYSE, sollten Sie in Zukunft immer daran denken, daß hier oft doppelt angerechnet wird. Vielen ist das nicht bewußt, und folglich schließen sie von den im Vergleich zur NYSE gestiegenen NASDAQ-Umsätzen auf hohe spekulative Aktivität. In Anbetracht der Tatsache, daß der NASDAQ-Markt größer ist als die NYSE und daß dort viel mehr Aktien gehandelt werden, ist der Umsatz aber gar nicht mehr soviel größer, wenn man die Doppelanrechnung berücksichtigt. Vielleicht ist er in Wirklichkeit sogar geringer.

Betrachten Sie das On-Balance-Volume für Indizes und einzelne Aktien?

Ich verwende es für die NYSE. Manche berücksichtigen das NASDAQ-OBV. Das mache ich nicht, weil ich genügend andere Dinge verfolgen muß. Für einzelne Aktien setze ich es nicht ein. Das ist, wie ich schon sagte, Joe Granvilles Variante.

Welche Berechnungen stellen Sie in bezug auf die Marktbreite an?

Ich verfolge die kumulativen 10-Tages-Werte der täglichen A/D-Statistik und erfasse sie in einem Chart. Bei Trendline finden Sie die A/D-Linie unterhalb der Averages auf den Charts. Ich verfolge auch die wöchentlichen A/D-Zahlen, doch nicht so gründlich wie die täglichen. Meiner Erfahrung nach sind die Tageswerte eher kopflastig, die Wochenwerte eher fußlastig. Ich konzentriere mich hier mehr auf die Tageswerte, da ich mich immer mit sehr kurzfristigen Trends beschäftigt habe.

Die Marktbreite wird ihren Höchstwert normalerweise vor den Averages erreichen, doch wie lange vorher, ist schwer zu sagen. Es könnten zwei, es könnten auch sechs Monate sein. Nehmen wir zum Beispiel an, der Markt hat zugelegt und die 10-Tages-Zahlen für die Marktbreite liegen bei +4 000 gestiegenen Werten. Also sind über die letzten zehn Tage 4 000 Aktien mehr gestiegen, als gefallen sind. Dann reagiert der Markt mit einem erneuten Aufschwung. Vielleicht kommt es zu einem höheren Hoch bei den Averages, und das Momentum, auf 10 Tage berechnet, steigt trotzdem nicht über, sagen wir, +3 000. Dann wissen Sie, daß dieser letzte Anstieg, obwohl bei den Averages ein neuer Gipfel erklommen wurde, nur von weitem gut aussieht, denn das Momentum nach oben hat abgenommen – ein Warnzeichen dafür, daß die Aufwärtsbewegung ermüdet. In Abwärtsrichtung gilt das umgekehrt. Ein weiterer Momentum-Indikator ist der ARMS-Indikator. Er ist eigentlich eine Ratio zweier Ratios – gestiegene Werte durch gefallene Werte geteilt durch das Volumen gestiegener Werte durch das Volumen gefallener Werte. Er ist geeignet zur Definition von überkauften und überverkauften Bereichen. Fällt er unter 0,80, gilt der Markt als überkauft. Liegt er oberhalb von 1,20, gilt der Markt als überverkauft. Der Bereich dazwischen ist neutral. Auch das kann man auf einen Chart übertragen und die Herausbildung von kleinen Trends beobachten.

In Ihrem Börsenbrief haben Sie einmal geschrieben, wenn die Marktbreite auf 10-Tages-Basis nicht überkauft signalisiert, der ARMS-Index dagegen schon, dann heißt das, daß das Volumen der steigenden Aktien sich auf eine sehr geringe Aktienbasis stützt.

Ja. Das kommt zwar nicht oft vor, doch es ist ein aufschlußreicher Hinweis.

Ich erinnere mich, in einem Ihrer Börsenbriefe gelesen zu haben, daß es ein Zeichen für Stärke ist, wenn der Markt Überkauft-Signale ohne Kurskorrektur neutralisieren kann.

Das ist richtig. Die Neutralisierung eines Überkauft-Signals ohne einen nennenswerten Kursrückgang spricht dafür, daß der Markt sich im Grunde seitwärts bewegt. Das wiederum signalisiert eine weitere Erholung, sobald der überkaufte Zustand neutralisiert ist. Hier paßt mein Ausspruch: „Die Bären haben den überkauften Zustand neutralisiert, doch nichts davon gehabt.“ Der Markt war dann nicht länger im überkauften Bereich und tendierte weiter aufwärts. Jede Korrektur im überkauften Bereich bietet eine weitere Kaufgelegenheit. Für die Überverkauft-Seite gilt das analog.

Könnte man es dem Markt oder einer einzelnen Aktie als Schwäche auslegen, wenn sie auf einen Einbruch hin den Überverkauft-Bereich mit einer Seitwärtsbewegung verließe?

Ja. Kommt es nach einer stark überverkauften Phase nicht zu einem Kursanstieg, sondern der Überverkauft-Bereich wird mit einer Seitwärtsbewegung neutralisiert, heißt das, ein weiterer Rückgang steht bevor. Das bringt mich zum nächsten Punkt. Wurde ein Überkauft-Zustand neutralisiert, und der Markt legt wieder zu, zeigt sich jedoch nicht mehr so stark überkauft wie vorher, so ist das ein Zeichen für Gipfelbildung beim Momentum. Das Momentum erreicht seine Höchstwerte meist vor den Kursen. Der Gipfel des zweiten Anstiegs liegt möglicherweise höher als der Gipfel des ersten, doch wenn der Markt sich nicht genauso überkauft präsentiert wie beim ersten Mal, wäre das ein Zeichen dafür, daß die Aufwärtsbewegung allmählich an Schwungkraft verliert. Für Überverkauft gilt das entsprechend. Auch wenn die Averages oder der Markt tiefere Tiefs erreichen, spricht es oft für ein nachlassendes Momentum der Abwärtsbewegung, wenn sich der Markt beim zweiten Rückgang nicht so überverkauft zeigt wie beim ersten.

Achten Sie auf die Veränderungen beim durchschnittlichen Tagesumsatz der NYSE?

Eigentlich nicht. Der Umsatz befindet sich gerade im einem sehr langfristigen Aufwärtstrend. Umsatz sagt viel aus für einzelne Aktien. Die Veränderung eines bestehenden Umsatzmusters zieht häufig eine Kursänderung nach sich. Nehmen wir an, von einer Aktie werden jeden Tag etwa 100 000 Stück gehandelt und der Kurs bleibt mehr oder weniger stabil. Plötzlich gehen mehrere Tage lang 500 000 Stück davon über den Tisch, und der Kurs reagiert immer noch nicht. Das könnte eine bevorstehende Veränderung ankündigen. Wir haben bereits festgestellt, daß diese Überlegungen für einzelne Aktien fruchtbarer sind als für den Markt als Ganzen. Dabei sind auch saisonale Faktoren zu berücksichtigen. Der August als Hauptferienmonat ist üblicherweise umsatzschwach. Praktisch ganz Europa macht im August Urlaub, so daß von daher sehr wenig Trading zu erwarten ist.

Gibt es – was saisonale Einflüsse angeht – bestimmte Zeitabschnitte, die sich Ihrer Erfahrung nach vergleichsweise stärker oder schwächer zeigen?

Früher hat man sich mehr mit saisonalen Einflüssen auseinandergesetzt. Meines Erachtens haben sie heute nicht mehr den gleichen Stellenwert. So galt es lange als ungeschriebenes Gesetz, daß der Markt vor einem langen Wochenende deutlich zulegte. Heute ist das meiner Ansicht nach in dem Ausmaß nicht mehr so. Es gab auch bestimmte Tage, die sich regelmäßig besonders gut behauptet zeigten, die beiden Tage vor Karfreitag zum Beispiel. Ein anderes Beispiel ist der Tag nach Thanksgiving, der Brücken-Freitag zwischen dem Feiertag und dem Wochenende. An diesem Tag sind viele Marktteilnehmer nicht präsent, und das Angebot wird knapp. Der Markt macht an diesem Tag bei schwachen Umsätzen traditionell eine gute Figur, doch das hat weiter keine Bedeutung. In der Folgewoche kam dann oft der Rückgang. Ein weiteres Beispiel ist, daß sich der Markt am zweiten oder dritten Börsentag im neuen Jahr oft stärker zeigte als am Tag vor Weihnachten, obwohl die Tage zwischen den Jahren eher schwach waren. Des weiteren habe ich eine Prognoseformation für die Labor-Day-Woche entdeckt, die im ***Stock Trader's Almanac*** besprochen wurde. Zeigte sich der Dow in der 4-Tages-Woche nach dem Labor Day schwach, ist die Wahrscheinlichkeit hoch, daß der Folgemonat niedrigere Kurse bringt. Zwischendurch konnten sich dabei natürlich auch höhere Werte ergeben. Zeigte sich der Dow in der Labor-Day-Woche stark, tendierte er einen Monat später oft noch stärker, wobei es zwischendurch auch tiefere Werte geben konnte. Es gibt da eine Fülle statistischer Werte, und man stellt fest, daß es in sechzehn von zwanzig Fällen erwartungsgemäß abläuft – an sich keine schlechte Erfolgsbilanz –, doch das ist ein schwacher Trost, wenn es eben mal nicht so ist.

Welche Monate sind die schwächsten, welche die stärksten?

Ende der 70er Jahre sowie 1987 ist es im Oktober zu dramatischen Kursstürzen gekommen, so daß dieser Monat von vielen mit Mißtrauen erwartet wird. Historisch betrachtet, hat er aber gar keine so schlimme Bilanz. Der Markt floriert normalerweise im Winter und im Sommer mehr als im Frühling oder im Herbst. Im Mai tendiert die Börse eher schwach, doch rückblickend war der Mai auch oft Endpunkt einer Baisse oder eines mittelfristigen Abwärtstrends. Über den Mai hat ein Analyst einmal gesagt: „Wenn in der Natur die Knospen aufgehen, welkt der Markt dahin." September, Oktober und Mai sind die eher kritischen Monate. Es gibt statistische Erhebungen darüber, daß die Börse zwischen Parteitagen und Wahlen oft aufwärts tendiert. Sollte das für dieses Jahr nicht zutreffen, wird 1996 hier zu den Ausnahmen gehören.

Würden Sie uns Schritt für Schritt erläutern, wie Sie bei der Auswahl einer Aktie vorgehen?

Zunächst muß man die fragliche Aktie in Bezug setzen zum Börsenumfeld an einem bestimmten Zeitpunkt. Befindet sich der Markt in einer Handelsspanne, und man wartet auf einen Ausbruch, ist die Bewegung oft schon größtenteils vorbei, und es kommt nicht mehr viel nach. Das bedeutet, daß Ausbrüche oder Einbrüche in diesem Fall nicht so relevant sind. Kauft man eine Aktie, die sich in einer Handelsspanne befindet, ist es wohl besser, im unteren Bereich ihrer spezifischen Spanne zuzugreifen und beim absoluten Tiefstwert oder sogar noch etwas darunter einen schützenden Stop zu plazieren. Das gilt normalerweise für einen Markt in einer Handelsspanne. Gibt es dagegen einen Trend, der, unterbrochen von kleinen Rücksetzern, in eine Richtung führt, sind Ausbrüche meiner Ansicht nach von größerer Bedeutung und ziehen Anschlußbewegungen nach sich. Bei einem Ausbruch müßte der Kurssprung mehr als 1/8 Punkt betragen. Ein alter Hase hat mir einmal gesagt: „Vorsicht bei einem New-High um 1/8 Punkt.“ Das ist nämlich oft ein schlechtes Omen. Außerdem muß man die Aktie auch in Bezug setzen zu der Branche, aus der sie stammt. Ich würde eher einen schwachen Wert aus einer starken Branche kaufen als einen starken Wert aus einer schwachen Branche, denn meistens zeigt sich, daß die Branche letztendlich Einfluß auf die Aktie hat. Betrachte ich eine starke Branche und entdecke eine Aktie, die hinterherhinkt oder Schwäche zeigt, würde ich davon ausgehen, daß der schwache Wert in absehbarer Zeit aufholen wird. Ein starker Wert in einer schwachen Gruppe ist oft eine Anomalie, und der Branchentrend, insbesondere zur Schwäche hin, wird am Ende die Oberhand über die bei einer einzelnen Aktie zu erkennende Stärke behalten.

Lassen Sie sich bei Ihrer Entscheidung für einen Wert von Moving-Averages leiten?

Insbesondere langfristige Moving-Averages sind durchaus aussagekräftig, weil sie, zumindest anfangs, als Unterstützungs- oder Widerstandspunkte fungieren. Langfristige Moving-Averages sagen außerdem etwas zum allgemeinen Trend der Aktie aus. Wenn eine Aktie sich weit oberhalb ihres Gleitenden Durchschnitts bewegt, ist die Annahme berechtigt, daß die Aktie überkauft ist und sich zum Moving-Average hin zurückentwickeln dürfte. Das ist dann sicher kein guter Zeitpunkt zum Einsteigen. Ist dagegen eine Aktie im Abwärtstrend überverkauft und liegt weit unterhalb ihrer Moving-Average-Linie, folgt manchmal eine Reflexbewegung zum Moving-Average hin, die der Trader nutzen kann. Liegt die Aktie zu weit unter ihrem Moving-Average, ist sie normalerweise kein gutes Objekt für ein Short-Engagement mehr.

Ist es von Bedeutung, ob sich die Kurse innerhalb der Vortagesspanne bewegen – Stichwort Inside Day bzw. Outside Day?

Früher ja, doch immer weniger. Sprengt der Kurs die Vortagesspanne, ist das nur dann möglicherweise von Bedeutung, wenn eine deutliche Bewegung in die eine oder andere Richtung vorausgegangen ist. Kommt es etwa nach einem drastischen Anstieg zu einem Unterschreiten der

Vortagesspanne, haben Sie es möglicherweise mit einem kurzfristigen Top zu tun. Kommt es nach einem massiven Kursverfall zu einem Überschreiten dieser Spanne, spräche das für eine mögliche, kurzfristige Trendwende nach oben. Liegen die Werte innerhalb der Vortagesspanne, hat das keine große Relevanz. Das kommt aber selten länger als zwei Tage in Folge vor. Hält sich der Kurs bereits zwei Tage innerhalb der Vortagesspanne, sollte man versuchen, die Richtung der nachfolgenden Bewegung zu ermitteln, denn sehr wahrscheinlich wird er die Spanne am nächsten Tag verlassen. Im Futures-Trading spielt das eine größere Rolle als am Aktienmarkt.

Haben Sie sich auch schon mit Futures befaßt?

Ich habe mich für Zins-Futures und Aktienindex-Futures interessiert, doch nur insoweit, als sie meiner Ansicht nach Auswirkungen auf den Aktienmarkt zeigten. Über einen langen Zeitraum habe ich dabei Zusammenhänge zwischen Aktienindex-Futures und Bond-Futures festgestellt. Ich glaube, die Trader standen sich hier buchstäblich gegenüber und beobachteten einander. Wenn die Börse auf Zinstrends besonders empfindlich reagiert, kann man feststellen, daß jede kleine Bewegung bei den Bond-Futures geradezu verstärkt von den Aktienindex-Futures und über den Programmhandel in noch stärkerem Maß vom Aktienmarkt nachvollzogen wird.

Sie haben Gerald Loeb persönlich kennengelernt. Haben Sie etwas von seinem Anlageverhalten übernommen?

Er hielt nichts von Diversifikation. Von ihm stammt der berühmte Spruch: „Leg alle Eier in einen Korb, und dann paß gut auf ihn auf." Er glaubte nicht, daß man mit Streuung Erfolg haben konnte, da die schlechten Werte die guten neutralisieren würden. Seiner Ansicht nach konnte man nur Gewinn erzielen, wenn man auf eine oder zwei bestimmte Aktien setzte. Außerdem legte er stets Wert auf die richtigen Ausstiegspunkte. Was zahlenmäßige Verluste anging, bezeichnete sich Loeb gern als größten Verlierer bei E. F. Hutton. Bei den meisten seiner Trades fuhr er Verluste ein, doch die Trades, bei denen er Gewinn machte, waren die ganz dicken Fische. Das war sein Erfolgsgeheimnis. Hatte er morgens eine Aktie gekauft, und sie wandte sich nachmittags auch nur ansatzweise gegen ihn, stieß er sie sofort ab. Erholte sie sich zum Spätnachmittag hin, kaufte er sie womöglich sogar vor Börsenschluß wieder zurück. Er stieg beim Trading sehr oft ein und aus. Damals waren die Provisionen noch viel geringer. Die meisten seiner Kunden waren reiche Leute. Er zögerte nicht, viele kleine Verluste zu machen, um das Kapital seiner Kunden zu schützen, in der Hoffnung, daß die paar dikken Gewinne die vielen kleinen Verluste mehr als wettmachen würden. Darauf hat er immer größten Wert gelegt. Er machte unterm Strich Gewinn, weil er selten große Verluste erlitt.

Welche Investmentregel ist Ihrer Börsenerfahrung nach die wichtigste?

Die wichtigste Regel ist, daß man immer einen Ausstiegspunkt braucht. Zu wissen, wann man abspringen muß, gehört zu den heikelsten Dingen. Wenn eine Aktie Verlust macht, sagen viele: „Na ja, sie ist eben ein bißchen gefallen. Da warte ich noch etwas." Dann fällt sie noch ein bißchen, und ehe man sich versieht, ist sie um 50 % abgestürzt. Wenn ich Trainees unterrichtete, habe ich oft gefragt: „Was machen Sie mit einer Aktie, die um 50 % gefallen ist?" Sie gaben zur Antwort: „Ich warte, bis ich ohne Verlust abschließen kann, und verkaufe dann." Den Leuten ist nicht klar, daß eine Aktie nach einem Einbruch um 50 % aufs Doppelte steigen muß, damit man ohne Verlust abschließen kann. Das ist ein einfaches Rechenexempel. Also hakte ich nach: „Wenn Sie glauben, daß die Aktie aufs Doppelte ansteigen wird, warum stocken Sie dann nicht auf?" Darauf wurde erwidert: „Oh nein, ich kann doch jetzt nicht mehr davon kaufen." Das heißt nichts anderes, als daß man in seinen Investmententscheidungen lahmgelegt ist. Man muß seine Verluste begrenzen und wissen, wann man aussteigt. Futures-Trader setzen sich ständig Ausstiegspunkte. Sie müssen sehr diszipliniert vorgehen. Ein Futures-Trader hat mir einmal gesagt: „Steigen Sie nie ein, wenn Sie nicht sicher wissen, wo Sie wieder aussteigen müssen." Das ist das A und O. Man muß sich darüber klar sein, daß man sich auch mal irren kann. Auch wenn alles auf einen Anstieg hindeutet, wenn alle Indikatoren grünes Licht geben, kann der Markt aus irgendeinem Grund – oder auch ganz ohne Grund – einfach abrutschen. Davor muß man sich schützen. Die Leute fragen dann: „Wie sehr soll ich meinen Verlust begrenzen?“ Als Zahlenwert habe ich hier häufig maximal 15 % empfohlen. Dann sagen sie: „Jetzt habe ich die Aktie gerade verkauft und 15 % Verlust gemacht, und gleich darauf hat sie nach oben gedreht und ihren Kurs verdoppelt.“ Darauf antworte ich stets: „Das ist die Versicherungsprämie, die Sie bezahlen. Sie zahlen jedes Jahr Ihre Autoversicherung, und das ist auch kein verschwendetes Geld, nur weil Sie in diesem Jahr keinen Unfall haben oder Ihr Fahrzeug nicht gestohlen wurde.“ Sie bezahlen, um geschützt zu sein, und Ihre Versicherungsprämie ist Ihr Verlust. Auf der anderen Seite scheuen sich viele Menschen, Gewinne mitzunehmen. Sie denken ständig an die Steuer. Ich habe da eine Grundregel: „Lassen Sie sich bei Investitionsentscheidungen nie von der Steuerfrage leiten.“ Der Börse ist Ihre persönliche Steuersituation völlig schnuppe. Es gibt da diese alte Geschichte von dem Mann, der nach 11 Monaten 50 % Gewinn auf dem Papier stehen hat. Würde er noch einen Monat warten, könnte er die Spekulationssteuer umgehen. Doch die Aussichten an der Börse sind katastrophal, die Prognosen für seine Aktien niederschmetternd. Trotzdem wartet er den Monat ab. Sein satter Gewinn verwandelt sich in einen Verlust, weil er einen Monat zu lange gewartet hat. Ärzten und Anwälten passiert das immer wieder, obwohl ich noch keinen Arzt oder Anwalt gesehen habe, der auf eine Honorarerhöhung verzichtet, weil er dadurch in einen ungünstigeren Steuertarif gerät. Aber wenn es um Geldanlage geht, ist die Steuerfrage plötzlich vorrangig.

Wenn Sie an Ihre Anfänge in der technischen Analyse zurückdenken: Welche Gefahren drohen dem Neuling?

Ich denke, viele Analysten, ob technisch oder nicht, stellen Prognosen auf und schauen dann, ob die Indikatoren diese Prognosen auch mittragen. Doch auch im stärksten Bullenmarkt wird es pessimistische Indikatoren geben, und in der schlimmsten Baisse wird der eine oder andere Indikator bullish signalisieren. Wer optimistisch eingestellt ist, wird sich, wenn der Markt nachgibt, an die paar optimistischen Signale klammern und ignorieren, daß es mit dem Markt bergab geht. Ich denke, man sollte den „Weight-of-the-Evidence“-Indikator berücksichtigen. Stan Weinstein vom ***Professional Tape Reader*** hat diesen Begriff vor Jahren geprägt. Wenn man 100 Indikatoren betrachtet, sind vielleicht 70 davon positiv, 30 negativ. Man muß entscheiden, welche zum betreffenden Zeitpunkt besonders aussagekräftig sind. Ein Stolperstein für viele ist, daß genau der Indikator, der die letzten beiden Haussephasen angekündigt oder bestätigt hat, bei der nächsten ein irreführendes Signal geben kann. Setzen Sie nicht zuviel Vertrauen in einen Indikator, nur, weil er in den letzten zwei oder drei Zyklen korrekt signalisiert hat. Diesmal wird er Ihnen vielleicht einen falschen Rat geben, und alle, die sich darauf verlassen haben, weil der Indikator beim letzten Mal so erfolgreich war, sitzen in der Falle. Wenn sich so viele auf einen Indikator verlassen, ist die Wahrscheinlichkeit groß, daß er beim nächsten Mal nicht funktionieren wird. Man muß eine ganze Reihe von Indikatoren betrachten. Alles will berücksichtigt werden. Man zählt nicht zwei und zwei zusammen, und das war's dann. So läuft das nicht. Marktprognosen sind keine exakte Wissenschaft. In jede Prognose spielt auch immer eine subjektive Komponente hinein.

Wie leicht versteift man sich auf bestimmte Vorstellungen vom Marktgeschehen. Dann ist es schwer, seine Taktik zu ändern.

Das ist wahr. Das passiert bei einzelnen Aktien. Eine Aktie bricht bei 20 aus, und man sagt sich: „Jetzt steigt sie auf 28 oder 30.“ Bei 24 oder 25 gibt sie nach, und der Markt präsentiert sich ebenfalls schwach und gibt alle Signale zum Ausstieg, doch man beachtet sie nicht. Man hat sich auf die ursprüngliche Erwartung von 28 oder 30 versteift, doch die Aktie erreicht dies nie. Sie fällt auf 20 zurück, und ehe man sich versieht, steht man mit einem Verlust da.

Was halten Sie von den spektakulären Marktprognosen, die das Markenzeichen der technischen Gurus sind?

Die Medien interessiert nicht, daß der Markt ruhig ist oder sich in einer Handelsspanne befindet, doch sobald man behauptet, er wird um 2 000 Punkte fallen oder steigen, ist man ein gefragter Interviewpartner. Das wollen die Leute hören. Manchmal glaube ich fast, bestimmte Leute äußern sich nur, um Publicity und Medienpräsenz zu bekommen. Ich halte mich lieber an den alten Prognosegrundsatz: „Wenn du eine Zahl nennst, so gib keinen Zeitpunkt an. Gibst du aber einen Zeitpunkt an, dann nenne keine Zahl.“ Vielleicht glaube ich ja, daß der Markt um 10 000 Punkte zulegen wird, doch ich weiß nicht wann, oder ich weiß, daß der Markt nächstes Jahr stärker tendieren wird als dieses, doch nicht um wieviel. Ich nenne entweder eine Zahl oder eine Zeit, doch niemals beides.

Anhang 1
Beispiel-Charts

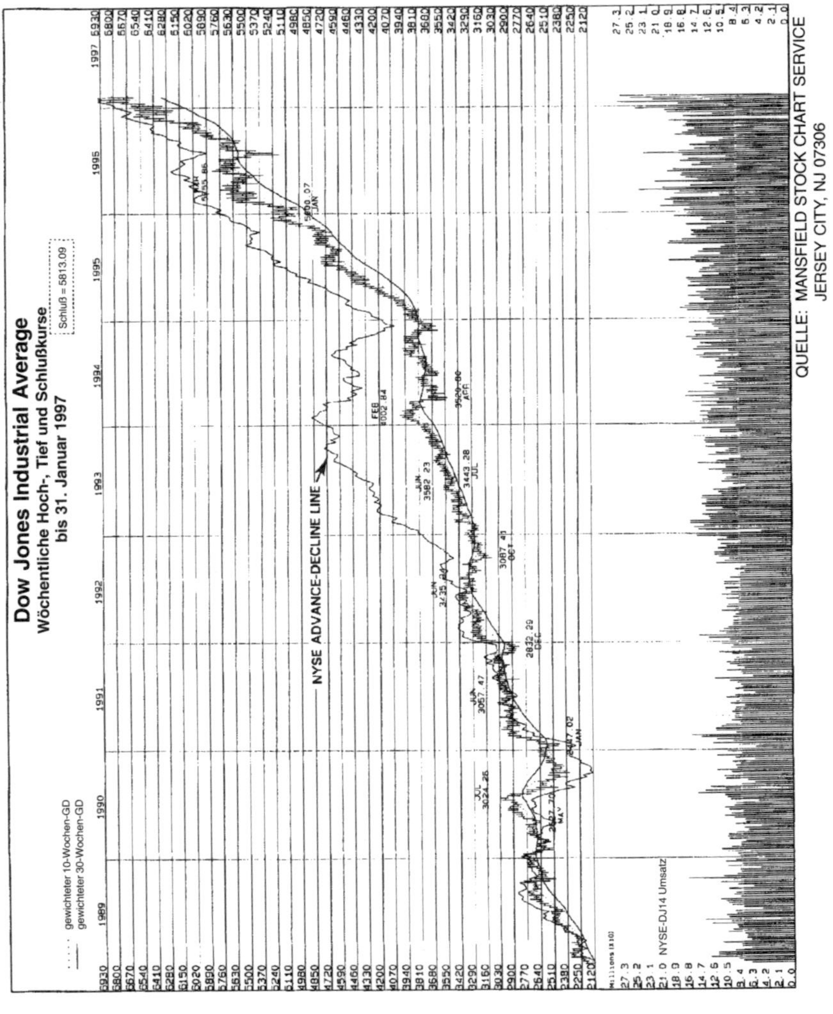

Anhang 2
Beispiel-Charts

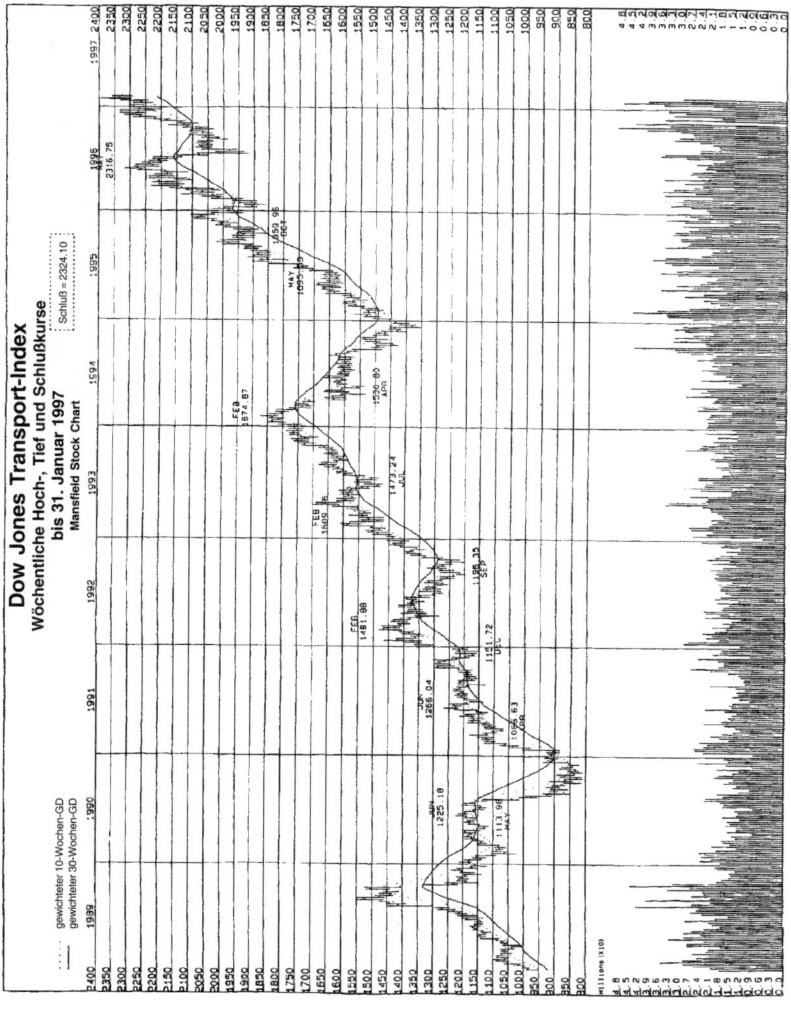

QUELLE: MANSFIELD STOCK CHART SERVICE
JERSEY CITY, NJ 07306

Anhang 3
Beispiel-Charts

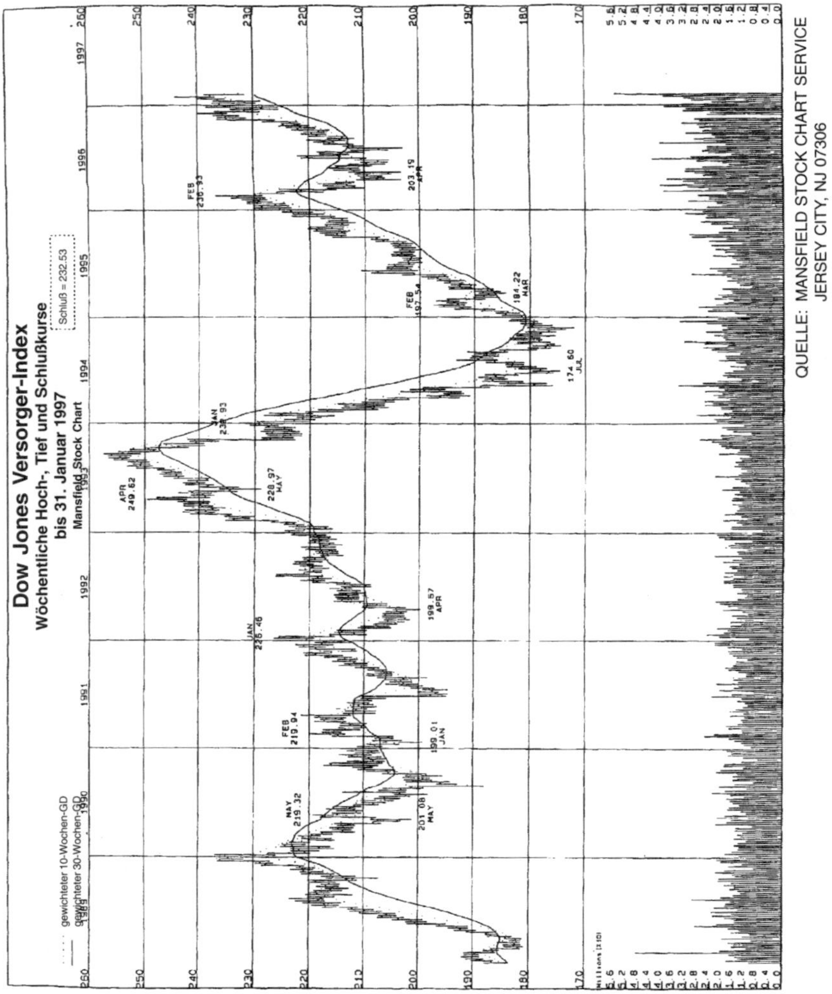

Anhang 4
Beispiel-Charts

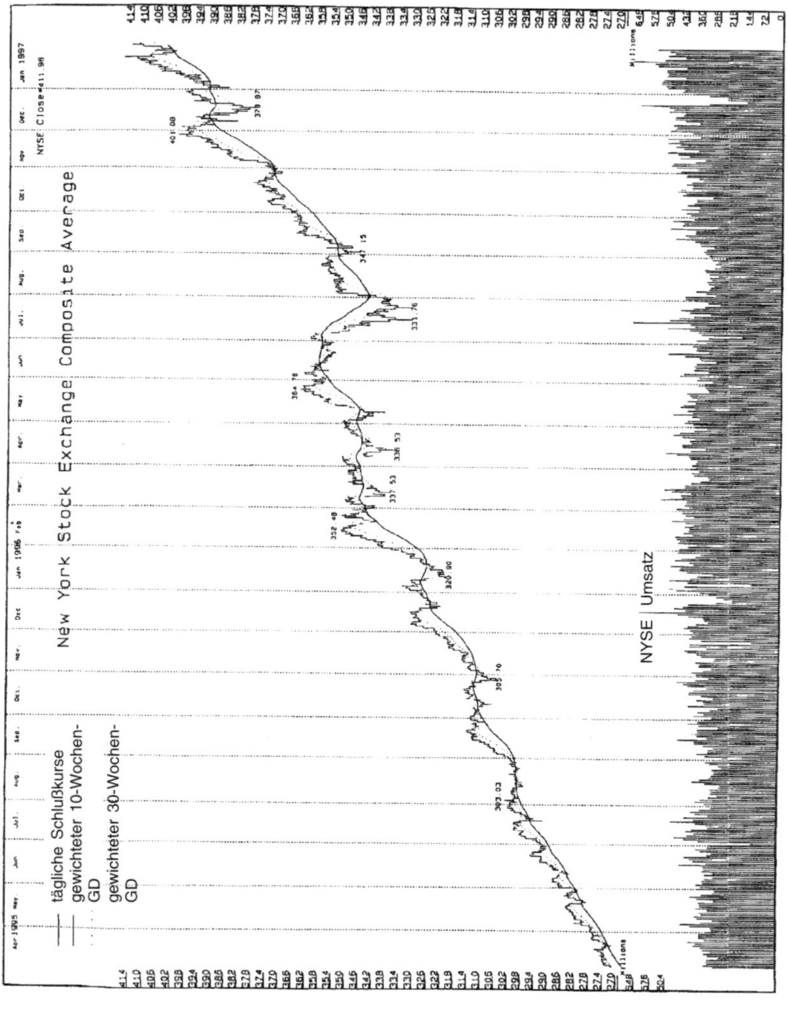

QUELLE: MANSFIELD STOCK CHART SERVICE
JERSEY CITY, NJ 07306

Anhang 5
Beispiel-Charts

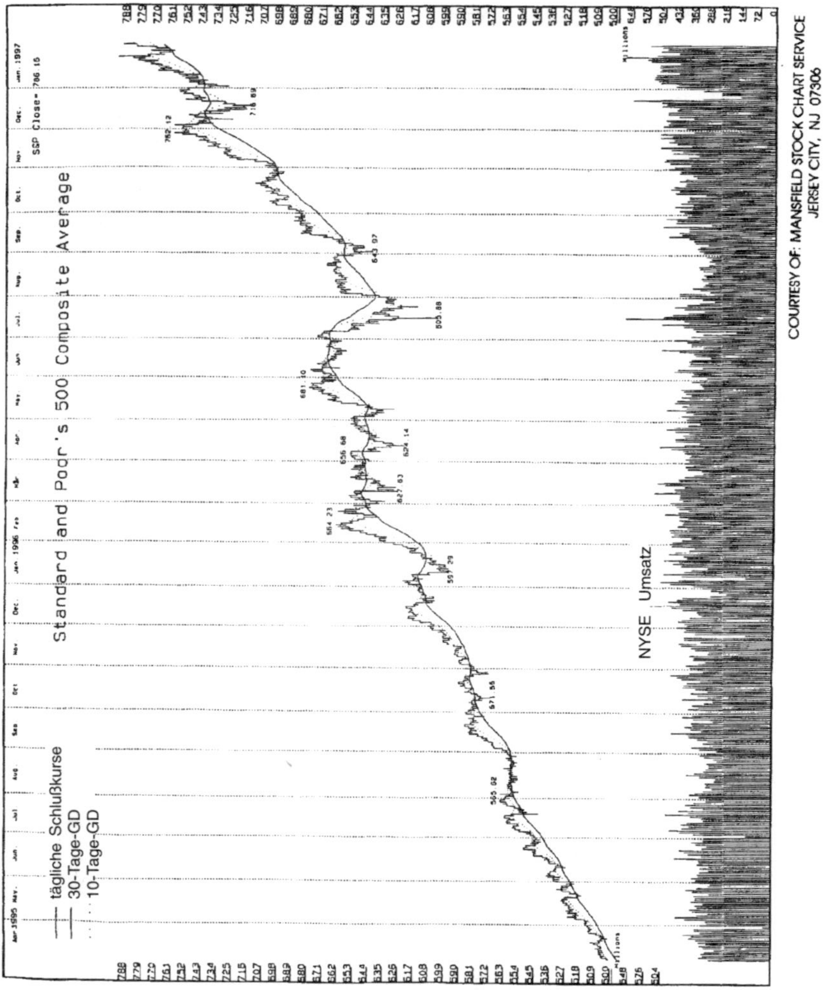

Anhang 6
Beispiel-Charts

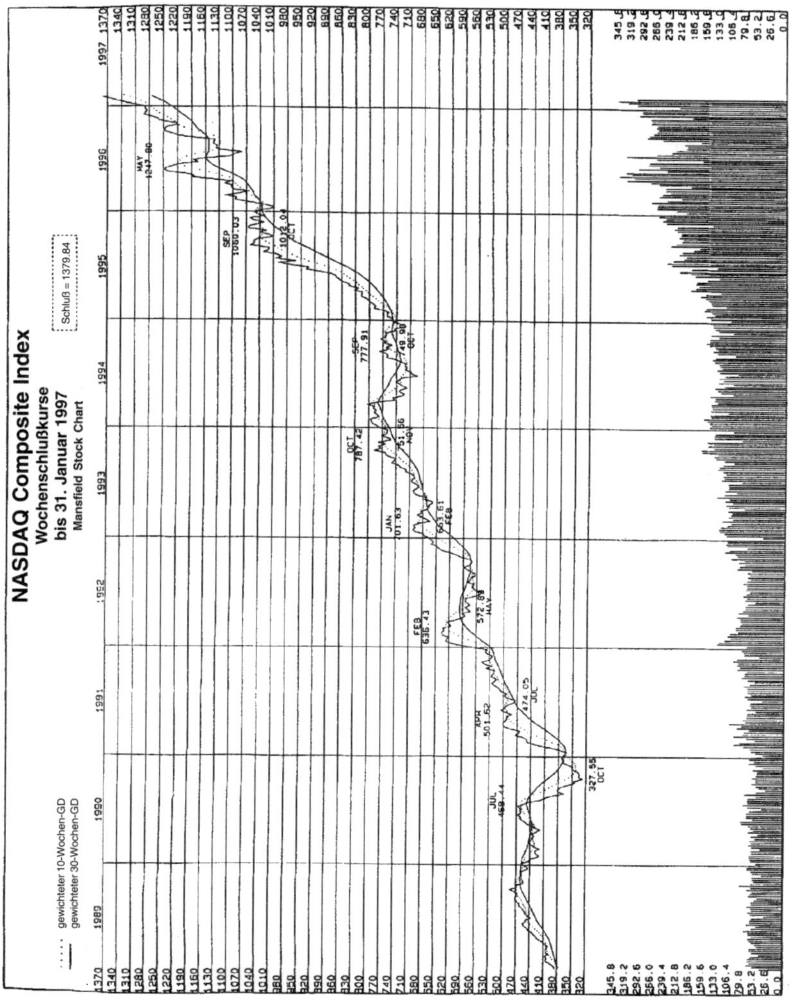

QUELLE: MANSFIELD STOCK CHART SERVICE
JERSEY CITY, NJ 07306

Anhang 7
Beispiel-Charts

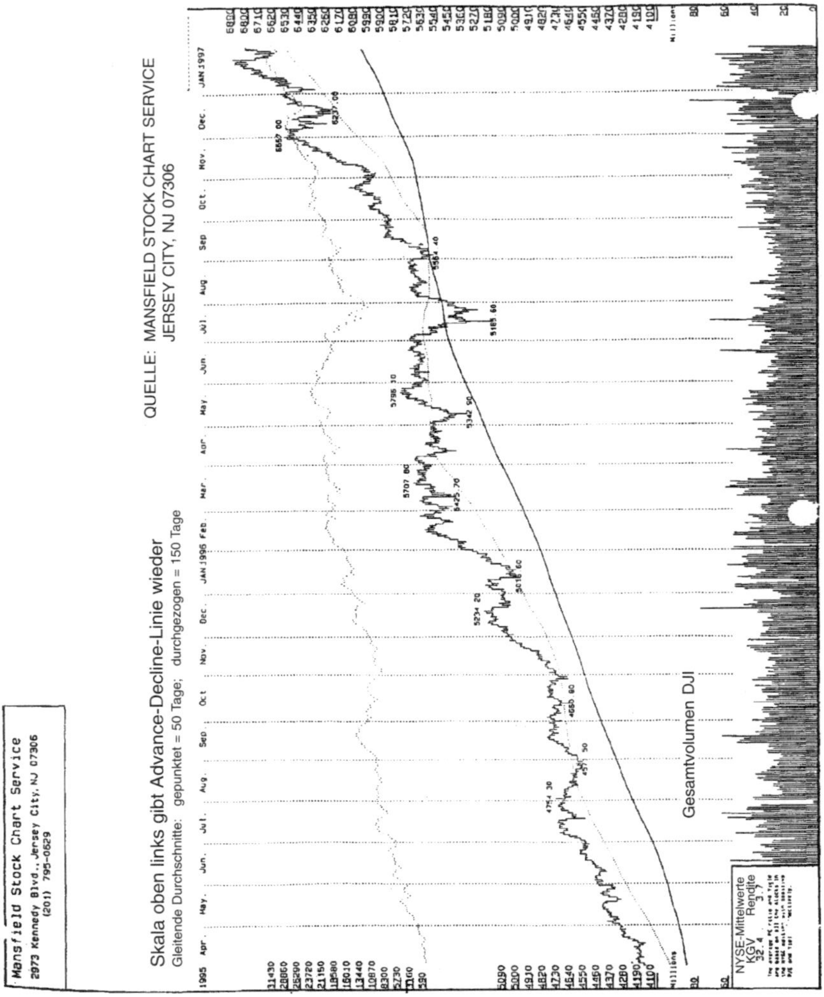

Anhang 8
Beispiel-Charts

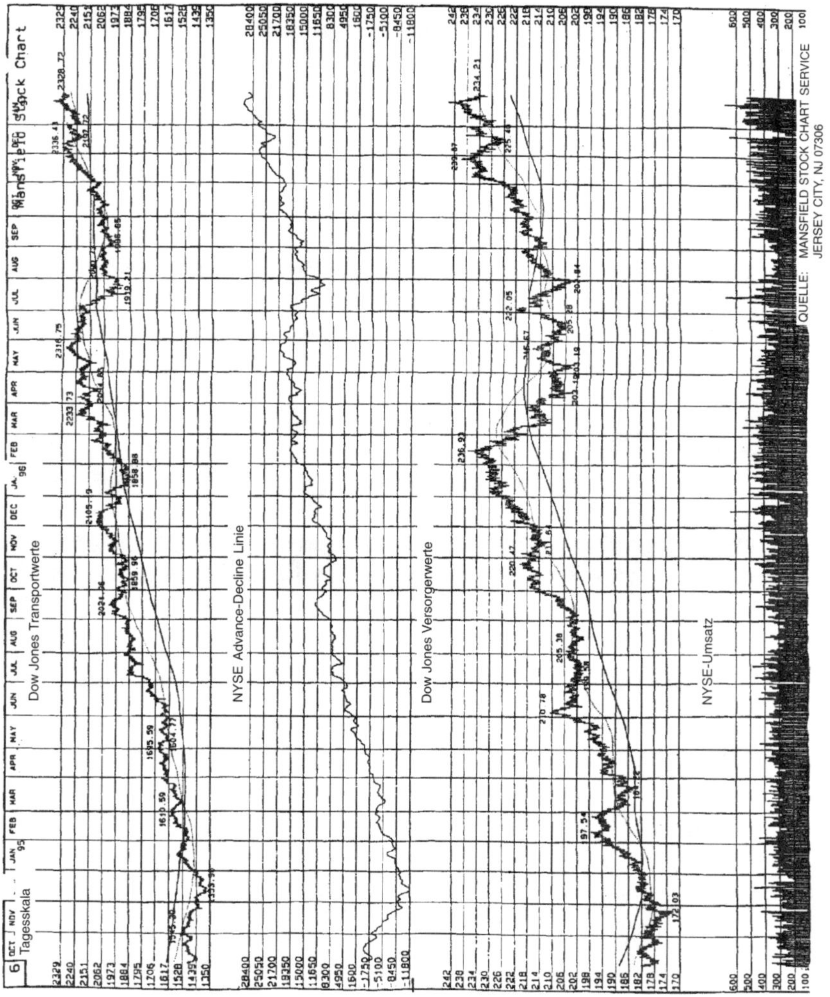